四川中行百年行史编撰委员会

主　　编： 郑国雨

副 主 编： 张立波

编　　委： 聂勋庆　左　焜　杜世清　田红艳

阳　勇　傅　晓　陈　晶

谢　书　李　亚　毛健儒　龙　兵

编辑部主任： 龙　兵

编研组成员： 倪宏伟　王福希

撰 稿 人： 倪宏伟

（1915—1949）

中国银行

四川分行公司文化简史

四川中行百年行史编撰委员会　编撰

四川人民出版社

图书在版编目（CIP）数据

中国银行四川分行公司文化简史：1915—1949 /“四川中行百年行史”编写委员会主编. —成都：四川人民出版社，2019.4

ISBN 978-7-220-11300-0

Ⅰ. ①中… Ⅱ. ①四… Ⅲ. ①中国银行—银行史—四川—1915—1949 Ⅳ. ①F832.96

中国版本图书馆 CIP 数据核字（2019）第 049038 号

ZHONGGUO YINHANG SICHUAN FENHANG GONGSI WENHUA JIANSHI（1915—1949）

中国银行四川分行公司文化简史（1915—1949）

四川中行百年行史编撰委员会　编撰

责任编辑	王定宇
封面设计	张迪茗
版式设计	戴雨虹
责任校对	李　欣
责任印制	王　俊
出版发行	四川人民出版社（成都市槐树街 2 号）
网　　址	http://www.scpph.com
E-mail	scrmcbs@sina.com
新浪微博	@四川人民出版社
发行部业务电话	（028）86259624　86259453
防盗版举报电话	（028）86259624
照　　排	四川胜翔数码印务设计有限公司
印　　刷	四川华龙印务有限公司
成品尺寸	184mm×260mm
印　　张	40.25
字　　数	740 千
版　　次	2019 年 4 月第 1 版
印　　次	2019 年 4 月第 1 次印刷
书　　号	ISBN 978-7-220-11300-0
定　　价	68.00 元

修史问道　以启未来

（代序）

中国银行四川分行在新中国成立前近35年的历史是一部艰苦卓绝的创业史，它既是一面镜子，又是一部爱国爱行教育的教材。“前事不忘，后事之师”，了解与研究这一历史，以史为鉴，可以兴行。现在全面地回顾它过去走过的崎岖道路，认真地总结一些值得借鉴的经验与教训，无疑将对中国银行四川分行乃至对中国金融事业的未来发展都能起到有益的作用。

一、回望来路，修史问道

历史是什么？是一部书、一卷画？一首诗、一支歌？……

上古时代，四川盆地以巴和蜀为中心的两个氏族聚居区渐渐成为两个国家。蜀大约在今四川盆地西部，以岷江流域为中心，及今陕甘南部和滇北一带；巴大约在今四川盆地东部，以嘉陵江流域为中心，及今陕南、鄂湘西部和黔东北一带。周慎靓王五年（公元前316年），秦灭巴蜀二国，设巴蜀二郡。北宋咸平四年（1001年），将今四川地区划分为益州路、梓州路、利州路和夔州路，总称四川路，是为四川得名之始。元至元二十三年（1286年），正式建置四川行中书省，简称四川行省，为四川建省之始，并沿袭到明、清和民国，直到新中国成立时。

四川，人称“天府”，口碑流芳，已越千年。天府，顾名思义，天然的府库，就像“天宫”一样的人间佳境和安居乐土。《蜀志》称这片土地“沃野千里，号为陆海”；故记曰：“水旱从人，不知饥馑，时无荒年，天下谓之天府也。”诸葛亮在《隆中对》中说：“天府之土，高祖因之以成帝业。”正是这片风水宝地，千载悠悠，养育了多少巴蜀儿女，成就了多少英雄豪杰！也正是这方有着丰厚文化积淀的广袤沃土，为四川中行人施展抱负和才华提供了广阔的历史舞台。

20世纪初，1912年2月5日诞生的中国银行，不畏蜀道之难，于1915年初入川设立分支机构。于是，中国银行四川分行（渝行）于1915年1月18日应运而生，其后川属分支机构（“百年老店”）陆续设立：中行成都分号于1915年4月4日正式成立，中行泸州分号于1915年5月13日成立，中行万县汇兑所于1915年7月4日成立，中行自流井（自贡）分号于1915年8月6日成立，同年12月29日大清银行五通桥分号改组建立中行五通桥汇兑所。到1916年2月18日，中行潼川（三台）分号对外营业，并于1917年4月6日正式成立。由此，中国银行开始在巴山蜀水落地生根，成为四川现代史上历史最悠久的银行。

此后，数十载岁月流转，四川中行的前辈和后继者们在巴蜀大地辛勤耕耘，励精图治，开拓进取，薪火相传。他们用心血浇灌出绿荫匝地、茁壮挺拔的金融之树，以骄人的业绩奠定并确立了四川中行在金融舞台上的重要位置，也为巴蜀文明璀璨的史册添写了一页页光彩照人的金融篇章！

今天，当我们掀开四川中行的历史书页，那些如诗如画的沧桑岁月，那些可歌可泣的尘封往事，顿时扑面而来。我们仿佛看到：在那荆棘丛生的历史河岸，四川中行前辈们留下的那一行行深深浅浅的脚印，伴随着一条不舍昼夜、滔滔东逝的长河，渐去渐远。回望来路，往事历历在目，我们深深地感受到四川中行前辈们所展示的斩荆披棘、筚路蓝缕、负弩前驱之创业精神。

为了增强商业银行的行史类书籍的可读性与可鉴性，原定“四川中行百年行史（1915—1949）”的编写大纲分为六章：大清银行遗嬗组建四川中行史概、四川军阀混战时期之川中行创业史、四川军政基本统一时期川中行发展史、抗战时期川中行瞩目之历史贡献、抗战后至新中过成立时期川中行存续史、民国时期中行及四川分行公司文化简史。在编撰过程中，我们按照先占领制高点的写法，将第六章“民国时期中行及四川分行公司文化简史”作为“修史问道”的“道”之重点，先行编研。问道四川中行百年行史，“道”的根本就在第六章之中。就这样，随着编研的深入，浮出的史料不断增加，最终形成了长达四十多万字的单章内容，取名为“中国银行四川分行公司文化简史（1915—1949）”，而单独成册出版。

由此，“四川中行百年行史”将由四川分行公司文化简史（1915—1949）和（1949—2015），以及四川分行简史（1915—1949）和（1949—2015）等部分的相关内容组成。总的来看，《中国银行四川分行公司文化简史（1915—1949）》共有四章内容，其编撰理念大致如下：

第一章，中行及四川分行公司文化兴起历程概览。按照凡例之隶属性记述原则，主要记述了中行创业活动与文化兴起的客观过程及四川分行创业阶段的文化积淀；中行文化兴起的主观条件；中行及四川分行文化形成的重要标志等三方面史实。

第二章，公权时期文化核心价值特征及践行效果。按照凡例之隶属性记述原则，概括出张嘉璈主持中行行务时期所形成的中行公司文化核心价值体系（公司文化核心价值体系，是实现企业的价值、精神、伦理的惯常逻辑、一般途径和共享经验。它一般由公司的使命与愿景，实现使命与愿景的基本价值观、企业精神、公司行为准则、公司系统做事风格等元素所组成）及其价值特征，然后按照公司文化概念的规范，集合编研出全行践行这一文化的效果以及四川分行践行该文化的演绎特点。

第三章，中行文化共识的独特培育方式及其机制。按照凡例之公司文化史编撰原则，主要记述了达成中行行员整体文化共识之独特培育机制，以及明做人之道与育做事之理的六大培育文化要义。公司文化培育的难度在于员工整体的文化共识，它取决于融理性教育与感性熏陶于一体的综合培育过程。鉴于此，将中行当年具体的、细致的、体现着不同企业文化管理水准与层次的做法，以专章单独记述，由此增强本史的可存可鉴性。

第四章，中行及川行文化传承与文化变迁之略史。按照凡例之公司文化史编撰原则，主要记述了公权时期文化主张之传承史略，尤其是抗战时期文化传承之农贷精神、抗战结束后川行文化传承印迹；同时，还记述了公权时期文化主张之变迁史略及四川分行公司文化的变迁迹象，从而达到对历史教训同鉴之目的。

结语，中行及川行公司文化价值体系之总概括。按照凡例之公司文化史编撰原则，对中国银行及四川分行解放前的公司文化核心价值体系、育人之历史经典箴言，以及四川中行文化精神之七大演绎殊点进行了概括。

不难看出，四川中行的时光书简，启承转合，曲折有致，既有历史的厚重和沧桑，又饱含着现实的真实与激情，飘逸着诗的婉约，歌的悠扬，水墨画般的韵味。拂去百年风尘，我们把四川中行昨天的历程整理编排，装订成册，以期达到“修史问道，以启未来”之目的。

二、深层思考，以启未来

总的来说，民国期间，在国家战乱频仍、经济凋敝、社会不安宁、中外银行激烈竞争的年代里，中行及四川分行历经艰难的创业和坎坷的发展过程，克服重重困难，把自己建设成为一家信誉卓著、初步近代化和国际化的大银行。那么，人们不禁会问，取得上述较好成绩的条件是什么？又是怎样形成的？由于一种文化的核心价值体系之本质，就是人们行动之前的指导性价值观念和人们行为结果背后的支配性价值思维，因此，所谓修史问道，即通过编修公司文化史，研问该公司文化之传统观念及其所带来的价值；所谓以启未来，是指运用所编研的文化传统观念及其价值，为当代人提供资政辅助之参考，为后世留下堪存堪鉴之记述。

今天，我们从史学角度，将中行及四川分行在此过程中所积淀的商业银行文化价值体系客观准确地概括出来，这对于促进中行事业不断发展有着堪存堪鉴之意义。即便是当今中行“建设新时代全球一流银行”的战略目标，也含有当年“中国银行是国民经济命脉，社会事业的指导者，社会人士的模范，成为最进步和最稳固之银行”之文化价值的传承印迹。

我们认为，民国时期中行及四川分行公司文化的核心价值体系，在“以启未来”的资治和育人方面，其资治辅助和堪存堪鉴之思考，主要体现在以下几点。

（一）增强全行工作使命感，激发员工深层动力

企业是为了在国家宏观经济环境中实现某种特殊的社会目的或满足某种特殊的社会需要而存在的。公司使命是企业在社会经济发展中所担当的角色与责任，是企业在社会中借以存在的依据。使命侧重于从理性角度表述公司的终极价值，愿景则多以感性形象来描绘公司的终极价值。民国时期，中行“先国后行”使命包括：“枢纽自任，职务报国；服务大众，改进民生”的“先国”使命和“积极成功，三方同乐；互相推进，同为模范”的“后行”使命。中行愿景是“成为最进步和最稳固之银行”，其史释内涵为：“所谓理想的中国银行，是一个：无论遇如何风潮事变，兑现也好，提存也好，决不缺人半文钱，一切债务都有抵挡，都能清付的银行；是一个：凡有信用的字号，凡有有益国家的大实业，无一不与往来发生关系的银行；是一个：不必鼓吹，不与高利，而人人愿来存款的银行！”中行这一终极价值理念的资治辅助和堪鉴育人的现实意义在于：

1.“先国使命”的资治辅助之现实意义

早在八十多年前，中行就践行“先国”使命，本着“所有放款，必慎之于始，不轻易许人；而既经放款，则始终予以维持，决不乘人之危”信贷经营信条，在当年贷款工厂面临“资本不充足，机器不认识，组织不健全，管理不完善，工潮时常有，交通如此不便，出品不能运到市场，销售货物不能活动，还有其他政治上种种问题”等不利外部环境下，站在报国使命的高度来看待是否发放工业贷款问题，即通过解决履行报国使命之责与贷款风险防范之间的矛盾来发放工业贷款。与此同时，

四川分行行长周宜甫提出了“对外之旨，功不仅在行而须在国”的川行经营宗旨，“盖中国为整个的中国，中国银行为整个的中国银行。各地之工商业，分言之为各地之事业，合言之为全国之事业。倘各地此等工商业，皆得中国银行之扶助，则分言之功在各地之事业，合言之即功在中国全国之事业。”由此可见，跳出目前商业银行狭隘的“绩效—薪酬”观的束缚，树立“职务报国”的使命感和崇高法人伦理的国家大局观，至关重要。

2.**“先国使命”与愿景激励的堪鉴之育人意义**

美国德鲁克基金会主席弗朗西斯·赫塞尔本说：“一切工作都源于使命，并与使命密切相关”，“你不需要为了管理而成为管理者，你是为了使命而成为管理者。你所做的一切工作，无非是与大家进行沟通，让大家接受这个使命，然后团结带领大家朝着这个方向前进”。使命就是员工为什么要从事这项工作的本质，让员工知道为什么做，远比其知道做什么与何时去做更为重要。组织驱动力来自人的驱动力，人的驱动力来自人内心深处的激情，让员工知道自己的使命是工作激情的来源。20世纪30年代中行的使命教育和愿景激励的做法，大致如下：

第一，中国银行行员如何才能忠于国家？中行总经理张嘉璈给出的答案是：中行的存、放、汇等各种业务都是帮助国家增加生产。忠于职务即忠于国家；要忠于职务，须由忠于自身始。所以（员工）体力、知识、道德三者，必须刻苦自修，方能达到目的，此即忠于自己。能够忠于自己，然后对于职务方能有所贡献。

第二，如何使中行成为“最进步和最稳固之银行”？实现这一愿景的前提是先要培育出“理想的中国银行行员”（具有健全之智识、道德的观念、强健之体格、互助的精神），使“中国银行的行员，创造一种为社会所信用、所尊敬的人格，久而久之，人家不便问尊姓大名，一望而知为中国银行行员，或一问是中国银行的行员，就知道（是）智德体之育具备的人”。

第三，如何培育出理想的中国银行行员？张嘉璈希望：“诸君心中能加具这一幅做人的图画，天天理想（着）这一幅做人的图画，则全行空气，必焕然一变。我行共有二千余行员，吾人既无功夫一一管教，因赖教管之行员，亦决不能成为好行员。盼望诸君自己管自己，管的方法是极容易的，只需公暇一想这一幅做人的图画，而身体力行之就可矣。”不能不说，这就是现代典型的激发员工深层动力的“愿景激励”方式。由此，早在1934年初，中行普通行员就有着“中国银行者，将不仅为吾国银行界之领袖，抑（亦）且为吾中华民族唯一之福星”；“我行将成为凡百业之导师”；“本行对于服务社会更尽职责，益为人所依重，必须使之感觉，一处无中国银行，即一处不便利。因之资金运用，途径益宽，社会国家均所利赖，本行之地位与业务，益超稳固而发展；同人生活，自随之而更愉快矣”的行员“职务报国”的见识。还有，1939年5月3、4、12、25日，日寇飞机大发兽性，狂炸渝市，精华所在，摧毁殆尽，市民伤亡者逾万人，情状之惨，自不忍睹。面对寇机狂炸渝市，川行员工提出了响亮的口号与措施：寇机狂炸渝市，拿工作答复轰炸。这正是川行员工践行“忠于职务即忠于国家”的高尚品德和使命的最有力的体现。

3.“后行使命”的资治辅助之现实意义

在中行“后行”使命中，“积极成功”是指积极地从快乐中求成功；“三方同乐”是指同仁精神快乐、同仁家庭快乐、全行安乐；“互相推进”是指“若是同仁的精神上个个十分快乐，家庭十分和满，那么，一定人人奋发做事，全行的安乐也就可以立致。”反之，“全行安乐了，然后行员的报酬待遇自然增加，而行员个人家庭的享受也当然随之并进，如此互相推进，循环不已，而我们年年同乐的目的就可达到了”；“同为模范”是指使“中国银行的人员是模范的人员，中国行员的家庭是模范的家庭，中国银行是中国模范的银行”，那么“吾们就是得到真正的安乐，我们的目的总算达到了”。这就是说，公司文化的选择与建构，要“找到个体价值与企业公共价值的契合点，为个人实现自我价值搭建平台，达成公共价值与个体价值共同实现的双赢结果”。而中行“后行”使命正是将中行“真正的安乐”的目标建立在“同仁精神快乐和同仁家庭快乐”的价值基础之上的，这对于我们更好地确立起能够满足“组织发展，客户忠诚，员工成长”等多元一体目标约束的公司文化，无不具有借鉴与启发意义。而且，这一使命的建构也是激发员工深层动力的根本途径。

（二）重视高品洁德的综合培育，锻造理想的中国银行行员

纵观中行及四川分行公司文化之核心价值体系，锻造理想的中国银行行员的惯常逻辑共享经验，大致由行员理念、行员道德、刊教理念等三大理念构成。

首先，在行员理念中，“先人后事”是核心概念，即指事是人干的，要想干成事，用人任事之前，必须先选人、先律人、先育人、先激励人。“三者育人，四者激励”是“先人后事”的达成路径理念，“三者育人”指要以理、情、力三者（相似于德智体）并进的方式培育行员，即以教育明理方式引导行员观念步步向上，用高级情趣熏陶行员具有善良人性的生活方式，提倡体育以健全行员的体格。“四者激励”指行员培训时，衣食住行四者要有整体计划，使行员的物质生活庶几解决十之八九，以收“仓廪实则知礼节，衣食足而知荣辱”的激励功效。“久于其任”是指“先人后事”的管理目的在于使行员能够安心工作，久于其任，树立以事业为前提的服务风气。

其次，在行员道德中，“高洁坚品”是对“高、洁、坚”三种品德的概括性简

称；“全行智识”相当于当今的全行观念或大局观念；“高洁坚品”与“全行智识”组成行员道德之品质；“新思旧养”是道德培育的路径理念，即行员应努力保持旧道德，培养新精神，用旧的识见贯彻新的精神，以“旧”驭“新”，而加以“整个化”，成为中国银行理想中的行员；“理想行员”是集智识、道德、体格和精神于一体的行员培育之终极目标。

再次，在刊教理念中，“寓教于刊，以刊为校”是指以发行内刊作为员工教化窗口或平台，把银行办成类似今天的函授学校一样，从而进行“理情力”三者并进式的精神训练。“提升智识，展现精神”是指实施以刊教化的目的性理念。“提升智识”就是通过刊教形式，促进“情理力”三者并进式的精神训练。“刊化精神”即指培育全行上下“居于上者公，居于下者忠，同心同德，保持中国银行为银行界领袖的地位”的团体精神。

上述锻造理想的中国银行行员的惯常逻辑与共享经验，其资治辅助和堪鉴育人之思考，主要有以下几点。

1. **重视员工素质教育，培育高尚理想从明晰人生意义开始**

组织文化是组织深层的特质，达成员工文化共识需要帮助员工完成对职业人生的系列根本性认知与思考，从而使其俯视和把握职业人生规律，确立起正确的职业人生观与价值观。在公司文化核心价值体系出台以后，系统地整合员工的根本性认知，是文化共识的重要步骤和培育员工行为动力机制的关键，亦即做事的成功基于做人的成功。只有当员工完成对职业人生的系列根本性认知，确立起正确的职业人生观时，组织价值观才能真正变成员工共同行为并为组织创造财富。早在八十多年前，中行就颇具匠心进行人性的素质教化，从而帮助员工完成对职业人生的系列根本性认知，确立起正确的职业人生观与价值观。

第一，如何寻找人生意义，认知人生幸福？中行员工的回答是：“世界一切问题的中心是人类的生活，但是欲解决生活的问题，不可不先研究人类生活的目的，及如何做人的道理”；“人是自觉的、有灵魂、有目的、利群的、向上的动物”；“我们要用快乐的精神来支配环境，切不可让物质来支配宝贵的心灵”。

第二，中行行员一年到头辛辛苦苦，为的是什么？张总经理告诉我们：“我们种种的努力，最终的目的，是在救国”；“说到国家，都有一种爱护的热心，说到救国，无不同此奋勇”。员工的文化响应是：“盖金融与实业，相依为命，资本为百业的血液”；“人必自觉其为‘人’，而后才能尽其责任，才能为社会人群谋福利”；“常存‘中国银行是我们的中国银行’的念头，爱行即所以自爱，为行服务，即是为社会服务，即是爱国”。

第三，什么是中行生活与对幸福的理解？所谓“中行生活”，就是我们中行社会之共同生活。人类社会之生存目的，就是在步步战胜自然环境，而求获得增进其生存之幸福。人类历史，是一部奋斗的历史。人生奋斗之利器包括：身体必求强壮而健康；充彻知识；人生之奋斗，必须群策群力。因此，人生之希望无穷，幸福即无止境，而人生之奋斗，亦无止境。

第四，怎样调节银行生活的枯燥？“工作之有兴趣与否，均由其观念及感想而决定，其枢纽操之在我”；要从知足、信赖、好奇、创革的心理功能上，寻求调节的“支点”，从主观上对工作发生兴趣；“要以适合各人的兴趣来调剂生活，使得生活有艺术化；要以适合个人的体格去运动来调剂生活；要以游山玩水投入大自然的怀抱来调剂生活。”

第五，怎样认知“动”与“静”的人生哲学意义？所谓“动”的本来意义为发展，为创造；“静”本来意义为感受和领略。人生“动”与“静”的辩证关系是：“动”的效用即“自强不息”；“静”的效用即“宁静致远”。人生能“动”之后，必须继之能“静”，然后相生相因，方可收事业上进退裕如之效。人生应做到“守如处女，动如脱兔”。即是说，守“静”理念是避免急功近利的浮躁，以及增强员工个人市场竞争力的重要来源。

第六，怎样应对新入行员工“工作平常和酬报微薄”的普遍心理？首先，新员工入行的普遍心理是工作平常和酬报微薄。因而他们每每厌弃事务的平常，就以为不足在意；嫌恶酬报的微薄，就以为不值尽心。推考此种服务上以“勉强过得去”为满足的根性之所以养成，实是由于缺乏服务上的彻底精神所致。其次，服务上的彻底精神及其职业人生的意义。服务上的彻底精神，就是不论何事、不论事之大小，无不以“最完善”为目的，不做到最完善的地步不放手，做事时丝毫不存迁就或敷衍的态度，运用整个心灵，浸入所思索、所做的事业的全部。服务上彻底精神的职业人生意义在于，它是凡百事业成功的枢纽。再次，确立行员服务上的彻底精神之途径：它首先基于明了职业的正确意义之上，假使我们对中国银行的职业，从远的、大的、深的方面透视它的意义，以为中国银行是中国最有力的金融组织，它的兴替就是社会经济、国民经济的兴替，我们忠诚服务于中国银行，就不啻为社会、为国家服务。那么我们的抱负，我们的希望，是何等的伟大，何等的光耀？由此得到无上的快乐与慰藉。有了服务上的彻底精神，必能事事孜孜研究，事事感觉有兴趣，还能得事业本体上的兴味，不以成功后所收之利益为动机；有这种彻底精神的人，意虽不孳孳于酬报，而酬报的逐渐增厚，乃其一种自然的附带结果。总之，服务上的彻底精神，即为一身事业成败之所系，操之则生，失之则亡。此中关键，当然不出于我人自己手掌的主宰之中！

2. **操守培育须综合配套，以增强银行内控效能**

八十多年前，在商业银行风险及内控的实践与理论均不充分发展的条件下，中行是怎样搞好内控和廉洁操守培育的呢？总的来说，其操守培育特色大致有八大方面，其中，对当今员工操守培育最为可鉴之处，大致有如下几点：

第一，银行在给予员工“安定”生活的同时，更要教育员工有“知止”的感恩之心。安定为第一要义，只有让行员生活安定，中行主义自可奉行勿懈，行中实力未有不充厚者；员工的安定生活是本，中行实力增长为末。可见，使员工生活安定，具有奉公勿懈之管理功效，也是行员洁操守培育的基础。然而，“安定”之后，对员工进行“知止”的感恩教育至关重要，从而避免使其陷入追求稀缺性的困境——贪得无厌与永无满足。即“知止而后有定，定而后能静，静而后能安，安而后能虑，虑而后能得”，“盖吾人生活果能知止，则一切非分之念，自不足萦其心，所虑自属止当。反之，不能知止，则生活方面首先不能安定，又安得余暇运用灵敏之脑筋，锐利之目光，以尽己职，以发展行务？更安有所谓‘得’哉？”

第二，从人生根本性认知上，增强员工廉洁奉公意识。操守是我们在社会上立身的第一要义，尤其是我们做银行员的唯一要素。保我操守，头一件是要能“学俭”，第二件是要有“定力”。个人“定力”修炼，就是在无论何人总要心动的大宗现款面前，“先要想一想：是发这一点小财好呢？还是留着操守，一辈子吃不尽好呢？”这里“留着操守，一辈子吃不尽”即指追求个人长期而稳定的利益，“临财毋苟得”则是克服潜伏在人内心的“恶魔”（以损人利己为手段追求自己短期化利益倾向）的自律观念。“故银行员应有刻苦任劳、俭朴自奉之态度，以为社会之榜样。反之，如生活以奢侈是尚，用度又漫无节制，易招外界物议，固非银行之福，亦非行员个人之利。”

第三，培育员工适当支配生活费用的能力，将此作为“俭以养廉”的战略大事来抓。张嘉璈总经理说：“俭以养廉，简单与朴素为廉耻的根本。一个堕落的人，并不是甘心堕落的，只因平时行为不检，用度不当，时感入不敷出的困苦，终至环境逼得无可奈何时，于是有不名誉的事情发生。好行员的日常生活，应使其愈简单愈朴素愈好。人的收益有限，身的欲望无穷，假使我们能节欲而不纵欲，使个人的预算收付，时常维持平衡的状态，那么不但不会受物质生活的压迫，而且精神上可以得到异常的愉快，这是做人的根本。”为此，中行推出的行员洁操守培育做法是：第一，教育员工勤干工作、量入为出地支配自我环境；第二，将生活费用的恰当支配看作是足以左右个人之意趣和影响社会之安定的大事；第三，关注编制好行员生活费预算表的细小工作，将其作为防止青年因立身不慎而堕落后果的有效落脚点和增强行员自警自惕之基本途径。

第四，统筹兼顾与综合配套地创造员工“俭以养廉”的支持性氛围。员工操守培育是一个系统工程，既包括理性教育与感性教化，也需要律人制度的强化，还需要配套措施的统筹兼顾。中行“俭以养廉”的支持性氛围包括以下制度的出台。一是，消费合作制度。它能够合理减轻员工消费的负担而得大量享受，从而扩大“俭”的收益，更好地辅助员工养好德。二是，同人送礼办法和同人互助法（即互助性“内部保险”办法）。它们可以解决“到行未久或俸薪较微者”的人情送礼问题，使年轻员工在俸薪较微期间能够更好地俭以养德。三是，防止舞弊之五法的可贵之处是管理措施设定，不能与“服务敏捷”的行业经营与竞争规律相悖，即不能增繁手续而使服务效率降低。

3. “三者育人，四者激励”，以收“衣食足而知荣辱”之功效

用现代企业管理视角看，中行以“理情力”三者并进培育行员和“衣食住行”四者整体计划激励行员的理念，具有融激励因素和保健因素于一体的综合激励效用。“理情力”三者育人理念，相似于赫茨伯格激励—保健因素理论的激励因素，即以教育明道理的方式引导行员观念步步向上，用高级情趣熏陶行员具有善良人性的生活方式，提倡体育以健全行员体格等三者育人的方式，大致相当于当今的“德智体”全面发展育人方式。“衣食住行”四者激励理念，则相似于赫茨伯格激励—保健因素理论的保健因素，它能够使行员在免去生活后顾之忧后，去追求“理情力”的全面发展，收到“仓廪实而知礼节，衣食足而知荣辱”的激励功效。

仅从“四者激励”的四川中行档案史实中即可看出当年中行“激励暖人”之感觉：一是行员薪金发放规范，尤其是“薪津已照规定发放及同人无拒领薪津情形”一语说明当时按绩论酬的考核类工作，具有防止资方武断并能使劳方感到公平正义的制度安排。二是行方奖励行员携眷旅行，似乎在众多人事档案中特别抢眼。三是对行员的生活补贴细致入微。包括员工待遇嗣后米价比例增减、改订本行员生米贴办法、定供给员工平价食米及供膳临时办法、员生生活补助费加倍数目、年度员生年间津贴清单等。对行员公橱管理，既讲规范又合情理。四是对行员眷属生活补贴，尤其显出“激励暖人”之感觉。告知员工眷属公厨供应费应以各项费用下福利费子目出帐；即便是某下属支行的两个助员未领其眷属的米贴的原因，也要由其管辖行重庆分行致函中国银行总管理处，总管理处知悉他们未领眷属的米贴的原因后，还要发函告知。五是对行员医疗、保险、养老、抚恤情况的规定相对完整。六是对行员住宅及交通工具供应有具体规定。七是对司机、杂役的待遇也有人性化的制度安

排。总之，以上理念及其配套制度对强化员工的忠诚度，减少骨干员工流失率，不无借鉴意义。

4.**“先人后事，久于其任”理念的资治辅助之借鉴意义**

“久于其任”是行员理念的培育人和激励人之最终目的，即使行员能够安心工作，久于其任，树立以事业为前提的服务风气。反之，“若不能久于其位，何能有所成就?”尤其是“全视主持行务者（行长）的安定是本行的优点，本行的立场，（本行）虽历经多次的改变，皆能随时应付过去”的传统。再从本史“久于其任，功德圆满”的四川分行经理（行长）周洵（字宜甫）小传看，他曾在中国银行成都分号任了四年经理（行长），1920 年 10 月周升任四川中行（渝行）经理（行长），时年 51 岁。1935 年，周交卸于后任经理徐广迟，退休时为 66 岁，为中行服务共计 20 年，任四川分行行长达 15 年之久。其间，他于 1920 年 10 月由成都至重庆上任时，曾经历过“躲躲停停，军队护送，历程近月”的奇遇经历；1923 年他曾遭遇“一年五变，用命履责”之奇特经历，他上任后，竭力处理好内外关系，促进全行业务发展，中行总行对周宜甫既倚重又挽留，“总行以无西顾忧，倚（周）公愈重，（周）公以倦勤，曾数请退，均不得允。”1934 年 5 月张嘉璈视察四川时对周宜甫的评价是：“渝行周宜甫经理，对于川行，应付有方，行为端正，历年于风雨飘摇之中，努力支持。”中行总管理处的高管则认为“颇觉渝行进步之速率，自时间与空间之关系比例言之，将与沪行（上海分行）并驾齐驱”。周退休话别时曾留下“入世竞夸金穴好，问心惟抱玉壶清”之佳句，足见周宜甫一生操守之端庄。而且，周退职家居后，不事逸豫，更自立课程，潜心著述，1949 年 4 月 2 日周宜甫先生八旬寿辰时，其著作墨稿百余本，琳琅满目，可谓是人生的“功德圆满”。由此，可以体会到中行“先人后事，久于其任”理念的文化价值和历史启示：

第一，“久于其任”具有做事能力增值性与做事成本经济性的效用。中行总管理处同事对周宜甫“为川省名宿，在金融界资格最老，经验最富，对外与军政各界周旋应付，有左右逢源之妙，煞费苦心”之能力与名望的评价，主要源于周“久于其任”的任事才能和学习经验曲线的增强效应。

第二，“先人后事”理念是行员从业操守的必要保障。用人任事之前，必先选人、律人、育人、激励人的理念，具有对行员从业操守的必要保障。周宜甫既具有任事才能与任事韧性，又具有良好操守。而周宜甫良好操守的来源，不能不说，是与中行“先人后事”理念框架下的选人、律人、育人、激励人的措施紧密相关。

第三，“久于其任，功德圆满”的人物史实，说明通过“先人后事，久于其任”的管理路径，也能达到“行务得维持于惊涛骇浪之中”、“行务又蒸蒸日上，均激励奋发”，行员“均相为识，和睦如家人”的发展与管理效果，由此使我们获得一种新的管理理念的启示。

5. **道德培育的博采众长和因地制宜性，着力增强员工“能行则行”之能力**

中行培育员工“高、洁、坚”三种品质的路径具有博采众长性和因地制宜性，值得为当今借鉴。即：“一个青年走进中行，他的学识是怎样丰富？技能怎样优长？道德怎样高尚？精神怎样壮健？一步步地由低级行员晋升为高级行员。要想成为事实的表现，必须循着下列的标准做去：一是保持旧道德；二是培养新精神；三是用旧识见贯彻新精神。总之，中国银行的行员，是以‘旧’驭‘新’，而加以‘整个化’。”

可见，“新思旧养”道德培育方式具有博采众长性与因地制宜性：一是，在员工道德培育路径上，既要西为中用，又要因地制宜，从而找到中国近代式的银行做法。二是，将钱庄之智识“古为今用”，将外国洋行之智识、大学研究院之心理、教会的精神加以“洋为中用”。三是，因地制宜，推陈出新。即“吾人虽应备以上四种要素，但须力避其恶习，如钱庄的经理做私生意，店员宕账；洋行之买办恶习；研究院之书呆，只知书本上原理原则；宗教家之慈善气，只知销用别人的钱，不知生产。若能扫除这种缺点，而具有此四种智识与精神，吾中国银行就可称为近代式的银行”。这就是说，对这四种中西品德，在“古为今用和洋为中用”的同时，又不能全盘照搬和机械运用，而应当借鉴其精华，摈弃其糟粕，通过去伪存真，才能建立起“近代式的中国银行”。

与此相关，中行着力增强员工“能行则行”之能力的理念与方法，也值得为当今借鉴。员工三大品质之一就是任事的坚韧性，即不能仅以但求无过为尽职，必须不避艰险，不畏强御，战胜难关。在做事理念的深入培训上，中行要求员工：一要具有“能知必能行”的自信力，想到，说到，就要做到；二要以能做者为限，力矫空言之弊；三是做人须要专一，中行以外，无事乱我心胸，所以精神上得有安慰，从而就能做好事情。与此同时，中行将“做事应以所任之事为己事，竭其智能，处处作进一步之研究，时时为深一层之思虑，务达到最尽善尽美之目的，始肯释手”，作为行员做事成功的态度与精神；将“我人目前之服务，实与我人自身前途事业有种种密切之关系，不仅当视为己事，其实际即为己事”，作为行员做事成功的利益与动力；将“唯做事时能不断的（地）读书，斯事业有不断的进步”，作为行员做事成功的能力来源。在此理念指导下，通过内刊教化这一平台，进行了吸存业务、服务营销、贷款业务、调查研究、外汇业务、会计业务等多种能力培训，从而增强了员工“能行则行”之能力。比如，当年中行员工所提出的“以发行准备、存款准备、知识准备，刻刻准备受顾客的考试”的服务大众之演绎理念，至今仍可见其闪光之处。

6. **树立员工“全行智识”，深入培育全行的合作精神**

“全行智识”相当于当今的全行观念或大局观念，要求员工要有为全行服务的精神，使各地的行员成为整个的中国银行行员；全行行员必须知道银行应（当）如何做（的方）法，知道银行对于社会应尽的各种义务，由此才能够谋本行的发展，达到扶助工商业和社会经济的目的。中行对“全行智识”的培育包括：一是宏观眼界的智识培育，即“我们无论办何种事业，必须具有远大的眼光，静观熟察，始能追随潮流，与之俱进”；二是银行协作管理能力培育，张公权《指挥与联络》一文的观点与理念，至今我们还可视作是对管理层推行“全行智识”的纵横管理的纲领性教材；三是合作互助精神培育，《中行生活》素有“数邀名流，广播智识”之办刊特色。比如，被誉为四川省（当时）唯一之企业家，时任民生实业公司总经理，川康殖边银行经理的卢作孚，就曾为《中行生活》寄示过《建设中国的困难所在及其必循的道路》文稿一则，文中“旁征博引，论列颇详”，指出了中国家文化传统与现代集团生活——社会生活核心之间的矛盾，提出了创造现代集团生活并由此复兴中国的观点。由此，从中国社会建设问题的高度去启迪行员思维，高屋建瓴地培育全行的合作互助精神。还有，四川分行行长周宜甫早在1920年，就针对本行“甲遂尽引附于甲者，团结成体，以谋倾乙；乙亦尽引附于乙者，以谋倾甲”的非合作的人党现象，进行严厉制裁，逐步培育出“一堂之内，相视莫逆，再以才识经验，互相砥砺，庶几人皆有用，事尽获益”的合作文化氛围。

根据波特“价值链”理论可知，战略基本单位是活动，竞争优势来源于企业所进行的许多相互分离而又相互衔接的活动——即价值链。企业与企业的竞争不只是某个环节的竞争，而是整个价值链的竞争，整个价值链的综合竞争力决定企业的竞争力。中行“要有全行的智识，为全行服务的精神，即人人要做成整个的中国银行行员”的文化价值主张，其企业战略管理的本质就是：第一，通过对员工和部门素质的提升来增强资源和能力的稀缺性。正如张嘉璈所说：“散了行，亦应该时时想想今天所做的事，有没有缺点？有没有做错？有没有明天应当补做的事？”其中所包含的理念颇有当今海尔公司文化“日事日毕，日清日高”理念之韵味。第二，通过提升内部协同效应来培育资源和能力的相关性，形成竞争优势。如张嘉璈所言：“我们中国银行，当然亦应该将全行的业务，有一整个的分工合作、指臂贯通的方法”；可见，培育“全行智识”的目的与波特价值链理念如出一辙，即“消费者心目中的价值由一连串企业内部物质与技术上的具体活动与利润构成，当你和其他企业竞争时，其实是内部多项活动在进行竞争，而不是某一项活动的竞争。”

7. 培育员工高级趣味，寓精神教化于情境的多样性与生动性之中

着力培育员工高级趣味，寓精神教化于情境的多样性与生动性之中，也是为当今参考借鉴的重点之一。张嘉璈认为，“一个大机关中有千百个同事，哪能将一个一个人的素养，试验考别清楚，所以只好对于体育智育德育方面，有一共同的设施，以补助个人旧日素养的不足。”其所指的精神训练“共同的设施”：一是利用聚餐会，每星期五晚，由中上级新旧干部一律参加聚餐，旧同事讲其旧经验，新同事报告其在工作时，如何利用新知识，互相交换意见，使新旧熔于一炉。二是组织新生活俱乐部，备有公共食堂，图书室等。三是邀请行外名人演讲。四是发行《中行生活》，传达行员动态，登载行员意见。五是组织旅行团，参观工厂及名胜。通过这些“共同的设施”，使行员精神训练达到“提高生活兴趣，增进工作效率”之目的。为此，四川分行积极践行这一理念，使行员的公余生活被描述为以下八种：一是，读书分为三个学习班：中文班，由周宜甫经理教授，教材多偏重应用文；英文班共有三个班，分别由行员王新华、顾文奎、张承毅三君教授；银行学班，由孙襄理教授，每星期授课三次。二是，书法由周宜甫经理批阅指导，还主办了《书法讲演》。三是，骑马和练拳，星期日及休假日，同人多在城外举行骑马；平时并练太极拳，教师姓王。四是，学戏分两类班：学京剧，行里聘有专门教师教授，锣鼓丝弦，场面全备；学昆曲，由周仲眉主持指导。五是，打球分为三类：网球，篮球，乒乓球。六是，学术研究分三类：茗学会，会计班，日文班。七是，为解决同人吃饭问题，1933年夏天行里添设了西餐，聚餐时间较长，作谈话之交换。八是，渝行利用本行电机，不时租片在行内放演，同人纳些微费用，同人的家属也被邀来同乐。九是，团体旅行，每年趁休假日期，游览附近名胜地方。由此，达到“理情力”三者并进的目的，而且川行行员公余生活颇有张嘉璈所希望的“上下和衷共济，一如家庭；彼此不惮研究，一似学校；全体活泼愉乐，更若俱乐部”之景象。

8. 寓教于刊以展现精神，以刊为校地提升行员的智识

《中行生活》作为中行的家庭通信机关，其“展现精神”作用有二：一是，“一切事业的成就，就是凡百公私生活演进的表现”；“通过这份杂志，将本行总分支行一切业务、事务，及行员服务的工作与思想都写出来，可以大大的改善我们行员的精神。”所谓演进，意指事物在长久发展变化向好的方向推进，演进的过程也就是“刊化精神”的过程。二是，“我们若是要完成中国银行所负重大的救国利民的使命，必须令全行二千个同事，有同样的认识，有同一的精神。就是除了阶级关系、职务关系之外，有深厚的精神团结。”总之，中行通过内刊促进行员文化共识特色逻辑，

其可供当今银行文化建设借鉴者，有以下三点：

第一，真实的办刊编制精神。张嘉璈指出：“人类的生活，本是有表有里。机关的生活，尤其是偏于形式。表面的生活，形式的生活，都是偏于虚伪，虚伪是社会最大的病根。因为专谈表面只讲形式，必至人类里面潜伏的一切病态，无从表现，无从发泄，愈伏愈炽，终致不可收拾。”不难看出，“真实”的办刊精神具有特殊的文化共识之管理意义，即在官方意识灌输过程中，要讲求“真实”性，以减少文化培育中的说教的色彩和“偏于虚伪性”。公司文化理论告诉我们，文化在员工心中“落地”有三个程序性环节：知、信、行。“信”是文化落地的前置性环节，造成组织文化难以落地的主要原因之一就是：说教色彩偏重。在这方面，张嘉璈把“真实”的办刊表达，视为医治那些“专谈表面只讲形式的虚伪”这一社会文化最大病根的有效方法，期望通过广大行员的真实表达，避免他们“无从表现，无从发泄，愈伏愈炽，终致不可收拾”的组织病态发生。“真实”的办刊表达之文化共识效用，如他所说，“若是拿人类里面的（即指精神的、灵感的）生活，用真实的写法表现出来，则他们的好处，可以十二分的表现出来，就是坏处亦可以明明白白地说出来，不特使读者知事事物物之真善真恶，抑（亦）且可以增加读者精神上之愉快。可以大大的改善我们行员的精神。”因此《中行生活》刊载的文稿真真切切，员工看了感同身受。

第二，活泼的办刊编制精神。张嘉璈还说：“尝听说一切事业的成功，从困苦中得来。而事业的创造，乃从愉快中得来。在精神极愉快的时候，方有极新颖的思想。我们中国人在现在环境之下，多一个一个的垂头丧气……于是一切言论文字，都像病榻呻吟之声。我们想想，一个人若是天天听到病人呻吟之声，还能有愉快的精神么？即不是呻吟之声，就是刻板文章的礼义道德之谈，亦何能唤起精神的愉快？唯有将一切事事物物，从乐观的、善意的、向上的、超脱的方面来观察他（它）、解决他，则自然而然不至增加我们的烦闷，不致减少我们的愉快，这就是我所说‘活泼’的意义。”可见，活泼的编制精神的文化共识之管理意义是：第一，“活泼”是为了愉快，愉快才有好的思想；有了好的思想，才能形成文化共识，“与其消极的从艰苦中求快乐，毋庸积极地从快乐中求成功”。第二，“活泼”的对立面是垂头丧气与病榻呻吟。“成天怨天尤人的话，所说所写的一切言论文字，都像病榻呻吟之声；如果无病呻吟的话，则只有刻板礼义道德说教，难以唤起精神的愉快。”总之，“活泼”的编制精神，对于官方意识灌输和教化，都具有很好的补充意义。

第三，亲切的办刊编制精神。“亲切”的办刊编制精神逻辑含义是：同人之间先有深厚的精神团结，再有同样的认识和同一的精神，而以“亲切”途径培育同一的精神，不是靠一篇训词、一个命令（就）可以养成的，而是要在平日行员相互间，有诚恳深切地自由交换意见，则不期然而然地发生精神关系。其管理本质就是运用文化的语言象征这一媒介（企业共同语言）来达成文化共识。即通过“平日行员相互间有诚恳深切的自由交换意见”，就能使行员在“第二社会化”过程中学会与角色有关的全部词汇，由此产生企业员工之间的共同语言，达到“不期然而然的发生精神关系”——即使全行二千个同事有同样的认识，有同一的精神。由此，他深愿有一杂志，拿来当作中国银行这个“家”的家庭通信机关，一个一个自由发表意见、供给资料，表示“亲切”的态度，以培育同一的精神。“银行之职业竞争，与国家一样，全在办事精神。因此我现在更希望我行行员的精神，能够一致。那全行的前程，就无限量了”。

（三）重视法人伦理与三大“业务参谋”作用，以革新精神谋本行业务之发展

纵观中行及四川分行公司文化之核心价值体系，促进中国银行业务发展的惯常逻辑共享经验，大致由法人伦理、行基（经营管理）理念和调研理念等三大理念构成。

首先，法人伦理。其中：“信誉基石”理念是中行作为法人的根本市场道德，即根本经营原则和处世关系原则；“竞争有德”理念是调整中行法人在业务发展与同业竞争过程的重大关系法则；“顾客股东”理念是调整中行法人与社会公众关系的重大关系准则，以及中行为社会提供金融服务的始得根据；“同业合作”理念是中行法人与同业伙伴相处的重大关系准则。

其次，行基理念。包括：革新精神，创造能力；进步保守，稳健主义；严行稽核，便利社会；会计责广，计算精明；关注效率，积极节支；细则要点，工作规范。相似于现代企业的经营理念与管理理念。

再次，调研理念。包括：调研先导，科学态度；条分缕析，谙悉环境。

上述有关促进中国银行业务发展的惯常逻辑与共享经验，其资治辅助和堪鉴育人之思考，主要体现在以下几点：

1. 确立具有竞争性的崇高法人伦理，是建设理想中国银行的根本保障

现代企业的法人伦理，是指企业的社会道德、市场道德、生态道德和对员工的人际道德等，主要包括系统做事原则和重大关系原则。中行当年将确立具有竞争性的崇高法人伦理，作为建设理想中国银行之宏愿目标的根本保障，具有一个深深的永葆中行在中国银行业领袖地位的情怀和宏愿。然而，要永葆中行在同业的领袖地位，既需要具有高于同业道德标准的员工道德（高洁坚）来规范行员行为，同时还需要有高于同业道德标准的法人伦理来规范中行的企业行为，其竞争性的崇高法人

伦理，及其可鉴要义如下：

第一，将“信誉基石”作为中行法人的根本市场道德，从而赢得人民的信仰。为实现中行愿景，中行以增强人民对中行的信仰为确立崇高法人伦理的路径，即“中国银行之基础，实建筑于民众的心理之上。顾社会之变幻，与日俱新，本行断不能硁硁自守，以此为足，必须日谋进步，以期获得更多数民众之信仰”；以“中国银行整个的组织，是帮助中国所有一切事业的；四川所有分行，是为帮助川省一切事业的；中国银行根本就是中国四万万同胞的银行”作为中行的报国情怀；以如履薄冰的心态，时时自警自虑，自律自强。即“诸君更须知道，本行在社会所处的地位是万目睽睽，我们的一举一动，不知不觉间都在一般人的耳目间”，“现在因为同业的竞争，我们中国银行自己虽不觉得什么样的退步，可是因为别人家的进步，就觉得自己一天一天往后退”，“所以希望大家随时去找寻新的境地，再由新的境地，达到特别新的阶段，总要使我们中国银行站在最前线，做一个永久的领导者！”

第二，以“竞争有德”谋各行之平均发展，永葆中行在中国银行业的领袖地位。一是要以中行员工的人格与能力为竞争之工具，用新精神、新方法、新思想推进业务。即“目前各家银行，纷至沓来，营业竞争，日益剧烈，我们更要淬砺精神，应以我们的人格与能力，为竞争之工具”，“同仁必须要有新精神、新方法、新思想，来立己立人，推进业务”。二是要谋各行和各行员工之平均发展，永葆中行在同业的领袖地位。“须知银行最要的条件是信用，信用之构成，是从各人员各别之信用结合而成的。我们要谋本行各行之平均发展，同时必要先谋每一行同人之平均发展，不论是分枝机关，或分枝机关中之一员，均须步步整理。”为此，中行的管理脉络是：经理（行长）人人以模范自居——行员以经理（行长）为标准从事——中行做一个永久（的银行界）领导者。所谓经理人人以模范自居，是指经理要保持高尚的人格；不断地补充新知识；养成刻苦的习惯。所谓行员以经理为标准从事，是指“以现在全行二千三百几十个同事论，那就像有二千三百几十个经理；以二千三百几十个经理一贯精神的经营一个银行”。所谓中国银行做永久领导者，即“总要使我们中国银行站在最前线，做一个永久的领导者”；“所谓领袖的资格，即须其人有确定不移守法的精神，有深厚的道德观念，有远锐的经济眼光，即资格具备矣”。

第三，“国家、社会、民众”是中行股东理念的家国情怀与理论贡献。张嘉璈指出：“顾客是我们的第二股东，我们银行的获利，都从顾客身上来的。所以银行的信用愈增，顾客愈多，顾客愈多，利益愈厚。”为响应这一文化价值主张，中行各分行积极践行和演绎这一理念的适用范围与场景，《中行生活》才俊编辑高屋建瓴，循循善诱，不断丰富“顾客是我们的第二股东”理念的演绎性内涵，其实践效果甚佳，其演绎观点足可丰富当今营销理论，堪存堪鉴。“顾客是我们的第二股东”理念的演绎性内涵：一是凡执有本行股票者，为中行狭义股东；国家、社会、民众，视为我们之广义东家，这是银行界社会服务的始得其根据。二是我们在行服务者，为本行伙计，伙计则以其人格精神能力，为本行信用之保障；股东以所出资本，为本行信用之保障。三是我行宗旨之宏，使命之大，我们所负责任何等隆重。吾人当放开眼孔，握定主张，从远处大处做去，人人必须先就自身之人格精神能力，做出一个中国银行行员的样子来，要使社会认识敬爱中国银行的人才是。四是银行应付顾客，何尝专为的图利，银行是做顾客所吩咐做的事情，专谋顾客所需要的便利。五是顾客才是行员真正的上司；若把站在柜外的顾客看作是顶头上司，则时时刻刻感到责任之重大，休戚之相关，从而更好为客户服好务。“顾客股东”理念的系列内涵，具有以下文化价值特征：

一是，国家、社会、民众是中行股东理念，要比现代管理理论的利益相关者理念更具家国情怀。弗里曼的利益相关者概念，尽管对利益相关者的分类很全面，但它是从“影响一个组织目标的实现和受到一个组织实现其目标过程影响”的角度，来看待这些利益相关者（股东、员工、债权人、供应商、消费者、竞争者、中央政府、地方政府以及社会活动团体、媒体等）的。而中行的广义股东理念则把国家、社会、民众视为股东，而股东地位要比利益相关者地位更为重要；而且，把国家、社会、民众视为股东的前提，就是指中行人人必须先就自身之人格精神能力，做出一个中国银行行员的样子来。可见，中行的广义股东理念要比利益相关者概念的胸怀更大，产生时间也早得多，这不能不说是非常难能可贵的。

二是，顾客才是行员的真正上司的理念，适用性更强。《中行生活》编者能够结合中国文化传统提出“顾客才是行员真正的上司；把客户看作是顶头上司，则时时刻刻感到责任之重大，休戚之相关，从而更好为客户服好务”的理念，不能不说是难能可贵的。“顾客是行员上司”理念，要比当今随处可见的“顾客就是上帝”这一舶来语，更切合中国实际，也更加富有实效。此外，“银行应付顾客，何尝专为的图利，银行是做顾客所吩咐做的事情，专谋顾客所需要的便利”理念，则与当今为客户创造价值的理念极为相似。

2. 以“革新精神”谋业务之进展，以“进步的保守”求经营之稳健

民国时期，中行经营理念精髓就是“革新精神，创造能力；进步保守，稳健主义”，其资治辅助的堪存堪鉴之处主要体现在以下几点：

第一，以“革新精神”谋本行业务之进展。中行经营理念精髓之一就是：以“革新精神”谋本行业务之进展，以“创造能力”图一切事物之改善。所谓革新精神，就是把革新经营管理作为发展业务的必由之路；随时去找寻新的境地，再由新的境地，达到特别新的阶段。所谓创造能力，就是指对事事有创造能力，用新的思想和新的方法，开辟新的途径，树立新的基础，多指企业的边际适应性改进。在中行“想要做到的就一定千方百计去做到”的史实结果中，“以革新谋进展，以创造图改善”的理念的整体贡献效果，是功不可没的。1928 年，中行改组为特许的国际汇兑银行后，就满腔热情地安排自己的规划，寻求经验和帮助，专心致志地探索改革的道路。1931 年初，中行洋为中用与因地制宜地推出了会计、内部组织、国外汇兑业务、调研、人事、精神修养等六项全面改革的落地方案，使中行成为以经营管理著名的西方资本主义式的近代化银行的雏形，推进了业务的发展，为中国旧式银行的改革，创立了一个范例。

纵观民国时期中行公司文化之“行基”价值理念，会计改革始终是中行业务发展与进步的竞争利器。张嘉璈指出：会计主任第二责任就是时时留意谋会计的改进，即指“往往一种会计制度改订之后，当会计主任的就认为这个制度已经满足，可以无须再事研究，并认为已毋庸再有改革。这是很大的错误。在现在的银行竞争十分剧烈的时候，不特业务日有增加，而且业务的种类，也日新月异，再有种种机械的应用和机械的进步，会计制度随之而变迁。故一种制度改订之后，决（绝）无满足，决（绝）无止境，必须随时随地用心研究。”知往鉴今，当今在促进银行业务发展的多种须改革问题当中（包括财务与会计的改革），可不可以在力所能及范围内进行边际适应性改进？这的确值得思考，亦如张嘉璈所言：“时时研究此新（会计）制度的缺点及不甚效用之处。一面时时与别的银行的会计人员接触，研究别的银行会计制度的优点，设法输入新思想，使本行的会计制度，刻刻不落潮流之后。同时当会计主任的（人）应时时采访各部分（门）尤其是会计部分人员的意见，并尽量叫他们批评，这种做法，不但可使会计制度，随时有改善的机会，并且可使行员的精神，步步向上。”

第二，以“进步的保守”求业务经营之稳健。中行经营理念之精髓之二就是：进步保守，稳健主义。第一，所谓进步的保守，即“我们中行，在外界素有保守之名。保守二个字，并不是一个坏名词。不过保守要分进步与不进步二种。我所希望的，是进步的保守”。亦即：一是靠着本行坚固的信用，忠实的服务来获利；二是靠着中行全体行员忠实纯洁的人格为我们的经营基础；三是通过全行厚储公积，劳资真实合作，把行员工长远利益和短期利益结合起来。第二，所谓稳健主义，即指商业银行风险经营的审慎性原则，也指减低股利以固根本股利。中国银行 1931 年营业报告称：本行廿年来，素抱之稳健主义，所产生之信用及蓄积之实力，得以收效于盘根错节之日，堪为股东告者。四川分行从1915至1928年军阀混战最为严重的13年中，据有据可查的统计和判断，至少有8年可以赢利，有1年稍受亏耗，足见其素抱之稳健主义的经营效果是难能可贵的。可见，“进步的保守”理念本质就是一种融创新发展、稳健发展、有德进步和保持领袖地位于一体的集合性发展模式；而“进步保守，稳健主义”价值特征，主要是指商业银行把控经营风险的审慎性和稳健性。

3. 重视三大“业务参谋”作用，是中行发展上“能行则行”的重要秘诀

在民国时期，政府腐败，经济落后，财政拮据，军阀横行，战乱不止，中行和川行能够摆脱困境，迈开步伐，在各项业务经营发展上“能行则行”，其重要秘诀在于：中行经营管理实际上有“三大参谋”，即“稽核前置”的风险防范参谋，“会计责广”的帮助本行和贷款企业如何赢利的计算精明参谋，以及科学态度下“条分屡析，谙悉环境”的调研先导参谋。

第一，“稽核前置”的风险防范参谋，使中行业务方面漏洞一般都能防患未然。所谓严行稽核，指通过“稽核前置”方式去施行银行一切风险管理之事实，使稽核工作位高任重，成为全行业务中心、管理中心和参谋中心；并将“严行稽核”的重要性上升到“便利社会”的高度来看待。为此，中行重视稽核部门权威来源的管理：一是精选业务品德兼优的人员来担任这项工作，并规定严格的工作纪律；二是确立“身教重于言教”的管理文化，即中行总处为做好全行的稽核工作，首先召集各分行检查人员先行检查中行总处各部。三是总处稽核部门在派员赴外稽核时，会同分行稽核人员进行传帮带。总之，注重身教、精选人员、传帮带动是支撑总处稽核部门权威的三大来源，也是稽核部门“位高权重”职能作用有效发挥的保障，从而使稽核工作“对业务情况进行随时了解，并发挥出重要的参谋作用，使中国银行在业务方面的漏洞一般都能防患未然”。

第二，“会计责广”的帮助本行和贷款企业如何赢利的计算精明参谋。中行狭义的会计职责是对顾客服务，不因会计手续而迟延；每日各行账目，要当日结出；总处按日得到各分行资产负债余额及累积损益数字。中行广义的会计职责有六项：一是从会计角度督察日常营业的一切事务；二是时时留意谋会计制度的改进；三是时时研究及留心各种业务的数量及每日各种业务的增减；四是时时注意和研究各种经费支出的经济性；五是每日研究每笔业务获利情况和将来获利趋势并随时告诉营业单位；六是训练会计部门行员增多智识和增加效能。总之，会计工作不仅要对会计数字的真实性和准确性负责，更要对会计数字背后的业务联系、经营状况和发展建议等负责。而且，中行还有一段以“贷款企业建立会计制度为借款无决条件，帮助企业运用会计制度分析预测市场供求与销售盈余，制定经营方针”，结果使中行“因之业务稳固，各工厂亦乐与本行往来”，“结果尚能圆满”的历史。

第三，在科学态度下“条分屡析，谙悉环境”的调研先导参谋。首先，调研理念的内在逻辑。“调研先导”是核心概念，意指银行业务之实施要以调研为先导。包括着重于一事一物之详细调查，以期有裨于银行业务之实施；不论新旧商务，均有研究、养成选择之能力；对于工作应抱研究态度，使一切工作皆有生气；对于社会服务，应随时加以研究态度；须抱如在大学研究院之心理，对于原理原则，亦须详加研讨。“科学态度”理念是发挥调研先导作用的前提与规范，意指调研先导要以科学态度与方法为基础。“条分缕析”理念是发挥调研先导作用的方法论，由此为业务发展和经济研究提供有价值的参考与借鉴。“欲求中国银行界之充分发展，须向各种事业调查入手做去。”由此，中行“条分缕析”的调查传统，可以追溯到 1915 年，那时就拥有了信贷风险评价体系之雏形。1933 年中行“条分缕析”之衡量标准有 14 个方面，按照现代企业战略管理理论去衡量，这 14 个方面调研内容基本包含了当今宏观战略环境 PEST 分析法（政治、经济、社会、技术）的全部内容（指影响一切行业和企业的各种宏观力量）。“谙悉环境”理念是发挥调研先导作用的结果的衡量标准。仅以八十多年前川行所调研的古代及民国以来的四川名人一览表和四川 32 种地方特产为例，就可看出川中行“条分缕析，谙悉环境”的调研功力非凡。对于国内外投资者来说，了解一个地方“人杰地灵”的文化底蕴都是至关重要的。而四川名人一览表和 32 种地方特产就是四川“人杰地灵”的有力依据，也是初次接待来宾时最恰当的话题。不难看出，这一调研成果，即便是对于当今接待外地来宾和介绍四川名人和特产时，也很受用。

其次，四川分行的调研报国精神。20 世纪 30 年代，四川分行在“我国人士多缺乏社会观念；而此间一切现象之无记载，无参考，无办法，非言语所可形容”的情况下，面对“随时随地可以发生问题，而又须随时随地即谋解决之方”的实际情况，调研工作开始起步，逐步形成了“盖欲真正使国人爱国，非由认识一点着手不可”，“吾人欲图自爱自救，须对于自己有相当之认识和研究”的调研报国理念。而且，注重使调研工作“务求十分的经济，十分的实际，庶智识不仅为吾人之装饰品耳”。据不完全统计，1930 年至 1938 年，川行仅有文字记述的调研课题就有 50 多项；到 1935 年 3 月，川行的经济业刊（专著）和旅行业刊共有 12 种，许多办事处等还办起了《定期半月通讯》。总之，调研成果为中行赢得了宝贵的文化信誉，为中行树立起崇高的形象。这是宝贵的文化信誉，不是任何广告宣传所能达到的。有人说，中行的信誉之所以能够名扬四海，超过其他资格更老的银行，久居全国之冠，其出色的调查研究工作是重要原因之一。

其三，堪为当今扶贫工作借鉴的川行农贷之科研性。川行农贷开始于1937年，兴于1938年至1939年，盛于1940年至1941年。截至1941年6月，中行农贷实贷总额占中国银行、中国农民银行、交通银行、中央信托局等四行局本年农贷实贷总额的44.32%，四川中行实贷总额占中行实贷总额30.54%。由此，取得了“农贷金额逐年增加，部分地缓解了农村金融枯竭；增强了农民生产能力，促进了农业生产发展；推动了农村合作事业的发展；增强了人民对政府之信仰，融洽民族关系”的成效，中行及川行农贷在战时成为国家行局发展农村金融的主力，在中国银行史乃至中国金融史上，书写了值得称赞的绚丽篇章。现仅从川行调研报国角度观察农贷成效，这也是建立在“调研先导”理念基础上所取得的：

（1）农贷不“农”而靠“科”。即指中行及川行农贷并不是缺乏科学技术含量的“土”贷，其科研含量体现为：中行农贷领导是专家学者；中行农贷酝酿是在考证全球15国的农业金融做法和农业金融制度的实践效果的综合比较基础，提出了“洋为我用”之原则；中行农贷战略制定是以科学为指引；中行农贷人员需要进行三个月的科班培训；中行农贷业务拓展先要经教授进行专业培训。1939年9月，四川分行即便是对麻布事业的农贷业务拓展，也是先从重大李充国教授进行《改进麻布事业之计划》辅导入手的。

（2）农贷不“农”而靠“研”。即指中行“抱如在大学研究院之心理”，对于农贷的原理原则和方法详加研讨，其科研含量体现为：农贷风险防范靠“研”；农贷政策协同靠“研”；藏区农贷拓展靠“研”；农贷业务拓展靠“研”。正如1941年中行陶桓棻副稽核所言：“所有本年度办理农贷之各项计划与程序，已有简明切实之决定，条分缕析，纲举目张，吾人自应悬为鹄的，循序推进，以底于成。”在此期间，四川分行还形成了“必成的信念，公事当私事去办，到处学习，造成共同意志”之川行办事风格，以及“高超理想，百折不回，摩顶放踵，焦唇敝舌”之川行农贷精神。

综上所述，希望通过《中国银行四川分行公司文化简史（1915—1949）》的出版，研问其文化核心价值之道，以期能够作为供后人借鉴的“进一步活动的规定因素”，达到“以启未来”的资治和育人之目的。

中国银行股份有限公司四川省分行行长　郑国雨

2019年2月6日于蓉城

凡例

一、记述时限

本史记述时限为中国银行成立之日即1912年2月5日，至1949年12月27日成都解放之日。部分事项为保持记述内容的完整性，记述时限适当上溯、下延。

二、记述范围

（一）隶属性记述范围与原则

中国银行四川分行作为中国银行在四川地区的派出机构，与中国银行总行之间具有隶属性历史交集关系。因此，要理清四川中行相关史料的来龙去脉，则需阐明中国银行某个时期的行史背景与内在原因，由此方能对四川中行百年行史有一个整体性的把握。

（二）地域性记述范围与原则

民国时期，在中国银行组织体系内，渝行、渝中行川行、四川分行、重庆分行、重庆中国银行等概念的内涵与外延，均是等同的，四川省境内中行分支机构的历史，即是对重庆分行、成都支行、自流井支行、内江支行、万县支行及其所属机构历史的集合性记述。该地域性记述原则之缘由如下：

第一，从我国行政区划演变过程看，四川建省之始，起自元朝至元二十三年（1286）正式建置四川行省，由此沿袭到明、清和民国，直到全国解放及成渝两地解放之时。在此期间，当今的重庆直辖市及其所属地级市涪陵区、万县区和黔江区均属四川省建制。

第二，从中国银行分支机构设置和管辖区划分演变过程看，中国银行分支机构设置一直贯彻“经济为主，政治为辅”的原则，分行管辖区也不限于所在省、市的地域之内，以利于更好地发展业务。中国银行四川分行（又称渝行、川行、重庆中国银行）从 1915 年 1 月 18 日设立以来，就是四川境内中行分支机构的管辖分行。这种设置情况，与 1930 年前后，中国银行将山东省会的济南分行（鲁行）改为支行，将进出口贸易兴旺之地的青岛支行升为分行（鲁行），以及福建中行原在福州，后来厦门改为分行（闽行），福州改为支行的情况相似。因此，民国时期，在中国银行组织体系内，渝行、渝中行川行、四川分行、重庆分行、重庆中国银行等概念的内涵与外延，均是等同的。换言之，民国时期中国银行四川分行的行史之地域性记述范围等同于渝中行、重庆中国银行及其所属机构之行史。

第三，在中行“分行管辖区不限于所在省市的地域之内”的机构设置原则下，云南省和贵州省的中行机构均有归重庆分行管辖的历史，但是介于历史上云贵两省均不属于四川省之行政区划范围，因而中国银行四川分行史的记述范围不包括重庆分行曾经管辖过的云贵两省境内分支机构的历史，但应包括昆明支行 1939 年在西康省境内设立的会理县中行机构的历史。西康省于民国二十四年（1935）筹建，二十八年（1939）一月一日成立，设省委员会于雅安县。该省由原四川省西康行政督察区所属 18 个县，以及第 17、18 两个行政督察区所属的金沙江以东 19 个县，金沙江以西 13 个县组成。新中国成立后于 1955 撤销西康省，将雅安专区、西昌专区、甘孜藏族自治州及凉山彝族自治州所属县划归四川省管辖。因此，本史记述的是民国时期四川省（含西康省）境内中行分支机构的历史，即对重庆分行管辖内的分行直属机构，以及成都支行、自流井支行、内江支行、万县支行及其所属机构的历史，而抗战时期中行曾在西康省境内设立过的雅安、西昌办事处则归属成都支行管辖。

三、公司文化史编撰原则

（一）按照隶属性记述原则概括出中行公司文化核心价值体系

编撰中行四川分行公司文化史，首先要按照隶属性历史交集关系，概括出中国银行公司文化核心价值体系，然后再编研出四川分行公司文化的响应与演绎的特点，以期达到“修史问道，以启未来”的目的。

（二）按照公司文化产生规律编研中行文化主导者的经营管理思想

公司文化形成的关键因素在于企业家，企业文化在一定意义上是企业家或公司领导人文化，他们的文化主张、文化思想、文化素养都会成为企业文化的重要元素。所以，按照公司文化产生规律编研中行公司文化主导者的经营管理思想是至关重要的。

（三）按照公司文化概念编研总行文化倡导与分行文化响应之史料

第一，公司文化是一个共同拥有的“复数”概念，客观准确地概括出民国时期中行四川分行的公司文化特征，实际上是一个运用中行上、中、下三层人员一体化的文化思想与行为效果之史料，进行文化核心价值的提炼与概括之过程。

第二，公司文化是一个“思行合一”的行动概念，编撰中行四川分行公司文化史，除了提炼与概括总行的文化核心价值之外，还须有全行员工践行文化价值观念，由此提升组织经营管理效能的史实加以验证。

此外，对文化倡导与文化响应史料的集合编研，也是本史“凡例”中所指的隶属性记述原则，概括中行四川分行公司文化特征的过程，也就是对中行公司文化史与四川中行组织文化史的集合记述过程。

（四）按照公司文化管理逻辑编研中行公司文化共识的管理特色

公司文化建设的管理逻辑就是对文化选择、文化共识和文化实践所进行的集合性管理，即以有效的文化选择为前提，以整体的文化共识为纽带，以持续的文化实践为落脚点。因此，编撰中行四川分行公司文化史之内在逻辑还在于：

第一，编研中行四川分行公司文化选择史料，就是编研中行领导人的文化思想及其所带来的价值，以及编研分行领导人对总行文化的认同与演绎之思想。

第二，编研中行四川分行公司文化实践史料，就是运用四川分行及其他兄弟分行相关史料，说明通过文化实践对提升中行组织效能的效果。

第三，编研中行四川分行公司文化共识的史料，其本质就是按照公司文化培育难度，重点编研中行文化共识过程的管理特色。因为，公司文化培育的难度在于员工整体的文化共识，跨越文化共识的门槛，体现着不同公司文化管理的水准与层次。编撰中行四川分行公司文化史，有必要对达成文化广泛共识之独特培育方式，进行深入浅出的史料编研和专章记述。

（五）按照公司文化相关理论编研公司文化传承与文化变迁的史料

公司文化既是组织创业活动过程的客观产物，又是组织领导人选择的主观产物。同理，公司文化传承与文化变迁也取决于主客观两方面条件的契合与变化。客观上讲，在民国 37 年间，中国银行职能发生过三次变化：南京临时政府和北洋政府的中央银行，民国政府特许的国际汇兑银行，以及国际贸易专业银行。主观上讲，在民国 37 年间，中国银行董事长和总经理数易其人，其文化传承与文化变迁是可想而知的。因此，编撰出完整的中行四川分行公司文化史，理应编研出公司文化传承与文化变迁的史实梗概。

四、章节设计

全书章节框架整体安排如下：

第一章　中行及四川分行公司文化兴起历程概览

第二章　公权时期文化核心价值特征及践行效果

第三章　中行文化共识的独特培育方式及其机制

第四章　中行及川行文化传承与文化变迁之略史

结　语　中行及川行公司文化价值体系之总概括

其中，第一章介绍中行及四川分行公司文化的选择过程；第二章记述中行及四川分行公司文化核心价值体系及其特征，以及对文化实践的效果加以概括；第三章则依据翔实的史料及文献，专门介绍张公权时期达成文化广泛共识之培育方式；第四章介绍张公权以后时期，中行及四川分行的文化传承与变迁之史略。最后，在结语之中，分别对中行公司文化核心价值体系及其史料内涵加以总的概括，同时对四川中行公司文化精神的特殊点加以总结。

五、引史原则

为尊重史实原貌，增加历史厚重感，让广大行员和其他读者真正体悟到中行公司文化史料的原汁原味性及耐人寻味性，同时为避免引用史料时出现多重引号的问题，故本史采取以下方法作为引史原则：

第一，对整段整文的史料引用，主要采取另起一行并运用楷体字表述的方式加以表达。

第二，为便于读者对整段整文史料引用的理解，采用先以小标题概括整段整文引用文字的逻辑意思，再另起一行用楷体字引用史料。

第三，在运用楷体字进行整段整文史料引用时，对原文中的简称语、生僻字、难解字，则采取加括弧注释的方式予以处理。

第四，对于原始史料有明显错误的地方，直接加以更正或加括弧予以更正；对同一词语跨时代的说法，也直接加以更正或加括弧予以更正。

六、体裁运用

本史采用述、记、志、传、图、表、录等七种编撰体裁，以述为主，多体配合，以利于多侧面、多形式反映事物的内在联系与本质。

七、行文规则

本史采用现代语文体、记述体。除引文和文献辑存外均采用第三人称表述，力求准确、朴实、简洁、流畅、合乎语法。语言文字、标点符号、数字数据、计量单位的使用按国家有关规定执行。引文注释兼用脚注、尾注、文中括弧注、首次出现后简注等四种注释方法。

目录

导语

据中行史料可知，鸦片战争之后外国银行扼住我国金融咽喉，中国自办银行之设想酝酿与创办实践应运而起，继中国第一家现代银行——通商银行创办后不久，中国第一家国家银行——户部银行成立，后改名为大清银行。辛亥革命推翻了大清王朝，1912 年 2 月 5 日，中国银行由大清银行遗嬗变迁而组建，中国银行四川分行也就随着大清银行遗嬗组建并于 1915 年 1 月 18 日应运而生。

一、中国银行民国时期 37 年历史是一部艰苦卓绝的创业史

《中国银行行史（1912—1949）》（以下简称“《行史》”）在序言中称：中国银行民国时期 37 年的历史是一部艰苦卓绝的创业史。在战乱频仍，政治风波绵延不绝，中外银行激烈竞争的年代里，中国银行能够坚定信念，克服重重困难，把自己建设成一家信誉卓著，初步近代化、国际化的大银行是十分难能可贵的，是经过不少前人一代又一代共同努力的结果。现在来全面地回顾它过去走过的崎岖道路，认真地总结一些值得借鉴的经验教训，无疑将对中国银行以及中国金融事业的未来发展起到极为有益的作用。

《行史》第三篇在 1937 年至 1945 年阶段小结中，有着这样的评述：中国银行在抗日战争过程中，执行战时财政金融政策，调动和发挥自己的金融实力，做了许多有效的工作，支持了长期抗战，对国家、民族做出了一定的贡献。中行之所以能在

战争环境的恶劣条件下发挥较好的作用，除去它本身有较强的金融实力外，还在于广大员工爱国爱行，顾全大局，把自己的行动和抗日救国联系起来。在许多重大问题上，他们能服从全局利益，甘愿承担艰苦繁重的任务。这是取得较好成绩的重要条件。那么，我们不禁要问，中国银行取得上述较好成绩的“重要条件”的具体内涵是什么？又是怎样形成的？

二、川中行民国时期35年之斩荆披棘与筚路蓝缕的发展史

中行四川分行于1915年1月18日成立，其时正值动荡的年代。1911年10月10日，辛亥革命之武昌起义爆发；1912年1月1日，孙中山就任中华民国临时大总统；1912年2月袁世凯逼迫清帝逊位并被选举为临时大总统，3月3日就职于北京，从而窃取了辛亥革命胜利果实。1914年，袁世凯颁布了《中华民国约法》。1915年12月12日，袁世凯建立了中华帝国，并于1916年1月1日称帝。1916年3月12日，称帝83天的袁世凯被迫宣告退位；6月6日，在全国人民的反对和唾骂声中，袁世凯忧惧而死。袁世凯之死，使帝国主义失去共同的走狗，于是各帝国主义国家便各自寻找和扶持一部分军阀，充当自己的代理人，而各大军阀集团则分别投靠各个帝国主义，自成派系，割据称雄。

盘踞在地方的军阀们，又投靠大军阀以求自保；各大军阀则网罗地方军阀以壮声势，这就导致中国陷入军阀割据的混战局面。从此，四川的各派军阀在南北大军阀的支持下，开始了军阀混战。一省之内，就有大小军阀几十个，养兵近百万。尤其典型的是，四川军阀还把全省分作若干“防区”，各自割据数县、十数县乃至数十县，拥兵称雄，各霸一方，形成大大小小的“省中之国”，而且还作为一种“制度”，延续了近20年之久，其间全川共发生大小战争达四百多次。其混战次数之多，时间之久，范围之广，为害之烈，全国罕见。直到1933年，刘湘击败刘文辉，统一全川，成为四川的霸主，四川的军阀混战才基本结束。

四川军阀“防区制”的形成和发展，造成了四川货币金融最紊乱的局面。[①] 亦即“我国币制紊乱，人所共知，然各省终不若四川之甚，川省内又以成都为最复杂”。据统计，“防区制”期间，四川省货币种类中银币有20种，铜币16种[②]，还有纸币14种[③]，全省各地流通的货币种类各不相同，跨地区交易就会有“汇水”

---

① 贾杰三，田茂德：四川军阀混战时期的货币金融．四川军阀史料（第五辑）（1931年1月—1933年底）［M］．成都：四川人民出版社．1988.4.

② 川省币制紊乱之概状.《中行月刊》第7卷第3期．第87—91页．1933年.

③ 四川省一瞥.《中行生活》第二十九期．1934年8月1日.

（差价）产生，“每日行市各異，观之眩目”，省内交易宛如国际贸易一般。

总而言之，中国银行四川分行从成立以来，就处在“防区割据，各自为政；诛求无厌，巧取豪夺；护商坑民，关卡林立；滥造银币，物价飞涨；土匪横行，民不聊生”的恶劣环境下，斩荆披棘地艰难生存，筚路蓝缕地曲折发展。到了川政基本统一时期（1933—1937）和抗日战争时期（1937—1945），为四川社会经济发展做出了种种“职务报国”之瞩目贡献。那么，我们也不禁要问，中行四川分行是如何能够斩荆披棘地艰难生存、筚路蓝缕地曲折发展的呢？

三、文化理念是行动的指导观念和行为结果的支配性思维

美国人类学家罗伯和克拉克洪指出：“文化的核心部分是传统的（即历史地获得和选择的）观念，尤其是它们所带的价值；文化体系一方面可以看作是活动的产物，另一方面则是进一步活动的规定因素。”① 因此，公司文化核心部分就是组织领导人在历史活动过程中所获得和选择的、能够有效提升组织效能的价值观念体系，其本质是行动前的指导性价值观念和行为结果背后的支配性价值思维。

不难看出，民国时期中行及川中行组织文化的核心部分也是一种经过历史地获得和选择的、能够有效提升组织效能的核心价值观体系，它是中行民国时期 37 年创业活动的产物。在民国时期 37 年间，中行职能发生过三次变化：从 1912 年中国银行成立至 1928 年，中国银行是南京临时政府和北洋政府的中央银行；1928 年，国民政府另行组设中央银行，中国银行被改为政府特许的国际汇兑银行；1942 年，国民政府通过四联总处重新划分中央银行、中国银行、交通银行、中国农民银行等四行的业务，中国银行成为发展国际贸易的专业银行。

如果把南京临时政府和北洋政府的中央银行视为一个政治及经济的组织，那么中行文化就是组织文化；如果把民国时期政府特许的国际汇兑银行和国际贸易专业银行视为一个公司，那么中行文化就是指公司文化。中行民二（1913 年）则例第 1 条就明确指出，中行是股份有限公司，资本 6000 万元中，半数由人民认购，“实亦中国资本最巨与最成功之民营公司”②。从历史后评价角度讲，中行公司文化的形成状态，最终被归结为一种商业银行的公司文化，而该商业银行经历了商股由大变小，官股由小变大的演变过程。

由上可见，中行及川行之所以能够在极其艰难困苦的环境下取得较好成绩，其

---

① 转引自陈华文：文化学概论[M]．第 0 页．上海：上海文艺出版社．2001

② 姚崧龄．张公权先生年谱初稿（上册）[M]．第 79 页．北京：社会科学文献出版社．2014.10.

重要条件和形成这种重要条件的根本原因就在于：行为是文化的函数，人是文化的囚徒（韩国学者尹洪基语）。换言之，在中行及川行取得较好成绩的背后，必有一种积极向上的公司文化之内在力量予以支撑。

四、编撰中行及川中行公司文化史之重要意义及内在逻辑

编修中国银行四川分行公司文化史，具有存史、资治、育人之重要意义。为此，编撰本史遵从以下的内在逻辑：

（一）按照隶属性记述原则概括出中行公司文化核心价值体系

中国银行四川分行作为中国银行在四川地区的派出机构，它与中国银行总行之间具有隶属性历史交集关系，要理清四川中行相关史料的来龙去脉，则需阐明中国银行某个时期的行史背景，由此方能对四川分行史有一个整体把握。由于公司文化核心部分是历史地获得和选择的传统观念及它们所带的价值，因此，编撰中行四川分行公司文化史，首先要按照隶属性历史交集关系，概括出中国银行公司文化核心价值体系，然后再编研四川分行公司文化的史料，以期达到修史问道，以启未来的目的。

（二）按照公司文化产生规律编研中行文化主导者的经营管理思想

现代公司文化理论研究表明：文化形成的关键因素在于企业家，是企业家在长期实践活动中产生的。企业家属于现代社会群体中的一个特殊阶层，拥有一套独特的价值观体系、思维模式和行为方式，这种精神文化现象直接关系和影响着企业文化的塑造和企业经营的兴衰。换言之，企业文化在一定意义上是企业家或公司领导人文化，他们的文化主张、文化思想、文化素养都会成为企业组织文化的重要元素。[①] 而且，公司文化的选择，主要源于公司领导人对组织的历史经验与教训的总结与升华，对其他先进组织文化的选择与借鉴，形成本公司文化的核心价值体系，从而对本公司外部经营与内部管理起到价值导向之作用。所以，按照公司文化产生规律编研中行文化主导者的经营管理思想是至关重要的。

（三）按照公司文化概念集合编研总行文化倡导与分行文化响应之史料

第一，公司文化是一个共同拥有的“复数”概念。公司文化是公司员工共同拥有的特有的价值观和行为准则的聚合；培育公司文化就是“培育组织大多数成员的思维模式和行为方式”[②]，它除了源于公司领导者的经常性文化倡导与制度化推进以

---

① 孟凡驰．企业文化实践的观点共识和基本规律［J］．企业文明．2008年第8期．

② 李桂荣．创新型企业文化［M］．第6、10—14页．北京：经济出版社．2002.09.

外，还有赖于文化追随者的扩大传播与协同推行，从而形成组织内部上、中、下三层次员工一体化的文化认同感。因此，客观准确地概括出民国时期中行四川分行的公司文化特征，实际上是一个运用中行上、中、下三层人员一体化的文化思想与行为效果之史料，进行文化核心价值的提炼与概括之过程。

第二，公司文化是一个“思行合一”的行动概念。公司文化是组织成员按照共同持有的核心价值观念，在公司外部经营与内部管理过程中不断加以践行，所形成的一种群体性的行为习惯、组织风气、公司形象等。因此，编撰中行四川分行公司文化史，除了提炼与概括总行的文化核心价值之外，还须有全行员工践行文化价值观念，由此提升组织经营管理效能的史实加以验证。

此外，对文化倡导与文化响应史料的集合编研，也是本史凡例中所指的隶属性记述原则，即四川分行作为中行在四川地区的派出机构，中行总行与四川分行之间具有隶属性历史交集关系，概括中行四川分行公司文化特征的过程，也就是对中行公司文化史与四川中行组织文化史的集合记述过程。

（四）按照公司文化管理逻辑编研中行公司文化共识的管理特色

公司文化建设的管理逻辑就是对文化选择、文化共识和文化实践所进行的集合性管理，即以有效的文化选择为前提，以整体的文化共识为纽带，以持续的文化实践为落脚点。其中：文化选择的成果，是由公司领导人历史地获得和选择的能够有效提升组织效能的核心价值观体系，相似于文化种子或基因；文化实践的成果，是公司大多数员工运用文化价值理念处理人与人的关系（对象化作用），运用文化价值理念处理人与物的关系（物质化运动），由此而创造出的物质财富与精神财富——即“思行合一”的行动效果。然而，文化共识，则是连接文化选择（种子）与文化行动（果实）的桥梁，只有达成共识的要素才能称之为文化。

因此，编撰中行四川分行公司文化史之内在逻辑还在于：

第一，编研中行四川分行公司文化选择史料，就是编研中行领导人的文化思想及其所带来的价值，以及编研各分行领导人对总行文化的认同与演绎之思想；编研中行四川分行公司文化实践史料，就是运用四川分行及其他兄弟分行相关史料，说明通过文化实践对提升中行组织效能的效果。

第二，编研中行四川分行公司文化共识的史料，其本质就是按照公司文化培育难度，重点编研中行文化共识过程的管理特色。这就是说，公司文化在员工层面有效落地，要经过“知（文化认知）、信（文化共识）、行（文化实践）”三个过程。“信”是文化落地的前置性关键环节，它既取决于文化选择的人本普适性，更取决于组织通过融理性教育与感性熏陶于一体的综合培育过程，由此才能达成员工整体的文化共识。可见，公司文化培育的难度在于员工整体的文化共识，跨越文化共识的门槛，体现着不同公司文化管理的水准与层次。因此，编撰中行四川分行公司文化史，有必要对达成文化广泛共识之独特培育方式，进行深入浅出的史料编研和专章记述。

（五）按照公司文化相关理论编研公司文化传承与文化变迁的史料

公司文化既是组织创业活动过程的客观产物，又是组织领导人选择的主观产物。同理，公司文化传承与文化变迁也取决于主客观两方面条件的契合与变化。客观上讲，在民国 37 年间，中国银行职能发生过三次变化：南京临时政府和北洋政府的中央银行，民国政府特许的国际汇兑银行，以及国际贸易专业银行。主观上讲，在民国 37 年间，中国银行董事长和总经理数易其人。因此，文化传承与文化变迁是可想而知的，要编撰出完整的中行四川分行公司文化史，理应编研出公司文化传承与文化变迁的史实梗概。

有鉴于以上五点逻辑，编撰中行四川分行公司文化史之章节框架安排如下：

第一章　中行及四川分行公司文化兴起历程概览

第二章　公权时期文化核心价值特征及践行效果

第三章　中行文化共识的独特培育方式及其机制

第四章　中行及川行文化传承与文化变迁之略史

结　语　中行及川行公司文化价值体系之总概括

其中，第一章介绍中行及四川分行公司文化的选择过程；第二章记述中行及四川分行公司文化核心价值体系及其特征，以及对文化实践的效果加以概括；第三章则依据翔实的史料及文献，专门介绍张公权时期达成文化广泛共识之培育方式；第四章介绍张公权以后时期，中行及四川分行的文化传承与变迁之史略。最后，在结语之中，分别对中行公司文化核心价值体系及其史料内涵加以总的概括，同时对四川中行公司文化精神的特殊点加以总结。

总而言之，将在国家战乱频仍，经济凋敝，社会动荡，中外银行激烈竞争的民国 37 年期间，中国银行及四川分行历经艰难的创业和坎坷的发展过程中所积淀的积极向上的核心价值体系，从史学角度客观准确地概括出来，由此真正起到存史、资治、育人的作用，从而达到修史问道，以启未来的目的。

第一章

中行及四川分行公司文化兴起历程概览

所谓公司文化兴起的客观条件，是指中行及川中行公司文化兴起是中行及川中行在民国时期的创业活动的产物，形成于其创业活动的初期与中期。该公司文化的核心部分也是一种历史地获得和选择的、能够有效提升组织经营管理效能的核心价值观念体系。

所谓公司文化兴起的主观条件，是指中行公司领导人既是公司文化选择的主导者，公司文化共识的教化者，公司文化实践的推动者；而且，还是一个善于总结、感悟、创新自己的管理思想，并将其思想有效推销出去的文化旗手。

第一节　中行创业活动与文化兴起的客观过程

根据罗伯和克拉克洪的文化定义，文化的核心部分是历史地获得和选择的观念，可以看作是人类活动的产物。民国时期中行及川中行公司文化传统观念，也就是中行在商业银行演变进程活动中，所历史地获得和选择的能够提升组织效能的核心价值体系。中行及四川分行公司文化最终被归结为一种商业银行的公司文化，明了中行商业银行演变进程，是把握中行及四川分行公司文化形成的基础。

一、中行创业活动阶段划分及文化积淀

1934 年 5 月 29 日，中国银行总经理张嘉璈在视察四川（重庆）分行的演讲中，回顾了中行自 1912 年成立到 1934 年他此次讲话为止时的“一切事事物物的变化”，其中，他将中行的商业银行演变进程划分为四个阶段：第一，担任央行职务时期（1912 至 1914 年）；第二，创立社会信用时期（1915 至 1920 年）；第三，递嬗商业

银行时期（1921至1926年）；第四，根本改组时期（1927至1933年）。①

与此相关，1934年6月9日，史海峰（中行信托部副经理、上海分行副经理）陪同张嘉璈视察汉口支行时，在其所作的演讲中，则将20世纪30年代以前，我国商业银行的整体演变过程划分为四个阶段：一是，民国元年到五年为“不做生意”时期（1912至1916年）；二是，民国六年到十年为“做生意”时期（1917至1921年）；三是，民国十年到十五年为“寻生意”时期（1922至1926年）；四是，从民国十六年起为“抢生意”时期（1927年起）。②

我们将上述两种阶段划分结合起来观察，可以得出以下判断：

第一，张嘉璈所指的中行担任央行职务时期（1912至1914年），并不是指民国时期中行职能变化的时期——即从1912年大清银行改为中国银行至1928年以前，中国银行是南京临时政府和北洋政府的中央银行，而是指1912至1914年期间是中行在商业银行演进过程中以中央银行业务为主的经营时期。这一时期相当于史海峰所总结的国内银行“不做生意”时期（1912至1916年），但中行在此时期“不做生意”的历史，比国内银行“不做生意”时期提早结束两年。

第二，中行创立社会信用时期（1915至1920年）的起点，起于国内银行“不做生意”时期（1912至1916年）的1915年，这一起点早于国内银行“做生意”时期（1917至1921年）的起点达两年之久，亦即中行商业银行演变的觉醒时间起于1915年，先于国内银行“做生意”时期（1917年起）的觉醒时间长达两年。

第三，国内银行“寻生意”时期（1921至1926年）相当于中行递嬗商业银行时期（1921至1926年）；国内银行“抢生意”时期（1927年起）与中行根本改组时期（1927年起）的起点吻合。

根据罗伯和克拉克洪的文化观点可知，中行文化兴起的客观条件，也就孕育在中行商业银行演变过程四个阶段的创业活动之中。

（一）担任央行职务时期创业活动及文化积淀（1912至1914年）

中行担任央行职务时期是指中行在商业银行演进过程中以中央银行业务为主的经营时期，这一时期的创业活动亦如张嘉璈所概括的那样：中行原为大清银行所改成，初积极想成为国家银行，为政府承认，有发行代理国库之权，并于各省添设分行，接收各地金库。同时亦为各省金库垫款，因垫款而发行钞票，此为中行担任中央职务时期。

中行担任央行职务时期（1912至1914年）大致相当于国内银行“不做生意”

---

① 张嘉璈．如何使我行成为“最进步最稳固之银行”——在渝行演讲．《中行生活》第二十九期．1934年8月1日．

② “抢”“抢”——六月九日在汉支行演讲．史海峰演讲．《中行生活》第二十九期．1934年8月1日．

时期（1912 至 1916 年），且提早结束于国内银行“不做生意”时期长达两年。

国内银行“不做生意”时期的特点，正如史海峰所言：当时信用好的银行，如汇丰等，牌子老的钱庄，如福字庄等，每遇顾客存款，总诿称存款已多，不愿再为接受，须要顾客商恳再三，方始从情收存。就是有好的顾客，向其贷款，总说今年账面收束（缩），不敢多做生意，这般态度才够得上信用好、牌子老的地位，否则就是二等牌子了。在这时期，金融界的态度，存款既像不欢迎，放款又像不肯做，所以称为“不做生意”时期。

1. 中行担任央行职务时期主要创业活动

张嘉璈所指的中行担任央行职务时期主要创业活动，据《中国银行行史 1912—1949（上卷）》（下称“《行史》”）记述可知：

第一，“中行初积极想成为国家银行，为政府承认”。民国成立之初，百端待兴，而整理财政与成立中央银行尤为当务之急。财政总长根据孙中山谕，将中国银行明确为中央银行。陈锦涛在上报大总统请定中行条例的呈文中说：“中国银行具中央银行性质。”财政部在《中国银行则例》公布后，于 1913 年 5 月 23 日咨请外交部转知各国银行，中国银行“实系国家之中央银行”。在 1913 年 4 月公布的《中国银行则例》中，对中行享有的中央银行特权都有具体规定。

第二，“有发行代理国库之权，并于各省添设分行，接收各地金库”。中行担任央行职务时期（1912 至 1914 年）的主要创业活动之一就是受政府委托经理国库，包括收兑军用票券、代收税款、经理外债本息的偿付、回收地方兑换券等业务。在收兑军用票券方面，南京临时政府 1912 年发行军用钞票共 500 万元，1913 年 3 月 4 日，中国银行复财政部函称已陆续收回军钞 499.1 万余元。在代收税款方面，到 1915 年底，随着机构增设，中行接收各地关税 21 处、盐税 38 处，各省金库由中行接管的，有直隶（河北）、江苏、浙江、山西、山东、安徽、江西、福建、广东、奉天（辽宁）、吉林、黑龙江、四川、贵州、绥远（现内蒙古自治区的部分）等 15 个省，经收税款达 1.3 亿元，占当时全国税收 50%以上，汇解中央款 4000 多万元。中行在接收金库中虽然垫付了六七百万元未能收回，但也因此广设了不少分支机构，扩大了放款和汇款业务，成为中行初期业务发展的一个主要特点。

第三，“同时亦为各省金库垫款，因垫款而发行钞票”。北洋政府沿用银本位制并公布《国币条例》，中行是《国币条例》主要执行者，也是代理国库的主要垫款者和政府财政的主要依靠者。由于政府管理不善，1914 年各地方银行滥发纸币金额达 1.4 亿银圆，而准备金只有 600 万元，以致币信低落，大部分省区币信在七成左右，四川、广东及东北三省的纸币价格跌到面额的一半至三分之二。为此，中行还协助政府在广东、江西、吉林等省回收地方兑换券。

比如，据《中国银行行史资料汇编》（以下简称“《行史资料》”）记述，1915 年 11 月 27 日，四川财政厅（后称“财厅”）因川省军票充斥，扰乱金融，特向重庆中国银行（后称“中行”）借贷兑换券 400 万元，以收回军票。这就是张嘉璈所指“同时亦为各省金库垫款，因垫款而发行钞票”的具体事例（详见后述）。

2. 中行担任央行职务时期主要文化积淀

据《行史》可知：中行是法定的中央银行，但它一直非常重视发展一般银行业务。中行成立初期的几年中，一般银行业务发展并不太快。所收存款，大部分来自政府机关，还有代收关、盐税收的暂时存款；贷款业务主要对象也是政府机关。中国银行初期的一般银行业务，是以汇款业务为中心，带动了其他业务的发展。到 1915 年底止中行在全国 22 个省区设立了 136 个分支机构，为其他银行、钱庄所不及。总之，在国内银行“不做生意”时期和中行担任央行职务时期，中行在经理国库等创业活动中，以设立分支机构和开办汇款业务为中心，带动了其他业务的发展，为以后的商业银行转型和公司文化兴起奠定了基础。

然而，在此时期，尽管中行非常重视发展一般银行业务，但也还存在着国家银行的弊端，这正如 1934 年 3 月 28 日，时任中行总管理处总秘书兼人事室主任的戴志骞在闽行（厦门）演讲中所回顾的那样：大凡一行之兴起，必有所凭借。中国银行之所以有今天，亦自有其所凭借者在。在前清和北京政府时代，中国银行——前清为大清银行——乃是国家银行。其所凭借的是经理国库，有如现在的中央银行所享受的种种特殊利益。那时候在中国银行，是政府属下的一个机关，政府亦并不以这个机关，视为替社会服务的机关，对于生意是可做可不做的！[①]

（二）创立社会信用时期创业活动及文化积淀（1915 至 1920 年）

中行创立社会信用时期（1915 至 1920 年）起于国内银行“不做生意”时期（1912 至 1916 年）的 1915 年，该起点早于国内银行“做生意”时期（1917 至 1921 年）的起点达两年。

国内银行“做生意”时期的特点，正如史海峰所言：那时候大家已渐渐放下在第一时期的死板面孔，改变态度，对于存款放款上门，已不肯轻易放过矣。

而张嘉璈则将中行创立社会信用时期（1915 至 1920 年）的创业活动概括为：民四年（1915），时局渐不安定，即如川中发现政府强迫借款之举。民五年（1916），情势更坏，甚有停兑之令。但自此以后，幸当时沪行（上海分行。下同）抗令开兑，

① 戴志骞先生闽粤演讲录.《中行生活》第二十六期. 1934 年 5 月 1 日.

极力设法，顾全钞票信用，此为中行创立社会信用时期。

1. 四川中行代理国库和省库过程中屡遭驻军逼借勒索之经历

张嘉璈所指“民四年，时局渐不安定，即如川中发现政府强迫借款之举；民五年，情势更坏”的这段史实，据《重庆中国银行史料》可知：民国5年起，四川陷入军阀连年混战之中。各地中行机构屡遭驻军逼借勒索甚至抢劫滋扰，业务极不正常。仅民国五年（1916）4月29日至民国七年（1918）4月23日止，两年时间内有案可查的军阀混战中屡遭驻军强提硬借的款项即达40笔394万余元。再据《行史资料》（第711—714页）记述，民国五年（1916）里，四川中行的成都、自贡、三台等机构均有相继被军阀逼借勒索之经历。尽管代理国库和省库这项业务增强了四川中行的资金活动能力，但当时四川省军政当局强权提款与定约借用合计近1000万元（详见后述）。

2. 上海中行抗拒北洋政府“停兑令”由来始末及其重要意义

张嘉璈所指“民五年，情势更坏，甚有停兑之令。自此以后，幸当时沪行抗令开兑，极力设法，顾全钞票信用，此为中行创立社会信用时期”的这段史实，在《行史》里和姚崧龄的《张公权先生年谱初稿》中均有记述：

（1）发布停兑令的历史背景。据《行史》记述：袁世凯政府从组成时起，财政收支就十分拮据。1912年9月至12月4个月，政府总收入2719万元，总支出7009万元，不敷数达4290万元。到年底，共欠内外债（不包括庚子赔款在内）高达1.7亿多元。停兑令公布时，中、交两行共发行7000多万元，准备金虽然不合规定要求，尚有2000多万元。但是，随着军政费用的急剧增加，袁世凯政府遂让中、交两行滥发兑换券充作军费，引起通货膨胀，影响人民生活。军队以“不相信纸币”为理由，要求发给现洋。袁世凯政府就从银行库存将现银发给军队，致使两行现银库存大量下降。于是袁世凯的亲信梁士诒向政府谋划了中、交两行同时停兑的诡计。1916年3、4月间，中、交两行现金库存枯竭的消息传到民间，从北京、天津、上海等地的交行和广东、浙江中行开始的挤兑风潮逐步蔓延到全国。到5月11日晚，北京中、交两行库存白银只有71万两，政府下令封存，但次日一早，又被外国银行强行取走36万两，只剩35万两，合银圆52.5万元。当时，皖系军阀段祺瑞任国务总理，眼看库银即将用尽，于是匆匆决定，对中、交两行发布命令，自5月12日起停止钞票兑现，停止到期存款付现。

（2）停兑令的发布和内容。据姚崧龄记述：1916年5月10日，国务院复电令中国、交通两总行，自即日起，对所有两行发行之纸币及应付之存款，一律不准兑现与付现。命令云：“照各国先例，当金融窘迫之际，国家银行有暂时停止兑现，及禁止提取银行存款之法。应由财政、交通两部转饬中交两行，自奉令之日起，所有该行已发行之纸币，及应付之款项，暂时停止兑现。一俟大局定后，再行颁布院令，定期兑付。”并令饬将中国、交通两行总分行所存现金准备，一律封存。同时禁止人民拒收纸币，并对纸币不许折扣使用。当国务院停止兑现付现命令到达上海，这个旧中国最大的工商业城市顿时像投下一颗炸弹，充满着惊慌和不安。有的人怕手中保存的中、交两行的钞票就此不值钱，甚至成为废纸；有的担忧其他银行的兑换券前途更难预料；有些小钱庄、钱兑店就趁机勒索贴水，一元钞票换一枚银圆就得贴费一角、二角，甚至更多。由此市面陷入混乱，交易因之停顿。人民充满着对北洋政府和银钱业中一些剥削者的愤怒和不满。

（3）上海中行抗拒停兑的过程。据《行史》记述：当时，全国中行共发行兑换券4000多万元，但准备金只有现银350万两，银币488万元，其中约有半数属于上海中行。要应付挤兑、挤提，还差40%左右。宋汉章、张嘉璈二人（时任中行上海分行正副经理）在5月11日清晨接到停兑令后就立即磋商。

张嘉璈在5月11日“自述”中说：我与宋经理汉章接读电令后，惊惶万分。详细计议后，认为如遵照命令执行，则中国之银行将从此信用扫地，永无恢复之望。而中国整个金融组织亦将无由脱离外商银行之桎梏。随即核算上海分行所存现金准备，计合发出纸币与活期存款数额，总在六成以上，足敷数日兑现付存之需，应可度过挤兑及提存风潮。即使不敷兑现与提存，尚有其他资产可以抵押变现，提供兑现付存准备。纵令竭其所有而仍属不敷，亦必能邀民众谅解，明了经理人员维持信用，负责到底之苦心。

两人因此毅然决定拒受政府命令，并进行了有责任、有信用、有准备、有智谋的抗拒停兑的各种准备。

5月12日，袁世凯政府的停兑令正式公布，它给上海金融带来了历史上最严重的“恐慌”，当天也是中国银行上海分行经受严峻考验的第一天。

一清早，上海分行门前就站满了挤兑的人。张嘉璈在“自述”中说：晨8时由私寓赴行办公，行至距离行址三条马路时，即见人已挤满。勉强挤到行门口，则挤兑者何止2000人，争先恐后，撞门攀窗，几乎不顾生死。乃手中所持者不过一元或五元钞票数张，或二三百元存单一纸。

5月13日，星期六。分行登报公告延长办公时间，下午照常开门兑现。是日挤兑人数减为400多人。

5月14日，星期日，分行特别开门半日兑现。挤兑者已减至不过百余人。风潮似已平息。然现金准备消耗几达十分之八。为预防现款不敷，由宋汉章往访汇丰、德华两银行经理，拟以分行行址和苏州河岸堆栈，以及收押之地产道契等作为担保商借透支，以防不测。同日下午，各外商银行开会，一致赞成协助上海中行，并经电北京公使团征询意见，得到同意，汇丰等10家外商银行，共允透支200万元。但因兑现风潮不久平息，此款并未动用。

5 月 15 日，中行股东联合会通电国务院、财政部、各省军政长官，及各地中行分支行，阐明了此次抗命的理由，表示了抗拒停兑的决心：此次中央院令停止中、交两行兑现付存，无异宣告政府破产，银行倒闭，直接间接宰割天下同胞，丧尽国家元气。自此之后，财政信用一却不复。沪上中国银行，由股东会决议，通知经理照旧兑钞付存，不能遵照院令办理，千望合力主持，饬令中国银行遵办，为国家维持一分元气，为人民留一线生机，幸甚！

中行股东联合会在开会决定抗令以后，就已聘请英籍律师古柏（A. S. P. White Cooper）及日籍律师村上，代表股东接收全行财产，并具函转托中行上海分行经理宋、张两人，要求他们仍旧主持分行业务，照常营业，不得违背股东会的意旨。与此同时，浙江兴业、浙江地方实业、上海商业储蓄三银行也公请葛福莱律师代表存户致函宋、张二经理，要求分行对存款和钞票付现准备充足，照常兑付。古柏等三律师还向驻沪英、日领事，探询了对中行抗令的意见，领事认为，政府此项办法不特影响华人，对上海市面大有关系，华洋共有利害，“上海中国银行股东联合会办法，余等异常赞美，竭全力以维护之”。

军政商会方面对中行抗令决定亦表支持。股东联合会 15 日通电发表后，首先复电赞成的是江苏都督冯国璋、省长齐耀琳（震岩），认为事关国脉存亡，自当竭力维持。租界巡捕房也派中西探捕到行照料。因此没有发生骚乱。

到 5 月 19 日，在全行上下特别是股东会的不懈斗争和社会舆论的呼吁支持下，上海中国银行兑现风潮平息，从而取得了抗拒停兑令斗争的胜利。袁世凯政府为挽回人心，延至 6 月 1 日才发表了一个措辞含糊、无补实际的通告，停兑事件算是告一段落。

（4）抗拒停兑取得胜利的主客观原因。中行抗令停兑之所以能取得胜利，是天时、地利、人和多方面因素发挥作用的结果。从中行外部讲，反停兑斗争胜利告终的主要客观原因是停兑令不得人心。即使在北洋政府内部从一开始也矛盾百出，使停兑令难以贯彻。在地方军队实力派中，如张勋、冯国璋等反对最力。在政府方面，迫于洋人反对压力，不得不于 5 月 17 日宣布部分改变停兑办法：“凡海关、盐务、铁路等所收中、交两行钞票均可照常兑换现银。”亦即停兑令下达没有几天，就由政府部门自己破坏了。从中行内部讲：首先，宋汉章、张嘉璈都把严守信用放在高于一切的地位，既然拿了存户的现洋，钞票上又明白告示凭票付给现洋，当然应该十足兑现。他们在抗拒停兑令后电复政府时表示：“愿尽一切力量，将库中现金兑至最后一元，始行停兑。”其次，借股东会的力量抵制政府的停兑令。宋、张二人把商股股东作为后盾，由股东联合会在报纸上声明：“上海中国银行全行事务悉归股东联合会主持”，并坚决表示“中央命令万难服从，沪行钞票势难停兑。”再次，中行上海分行库存准备金相对来说比其他分行充足，还事先与外国银行订立了透支协议，透支款虽未用上，但有备无患，更有保证。

（5）抗拒停兑取得胜利的社会评论。上海中国银行抗拒停兑取得胜利使中行兑换券的信用大为提高。影响所及，浙江、安徽、江西三省对于中行在当地发行的钞票，十足使用。风潮过后，中行在国际上提高了信誉和地位。遇有上海市面发生金融风潮时，往往由汇丰、麦加利银行会同中行出来维持市面，对钱业开放拆票。虽然头寸有不少由汇丰、麦加利两行提供，表面上也由中国银行出面拆出。社会舆论对中行抗令事件，无论当时的报刊还是后来的金融史书，都倍加赞赏。比如，1916年5月15日《新闻报》“新评”中说：“上海中国银行抗拒停兑之后，前日兑出43万元，昨日兑出15万元，两日以来，舆论翕然，然非资力雄厚兼有胆识者，何能若是！此后持有上海中国银行钞票者，均可少安毋躁矣。”

总的来看，停兑令颁布使得中行在全国的信用大减，元气大伤，由此引起的京钞问题困扰中行达10年之久。但是，幸赖以宋汉章为经理、张嘉璈为副经理的中行上海分行毅然抗拒乱命，才使得停兑令的严重影响减少到最低程度。

3. 不屈从驻军逼借勒索和抗拒停兑取得胜利的文化积淀意义

在民国四年（1915）时局渐不安定，即如川中发现政府强迫借款之举的同时，《行史》（第63—64页）曾有过“山东分行经理汪振声（楞伯），因不允借款，曾被山东督办张宗昌拘留；天津分行经理卞寿孙屡受直隶督军褚玉璞的胁迫；四川分行经理周询（宜甫）曾被当地军人拘留，不肯屈从”的记述，而且强调说：“自上海分行抗拒袁世凯停兑命令，获得社会称许之后，各行经理都以不牺牲行款，不屈从军人胁迫为能尽职守，养成一种风气。”不难看出，不屈从驻军逼借勒索和抗拒停兑取得胜利等创业过程中的重要活动具有极其重要的文化积淀意义。因此，张嘉璈从中行商业银行演变进程的高度，将“自此以后”的时期，视为中行“极力设法顾全钞票信用，创立社会信用时期”。也就是说，中国银行在这些创业活动中信誉卓著，存款大增，其时坊间流行竹枝词有云：“中国银行宋汉章，不听袁令抗中央。力将钞票通常兑，博得人间信用彰。”① 而且，这也就使中行在创立社会信用时期，历史地获得和选择了“信用基石”等文化价值理念（详见后述）。

（三）递嬗商业银行时期创业活动及文化积淀（1921至1926年）

如上所述，国内银行“寻生意”时期（1921至1926年）相当于中行递嬗商业

① 邢建榕. 非常银行家——民国金融往事［M］. 第13页. 上海：东方出版中心. 2014.7.

银行时期（1921至1926年）。

国内银行“寻生意”时期的特点，正如史海峰所言：这时期银钱业日渐增多，大家感觉到生意须待上门而来，终非善策，于是注重跑街，四处找寻生意，并且换上一团和气的面孔来接待顾客。

张嘉璈则将中行递嬗商业银行时期创业活动概括为：民十（1921）至民十五年（1926），一面设法抵制政府，一面仍极力维持钞票信用，并各处公开检查发行，同时推广商业放款，吸收民众存款，此为递嬗商业银行时期。

1. **“一面设法抵制政府，一面仍极力维持钞票信用”之创业活动**

据《行史》可知：中行是法定的中央银行，但它一直非常重视发展一般银行业务，把中行办成既是政府的中央银行，又是一家实力雄厚的商业银行。从1912年到1927年，中行业务发展总的是快的。但在1920年到1926年这一阶段，由于内外交困，业务发展速度不如想象的那么快。内部原因是由停兑令所引起的京钞问题连年困扰，外部原因是连年军阀混战，致内地资金流入都市，投机蜂起。而且，北洋政府时期，中国银行受大小军阀敲诈勒索，不仅次数多，而且金额大。

1920年7月的直皖之战，1922年5月和1924年9月的两次直奉之战，1924年9月和1925年的两次江浙之战，都对中行业务带来重大损失。1922年起，吴佩孚、张作霖等军阀头目都想控制中央，为筹措军费，不惜对银行采取胁迫敲诈手段。张嘉璈曾记述道：“民国13年（1924）10月间，第二次直奉战争，吴佩孚责令中、交两行借款，派其军需邀我至其办公处，迫令借500万，我不允，即被扣留至深夜，我仍坚决拒绝，告以可派军队到行强劫，但我仍无法答应数目，彼只好送我回家。”民国十四年（1925）10月间，张作霖入关进京，邀各银行首脑谈话，勒索巨款，向张嘉璈说：“中国银行应领导先认大数，否则将采取非常手段。我拒不置答。彼旋嘱其部下带我至办公室进行种种胁迫，我告以中行无款可借。结果经人调停，放我回家。”

对此，中行“一面设法抵制政府，一面仍极力维持钞票信用”，其具体措施是：为了应付和防止发生这类事件，号召总分行负责人要以身作则，宁愿牺牲个人，也不使银行遭受损失。自上海分行抗拒袁世凯停兑命令，获得社会称许之后，各行经理都以不牺牲行款，不屈从军人胁迫为能尽职守，养成一种风气。1923年7月，中行在济南举行分行联席会议时，决定成立业务委员会，由分行经理任委员，每年举行一次会议，制定当年行务方针。同时使各分行明了总处与政府的关系，把有些业务的决定权下放分行，即总处不经分行同意，不能随便移用分行资金。所有应付北洋政府借款的问题，由总处统筹掌握。制订这些办法的重要原因之一就是力图减少军阀的威逼勒索，避免损失。以此为契机，中行各分行进一步通力合作，摆脱停滞局面，各项业务便有了缓慢发展。

2.“同时推广商业放款，吸收民众存款”之创业活动

亦如《行史》所指，通过加强服务，全面开展存、放、汇业务。1925 年 4 月，总处核准沪、港两行可变通收押地产押款，上海中行在执行中尽量贯彻稳健方针，使贷款业务稳步上升。总之，中行改变业务方针，全面开展存、放、汇业务之后，从 1923 年到 1925 年的 3 年中，形势起了很大变化。存款增加了 46％、放款增加了 24.5％、汇款增加了 1.6 倍多、资产总额增加 39.2％，而停兑券的发行则逐年减少，当时为政府垫款已经基本停止。

不难看出，所谓递嬗商业银行时期，是指中行在抗拒停兑令取得胜利并创立社会信用的基础上，继续在全国军阀混战时期设法抵制大小军阀敲诈勒索，极力维持中行作为发行钞票银行的信用；与此同时，推广商业放款，吸收民众存款，为日后商业银行转型筑牢基础。所谓递嬗，是指依次更替、逐步演变之意。

（四）“根本改组”时期创业活动及文化积淀（1927 至 1933 年）

如上所述，国内银行“抢生意”时期（1927 年起）与中行“根本改组”时期（1927 年起）的起点吻合。

国内银行“抢生意”时期的特点，正如史海峰所言：这时期同业日增，竞争日烈，到目前更为尖锐化。想诸位坐在行里，每天看报，无日不见银行招徕顾客的广告，表示存款如何增加，基础如何稳固，服务如何周到。走到外面，街头巷尾，到处都有增设分行的招贴，不外说些存款给息如何优厚，放款利息如何低廉，为便利顾客起见，特添设第几分行或某某办事处等字样，总归是想出种种花样来诱致吸引。

张嘉璈将中行“根本改组”时期的创业活动概括为：民十六年（1927），改组为国际汇兑银行，改组之意，在于切实扶助工商业之发展，变成一纯粹社会立场的一个银行。个人特因此出洋考察（注：1929 年 5 月 27 日至 1930 年 3 月 15 日历时 10 个月，张嘉璈出国考察），以为彻底改革，去旧日机关积习，而变成为社会服务之机关。出洋考察回来，此三年间（注：1930 年至 1933 年）之积极改革，即是为此，此为根本改组时期。

据《行史》可知：1927 年 4 月 18 日，蒋介石在南京另立国民党中央和国民政府，以与武汉的国民政府相对立。为了巩固蒋之军事与政治地位，加强对财政经济的统治，需要另组中央银行。经过筹备，国民政府于 1928 年 10 月 5 日颁布《中央银行条例》，规定中央银行为国家银行；1928 年 10 月，中行由北洋政府的中央银行改组为“民国政府特许国际汇兑银行”，并保留发行权。

在此背景下，1928 年 11 月 19 日，张嘉璈被推选为中行总经理。为适应中行由北洋政府的中央银行改组为民国政府特许国际汇兑银行的形势变化，将中行“变成

一纯粹社会立场的一个银行”，他于 1929 年 5 月 27 日至 1930 年 3 月 15 日历时 10 个月出洋考察，并在考察回国后 3 年间（1931 至 1933 年）对中行进行了全面的、旨在将中行转变为“社会服务之机关”的全面改革（详见后述）。这就是说，1927 至 1934 年是中行在商业银行演变进程中的根本改组时期。

（五）中国银行公司文化兴起客观过程之小结

民国时期中行及川中行公司文化的核心部分，也是一种历史地获得和选择的能够提升组织效能的价值体系，它是中行创业活动初期与中期的产物。

1. 中行公司文化是创业活动初期的产物

所谓中行创业活动初期，即张嘉璈所指的中行担任央行职务时期、中行创立社会信用时期和中行递嬗商业银行时期的总称，《行史》将这三阶段统称为南京临时政府和北洋政府时期。所谓中行公司文化是创业活动初期的产物，根据《行史》阶段性小节可知：中国银行从 1912 年成立到 1928 年北洋军阀统治结束的 16 年中，走过了一段崎岖坎坷的道路，在此期间得到了以下几方面文化价值与积淀：

第一，将实现近代化作为首要任务。中国银行在成立初期的处境是困难的，要担负起中央银行责任，足以与外国银行相抗衡，首要任务在于抓紧实现近代化。16 年中，中国银行主要做了以下三方面的努力：一是力争把中国银行办成一个真正的中央银行，而不是政府的“账房”。二是要真正担负起中央银行职能，并与外国银行相抗衡，必须在业务上有坚强的实力和良好的信誉。三是银行要实现近代化，必须有一定程度的独立自主性。

第二，对商业银行采取扶持的政策。欧战爆发和结束后不久，西方国家发生的经济恐慌，使中国的货币资本随着民族工商业的繁荣和金融市场的活跃而大量集中。它为中国近代金融带来了两方面影响：一方面是新设银行如雨后春笋。据《中国金融年鉴》统计，全国银行资本总额 1912 年为 3625.49 万元，1920 年为 5197.81 万元，1925 年为 1.58 亿元，13 年间增长 4 倍多。商业银行的发展壮大对中国银行是求之不得的。中行早就看到，要同外国银行相抗衡，光靠中国、交通等几家银行是不够的，“有海洋必先有河流”，必须有大量商业银行做后盾。因此，尽力扶持商业银行特别是一些新式大银行，是中国银行的政策。另一方面，这些新式大银行不仅实力雄厚，而且聚集了一批富有经营银行知识和经验的上层人物。他们冲破了传统旧银行业务的窠臼，开始走上近代化道路。由于他们志同道合，就很自然地走到一起，成为中国民族资产阶级中最早，也是实力最强的一批中国民族金融资本家，社会上一般称他们为江浙资产阶级。中国银行通过各种活动把他们团结在自己周围，并进而吸收为中国银行的商股股东和董事、监事，成为中行摆脱政府的一支核心力量。

第三，高度重视维护中国银行信誉。1916 年袁世凯政府发布停兑令，上海中行为维护银行信用起而抗拒，并取得胜利。后来又通过京钞问题的解决和公开检查中行发行准备等一系列重要措施，使中行在国内外树立了良好信誉，并成为几十年后一直坚持的优良传统，为中国银行积累了极为宝贵的无形资本。

第四，抗拒各地军阀的攫夺和勒索。北洋政府时期，中国银行受大小军阀敲诈勒索，不仅次数多，而且金额大。中行为了应付和防止发生这类事件，号召总分行负责人要以身作则，宁愿牺牲个人，也不使银行遭受损失，同时制订了一些相应的办法，如在 20 年代初曾根据地理和业务关系，将全国划分为几个区域，由区域行分别负责该区域的发行准备等重要业务；1923 年又成立业务委员会，把有些业务的决定权下放分行。制订这些办法的重要原因之一就是力图减少军阀的威逼勒索，避免损失。

第五，在内部树立良好的行风行纪。中行通过制度建设，加强道德纪律和艰苦创业教育，树立了良好的行风行纪。在内部管理方面，崇尚节俭，反对浪费；勤劳工作，服从调遣；严格人事管理，防止营私舞弊；特别值得称道的是，总行领导以身作则，重视身教。1922 年 1 月，总行鉴于 1921 年 11 月京、津、汉三分行发生挤兑风潮，元气大伤，决定总行实行紧缩开支，人员由 300 人减为 120 人，正副总裁和董监事自动减支半薪。影响所及，凡是分支行因业务清淡而裁减的冗员，遣散时都能服从决定。

总而言之，经过 16 年的磨炼，中国银行不仅把自己建成一家全国规模最大、实力最强、信誉最好的银行，而且也是全国资本额最高，对中国政治经济有着重要影响的股份制企业，为后来办成一家近代化、国际化大银行奠定了良好基础。作为中行在这 16 年创业过程背后的“活动产物”，就是使中行历史地获得和选择出重视信誉、近代化管理、同业合作、道德纪律和艰苦创业等文化基因。

2. 中行公司文化更是创业活动中期的产物

所谓中行创业活动中期，即张嘉璈所指的中行根本改组时期。根据《行史》对 1928 年至 1937 年南京国民政府时期的历史背景描述，以及对中行此阶段的小节可知：中行由北洋政府的中央银行改组为民国政府特许国际汇兑银行后，迎来了一个重要转折和业务大发展时期，其创业活动的史实结论包括：

第一，寻求经验和帮助，专心致志地探索银行改革的道路。中行改组为特许的国际汇兑银行后，就满腔热情地安排自己的规划，寻求经验和帮助，专心致志地探索改革的道路，注重服务和信用，使中行成为以经营管理著名的西方资本主义式的近代化银行的雏形，推进了业务的发展，为中国旧式银行的改革创立了一个范例。而且通过积聚实力，使之能与在华的外商银行相抗衡。旧中国只有外国银行来华侵占中国的金融阵地，自中行向国际金融市场拓展之后，开始代表中国在国际金融界占有一席之位。

第二，致力于国家经济发展和社会安定，加强同业互助合作。在国家内忧外患时期，中行协助政府缓解财政经济危机，致力于国家的经济发展和社会安定，加强同业之间的互助合作。只要是经济发展和国家建设需要的，中行就视为自己的本分。同业有困难，有求助的，在力所能及的范围内尽力帮助，甚至主动声援解难，而不是一味地追求过高的利润。更可贵的是，中行领导人认识到，要与势力强大的外国银行相抗衡，决非中行一家所能做到，必须尽力扶助中国自己的民族金融事业发展与壮大。由此，中行在金融界、在社会上，自然地提高了声望。

第三，在中行内部培植了“高、洁、坚”的文化传统精神。中行不仅注意调动人的积极因素，培养业务人才，更注意道德纪律的教育，而且从领导做起，在行内培植了“高、洁、坚”的传统精神，形成了中行的行风，加强了内部的凝聚力。这是中行能上下一致、团结前进的根本动力。

总而言之，在1928至1935年的六七年中，中行总经理张嘉璈为把中行办成一个近代化、国际化的大银行，积极进行了全面、系统的改革，各项业务都居全国金融业的首位，且进入了国际金融市场，为中国金融界的近代化开创了范例，在国际上也享有很高的声誉。作为中行这一时期创业过程背后的活动产物，就是使中行历史地获得和形成了较为完整的公司文化核心价值体系，并被中行行员广泛认同，取得了良好的文化践行效果。

二、中行四川分行创业阶段及文化积淀

辛亥革命推翻了大清王朝，中国银行由大清银行遗嬗变迁而组建，中国银行四川分行也就随着大清银行遗嬗组建中国银行而应运产生。

民国时期中国银行存续历史共计37年，其间的创业阶段分为四个时期：南京临时政府和北洋政府时期（1912至1928），其中南京临时政府从1912年1月1日成立后只存续了3个月，南京国民政府时期（1928至1937），抗日战争时期（1937至1945），抗战胜利后至新中国成立时期（1945至1949）。

民国时期中国银行职能发生过三次变化：从1912年中国银行成立至1928年，中国银行是南京临时政府和北洋政府的中央银行；1928年，国民政府另行组设中央银行，中国银行被改为政府特许的国际汇兑银行；1942年，国民政府通过四联总处重新划分中央银行、中国银行、交通银行、中国农民银行等四行的业务，中国银行成为发展国际贸易的专业银行。

与此相关，中国银行四川分行作为中国银行在四川地区的派出机构，由于中国银行总行与四川分行之间具有隶属性历史交集关系，中国银行创业史四个阶段和中

国银行职能三次变化，也就成为四川中行发展史的历史背景。但同时，四川中行行史的阶段性划分也有与中国银行创业阶段划分所不同的特殊性：

第一，为更好地发展业务，中行分支机构的设置不局限于行政区域，而更多考虑的是经济的联系和领导的便利。它有两个特点：一是省分行设置不一定在省会城市，比如山东中行（鲁行）设在进出口贸易兴旺之地的青岛，福建中行（闽行）设在厦门。二是省分行管辖区不限于所在省的地域之内，比如 1937 年，中行国内只有上海、南京、杭州、天津、沈阳、厦门、青岛、重庆等 8 处分行。如上海分行除管辖上海市区办事处外，还管辖江苏省内沿沪宁线及沿海邻近上海市的支行、办事处以及江西省内的支行、办事处；而重庆分行则管辖四川、贵州、云南三省的支行、办事处等。

第二，自 1286 年四川建省以后，四川省行政区划沿袭至明、清两朝和民国时期，直到全国解放。在此数百年间，现今的重庆直辖市及其所属的涪陵区、万州区、黔江区均属四川省建制。在四川省建制历史演变背景下，中国银行重庆分行（渝行）从 1915 年 1 月 18 日设立以来，就是四川省的管辖分行。因此，在民国时期中国银行组织体系内，川行、川中行、渝行、渝中行、重庆中国银行等概念的内涵与外延均是等同的。换言之，民国时期中国银行四川分行行史等同于民国时期渝中行、川中行、重庆中国银行及其所属川境内分支机构的行史集合体。

第三，四川中行史起于北洋政府时期之初，止于 1949 年 12 月成都解放之时。因为中行重庆分行成立于南京临时政府时期之后，所以四川中行史起于北洋政府时期之初的 1915 年，止于 1949 年成渝两地解放之时，共存续近 35 年。在这近 35 年间，四川省也有独特的四个历史阶段：四川军阀混战时期（1915 至 1933）；四川军政基本统一时期（1933 至 1937）；抗日战争时期（1937 至 1945）；抗战胜利后至解放时期（1945 至 1949）。由此，中国银行四川分行在这四个历史阶段中，也有四个创业阶段，其创业特点和文化积淀情况大致如下：

（一）川境中行“百年老店”诞辰史实及其机构沿革

经对多种史料记述的比对研究，在大清银行遗嬗组建中国银行及四川分行的历史过程中，应运而产生的中国银行四川境内的“百年老店”包括以下七家：渝分行、成都分号、泸州分号、万县汇兑所、自流井分号（注：自贡）、五通桥汇兑所、潼川（注：三台）分号，其诞辰史实及历史沿革大致如下。

1. 中国银行四川分行诞辰史实与机构沿革

据对《四川省志·金融志》《全国银行年鉴（民国二十四年）》《行史》附录之“不同时期支行分布情况”、《行史》第十四章“抗日战争时期中国银行机构的变动”、《行史资料》之“中国银行所在地一览表汇报（1915 年、1916 年、1917 年、1930 年）”、

《重庆中国银行史料》、重庆中国银行主办的《四川月刊》（1932 至 1937）、《中行月刊》第 4 卷第 5 期、《民国档案中国银行泸县办事处全宗介绍》、南京国家第二历史档案馆《民国三十六年中国银行重庆分行职员录》、四川省档案馆之原始史料之《中国银行渝行及所属职员录（1943 年 1 月）》、《行史资料》之第 22 届股东总会报告中《中国银行总分支行处一览表》、《抗战时期西南的金融》、《中国银行云南省分行行史》等多种史料的研究与梳理，中国银行四川分行的诞辰史实与机构沿革大致结论如下：

（1）中行四川分行诞辰史实之史料综述

第一，中行四川分行由大清银行遗嬗组建的过程。清光绪三十一年（1905）清政府成立户部银行。光绪三十四年（1908）改称大清银行，在全国各重要城市设立分行、分号。从大清户部银行成立到 1911 年辛亥革命爆发后大清银行的结束，其间在全国共建立了 21 个分行、35 个分号。其中，重庆分行于光绪三十四年（1908）3 月设立，行址在千厮门正街，7 月设成都分号，宣统二年（1910）2 月设自流井、五通桥分号。

宣统三年十月十八日（1911 年 12 月 8 日），大清银行成都分号遭哗变士兵抢劫，损失颇巨，随即停业。重庆分行及自流井、五通桥分号亦于辛亥革命后相继停业，设清理处进行清理，并拟定清理办法。清理处（附设在重庆中国银行内）于民国四年（1915 年）五月二十四日在重庆《西蜀新闻》刊登广告：宣布从五月一日至八月一日收兑大清银行发行的本票、银两票、银圆票等各种票券，清偿债务。

第二，中行四川分行筹备成立过程及成立日期。辛亥革命后，四川军政府以四川银行名义，在一年之间发行军用银票 1500 余万元，由于兑换无期，币信丧失，币值日落。民国三年（1914）十二月，四川省财政厅电请财政部转饬中国银行来川开办分行，并建议先从收回军用票着手，以救眉急而苏积困。当时中行本负有收回各省滥发纸币及维持地方金融之责，曾经派员对四川省情况作过调查，接四川省财政厅电文后，即于民国四年（1915）一月十八日来重庆设立重庆分行，行址设在市区曹家巷 27 号。是年，还在成都、泸县、万县、自流井等地次第设立机构，统由重庆分行管辖。

总而言之，中国银行四川分行是在大清银行重庆分行基础上递嬗组建而成；1915 年 1 月 18 日即为中国银行四川分行诞辰之日，行址设在市区曹家巷 27 号。

（2）中行四川分行机构变动情况之考证

四川分行，即重庆分行，简称渝行或渝中行。民国四年（1915）一月十八日开业。民国五年（1916）起四川陷入军阀连年混战之中，各地中行机构屡遭驻军逼借勒索甚至抢劫滋扰，业务极不正常。民国十一年（1922）七月一日，中行总管理处乃将重庆分行改为支行，隶属中行第三区域行——汉口分行管辖，渝行所属支行酌情裁撤或改为办事处和收税处。民国十五年（1926）刘湘据有重庆后，重庆局势渐趋稳定，地方经济有所复苏。民国十六年（1927）重庆支行在中行上海分行支持允予透支 30 万元后，资力渐强，信用渐固，存款逐年增加。民国十八年（1929）改由总处直辖，民国十九年（1930）一月总处复将重庆支行改为分行。从民国二十一年（1932）开始到抗战前夕，渝行先后在川内设置第二批机构，业务有一定发展。民国卅一年（1942）底，渝中行辖区包括四川、贵州、西康三省。抗战胜利后，民国三十五年（1946）八月，中行昆明支行亦划由渝中行管辖，渝中行事实上成为西南四省的区域管辖行。总而言之，渝行自成立至重庆解放被接管，历时近 35 年。由此，四川中行所辖机构变动情况分为四个阶段：

第一，四川分行成立初期（1915 至 1930）第一批下辖机构变动情况。经考证，多种史料可以相互印证的四川分行在成立初期（1915 至 1934）所延伸下设的首批下辖机构的变动史实，有以下五点：

①1915 年，川境中行机构为 6 个，即成都、重庆、自流井、五通桥、万县、泸州，潼川之机构中行虽有统计，但并为成立和营业，仅在筹备之中（详见后）；

②1916 年，川境中行机构为 7 个，即成都、重庆、自流井、五通桥、万县、泸州、潼川，这是至 1932 年以前川境中行首批机构唯一的“齐装满员”年份；

③1917 年，川境中行机构为成都、重庆、万县、潼川等 4 个，这说明自流井、五通桥两机构歇业，而泸州机构则为停业或被撤销；

④1920 年，川境中行分支行分布情况为：重庆、成都、万县、自流井、潼川、五通桥（因 1919 年，中行调整机构，将所有分号、兑换所、汇兑所、支所等名称一律取消，改为分行、支行两级），这还说明自流井、五通桥等机构已复业，但泸州机构仍然停业或被撤销；

⑤1930 年，为川境内中行机构数的谷底，仅有成都、重庆、潼川等 3 个，这说明万县、自流井、五通桥等机构歇业，泸州机构依然停业或被撤销。

第二，四川分行成立中期（1932 至 1937.6）第二批下辖机构变动情况。经考证，多种史料可以相互印证的四川分行在成立中期（1932 至 1937.6）所延伸下设的第二批下辖机构的变动史实，有以下五点：

①1932 年，四川中行成立的下辖机构有 7 个：

叙府办事处，1 月 8 日开业（1933 年 2 月 1 日改为办事处；另有记述为同年 10 月成立），行址东街 156；

重庆上关岳庙街办事处，3 月 21 日成立；

嘉定（乐山）办事处，4 月 25 日成立，行址城内东大街；

重庆林森路办事处，5 月 29 日开业（曾经裁撤——估计在当年 6 月或 7 月即被裁撤，后于1944年3月6日复业）；

内江寄庄，7月1日成立，行址大西街63（1933年改办事处，1939年5月1日改支行）；

成都少城祠堂街办事处，约于6至8月（夏间）设立；

重庆四牌坊办事处，应当成立于1932年上半年。

②1933年，四川中行成立的下辖机构有3个并撤销1个：

1月，成都少城办事处因市面情形改变已遵奉总行命令裁并，即在1932年夏间设立后，仅半年时间即被裁撤；

3月6日，涪陵办事处成立，行址北门内正街；

6月，泸县寄庄设立，由杨学礼任代主任；

7月1日，隆昌办事处成立，行址县南街37。

另据《川省一瞥》和《以创造能力打破环境——在内处演讲》两文（见《中行生活》第二十九期）记述，1933年渝辖新增机构还有自流井，机构名称应为寄庄。

③1934年，四川中行成立或升格的下辖机构有5个并撤销1个：

1月1日，泸县寄庄升格为办事处；

3月15日，成都南台寺办事处成立；

6月1日，设立峨眉临时办事处，地点嘉定［另据全国报刊网《中行生活》（第796页）记述：峨眉暑期办事处，因天气秋凉，中外人士往遊（游）峨山者，均已言归，所有峨处业务无多，已于9月30日撤销］；

7月，资中办事分处成立（参见《资中县志》）。

④截止到1935年，四川省境内中行机构数计有16个：

分行1个（重庆）；支行1个（成都）；办事处10个（重庆上关岳庙街，重庆四牌坊，泸县，内江，叙府，万县，涪陵，嘉定，南台寺，资中）；办事分处2个（隆昌，自流井）；收税处2个（五通桥，潼川）。

⑤截止到抗战爆发前，四川境内已经设立的中行机构有：重庆、成都、泸州、内江、隆昌、自流井、资中、叙府、万县、嘉定等分支行处。截止1937年6月，川境中行机构计有14个：重庆分行、成都支行，办事处9个，办事分处3个。

第三，四川分行抗战时期（1937.7至1945.8）第三批下辖机构变动情况。如果说，截止1937年6月，川境中行机构计有14个：重庆分行、成都支行，办事处9个，办事分处3个；四川境内已经设立的中行机构有：重庆、成都、泸州、内江、隆昌、自流井、资中、叙府、万县、嘉定等分支行处。那么，通过对多种且存在着矛盾的史料梳理，现将四川分行在抗战时期成立的第三批下辖机构变动情况可以肯定的史实及相互矛盾有待进一步查证的史实分述如下：

①《行史》第十四章记述抗战时期“川中行陆续添设的合川、荣昌、资阳、简阳、五通桥、江津、涪陵、合江、太和镇、广元、新津以及西康省雅安、西昌等办事处（13 个），还成立了奉节、云阳、开县、牛佛渡、蓝田坝、永川、叙永、贡井、夹江等办事分处（9 个）”。那么，不难看出，五通桥、涪陵是抗战前已有的机构，抗战时期在五通桥增设机构应当是指在五通桥的牛华溪增设办事分处，据《乐山金融志》记述：“中国银行牛华溪办事处于民国 30 年（1941）8 月在牛华镇成立……1950 年由人民银行接收。”在涪陵增设的机构之所指可能有同类情况。

②南京国家第二历史档案馆之原始史料《民国三十六年中国银行重庆分行职员录》所记述的四川分行在 1937.7 至 1943.9 期间成立的第三批下辖机构有 16 个：

资中办事处，简阳办事处，合川办事处，江津办事处，重庆上清寺办事处，合江办事处，雅安办事处，重庆小龙坎办事处（原系简易储蓄处），广元办事处，叙永办事处（原系简易储蓄处，后改分处，又改办事处），牛华溪办事处（原系简易储蓄处，后改分处，又改办事处），长寿办事处（原系简易储蓄处，后改分处，又改办事处），遂宁办事处，南充办事处，成都东门外办事处（原系简易储蓄处，后改分处，又改办事处），荣昌办事处（原系分处）。应当说，该原始档案的可信度和准确性都是极高的。

③四川省档案馆之原始史料之《中国银行渝行及所属职员录》记述：1943 年 1 月，重庆分行全辖计有分行 1 个，支行 4 个，办事处 9 处，办事分处 24 处，简易储蓄处 6 处，大小机构共 45 个。应当说，该原始档案的具体内容，其可信度和准确性都是极高的，而且具抗战时期机构设置的典型性，由此我们整理出《中国银行四川分行下辖机构配置图（1943 年 1 月）》（见图 1－1），对抗战时期中国银行四川分行的“分行、支行、办事处、办事分处、简易储蓄处”等大小机构的关系，加以形象与逻辑的反映。

④据《民国三十六年中国银行重庆分行职员录》记述，抗战时期四川境内中行机构中，由办事处升格为支行的有两处：一是内江支行，原系寄庄，1932 年 7 月 1 日开业，1933 年改办事处，1939 年 5 月 1 日改支行；二是自流井支行，原系办事处，1943 年 1 月改支行，亦如《行史》第十四章记述：1942 年下半年，中行按照规定移交发行、实行专业化后，中行总处于 11 月将盐务中心的自流井办事处扩充为支行，并将附近产盐区的五通桥、嘉定、叙府等办事处及所属分处划归该支行管辖，以便集中办理盐务贷款，协助政府发展专卖事业。

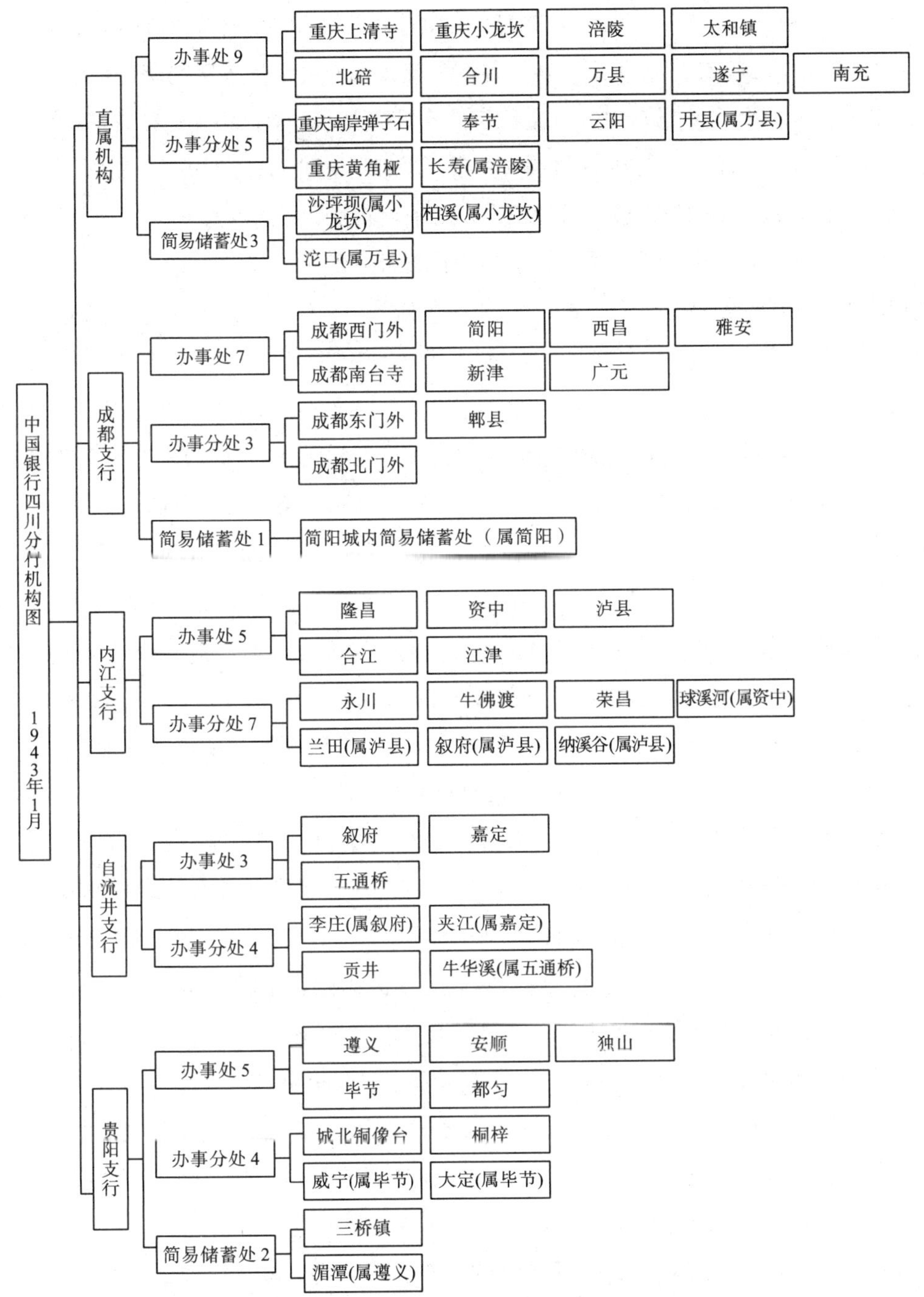

图 1-1 中国银行四川分行下辖机构配置图（1943 年 1 月）

⑤《四川省志·金融志》记述：1944 年，川境中行机构统计数为 59 个处，其所列机构实为 62 处，而且并未区分机构的性质，只能说明中行曾经在四川的这些地方设立过机构；此外，“江油白庙子”之机构的准确性有待进一步证实。

⑥《行史》第十四章记述：到 1945 年 8 月 15 日，川省中行机构有分行 1 个，支

行5个，办事处42，办事分处19，简易储蓄处5，共计72个机构；与此相关，《行史资料》（第2345页）之“三十五年本行各地分支机构变动情形表”的统计数字可以看出：1945年，四川分支机构为27，重庆市分支机构为4，总计31个。在这里，前者记述1945年8月15日，川省中行机构共72个，后者则记述1945年川行分支总计31个。如果是这样，这就说明抗战胜利后的四个多月中，其复员工作的力度很大。

⑦抗战时期，川中行除了成立了上述机构之外，值得一提的还有，中行曾在一个地理位置较为特殊的地方——会理设立过一个机构——中行会理办事处。会理在抗战时期属当时的西康省境内，而西康省在民国28年（1939）以前，以及在当今又属于四川省境内；会理中行机构不是由当时的渝行所设立，而是中行昆明支行所设立。

《行史》第十四章记述了会理办事处的成立背景和大致时间：1939年9月8日，国民政府公布《巩固金融办法纲要》。要求各银行扩充西南、西北金融网，争取在各县区普设银行机构，以活跃地方金融，发展生产事业。为完成筹建金融网计划，中行总处于11月1日设立昆明支行，接着昆明支行又先后在沿滇越铁路滇南地区、滇缅公路滇西地区、滇东北地区设曲靖办事处，西祥公路等处设立办事处或办事分处，其中在西祥公路设立了大姚、会理办事处。

再据《会理县志》记述：民国30年（1941）日本侵略军入侵滇西，云南形势日紧，中国银行昆明支行为防万一，作好向川境转移之准备，于民国31年（1942）1月在会理设办事处，有员工6人。民国32年（1943）约300万元，放款140万元，汇款178万元，当年略有盈余。民国33年（1944），于当年7月迁往云南详云县南驿。

第四，抗战胜利后至解放时期（1945.8至1949.12）川行下辖机构变动情况。经考证，现将四川分行在抗战胜利后至解放时期的第四批下辖机构变动情况中，可以肯定的史实与相互矛盾有待进一步查证的史实分述如下。

①1946年川行下辖机构变动情况及其矛盾。《行史资料》（第2472—2474页）之第22届股东总会报告中，报告了三十二至三十四年（1943—1945）决算案，其中附有《中国银行总分支行处一览表》，尽管该史料没有记载开会时间，但这届股东总会召开时间，应当与《行史资料》（第1117—1141页）之三十五年行务会的召开时间（1946年5月27日至6月14日）大致一致。换言之，该《中国银行总分支行处一览表》应当是截止1946年5月的统计数据。该表显示：重庆分行管辖区包括四川、云南、贵州三省的支行、办事处，全辖计有分行1个，支行6个，办事处38个，共45个机构。这体现了中行为更好地发展业务，在抗战胜利后国内的机构设置和管辖区划分中采取了“经济为主，政治为辅”的原则，因而在四川分行机构变动史中具有特殊意义，由此，整理出《中国银行四川分行下辖机构汇总图（1946年）》如下：

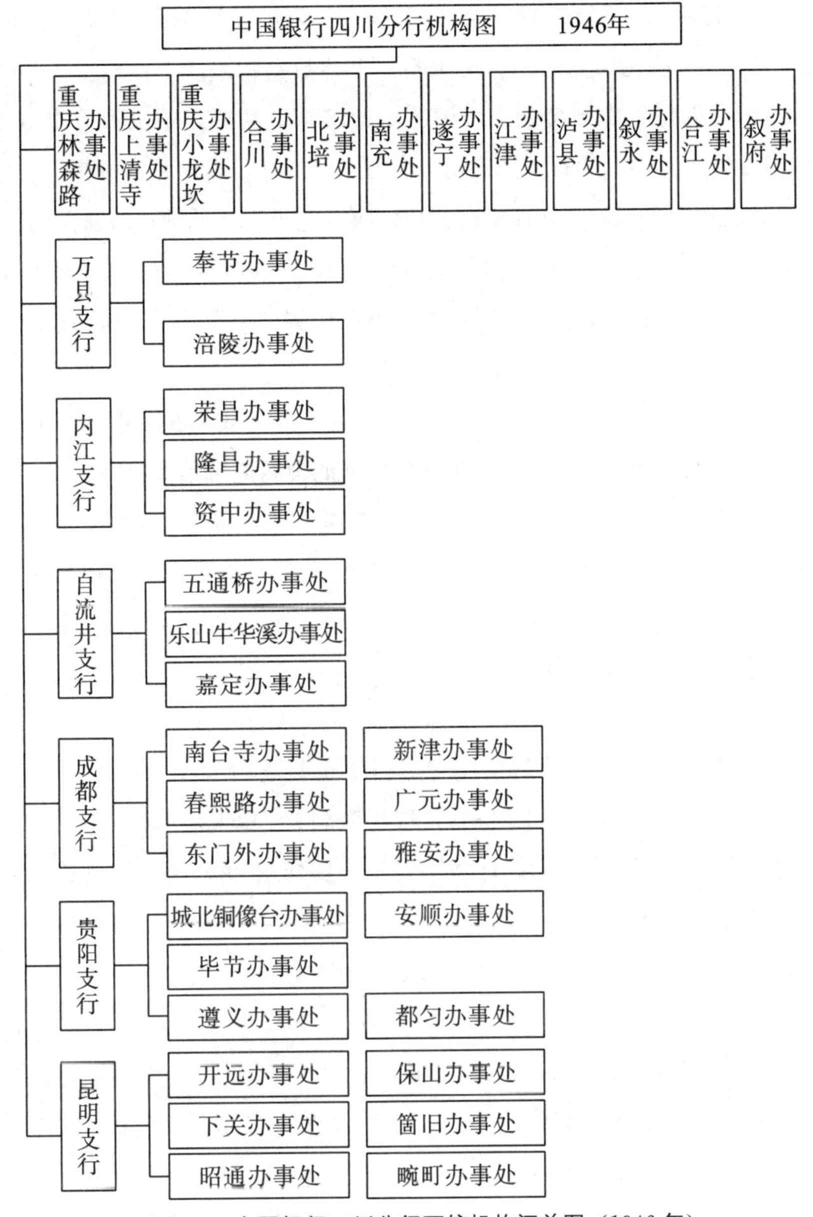

图 1—2　中国银行四川分行下辖机构汇总图（1946 年）

然而，与上述机构统计数据相矛盾的是：《行史资料》（第 2345 页）之“三十五年本行各地分支机构变动情形表”表明：1946 年底，四川与重庆市的现有分支总计仍为 31 个（与 1945 年底相同）。而《中国银行总分支行处一览表》截止 1946 年 5 月的统计数据是 45 个机构。对此，有待进一步查证。

②1947 年川行下辖机构变动情况及其矛盾。《行史资料》（第 2367 页）之“三十六年本行各地分支机构变动情形表”表明：1947 年底，四川分支机构为 23 个，重庆市分支机构 4 个，总计 27 个。然而，南京国家第二历史档案馆之原始史料《民

国三十六年中国银行重庆分行职员录》记述：1947 年四川中行共辖 5 个支行及 25 个办事处，共 30 个机构。这与《行史资料》上述数据相差 3 个机构。

与此相关，《四川省志·金融志》记述：1947 年 3 月底，中国银行在川、康的分支机构共有 30 处。其中，渝行所属支行只有万县、内江、自流井、成都等 4 个，没有贵阳支行，这也许源于该志只记述中行在川、康分支机构之凡例；而渝行直属 11 个办事处，万县支行所属 2 个办事处，内江支行所属 4 个办事处，均与《民国三十六年中国银行重庆分行职员录》吻合；所不同的是，《四川省志·金融志》所记述的成都支行所属有成都南台寺、成都东门外、成都春熙路、广元、雅安等 5 个办事处，而《民国三十六年中国银行重庆分行职员录》记述只有 4 处，并无成都春熙路办事处。应当说，《民国三十六年中国银行重庆分行职员录》所记述的史料之可信度更高。

③1947 年川行下辖机构变动情况。《行史资料》（第 2392 至 2393 页）记述：到三十七年上期（1948 年 6 月），四川分支机构为 23 个，重庆市分支机构 4 个，全省总计仍为 27 个，与《行史资料》（第 2367 页）之“三十六年本行各地分支机构变动情形表”所记述的总计 27 个分支机构持平。

④1945.8 至 1948.6 川行下辖机构下降趋势。总的来看，《行史》第十四章记述：1945 年 8 月 15 日，川省中行机构有分行 1 个，支行 5 个，办事处 42，办事分处 19，简易储蓄处 5，共计 72 个机构；《行史资料》（第 2345 页）之“三十五年本行各地分支机构变动情形表”的统计数字表明：1945 年底，川行分支机构为 31 个；到 1948 年 6 月，川行分支机构仅为 27 个。

⑤昆明支行何时归属四川分行管辖的相互矛盾史料。1946 年 6 月，四川分行管辖昆明支行?《中国银行云南省分行行史》记述：1946 年 6 月，昆明支行划归四川分行管辖。《行史资料》（第 2472—2474 页）之 1946 年 5 月《中国银行总分支行处一览表》记述：重庆分行计有分行 1 个，支行 6 个，办事处 38 个，共 45 个机构，也说明此时四川分行已管辖昆明支行。

1946 年 6 月以后，中行的复业工作基本告一段落时，四川分行管辖昆明支行?《行史》第二十章（第 629—630 页）记述，1946 年 6 月，总处总稽核霍宝树在行务会议机构制度小组会上发言，提出了分行之管辖区以“经济为主、政治为辅”的原则划分，形成了抗战胜利后中国银行机构设置的依据。抗战胜利后，中行的复业工作基本告一段落时（注：没有具体时间），重庆分行管辖四川、贵州、云南三省的支行、办事处。但是，这也说明，1946 年 6 月以后，昆明支行才划归四川分行管辖。

1946 年 8 月，中行昆明支行仍划由四川中行管辖? 这是《重庆中国银行行史资料》的记述。

——对上述三个四川分行开始管辖昆明支行的时间，依照决策到落实有个适当的过程之惯例，“1946 年 8 月中行昆明支行划由渝中行管辖”的说法更准确。

⑥昆明支行何时脱离四川分行管辖的相互矛盾史料。1947 年昆明支行仍归四川分行管辖?《行史》附录“不同时期支行分布情况”（第 876—877 页）记述：1947 年川行分支行分布情况为：重庆、内江、成都、自流井、万县、贵阳、昆明，说明 1947 年底昆明支行仍归四川分行管辖。

1947 年昆明支行已不归四川分行管辖?南京国家第二历史档案馆《民国三十六年中国银行重庆分行职员录》则记述：1947 年四川中行共辖 5 个支行及 25 个办事处，共计 30 个机构，其中并没有昆明支行。与此相关，《行史资料》之“本行各地分支机构变动情形表”记述：1947 年四川行分支总计 23 个。这从一定程度上印证了《民国三十六年中国银行重庆分行职员录》所记述的“1947 年四川中行共辖 5 个支行及 25 个办事处，其中并没有昆明支行”之可靠性。

总之，昆明支行归属四川分行管辖的起止时间，有待进一步核查。

（3）中行四川分行内设部门及人员配置情况

据《行史》（第 167—170 页）记述，中行分支机构内设部门及人员配置情况及其沿革，大致如下：其一，中行分支机构高管人员设置沿革。中行开业之初，各地设分行、分号、兑换所、汇兑所四种，分行设经理，分号设管理，分号以下设管事。1919 年调整机构，所有分号、兑换所、汇兑所、支所等名称一律取消，改为分行、支行两级，主管人员统称为行长。1928 年 11 月，经董事会议决，各分、支行行长、副行长改称经理、副经理。其二，1928 年 11 月后，中行分支机构高管人员及内设部门设置标准及程序为：分行一般设在省会或大城市，设经理一人，副经理、襄理一至数人。设文书、会计、营业、出纳四股，业务过繁的分行专设发行股，各设主任一人，或以副经理、襄理兼文书、营业主任。支行归分行管辖，亦得直属于总处，设经理一人，设文书、会计、营业、出纳四系，会计、出纳各设主任一人，文书、营业酌设专员。办事处直辖于各分行，设主任一人。分支行处都有办事员、助员、练习生、检券生、雇员、库丁（出入库房、运送钞券）、工友及行警，但人员均极紧凑，极少人浮于事现象。

据《民国三十六年中国银行重庆分行职员录》记述：1947 年四川中行共辖 5 个支行，以及 25 个办事处，分行本部 198 人，全辖（不含贵阳支行）共有 517 人。这是反映民国时期中国银行重庆分行内设部门、下辖机构及其人员配置情况之最完整、最权威的史料。由此，我们整理出《中国银行四川分行内设部门、下辖机构及其人员配置图（1947 年）》，其中，四川分行辖属各个办事处人员的配置情况，则整理为《四川分行辖属办事处人员配置情况（6—15 人）比较表》。

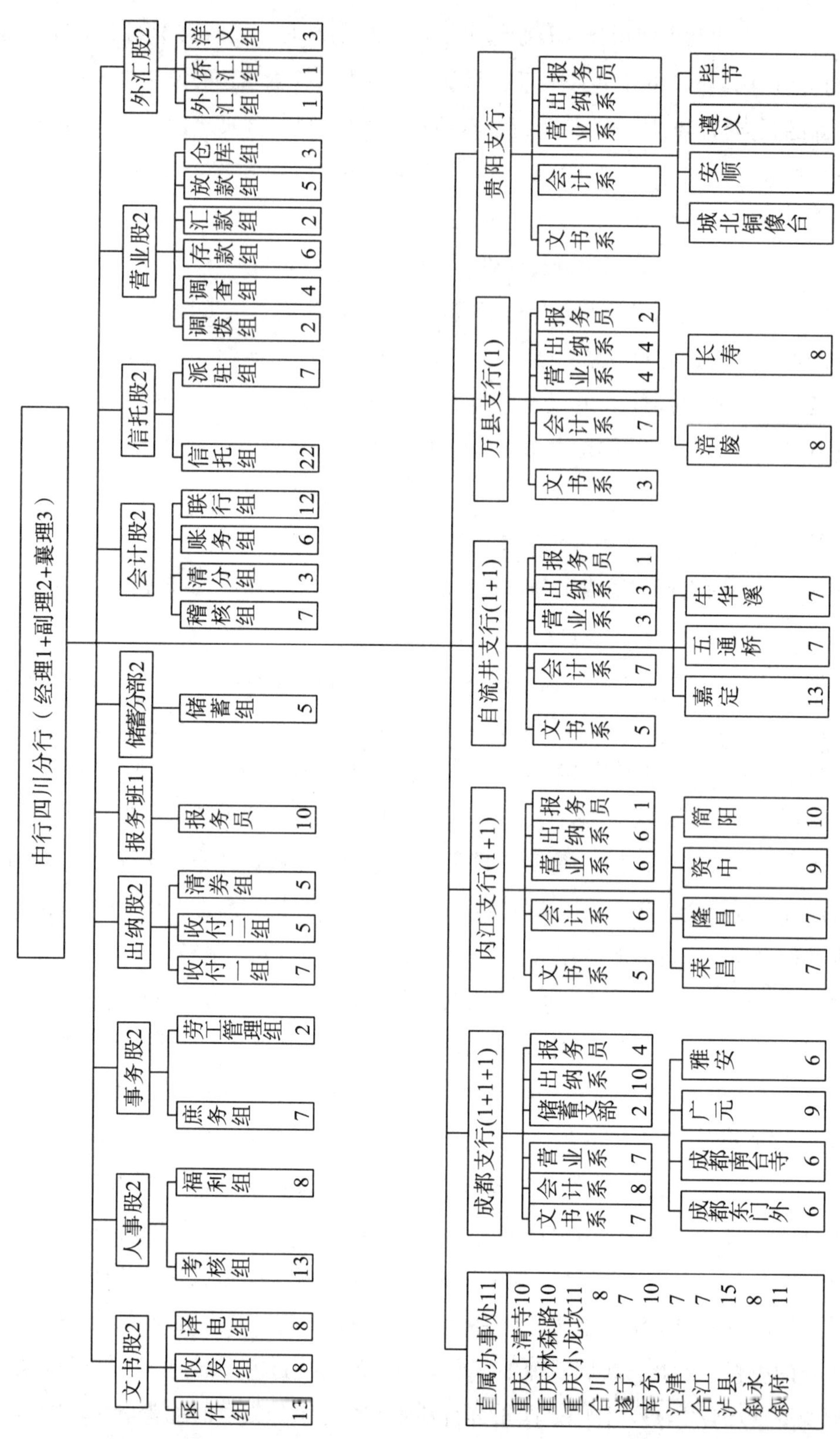

图 1—3 中国银行四川分行内设部门、下辖机构及其人员配置图（1947 年）

表 1-1　四川分行辖属办事处人员配置情况（6—15 人）比较表

办事处 数量 岗位设置	泸县	嘉定	重庆小龙坎	南充	广元	涪陵	五通桥	雅安
主任	1	1	1	1	1	1	1	1
副主任	1	0	0	0	0	0	0	0
文书员	1	1	0	0	0	0	0	0
会计员	1	1	1	1	1	1	1	1
出纳员	1	1	1	1	1	1	1	1
办事员	2	2	4	4	1	1	0	2
营业员	0	1	0	1	0	0	0	0
助员	2	1	3	1	1	2	1	0
雇员	3	2	1	0	3	0	1	1
练习生	2	1	0	0	0	2	2	0
报务员	1	2	0	1	1	0	0	0
总计	15	13	11	10	9	8	7	6

（4）中行四川分行历任经理变动情况考证

中国银行四川分行历任经理变动情况，可以参见于《重庆中国银行史料》，《行史》附录四、被誉为“中国第一份银行企业报”[①] 的《中国银行业务会计通信录》与《中国银行通信录》（下称“《通信录》”），《四川省志·金融志》，《行史资料“第七章同中央政权地方势力关系与问题之（六）四川”，《渝行通讯》第十六期之《渝行掌故：周宜老绾渝行时之略述》等多个史料之中，但其中又有矛盾之处。本史考证的四川分行历任经理变动情况之结果如下：

在渝行成立初期的历任分行经理中，既非《行史》附录所记述的“川行历任分行经理（行长）为王丕煦（1915），唐瑞铜（1915—1917）……”，也非为《重庆中国银行史料》所记述的“渝行首任经理为总处派赴四川调查的王丕煦，此后为唐瑞铜、丁志兰……”，经对《通信录》所记述的史料比对与考证，还原出的川行成立初

① 据马学斌“论《中国银行通信录》兼谈企业报刊作用”研究表明，中行总管理处于 1915 年 1 月 15 日在北京创办《中国银行通信录》，“停允风波”后，办刊每况愈下，到第 33 期（1917 年 9 月 15 日出版）后休刊。为更好地发挥该刊在经营管理中的作用，在中行副总裁张嘉璈主持下，于 1918 年 5 月 31 日从第 34 期复刊，并更名为《中国银行通信录》，1921 年 12 月 31 日出版到第 77 期后停刊，前后刊行整 7 年。

期及其以后的经理及其任职时期如下：

第一，川行首任经理为王丕煦，任职时期为1915年1至12月；

第二，川行第二任经理为唐瑞铜，任职时期为1916年2至10月；

第三，川行第三任经理复为王丕煦，任职时期为1916年10至11月；

第四，川行第四任经理先为张嘉璈，被任命日期为1916年12月，但因其并未到任，川行第四任经理复为唐瑞铜，任职时期为1917年1至7月。

那么，为什么王丕煦会卸任两次，而次任经理唐瑞铜又接任了两次呢？对此，我们可以从《行史资料》第七章所汇编的“渝行经理问题”的相关电文中[①]，窥见这一问题之轮廓及其原因（略，参见后续之《四川中行百年行史（1915至1949）》）。

第五，川行第五任经理为丁志兰，任职时间为1917年8月至1920年10月；

第六，川行第六任经理为周询（宜甫），但其任职时间并非是《行史》附录四记述的“1920至1922”，而应为1920至1935年。

第七，川行第七任经理为徐维明（广迟）（1935至1945年）；

第八，川行第八任经理为赵宗溥（1945年至1949年10月），1949年10月赵宗溥去港后由刘守礼代理，直至重庆解放。关于刘守礼为代理经理的佐证史料，重庆市档案馆02870002000130000219000档号之史料，记述了重庆解放后人民政府对“重庆中国银行拟留用原行职员及新职务的初步意见”，其中刘守礼原来职务为副理暂代经理，拟任新职为经理或副理。

2. **中国银行成都分号诞辰史实与机构沿革**

据《成都市志·金融志》《四川省志·金融志》《抗战大后方金融研究》[②]《通信录》第4期等史料之综述，可知中国银行成都分号诞辰史实经过如下。

（1）中国银行成都分号诞辰史实概略

大清银行成都分号成立于光绪三十四年（1908）7月，行址在成都暑袜北街。宣统三年（1911）十二月八日，成都发生兵变，分号被劫一空，随即停业。后设清理处进行清理，并拟定清理办法。

中国银行成都分号于民国四年（1915）四月四日成立，行址在暑袜街原大清银行成都分号旧址（后与中央银行成都分行互换，迁至东御街26号），分号管理为邓孝然。清理处（附设在重庆中国银行内）清理员邓孝然于民国四年（1915年）五月二十四日在重庆《西蜀新闻》刊登广告：“订于农历五月一日到八月一日止，远近绅

① 档号：一〇二七（2）117。

② 刘志英、张朝晖等. 抗战大后方金融研究［M］. 第63、66页. 重庆：重庆出版集团. 重庆出版社. 2014.6.

商如其存有大清银行本票、银两票、银圆票、钞票者，务于此三个月内持赴清理处兑取，到期截止，未来兑取者，即作无效。除详请巡按使署立案并通饬各县知事一体出示暨重庆清理处登报申明，以期周知而昭信用外，特此布闻。”总之，中国银行成都分号是在大清银行成都分号的基础上，于1915年4月4日递嬗而成立的，行址也是大清银行成都分号的旧址。

中行成都分号于1919年改为成都支行，1922年改为办事处，1930年恢复为成都支行，直到成都解放。

（2）成都支行职能部门设置情况的史料记载

据《行史》之“国内分支机构设置变化情况”记述以及据《成都市志·金融志》记述可知：成都支行内设文书、会计、营业、出纳、储蓄、事务六系及电台。

再据南京国家第二历史档案馆《民国三十六年中国银行重庆分行职员录》记述：成都支行内设文书系，会计系，营业系，储蓄专部，出纳系，报务员等6个系，支行共41人，全辖共68人。

（3）成都支行下辖机构变动情况的史料记载

据四川省档案馆民国三十二年（1943）一月《中国银行渝行及所属职员录》之原始史料记述：成都支行下辖东门外办事分处、北门外办事分处、郫县办事分处、西门外办事处、南台寺办事处、简阳办事处、简阳城内简易储蓄处、雅安办事处、西昌办事处、广元办事处、新津办事处等11个机构，共计110人。

据《成都市志·金融志》记述：民国三十三年（1944）成都支行下辖南台寺、成都东门、北门，新津、广元、石桥、雅安、西昌、郫县等9个办事处。

据《行史资料》之1946年5月《中国银行总分支行处一览表》记述：成都支行下辖成都南台寺办事处，成都东门外办事处，成都春熙路办事处，新津办事处，广元办事处，雅安办事处等7个办事处。

据《成都市志·金融志》记述：民国三十六年（1947）抗战胜利后，紧缩机构，仅辖南台寺、成都东门、春熙路、广元、雅安等5个办事处。然而，南京国家第二历史档案馆之民国三十六年（1947）《中国银行重庆分行职员录》却记述：成都支行下辖东门处、南台寺、广元、雅安等4个办事处，并没有春熙路办事处。

——应当说，1947年《中国银行重庆分行职员录》的记述，更为可靠。

据《成都市志·金融志》记述：民国38年（1949）奉重庆管辖行指示，除南台寺办事处改为收付处暂予保留外，其余各地办事处因业务清淡，一律裁撤。

——由此可见，成都支行下辖机构从1943年到1949年是逐渐减少的。

（4）成都支行历任管理或经理的史料考证

据《成都市志·金融志》记述：中国银行成都支行历任经理为周洵、孙祖瑞、周仲卿、杨康祖、王杜君。然而，据对《通信录》、《行史资料》第七章之“成都分号管理问题”的相关电文、周宜甫《十八年来我的中行生活——渝历险之一页》、《全国银行年鉴（民国24年）》、重庆市档案馆民国时期档案之0287全宗号的相关查阅、1942年7月《成都支行及所属行处职员录》、1943年1月《中国银行渝行及所属职员录》、1947年《中国银行重庆分行职员录》等多种史料的对比研究，发现《成都市志·金融志》的记述与原始史料的记述存在着一些矛盾之处，经本史考证后的可以肯定的结论和有待进一步查证的问题如下：

第一，中国银行成都分号首任管理与次任管理的考证。根据《通信录》第三、四、九期记述，成都分号首任管理与次任管理并非为周洵和孙祖瑞。成都分号首任管理为邓孝然，任职期为1915年3月至1915年8月；周洵（毅夫）为成都分号的次任管理，任职期应当从1915年9月起（至1916年12月止，见下）。

第二，中国银行成都分号第三、四、五任管理的考证。成都分号第三、四、五任管理并非为周仲卿、杨康祖、王杜君，而是为陈徵祥、杨兆熊、周洵。

从《通信录》第25、26期之原始史料记述可以看出：成都分号第二任管理周洵的任职时间为1915年9月起，至1916年12月。周洵在《十八年来我的中行生活——渝历险之一页》也记述道：“我自民四（1915）进行以来，中间只民六（1917）因病辞职，歇息了七个月。”因此，成都分号第三任管理为陈徵祥，任职期应当是从1917年1月起；再从《行史资料》第七章之“成都分号管理问题”的相关电文[①]中，可以看出：陈徵祥任职时间至1917年8月止［考证理由，参见后续之《四川中行百年行史（1915至1949）》］。

从该电文中，还可看出：成都分号第四任管理应为杨兆熊，任职期应当从1917年8月起，至1917年11月止；同时，还可看出：成都分号第五任管理复为周洵，任职期应当是从1917年11月起，其任职结止时间应为1920年10月（周升任川行经理）。周洵在《十八年来我的中行生活——渝历险之一页》中也记述道：“民国九年（1920），我由成都奉调渝行……于国历十月二日，由成都坐小木船起身。”这就是成都分号第五任管理复为周洵的原因。

第三，中国银行成都支行第六、七两任经理的初步考证。据《成都市志·金融志》记述，周洵之后成都支行经理依次为孙祖瑞、周仲卿、杨康祖、王杜君。但现在仍无佐证史料说明孙祖瑞接替过周洵任第六任经理。可以肯定的是，第六任经理

---

① 《行史资料》档号：一〇二七（2）117.

的任职期应从1920年10月算起。那么，周洵于1920年10月升任为渝行经理后，第六、七两任经理到底是谁，我们只能从已有史料中加以判断：

重庆市档案馆民国时期档案中，有周荣光和陈徵祥任职的相关记述：

0287 0001 0005 00000 108000：中行总管理处关于告知中行重庆分行经理周洵，成都支行经理周荣光薪津支给标准的函，民国19年（1930）1月10日。

0287 0001 0005 00000 169000：中行总管理处关于派陈徵祥充任中行重庆分行襄理常川驻成都支行考察业务的函，民国19年（1930）5月15日。

0287 0001 00070 0000 214000：中国银行总管理处关于准予成都支行经理陈徵祥兼任成都市银行银钱业同业公会主任致中国银行重庆分行的函，民国22年（1933）5月18日。

与此相关，重庆中国银行主办的《四川月报》第四卷第五期记述：民国二十三年（1934）五月，成都成立银行公会，在选举出的该会委员中，陈树屏代表中行成都支行被推选为九个执委之一，进而还被推选为三个常委之一，选定胡俊泉为本届主席，惟胡氏现未在省，暂由陈树屏代行。

从上述史料中，可以反映以下几个史实：一是周荣光在1930年1月曾经任过周洵之后的成都支行经理；二是成都分号第三任管理陈徵祥在1930年5月充任中行重庆分行襄理，并常驻成都支行考察业务；三是1933年5月陈徵祥仍被称为成都支行经理。此外，1935年《全国银行年鉴（民国24年）》出版时，曾载明成都支行经理为孙瓃。

然而，上述史料之间，也存在几个问题：一是周荣光是否是陈徵祥的后任经理？陈徵祥充任中行重庆分行襄理，而周荣光是否就接替了陈徵祥？如果是这样，仍无史料说明陈徵祥接替过周洵为第六任经理；如果是这样，为什么1933年5月陈徵祥仍被称为成都支行经理？是否是对陈徵祥过去职务的沿用称呼？是否是陈徵祥又接替了周荣光？二是周荣光与周仲卿的关系。重庆市档案馆民国时期档案中所指的周荣光，是否就是《成都市志·金融志》所指的周仲卿？三是孙瓃与孙祖瑞的关系，《全国银行年鉴（民国24年）》所记述的孙瓃，是否就是《成都市志·金融志》所记述的孙祖瑞？四是陈徵祥、周荣光、孙瓃之间的任职关系，仍然需待进一步查证。

从上述史料中，我们可以推断的史实如下：一是中行总管理处准予陈徵祥兼任成都市银行银钱业同业公会主任的史实，与《四川月报》记述的成都成立银行公会，陈树屏代表中行成都支行被推选为执委之一和常委之一的史实，应当是同一件事情。因此，陈徵祥作为成都分号第三任管理，原字号为“寿民”，到1933年时则改为“树屏”，这与周洵原字号为“毅夫”后改为“宜甫”的情况是一致的。二是从周荣光 1930 年 1 月接任陈徵祥为经理的史料综合判断，成都分号第六任经理很可能是陈徵祥（树屏），而非《成都市志·金融志》所指的孙祖瑞。

第四，中国银行成都支行第八任或第九任经理的初步考证。据《成都市志·金融志》记述：成都支行最后两任经理为杨康祖和王杜君。

关于成都支行第八任经理应为杨康祖的佐证史料，1942 年 7 月《成都支行及所属行处职员录》记述道："经理杨康祖，37 岁，籍贯湖南湘潭，到行年月为 1933 年 1 月。"这就是说，成都分号第七任经理周荣光之后，如果孙璭或孙祖瑞接替过周荣光，孙即为第八任经理，杨康祖则为第九任经理；如果孙璭或孙祖瑞未接替过周荣光，那么杨康祖则为第八任经理。

第五，中国银行成都支行第九任或第十任经理的初步考证。如果杨康祖为第八任经理，那么中国银行成都支行第九任经理为颜大有；如果杨康祖为第九任经理，那么中国银行成都支行第十任经理也为颜大有。关于成都支行第九任或第十任经理应为何人的佐证史料，在《民国三十六年中国银行重庆分行职员录》中也有记述：1947 年成都支行经理颜大有（序耕），年龄 50，籍贯浙江吴興，到行年月为民国二年（1913）五月。与此相关，1943 年 1 月《中国银行渝行及所属职员录》记述成都支行经理为杨康祖，而杨的三个副手（襄理）之二就是颜大有（序耕），可见颜大有作为杨的副手，在以后接任杨康祖而成为成都支行经理是有根据的。因此可以说，成都支行杨康祖经理的后任经理是颜大有，并非是《成都市志·金融志》所记述的为王杜君。

关于王杜君任何职务的史料信息，在 1948 年 9 月《渝行通讯》第九期之"詠群英会（五言拼律）"一文中有这样的记述：

阴棠碑载道：成支行王杜若襄理。杜若在行几三十年，可算一位老前辈。为人老成持重，以豪于酒驰名，现则看破红尘，"洗手"不饮。君历主办事多处，均还留去后之思。甘棠遗爱，名符其实。（君名阴棠）

由此可以看出：王杜君可能是王杜若，王杜若的名为王阴棠，其字号应为杜若，但王杜若的职务是成支行王杜若襄理，并非是经理。

关于成都支行颜大有经理是否还有后任（第十一任）经理？上文中还记述：良槐炮震天：成支行徐良槐经理。君今贯腹便便，十足银行经理架子。谁知他十余年前，是一员驰骋篮球场中的猛将。君长于远射，百发九十余中，有徐大炮之称。君长于文笔，书法尤飞舞，尚保留许多投篮姿态。少年得志，才可重也。

由此可以看出：1948 年 9 月成都支行经理可能是徐良槐？

3. **川境中行其他“百年老店”之机构史略**

川境中行“百年老店”除成都、重庆两家之外，还有泸州、万县、自贡、五通桥、潼川等5家，其机构史略大致如下。

(1) 川境中行“百年老店”之泸州机构史略

泸州分号，作为中国银行四川境内的“百年老店”之三，不得不说，其诞辰与发展过程具有浓厚的历史悲剧性色彩。

第一，中行泸州分号诞辰与“开门不红”之史实。据《通信录》、《行史资料》之“中国银行经营年报”等历史文献，可以得出以下结论：

①中行泸州分号于1915年2至3月开始筹备，筹建管事为张宗濬（恩泉）；1915年5月13日正式成立，这是川境第三家中行机构，行址待考。

②中行泸州分号成立不到4个月，就于1915年9月3日被降格改为汇兑所，1916年10月1日再次改组。

③1915年9月到1917年1月期间，泸州汇兑所管事为丁毓林（翰臣）。

④1915年，泸州汇兑所营业七个半月，但它却是渝辖机构中唯一的开门亏损的机构（纯损207.68元），这就为它以后不久的停业或撤销埋下伏笔。但当年仍被中行总分派了行员奖金：管事，银415.00元，办事员4人，银425.60元。

第二，中国银行泸州分号悲剧性的间断经营史略。从《行史资料》之“护国军中行”的两封电文、1915年和1916年《中国银行所在地一览表汇报》，以及1917年6月15日出刊的《通信录》第三十期之“泸州汇兑所民国五年下期营业情形”等史料记述中，可以看出：从1916年起，四川军阀混战开始，泸州汇兑所更遭厄运，造成其悲剧性的间断经营史。

①1916年下半年，泸州汇兑所因避军阀混战之乱而迁入重庆，回泸后原行址为“护国军中国行”占据不肯退让，泸州汇兑所“求退不允，只能另觅房屋，略为布置继续营业”，“屡争无效，暂借住南河公司”。唯时值兵灾之后，税款无收，库存如洗，只得清理前期事务。

②由于北洋政府停兑令之影响，流通到泸州地界的十余万元兑换券价亦跌至8.12折，致使泸州汇兑所“直如山阴道上应接不暇”，信誉扫地。

③1916年，泸州汇兑所全年经营再次纯损，达4347.47元。由此，造成泸州汇兑所从1917年6月后就处于长期停业或被撤销状态。

第三，中行泸县办事处的“前世今身”考证。据对《四川月刊》第二卷第四期、《全国银行年鉴（民国24年）》、《民国三十六年中国银行重庆分行职员录》、《抗战时期西南的金融》[①]、《民国档案中国银行泸县办事处全宗介绍》等几种史料之说法的编研梳理，可以相互印证的中国银行泸县办事处的“前世今身”之变动史实，有以下几点：

①中行泸县办事处的前世，就是 1915 年 5 月 13 日开业的泸州分号；

②该机构“曾经裁撤”，是指 1917 年 6 月后不久泸州汇兑所就已停业或撤销；

③中行于 1933 年 4 月开始在泸县筹建寄庄，并于 6 月成立。这就说明，泸州汇兑所从 1917 年 6 月后停业起，到 1933 年 6 月设立寄庄时止，整整停业长达 16 年之久，其间断经营期间是与四川军阀混战期间重合的；

④1934 年 1 月 1 日，中行将泸县寄庄改为办事处；

⑤中行泸县办事处行址为钮子街 37 号，而在迎晖路 77 号（现泸州市工商银行营业部）的说法仅为一家之说。

（2）川境中行“百年老店”之万县机构史略

第一，川境中行“百年老店”之万县机构诞辰史实。据《通信录》、《行史资料》之“中国银行经营年报”、《抗战时期西南的金融》、《全国银行年鉴（民国 24 年）》等史料记述，可以看出万县机构诞辰史实如下：万县在清末被辟为通商口岸，万县东扼三峡，连接鄂、湘、黔、陕，背靠整个西南、西北地区，凭借长江航道和五省通衢之地理优势成为川东的经贸中心。为适应当时经贸的特殊需求，万县金融业也日趋活跃和繁荣。在此背景下，中行万县汇兑所于民国四年（1915）七月四日成立，管事为朱劼；同年九月三日准改分号，管理亦为朱劼，行址为二马路 92。

第二，中行万县分号早期经营史实。万县分号在 1915 年至 1917 年的经营情况，可见于《行史资料》相关记述，以及《通信录》所记述的几篇文献之中：1915 年 7 月第七期之“万所现行货币银市行情报告书”，1915 年 8 月第八期之“万所开业及现行货币银市情形报告书，四年七月十九日”，1915 年 12 月第十二期之“万号调查万县市面金融情形报告书——四年十一月十五日专字第六号”，1917 年 6 月第三十期之“万县分号民国五年下期营业情形”，1917 年 9 月第三十三期之“万号报告市面金融及特别情形”，1917 年 9 月第三十四期之“各地商况：十月二日万号报告”等。综合这些史料，万县分号早期经营史实如下：

①在渝行所属机构 1915 年的经营损益情况中，万县分号纯益 5408.10 元，中行总处分派给行员奖金数量为：管理，银 401.68 元；办事员（8 人），银 804.25 元。

① 中国人民政治协商会议西南地区文史资料协作会议编. 抗战时期西南的金融［M］. 第 86—87 页. 重庆：西南大学出版社. 1994. 4.

这就是说，万县分号开业 6 个月，办事员人均得银 100.53 元；管理与办事员的奖金比例为 4∶1。

②应当说万县分号被《通信录》所保存下来的早期经营管理史是最多的，从中可以看出一百多年前中行基层机构经营管理的特点如下：

一是经营管理的规范性。比如，按照“货币种类，市面利用，市面行情”的规范格式定期向上级行报告经营管理执行情况。再如，按照“营业状况，市面情形，兑换券情形，损益实况，下期进行方针”规范格式向上级行报告半年期的经营管理损益情况。二是调查研究的规范性。即按照“区域位置，出进口情形，商务情形，纸币种类，平砝种类，银两种类，银圆种类，行市种类，作汇兑法，输运现金价目”的格式进行业务调研。三是经营管理的复杂性。弄清“货币种类，市面利用，市面行情”是业务经营的前提；把握“区域位置，出进口情形，商务情形，纸币种类，平砝种类，银两种类，银圆种类，行市种类，作汇兑法，输运现金价目”是搞好经营管理的关键；尤其是眼花缭乱的“纸币种类，平砝种类，银两种类，银圆种类，行市种类，作汇兑法，输运现金价目”，体现出当时半殖民地半封建社会特定历史背景下，银行经营管理的复杂性。

第三，万县分号的间断经营与机构变更史。全国报刊网《中行生活》（第 29 页）之“万处复业”一文，记述了万县机构 1915 至 1932 年的机构沿革情况，再据本史对其他史料之梳理，万县分号的机构变更史略大致如下［详见《渝辖首批机构变动、经营形势、经营损益情况表（1915—1934）》］：

1915 年 7 月 4 日成立，在册营业，9 月 3 日由汇兑所升为分号；

1916 年，在册营业，分号；

1917 年，在册营业，分号；

其中：1915 年至 1917 年，专为代理金库时期，未十分注重营业，故损多益少；

1918 年，在册营业，分号；

1919 年，在册，未复业，改为支行；

1920 年，在册，迄未复业；

其中：1918 年至 1920 年，川局紊乱，因代理金库关系，军阀强迫提款，业务未能进行，致此 3 年间（共）结损 4 万余元。

1921 年，在册，营业，支行；

1922 年，在册，营业，改为办事处归汉口分行管辖；

1923 年，在册，暂行停业，办事处；

其中：1921 年至 1923 年，因军事关系，业务无大进步，此 3 年间，比前进步，只损1000余元。

1924年，在册，业务停滞，办事处；

1925年，在册，维持现状，办事处；

1926年，在册，9月暂行停业，办事处；

其中：1924年至1926年，为万处着手营业时代，存汇渐有起色，汉行亦加援助，此3年间结余约3万元。

1927年，在册，仍难发展，办事处；

1928年，在册，微获余利，办事处；

其中：1927年至1929年，因汉行关系，业务停顿，1929年遂致裁撤，此3年间，结损约6万元。

1930年，不在册，停业；

1932年5月24日，复业，仍署名万处。

1933年至1934年，在册，营业，办事处；

1945年，1月升为支行。

（3）川境中行"百年老店"之自贡机构史略

据《通信录》、《全国银行年鉴（民国24年）》相关记述可知：自流井分号，作为中行四川境内的"百年老店"之五，不得不说，其诞辰与发展过程也具有浓厚的历史悲剧性色彩。

第一，中国银行自流井分号诞辰史实与开业情形。自流井分号于民国四年（1915）四月开始筹备，管理为刘覾珩，5月筹备管理更换为刘鸿云（樸生）；同年8月6日，自流井分号成立，管理为王纶言（丝如）；到1916年10月，管理更换为黎广济（叔康），至1917年1月，管理仍为黎广济（叔康）；行址为八店街80。《通信录》第九期之井号四年（1915）八月七日致总管理处的"为报告开业时情形"函，应当是川境中行"百年老店"中唯一仅存的记述开业时情形之珍贵史料。自流井分号的开业情形如下：

查井埠商场习惯时尚粉饰外观，我行初设未便尽依本地习惯，然为联络商情起见，亦不可不勉为俯从。开幕日计收暂存款（名曰敬财神银两），竟达至八万余两。兹择殷实商家及拟往来者，收六万余两入正式帐（账）。其余零数均次日璧还绅商。共送贺礼计泥金匾一架、黑漆金字匾一架、黑漆金字楹联一付（副）、缎呢软匾各一架、大餐桌一张、衣架一对、木座钟二架、帽筒花瓶各一对、玻璃屏四幅、金笺对联三十付（副）、戲（戏）三台席三十二座。借东邻山西会馆为招待所，竟日秩序安静计，本日增添酒席费、赏钱及临时警察等费约用二百三十余元。长住护兵，因警察现无枪支，故暂借防护军四名住行内。查防护军现驻扎山西会馆，与我行房舍比邻，来往便利，每名每月贴饷六元。外门请警察所设长岗一名，本行不另津贴。惟井埠市面辽阔又无墙垣，现闻西南乡稍有不静，嗣后当察看情形，再行添增护兵以资保卫。又营业房舍及金库均大致完备，另案呈报。所有井号开幕情形，除分报管辖行外，理合专函，呈请鉴察。

第二，中国银行自流井分号悲剧性间断经营史略。据《行史资料》记述，在渝行所属机构 1915 年的经营损益情况中，自流井分号均属纯益 3230.16 元，中行总处分派给行员奖金数量为：管理，银 412.68 元；办事员（8 人），银 750.83 元。

1916 年和 1917 年经营状况，据《通信录》第三十期之“自流井分号民国五年下期营业情形”记述，1916 年自流井分号纯损 6522.7 元。再据《行史资料》之“民国五年（1916）七月十日，中国银行函报财（政）部”和“六年（1917）五月廿九日中行函报财（政）部”记述，自流井分号于 1916 年、1917 年两次被军阀强行提款。由此，《行史》附录之“中国银行所在地一览表”记述，1917 年自流井分号处于不在册的歇业状态。

1915 年和 1949 年机构变更史略。据对《中国银行经营年报》、《行史》之“中国银行所在地一览表”（1930 年）、《四川月刊》第一卷第一期之“民国 21 年 7 月中国银行总分支行办事处一览表”、《全国银行年鉴（民国 24 年）》、《民国 36 年中国银行重庆分行职员录》、《行史》第十四章相关记述等多种史料的梳理，自流井分号的机构变更史略，大致如下［详见《渝辖首批机构变动、经营形势、经营损益情况表（1915—1934）》］：

1915 年 3 至 4 月，开始筹建，8 月 6 日成立，分号；

1916 年，在册，分号；

1917 至 1918 年，不在册，歇业；

1919 至 1921 年，在册，支行；

1922 至 1923 年，在册，收税处，歇业；

1924 至 1927 年，在册，办事处；

1928 年，在册，收税处；

1930 至 1932 年，不在册，歇业；

1933 至 1934 年，在册，寄庄；

1935 年，在册，办事分处；

1943 至 1949 年，在册，升为支行。

（4）川境中行“百年老店”之五通桥机构史略

第一，中国银行五通桥汇兑所诞辰史实。据对《通信录》《乐山金融志》《乐山市志》《五通桥区志》等史料的梳理，可以看出以下史实：

①宣统二年（1910）二月设大清银行五通桥分号，隶属重庆分行管辖。这是乐山境内建立最早的银行。大清银行五通桥分号主要征收国税，即征收关税和盐税，辛亥革命（1911 年）后停业清理。

②中国银行五通桥汇兑所于民国四年（1915）七月就已开始筹备，筹备的管事为陈鼎言（作孚）。

③民国四年（1915）十二月二十九日，大清银行五通桥分号改组建立中国银行五通桥汇兑所，这也说明了中国银行五通桥汇兑所是在大清银行五通桥分号基础上递嬗变迁而成立的史实。

④中国银行五通桥汇兑所首任管事为陈鼎言（作孚），并非为《乐山金融志》记述的陈言。

第二，中国银行五通桥机构的变更史略。据对《乐山金融志》、《乐山市志》、《五通桥区志》、《中国银行经营年报》、《行史》之“中国银行所在地一览表”、《四川月刊》之“民国 21 年 7 月中国银行总分支行办事处一览表”、《全国银行年鉴（民国 24 年）》、《民国 36 年中国银行重庆分行职员录》等各种史料之梳理，中国银行五通桥机构的变更史略，大致如下［详见《渝辖首批机构变动、经营形势、经营损益情况表（1915—1934）》］：

1915 年 6 至 7 月开始筹备，12 月 19 日成立，在册，汇兑所；

1916 年，在册，汇兑所；

1917 至 1918 年，不在册，歇业；

1919 至 1921 年，在册，未复业，改支行；

1922 至 1923 年，在册，歇业，改收税处；

1924 至 1927 年，在册，改办事处；

1928 年，在册，3 月改收税处；

1930 年，不在册，歇业；

1932 年以后，在册，办事处。

（5）川境中行“百年老店”之潼川机构史略

第一，潼川机构诞辰史实中有待考究的矛盾与问题。据《通信录》记载：1915 年 11 月 15 日第 11 期记述，潼川分号正在筹备中，管事为杨兆熊；1916 年 4 月 15 日第十六期，刊登了《潼川分号办事细则》；1917 年 6 月 15 日第 30 期记述，潼川分号于六年（1917）四月六日开业，管事为成元明（朗斋），并注明：原系潼川分号移设绵阳，今仍移潼川；第 30 期还刊登了《潼川中国银行洋溪镇办事处规则》。

据三台县档案馆《民国三台县志》记述：中国银行清代维新之际，欲以商业抵制外洋。由户部拨款开设大清银行，已遍各省。民国肇建，改为中国银行，性质仍舊（旧），四年，由总行派人来县经理，租柴市街民房开幕。继乃设机关于稽核分所，专储分所入款。十年，遷（迁）上南街袁姓宅门，首大书中国银行四字。而又常悬停贸牌，有存款者亦允许，惟借出则以停贸推诿，其存款汇款内容别有《潼川中国银行章程》，兹不备载。

据三台县档案馆《人民银行大事记（1912 年—1990 年）》记述：1916 年 2 月 18 日，中国银行潼号成立，代收川北盐税款，19 日即函告其管辖行渝行："查聚兴银行手揽收川北各场盐款，对我行实有障碍，现我行可望接收三台，洋溪镇再处盐款，其余属于川北者有九场，如不请总处（注：中国银行总管理处）力于挽回，则必受其影响，倘能概归我行接收，计之于目前，诚不免有损失，计之于将来，其利益正未可量也。"

据当今《三台县志》记述：中国银行潼川办事处，民国 5 年（1916）2 月 18 日成立，主要办理盐税收存解缴及一般存汇业务，代理国库县支库。民国 25 年（1936）2 月，中央银行三台分行成立，接办盐税后，中国银行潼川办事处撤销。

在《行史资料》之 1915 年和 1916 年"中国银行所在地一览表"之四川省情形中，均有潼川已设机构的统计，但却没有其两年的经营损益统计。

综上可见，上述史料的相互矛盾与待解释的问题，包括三点：

①《通信录》所记载的"潼川分号于六年（1917）四月六日开业"，与三台县《人民银行大事记（1912 年—1990 年）》和当今《三台县志》所记述"中国银行潼号 1916 年 2 月 18 日成立"之间，相差一年多，对此如何解释？

②《通信录》第三十期于 1917 年 6 月 15 日记述"潼川分号于 1917 年 4 月 6 日开业"，然而《通信录》第十六期于 1916 年 4 月 15 日，即在一年又两个月前就刊登了《潼川分号办事细则》，该机构未成立就提前一年多出台管理办法，这似乎不太符合常理。既然提前一年多出台了管理办法，又作何解释？

③《民国三台县志》所记述的中国银行"四年由总行派人来县经理，租柴市街民房开幕，继乃设机关于稽核分所……"，这应当是最古之史料记述，它说明 1915 年中国银行确已来到三台县租柴市街民房开幕，这与《行史资料》之 1915 年"中国银行所在地一览表"之四川省情形中，均有潼川为已设立机构的统计之间有没有一定的联系？

第二，对潼川机构诞辰史实的三方面考证。

①潼川分号 1915 年筹建与租房之史实考证。1915 年 11 月 15 日《通信录》第 11 期记述"潼川分号正在筹备中，管事为杨兆熊"，这说明中行确于 1915 年 10 月

左右，就派人到潼川筹建机构，也许是因为筹建管事杨兆熊在三台县租柴市街民房办公的原因，因而有《民国三台县志》所记述的中国银行“四年由总行派人来县经理，租柴市街民房开幕”一说；这也应当是1915年《中国银行所在地一览表》就已有潼川机构之记载的原因。

结论1：中国银行潼川分号，于1915年11月之前就已开始筹备，筹备人是杨兆熊，先在三台县租柴市街民房办公，1921年继乃迁上南街袁姓之宅门办公。

②潼川分号“1916年提前营业”的提法与原因的考证。《人民银行大事记（1912年—1990年）》和当今《三台县志》所记述的“1916年2月18日，中国银行潼号成立，代收川北盐税款”，这也应当是史实。但运用“1916年2月18日开始对外营业”的说法，比“1916年2月18日中国银行潼号成立”的说法更为准确，即是说，潼号当时并未正式成立就先开始营业，这是因为特事特办的原因所致。

原因一：中行成立潼号的初衷是代收川北盐税款，因此潼号于1916年2月18日就提前营业的原因之一在于：聚兴银行着手揽收川北各场盐款，对中行实有竞争之障碍。为此，潼号筹建者于第二天（2月19日）就紧急函告其管辖行渝行，敦请中行总管理处力于挽回，并直陈代收三台、洋溪镇及其余属于川北九场盐款对于中行的利害关系为：“计之于目前，诚不免有损失，计之于将来，其利益正未可量也。”与此相关，《民国三台县志》所记述的：在四年，中行机构由柴市街民房迁上南街袁姓宅门后，“又常悬停贸牌，有存款者亦允许，惟借出则以停贸推诿”的史料，这也说明中行机构并未正式开业。因此，用“中国银行驻三台县机构于1916年2月18日开始对外营业”的说法，要比“中国银行潼号成立”的说法更为准确。

原因二：川北盐务稽核分所曾有过从射洪县洋溪镇迁移绵阳之议。据冉菊亭考证，1916年前，因川北盐务稽核分所曾有从射洪县洋溪镇迁移绵阳之议，因而中行先是以绵阳分号名义报请成立机构，但后来川北盐务稽核分所迁往三台潼川镇，故中行即在三台县潼川镇设立潼号。这里有两个关键时间节点：一是1916年前之动议；二是后来迁往三台之“后来”。

结论2：由此，可以得出以下史实结论是：1916年前，川北盐务稽核分所曾有过从射洪县洋溪镇迁移绵阳之动议，中行因而约于1915年底就以绵阳分号名义申报成立机构。这也说明“中国银行驻三台县机构于1916年2月18日开始对外营业”的说法，要比“中国银行潼号成立”的说法更为准确。因为在1916年前，中行先是以绵阳分号名义报请成立机构，既然是以绵阳分号名义报请成立机构，又何来潼号已经成立的说法。与此相关，1916年4月，《通信录》第16期刊载了《潼川分号办事细则》并转发全国中行借鉴，这说明“潼川分号于民国5年（1916年）2月18日对外营业”是有根据的；当然，《潼川分号办事细则》仍属中行内部文件之性质。

结论 3：“后来川北盐务稽核分所迁往三台”之“后来”的确切性，我们可以从 1917 年 6 月《通信录》第 30 期关于“潼川分号于六年（1917）四月六日开业，原系潼川分号移设绵阳，今仍移潼川”的注释中，可推知其“后来”的确切含义是指：1917 年 1 月至 4 月 6 日期间，川北盐务稽核分所决定，仍由射洪县洋溪镇移至潼川，而不是移至绵阳，故中行潼号才于 1917 年 4 月 6 日正式开业。

结论 4：1917 年 6 月《通信录》第三十期还刊登了《潼川中国银行洋溪镇办事处规则》，这说明在川北盐务稽核分所从射洪县洋溪镇移至潼川的过渡期间，中行还在射洪县洋溪镇增设了机构，并将其置于中行潼川分号的管辖之下。而且，这还说明，川北盐务稽核分所迁移三台之举，是在此之后才真正完成的。

③潼川分号于 1917 年正式成立之史实考证。1917 年 6 月 15 日《通信录》第 30 期关于“潼川分号于六年（1917）四月六日开业，并注明：原系潼川分号移设绵阳，今仍移潼川”的记述，由此可以作这样的解释：

1916 年 2 月 18 日潼川分号虽有其称谓，但因为“准备移设至绵阳”（隐含着将改为绵阳分号的含义），故也不宜称“1916 年 2 月 18 日中国银行潼号正式成立”。对此，冉菊亭的考证是：“中行潼川分号于民国 5 年（1916）2 月 18 日对外营业，民国 6 年（1917）4 月正式成立，简称潼号，7 月中行正式定名潼川分号。潼号地址设于三台县上南街，首任管事杨兆熊，继任行长王守铭（号：鼎新），下设一个办事处，受中国银行重庆分行领导。”这一说法是有道理的。但其行址应当是“十年”即 1921 年才迁入上南街的。

结论 5：由于川北盐务稽核分所 1916 年前曾有过迁移绵阳之议，中行因而约于 1915 年底就以绵阳分号名义申报成立机构，1917 年 1 月至 4 月 6 日之间川北盐务稽核分所确定仍迁移至潼川，故于 1917 年 4 月 6 日中行潼号正式开业。

结论 6：经考证，中行潼号首任管事为杨兆熊，次任管事为成元明（朗斋），而非冉菊亭所称的继任行长为王守铭，号鼎新。

第四，潼川机构早期经营零星史料与变更史略。据《行史资料》之“六年（1917）八月十三日中行函报财（政）部”记述，潼川分号于 1917 年有被军阀强行提款之片史，从中可以窥见潼川机构早期经营的艰辛。

①潼川机构早期经营零星史料。《通信录》第五十二期之“潼川八年（1919）上期潼支行报告”，曾从本期本埠金融状况、本期本埠经济状况两方面，较为详细地记述了 1919 年上期潼川支行的经营情况。

②潼川机构的变更史略。经本史对各种史料之梳理，中行潼川机构的变更史略大

致如下［详见《渝辖首批机构变动、经营形势、经营损益情况表（1915—1934）》］：

1915 年 10 至 11 月开始筹建，在册；

1916 年 2 月 18 日对外营业，在册；

1917 年 4 月 6 日正式开业，在册，分号；

1918 年，在册，分号；

1919 至 1921 年，在册，未复业，改支行；

1922 至 1923 年，在册，歇业，改收税处；

1924 至 1928 年，在册，改办事处；

1930 年，在册，改支行；

1932 至 1934 年，在册，办事处。在这期间，据全国报刊网《中行生活》（第 96、331 页）记述：约 1932 年，为谋整顿业务，及便利指挥起见，潼处改归成（都）支行管辖；1933 年 7 月，由办事处改为收税处（因潼处情形颇为可虑，刻已嘱缩小范围）；

1936 年 2 月，中央银行三台分行成立并接办盐税后，中行潼川办事处撤销。

（二）四川军阀混战时期川中行创业特点（1915 至 1933 年）

四川军阀混战时期，川中行及其所属机构的经营环境是相当恶劣的，川中行的创业过程也是极其艰辛的，主要体现在以下几点：

1. 北洋政府时期四川军政特征是军阀混战

中国银行四川境内"百年老店"，从一诞生起就处在四川军阀混战时期，其历史缘由大致如下：1911 年 10 月 10 日，武昌首义爆发，辛亥革命由此发端。接着长沙、西安、九江、太原、南昌、昆明、贵阳、杭州、苏州、桂林、安庆、广州、福州、济南、重庆、成都、南京等地先后起义或宣布独立组成各地军政府。1911 年 11 月 22 日，重庆起义成功，成立重庆蜀军政府，同年 11 月 27 日，成都宣告独立，成立大汉四川军政府，四川出现了成渝两个军政府并存。

1912 年 1 月 1 日，孙中山就任中华民国临时大总统。成渝两个军政府经各方调解协商，于 1912 年 1 月派代表会商，于 2 月 2 日协定：以成都为政治中心，设四川军政府，以成渝两处都督分任正副都督；重庆为重镇，设镇抚府。由此四川宣告统一，组成中华民国四川都督府。大汉军政府与蜀军政府合并，一段时间之内，四川省政机构尚能统一。

1912 年 2 月，袁世凯逼迫清帝逊位并被选举为临时大总统，3 月 3 日就职于北京，窃取了辛亥革命胜利果实。1915 年 12 月 12 日，袁世凯建立了中华帝国，1916 年 1 月 1 日改元洪宪并称帝，称帝 83 天后的 3 月 12 日，袁世凯被迫宣告退位；6 月

6 日，在举国人民的反对和唾骂声中，袁世凯可耻地死去。

袁世凯之死，使帝国主义国家失去共同的走狗，于是便各自寻找和扶持一部分军阀，充当自己的代理人，各大军阀集团则分别投靠各个帝国主义，自成派系，割据称雄。盘踞在地方的军阀们，也以投靠大军阀自保；而各大军阀则网罗地方军阀以壮声势，这就促使中国陷入军阀割据的混战局面。

就四川而言，四川自重庆蜀军政府与成都大汉军政府合并后，政权亦落入军阀政客之手。1916 年，滇黔护国军入川，更加大了各派军阀间的矛盾，局势日趋恶化。洪宪帝制取消后，四川又成为南北各派军阀觊觎之地。川军与滇黔北洋军阀不断发生主客军之间的战争。从此，四川的各派军阀在南北大军阀的支持下，开始了军阀混战。四川军阀还把全省分作若干“防区”，各自割据数县、十数县乃至数十县，拥兵称雄，各霸一方，形成了大大小小的“省中之国”，而且还作为一种“制度”，从 1916 年至 1934 年，延续了近 20 年之久。“防区制”的形成和发展，又进一步助长了军阀们的扩军与混战。① 据不完全统计，四川自辛亥革命以后，直到 1933 年刘湘、刘文辉争霸之战结束，刘湘击败刘文辉，统一全川，成为四川的霸主为止，20 余年中几乎无岁不有战争。论其次数之多，则在此 20 余年中的大小战争共有 470 余次，平均每半月即有一次。②

四川省自民国以来，几乎无岁不有战争的情形，据《中行生活》第二十九期“四川省一瞥”之“四川著名内战表”记述就有 20 余次。

表 1—2　四川著名内战表

时代	战事中之人物	事由
民国元年	蒲殿俊、朱庆澜、尹昌衡	十月十八日成都兵变，推倒四川保路同志军所组织之政府，是谓“辛亥之役”。
同年	尹昌衡、川西夷人	川西夷人作乱，尹以武力收复边地，是谓“西征之役”。
民国二年	熊克武、胡文澜	熊反对都督胡文澜，在重庆独立，与川军第一师战于隆昌、泸县间，即“癸丑之役”。
民国五年	蔡锷、唐继尧、刘存厚、曹锟、张敬尧、李长泰、周骏	民国四年，袁世凯派陈宧入川，创设筹安会。本年川军因与法军联合，以刘存厚为护国川军总司令，战于叙府、泸州、綦江等处，川滇黔之护国联军卒获胜利，川中都督遂为滇军罗佩金继任，是为“护国之役”。

① 四川军阀史料（第五辑）（1931 年 1 月—1933 年底）［M］. 四川军阀混战时期的货币金融. 贾杰三，田茂德. 第 103—128 页. 成都：四川人民出版社. 1988. 4.

② 四川省政协文史资料委员会. 四川文史资料集萃. 第一卷. 政治军事编［M］. 第 511—535 页. 成都：四川人民出版社. 1996.

续表

时代	战事中之人物	事由
民国六年	罗佩金、刘存厚	罗以武力压迫川军刘存厚，致酿成都巷战，北京政府遂调罗入京，以黔军戴戡（进步党）为川督，是谓“川滇之战”。
同年	戴戡、刘存厚	时北京政变，张勋复辟，戴欲宰治各军，借口川军第二师师长刘存厚与复辟有关，逼其解职，遂战于成都。结果戴败身死，北庭川军第一师师长周道刚为川督，是谓“川黔之战”。
同年	韩凤楼、田钟鹄及其他川、滇军等	当川黔破裂时，滇军韩部由嘉、叙西上，与川军第一军战于青神、眉州，同时滇军田部亦由荣威经仁寿与川军战，同年秋，滇、川军又战于荣、威、叙、泸各地，结果川军皆胜，是谓“逐客之战”。
民国七年	熊克武、滇黔军、周道刚、刘存厚	熊（第五师）与滇黔军联合攻刘存厚、周道刚，由重庆直逼成都，周出走，刘虽为北庭任为四川督军，唯仍为熊等击败，熊遂受南政府委任为四川督军，是谓“护法之役”。
民国八年	熊克武、吕超、刘存厚	熊派吕击刘存厚，刘出走宁羌、南郑，终遂苟安陕南。全川为川、滇、黔三军分驻，是谓“倒熊之役”。
民国九年	滇军、刘存厚、川军第一军	熊与滇军破裂，所部吕超、石青阳附滇，遂败退保宁，后委任但懋辛、刘湘为一、二军军长，后联合刘存厚，合攻滇军于成泸各地，滇军惨败出川，是为“靖川之役”。
同年	熊克武、刘湘、赖心辉、刘存厚、邓锡侯、田颂尧	熊、刘、赖，对靖川军总司令刘存厚，逼其二度出走陕西、宁羌，所部邓、田与一、二两军苦战于新都、汉州间，是为“新汉之役”。
民国十一年	刘湘、熊克武、刘成勋、杨森	熊、刘之一、二两军火并，刘湘下野，刘成勋继任川军总司令，是为“善后之役”。
民国十二年	邓锡侯、田颂尧、陈国栋、熊克武、刘成勋、赖心辉、刘湘、袁祖铭	川军邓、田、陈三部与熊、刘激战数月，久持不下，杨森率刘湘旧部遂乘势由鄂回渝。同时黔军袁祖铭亦受北庭令与刘、杨合作，共图四川，熊、刘则联合第三军赖心辉以自固，双方互战于川西北成都、梓潼一带。卒逼熊出川，逼刘下野，各军复迎刘湘主政，是为“统一之役”。
民国十三年	杨森、刘斌、陈福五、赖心辉、王天培	杨时任军务督理，欲统一全川，因先后出兵战败边防军赖心辉、黔军王天培等，是谓“倒赖之役”。
民国十四年	杨森、刘湘、袁祖铭	时杨森仍继续用兵川东南，被逼各军推袁祖铭为联军总司令，督师西上，杨军败出川，是为“乙丑之役”。
民国十五年	袁祖铭、杨森、刘湘	袁于泸州善后会议中因意见不惬，发生冲突。袁、刘失和，杨森军旧部重迎杨氏入川，与刘湘共同抗袁，逐其出省，是谓“逐袁之役”。
民国十六年	刘文辉、刘成勋	刘文辉欲彻底解决二十三军，遂出兵川南，苦战月余，卒如所愿，是谓“驱刘之役”。
同年	赖心辉、陈兰廷、袁品文、李章甫、黄慕颜、何光烈、刘文辉、刘湘	赖部驻泸之陈、袁二部，因与武汉政府暗有联络，遂宣布独立，并解决驻泸之李章甫部，同时顺庆之黄慕颜亦驱逐何光烈师，遥相应和，未几武汉政变发生，赖乃约刘文辉、刘湘合攻泸州，陈、袁粮绝出走，分投黔军及二十　军等，是谓“清党之役”。

续表

时代	战事中之人物	事由
民国十七年	杨森、郭汝栋、范绍增、赖心辉、罗泽洲	杨在下东，因有包庇吴佩孚嫌疑，被国民政府免职，以所部师长郭汝栋代之，郭遂与范绍增、赖心辉共同倒杨，杨败退数百里，幸二十八军罗部之助，始得反败为胜，是谓“逐杨之役”。
民国十八年	杨森、刘湘	杨率部攻重庆，兵抵江北，与刘部混战颇烈。后杨复败，下东防地尽失，是谓“新旧二军之役”。
民国十九年	李家钰、罗泽洲、杨森、赖心辉、刘文辉	时川中二刘势力日厚，二层将领及失意军人李、罗、杨、赖等遂毅然出兵攻二十四军，求孤注一掷，后皆失败，是谓“川北之役”。
民国二十年	李家钰、罗泽洲、陈鸿文、陈书农、杨森	李、罗脱离二十八军独立，二十八军邓锡侯遂将陈鸿文、陈书农两师，交二十四军指挥，战于遂顺一带，经杨森武装调停，始停战，是谓“二次川北之役”。
民国二十一年	刘文辉、田颂尧、刘湘、李家钰、罗泽洲	因刘文辉、田颂尧在成都争车站起衅，又因刘湘曾扣留二十四军军械之故，引起空前之大战。结果，二十四军失地三十余县，是谓“十月之役”。
民国二十二年	刘文辉、邓锡侯	刘文辉欲扩充戍区，乘田颂尧有匪患之患，遂举兵侵邓防地。邓锡侯败灌县，并沿毗条河死守，是谓“毗河之役”。
同年	刘文辉、邓锡侯、刘湘、杨森、李家钰、罗泽洲	由刘、邓之火并，而引起之第二次大战，结果刘文辉败退西康，是谓“安川之役”。

由此，这一时期在四川历史上就形成了一个最混乱的时期，地方政局之糜烂，战争时间之长久，人民受害之深，社会经济金融破坏之大冠于全国。这正如 1934 年 6 月 13 日，张嘉璈总经理对上海各报记者发表游川感想时所说：

各省所固有之通病，如政治不良、租税负担过重、农民生活困难、购买力减低、输出入不能相抵、金融枯竭等，四川当然均兼而有之。特殊之病共有四点：

第一为防区制度，去年以前，四川几分为四五国，有二十一军防区，二十四军防区，二十八军防区，二十九军防区，俨然各自独立。甚至租税货币，均各自为政。商贷转运，经过一防区，即须征收税项一次。自二刘战争终了，刘文辉退居西康，刘湘督办防区大为扩充，即彼之势力，已超出各军之上。其他如杨（森）、邓（锡侯）、田（颂尧），各军势力，迥不如前。但防区制度，依然存在。

第二为田赋重征，各防区因财政困难，每年田赋，可征十余次，平均为七次，而人民不得不勉力担负，其困苦可想而知。

第三为苛捐杂税，各省均废除厘金，而四川省对于各种货物之通过，几于样样有税。设卡征收，无异变相厘金。

第四为货币不统一，现各省均改用大洋，独川省有特殊之川洋，成色较大洋为低，每千元约低一百余元，尚有地区行使小洋者。

> 四川人口几为各省之冠。据云有七千万，较日本一国为多，而其蕃（繁）殖力，尚见增加。务农者异常勤苦，吾辈游历所经之田亩，几无旷土，且极整齐，一望而知为勤于工作之国民，次则天产丰富，土地肥沃，全省除棉花外，几于无物不产。所谓有人斯有土，有土斯有财，四川足以当之。惜其财用之养兵，制造内战，有负此终岁勤劳之人民，天赋之宝藏耳。①

张嘉璈对川省“制造内战，有负此终岁勤劳之人民，天赋之宝藏耳”的感叹，中行总会计刘驷业（又名攻芸）到重庆出差时，也深有同感，并有诗云：“千里江山万顷田，从无水旱与凶年。而今乞丐林中上，祸自人来莫怨天。”

2. 川军混战时期之防区割据导致金融混乱

四川军阀混战时期，货币金融也出现了一个最紊乱的局面。关于货币不统一的情形，据《中行生活》第二十九期“四川省一瞥”之“四川货币名称表”记述，1934 年在四川省各地流通的银币有 8 种，铜币 7 种，纸币 14 种，而且省内各地则是以这三类货币的不同组合进行流通，跨地区结算均有“汇水”，相似于国际贸易，真是眼花缭乱，足见银行经营之艰难。

表 1—3　四川货币名称表

币　类	币　名	流通地
银币（8）	袁头大元	各地均用
	中山大元	成都、内江、自流井、嘉定、万县、重庆、涪陵
	川板及杂板大元	各地均用
	云南半元	成都、内江、自流井、隆昌、嘉定、叙府
	四川半元	成都
	人头中元	自流井
	双毫	内江、自流井、隆昌、嘉定、叙府、泸县
	单毫	内江、自流井、隆昌
铜币（7）	大二百	内江、自流井、隆昌、嘉定、叙府、万县
	大一百	嘉定、万县、涪陵
	大五十	涪陵
	大二十及大一十	成都、嘉定、涪陵
	小二百	成都、叙府、潼川、重庆、涪陵
	小一百	成都、内江、自流井、隆昌、嘉定、万县、涪陵
	小钱	成都、内江、自流井、隆昌、嘉定

---

① 姚崧龄. 张公权先生年谱初稿（上、下册）[M]. 第 127—128 页. 北京：社会科学文献出版社. 2014.10.

续表

币　类	币　名	流通地
纸币(14)	成都中行券	成都、嘉定、潼川、内江
	内江中行券	内江、自流井、隆昌、嘉定
	万县中行券	万县
	嘉定中行券	嘉定
	叙府中行券	叙府、内江、嘉定
	涪陵中行券	涪陵
	重庆中行券	重庆、内江、自流井、隆昌、叙府、嘉定、成都
	21 军粮契税券	重庆、内江、自流井、隆昌、成都、嘉定、叙府、涪陵、万县
	重庆地方银行券 重庆川康银行券	重庆、成都、内江、自流井、隆昌、嘉定、叙府、涪陵
	重庆市民银行券	重庆、万县、成都、内江、自流井、隆昌、嘉定、叙府、涪陵
	重庆美丰银行券 重庆平民银行券	重庆、成都、内江、自流井、隆昌、嘉定、叙府、涪陵
	万县市民银行券	万县

另据《中行月刊》第 7 卷第 3 期“川省币制紊乱之概状”记述，“我国币制紊乱，人所共知，然各省终不若四川之甚，川省内又以成都为最复杂。现得成都李明良先生之调查，银币有廿种，铜币有十六种，每日行市各異，观之眩目”。

再据贾杰三、田茂德《四川军阀混战时期的货币金融》记述，在四川军阀混战时期，争夺造币厂，广设私人铸币是军阀混战的重要财源之一。在军阀混战期中，成都造币厂先后十易其主；重庆铜元局从 1915 年至 1925 年的 10 年内，换了 30 次头日。军阀私设的造币厂，据不完全统计，有 30 处之多。官厂和私厂都竞相鼓铸，结果是越铸银币成色越低，面值变小；铜币重量减轻，面值增大。于是，造币余利大大提高。而且，战争越是激烈，造币厂的工作越是紧张。军阀通过货币剥削窃取有三种方式：滥铸银圆，滥造铜圆，滥发纸币。因此，四川军阀时期，货币金融出现了一个最紊乱的局面，金融活动基本上是服务于封建军事割据的，成为军阀扩张势力、争夺地盘的工具，主要表现为：

第一，银行变成军阀的军需外库和筹饷机关。军阀在各自的防区之内，都设有各自的“官”办银行，或“亦官亦商”的银行、钱庄，作为他们的军需外库和筹饷机关。这是金融直接受军事支配的突出表现。

第二，造成成都银钱业的剧烈波动。据统计，1928 年，除中国银行和聚兴诚银行在成都的分行外，经成都市政公所批准发行“执照”的银钱行号共 54 家，到

1934 年只剩 8 家。

第三，使重庆商业银行畸形发展。重庆的情况与成都相反，1927 年后，商业银行不仅逐渐增多，而且还得到较快的发展。因为在当时军阀混战的特定条件下，成都为邓、田、刘三军角逐，时有巷战；而重庆为刘湘一军独霸，相对稳定，因此商业银行能畸形发展。自 1912 年至 1927 年，在重庆建立的商业银行计有：聚兴诚银行、大中银行、美丰银行、富川银行。不久，大中、富川相继停业，仅存聚兴诚、美丰两家。而 1927 年以后，又有重庆平民、川康殖业、川盐、重庆市民、四川建设、四川商业、新业等 7 家银行先后开办。其中，除新业银行于 1935 年 6 月收歇外，其他 6 家的自有资本、存放汇业务以及资产总额等都成倍增长，这是有其军事背景的。

第四，农村高利贷猖獗。四川连年兵祸，水利失修，田园荒芜，农村的高利贷极为猖獗，利率多在三四分。四川农村的高利贷还具有以下特点：代当、小押遍布农村；团阀是农村高利贷的主要债主；川北成为全川特别高利贷区域。

第五，金融市场动荡不定，金融风潮此伏彼起。表现在：银价高涨，钱价低落；钞水、洋水日异其价；投机申汇风行一时；金融风潮连绵不断。四川军阀统治时期历次金融风潮中，较大的有如：1915 年四川军用票发现重复号对折收兑；1916 年中国、睿川源等银行库款被提、钞票停兑；1918 年云南护国军中国银行券停用；1922 年大中银行搁浅；1923 年四川官银号纸币作废；1927 年重庆钧益公期票失灵，成都聚兴诚银行挤兑；1928 年成都厂杂版半元发行过滥，重庆“划条”充斥；1930 年重庆因盐业金融积滞，成都因新大元发行使银钱商号成批倒闭；1931 年重庆“申票大王”石建屏投机失利；1932 年重庆钱业公会与交易所的争执，汤子敬（即“汤百万”，其金融实力在重庆占三分之一）的汤字号连锁倒闭；1932 年、1933 年成都中国银行两次挤兑；1934 年万县钱庄纷纷倒闭；以及自 1913 年起到 1935 年止，持续达 20 年的铜圆大面额发行使钱价下跌，物价上涨，等等。这些金融风潮此起彼伏，旷日持久，影响所及，从成渝波及全川，甚至邻近各省和长江下游一带，也都蒙受牵连。总之，货币金融混乱给人民生活造成严重危害，对经济发展造成阻碍破坏。

3. 川军混战时期四川中行的经营史实窥视

川军混战时期四川中行的经营史实，经本史对《行史资料》第七章“同中央政权地方势力关系与问题，（六）四川”，第十八章“民初财务状况及北洋政府期间的年度报告”，以及《行史》附录之“不同时期支行分布情况”和《通信录》相关记述等多种史料的编研与梳理，整理出《四川中行首批机构变动、经营形势、经营损益情况表（1915 至 1934）》，由此概括反映川军混战时期四川中行的经营历程之史实与经营特征。

表 1—4　四川中行首批机构变动、经营形势、经营损益情况表（1915 至 1934 年）　　（单位：元）

年分	事项＼机构	重庆	成都	万县	自流井	五通桥	泸州	潼川
1915 年	机构名称 成立时间	分行 1.18 成立	分号 4.4 成立	汇兑所 7.4 成立 9.3 改分号	分号 8.6 成立	汇兑所 12.19 成立	分号 5.13 成立 9.3 改汇兑所	分号筹备中
	外部形势	—	—	—	—	—	—	—
	经营状态	—	—	—	—	—	—	—
	经营损益	纯益 118371 31	纯益 2941.27	纯益 5408.10	纯益 3230.16	缺资料	纯损 207.68	缺资料
1916 年	机构名称 成立时间	分行	分号	分号	分号	汇兑所	汇兑所	2.18 营业
	外部形势	滇黔护国军入川，军阀混战开始，被军阀逼借勒索，因停兑令兑券停兑	被军阀逼借勒索多次，停业一月，因停兑令兑券停兑	时当军兴，而无营业，因停兑令兑券停兑	滇事发生，本号被劫，被军阀强提兑券多次，因停兑令兑券停兑	—	护国之役战于叙府、泸州，因避乱迁渝，回泸后原住行址被军阀所占	军阀混战开始，被逼借勒索，因停兑令兑券停兑
	经营状态	营业中止	营业束手	费用巨增	更无营业	—	税款无收 库存如洗	—
	经营损益	纯益 45228.47	纯损 5177.28	纯损 7852.21	纯损 6522.07	—	纯损 4347.74	—
1917 年	机构名称	分行	分号	分号	—	—	—	4.6 设立分号
	外部形势	—	刘存厚、罗佩金、戴戡成都大战	—	—	—	—	—
	经营状态	在册营业	在册营业	在册营业	歇业	歇业	停业或撤销	在册营业
	经营损益	—	—	—	—	—	—	—
1918 年	机构名称	分行	分号	分号	—	—	—	分号
	外部形势	—	—	—	—	—	—	—
	经营状态	—	—	—	—	—	—	—
	经营损益	纯益 11139.20	—	—	—	—	—	—

续表

年份	事项 \ 机构	重庆	成都	万县	自流井	五通桥	泸州	潼川
1919年	机构名称	分行	改支行	改支行	改支行	改支行	—	改支行
	外部形势	防区制建立，川局扰攘，历任督军强迫提用钞票	防区制建立，成都市面尚安静	防区制建立，川局纠纷	防区制建立，川局纠纷	防区制建立，川局纠纷	—	防区制建立，川局纠纷
	经营状态	其他营业暂停，专注力于收回钞票，成渝两处共计收回本券100余万元	催收官厅税欠，其余同渝行	迄未复业	迄未复业	迄未复业	—	迄未复业
	经营损益	纯益11136.20	—	—	—	—	—	—
1920年	机构名称	分行	支行	支行	支行	支行	—	支行
	外部形势	滇黔战事发生市面顿起恐慌	复同渝行受此艰险	川局扰攘	川局扰攘	川局扰攘	—	川局扰攘
	经营状态	稳健主义，收回本券为急务，其他事业未敢进行	业务莫由进行	营业亦未恢复	营业亦未恢复	营业亦未恢复	—	营业亦未恢复
	经营损益	纯损167567.21	—	—	—	—	—	—
1921年	机构名称	分行	支行	支行	改收税处	改收税处	—	改收税处
	外部形势	迭受军事影响	市面极紧迫	市面极紧迫	川局纠纷	川局纠纷	—	川局纠纷
	经营状态	营业莫由进行，清收官厅积欠	经收税款及催收官厅欠款，其他营业未敢进行	经收税款及催收官厅欠款，其他营业未敢进行	迄未复业	迄未复业	—	迄未复业
	经营损益	纯损370852.89	—	—	—	—	—	—

续表

年分	机构 事项	重庆	成都	万县	自流井	五通桥	泸州	潼川
1922 年	机构名称	改支行	改办事处	改办事处	收税处	收税处	—	收税处
	外部形势	上期川战又起 8 月底战事息	—	—	—	—	—	—
	经营状态	整理官厅旧欠	一时难以 恢复旧观	一时难以 恢复旧观	歇业	歇业	—	歇业
	经营损益	纯损 139972.49	—	—	—	—	—	—
1923 年	机构名称	支行	办事处	办事处	收税处	收税处	—	收税处
	外部形势	省军与联军争夺重庆，百业俱滞	战事最烈 金融枯竭	亦因战事	—	—	—	—
	经营状态	收缩主义， 无从进行	尚难发展	暂行停业	歇业	歇业	—	歇业
	经营损益	—	—	—	—	—	—	—
1924 年	机构名称	支行	办事处	办事处	改办事处	改办事处	—	改办事处
	外部形势	成都战事平息好，局势粗安，又因东南战事影响	成都战事平息好，局势粗安，又因东南战事影响	局势粗安，又因东南战事影响	局势粗安，又因东南战事影响	局势粗安，又因东南战事影响	—	局势粗安，又因东南战事影响
	经营状态	因调集现款	依然停滞	依然停滞	依然停滞	依然停滞	—	依然停滞
	经营损益	稍受亏耗	—	—	—	—	—	—

续表

年份	机构 事项	重庆	成都	万县	自流井	五通桥	泸州	潼川
1925 年	机构名称	支行	办事处	办事处	办事处	办事处	—	办事处
	外部形势	上半年兵端复起，商业益形萧条	“三军”分区共管成都，川局时生变化	川局时生变化	川局时生变化	川局时生变化	—	川局时生变化
	经营状态	相机因应	维持现状	维持现状	维持现状	维持现状	—	维持现状
	经营损益	尚能获利	—	—	—	—	—	—
1926 年	机构名称	支行	办事处	办事处	办事处	办事处	—	办事处
	外部形势	刘湘独霸重庆，上期川黔两军冲突，下期因下游战事发生	“三军”共管成都，时局不靖	时局不靖	时局不靖	时局不靖	—	时局不靖
	经营状态	稳健为主	难以发展	9 月暂停营业	难以发展	难以发展	—	难以发展
	经营损益	尚能获利	—	—	—	—	—	—
1927 年	机构名称	支行	办事处	办事处	办事处	办事处	—	办事处
	外部形势	幸无战事	“三军”共管成都，时局不靖	时局不靖	时局不靖	时局不靖	—	时局不靖
	经营状态	营业稳健	仍难发展	仍难发展	仍难发展	仍难发展	—	购买潼渝汇票，酌做短期放款
	经营损益	尚可获利	—	—	—	—	—	微利可沾

续表

年份	事项 \ 机构	重庆	成都	万县	自流井	五通桥	泸州	潼川
1928 年	机构名称	支行	办事处	办事处	3 月改为收税处	3 月改为收税处	—	办事处
	外部形势	上期地方安静，下期战事发生	“三军”共管成都，川局时生变化	—	—	—	—	—
	经营状态	营业向以稳健为主	业务难求发展	因承汇关款做沪渝期票	不做存放，只略做汇款，尚能维持现状	不做存放，只略做汇款，尚能维持现状	—	有损有盈有惊无险
	经营损益	尚能获利	—	微获余利	—	—	—	尚获盈余
1930 年	机构名称	复改为分行	复改为支行	—	—	—	—	复改为支行
	外部形势	立于敌对双方势力范围之内，逼借勒索，在所不免	同渝行	—	—	—	—	—
	经营状态	苦心应付，非有抵押，非各行共同分担，不允借垫	同渝行	—	—	—	—	—
	经营损益	幸无特殊单独损失	同渝行	—	—	—	—	—
1932 年	机构名称	分行	支行	办事处	—	改办事处	—	办事处
	外部形势		刘文辉、田颂尧成都巷战					
1933 年	机构名称	分行	支行	办事处	设寄庄	办事处	设寄庄	办事处
	外部形势	第二次二刘之战	“三军”共管		—			
1934 年	机构名称	分行	支行	办事处	寄庄	办事处	改办事处	办事处

（1）川行及其所辖机构变动、经营形势、经营损益情况（1915至1918年）

四川中行在1915至1918年4年间的机构变动、经营形势、经营损益之史料，大致包括以下几方面（由于整体缺乏1917至1918的经营史料，只能凭只言片语加以推测）。现依照这些史料的内在逻辑关系分述如下：

第一，1915年至1917年川境中行机构变动情况。据1915年、1916年、1917年《中国银行所在地一览表汇报》之四川省情形显示，在建行之初，川境中行机构“百年老店”只有1916年是7个机构处于“齐装满员”的、极不正常的经营状态。由于川境内军阀混战，从1917年起，自流井、五通桥、泸州等3个机构就开始停业或歇业了。

第二，1915年川行及所属机构经营损益情况。四川中行，纯益118，371.31元。其中：成都分号纯益2941.27元，万县分号纯益5408.10元，自流井分号纯益3230.16元，泸州汇兑所纯损207.68元。这些机构被分派的行员奖金数量为：重庆分行，经理，银3654.93元，副经理，银2097.45元，办事员（22人），银11068.10元，即开业近1年，办事员人均503.10元；经理与副经理、办事员的奖金比例为：7.26∶4.17∶1；正副职奖金比例为：1∶0.57。成都分号，管理，银832.84元，办事员（19人），银2036.91元，即开业8个月，办事员人均107.21元；管理与办事员的奖金比例为：7.77∶1（万县分号、自流井分号、泸州汇兑所被分派行员奖金数量见前）。这就是说，川行除泸州汇兑所以外，基本经营特点是开门吉利，员工收入也较为可观。

值得一提的是，据《行史资料》记述，1915年11月27日，四川财政厅与重庆中国银行订立借款合同，这既是张嘉璈所指“为各省金库垫款，因垫款而发行钞票”的具体事例，又可从中窥见渝行和成都分号1915年的盈利来源之一。

四川财政厅（后称“财厅”）今因川省军票充斥，扰乱金融，特向重庆中国银行（后称“中行”）借贷兑换券收回军票，经双方议定借款合同条件如左（下）：

（一）借款数目定额中行兑换券400万元。

（二）自借款之日起，财厅须通饬各征收机关凡收解正杂各税适用中行兑换券，但濬川源银行发行之兑换券一律收用。濬川源兑换券数不得逾现行200万元之额。

（三）财厅须详请将军、巡按使通饬军政各机关自合同实行日起一切俸饷用中行兑换券发给，各该承领机关不得拒绝收受。至濬川源银行兑换券仍得一体收用。

（四）中行交付财厅兑换券日期，限定本年十二月一号在成都交300万元，在重庆交100万元。

（五）此项借款按年五厘计息。

（六）起息日期以中行将兑换券交付财厅之日为始。

（七）此项借款暨利息，财厅分作十年、每年分作四期偿还。

（八）此项借款本息，财厅按年列入预算，每期前五日，中行得通知财厅发支付命令，在于所收军票附加税项下拨还。若所取军票附加税不足偿还借款本息时，中行得要求财厅发支付命令在所收他种税款项下补足之……①

第三，1916至1917年川境中行机构被军阀逼借勒索之外部形势。比如，中行成都分号被军阀逼借勒索之经历，如《行史资料》之“第七章同中央政权地方势力关系与问题，（六）四川”的以下电文所述：

民国五年（1916）七月十日，中国银行函报财部：据成都分号函称：敝处自军兴以来，金融停滞日甚一日，库储现金兑付罄尽，其中困难情形早已先后函电分陈在案。其存库之兑换券200余万元，经警备司令部借用1万元，军务课借用3万元，均经函请渝行转报在案。兹查五月十六日军需课因军饷所需，提借兑券3万元；五月廿六日都督府因军需课前借兑券3万元支用已罄，续函借兑券7万元，六月三日都督府因警备司令部需饷孔殷，函借兑券5万元；六月七日都督府因军需紧急，函借兑券1万元；六月十三日，都督府因财厅库款支绌，函借兑券20万元；六月十五日，都督府又因财厅需款，嘱再提借兑券15万元；六月十六日，都督府又因财厅需款，嘱再提借兑券30万元，均经收入财厅库账拨用。以上各款连同前已函报之警备司令部军务课借款，先后共计提借兑券85万元，都督府嘱俟库储稍裕，即由财厅如数拨还，敝皆分别照交，掣有印函印领存查。又，六月十五日，都督府因军饷立需现洋，敝处无从筹措，饬由商会向各商号筹借现洋5万元，嘱敝提借兑券10万元交由商会，以5万元分别封交债权之手，以5万元封存商会，此款系借作抵押，并不开用。又，六月十六日……再敝处库存兑券除前项拨借各款外，尚余130余万元，昨因时势日急，当提出120万元送请法国教堂代为保存。都督府于六月十七日致敝一函，略谓时机危急，备函并派员队到行，立同赴教堂，将寄存之兑券120万元提往都督府代为保管，以免他虞。敝居权力之下，不能不俯首听从，只得将前寄存法教堂之兑券120万元如数提出，亲自送交都督府验收，掣有陈都督印收存查。此款因都督府提出代为保存，故敝处未出发行账，谨特报闻。

民国五年（1916）七月廿九日，中国银行函报财部：十四日又接渝行电称：据成号（注：成都分号，下同）函报，“陈将军代保管兑券120万元，临行函告，全数提用，嗣后仍由财厅归还”等语。又，廿四日接渝行电称：陈将军七月二十日至渝，

① 卜明．中国银行行史资料汇编（上编一、二、三；1912—1949）［M］．第709—710页．南京：档案出版社．1991．10．

振声往谒，面询提去120万元兑券之事，称已全部使用，曾电达国务院及陆参两部，候备印函交成号叙明，日后，由财厅归还在案。当告以财厅透支，据成号报称已达95万，再加此数，所欠更巨，大局定后，财厅必不能应时归还，则本行必为所累，殊难善后，因恳电中央将该款由盐税项下拨还。

民国六年（1917）七月廿五日，中国银行函报财部：顷得重庆分行7月24日急电内开：总处钧鉴：成号急函称：城区司令田颂尧派袁副官来行提券5万元，库空如洗，无款应付，遂将华会计管押司令部，并将正副管理监视，生命攸关，请速汇款以解倒悬，等情。查此次成事发生，该师已向成号提取券现13.3万元，现成都市房大半焚毁，十室九空，富商均避而他走，一时欲汇无从，事关生命，应恳钧处迅商财陆两部速电成都刘积之师长，俯念成号款已提净，重庆欲汇无从，即将华会计释放，并勿监视陈杨管理，或觅与刘莫逆之人电刘见谅，更较稳妥……迅乞急电示遵，并转唐经理，渝。

民国六年（1917）八月二日，中国银行函报财部：据本行重庆分行函称：据成都分号陈管理杨副管理七月十四日先后函称：此次战事发生，自七月五日结账以后各款库存被提殆尽。计戴督提去生洋4万元、兑券35万元；第二师骑工团团长兼城区司令田颂尧两次提去生洋1.5万元、兑券2.5万元；又军司令部军需处处长唐能智提去生洋兑券共9.3万元，合计共提去银券52.3万元，均取具该提款人印收，交由陈管理保存。

第四，1916年川行及所属机构的经营形势和经营损益情况。据《通信录》第三十期刊载的渝行、成号之“民国五年下期营业情形报告书”，可以看出1916年川行及所属机构经营形势及损益情况。

（一）渝行民国五年期营业情形

1. 本决算期内营业状况。本决算期内，敝处实无营业之可言，缘自滇黔军事发生，川省适当其冲，军需急迫。敝处所有营业金准备金悉数垫付，遂致兑券停兑，营业中止，所有垫付饷欵（款）四百余万，均无丝毫利息，损失之钜（巨），不可胜计。至决算时，能稍获盈余者，皆赖财政厅四百万借欵（款）一项，取得余利耳。

2. 本决算期内之市面情形。川省在军事期内，交通阻塞，因而市面壅滞。自军务宁息后，各路土匪出没无常、抢掠时闻，道路仍前梗塞，致进出口货锐减，商况不振，加以我行停兑，以后市面金融阻滞，现银缺乏，月息陡涨，计自一分五六增至二分三四。加以我行无力营业，钱帮因此获利甚丰，而各商帮均采观望态度矣。

3. 本决算期内之兑券情形。查本年上期兑券发行数，截至六月三十日止，系四百三十八万六千八百八十元。本期发行数截至十二月三十一日止，增至五百五十九万零三百六十三元。推其增多之原因，由于停兑后，所有军饷垫款及各户提取存款均以兑券应付之。故券既停兑，信用必减。敝处曾与本省官厅极力磋商，凡税款除盐税仍收券现各半外，其余全收兑券，以广兑券用途，藉维价格。当时官厅需用现款，未能照办，仍以券现各半收税，致现金日贵，兑券日益低落，市面遂生贱视兑券之结果。

4. 本决算期内之其他情事。查敝处营业获利最巨者惟汇兑，而汇兑额最大者盐税。本年八、九、十、十一四月，盐税拨归本省厅用，汇兑上遂失莫大之利益，此本决算期内，获利不丰之大原因也。又盐税本全收兑券，其始七八月间，虽经停兑券，价犹在九六七折，自盐税拨归本省后，罗督坚持搭收券现各半，敝处力争无效，券价逐渐低落由九六七折至八三四折，此又敝处券价低落之一原因也。

5. 本决算期与上半期决算之比较。查上半期纯益六万三千一百九十七元七角二分，本期纯益四万五千一百二十八元零五分（未达账在外）。

6. 本决算期内损失实况。甲、利益项下：(1) 利息：六万九千八百七十六元四角三分；(2) 余水：二千四百四十八元六角二分；(3) 汇水：六百六十三元二角四分；(4) 平色：七千四百五十七元一角；(5) 手续费：三百零六元二角；(6) 贴现息：三百二十四元六角六分；(7) 杂损益：八元九角四分。乙、损失项下：(1) 摊提开办费：七百五十九元七角九分；(2) 摊提营业用器具：六百三十八元三角八分；(3) 各项开支：二万八千八百八十二元九角八分；(4) 代理金库经费：五千五百七十五元九角九分。（注：总计纯益45228.47元）

7. 下期进行方针（见后）。

（二）成都分号民国五年下期营业情形

1. 营业状况。查上年军兴以来，饷糈（粮）浩大，计敝垫拨军饷数在二百万元以上，致库空如洗。官商存款应付无方，不得已于六月二十三日停业，所有各项营业从此束手。尚幸敝处平日对于定期放款及存款各银行之款，素趋稳健，故地方虽糜烂已极，而敝处对于商号等放款未受损失。不过政府勒提之款过多，亦时局所迫，实出不得已也，故五年决算纯损。

2. 市面情形。自川省变后，巽常萧条，影响所及各界交困，以致金融恐慌，百业停滞。嗣因大局渐平，商务渐复旧观，惟各业较之上年大为减色，幸商民谨慎从事，尚无特别消长也。

3. 兑券情形。敝处上期发行兑券仅一百余万，继因川省独立政府勒提二百余万，其流通总额乃达二百余万元。早已函陈，兹不复赘。惟去岁自奉院令停兑后，本行券在市面上虽稍失信，而人民遵军署之命令，尚不敢显然歧视。嗣因政府出示开放始有數水之说，而兑券之价值乃愈趋于下，继由财政厅通饬征收机关，一律收受兑券，于是价值又年增值，然信用终难恢复原状。

4. 上期下期损益之比较。查敝去岁上期因未停门，故得纯益二千五百九十元零五角一分，下期决算纯损五千一百七十七元二角八分。比较之下，五年全年尚纯损二千五百八十六元七角七分。

5. 损益实况。敝处未达账查清后，其利益科目仅有手续费一宗，计洋六千零六十元四角六分。其损失科目为利息、余水、汇水、杂损益、代理金库经费摊提、开办费摊提、营业用器具，暨各项开支等共计洋一万一千二百四十六元七角四分。两相抵冲，纯损洋五千一百七十七元二角八分。缘敝处自遭变后，库储奇绌直，无营业可言，故损失有如此之类钜也。

6. 下期进行方针（见后）。

（三）自流井分号、万县分号、泸州汇兑所民国五年下期营业情形（略）

由上述史料，可以说明以下史实：①渝行在 1916 年，尽管滇黔军事发生，遂致兑券停兑，营业中止，至决算时，赖财政厅四百万借款一项，取得余利，全年纯益 45228.47 元；②成都支行自上年军兴以来，不得已于当年 6 月 23 日停业，所有各项营业从此束手，全年纯损 5177.28 元；③自流井分号因滇事发生，商务停顿迨 5 月，本号被劫，遂即停业至 7 月中，由于专收盐税而划拨军饷开支日益累增，无利可图，且汇兑阻滞更无营业，因此全年纯损 6522.07 元；④万县分号时当军兴之时而无营业，全年纯损洋 7852.21 元；⑤泸州汇兑所的行址被护国军银行占去，时值兵灾之后，各业尚未恢复，税款无收，库存如洗，只得清理前期事务，全年纯损 4347.74 元。从 1917 年起至少到 1933 年的 16 年中，泸州汇兑所长期处于停业或被撤销状态。

第五，1918 年川行经营损益的推论结果。据 1919 年渝行营业报告之“1919 年渝属纯益 11，136.20 元，较上年减 3 万余元”片语推测，1918 年渝行经营损益约为 11139 元。这说明，除缺乏 1917 年渝分行经营损益史料外，总的来看，渝分行在开业之初的 1915 年、1916 年和 1918 年都是盈利的。

(2) 川行及其所属机构经营形势、经营损益和机构变动情况（1919 至 1928 年）

由于 1919 与 1928 年的川行经营史料相对完整，因而将这 10 年的川行经营形势、经营损益和机构变动情况单列表述。

第一，1919 年川行及其所属机构的经营形势与经营损益情况。据《行史资料》第十八章“民初财务状况及北洋政府期间的年度报告”记述：

（一）重庆经营形势：渝埠本年受沪上金价低落影响，银根奇紧，利率腾贵，申汉票价格大涨，七月后始形和缓，川轮通行，进出口货物亦甚踊跃，金融已形活动。惟渝行历年因川局扰攘，为历任督军强迫提用钞票达500万元，此项准备属空虚，而钞票一旦不收回，渝行信用无由恢复。因将一切营业暂行停业，专注力于收回钞票，迭与川省当道暨盐署竭力磋商，始获议定，将川省截留之盐税，以三成现洋扣归渝行，为川政府归还我行之款，按照市价收回渝券，凡收回之券，一律销毁，由八年一月起实行。此外，川省所收地方税款，亦照盐税办法，提三成现洋收券归还我行债务，计成渝两处，共计收回本券100余万元。

（二）渝属机构经营形势：至成都本年市面虽尚安静，我行除经收盐税及催收官厅税欠外，其他营业，仍未敢进行。此外如万县、潼川、自流井、五通桥、泸州等处，均因川局纠纷，迄未复业。

（三）渝属全辖经营损益：本年渝属纯益11136.20元，较上年减3万余元，本年年终发行额共425万余元，存款额共1383万余元，放款额共1601万余元，全年汇款总额182万余元。

与此相关，《通信录》第五十二期则记述了“八年（1919）上期渝行、成（都）支行和潼川支行报告”如下（其中潼川支行报告略，见前）：

（一）渝行八年（1919）上期报告

1. 本期本埠金融状况。年来川局扰攘，各业表面上虽无十分损失，究未恢复原状，渝埠自春初以来，各业均无起色。银根既松，银市亦疲，月息三个月长期一分半，月短期仅四五厘。三月以降，稍形活动。四月中旬，银根突紧，考其原因，由于申地金价大跌，渝埠驻申各钱庄均调巨资往申购囤标金，因之申票大涨，每千外加十余两之汇水，实为近数年来特有之价格。申票既涨，汉票亦随之而涨，每千汇水曾外加至五十五两之多。其时，银市虽紧，现银尚不甚缺，各钱庄又复运现赴汉，以图厚利，实行未岁恐慌遂现，月息长期增至一分七分八，短期增至二分五六。殆至五月，川江水涨，上下货物发动，金融更复日紧一日，银市既极紧迫，现金尤为枯竭，需款之家虽出重息称贷，亦颇不易入手，以致市面愈形恐慌，月息长期由一分七八增至二分三四，短期由二分五六增至三分五六，为渝埠从来未有之利率，亦为渝埠仅见之恐慌也。幸而六月下旬，以银市稍形和缓，然现金仍属枯竭，致利率一时难低。综观本期本埠金融，由和缓而日趋紧迫，其原因由于运现出口又无汇入款以剂其平，故长在恐慌现象中也。

2. 本期本埠经济状况。去岁兵革稍戢，市面渐归宁静，此正各项贸易发展之机。惟川江上下游一带盗匪充斥，转运维艰，各商因之束手不敢冒险急进，且渝宜交通向称不便，江水涨后，虽有轮船往来装载货物，终嫌船少货多，仍须仰赖木船运送，木船上下既苦江多险滩，且虑盗匪出没，沿途不得不请军队护送，需时耗费障礙（碍）实多。查本期各商贸易销场，要以棉纱为最，盖自五四运动排日风潮发生以后，申地纱厂存底空虚，来源稀少，又值渝埠大小河生意非常畅旺，大有供不济需之势，故纱价陡涨，全帮获利颇丰。查自正月至六月，棉纱每包涨价岁及百两之多。本期贸易总额已达一千二百万两以上，该帮获利可推测而知。药材贸易总额有五百余万两，因渝地居扬子江上游，左挟陕甘，右阨云贵数省，药材均汇集于此，虽道路梗塞转运不便，而供需之程度迄未少减，该帮获利亦颇不薄。至川盐一项，自去冬运楚实行川芦轮销以来，各岸销路十分滞塞，营此业者大受影响，群起反对，迄至本年五月始改配销，该帮亏损不少，将来非将配销办法取消，盐业前途难望起色。丝业一项，丝厂获利尚丰，大市粗丝均皆折本，若钱业则各庄因金融时现恐慌，利率日见增高，基金充足之家自可多得，利息基金稍小者亦属平平。其余出口山货、桐油、牛皮、茧巴、白蜡各物及进口苏杂货、海杂货及烟糖等业，均皆平稳，无大盈亏。惟农业因年来兵匪交乘，农民损失颇巨，丧家失业不可胜计，甚或以劳动生计困难误入匪途，亦所在多。有所幸本期雨水调和，收获尚称丰稔耳。渝埠工业极为幼稚，除有丝厂织布厂稍大工业数种外，不过蜀瓷公司、克瀛牙粉厂及织袜厂等数小工业，而已值此时局，虽未受何等影响，究以规模狭隘、资本微小、出品不精，亦无厚利可获，此本埠经济大概情形也。

（二）成都支行八年（1919）上期报告

1. 本期本埠金融状况。本埠僻在西陲，交通不便，我国货币向无来源。目前通行银两仅十两川锭一种，名为九七平，每七钱一分折合银圆一枚，大银圆以新国币四川银币（前军政府造）为最通行，余如广东、江南等省银圆，亦甚流行，统以七钱一分计算，并无涨落。本期金融稍觉活动，成收渝交款，往年均贴水二三十两，今则至三四两，月每千反得三四十两。盖因渝息甚大，赶作成收渝交，再因各处货帮向为办货之期，适值路途不靖，邮政停寄、保险包裹是以不敢冒险从事，银洋存底虽枯，只因去路稀少，反越常规而得汇水至五六两。月间渝轮已通，下货渐动，故汇水逐渐增高，但时局尚未解决出口各货，难望畅行，现虽每千贴水三四十两者，然行市涨落无定，仍难望起色也。

2. 本期本埠金济状况。成都虽地居省会，然交通不便，只以历来通省军政机关汇总于此，遂蔚然为绝大都会，然大商巨贾皆仅于此设分庄，根据地则仍多在重庆，其由成都运输出口者，除药材及牛羊外，仅有川织湖绉摹本栏杆行销河南、甘肃、贵州等处。本期因道途不靖，即湖绉各品销额亦较前减少。至入口之苏广杂货，因抵制风潮一起遂受影响，特价格低落，并且销市不旺。工业则比户而居，约占市面十之六七，盖其成品不特供本埠之取求，省外各属皆多来省购贩也。官设工厂在前清以劝工局，卓著成效。改革以后，凋敝不堪，至民间自设者为织布制凉帽各厂，成品较多，尚有进步。惟农事则沃衍千里，今岁复雨旸时，若米价已大跌矣。

第二，1920年川行及其所属机构的经营形势与经营损益情况

（一）重庆经营形势：渝埠本年二三月间银根极形松缓，拆息甚低，由于川局未靖，道途梗阻，一般商人既不能购办货物，复无从运现出口，相率观望，致呈呆滞之象。继至滇黔战事发生，驻渝各军筹饷，令各商预缴盐税数十万，以不能流动之现金，突被吸收，市面顿起恐慌，致拆息增至二分以上。我行值此时局，不得不求稳健主义，仍以收回本券为急务，除代收关盐两税外，其他事业未敢进行。而盐税正款复经川当道随时提用，更无丝毫挹注。且关税一项，本系定价包汇，而本年申票时价超过包汇定价，因有契约关系，不能不受亏代办。种种挫折，殊出意料之外。前历任督军提用钞票，自上年商定，以盐税三成现洋扣归，渝行用以收回渝券。又川省地方税款，亦照盐税办法，业已逐渐收回，现在流通市面不过140余万元，是收券之事，已能收效。惟望川局早日得解纠纷，则营业方面，仍可希望发展也。

（二）渝属机构经营形势：成都本年市面，复同受此艰险，业务莫由进行。此外如万县、潼川、自流井、五通桥、泸州等处，因川局扰攘，营业亦未恢复。

（三）渝属全辖经营损益：渝属本年纯损共167567.21元（上年系纯益11136.20元），本年年终发行额共149万余元，存款额共678万余元，放款额共950万余元，全年汇款总额共150万余元。

与此相关，《通信录》第六十一期之“各地商况”栏目中，则记述了“九年（1920）上期成（都）支行报告”如下：

1. 本期本埠金融状况。成都地居省会，只以交通不便，故市面未能发达。每遇关期，收交至多，不过拾万上下。自裕商公德生裕倒闭以后，商民对于交款尤持稳健主义，不敢轻易放手。本年一二月内银根平稳，市面月息亦低。三四月后，军事发生，熊督军就地筹饷，募集有奖公债二百万元，分作三批收。第一批入十万元，就省城房租及成华两县田亩，暨省城商家、绅富摊派催交，市面现银空虚，顿呈恐慌之象。收汇渝款每千贴至七八十两以上，需款之家虽出重息称贷亦难入手，陕、汴、津各帮纷纷远避，绵（棉）纱各帮因此停业，收庄者十余家。银根紧混可见一斑。须俟军事敉平，生意或有起色，此本期本埠金融概情形也。

2. 本期本埠经济状况。成都因交通不便，运输艰难，出入各货除邮寄外，专赖本船运送，匪特久稽时日，且盗匪充斥，动遭险阻。本期商贩因时局扰攘，邮包亦屡遭匪劫，遂束手不前。向来畅销之湖绉栏杆等货因销路滞塞，竟倒闭二三十家。

新丝登场，少人过问，工商业之损失于此可见。一二月间因浥上排货风潮波及蓉垣商学两界大起冲突，虽当轴维持调解仍归于好，然自是以后，市面日形萧条，洋货帮因此停业者多家。绵（棉）纱一项素称人口大宗，本年三四月间，距城三里之得胜场向为纱帮储货之所，突遭匪劫损失数十万，嗣因成渝军事发生，来源断绝，损失尤钜。他如灌县赵镇之药材，松潘、茂州之牛羊皮等，亦因道途梗塞不能出口。农业一端，因兵匪交乘栽插未遍丧失家业者，尤不可胜计。幸雨阳调和，收成可望，此本期本埠经济大概情形也。

第三，1921年川行及其所属机构的经营形势与经营损益情况

（一）重庆经营形势：重庆本商务繁盛之区，自连年兵事扰攘，遂致市面愈趋愈下，本年出口货只抵进口十分之六七，因之申汉票大涨，银行钱庄均运现往申汉两埠，于是渝地现金缺乏，利率陡增，市面更形冷淡。至十一月、十二月，利率稍减，金融表面似觉活泼，而内容实仍紧迫。我行迭受军事影响，营业莫由进行，值此市面枯竭之际，尤不得不力求稳健。收汇税款之中，盐税一项，若川省财力稍裕，能俟收存现款后再陆续由川政府支付，犹可稍资活动，无如随收随提，且时向各商号预借，以盐税抵偿，几至不见现款，以致收汇毫无利益。我行兑换券已逐渐收回，计现在流通市面者不过60余万元。惟官厅积欠一时不能偿还，营业遽难恢复旧观。

（二）渝属机构经营形势：成都万县两处，市面亦极紧迫，我行除经收税款及催收官厅欠款外，其他营业未敢进行。此外，如自流井、潼川、五通桥等处均因川局纠纷，迄未复业，已改设收税处。

（三）渝属全辖经营损益：渝属本年纯损共370852.89元，本年年终发行额共69万余元，存款额共1030万余元，放款额共1346万余元，全年汇款总额共666万余元。

第四，1922年渝支行及其所属机构的经营形势与经营损益情况

据《行史》记述：中行有鉴于时局之一时不易底定，于是一面就完好区加以整理……一面于不靖地点，缩小范围，如重庆、开封、张家口等处之改支行，西安……成都、万县等之改办事处，以期节省开支，减少损失。1922年因统一营业及发行，并为处理事务便利，全国划为四区，各指定区内一分行为区域行。并增设办事处、兑换所、收税处。一区为江苏、浙江、安徽，以上海分行为区域行，二区为河北、山西、山东、绥远、宁夏，以天津分行为区域行，三区为湖南、湖北、河南、陕西、江西、四川、贵州，以汉口分行为区域行，四区为福建、广东，以香港分行为区域行。区域行与收税处不对外营业……

（一）重庆经营形势：重庆上期，银根常松，旋因川战又起，商业限滞，八月底战事息后，市面始得宁静。渝行竭力整理官厅旧欠，一切营业，须待川局平定，方

有可为。下期暂改支行，归汉行管辖。

（二）渝属机构经营形势：成都万县两支行，一时难以恢复旧观，均暂改办事处。

（三）渝属全辖经营损益：本年上期渝行纯损139972.49元。

第五，1923年渝支行及其所属机构的经营形势与经营损益情况

（一）重庆经营形势：重庆战事无已，百业俱滞，金融颇受影响，渝支行处此时局，只能暂抱收缩主义，非俟川局稍定，无从进行。

（二）渝属机构经营形势：成都为川省政治中枢，战事最烈，金融枯竭，我行已于去年改为办事处，业务一时尚难发展。万县办事处亦因战事暂行停业。

（三）渝属全辖经营损益：不详。

第六，1924年渝支行及其所属机构的经营形势与经营损益情况

（一）重庆经营形势：重庆自春间成都战事平息，全省局势粗安，各帮生意，均已及时进行，棉纱、匹头苏货等帮皆先疲后振，获利者多。惟出口货异常疲滞。至下半年羊皮、药、盐等货，则已源源畅行。银根初本甚松，江浙战讯一起，忽呈紧象，冬间因水枯轮少，百货停滞，贸易清淡，金融乃见和缓，渝支行因调集现款，稍受亏耗。

（二）渝属机构经营形势：成都、潼川、自流井、五通桥，万县各办事处，值川局敉平之际，本可徐图进行，但因东南战事影响，依然停滞。

（三）渝属全辖经营损益：渝支行稍受亏耗。

第七，1925年渝支行及其所属机构的经营形势与经营损益情况

（一）重庆经营形势：重庆上半年，东北各处旱象既成，兵端复起，继以沪案，各货不能行销，商业益形萧条。七八月间银根奇紧，汇水低落，由商会发行信托券50万元，维持市面，银钱帮尚属平稳。渝支行营业相机因应，尚能获利。

（二）渝属机构经营形势：成都、潼川、万县、自流井、五通桥各办事处，均以川局时生变化，只能维持现状。

（三）渝属全辖经营损益：渝支行尚能获利。

第八，1926年渝支行及其所属机构的经营形势与经营损益情况

（一）重庆经营形势：川盐因万县增加税捐，成本加重，益以淮商竞争，不易经营。棉花市价趋跌，囤户颇多受损。其余各业，向称平稳，下半年因受战事影响，市况大变。重庆上期川黔两军冲突，虽为时未久，商民损失尚不甚巨，但军需浩繁，税捐太重。下期因下游战事发生，致上下货物，异常疲滞。钱业因五六月间，银紧利高，略有占润，杂货、棉纱、匹头、牛羊皮、糖、山货等帮，均多亏折。盐帮俱有利益，楚岸尤胜，但轮运时停，不能畅销。航业则因渝航轮增多，水脚放价，折

本甚多。渝支行营业向以稳健为主，尚能获利。

（二）渝属机构经营形势：成都、潼川、自流井、五通桥各办事处均因时局不靖，难以发展。万县办事处九月间暂停营业，

（三）渝属全辖经营损益：渝支行尚能获利。

第九，1927年渝支行及其所属机构的经营形势与经营损益情况

（一）重庆经营形势：重庆上期幸无战事，各业贸易皆得照常。嗣因汉口金融奇变，下游轮船复阻，来货稀少，棉纱、匹头、苏货、京缎各帮存货之家均获厚利。盐帮计岸，尚称平稳，惟楚盐因输运梗阻，颇受暗损。丝帮近年少办，亦尚平稳。川糖畅销，获利甚优。猪毛稍获微益。山货则因转运艰难，交易不多。渝支行营业稳健，尚可获利。

（二）渝属机构经营形势：成都、自流井、五通桥、万县各办事处均以时局不靖，业务仍难发展。潼川办事处购买潼渝汇票，酌做短期放款，亦有微利可沾。

（三）渝属全辖经营损益：渝支行尚可获利。潼川办事处有微利可沾。

第十，1928年渝支行及其所属机构的经营形势与经营损益情况

（一）重庆经营形势：重庆上半年地方安静，金融平稳，丝纱帮因蒙成都厂半元低落之影响，销路滞塞，受损颇巨，市面因之不振。下半年因有战事发生，一再筹垫军饷，金融不无影响，兼之汇水暴涨，成、渝间汇价，由一千四百有奇涨至二千三百以上，为从来所未有，嗣经政府出示维持，并由商会请托我行代出三月期票，就渝行使周转，收回成都各家汇票，于是汇价始得渐平，市面转危为安。渝支行营业向以稳健为主，尚能获利。

（二）渝属机构经营形势：自流井、五通桥两办事处，自三月间改为收税处后，不做存、放，只略做汇款，尚能维持现状。万县办事处，因承汇关款，做沪渝期票，微获余利。潼川市面交易，向以川老半元为通货，秋间丝茧登场，需款畅旺之时，四乡茧户突然拒不收用，以致价与大洋相差悬殊。潼处当时存有该项货币，因价格日跌，致受损失，差幸利息、汇水二宗尚获盈余。成都办事处，以川局时生变化，业务难求发展。

（三）渝属全辖经营损益：渝支行尚能获利；自流井、五通桥两办事处尚能维持现状；万县办事处微获余利；潼处尚获盈余。

（3）川行及其所属机构经营形势、经营损益和机构变动情况（1930至1932年）

由于《行史》整体缺乏1930与1932年的川行经营史料，只能凭只言片语加以推测，这也是将该两年川行经营形势、经营损益和机构变动情况单列的原因。

第一，1930年川境中行机构变动情况：1930年《中国银行总分支行办事处及国

外经理出一览表》之四川省情形是：成都、重庆、潼川。这一史料说明，由于川境内军阀混战，到1930年时，川境中行“百年老店”之自流井、五通桥、万县、泸州等4个机构均已停业或歇业了。应当说，这是川境中行“百年老店”停业或歇业的机构数量最多的一年之史料记述。

第二，1932年渝分行经营形势与经营损益情况。据1932年《中国银行营业报告》称：渝行及成都支行，立于敌对双方势力范围之内，逼借勒索，在所不免，当地同人，苦心应付，非有抵押，非各行共同分担，不允借垫，幸无特殊单独损失，此堪为股东告者二。这一史料说明，由于民国二十一年四川爆发“二刘大战”，渝分行及成都支行苦苦支撑，幸无特殊单独损失，并成中行年报告慰股东之第二件大事。

4. 川军混战时期四川中行的经营特征概括

综上所述，从《四川中行首批机构变动、经营形势、经营损益情况表（1915至1934）》，以及上述川军混战时期四川中行的经营史实窥视中，可以清晰地看出，四川军阀混战时期四川中行经营特点大致如下：

（1）川境中行机构以停业或歇业为常态

从1915年、1916年、1917年、1930年川境中行机构变动情况可以看出：1915年和1916年四川省中行机构均为成都、重庆、自流井、五通桥、万县、泸州、潼川等7个单位；而1917年四川省中行机构为成都、重庆、万县、潼川，这说明自流井、五通桥、泸州等机构因军阀混战，长期处于停业或歇业状态；到1930年，川境中行机构只剩下成都、重庆、潼川，这说明自流井、五通桥、万县、泸州等机构因军阀混战，处于时维持开业、时停业避难或歇业状态。此外，各机构等级整体下降，有的时升时降。

（2）军阀混战带来经营上的重重困难

比如：1916年泸州汇兑所原住行址已被护国军银行占去，求退不允，只好另找房屋，略为布置后继续营业。1919年渝行因川局扰攘，历任督军强迫提用钞票且准备空虚，因此将一切营业暂行停业，专注力于收回钞票。1920年成都本年市面，也备受艰险，业务难以进行。万县、潼川、自流井、五通桥、泸州等处，因川局扰攘，营业也未恢复。1921年重庆兵事扰攘，市面愈趋愈下，由此营业莫由进行。成都、万县两处，也因市面紧迫，除经收税款及催收官厅欠款外，其他营业未敢进行。自流井、潼川、五通桥等处均因川局纠纷，迄未复业，并被改设为收税处。1922年重庆改支行，成都、万县等改办事处，以期节省开支，减少损失。1923年成都为川省政治中枢，战事最烈，金融枯竭，业务一时尚难发展。万县办事处亦因战事暂行停业。1924年重庆、成都、潼川、自流井、五通桥、万县各办事处，值川局敉平之际，本可徐图进行，但因东南战事影响，依然停滞。1925年成都、潼川、万县、自流井、五通桥各办事处，均以川局时生变化，只能维持现状。1926年下期重庆因下游战事发生，致上下货物，异常疲滞。成都、潼川、自流井、五通桥各办事处均因时局不靖，难以发展，万县办事处9月间暂停营业。1927年成都、自流井、五通桥、万县各办事处均以时局不靖，业务仍难发展。1928年自流井、五通桥两办事处，自3月间改为收税处后，不做存、放，只略做汇款，尚能维持现状。成都办事处，以川局时生变化，业务难求发展。

（3）经营求稳并寻缝隙之机而赢利

以渝分行为例，从1915至1928年军阀混战最为严重的13年中，据有据可查的统计和判断，1915年、1916年、1918年、1919年盈利（1917年缺史料），而1920年、1921年、1922年亏损；1923年不详，1924年稍受亏耗，1925年、1926年、1927年、1928年尚能获利。也就是说，至少有8年可以赢利，有1年稍受亏耗，足见其经营效果的难能可贵性。

再以停业或歇业、机构升降为常态的渝辖所属分支机构为例，也不乏在经营求稳前提下，寻缝隙之机而赢利的史实。比如，1927年潼川办事处购买潼渝汇票，酌做短期放款，亦有微利可沾；1928年万县办事处因承汇关款，做沪渝期票，微获余利；潼川办事处经过一番周折尚获盈余，自流井、五通桥两办事处尚能维持现状。值得一提的是，由于成都为川省政治中枢，战事最烈，金融枯竭，成都支行在1915至1928年的13年中，只有第一年赢利，其余应当都是亏损。此外，泸州汇兑所是唯一从未赢利的机构，1915年5月成立后两个经营年度里连续亏损，从1917年起到1933年的16年中，长期处于停业状态。

（三）四川军政统一时期川中行创业特点（1933至1937年）

1933年7月至1937年7月为四川军政基本统一时期。四川军政基本统一时期的史实划分由来及川中行在此时期的创业特点如下：

1. 四川军政基本统一时期的划分由来

据吴晋航、邓汉祥、何北衡《四川军阀的防区制派系和长期混战》记述，四川军政基本统一时期的到来，因于第一次“二刘”（刘文辉与刘湘）之战，源于第二次“二刘”之战。

第一次“二刘”之战（附刘文辉、田颂尧之战）：1931年11月16日，刘文辉同田颂尧巷战于成都。激战10余日，市民死伤甚重，田部不支，退出成都。1931年12月，刘湘、刘文辉两部战于荣县、威远一带。刘湘遂唆使李家钰、罗泽洲两部发难于川北，田颂尧亦举兵相应，刘湘亲自督师川南。刘文辉三面受敌，兵力所损虽少，防区丧失甚多，沱江以东，乐山以南数十县尽为刘湘所有。后因刘湘以新占领的防区尚须整理，且此次战役中邓锡侯本人及所属一部分军队宣布中立，陈鼎勋又居间力主同学团结，估计兵力尚不足以将刘文辉彻底击败，对邓锡侯也无充分把握，乃由鲜英奔走其间，“二刘”第一次战争宣布停战。

第二次“二刘”之战（附刘文辉、邓锡侯之战）：刘文辉战败后，因防地丧失过多，饷粮异常困难，而在所谓同学关系方面，则田颂尧既经破裂，邓锡侯复同处成都，意见极不一致，上次战役又曾受到邓部牵制影响对邓颇为怀恨，因此仍图以家庭关系取得刘湘支持，消灭邓部，并另辟新局面。这就给刘湘以可乘之机，1933 年 5 月爆发的刘、邓之战，实为刘湘从中操纵所促成。刘、邓战争爆发后，邓出成都，毗河相持，派黄石子等通过刘从云向刘湘联络，誓以全力进攻刘文辉。刘湘乘机再度向刘文辉进攻，刘文辉部退集岷江以南。同年 7 月 19 日，刘湘部进据成都，赓即向岷江进攻。刘文辉部因彭诚孚师出降，全线瓦解，刘文辉仅率残部二万余人退往雅安、西昌、康定一带。此为“二刘”第二次之战，亦即四川军阀混战最后的一幕。

这就是说，自辛亥革命以后，川、滇、黔各派军阀势力，为了争夺和统治全川，开展了长达近 20 年的军阀混战，直到 1933 年，刘湘击败刘文辉，统一全川，成为四川的霸主，四川的军阀混战才基本结束，由此，四川军政进入了基本统一时期。与此同时，1933 年国民政府实行“废两改元”，结束了流行 400 多年的银两制。但是外国银行发行的纸币，仍可继续在西南地区流通。加之西南偏远地区交通不便，通货不足，仍不免以银两折合银圆进行交易，难于摆脱货币的多元化。1935 年 1 月，蒋介石本着反共图川双管齐下的策略，委派贺国光率领参谋团入川指挥军事，财政部财政特派员亦到重庆调查与整理四川财政金融。3 月间，中央银行重庆分行在渝成立，受命整理地钞，同时通告各商业银行停止发行并收回所发的纸币。是年冬，重庆行营成立，重庆成为国民政府在西南的政治军事和经济金融的指挥点，四川军阀防区制结束。11 月 4 日实施法币政策后，四川货币金融长期紊乱局面方告终止。

2. 四川军政基本统一时期川中行创业特点

在四川军政基本统一时期，四川中行创业特点，据重庆中行主办的《四川月刊》之史料记述，主要表现在以下几方面：

（1）增设机构，发展业务

1930 年川境中行“百年老店”只有渝、成、潼 3 个机构存在。从四川军阀混战后期的 1932 年起，四川中行开始增设机构，发展业务。到 1932 年 7 月，川省中行机构包括重庆（上关岳庙街、四牌坊）、成都（少城）、潼川、嘉定、五通桥、内江、万县、叙府。这说明，除川境中行“百年老店”以外，到 1932 年 7 月已新增设了上关岳庙街、四牌坊、少城、嘉定、内江、叙府等机构。

1933年3月，涪陵中国银行办事处开幕；同年4月，中国银行在泸县、隆昌等设立办事处。抗战前已经设立的机构还有资中办事处（见《行史》）。1936年10月，中行渝分行就已决定在渝曹家巷旧址建筑新屋。

与此同时，四川省的其他银行不断成立，如1934年6月，重庆江海银行开幕；四川建设银行开始营业；聚兴诚银行在灌县设办事处；地方、美丰三行在万县设办事处；重庆市民银行在内江设办事处。这说明，四川中行所面临的同业竞争更加激烈。

（2）加强服务，发展业务

比如，1932年8月，成都中行为便利商民汇兑，缩短时间起见，凡汇往汉口、天津、上海等埠，均用航空兑往，并不加收汇水。1935年7月，中国银行增办集团储蓄。1936年9月，中国银行开始向成渝路线之资、内产糖区域做农村放贷；泸县中行为便利工商计，特别添办仓库，现已觅定地址，积极筹备旬期即可开始营业。1937年2月，渝中国银行以年来农村破产金融枯竭，全市各业莫不蒙其影响，尤以弱小帮为甚，该行为扶助小商人起见，特决定举办轻息贷款……贷款二百元起至五百元止，利率照市面减低二厘，最高额至一分二厘止，贷款期间定两个月，有特殊情形与相当信誉者得延长一期，限定三期（计六个月）为止，凡弱小商得其贷款者，领取铺保二家。

（3）同业合作，抵御挤兑

同业合作的史料包括：1931年9月25日，重庆市银行业同业公会成立；1933年4月，重庆银钱业成立联合公库；1934年5月，成都成立银行公会。抵御挤兑的史料包括：1933年1月，中国银行与聚兴诚银行发生挤兑风潮；3月，成都中国银行与成丰银号之汇款纠纷；4月，成都中国银行之挤兑风潮。另据《四川省志·金融志》记述，1933年10月20日，位于暑袜街中国银行左侧的公济银号因故停止营业，市面误传为中国银行关门停业，以讹传讹，引起误会，造成挤兑（详见后）。

（4）加强调研，促进发展

办刊情况：1932年7月，重庆中国银行主办的《四川月报》创刊；11月，《四川月报》发出《四川月报征文启事》，题目为“如何改进今日之四川”。1935年3月，重庆中国银行《川边季刊》创刊。

调研情况：1934年6月，开展成都银行同业调查，形成“成都最近银行略志”；1936年9月，开展内江银行调查、自流井银行调查等。其余详见第二章第六节之30年代川行调研课题之史料窥视。

（5）总裁察川，促进发展

1934年5月，中国银行总经理张嘉璈入川视察。这次视察有力地促进了川行经营管理与文化建设（详见后）。

（四）抗日战争时期四川中行创业特点（1937 至 1945 年）

1937 年 7 月至 1945 年 9 月为抗日战争时期。抗日战争时期，在四川省作为战略大后方的历史大背景下，四川中行的创业活动达到了历史的辉煌。

1. 抗日战争时期四川省的历史大背景

1937 年 7 月 7 日发生卢沟桥事变。8 月 13 日，日军进攻上海，抗日战争全面爆发。由于军事上节节失利，北京、天津、上海等大城市相继失守。11 月，国民政府正式宣布西迁重庆，重庆后来被定为战时陪都。沿海城市的工厂纷纷向重庆和西南各地内移，沦陷区人民大批涌向四川，国民政府各机关和国家行局的总行局以及各省地方银行暨省外商业银行亦接踵集中于此，各地社会游资大量流入。重庆人口密集，工厂增多，市场繁旺，出现了一片战时繁荣景象。重庆由一个地方商业城市一跃而为战时大后方，以及全国政治、军事、经济、文化的中心。

首先，四川是全国抗日的兵源基地。据 1945 年统计，在 8 年抗战中，四川应征的壮丁达 300 万人左右，约占全国征兵总数的五分之一。四川军队转战大江南北，川军将士以血肉之躯捍卫祖国，为挽救民族危亡立下了卓越功勋。

其次，四川是全国抗日的财源基地。抗战期间，全国很多省区沦陷，全国财政开支主要靠四川负担。据统计，1938 至 1940 年，四川解入国库的正税收入，每年约 8000 万元以上，其他发行公债、各种摊派、募捐收入尚未计算在内。在抗战最困难时期，四川几乎负担了国家总支出的 50%以上。

再次，四川还是全国抗日的粮食基地和物资基地。全国的军粮、各类军需物资器材，主要都由四川供应。由此，四川人民在抗日战争中，在政治、军事、经济、文化教育等方面都作出了巨大的贡献。

2. 抗日战争时期四川中行的历史贡献

在此大背景下，也成就了四川中行的历史辉煌。据《行史》和《四川省志·金融志》的相关记述，四川中行的历史贡献大致如下：

（1）增设机构，在大后方建设金融网

战前，中国的银行业多集中于沿海一带，更多的是在上海及江、浙两省。西南与西北的广大区域，因交通不便，经济落后，金融机构设立较少。抗日战争爆发后，政府西迁，沿海各省沦为战区，西南、西北成为抗日战争的大后方。为了配合开发西南、西北，金融部门到大后方广设行处刻不容缓。1937 年 11 月由中央银行、中国银行、交通银行、中国农民银行组成的四联总处在汉口成立，就决定各行在西南增设机构；1938 年 8 月财政部制定了《筹设西南、西北及邻近战区金融网二年计划》；1939 年 9 月 8 日，国民政府公布《巩固金融办法纲要》；1940 年 3 月间，四联总处又增订第二、三两期西南、西北金融网计划。

为完成筹建金融网计划，中行先后于 1938 年 11 月 1 日设立昆明支行，同年 12 月 25 日成立贵阳支行，1939 年 1 月 26 日设立桂林支行。接着，昆明支行、桂林支行、贵阳支行又次第在省内增设办事处或办事分处，其中包括昆明支行在西康省境内设置的会理办事处。

由于重庆成为国民政府战时陪都，工矿企业迁往四川境内的也最多，四川省的生产有了较大增长。政治、经济等各方面的需要，推动了四川省内中行网点的迅速增加。除战前已经设立的重庆、成都、泸州、内江、隆昌、自流井、资中、叙府、万县、嘉定等分支行处外，又陆续添设了合川、荣昌、资阳、简阳、五通桥、江津、涪陵、合江、太和镇、广元、新津以及西康省雅安、西昌等办事处，还成立了奉节、云阳、开县、牛佛渡、蓝田坝、永川、叙永、贡井、夹江等办事分处。由此，中国银行在执行财政部《筹设西南、西北及邻近战区金融网二年计划》中，进度最快，成绩突出。四联总处在“检讨四行及中信局廿八年度（1939 年度）业务报告之决议”中曾经指出，“（中国银行）完成金融网案内所分担及自行增设之行处，国内计 77 处，国外 7 处，为各行之冠”。

从抗战开始到 1942 年，中、中、交、农四行在西南、西北增设机构共计 289 处。其中，中行增设 106 处，占 37%，比中（央）、交、农三行都高出许多。中行在各省增设机构所占比例中，四川占 33%，在四行中也是最高的。

由于中行分支机构的设置，向来不局限于行政区域，而是更多考虑经济的联系和领导的便利，因此，设在贵州的贵阳支行以及设在西康省的雅安、西昌两办事处均划归重庆分行管辖。重庆分行是战时管辖区域最广、辖属机构最多、业务量最大的分行。

据《四川省志・金融志》记述，“据重庆中央银行调查，抗战结束时，川、康两省共有各类金融机构 1163 家（其中总机构 380 家），约占全国金融机构总数的四分之一。形成了一个以重庆为中心，遍布川、康各大、中、小城市的金融网络”。

（2）筹集资金，支持大后方生产建设

第一，中行筹集资金总体情况。中行十分重视吸收存款用以平抑物价，在积极吸存、扩大存户方面，做了不少努力。1937 年底，中行存款余额较战前（1937 年 6 月底）无大变化，1938 年则较 1937 年增加 3.30 亿元。1937 年到 1941 年，中行吸收存款一直在中、中、交、农四行中居于领先地位，历年年底余额都接近甚至超过其余三行的总和。只是在 1942 年四行业务重新划分，政府机关存款移转央行以后，央行才取代了中行的领先地位，中行退居第二位。

第二，中行拓展储蓄业务的积极措施。一是，增设储蓄网点，加强服务。抗战开始时，沿海主要城市相继沦陷，中行不少分支行处因此停业或裁并，储蓄机构随之锐减。国民政府为大力吸收民间闲散资金，推进小额储蓄，决定扩大储蓄存款的网点。1941 年 4 月，中行总处要求各分支机构在未设立机构的地方，自办简易储蓄处（以下简称“简储处”）或委托商号、工厂、机关、学校代理。中行在《筹设简易储蓄处办法纲要》中强调，简储处办事人员要以顾客便利的时间为营业时间，星期日及休假日要照常营业，“态度务求诚恳，应付务求敏捷”。要以最好的服务赢得储户的信任，以推进储蓄的开展。迄 1941 年底，中行新设简储处共 64 处，其中以四川省最多，达 27 处；增设分支部柜 37 处，收储机构由 1940 年的 120 处增为 221 处，跃增 84%。随后又以适当提高利率，开展储蓄竞赛等办法推进储蓄。二是，增加储蓄存款品种，扩大吸储。除继续办理普通储蓄存款外，还开办了多种特种储蓄存款，包括节约建国储蓄、外币定期储蓄、美金节约建国储蓄券、经销特种有奖储蓄券，举办人寿储蓄存款、乡镇公益储蓄存款和公益基金储蓄存款，还代理中央银行举办法币折合黄金存款等，其各类储蓄存款成效总体可观。比如，中行自 1944 年 9 月起至 1945 年 6 月止，重庆、昆明等 6 家分支行及东南各省分支行（包括其下属行）收存折金存款约 58 万余两、回笼法币 166 亿元，占各行局累计收存折金存款总数 219.56 万两、回笼法币 624 亿元的 26%。6 家分支行中以重庆、昆明两行吸收存折金存款储额最高，分别为 28.09 万两及 15.79 万两，回笼法币 78.66 亿元及 46.48 亿元，占中行系统存折金存款总额的 75%。

另据《四川省志·金融志》之“民国三十一年国家银行存款情况表”第 171 页的记述，中国银行存款份额在民国三十一年（1942）排居第二。

表 1—5　民国三十一年国家银行存款情况表　　单位：万元

年度	项目		中央银行	中国银行	交通银行	中国农民银行
民国三十一	存款总额		1344684	583469	164287	188291
	其中	同业存款		124669	47243	49145
		活期存款		310999	97041	139146
		定期存款		147801	20003	
	负债总额		4181979	1051547	4141391	473820
	比率%		32	55	37	39

（3）贷款投资，支持大后方生产建设

据《行史》记述，抗战时期，中行按照政府制定的政策、原则，在抗战的不同阶段，用更多的资金、更大的力量，支持抗日大后方的工、矿、交通和有关国际贸易事业的发展，发挥了应有的作用。

第一，在沿海工厂内迁大潮中作出贡献。据《抗日战争时期四川大事记》记述，随着国民政府西迁重庆，沿海城市的工厂纷纷向重庆和西南各地内移。抗战初期内迁的工厂 600 余家，经国民政府工矿调整处协助迁移的 448 家，其中迁入四川的 245 家，约为内迁的 54.67%，器材 4.5 万吨，使四川成为我国战时的工业中心。战时全国形成的 11 个工业中心，有 5 个都在四川。[①] 然而，在战争正在进行及运输极为困难的条件下，将大量机器设备、物资等由沿海辗转运往四川、湖南、陕西、广西等省，任务十分艰巨。中行协助厂矿西迁及重建工作，大约经历了三年半之久。截至 1940 年底，仅由工矿调整处组织推动迁到后方的民营厂矿就有 450 家，内迁机器、材料总重达 12 万吨，协助迁入内地技工约 3 万人。这批厂矿，包括机械、纺织、化工、电器、钢铁、食品等，为后方各省工业生产的迅速发展创造了条件。

中、中、交、农四行采取联合贴放办法协助工矿调整处组织沿海民营工厂内迁，除迁移贷款外，还有建筑设备贷款、复工贷款、招工贷款、营运资金贷款、疏建及保护工程贷款（防日机轰炸疏建厂房及保护主要机器的设施等使用）等各项贷款，解决各厂矿由拆迁到恢复生产过程中各个环节的不同资金需要。从 1937 年下半年到 1940 年底，通过工矿调整处贷放给各厂矿的款项约为 3200 万元，四行直接贷给厂矿的约为 1.45 亿元。其中中行分摊贷款约为 6200 万元（见《行史》）。

第二，联合贴放贷款，支持生产发展。从 1937 年 9 月到 1939 年 12 月，四行联合贴放共计 6.36 亿元，相当于 1939 年底止法币发行总额 42.87 亿元的 14.84%。在两年零四个月的时间内，四行将如此巨额资金投放市场，解决农、矿、工、商各业紧急的资金需求，对于稳定战时经济，抢运和储备战时物资以及发展内地生产都发挥了积极作用。其中中行按 35%摊放，为 2.23 亿元，加上摊垫的基金等，其总数还要更多一些。1940 年到 1942 年 3 年中，中行继续参与联合贴放，支持后方工、农、商、矿各业。3 年中，四行联合贴放总额共计 49.52 亿元，占同期四行法币发行总额 343.60 亿元的 14.41%，和 1940 年以前阶段的比例十分相近。中行按分摊比例（1940 年为 35%，1941 至 1942 年为 30%）计算，参与贴放共 15.20 亿元。1940 年到 1942 年四行联合贴放中，协助产盐贷款占 31.2%，发展工矿事业贷款占 24.7%，调剂粮食及农业贷款占 10.3%，协助交通事业贷款占 9.3%，平抑物价及

---

① 四川省人民政府参事室，四川省文史研究室．抗日战争时期四川大事记［M］．第 2 页．北京：华夏出版社．1987.8.

收购物资贷款占14.7%，合计占总额的90.2%。

据《四川省志·金融志》记述，抗战时期，各类金融机构均能大体遵循国民政府战时经济金融政策，开展各类融资活动，支持工农商各业发展。抗战时期，中、中、交、农四行对大后方工商业放款814亿元（含扶持国际贸易贷款），投资18.4亿元。这些放款和投资以四川所占比重最大。

第三，支持铁路建设及其他交通运输事业。抗日战争开始后，随着沿海口岸相继沦陷，政府为开辟国际交通线路，开发西南资源，计划修筑湘桂、滇缅、叙昆、黔桂等铁路。在上述铁路修建过程中，中行都参与了联合贷款。比如，叙昆铁路从四川叙府到云南昆明，全长774公里，由财政部和交通部于1939年12月与法国银行团及中国建设银公司成立借款合同。其中法币借款部分3000万元由中国建设银公司担任。1940年6月，该公司将该笔放款转让给中、中、交、农四行，中行按35%摊放1050万元。与此同时，为发展大后方的内河航运事业及陆上交通，中行积极参与联合贷款给予支持。如支持西南地区的汽车制造及运输事业，中国桥梁公司为修筑川滇、川陕、川康三线公路大桥工程而申请的各笔贷款，中行也都按照四联总处批准的分摊比例给以贷款支持。至于有关公司申请的短期透支、贴现等，中行均本着支持交通运输事业的原则，以低息、优惠的条件协助解决。

第四，扶持国际贸易有关事业。抗战开始，中行为履行政府特许的国际汇兑银行职责，一直以扶持国内外贸易作为主要任务之一。不论国营还是民营贸易机构，凡有需要协助时，都尽可能予以资金融通的便利。例如对资源委员会钨、锑、锡、汞的产销，贸易委员会桐油、茶叶与其他物资的收购，中行或会同三行联合贴放，或对其临时需要单独贷款。对一些经营猪鬃、桐油、生丝出口的民营贸易公司，中行也给予大力支持，以推动上述物资的收购及出口。政府《经济三年计划实施办法》公布后，中行又积极按照计划规定，对国营、民营机构收购出口物资款项及时给予融通。四行业务专业化后，负责办理与国际贸易有关事业的贷款，通过发展与扶助国际贸易，协助国民政府平衡国际收支，成为中行的主要业务。当时国际交通严重受阻，仅有少量物资可以出口，但增加可以替代进口产品的生产，同样会有利于平衡国际收支。因此，中行确定“应以扶持国内生产为范围，以期增加出口贸易，减少进口贸易，平衡国际收支，而以裨益国计民生的一切生产事业为贷款的对象”。从1942年到1945年的4年中，中行对出口贸易的矿产品钨、锑、锡及农、畜产品如桐油、猪鬃、丝、茶等的加工制造以及与减少进口有关的纺织、冶炼、化工、机械等生产事业，都给予了积极的贷款支持。

另据《四川省志·金融志》记述，抗日战争时期，因国际通道受阻，进出口贸易陷于停滞。中国银行的放款方针确定以扶持国内生产为范围，以期减少依赖进口，增加出口，以裨益国计民生的一切生产事业为贷款对象。自民国三十一年（1942）起，历年贷款均有增加，并多由重庆中国银行放出。据不完全统计，民国三十一年至三十三年（1942至1944年），中国银行共发放发展与扶持国际贸易贷款476267万元。四川历来是猪鬃、桐油、生丝、茶叶、皮毛等主要货物出口省份之一，中国银行发放的协助农产品、畜产品加工制造业贷款，3年间达74858万元。民国三十三年比三十一年增加4.7倍多。

（4）农贷业务，在抗建大业中功不可没（详见第四章）

（5）办理汇兑，促进战时金融与物资流通

抗日时期，国内汇款业务办理的灵活与否，直接影响战时金融与物资的流通，也关系银行业务的发展。因此，中行历来把汇款工作作为一项主要业务，努力加以推进。中行经办汇出汇款的数字，1937到1939年间每年约为法币14亿余元，1940年以后逐步增加，1944年达640亿元，1945年更跃增为2767亿元（有通货膨胀因素）。在中、中、交、农、邮五行局中，1938年以前，汇款向以中行为主；1939年以后，除1941年外，央行汇款均超过中行，中行退居第二。中行汇款额中，以工商汇款为主，占60%～70%，1945年仍在50%以上；军政汇款占20%左右。1941年国内外形势都较紧张，钞券运送的困难也较大，但中行汇款居五行局的首位。据四联总处1941年有关材料反映，当年中行的汇费收入减除运钞费支出后的收益远较中（央）、交、农三行为高，中行994万，中（央）行238万，交行280万，农行185万。说明中行办理战时汇款积极，效果也较好。

另据《四川省志·金融志》记述，中国银行是在四川经营汇兑较早的国家银行，以军政汇兑为多。抗战时期为及时解付巨额军汇急需，常以飞机运济法币。专业化后，军政汇款集中于中央银行，中行商业汇兑增加。民国三十一年至三十三年（1942至1944年），汇款总额中军政汇款由30%下降为19%；商业汇款由45%上升到72%。为求资金灵活调拨，中行在重庆等重点行处均有专用电台，举办电报汇款，联行之间上午交汇，下午即可在异地抵用。还举办电话汇款，无须等待票根寄到，就可先向客户支付汇款，内汇兑总额逐年成倍增加。民国三十年至三十四年（1941至1945年），每年汇兑总额分别为35亿、67亿、213亿、623亿、2767亿元。

（6）外汇业务，在抗战时期作用非凡

抗战期间，重庆成为中国进出口贸易和结汇中心。因当时对外贸易进口多、出口少，外汇入不敷出，中央银行对核售外汇限制较严，加上法币发行量的激增，以及香港等地市场外汇买卖投机盛行等因素影响，内地出现外汇黑市。至民国二十七年底（1948），外汇市价法币 1 元只折合英镑 8 便士。当时四川土货出口系按法价向重庆中国银行结汇，而在云南则可按市价结汇，故四川的出口商多将货物运往云南转口外销，在云南办理结汇。

抗日战争前，中国侨汇每年平均约有 3 亿元。侨汇的解付大半由当地侨批局或民信局代办。各地侨胞将各种外币向外国银行购入港单寄香港，由广州、汕头、厦门侨批局卖出，取国内通货，直接解回四川。抗战前各侨汇均向上海集中，上海沦陷后即至香港中国银行办理。抗战时期，侨胞爱国热情高涨，纷纷汇款支援抗战，侨汇显著增加。民国二十七年（1938）侨汇为 6 亿元，民国二十八年（1939）为 12 亿元，民国二十九年（1940）为 18 亿元。太平洋战争爆发，南洋各地为日本占领，侨汇受阻。美、英等地侨汇大多由中国银行径汇国内，尤以汇往广东四邑为数较多。四邑沦陷后，侨汇遂呈下降趋势。民国三十二年（1943）为 12 亿元，民国三十三年（1944）为 7.4 亿元。香港沦陷后，大部分侨汇移至重庆中国银行解付。亦有少数侨胞购买外商银行汇票直寄重庆中国银行，重庆遂成为吸收侨汇的中心。民国三十四年（1945）抗战胜利，侨汇大幅度增加，同时由于外汇法价提高，当年侨汇收入达到 119.62 亿元。民国三十五年（1946）中国银行总处迁沪，全国各地分支行处均恢复营业，侨汇亦改为直接汇划。《行史》记述，中行在战时努力争取侨汇的工作收到很大成效，对支持抗战和战时金融做出一定的贡献：一是中行成为经收侨汇的主力，二是主要海外行发挥了重要作用。

（四）抗战胜利后至解放时期四川中行创业特点（1945 至 1949 年）

1945 年 9 月至 1949 年 12 月为抗战胜利后至成都解放时期。总的来说，抗日战争胜利后，国民政府迁回南京，内迁的一大批工厂、学校迁回原地。与此同时，国民党发动内战，在政治上对四川人民实行法西斯统治，在经济上加重对四川人民的残酷掠夺，又使四川经济陷于破产。四川中行也因此举步维艰（详见第四章及后续之《四川中行百年行史（1915 至 1949）》）。

（五）四川中行创业活动过程中文化积淀（1915 至 1949 年）

所谓四川中行创业活动过程中的文化积淀，就是四川中行在民国时期创业活动过程中，所历史地获得和选择的传统观念及其价值精神。

1. 四川军阀混战时期川中行的文化积淀

以川境中行“百年老店”之民国五年下期营业情形报告书为例，重庆、成都、万县、自流井、泸州等机构，均按“营业状况、市面情形、兑换券情形、损益实况、下期进行方针”等五个模块内容，每年分上下两期周而复始地向总行报告情况，其“下期进行方针”如下：

重庆分行下期进行方针。（一）清理军饷垫款，要求政府归还作为开兑基金，并速设法开兑活动。（二）疏通各处汇兑，极力与稽所接洽，揽汇盐款。（三）接洽本省当道，将金库完全归划我行代理，期收统一之效。据敝见所及，凡上三端，胥关紧要，余事仍当随时秉承，尊处相机办理，斟酌进行。

成都分号下期进行方针。现在大局敉平，敝处营业自应急图恢复。惟库储有限，不敢冒险前进致蹈危险地位，再四筹划，惟有仍持稳健主义相机而动，略做收交以沾余润，一俟库存稍裕，再当力求发展也。

自流井分号下期进行方针。敝处下期营业惟抱稳健主义，重以巩固行基。当此本券停兑，推广流通，此非其时，首以招揽汇兑，次则购买外埠期票，期限既短利益均沾，惟冀大局敉平，本券早日开兑，则业务自可蒸蒸日上也。

万县分号下期进行方针。万地为川东各货出口萃集之区，营业以购买外票为大宗交易，亦以现银为主。现时川局虽属渐定，然匪风仍炽，道路梗塞，收款极淡，兼之本券开兑尚无确期，暂无进行之机缘。一俟本券开兑，信用恢复，敝处对于进行事宜当时体察情形请示办理也。

泸州汇兑所进行方针。敝处自继续营业以来，各商对于所感情极好，兹拟于本期内一面加意联络富商巨贾透诱大宗存款，一面择殷实之商号酌量行情购买外埠期票，招揽汇款。如春间各业生意发动，汇水必增，谅可多揽汇款，沾润利益，以为下期进行之方针。

由上不难看出，其“下期进行方针”的文化本质，就是历史地获得和选择有价值的经营观念及精神的过程，从而积淀出特有的文化及其价值。

再如，1919 至 1928 年渝行经营形势、经营损益的年度经营报告显示，1921 年渝分行迭受军事影响，营业莫由进行，值此市面枯竭之际，尤不得不力求稳健。1922 年有鉴于时局之一时不易底定，于是在不靖地点，缩小范围，如重庆改支行，成都、万县等改办事处，以期节省开支，减少损失。1923 年渝支行面临百业俱滞，金融颇受影响的时局，只能暂抱收缩主义，非俟川局稍定，无从进行。1925 年渝支行相机因应，尚能获利。成都、潼川、万县、自流井、五通桥各办事处，均以川局时生变化，只能维持现状。1926 年渝支行营业向以稳健为主，尚能获利。成都、潼川、自流井、五通桥各办事处均因时局不靖，难以发展。万县办事处九月暂停营业。1927 年渝支行营业稳健，尚可获利。潼川办事处购买潼渝汇票，酌做短期放款，亦有微利可沾。1928 年渝支行营业向以稳健为主，尚能获利。自流井、五通桥两办事处，自三月间改为收税处后，不做存、放，只略做汇款，尚能维持现状。万县办事处，因承汇关款，做沪渝期票，微获余利。潼处经一番周折尚获盈余。

还如，据孙嗣璋《渝行掌故：周宜老绾渝行时之略述》（《渝行通讯》第十六期）记述："民十至民十八之间，川省内乱频仍，无年不战，渝行地当必争之所，往往一年之间，迭历乘除，各军饷将缺乏，派垫尤多，工商凋敝，业务亦无法推展……时也行务拮据，公为谋省开支，裁减职员，曾由数十人减至十五六人，营业文书两主任职均兼，昕夕劳碌，不闻怨愠。民十五年（注：时间有误，应为民十一年即 1922 年），又自请将渝行降为支行，以缩规模，体公忘私。"

又如，据《中国银行业务会计通信录》第十一期记述，《中国银行重庆分行办事细则》共 3 章计 104 条规定，于 1915 年底形成。第十六期记述，《潼川分号办事细则》于 1916 年形成，共计 3 章 22 条款。

由上不难看出，四川中行在 18 年军阀混战时期创业过程背后的"活动产物"大致包括：第一，使川中行在中行总行文化框架内和四川省独特外部环境下，历史地获得和选择出重视信誉、稳健经营和艰苦创业等文化基因。第二，在川军混战时期，渝分行自请降为支行，以缩规模，体公忘私的史实，说明川行也具有"关注效率，积极节支"的传统。第三，早在 1915 年重庆分行就形成了 3 章计 104 条的"办事细则"，从而形成了管理规范的文化传统。第四，从《通信录》记述的万县分号 1915 年至 1917 年的多篇经营报告及调研报告中，即可看出四川中行就已逐步形成了深入而规范的调研文化（详见后）。

尤其值得一提的是，渝分行在这一时期形成了一种"斩荆披棘、筚路蓝缕"之创业精神。"斩荆披棘、筚路蓝缕"一语，出自 1934 年 6 月，张嘉璈将赴四川考察一行的四个所得之一概括为："参观成都华西大学，与美籍校务长皮邱（Joseph Beech）结识，深佩其斩荆披棘、筚路蓝缕之精神。"[①] 借用其"斩荆披棘、筚路蓝缕之精神"的意境与内涵，来描述四川军阀混战时期四川中行创业过程中文化精神的积淀，应当说是恰如其实的。斩荆披棘，原意指拨开荆，砍掉棘，比喻在前进道路上清除障碍，克服困难。筚路蓝缕，原意指驾着简陋的柴车，穿着破烂的衣服去开辟山林道路，形容创业的艰苦。不难看出，在四川军阀混战时期，四川中行机构以停业或歇业为常态、各机构等级整体下降或时升时降，外部战事激烈，金融枯竭，业务尚难发展等经营特点，以及经营求稳并寻缝隙之机而赢利的执着追求，由此形成了一种"斩荆披棘、筚路蓝缕"之创业精神。

此外，四川分行行长周宜甫早在 1920 年上任之初，针对川行内部不合作现状进行了卓有成效的整肃，由此逐步培育出"一堂之内，相视莫逆，相互砥砺，事尽获

① 姚崧龄. 张公权先生年谱初稿（上、下册）[M]. 第 126 页. 北京：社会科学文献出版社. 2014.10.

益”的合作文化精神。

2. 四川军政基本统一时期川中行的文化积淀

四川军政基本统一时期属于中国银行创业活动中期，即中行根本改组时期——中行由北洋政府的中央银行改组为民国政府特许国际汇兑银行，由此中行迎来了一个重要转折和业务大发展时期。在此时期，中行寻求经验和帮助，专心致志地探索银行改革的道路；致力于国家经济发展和社会安定，加强同业互助合作；在中行内部培植了“高、洁、坚”的文化传统精神。作为中行该时期创业过程的“活动产物”，就是使中行历史地获得和形成了较为完整的公司文化核心价值体系。

在此背景下，四川军政基本统一时期川中行的文化积淀主要体现在以下两方面：一方面，四川中行积极认同和践行总行公司文化核心价值体系，有效践行与深入演绎了总行公司文化核心价值体系的适用情形。比如，有效演绎了总行“先人后事”理念的适用情形，强化练习生成长过程的形式管理，以及强化对各级行员规范的律人管理等。另一方面，积淀着四川中行自身的文化特色，尤其是形成了“对外之旨功不仅在行而须在国；对内之旨人不徒重才而先重德”的对内对外文化宗旨，使全行面貌焕然一新，被总行领导认为是“颇觉渝行进步之速率，自时间与空间之关系比例言之，将与沪行并驾齐驱”（详见后）。

3. 抗日战争及以后时期川中行文化特色

（1）抗日战争时期川中行文化特色。主要包括：高超理想、百折不回、摩顶放踵、焦唇敝舌之农贷精神；“寇机狂炸渝市，拿工作答复轰炸”的职务报国精神；农贷员工“高、洁、坚”品德的感人事例以及“必成的信念、公事当私事去办、到处学习、造成共同意志”的办事风格；农贷不“农”而靠“科”和农贷不“农”而靠“研”的科学调研精神；“稽核前置”的控险理念与机制（详见第四章）。

（2）抗战以后时期川中行文化特色。主要包括：砾砺廉隅，守理自治，注重义利之川行品德精神；全行安乐，小家快乐，相互推进之家行一体精神，以及充满着一种宛如隔世的无助、清高、孤傲、自慰的文化氛围，人们深浸在过去的回忆之中，聊慰于孤芳自赏之雅兴时（详见第四章）。

第二节　中行文化主导者与文化兴起的主观条件

毋庸置疑，一个公司文化的兴起，除了客观条件外，还必须有文化兴起的主观条件——文化主导者的有力推行。文化主导者是文化选择的力导者，文化共识的教化者，文化实践的推动者，还是一个善于总结、感悟、创新自己的管理思想并将其思想有效推销出去的人。如果把民国时期中行视为一个企业或公司，那么中行文化就是中行首席执行官文化，而四川中行文化的形成则是按隶属性关系，在中行文化框架下的一种贯彻与演绎的形式而已。据《行史》有关中国银行总经理张嘉璈生平和他伴随中行创业过程的成长经历，可以看出他作为中行文化主导者的厚积薄发之过程。

一、文化主导者素养及经济宏愿

张嘉璈，字公权，江苏宝山人（今属上海）。1889 年 11 月生。1905 年考取秀才。进京入北京高等工业学堂。1906 年留学日本东京庆应大学，师从堀江归一，攻读货币银行学和政治经济学。1909 年，因意外事件家道中落，留学费用中断，提前一年回国。在他入职中国银行之前，先在北京帮助《国民公报》翻译路透社电讯，后任邮传部《交通官报》总编。辛亥革命后，任浙江都督府秘书。1913 年 4 月经梁启超推荐任参议院秘书长。1913 年 12 月，张嘉璈进中国银行任上海分行副经理（副行长）。1917 年 7 月，张嘉璈被任命为中行副总裁。1928 年中国银行奉命改为特许国际汇兑银行，张嘉璈当选为常务董事并被推选为总经理。1935 年 4 月，中国银行再次增加官股并改组，张嘉璈被迫辞职。7 月张嘉璈被调任中央银行副总裁，10 月兼中央信托局局长，12 月任铁道部部长。1938 年初铁道部与交通部合并为交通部，张任交通部长。1943 年 1 月辞交通部部长，9 月以政府经济顾问名义，赴美考察。1945 年 9 月任国民政府军事委员会委员长行营东北经济委员会主任委员兼中长铁路理事长。1947 年 3 月任中央银行总裁，1948 年 5 月辞职。1949 年 4 月去港，后去澳大利亚。1953 年 9 月赴美讲学和从事研究工作。1979 年 10 月病逝于美国。新中国成立后仍为中国银行董事，直到去世。

（一）新思维旧涵养相结合

张嘉璈的才学和为人有其家族的根基。他出生在上海宝山县的一个大家族。祖父是晚清时代的县官，父亲是当地有名的医生，家里拥有很多地产和文物收藏。

旧式大家族的规矩很多，但非常重视教育。老太爷对子女们礼节上的规范要求极严，但在学业上却非常开通，既请了家庭教师，常年教孩子们读古书，也主张读“新学”，所以张嘉璈在 10 岁以前读私塾，以后又进江南制造局的广方言馆学外语。他既考取过秀才，也读过北京高等工业学堂，1906 年赴日本留学，在东京庆应大学攻读经济学，为他进入金融界打下了基础。另外，张嘉璈的兄妹共 12 人（八男四女），个个自知发奋，居然有一半成了上海滩乃至现代中国的知名人士。其中他的二妹张嘉玢，即张幼仪，既是中国第一家女子银行——中国女子商业储蓄银行的副总裁，也是南京路上著名的云裳服装店的老板，还是徐志摩的第一位妻子，以贤惠和忠厚闻名。①

从张嘉璈的家庭背景和生平简历可以看出，他可谓是学贯中西和“精研财政经济”，集新思与旧养于一身。尽管在中国旧的涵养中，素有民本主义思想，但却没有近现代公司人事管理和文化培育所必需的人本主义思想，因此，要成为中国本土公司的一代文化主导者既要有中国式旧的涵养，还需有近代企业管理的新的精神。新的精神是造就人本主义企业文化的基础条件，旧的涵养则可以避免新的精神在本土公司落地时的水土不服。而对新思旧养之有效结合，也正是张嘉璈对员工培育的一贯要求，亦即“保持旧道德，培养新精神，用旧的识见贯彻新的精神，以旧驭新，而加以‘整个化’，成为中国银行理想中的行员”②。正因为他新精神和旧涵养之结合，便形成了“中国银行以一种开明家长式的思想模式重建其公司文化”③ 的文化建构模式。“开明”代表新的精神，“家长式”则含有旧的涵养。

（二）素抱发展经济之宏愿

中行公司文化的形成最终被归结为一种商业银行的公司文化，张嘉璈“精研财政经济”和“不宜于政治活动”的特点，是使他能够正确选择与建构中行公司文化的素质前提；而他“素抱发展国民经济之宏愿”的特点，则成为其积极倡导文化，反复传播文化，系统推进全行文化共识的主观内在动力。张嘉璈“不宜于政治活动”的个性，还可从他的同事的有关评述中得到证实：（1）1934 年三四月间，中行总管理处总秘书兼人事室主任戴志骞在闽粤演讲录中说：“总经理是以身作则的，从前政府曾几度要总经理就财长，总经理总是予以拒绝。盖他全副精神和事业，整个的寄托在本行。”（2）1932 年 8 月 7 日，中行鲁行（青岛）经理王祖训在鲁行练习生谒师典礼训词中曾说：“诸君试看张总经理，自民六升任副总裁，迄今已十五年，其间南北政府，屡次请他做财政次长或财政部长，他总是婉言谢绝。到如今他还是穷得一文不名；因为他平素对于名利，看得淡薄极了，时时刻刻总是对于行的方面着想，要想银行办好。”

综上，中行文化兴起主观条件之一就是文化主导者的素质起点：张嘉璈具有新精神和旧涵养，且不宜于政治活动，而素抱发展经济之宏愿。

---

① 宝山区地名网：张嘉璈.

② 一个青年行员应具之性格——在万处演讲. 张公权.《中行生活》第二十九期. 1934 年 8 月 1 日.

③ 刘平. 沉浸在“川普”的语境中——张嘉璈 1934 年四川之行的三种叙事. 360DOC 个人图书馆.

二、文化主导者之厚积薄发初期

1913 年 9 月，汤睿被任命为中国银行总裁，他对于中行组织与业务，颇思加以整顿推广。汤知张嘉璈精研财政经济，对于现代各国银行制度时加考察，颇具心得，早有延致之意。适上海分行经理项馨（兰生）调升副总裁，副经理宋汉章坐升经理，因邀张嘉璈担任副经理职务。张嘉璈对此自述云：

汤先生邀我加入中国银行，希望我能运用新的学识与技术，将上海分行营业及管理加以改进，使之日趋现代化。不独可以为其他分行树立模范，且足以与列强在上海所设资力雄厚、历史悠久之银行相竞争。我本人亦以个性不宜于政治活动，而对于发展国民经济，则素抱宏愿。故欣然接受，于岁底赴沪就职。①

由此，张嘉璈于 1913 年 12 月入职中行，始任上海分行副经理，至 1917 年 7 月，张嘉璈任中行上海分行副经理三年半多，这是他作为中行文化主导者的“厚积薄发”之历练初期。而中行汤睿总裁希望张能运用新的学识与技术，将上海分行营业及管理加以改进，使之日趋现代化，为其他分行树立模范，且足以与列强在上海所设资力雄厚、历史悠久之银行相竞争——这作为张嘉璈入职中行的初心，一直勉励着他，直到 1935 年 3 月离开中行。他在行 23 年，几于年年在奋斗中过生活，为他历史地获得和有效选择中行文化提供了坚实之来源。

（一）学习前辈、熟悉业务、改进管理

根据张嘉璈 1914 年 1 月的自述可以看出，他入职中行以后，善于请教前人以提升能力、善于发现与学习前辈长处、熟悉业务与思考改进之处、观察管理并力促创新管理。

1. 善于请教前人以提升能力

我加入上海分行时，宋汉章任经理，胡稑芗任营业主任。宋经理曾服务上海电报局，及外人管理之中国海关。嗣转入外人充任总经理之通商银行任职。于欧美企业管理方法，耳习目染，不无体验。胡主任曾任上海钱庄经理，于钱业历史，各庄号内容，及其营业手续，颇为熟习。公暇与之谈论市面情况，增加不少知识。

这里“公暇与之谈论市面情况，增加知识不少”，即指张嘉璈一有空闲时间，就主动向宋经理和胡主任请教市面情况，从而增加不少知识。

2. 善于发现与学习前辈长处

宋经理则静默寡言，鲜获机会闻其实际经验。惟朝夕相处，得益亦多。他的美

---

① 姚崧龄. 张公权先生年谱初稿（上、下册）[M]. 第 14 页. 北京：社会科学文献出版社. 2014. 10.

德可以概括如下：（一）自奉俭朴，不嫖不赌；（二）操作勤劳，晨九时到行，晚八九时一切账务结清后，方始离行；（三）办事认真，每一笔生意必一再衡量利害，而后决定应否承做；（四）爱惜公物，处处为银行节省，决不滥用分文；（五）公私分明，无论零星开支与业务往来，决无假公济私情事。

这即是说，宋汉章经理平时静默寡言，张嘉璈很难有机会听到宋经理讲出他的实际工作经验，因此张嘉璈就通过与宋汉章的朝夕相处过程，发现了宋经理的五大美德，以此策励与提升自己。换言之，作为近代银行的文化主导者，其首要素质就在于能够发现他人长处来完善自我。

3. 熟悉业务与思考改进之处

我毕业庆应大学银行理财专科，于欧美日本金融组织、银行原理，虽极了解，惟求明了实际银行业务，尝于分内职务处理完毕之后，辄检阅前大清银行所存旧档，及过去两年间上海分行与总行及联行往来函牍。复向各部主管人员详询处理职务经验，记入手册，以与所知欧美日本银行一般实施相比较，借资改进。

在这里，所谓熟悉业务，指张嘉璈为熟悉银行业务，在自己分内工作完成之后，就查阅前大清银行所存旧档，及过去两年间上海分行与总行及联行往来函件，再向各部主管人员详询如何处理的职务经验，并记入他的工作手册备用。所谓思考改进，指张嘉璈将各部主管人员告诉他的中行过去的做法，与自己所知道的欧美日本银行一般做法加以比较，从而找到改进的思路或方法。

4. 观察管理并力促创新管理

在张嘉璈1914年1月的自述中还可看到，当他观察到上海分行原有之优良风尚，就以身作则表率同人；与此同时，又力促现代化之措施的实现，即：

行方原有之优良风尚，如崇尚节约，慎重开支，公私分明，操守谨饬，负责守时，非将当日应办公事办毕，不得离行等，我除以身作则，力予助长，表率同人外，而于采用西式簿记，注意对顾客服务，加强人事管理，擢用才俊之士等，凡足以促进行务日趋现代化之措施，靡不竭力推动，使其实现。①

（二）拒绝北洋政府停兑令与维护信誉

如前所述，1916年袁世凯热衷于当皇帝，不仅耗尽了国库，甚至把中国、交通两行的发行准备挪作私用，在1916年5月12日发布了震惊全国的中、交两行兑换券停止兑现和存款停止付现的命令，使中国银行信用大减，元气大伤。幸赖以宋汉章为经理、张嘉璈为副经理的中行上海分行毅然抗拒乱命，才使停兑令的严重影响

① 姚崧龄．张公权先生年谱初稿（上、下册）[M]．第100页．北京：社会科学文献出版社．2014.10.

减小到最低程度。从此之后，中国银行信誉卓著，存款大增，迎来了中行“创立社会信用时期”。

三、文化主导者之厚积薄发中期

1917 年 7 月，梁启超任财政总长，王克敏被任命为中行总裁，张嘉璈被任命为中行副总裁，至 1928 年 11 月张嘉璈升任总经理时为止，他任中行副总裁 11 年，这是他作为中行文化主导者的厚积薄发的历练中期。

（一）修改中行则例以使久于其位

张嘉璈升任后第一件大事就是着手修改中行则例。根据《行史》第二篇小节记述：张嘉璈认为，中国银行与政府的关系过去过于密切，几同部属，应该稍稍分离。他升任副总裁后的第一件大事就是紧抓这个要害，利用有利时机，着手修改则例，把总裁、副总裁的产生，由政府随意任命，改为必须由董事会选举产生。因为不这样，中行的负责人就不能久于其位，就摆脱不了政治的影响和政府的控制。在修改则例后，中国银行就进一步利用欧战即将结束，民族金融资本迅猛发展的大好机会，加紧了招收商股的工作。中行股本的日益商股化正是摆脱政府从人事权上控制中行的根本之道。只要新则例不被推翻，总裁、副总裁人选就操在商股手中。事实证明，从 1923 年到北洋政府垮台时止，商股一直占有股本总额 99.75%的高比例，从而使张嘉璈一直稳居副总裁之职，并使江浙资产阶级在 1935 年前一直掌握着中国银行实权。

（二）在人事及业务改革中的作用

张嘉璈任中行副总裁时期，还在中行的机构和人事改革、代理国库、协助政府办理公债事物、发行货币，包括回收地方兑换券等方面起到重要影响作用，并在成立中行业务委员会、大力发展存放汇等一般银行业务，包括办理外汇业务等方面也起到重要影响作用。比如，他说：“在我任中行副总裁后，以迄中行改组之前，对于人事之改良，仅做到一点，即逐步将老朽及在行兼营私业者，淘汰殆尽。”① 再如，张嘉璈升任副总裁后首次提出整理公债，维护债信。这些都为他成为中行公司文化主导者的厚积薄发之历练过程。

四、文化主导者之厚积薄发盛期

1928 年中国银行奉命改为特许国际汇兑银行时，张嘉璈已经历了三年半中行上

---

① 姚崧龄. 张公权先生年谱初稿（上、下册）[M]. 第 100 页. 北京：社会科学文献出版社. 2014.10.

海分行副经理和11年中行副总裁的职业生涯，从1928年11月起，张嘉璈被推选为中行总经理，在任共计六年半，这是他文化素养厚积后薄发之过程，也是他真正成为中行文化主导者的辉煌阶段。

由于企业（公司）文化在一定意义上是企业家（或公司CEO）文化，直到1928年11月，张嘉璈才真正属于那个时代社会群体中拥有一套独特的价值观体系、思维模式和行为方式的一个特殊阶层，其文化主张、文化思想、文化素养都会成为中行公司文化的重要元素，其价值观决定着中行文化基调，并影响着中行公司文化的塑造和中行事业的发展。

张嘉璈经过入职中行十四年半的“厚积”过程，在其升任中行总经理后“薄发”出系列的治理中行与文化培育的重大措施，这里仅列出重大措施的标题：

第一，实施战略转型，建构公司文化。

1. 确立中行新时期之组织使命与愿景；

2. 提出行员职务训练与精神修养理念；

3. 倡导培育公司内部无形“团体精神”。

第二，推行六大改革，深化人事训练。

1. 推出六项改革，中行全面转型；

2. 深化人事训练，提出落实措施。

第三，形成文化体系，长于文化布道。

1. 张嘉璈文化价值思想体系概括；

2. 张嘉璈文化价值思想峰值窥视。

事实证明，在1928至1935年的六七年中，中行总经理张嘉璈在“根本改组时期”，为把中国银行办成一个近代化、国际化的大银行，积极进行了全面、系统的改革，各项业务都居全国金融业的首位，且进入了国际金融市场，为中国金融界的近代化开创了范例，在国际上也享有很高的声誉。中行在“根本改组时期”的存在和发展，是与张嘉璈在中行时期的卓越贡献分不开的，从深层次讲，这更是与张嘉璈对中行公司文化的大力倡导与努力推行紧密相关的。

第三节　中行及四川分行文化形成的重要标志

关于中行公司文化形成的重要标志，我们可以从1933年1月，张嘉璈视察宁波中行的讲话——一段形象比喻的阶段性总结[1]中看出。从史学角度看，这段形象比喻的阶段性总结，既可看作是中行自 1912 年成立以来的经营管理历程的划分依据，也可视为中行公司文化培育历程的划分。

第一，中行创业发展与文化形成历程：定屋基与立屋柱

鄙人在北平时，前后十三年，先则确定中国银行条例，招商股，奠定本行的基石；继则整理京钞，及整理曾经停兑的各行；次则扩展各重要的分行。好比造房屋一样，这十余年，就是忙于定屋基、立屋柱。

这就是说，1912 年至 1928 年的北洋政府时期，在中行商业银行演变过程中，是中行担任中央职务时期、创立社会信用时期和递嬗商业银行时期。“鄙人在北平时，前后十三年”是指，张嘉璈于 1917 年 7 月被任命为中行副总裁而进京履职，到 1928 年 11 月中行总管理处由北京迁至上海和张升任中行总经理为止，前后时间约为 13 年。张嘉璈认为，在此时期做了几件大事：一是确定中国银行条例，招商股，这好比奠定本行的基石。二是整理京钞，以及整理曾经停兑的各行，即指 1916 年 5 月 12 日北洋政府发布了震惊全国的中、交两行兑换券停止兑现和存款停止付现的命令，使中国银行信用大减，元气大伤，由此引起的京钞问题困扰中行达 10 年之久。因此整理京钞，以及整理曾经停兑的各行（即整理除上海分行抗拒兑现令以外的各分支行的发行货币信用问题）；三是扩展各重要的分行。他将这些创业活动比喻为“好比造房屋一样，就是忙于定屋基、立屋柱”。而“定屋基、立屋柱”与中行文化形成的对应关系是：1912 年至 1928 年期间，张嘉璈任中行上海分行副经理三年半和任中行副总裁 11 年，这是他作为中行公司文化主导者厚积薄发的历练过程。

第二，中行创业发展与文化形成历程：建筑第一层时形势变化

恰是曾费了十余年心血，正在慢慢建筑第一层的时候，国民政府成立（注：1927 年 4 月 18 日蒋介石背叛革命后在南京成立国民革命政府），中央银行出现（注：1928 年中央银行成立），我们打的房屋图样，不能不完全修改。但已成的图样，要随便变更，谈何容易？

这就是说，到了 1927 年，中行在费了十余年心血，正在慢慢建筑第一层的时候，国民政府成立；1928 年 10 月 5 日，国民政府中央银行成立；同年 10 月 26 日，中行由南京临时政府和北洋政府的中央银行，改组为国民政府特许国际汇兑银行。这时，中行原来打造的与中央银行地位相适应的房屋图样，就不能不完全修改。在此背景下，1928 年 11 月 19 日，中国银行董事、监察人举行联席会议互推张嘉璈为

---

① 张公权．如何使各地的行员成为整个的中国银行行员．《中行生活》第十期．1933 年 2 月 15 日．

总经理，李铭则由财政部指派为董事长。因此，张嘉璈主持中行事务以后，认为“已成的图样，要随便变更，谈何容易?”其意指需要调研与借鉴后，才能设计中行的新图样。

第三，中行创业发展与文化形成历程：研究建造中行的新图样

所以到国外一行，研究建造中国银行的新图样。回国以后，即从事于此。回国后的第一年，好像做打图样的工作。

这是指，为适应中行由北洋政府的中央银行改组为民国政府的特许国际汇兑银行的新形势，确立新的发展战略，张嘉璈于1929年5月27日—1930年3月15日历时10个月，先后到苏联、荷兰、比利时、法国、英国、瑞士、意大利、奥地利、捷克、波兰、美国、加拿大、日本考察各国金融制度与银行最新组织之管理，为“研究建造中国银行的新图样”作充分调研。据《姚崧龄论述张嘉璈的改革办法》记述，张嘉璈出国时其心目中亟欲研究之问题为：（一）如何改善上层管理机构；（二）如何建立一个足以与欧美银行抗衡之国外汇兑部；（三）如何改革会计制度，俾能增加对于顾客之服务效率，以及对分支行之业务控制；（四）如何建立健全人事制度，俾能一面提高行员品质，一面使各人安心服务；（五）如何改良调查研究工作，俾能提高业务人员之国内外经济知识，以及将国内外经济大势与本行业务进展，报告于股东及顾客。

此外，所谓回国后的第一年，即指张嘉璈1930年3月回国后至当年年底，一直从事打图样的工作——研究打造中行业务发展战略和公司文化建设的新图样。

第四，中行创业发展与文化形成历程：再建中行房屋的第一层

前、去二年（注：1931年至1932年），就像造第一层一样。

这相似于张嘉璈从1931年1月1日起，推出了新的发展战略框架下的六大项全面改革措施（其中包括文化变革系列措施），以及在1932年继续完善中行经营方针和文化建构等工作（详见后）。

第五，中行创业发展与文化形成历程：建造中行房屋的第二三层

今后（注：1933年起）我们可以慢慢地修造第二层、第三层了。

即是指从1933年起，张嘉璈在出国调研、研究战略转型与文化培育新图样、推出全面改革措施以后，将中行各项工作导入新常态所做出的各种努力。

综上可知，张嘉璈治理中行的“研究建造中国银行新图样、回国后第一年打图样”、“回国后二三年修造第一层”、“今后可以修造第二三层了”等，也就相当于张嘉璈在中行商业银行演变过程的根本改组时期所做的主要改革工作。从历史后评价角度讲，张嘉璈在任中行总经理六年半期间，既抓紧事关全行改革与发展的大事，

又抓好事关行员职务训练与精神修养的大事。因此，在中行张嘉璈主持时期，中行战略转变和文化形成的几个重要标志大致如下：

一、设计中行新图样：战略转型，文化建构（1928.11—1930.12）

所谓研究设计中行战略转变与文化建构的新图样，就是指公司领导人在完成对战略转变和文化建构的系统思考基础上，确立起本行领导性价值理念的过程。根据史料可知，张嘉璈对研究中行战略转变与文化建构的新图样是极其慎重的，他从1928年11月至1930年12月前后花了两年多时间（包括历时10个月出国考察），对中行战略转变与文化选择进行系统调研和全面设计。概括地讲，张嘉璈所研究设计的战略转变与文化建构的新图样，内含三大方面内容：

（一）确立中行新时期之组织使命与愿景

企业文化理论认为，公司文化核心价值体系一般由公司使命与愿景、实现使命与愿景的基本价值观（如经营管理理念）、实现使命与愿景的行为准则（如法人伦理、员工道德等）、实现使命与愿景的系统做事风格、公司英雄人物等元素组成。其中，公司使命与愿景本质就是公司经营的终极目的、公司存在的特定角色与社会责任、公司经营管理的哲学定位，也就是公司核心价值体系的价值制高点和终极价值观（终极价值观指一种组织期望存在的终极状态）。

企业战略管理理论认为，企业战略则是关于企业使命和目标的一种模式，以及为达到这些目标所制订的主要政策和计划（安德鲁斯）。所谓确立企业战略目标，就是确立企业终极目标和实现企业终极目标的阶段性经营目标的集合体。

张嘉璈在出任中行总经理后，面对中行从国家中央银行转型为国际汇兑银行的新形势，在转变中行经营战略时，也必须首先面对中行组织使命的重新界定问题。据史料可知，他对中行新时期组织使命的选择定位有两个重点：第一，报国使命：国民经济，枢纽自任；服务大众，增强国力。第二，立行使命：积极成功，三者同乐，互相推进，同为模范（详见后）。由此可见，如果说公司文化建构是以宣布组织正式使命而开始，那么到1930年12月，中行则正式提出了本行组织文化之两大使命，从而构建起了公司文化的基因，在此之后，中行公司文化的核心价值体系也在事实上陆续形成。

（二）提出行员职务训练与精神修养理念

1930年4月16日，张嘉璈在出国考察观感的即席演说词中，除了提出“今后方针系扶助国外贸易，以达到扶助生产、改良人民生活为目的”① 的战略改革理念外，同时还提出了类似于今天组织文化建设的培育理念，其主旨为：第一，三者育人：理情力三者训练并进以确保训练效果。第二，四者激励：衣食住行整体计划免除行员训练后顾之忧。第三，两点要求：相互尊重对方的人格，服从规章命令要犹如每日饮食睡眠一般（详见后）。

（三）倡导培育公司内部无形“团体精神”

1930 年 7 月 1 日，张嘉璈为《中行月刊》所撰写的发刊词要点，就是设计中行公司文化建构新图样的重要标志：第一，提出无形之“团体精神”及其意义；第二，创办表现“团体精神”的机关刊物（详见第二章）。

综上所述，如果说确立中行新的组织使命是文化体系终极价值的建构，那么张嘉璈所提出的“三者育人”确保训练效果，“四者激励”免除训练后顾之忧，以及“团体精神”的文化培育理念，则意味着中行公司文化体系的工具价值观建构的开始（工具价值观是指组织偏好的行为方式或实现终极价值的手段）。换言之，实现报国使命和立行使命的终极文化价值，要通过“三者育人”“四者激励”整体推进行员训练，以及培育“团体精神”等工具价值观的指引来达成目的。

二、建造中行第一层：六大改革，深化训练（1931. 1—1932. 12）

1928 年 11 月至 1930 年 12 月期间，张嘉璈在完成了对中行战略转变与文化建构的系统调研和全面设计基础上，按照新的改革理念，从 1931 年 1 月 1 日起，对中行进行了融贯中西的商业银行六大项全面改革。根据他的阶段性划分之比喻，1931 年和 1932 年两年被视为建造中行第一层。

（一）推出六项改革与促进全面转型

据姚崧龄编著的《张公权先生年谱初稿》② 记述，张嘉璈对中行六项全面改革的缘由与经过，曾有过如下的详细自述：

1. 推出中国银行新一轮《会计内规》

上年（十九年八月）英国会计专家尼克尔到行后，由总账室主任刘驷业帮同研究，尼以英国制度，刘以中行旧制度及实际情形，交换意见，订立草案，召集各分行会计主任，征询意见，加以修正，即令各主任返分行试办。三个月后集会讨论试办结果，乃作最后决定。十九年底将全部《会计内规》修订蒇（读作：chān，意指

① 姚崧龄. 张公权先生年谱初稿（上、下册）[M]. 第 92 页. 北京：社会科学文献出版社. 2014.10.

② 姚崧龄. 张公权先生年谱初稿（上、下册）[M]. 第 98—100 页. 北京：社会科学文献出版社. 2014.10.

完成、解决，下同）事公布，于本年一月一日起，总分行一律实行。嗣后中央、交通及商业银行，均相率采用。

2. **重新调整中行总管理处内部组织**

由欧美考察完毕返国后，即根据调查所得，参照各国银行最新组织，并顾及本行今后发展目标，于总管理处设：(1) 业务管理室，(2) 总账室，(3) 人事室，(4) 检查室，(5) 经济研究室，(6) 秘书室六个管理单位；及国外部与信托部两个营业单位。业务管理室置总稽核一人，下置分区稽核，按照划分之区域，分别稽核各区业务。秘书室置总秘书一人，下置秘书，并设总务、券务、股务、建筑四课，各置课长。其余各室，各置主任。国外部与信托部与分行并列，各设经理。

3. **积极着手扩充中行国际汇兑业务**

中行改组为国际汇兑银行后，业务之对手方，或为国外之大银行，或为国外之大商家，必须使一切交易手续，合乎欧美通行之实施与程式。由德国延聘之汇兑专家罗德瓦尔德于去年（注：1930 年）三月抵华后，即与上海分行经理贝祖诒、总处专员陈长桐，计议设置国外部。所有该部管理章则、业务手续，均由罗氏分别编订，分为业务、账务两门。账务部分，成为《会计内规》之补充条文。业务部分包括国外汇兑业务，及有关票据格式与应用手续等项。当即召集各分行办理外汇人员到总行受训实习。已于上年（注：1930 年）十一月成立之国外部，由上海分行经理兼任经理。

4. **推进经济研究工作与成立经济研究室**

设立经济研究室为总管理处改组方案之重要项目。除由伦敦延致之格雷来行主持研究工作外，并佐以瑞士白恩大学经济学博士张肖梅女士，及美国克拉克大学硕士张嘉铸。一面搜购必要图书杂志，一面录用助理人员，加以训练。发行定期刊物《中行月刊》公布研究所得。嗣复发行《中国重要银行业务概况》、《中国银行年鉴》、《中国对外贸易研究》，及各种主要农产品调查专刊。研究目的，着重于一事一物之详细调查，以期有裨于银行业务之实施。

5. **建立人事制度与成立人事室**

今欲求中国银行在国际上占一地位，在国内为民众与国家服务，其最要关键在于人事。故人事刷新，实为中国银行革新之最大目标。着手方法：(一) 改订行员薪俸，养老退休，及一切待遇规则。(二) 建筑总行各部主管人员住宅，及行员宿舍。分支行亦令斟酌当地情形，陆续仿行。务使各级行员生活安定。(三) 规定每年考选国内大学及中学毕业生办法，使每年有新血液注入。

6. **注意行员职务训练与精神修养**

训练方法为：使新行员与旧有经验者“同化”，而保存其新精神，使其物质生活安定，而提高其精神修养。前者利用聚餐会。每星期五晚，由中上级新旧干部一律参加聚餐，旧同事讲其旧经验，新同事报告其在工作时，如何利用新知识，互相交换意见，使新旧融合一炉。组织新生活俱乐部，备有公共食堂，图书室等，邀请行外名人演讲，发行《中行生活》，传达行员动态，登载行员意见；组织旅行团，参观工厂及名胜，目的在提高生活兴趣，增进工作效率。

总而言之，张嘉璈试图通过“以上六端，要为献岁更始，导致中行步入崭新阶段之重要措施”。在推出六大项全面改革后，将新的使命下中行新的经营方针确定为：由发行银行递变为存款银行；由政府机关业务转向民营企业业务；由一般工商业关系集中于与国际贸易有关的工商业；力图与社会工商界接近，使国际汇兑银行的名实相符。1932 年 3 月底，张嘉璈对中行业务方针再次修改为：努力吸收侨汇；提倡国货工业，减少洋货进口；改进农业生产，减少外国农产输入，增加国内农产输出；改进铁路交通，农产运输，不特使本国各地有无相通，且减轻农产运费，亦即所以降低出口农产成本，提高利润。落实这些经营方针全部措施的核心理念为：改善服务，注重信用，巩固行本，开拓业务（见《行史》）。

（二）六项全面改革的主要价值特征

综上，张嘉璈任职中行总经理后，经过长达两年的系统思考和精心设计，推出了六项全面改革，以促使中行经营管理全面转型。从《行史资料》（第 2518—2540 页）所汇编《姚崧龄论述张嘉璈的改革办法》中，不难看出在六项全面改革背后的价值特征，以及张嘉璈对公司文化建设的独到见解。

1. **以革新精神与创造能力谋求本行业务之进展**

中行的六项全面改革充分体现了“以革新精神谋本行业务之进展；以创造能力图一切事物之改善”的文化价值精神。以中行会计管理工作的持续改革为例，中国银行业开始兴起时，各银行大多沿用钱庄的旧式簿记，订本账簿，毛笔书写，上收下付，效率较低，不能及时反映经营情况和问题，对于规模大、分支机构多的中国银行显然是不相适应的。姚崧龄在论述张嘉璈的改革办法中，对其在 1931 年 1 月 1 日所推出的中国银行新一轮《会计内规》的缘由经过进行了以下说明：

银行业务，关系银钱出纳，手续烦琐。对外由营业与出纳两部分司各别之任务，而内部之联系工作，则由会计部分居间处理。如此则内部主要之牵制功能可以完成。业务方面之记录，有赖会计之分析整理，出纳专司款项之收付，更需会计之审核证实。此乃银行三权分立之基本精神，而中国银行早在成立之初，已能深切体认会计功能，对于银行业务之重要。故即首先仿照日本银行制度，采用复式簿记。顾当时会计专门人才缺乏，若干内地分支机构，仍有使用上收下付之旧式账簿以资记录者。

民国二年（1913）四月，总管理处成立，设计算局，主管全行会计事宜，录用留学日本，及国内财务商业专门学校毕业生，担任会计工作。曾编制简单之会计科目，及记账手续，分发各分行号遵照办理。

民国三年（1914）十二月，复由总管理处规订“各分行号填寄表报，及代理金库经费摊提办法”，通饬各分行号照办。

民国七年（1918）十二月，再由总管理处修订“中国银行会计规则”520条，定于民国八年（1919）二月一日实行。嗣复订立“中国银行发行记账规则”105条，定于民国九年（1920）一月一日实行。当时所用日记账簿，总分户账簿，补助账簿，均系合订本，尺寸宽大、笨重，不便复写，不能分割登记。交易须先制传票以凭入账。传票以现金收付为主，转账传票为辅。传票既凭原始证据缮制，抄写费时，难免错误。以现金收付为记账根据，不易表示整个资负实况。传票既须俟每日营业终了，始克汇送会计按照科目核计整理，分别记入专册，尤费时间。补助账簿亦嫌重复……

民国三年（1914）八月，总管理处撤销计算局，改设总司账。彼时分支行之“联行往来”，及“汇款”账目，均须逐笔抄报总司账核对，登记、销账或追查“未达账”。因之总司账属下需用人手颇多。同时内战频仍，邮递报单，时感迟缓，且有遗失，致“未达账”数目不免庞大，使决算延迟，且影响其正确性。处理外币，尤须通过“兑换账”逐笔折成本位币记账。因之外汇种类，及各类之实际存欠余额，往往不易一目了然。

张氏深感会计制度之改进，必须达到三大目的：（一）对于顾客服务，不因会计手续而迟延，（二）每日各行账目，可以当日结出，（三）总行可按日得到各分行资负余额，及累积损益数字；等于医院每日根据诊断治疗报告，得之病人之体温及脉搏。于民国十八年（1929）八月底抵达伦敦后，因特访米特兰银行董事长，曾任英国财政部长之麦金纳（Makenna），告以中国银行现行会计制度之缺点，拟向该行借用一会计专家，前来帮同修改。渠慨然应允，派该行副总会计尼克乐君（Nicols）来华。尼氏抵华后，即由总管理处指定总账室主任刘驷业（攻芸）负责与之一同工作。先向其说明现行会计制度内容，业务种类，及总管理处与各分支行之往来情形。俾尼氏得以考虑英国银行会计制度，何者可以适用于中行，何者不宜采用，先有成竹。经过双方详细检讨并交换意见后，乃会同制订一新制度草案，及实施细则。然后由总管理处召集各分行会计主任根据草案，开始讨论，听取各人意见。如有认为不便实行之处，即加修改。先由各大分行试办三个月，然后再召集第二次会议，由各分行会计主任报告试办结果，乃作最后决定。尼氏留华计六个月。民国十九年(1930) 十一月，“中国银行会计内规”修订蒇事，由总管理处公布，定于民国廿年(1931) 一月一日一律实行。新颁内规共计十一章。

由此可见，1913 年 4 月中行设计算局，1914 年 8 月改设总司账，主管会计事宜。总处聘请谢霖甫设计新式会计制度，颁发简单的会计科目及记账手续，分发各分行、号遵照办理。谢氏设计的新式会计制度，基本上参照日本银行的会计模式，采用复式簿记，组织较严密，至 1918 年 12 月修订成《中国银行会计规则》520 条，于 1919 年 1 月 1 日实行。它比旧式账务已有很大进步，当时，全国大部分银行也都参照仿行。尽管如此，为达到“对于顾客服务，不因会计手续而迟延；每日各行账目，可以当日结出；总行可按日得到各分行资负余额，及累积损益数字”等三大目的，新一轮会计改革又于 1930 年 8 月正式启动，至 1930 年底修订蒇事公布，于 1931 年 1 月 1 日起实行。这说明以不断革新来推动业务发展已成为中行的一种文化传统。

2. 人事刷新是中行革新与文化培育之最重要目标

在中行六项全面改革中，建立人事制度与成立人事室之改革，注意行员职务训练与精神修养之改革，以及推进经济研究工作和发行定期刊物《中行月刊》之改革，均包含着浓厚的现代公司文化建设的韵味。据张嘉璈所撰《随笔》，关于中行人事制度改革缘由，曾有如下记载：

在我任中行副总裁后，以迄中行改组之前，对于人事之改良，仅做到一点，即逐步将老朽及在行外兼营私业者，淘汰殆尽。此外并未能作何改进。

今欲求中国银行在国际上占一地位，在国内为民众与国家服务，其最大关键在于人事。故人事刷新，实为中国银行革新之最重要目标。

总之，在人事刷新实为中国银行革新之最重要目标的理念指导下，1931 年 1 月 1 日，张嘉璈对 1930 年 4 月 16 日在出国考察观感即席演说词中的“理情力三者训练并进以确保训练效果，衣食住行整体计划免除行员训练后顾之忧，通过创办《中行月刊》培育公司内部团体精神”的文化主张与设想，均进行了制度与方法上的细化，这与当今企业管理的文化育人措施和目的是极为相似的。

(1) 对“理情力三者并进以提升行员训练效果”理念予以措施细化

训练方法为：使新行员与旧有经验者“同化”，而保存其新精神；细化措施为：①利用聚餐会。每星期五晚，中上级新旧干部一律参加聚餐，旧同事讲其旧经验，新同事报告其在工作时如何利用新知识，互相交换意见，使新旧融合一炉。②组织新生活俱乐部，备有公共食堂、图书室等。③邀请行外名人演讲。④发行《中行生活》，传达行员动态，登载行员意见。⑤组织旅行团，参观工厂及名胜。推出这些细化措施的目的在于提高生活兴趣，增进工作效率。

（2）对“衣食住行四者计划以保障行员训练效果”理念予以措施细化

着手方法为：①改订行员薪俸及一切待遇规则，参考海关、邮政办法，订立养老退休制度。②建筑总行各部主管人员住宅及行员宿舍，使每人有安适之居处。分支行亦令斟酌当地情形，陆续仿行；各分支行未建行员宿舍者，由行方给予房租津贴。③供给行员由宿舍到行址之交通工具。④设立子女小学及补习班。⑤兴办消费合作社，借以减低行员日用开支。推出这些细化制度的目的在于使各人生活安定，无后顾之忧。

（3）规定每年考选国内大学及中学毕业生办法以使每年有新血液注入

每年补充新人，由人事室主任在暑假毕业考试前，分访国内著名大学及中学，登记最优秀之学生。毕业后，约其来行参加考试，分别录用。入行后，参加每周之精神修养讨论会。

（4）设立经济研究室，发行定期刊物

以《中行月刊》公布研究所得，以期增进行员银行经济知识；《中行生活》系一种半月刊，专载行内主管人员与来宾有价值之演讲或谈话、同人生活动态、行员对于行务之具体建议，以及具有建设性之批评。换言之，此一刊物，实为遍布国内外各地二千余行员知识交换之总汇，与情愫沟通之枢纽。对于同人之精神训练，无形中收功甚巨。

综上四点，人事刷新作为中行革新与文化培育之最重要目标，其重要价值作用，正如《姚崧龄论述张嘉璈的改革办法》中评述所言：

基于上项原则，奖惩黜陟，既有规章可循，待遇虽非优厚，但力求合理。工作环境亦比较安定，可望久于其任。且量材器使，人人有各尽所能之机会。滥竽律进，既鲜可能，奔竞钻营，亦属徒劳。故有志之士，恒以能服务中行为乐为荣。张氏脱离中行之后，中行首长迭经易人，而基本干部仍能固守岗位，继续供职。此种以事业为前提之服务风气，殆由张氏所树立。

3．秉持科学态度进行洋为中用与因地制宜的改革

中行六项全面改革，充分体现了秉持科学态度进行“洋为中用”与“因地制宜”的改革之价值特点，据《姚崧龄论述张嘉璈的改革办法》记述：

（1）洋为中用与因地制宜的国外汇兑业务改革

国际汇兑业务之对手方，或为大银行，或为大商家，必须一切交易手续，合乎欧美通行之实施与程式。加以国际债权债务关系，经常涉及国际私法，各国民法、票据法、海商法、保险法，与夫当地之商业习惯。业务人员自须对之充分明瞭，不容稍有迟疑误解。因此张氏出国考察时，亟欲觅一外汇业务专家，协助组织国外汇兑部，并担任训练办理外汇业务人员。惟以其时中国外汇市场，大部操于英国银行之手，故拟延致一欧洲大陆国家之专家，庶可避免利益冲突。张氏抵德后，获晤达姆斯特银行（Darmstadt Bank，德国五大银行之一）总裁，询问该行有无此项可以借用之人。承渠允诺，随即推荐其外汇部副部长罗德瓦尔德君（August Rohder-vald）来华协助。当于民国十九年（1930）十一月三十日，由张氏以总经理名义，正式函聘为中行业务顾问，为期一年，如双方同意，可以延长一年。主要任务为：协助内部改组，成立国外汇兑部门，及指导国际汇兑实施工作。月支薪金计上海纹银 700 两，美金 350 元，及来回旅费。罗氏于民国十九年（1930）三月抵华，即与上海分行经理贝祖诒共同计议，筹设国外汇兑部门，是年十一月，“国外部”正式成立，直隶总管理处，由贝祖诒兼任经理。所有该部管理章则，业务手续，均由罗氏分别拟订，分为业务与账务两大部门。关于业务者计五章，共二十条；关于账务者计十章，共三十条。均极周详切实。

（2）洋为中用与因地制宜的调研改革

过去中国银行总管理处亦尝成立图书室，并曾延揽留日留美之经济学者如马寅初、王澂（文伯）、卫挺生（申甫）、唐林（有壬），从事调查与研究工作。只以当时政府及大学需用专家，各人一经发表著述，即被延揽，咸未能久于其任，难言有何成绩。民国十七年（1928），中行既经改组，乃于十九年（1930），设立经济研究室。为免蹈负责者不能久于其任之复辙，张氏在伦敦时特聘英国银行协会副秘书格雷（F. W. Gray）来华主持研究室工作，并延瑞士白恩大学毕业之张肖梅女士及美国克拉克大学毕业之张嘉铸（禹九）协助。

（3）洋为中用与因地制宜的会计改革

新一轮会计改革，则是通过聘请英国会计专家尼克尔，会同总账室主任刘驷业一道，以英国会计制度为蓝本，结合中行旧会计制度实际情形，草拟出新的会计内规，在征求下级行的意见并令各分行试办的基础上，于 1930 年 11 月集会讨论试办结果并作最后决定，再于 1930 年修订蒇事公布，从 1931 年 1 月 1 日起实行。

三、建造中行二三层：长于布道，魅力感人（1933. 1—1935. 3）

公司文化共识途径，主要源于企业领导者经常性的文化倡导与制度化推进，以及有赖于文化追随者的扩大传播与协助推行，从而形成组织内部上中下一体化的文化认同感。换言之，企业家精英文化和企业员工文化的共识结合体，才可以称作公司文化。在这个过程当中，企业领导人起的作用是关键的。正如海尔前CEO张瑞敏所言，他的角色第一是设计师，在企业发展中如何使组织结构适应企业发展；第二是牧师，不断地布道，使员工接受企业文化，把员工自身价值的体现和企业目标的实现结合起来。而张嘉璈所指的“今后我们可以慢慢地修造第二层、第三层了”，这相似于他“回国后的今年（即1933年及其之后）”所做的系列的公司文化共识性的培育工作。

（一）长于布道的文化价值思想体系窥视

作为公司文化主导者，既应当是一个善于总结、感悟、创新自己的管理思想的领导人，又应当是一个善于将其思想有效推销出去的领导人。张嘉璈作为中行文化主导者，既善于感悟，长于布道；又亲于教诲，魅力感人。

1. 概括张嘉璈文化价值思想体系的史料文献来源

文化的核心部分是历史地获得和选择的传统观念，尤其是它们所带来的价值；企业文化或公司文化的本质就是企业家文化或公司领导人文化。因此，编撰中行及川行公司文化史的关键在于概括出张嘉璈文化价值思想体系及其所带来的价值；而概括其文化价值思想体系的关键则在于梳理与研究他在多种场合的演讲中，以及各篇书面文章中所阐明的核心观点与逻辑思想，进而观察这些思想在中行所产生的反响与效果。经过多方调研，有关张嘉璈文化价值思想体系的史料文献来源，大致包括以下三大方面：

(1)《中行月刊》所刊载的张嘉璈文章主要如下

发刊词，张公权，《中行月刊》第1期，1930年7月（下称“发刊词”）；

银行员的本职——做生意，张公权，《中行月刊》第2期，1930年8月（下称“做生意”一文）；

会计主任的责任，张公权，《中行月刊》第3期，1930年9月（下称“会计主任责任”一文）；

他山之石，张公权，《中行月刊》，第1卷第5期，1930年11月（下称“他山之石”一文）；

新年同乐会开会词，张公权，《中行月刊》第6期，1930年12月（下称“新年同乐会词”）；

指挥与联络，张公权，《中行月刊》第9期，1931年3月（下称“指挥联络”一文）；

中国经济目前之病态及今后治疗，张公权，《中行月刊》第5卷第3期（下称

“杭州年会讲话”）。

（2）《中行生活》所刊载的张嘉璈文章主要如下

一封行员的信——希望编印一种表现全行生活的刊物，《中行生活》第一期，1932 年 5 月 15 日（下称“一封行员信”）；（说明见后）

如何使各地的行员成为整个的中国银行行员，公权，《中行生活》第十期，1933 年 2 月 15 日（下称“宁波讲话”）。

中国银行之基础安在——五月二十一日在汉支行演讲，公权，《中行生活》第十四期，1933 年 6 月 15 日（下称“汉支行讲话”）；

最近日本之经济状况——八月三十日在本行总处五楼演讲，公权，《中行生活》第十八期，1933 年 10 月 1 日（下称“总处五楼演讲”）。

“救国”与“救行”，公权，《中行生活》第二十期，1933 年 11 月 1 日（下称“天津讲话”）；

我们的出路，公权，《中行生活》第二十一期，1933 年 12 月 1 日（下称“蚌埠讲话”）；

吾人应团结精神以坚改进之基础，公权，《中行生活》第二十五期，1932 年 4 月 1 日（下称“第一区务会讲话”）；

内地与上海——四月五日在约大同学学术研究会演词，公权，《中行生活》第二十六期，1934 年 5 月 1 日（下称“约大讲话”）；

怎样去寻找新境地，张公权，《中行生活》第二十七期，1934 年 6 月 1 日（下称“宜昌讲话”）；

五月六日张公权在宜昌办事处讲话，溯江记，《中行生活》第二十九期，1934 年 8 月 1 日（下称“宜昌讲话二”）；

五月五日张公权在沙市办事处（荆处）讲话，溯江记，《中行生活》第二十九期，1934 年 8 月 1 日（下称“沙市讲话”）；

一个青年行员应具之性格——在万处演讲，张公权演讲，桂金笔录，《中行生活》第二十九期，1934 年 8 月 1 日（下称“万县讲话”）；

五月八日张公权在万县办事处讲话，溯江记，《中行生活》第二十九期，1934 年 8 月 1 日（下称“万县讲话二”）；

以创造能力打破环境——在内处演讲，张公权演讲，周仲眉、郑晓溪、萧冠堃笔录，《中行生活》第二十九期，1934 年 8 月 1 日（下称“内江讲话”）；

存款行的职责——在成支行演讲，张公权演讲，黄星樵、温承兆笔录，《中行生活》第二十九期，1934 年 8 月 1 日（下称“成都讲话”）；

我人本身之能力是否足敷本行今日之需要——在定处演讲，张公权演讲，周仲眉笔录，《中行生活》第二十九期，1934 年 8 月 1 日（下称“乐山讲话”）；

吾们应以人格与能力为竞争的工具——在叙处演讲，张公权演讲，周仲眉笔录，《中行生活》第二十九期，1934 年 8 月 1 日（下称“宜宾讲话”）；

如何使我行成为“最进步最稳固之银行”——在渝行演讲，张公权演讲，周仲眉、赵循伯、熊沅笔录，《中行生活》第二十九期，1934 年 8 月 1 日（下称“重庆分行讲话”）。

银行界的责任应以商业道德改良政治——在重庆一园公宴演讲，张公权演讲，青年会速记，《中行生活》第二十九期，1934 年 8 月 1 日（下称“重庆一园讲话”）；

提高智识才能挣扎图存——在汉支行演讲，张公权演讲，仰之笔录，《中行生活》第二十九期，1934 年 8 月 1 日（下称“汉支行讲话二”）；

川行感想之种种——六月十五日在九十四号演讲，张公权，《中行生活》第二十九期，1934 年 8 月 1 日（下称“九十四号演讲”）；

吾人应如何努力以副社会之期望——在宁行新屋落成典礼演讲，公权，《中行生活》第三十期，1934 年 9 月 1 日（下称“南京讲话”）；

银行员的新生活，公权，《中行生活》第三十一期，1934 年 10 月 1 日（下称“新生活书序”）；

本行对于辅助复兴农村之愿望——二十四年二月二十日在农村合作会议席上，公权，《中行生活》第三十六期，1935 年 3 月 1 日（下称“农村合作会讲话”）；

二十四年二月二十二日张公权在上海国际饭店宴会席上演讲，记者，《中行生活》第三十六期，1935 年 3 月 1 日（下称“国际饭店讲话”）。

(3)《张公权先生年谱初稿》所刊载的张嘉璈文章主要如下

1913 年 12 月底及 1914 年 1 月，张嘉璈入职中行上海分行的自述；

1916 年 5 月，张嘉璈关于抗拒北洋政府停兑令过程的自述；

1917 年 5 月，张嘉璈关于担任中行副总裁，北上履新的自述；

1928 年 11 月，张嘉璈关于担任中行总裁的自述；

1930 年 4 月 16 日，中国银行总管理处暨上海分行同人在银行公会设宴欢迎张先生返国，张嘉璈对出国考察观感的即席演说词；

1930 年 5 月 10 日，中国银行召集股东总会于上海，张嘉璈以总经理名义提出翔实书面报告；

1930 年 7 月 1 日，张嘉璈为《中行月刊》撰发刊词；

1930 年 8 月 1 日，张嘉璈撰《银行员的本职——做生意》；

1930年8月底，张嘉璈对分行会计主任演讲《会计主任的本职》；

1930年10月初，张嘉璈发表《他山之石》一文，刊载《中行月刊》；

1931年1月2日，张嘉璈在中国银行同人新年同乐会致开会辞；

1931年2月1日，张嘉璈发表《指挥与联络》一文，刊载《中行月刊》；

1931年5月16日，中国银行举行股东常会于上海银行公会，公布民国十九年度营业报告，张嘉璈先生以总经理名义在营业报告引言中文字记述。

2. 张嘉璈四川行的商业银行文化思想之峰值窥视

著名企业文化学家埃德加·H. 沙因认为："领导的最重要的才能就是影响文化的能力。"① 从所掌握的众多史料综合来看，张嘉璈在建造中行二三层时——即在促进员工文化共识与文化践行阶段，他既著述又演讲，思维活跃，新思想频频产生。

现仅以张嘉璈一行6人赴四川详察行务的史实为例予以说明。1934年4月28日他们从上海出发，至6月11日返回上海，连同上海与宜昌往返时间，前后共计45天。其中在川31天，共行6469里；行程路线为：先至万县、重庆，继至内江、自流井，而至成都；由成都而嘉定、叙府、泸州，折至重庆，又至北碚。6月初，离重庆返上海。在此期间，张嘉璈每到一处均详察行务，处处发表演讲。而且，他把自身详察行务的关注重点放在人事方面，即"鄙人所注意者，在人事方面"②。他这次考察在当时引起了社会较大反响，中行总管理处所编内部刊物《中行生活》为此专门编印了一期"川行专号"（1934年8月号），对其一路的行程和部分谈话予以专载。他此行先后有8次演讲和1个总结性感想，大都是关于人事训练与文化培育的演讲，有人评价张嘉璈此举是中国银行以一种开明家长式的思想模式重建其公司文化。

（1）张嘉璈一行入川前有两次讲话

1934年5月5日，他在沙市训话大意是：切戒自大与自满的"银行习气"。

在内地之分支行，最易染银行之习气；而银行员最犯忌者，又莫甚于银行习气。所谓银行习气，不外自大与自满。非阔人、大主顾不应酬，非上门生意不照（招）呼；行长深居简出，行员趾高气扬，谓之自大。只知每日例行事务，不知研究新业务；只知保守固有生意，不知创造新生意；只知当地一市之内，不知眼见四乡附近；只知敷衍对付，不知自觅新途径，谓之自满。希望同人切戒此种习气。

同年5月6日，张嘉璈在宜昌训话的大意是：

中国银行号称最大、最稳固之银行，欲保持最大二字，须能长久维持其领袖之

① 〔美国〕埃德加·H. 沙因. 企业文化与领导［M］. 第3—7页. 北京：中国友谊出版公司. 1989.9.

② 张公权. 以创造能力打破环境——在内处演讲.《中行生活》第二十九期. 1934年8月1日.

地位；欲保持稳固二字，须放款精而开支省。

（2）张嘉璈一行入川后有 7 次讲话

1934 年 5 月 8 日，他对万县同人训话大旨谓：一个青年行员应具之性格，应努力做到：保持旧道德；培养新精神；用旧的识见贯彻新的精神，以“旧”驭“新”，而加以“整个化”，成为中国银行理想中的行员。

同年 5 月 13 日，他在内江办事处训话题目是“以创造能力打破环境”。

同年 5 月 17 日，他在成都支行训话大意谓：今后欲增加行务效率，扩大工作范围，同人必须抱有十人工作五人完成之毅力；外界对于本行有所怀疑，应如何设法解释，使其明了本行之使命。

同年 5 月 20 日（或 25 日），他在嘉定办事处训话题目是“我人本身之能力是否足敷本行今日之需要”，大意谓：能力不足，则先重道德，次求经验，再则扩充学识。

同年 5 月 26 日，他在叙府办事处训话题目是“吾们应以人格与能力为竞争的工具”，大意谓：银行之信用，由于银行员各别之信用结合而成。欲谋本行各行之平均发展，同时必先谋每一行同人之平均发展。

同年 5 月 29 日，他在重庆分行演讲的大意是：欲易我行“最大最老之银行”为“最进步最稳固之银行”，必须全体同人，努力培养四种要素：一、钱庄智识；二、洋行智识；三、大学智识；四、教会精神……以理想中的中国银行行员，造成理想中的中国银行。

同年 5 月 30 日，他在重庆金融、交通两机关的公宴上发表了“银行界的责任应以商业道德改良政治”的演讲，大意是：世界潮流进展，银行在国家组织内，责任重大；目下政治腐败，应使“政治商业化”，用我们银行界的商业道德来改良政治；今后欲救中国，必先唤起人类同情心与牺牲心。

（3）张嘉璈一行离川后有两次演讲

1934 年 6 月 9 日左右，张嘉璈结束川行途经汉口支行，其演讲题目是“提高智识才能挣扎图存”，大意是：时代潮流进展不已，如果同人不在智识上奋斗用功，银行固然难免要落伍，自身也必归于淘汰。愿诸位勤学不懈，在最短时期内，完成速成更高更深的学业。

同年 6 月 15 日，张嘉璈在上海九十四号大厦作“川行感想之种种”之演讲，对人事训练提出了“彻底的训练是集中训练”的深入改革之系列重要措施。

（4）张嘉璈文化价值思想峰值窥视

从历史后评价角度讲，张嘉璈此行赴川视察行务的系列演讲内容，既可视为他成为中行文化主导者之后，长于布道和亲于教诲，促进广大行员达成文化共识的培育活动；还可以看成是张嘉璈在打造中行文化建设“第二三层”过程中，对他任职中行总经理五年多以来，建设中行公司文化核心价值体系的再总结、再提炼与再升华；甚至还可以说，张嘉璈赴川视察的演讲内容，是他入职中行后，经过厚积薄发历程所积淀的文化价值思想体系（详见下章）的最高点与波峰值。

第一，张嘉璈赴川视察行务演讲内容具有内省的经验和知识之特性。制度经济学认为，企业家的个人经验和知识有三个来源：直接的经验和知识、间接的经验和知识、内省的经验和知识。文化价值思想的本质就是一种企业家的个人经验和知识，尤其是指企业家内省的经验和知识。所谓内省的经验和知识，是指经过企业家主体内心的反省所产生的经验和知识；而获得这类知识的前提“致虚极，守静笃”，即追求虚应达到极致，守静要守到完全确实的程度；虚才能装得进更多的新的东西，静如流水才能“观照”出自己内心深处的世界，由此获得内省的经验和知识。由此原理，观察张嘉璈内省的经验和知识的形成特点，正如他在九十四号演讲时所言：

都市生活，浮嚣繁缛；久处于此，不免消磨朝气，减少临空的思想。余每喜往内地走走，即所以转换脑经（筋），增加新的思想。此次川行，同行之刘攻芸、史久鳌、徐广迟、张肖梅诸君，于会计、营业各项问题，均能到一处研究一处，随时共同解决。其重要者，余参加解决之。此种各部分共同考察、当地解决的办法，上次与卞经理同游西北，行之而有效。此次行之于四川，觉得甚有结果。

由此可见，“余每喜往内地走走，即所以转换脑经，增加新的思想”，其本质就是指张嘉璈这次赴川视察行务之行，是处于相对“务虚与宁静”的环境之中，因而也是他思维活跃、思想频发的重要源泉，由此获得内省的经验和知识。

第二，张嘉璈赴川视察行务演讲内容具有厚积薄发的学习曲线效应。学习曲线效应是指越是经常地执行一项任务，每次所需时间就越少；经验曲线效应是指一项任务越是经常执行，完成它的代价越小。到 1934 年 5 月，张嘉璈赴川视察行务时，他已任职中行总经理五年有余，从历史后评价角度看，这时已接近他任职中行总经理六年半的总期限。应当说，到这时他任职中行总经理的学习和经验曲线效应已基本达到最高值。1934 年 6 月 15 日，张嘉璈在“川行感想之种种”之总结中，对于他此次川行的总体自我感觉是：“此次行之于四川，觉得甚有结果。”换言之，张嘉璈赴川视察行务演讲内容，应当是他关于商业银行文化价值思想的学习和经验的总结性概括。由此看来，张嘉璈这次赴川视察行务的演讲内容是他文化思想与价值的最高点，也是研究中行公司文化的重要史料。

（二）亲于教诲与魅力感人的文化传播记

作为文化主导者还应是一个善于将自己的文化思想有效推销出去的人；而文化营销的重要素养之一就在于文化主导者的人格魅力。根据对史料的梳理归纳，可以说，张嘉璈是一个很有个人魅力或领导气场的人，由此使他成为中行公司文化的布道者、传播者、感召者、激励者。其个人魅力有以下几个特点：

1. 勤于励人，诚挚感人

比如，《中行生活》“川行专号”所刊载《百闻不如一见》一文，编者是这样介绍其编稿背景的：“某夕，同人纳凉闲话，中有由川回沪诸君，并有史久鳌君谈及川行琐事，颇觉亲切有味，恐为《中行生活》编者所未及者，特为摭拾记录如次，以飨同人。”在正文里面，作者以与张嘉璈川行随同者的真实感受，道出了中行下属同人对张嘉璈诚挚感人的印象：

此次余等随总经理入川，深觉所至各地，总经理对于各同人无不期望殷切，绝不以目前的现状为已足，处处激励大家，要在知识上、道德上、效能上，时时注意，刻刻要追逐潮流，创造新的环境，那末（么）对于地方上新兴事业才有认识的辅助的能力，才可以增进中国银行在各地社会上之领袖地位。惟其期望之殷，益觉言之弥切，不外激励同人益加奋发努力前途之意。凡我同人，皆当深体斯旨，在总经理的精神人格感化之下，合力同心，一致前进也。①

与此相关，1934 年 7 月《中行生活》在《前奏曲》（注：为川行专号前奏）一文中，也有张总经理对于中行同人处处进行精神激励的记述：

（张总经理）此次川行，走到一处，接见一处的同人，个别谈话，垂询详切；各地又皆有公开演讲，处处激励大家，要补充智识，增进效能，提高人格，因期望愈殷，言之愈切。

由此可见，所谓勤于励人，即指处处激励大家，要在知识上、道德上、效能上，时时注意，刻刻要追逐潮流，创造新的环境；所谓诚挚感人，即指唯其期望之殷，益觉言之弥切，凡我同人，皆当深体斯旨，在总经理的精神人格感化之下，合力同心，一致前进也。

2. 和蔼慈祥，亲切感人

比如，1933 年 10 月 21 日，张嘉璈到华北各地考察，到蚌埠支行视察行务时，向全行同事作“我们的出路”之谈话，他最后说：

这次与诸位所谈的不好算是演讲，也不好算是训词。因为那种都是官样文章，

① 来马、要得. 百闻不如一见.《中行生活》第二十九期. 1934 年 8 月 1 日.

不过就我所感想到的，诚恳的和诸位谈及，希望诸位勿辜负我的愿望，为进一步的努力，那就好了。

再如，1934年5月6日，张嘉璈由沪乘宜昌轮西上入川视察行务，抵达宜昌，在图书室训话时，他以员工好友的姿态对员工们说：

今天大家见面，很不容易。自从这次晤谈以后，诸君在外的奋斗，以及各位所做的事情，我都知道了，我觉得很快活。还希望诸君见了我，不要看我是总经理，只要当我是一个好朋友。在行里好像在家庭、在学校、在俱乐部里一样，行里的事情，当自己的事情，大家亲亲切切，互相合作，互相交换意见，不要分出彼此，那就觉得更有兴趣，更有意味！

还如，同年5月8日，他在万县演讲时，则以“家长”身份对员工谆谆教诲：

我今晚的谈话，诸位认为校长的训词，似不足表示亲切，最好当作家长的训诲，而常加实践，便是我的谈话有了相当的代价和结果。

又如，同年5月29日，张嘉璈在渝行演讲时，他首先亲切地称自己是“娘家一位老管家”，特来看望“有似远嫁闺女”的川行员工：

同仁诸君：川行成立以来，几近二十年，与总行开设，仅差二年。可说有中行即已有川行。但个人以离川太远及事忙关系，从未来川一次，有似远嫁之女，已被娘家忘去。今日来此，仅有随员数人，来替你们研究改良，是我带的礼物。诸位可视我为娘家一位老管家，来讲讲这几年娘家一切事事物物的变化。

3. **感召力强，语惊四座**

比如，1934年5月29日，张嘉璈在重庆一园公宴作题为“银行界的责任应以商业道德改良政治”演讲。在专述张嘉璈川行的《溯江记》一文中，有一段文字表达了张肖梅对张嘉璈演讲的真切感受与敬仰之情：

个人以为在一园欢迎会演词最佳，洋洋数万言，听众达三四千人。总座演讲时，并未有稿；但不特辞令极洽，意义深切；且前后呼应，一气呵成，随手记录，即成一篇极佳文章，实非学问渊博，经验宏富，不克臻此。

近日以文眩世之辈，多不胜数；而富有意义之作，终不多觏；以演说相号召者，亦指不胜屈；而能前后一贯，词气畅达，意味深长，恳切动人，尤不可得。盖以二十余年之精神工作，道德经验，现身说法，恐除总座而外，无与匹矣。

在这里，张肖梅是中行经济研究室副主任，张嘉璈精英荟萃的智库构成人员之一，中国最早获得伦敦政治经济学院博士学位者之一，民国经济界的风云人物。胡适曾评价说，“肖梅是一位很有学问的女子。做的经济研究很有成绩，中国银行每年的报告书是她的手笔居多”①。由此不难得知，张肖梅应当是具有理性思维和独立判断且难被轻易感动的人，从她的这番真实感受中，可以看到张嘉璈“学问渊博，经验宏富”，感召力“无与匹矣”的个人魅力。

再据《中行生活》“同人消息”记述，1933 年 7 月 20 日，张嘉璈在八仙桥青年会大礼堂演讲时，听讲者挤无隙地，后至者咸抱向隅（注：下班后来听者全都面向角落挤在一起）；张嘉璈的演讲词简意深，听者动容。

张嘉璈在八仙桥青年会大礼堂演讲，是晚往听讲者，除中国经济学社及银行学会会员外余均各界及各银行员，约八百余人，六时许楼上下即挤无隙地，后至者咸抱向隅。讲题为《美国金融风之原因其在世界经济会议主张提高物价之立场》。首先列厥欧战后美国金融风潮酝酿之因，次申论此次世界经济会议之三大难关与美国现在所处之地位，末后对本国银行同人，致期勉之意。词简意深，听者动容，直至九时半始行散会。

此外，张嘉璈的语言感召力，还表现在不同的情景下，他都能产生出关于事业的联想，《中行生活》第二十九期《溯江记》中记述：

1934 年 5 月 23 日，磴危石滑，烟雨迷漫之中，总座扶策而行，先于众人登上峨眉山金顶。他跪在金顶正殿菩萨普贤之前，先替全行求一神签，问问休咎，当然是“生意兴隆通四海，财源利茂达三江”。

据《中行生活》所刊登的照片显示，他抽到了第四十八上上千（签），上面的诗曰：夏日清禾渐渐长，农家稼穑热非常，天公自有怜人意，送阵清风暖汤肠。该诗解曰是：内外莫疑，佳期自至，凡事相援，何须忧虑。上油十五斤。其下属对张此举的评价是：“爱行如家，至足钦敬。”此后张在重庆分行训话时，就登上峨眉山金顶发表过这样的感想：此次游峨眉山，登金顶，金顶不过高而已。但峨眉之成名山，决不端赖金顶之高，亦须有林泉丘壑之美。比之吾行总经理，亦不过“高而已”。而金山之伟大，有赖于全行的同事！其下属对他此言此举的评价是：“我们看山，只见其诗情画意之美，但总座能以事业眼光去观察。”

4. **关心员工，周到合理**

张嘉璈主张衣食住行四者整体计划，使员工的物质生活庶几解决十之八九，以保障行员训练效果，以使同人诚能克勤克俭，自无后顾之忧。他不仅仅是提出这一文化主张，而且还通过将心比心的观察与感悟来完善其主张。

---

① 曹伯言整理.《廿三年除夕》,《胡适日记全编 6》［M］. 第 422 页. 合肥：安徽教育出版社. 2001. 10.

比如，1934年6月15日在九十四号作《川行感想之种种》演讲时，他提出对各外省来友（注：各分支行到总行出差人员）之招待须格外周到的建议：

我辈到外省去，极受人之招待；而上海人，尤其是本行，因各有事务，疏于招待，往往怠慢来友。且一省人来，必有一省的情形，足资观摩，故其来沪后，自有与联络交际之必要。本人事务丛集，有时不暇在此，所望总、沪同人，不分彼此，共同招待，则精神上、经济上均可节省不少。我辈到外省，受人招待，或外省人因事到此，均抉有全付（副）精神，若我等精神分散，招待不周，即足惹人不满，此与业务上以及其他方面上，均有关系。深愿同人注意及之。

那么，如何格外周到地招待各分支行到总行出差人员呢？他通过举例，说明格外周到招待各外省来友的原则是简单朴素和经济卫生，而非过分之酬酢：

愿述卢作孚君（注：四川省当时唯一之企业家，现任民生实业公司总经理，川康殖边银行经理）在北碚约餐一事，以为同人日常生活之借镜。卢君之邀聚也，各人筷箸，均以纸包，桌上铺白纸一方，每人备豆腐汤一、火腿一、素菜一，简单朴素，经济卫生。因觉目下世事艰难，凡事应从节约着想，而个人日常生活，尤宜简单。今日我行五楼饭厅，办理尚非尽合我人理想，倘能改取分食制，每人一菜一汤，或每日略备菜肴一二种，任人拣择，其结果当能节减无谓之浪费，而有益于同人之健康……此外关于普通酬酢往来，固为人情之常，但亦须以简省为是。凡各处分支机关来人，倘适遇九十四号聚餐会期，即可邀同参加。否则，过分之酬酢，在对方或转以为苦也。

5. **善待下属，尊重人格**

张嘉璈在行员“职务训练与精神修养”理念中，除了强调“三者并进，四者计划”以外，还特别强调“无论上级次级同仁，必须相互尊重对方人格”的训练纪律。对此，他既重于言教，更重于身教。据《溯江记》记载，张嘉璈赴川详察行务时，面对渝行及其所属分支机构众多员工，所持的态度与做法是：

五月十日张嘉璈抵重庆，详察渝行行务，同人等不论职位之轻重，均一一与之亲切询问；支行办事处不论地点之偏僻，均亲自视察训话。

五月二十九日下午，在遍访同业后到行视察行务，总座视察渝行业务，至为精细，查账至各项之内容余额；同营业人员，垂询尤详，问同仁们之身世、工作各数分钟，历数日始完。

五月二十九日下午，总座在楼上向同人训话，情茂词切，致同仁之意志倍振。夜同入公宴于行中。宴时，同人敬总座酒者，多豪慨允，饮十余品无醉意。渝行娇酒教授大获胜利，史久鳌君及严裕翁君生意能手均失败，张肖梅君结果吃吐。（按据闻渝行同仁敬酒艺术，极其高明。尤以赵戬丰女士为最，确否待证。)

由此可见，所谓善待下属，尊重人格，即指张嘉璈作为总经理，同人等不论职位之轻重，均一一与之亲切询问；支行办事处不论地点之偏僻，均亲自视察训话；与营业人员接触时，垂询尤详，问同仁们之身世、工作各数分钟，历数日始完；还包括他在席间的“酒品”——同人敬总座酒者，多蒙慨允。

再如，1933 年 10 月 21 日，张嘉璈视察安徽蚌埠支行时，曾通过比喻的方式，道出他“一个练习生在行的重要与总经理是一样的”的人格平等观，以及他对行员训练的目标是：“本行同人，个个须有完全的智识、技能，就如机器一样。”

假定拿机器为比例，我们银行，好似全部的机器，我们行员，好似机器中的零件，或是螺丝钉配合而成的。若是缺了一个，或是坏了一些，那么全部的机器，就不会转动了。可知零件和螺丝钉对于全部机器的重要性，一如银行员之对于银行。一个练习生在行的重要，与总经理是一样的。所以本行同人，个个须有完全的智识，技能，就如机器一样。

还如，1931 年 10 月初，张嘉璈读到上海商业储蓄银行董事会对于股东大会的报告时，认为“很有足资我们借镜的地方”，特撰《他山之石》一文刊载于《中行月刊》，以此鼓励行员。他在该文结语中说道：

……总使大小行员，都有发挥才能的机会……庶几居乎上者公，居于下者忠，同心同德，保持中国银行为银行界领袖的地位，这亦是我们共同的光荣。

由此可见，张嘉璈作为文化布道者的做法是，既善待下属，尊重人格，又具有领导艺术之感召力。

6. **为人诚恳，办事认真**

为人诚恳，办事认真，这是张嘉璈对外公关形象的描述。据《中行生活》第二十九期《溯江记》记述，1934 年 5 月，张嘉璈赴川考察过程的对外形象描述如下：

五月十日，行三〇五里抵重庆。于外界则士、农、工、商、军，均用极诚恳和蔼之态度，与之接谈；尤于二十一军刘督办及其军政领袖，每谈必数小时，使彼深深了解吾国今日之地位，及川省当前之急务。盖总座用心之苦，可想见矣。

五月十四日，行五二四里，五时抵成都，直赴华西大学，总座下榻该校。五月十五日，是晨十时，张嘉璈偕航务处处长何北衡谒见四川省督办刘湘会晤，张嘉璈开口便说：“我二十年才来一次，希望与公畅谈。”看见张嘉璈如此磊落，刘湘颇为感动，彼此倾谈极为融洽。当问及四川中国银行的政策时，张嘉璈答谓：“以川局为转移，因为非政治和社会好，银行不能单独繁荣也。”刘湘极为动容，与张嘉璈握别后，刘湘告诉四川航务处处长何北衡曰：“张君确是办事之人，不若我们四川人。”

一点钟，在小酒家午饭，二时半偕何处长遍访各军将领，晚何北衡宴于姑姑筵。九时一刻返校（注：华西大学），在校中散步，十一时就寝。

五月十六日，上午，二十八军财务处长谢秉钧，二十军长杨森及陈益庭、刘航琛诸君来访总座。随后，总座与同行全体人员参观华大，整饬清洁，无非精神上之表现，涉目而过，殊觉可惜。总座又在大礼堂演讲。午后，刘湘督办到成都支行回访总座，更倾谈约二小时，总座详陈中国渐趋整个化，各省主脑人物均有进境，各地应与中央竭诚合作。刘极称是。枢转万人之祸福，仁言殊利溥矣。当夜，总座赴银行公会宴于川盐银行，返行少息。总座又访刘航琛处长于其私宅，详谈川省财政情形及川丝事。

五月十七日，总座于早餐后，拜客、会客、赴宴、谈行务，异常之忙。中午又赴钱货两帮公宴于陈益庭将军宅，席间总座略有演说，大旨谓：钱货帮应保持固有勤俭之美德，而向新方面做去，业务不患不发达。之后，总座回行谈行务，出游薛涛井、武侯祠，晚赴刘湘宴——刘督办宴总座及同行人于四川地方银行，四川的伟人，文的、武的，完全到齐。例如二十军军长杨森，二十八军军长邓锡侯，二十九军军长田颂尧，余如李其相、罗泽州、唐式遵、潘文华各师长；文的如政务处长甘典夔、财务处长唐棣之等，形形色色，备极伟观，好像北京看窠窠头戏，令人应接不暇。

张嘉璈做人诚恳的品行，还可从同年5月29日，重庆金融、交通两机关在重庆一园隆重设宴欢迎张嘉璈一行时，他那饶有趣味的演讲结束语中看出：

希望以后，诸位都当我是四川一分子，我很愿意，把我一分力量来替诸位办一分事情，要把我是大银行家、大事业家这些头衔丢开，当着我是你们的一个小朋友。本来是，兄弟和四川确有深切的关系，我的祖母就是川省人，所以如果如主人所说的我是出类拔萃的人，这是你四川的血统所给予的。反之，如果不能如诸君所望，吾四川的朋友，恐怕亦要负此责任，所以我很愿意与诸位联合起来，共同建设四川，建设中国！

7. 故事寓理，娓娓道来

培育文化共识过程，是一种集理性的与非理性管理相融合的综合管理过程，既包括理性的官方意识灌输，还包括感性的理念故事化培育。在此方面，张嘉璈也偏好以故事寓理，娓娓道来的方式进行文化培育。

比如，1931年3月，张嘉璈在《指挥与联络》一文，谈到“首领的指挥”时，他通过形象事例指出当时部门中存在的问题：

吾想说的管理，不是法的管理，是人的管理，所以吾提出指挥二字，就是一部的首领，怎样指挥他的部下，吾常看见许多首领，很像冬烘教读先生一样，只晓得拿了规则、通告，硬教他的部下遵守，只晓得限定钟点教他的部下坐在公事桌上，只晓得强行表面的礼仪，教他的部下看见首领唯恭唯敬，犹如冬烘先生，教学生将读的书一字一字背出，不管他对于文义懂不懂，在书房里将钟点坐完，就算一天的功课完毕，不管他的钟点是否经济不经济，只要这个学生敬重先生就是好学生，不管他的体力与精神，是否健全，若是拿这个方法管理部下，这个部下的本能，必定一天一天的退步，而事务的效用，必定一大一大的减色。

由此现象，引发出张嘉璈对于管理与组织的理解，并赋予“首领的指挥”之“指挥得法之下列数点”：第一，工作分配的适当；第二，各个缺点的指示；第三，工作兴趣的鼓励；第四，赏罚的决断。

再如，1932 年 2 月某日，张嘉璈在中行第一区区务会议上，通过西餐与中餐的比较，阐明内地与上海各行之间，应当转换脑筋的道理：

今夕系用西餐宴请诸位，因想到西餐与中餐之比较，更联想到上海行与内地各行之比较。余前曾遍游无锡、常熟、宁波等处，每觉内地中餐，风味精美，颇适口胃。上海多西餐，取精用宏，迎合时尚，但所制中餐，远不若内地之道地，良以内地之原料新鲜，终非上海所能及。故以天然之环境言，内地实较上海为优。惟上海为中外通商巨埠，犹如各式餐馆之遍列杂陈，在内地之人来上海看看，不无扩张见闻之处，然在上海之人去内地走走，亦有转换脑筋之益。故上海与内地，二者虽处境不同，优长互见，但舍短取长，彼此实有互相观摩，足资借镜之助。

还如，1935 年 2 月 22 日，中行第一区区务会议在沪举行。沪宁浙各属经理主任，均联袂来沪，参加出席。张总经理特于是日会议毕后，在国际饭店二楼，设宴招待全体。国际饭店系四行储蓄会所经营，甫于去冬开幕，地当静安寺路派克路口，前临跑马厅广场，建筑共 22 层，高耸云表，空气鲜洁。7 时左右，该处电梯，上下川流不息，同人咸纷纷先后莅止，共到 99 人。入席后，首由总经理致辞，其中张嘉璈以上海新开张之国际饭店为情境，引发他对中国银行法人伦理道德建设的感想：

内地同人对于上海新开张之国际饭店，见诸报章腾载，莫不向往，今日一度到此新建筑观光，或可谓不虚此行。然高崇之建筑，必赖坚固之基础，今吾人观此崇楼峻宇，益多感想。过去一年中，现实环境，虽杌陧异常，而我行业务，仍有进无已，存款数字，尤见增加，足证年来社会人士对于我行信仰之心理，正如诸位今日目见此处国际饭店根基之深固，建筑之高巍，内部之新颖，同其景仰之心。社会对我行应如何谋行的本身之基础巩固，内部组织之迎合潮流，行员道德之高超水准，以副承各方面期望之意义，则惟有赖我全体同人，一心一德，努力奋斗向前耳。[①]

又如，1934年夏，张嘉璈在南京分行新大楼落成典礼上发表演讲，通过比喻说明如何使南京分行方方面面都应当做得“干干净净，清清楚楚”的道理：

今天房子里收拾得这样到处都是干干净净，清清楚楚，但是我们看一看我们对于行里职务上，是不是也像这样的干干净净？对于行里的账面上、业务上，是不是也像这样清清楚楚？所以我们对于中国银行不仅是要求外而好看，有这样一座伟大的房子，收拾得干干净净，清清楚楚，并且在内容上对于行里的无论是在业务上、账面上，都要弄得干干净净，清清楚楚，也如今天我们刚才走进大门时的一样，清楚整齐的有条不紊，那就好了！

8. **不忘初心，执着事业**

据史料可知，张嘉璈的事业初心，体现在1913年9月入职中行的自述之中：

汤先生邀我加入中国银行，希望我能运用新的学识与技术，将上海分行营业及管理加以改进，使之日趋现代化。不独可以为其他分行树立模范，且足以与列强在上海所设资力雄厚、历史悠久之银行相竞争。

而张嘉璈不忘初心，执着事业的情怀，正如他1933年10月，在蚌埠支行作“我们的出路”演讲时所说：

我近年来，每每不辞风尘，奔波全国，唯一的目标是想把全国的分支行处，整顿得个个健全，务使根基稳固，努力求其进步之实现。我在行近二十年，几无一日之安。但不以艰难之故，稍存消极懈怠之念，亦不以功过之说，动我心曲，以往的事，不再溯追，只切切于未来之努力，宗旨始终不渝。

1933年8月7日，张嘉璈在视察天津分行的讲话中，也表明了他不忘初心，执着事业的情怀，他说：

我个人在行工作，将近二十年，不敢稍存自满之念，日日以为自己能力不足，增加奋勉。诸君也应抱同样精神，不可以为自己在行多年，年岁已老，马马虎虎算了，我们必须永远抱奋斗精神。

由此可见，张嘉璈所言的“我在行近二十年，几无一日之安”，就是他对中行事业的执着；张嘉璈所言的“但不以艰难之故，稍存消极懈怠之念，亦不以功过之说，动我心曲”，这就说明他始终不忘初心。此外，张嘉璈不忘初心与执着事业的情怀，深为行内人士所提及与赞誉。据1933年6月，《中行生活》之“同人消息”记述：

总经理前月病痊后，迄未遑稍事休息，医士嘱须迁地调养，因于上月（注：1933年

---

① 记者. 上海国际饭店宴会席上.《中行生活》第三十六期. 1935年3月1日.

5月）十五日赴长江一带游历。由沪乘轮上溯，以便途次休息，到汉后，各界纷来招待，为避免习惯上之酬应起见，故于一切宴会，概行婉谢。在汉曾察看汉行自设之堆栈，并研究中棉公司及国货产销等一切事务。适湖南何主席派财建两厅厅长至汉坚邀请赴湘一行，辞之不获，两厅长先回复命。乃于二十一日与汉行赵仲宣君甄润珊君，偕赴长沙。到湘后，考察行务，并计划新旧行址及堆栈事宜，参见国货陈列馆。

又往游衡山、湘潭、湘乡、永丰一带，藉此参观公路。当拟赴宝庆，常德等处，因时间不及而止。嗣于六月一日回汉，旋即搭轮东下，抵沪后，新闻记者纷来叩询对于湘省之感想及繁荣并复兴湘省之意见，曾有谈话一则，载在六月八日新闻时事各报，在汉时对于本行同人，并有剀（读作 kēi，意为申斥）切之训话，此次总经理鄂湘之游，适沪上胡筠庄郭秉文诸君，另因事先到汉。本行渝行襄理张禹九君亦因公赴沪过汉，即参加同行，刻均于四日安抵沪云。[①]

再据1933年8月，《中行生活》之“同人消息”和《“救国”与“救行”》（见《中行生活》第二十期）的综合记述：总经理日前赴华北一带，视察平津各属行务，七月三十一日由济赴平，八月六日晚来津。因春间病愈后，迄未能遵医嘱稍事休养，此次乘归程之便，作航海之游，藉海天空气，以资调□。八月七日乘“Goblenz”轮回沪，总经理已于八月廿五日安抵沪上云。[②]

另据《中行生活》第二十一期《繁荣内地是谁的责任》一文中记述：

以我行张总经理而论，他虽然是同我们一样一钱不名，以他的地位，在行里尽可养尊处优，安享他的生活。但是他近年来，盱衡时势，统筹兼顾，凡事虚心，到处奔波，可算是足无宁趾，究竟所为何来？我虽所知甚浅，猜想来，也无非为爱国爱行的一念所驱使罢了。

值得一提的是，张嘉璈不忘初心与执着事业的情怀，还为当时行外人士所赞誉。商务印书馆潘光迥曾撰文记述了他与张嘉璈同行在西北调查时的一段情景与对话，从中也足见张的不忘初心和执着事业的情怀与魅力：

内地的生活，不外在生死之间挣扎着，我们在大都会里沉醉的人，恐怕不易谅解，中国银行毅然决然地在此荒凉惨淡的环境中，尝试一些创作的事业。我向张先生说：“你们银行要赚几个钱，可真是苦极。”我以为他对我这句话一定表同情，岂知他很慎重地回答说：“这样看法就是一个错误，我们把银行完全当作一种事业来

① 全国报刊网《中行生活》第201—203页。

② 全国报刊网《中行生活》第355页。

看，就无所谓苦不苦。”我所遇见中国银行的同事，个个朴实耐劳。我敬仰他们，因为他们不是衙门式的公务人员，而是与民众同甘共苦的新向导，辅助指导社会，忠实服务。（见《行史》第275页）

9. **洁身自好，从不湿鞋**

张嘉璈“新思旧养”的素质背景，使他具有很强的“道德治行”之管理偏好。

首先，他将中行立行使命定义为：中国银行的人员是模范的人员，中国银行行员的家庭是模范的家庭，中国银行是中国模范的银行。其次，他认为，要永葆中行在同业的领袖地位，既需要具有高于同业道德标准的员工道德来规范中行员工行为——经理人人以模范自居，行员以经理为标准从事；还需要有高于同业道德标准的法人伦理来规范中行的企业行为——以人格与能力为竞争的工具，将此落实到各个分支行及其每个行员的信用之平均发展基础之上。再次，他甚至将银行业的商业道德作银行业报国的有力武器。

在此思维模式下，他作为永葆中行在同业领袖地位的中行领袖人物，对自我的道德要求是至高至重的，并用一身的实践，留下了为后人所称颂的“洁身自好，从不湿鞋”和“为国一心存大义，一生清正秉廉洁”① 之美誉。

比如，1933年5月22日，南京中行经理吴震修在视察镇江支行时告诫员工说：

我行总经理也是一个无钱的人，但并不因为处境之不裕，而减少其对于行务竭尽心力之热忱，乃因推举而任总经理之职。忆于前数年赴国外考察时，曾由外国银行业开会欢迎，并向其国人介绍说：“张公权先生是中国第一个银行家，又是中国银行家中第一个无钱的人。”由此可知受人崇拜者，不在钱之有无，而在其人格及其信誉。总经理之愿力系将行务视为家务，全体同人服务本行，亦须视作代自家做事，不辞劳苦，不避嫌怨，尽心竭力的做去，前途希望，何可限量？②

综上史料来看，都对张嘉璈的操守有一个共同的评价：一生“河边走”，君子“不湿鞋”。他一生为国为民奔走，而非一己私利，他为中国银行奉献所有的光和热，临退场时却只带走了两袖清风。张嘉璈精学识、通情理、重责任、顾大局，在建设现代化中国银行的艰难道路上留下了深刻的印记和无尽的财富。③

（三）中行文化铸就标志与社会贤达赞誉

公司文化是在有效选择提升组织效能的核心价值体系基础上，所形成的共同思

---

① 360个人图书馆. 中行先辈｜系列人物之张嘉璈：中国现代银行之父. http://www.360doc.com/content/17/0310/16/8102575_635587016.shtml.

② 吴震修. “戒”与“练”.《中行生活》第十五期. 1933年7月1日.

③ 360个人图书馆. 中行先辈｜系列人物之张嘉璈：中国现代银行之父.

维模式和习惯行为方式，及其所衍生出的整体组织形象。组织形象是公司文化铸就的重要标志之一，它主要来源于社会各界对中行的评价和口碑。根据《行史》及有关史料的记载，现以中行被外界所赞誉的两个例子，说明在社会贤达的多方赞誉下，中行公司文化业已铸就之史实。

1. **中行服务八大优点又称“八段锦”**

1934 年初，商务印书馆潘光迥因调查西北各省商务印书馆分馆情形，得与视察西北各省分支行行务的中行总经理张嘉璈偕行。潘光迥与中行同事接触了四个星期，中行同事平日谈话，总是三句不离本行，因此这次行程，对于潘光迥个人，竟不啻于一度四星期的训练班。调查归来后，潘光迥曾撰文赞誉中行的服务有八大优点，称作“八段锦”：(1) 事业观点；(2) 朴实耐劳；(3) 谙悉环境；(4) 计算精明；(5) 有新的精神，旧的涵养；(6) 有竞争道德；(7) 有科学态度；(8) 说干就干，能行则行。① (详见后)

2. **四川人心目中所希望的中国银行**

何北衡先生作为四川省事业之实行家，社会之先导者，与卢作孚先生有一时瑜亮之称。1934 年 10 月 19 日，在中行别业新建宿舍大礼堂，邀请何北衡先生莅临演讲，题目是“四川人心目中所希望的中国银行”。他对中行提出三点希望，在这三点希望中，也包含着当时社会对中行公司形象的描述：

(1) 中国银行为中国最伟大、最完备的组织，就希望能想法深入内地，做一个大家开发内地的先锋队，来引导大家注意深入内地的工作。

(2) 更希望中国银行力求各种事业的循序进展，出其成绩，予国人以深信，只要自己好好地做去，没有什么事做不好的，作一个大众的模范。须知中国人能否恢复这种自信力，中国银行的朋友，实在是负了相当的责任。

(3) 中国银行有了张总经理的经济救国主义，有了张总经理的提倡国货、辅助出口二大政策，就希望大家秉此主义，挟此政策，再拿出疯狂的态度，热烈的情绪，积极地向前去干！

总之，盼望中国银行除了正当业务工作之外，还要行有余力，对社会各方面有所帮助，有所促进，尤其是在内地各种条件不完备的地方更为需要。要知中国银行能迅速地普遍各地，那么各地就会加快的进步，社会各方面就会加快的进化。这是可以说我们在山里的人，抬头举望，望到了对面高高的中国银行，所油然发生的种

① 潘光迥. 中国银行服务生活的“八段锦”.《中行生活》第二十三期. 1934 年 2 月 1 日.

种恳切的希望。[①]

综上所述，公司文化培育过程与形成条件，就是组织主要领导者对文化选择、文化共识和文化实践所进行的集合性管理。中行公司文化建设在张嘉璈的大力倡行下，经过“定屋基、立屋柱”、出国调研“新图样”、研究建造“新图样”、建造行屋“第一层”、建造行屋“二三层”，并获得社会贤达的多方文化赞誉，至此中国银行公司文化体系与银行社会形象业已形成。

---

① 何北衡. 四川人心目中所希望的中国银行. 《中行生活》第三十二期. 1934 年 11 月 1 日. 注：何北衡，时任四川航务处处长、民生实业公司董事、川康殖边银行董事长、四川美丰银行监察人。

第二章 公权时期文化核心价值特征及践行效果

公司文化核心价值体系作为一种思维模式，是实现一个公司的价值、精神、伦理的惯常逻辑、一般途径和共享经验。该核心价值体系，一般由公司的使命与愿景，实现其使命与愿景的基本价值观（如经营理念、管理理念、重大关系原则等）、企业精神、公司行为准则（如法人伦理、员工道德）、公司系统做事风格、公司英雄榜样等元素所组成；该核心价值体系之本质，就是人们行动之前的指导性价值观念和人们行为结果背后的支配性价值思维。

对张公权时期中行及四川中行公司文化价值体系的概括，是以公司文化核心价值体系所含元素为章内各节的形式性框架；以中行创业活动初期与中期的多种史料，尤其是反映张嘉璈文化价值思想之史料，作为概括其文化价值体系的实质性基础史料，大致包括以下几个方面：(1)《中行月刊》所刊载的张嘉璈文章；(2)《中行生活》所刊载的张嘉璈文章；(3)《张公权先生年谱初稿》所刊载的张嘉璈自述或演讲文章；(4)《行史》序言和各篇小结及37年创业史总评述；(5) 民国时期社会贤达对中行服务信誉的赞誉；(6) 姚崧龄在《中国银行二十四年发展史》中的结论；(7) 四川中行与该文化价值体系相对应的文化行为、文化效果等有关史实，通过综合研判，总结而得。有鉴于此，在张公权主持行务时期，中行及四川中行公司文化的核心价值体系大致概括如下。

公权时期中国银行公司文化核心价值体系

报国使命：枢纽自任，职务报国；服务大众，改进民生。

立行使命：积极成功，三方同乐，互相推进，同为模范。

公司愿景：中行不啻为国民经济的命脉，社会事业的指导者，社会人士的模范；使中行成为最进步和最稳固之银行。

行员理念：先人后事，三者育人，四者激励，久于其任。

行员道德：高洁坚品，全行智识；新思旧养，理想行员。

法人伦理：信誉基石，竞争有德；顾客股东，同业合作。

行基理念：革新精神，创造能力；进步保守，稳健主义；

稽核前置，位高任重；会计责广，计算精明；

关注效率，积极节支；细则要点，工作规范。

调研理念：调研先导，科学态度；条分缕析，谙悉环境。

刊教理念：寓教于刊，展现精神；以刊为校，提升智识。

现仅从现代企业文化管理视角，通过对详尽史料的研究与梳理，试对中国银行（含四川分行）公司文化核心价值体系的史料出处、内涵阐述、价值特征以及在全行尤其是在四川分行的践行效果等，予以较为详尽的分述。

第一节　公司文化核心价值：使命愿景

根据对多种史料的综合编研，民国张公权主持行务时期，中行及四川中行公司文化核心价值体系之使命与愿景的史料内涵，可以作如下的概括：

报国使命：枢纽自任，职务报国；服务大众，改进民生。

立行使命：积极成功，三方同乐；互相推进，同为模范。

公司愿景：中行不啻为国民经济的命脉，社会事业的指导者，社会人士的模范；使中行成为最进步和最稳固之银行。

一、使命与愿景的史料内涵与价值特征

公司使命与愿景的文化本质，就是公司的终极目的、存在意义和终极价值观。一般地说，公司使命侧重于从理性角度揭示公司的终极价值，公司愿景则多以感性形象来描绘公司的终极价值。根据对史料的综合编研，民国时期中行公司文化核心价值体系的公司使命是按“先国后行”理念（详见第四章）的顺序，分为报国使命和立行使命。现仅将张公权主持行务时期的报国使命、立行使命和公司愿景之史料出处和内涵详细分述如下。

（一）报国使命的史料内涵与价值特征

所谓报国使命，就是指中行将为国家服务作为中行之终极目的、存在意义和终极价值观。报国使命的史料内涵与价值特征如下：

1. **枢纽自任的史料出处与内涵详细**

“枢纽自任”一语，出自《行史》结束语总评述之中，张嘉璈在担任总经理后，曾说过：“中行是国民经济的命脉”，中国银行始终以国民经济的枢纽自任。据《行史》的概括，“枢纽自任”的具体内涵有两点：

（1）国家需要，当仁不让

该语概括于《行史》序言之中：中国银行始终以中国国民经济的枢纽自任（具体事例略），只要认为是符合国家根本利益的事，就当仁不让，知难而进。

（2）支持经济，办行指导

该语概括于《行史》结束语的总评述之中：中国银行以国民经济的枢纽自任，把支持经济建设作为办行的指导思想（具体事例略），既促进了国民经济的发展，同时也发展了中国银行的业务，提高了中国银行在金融业中的地位和声誉，使中国银行成为近代中国一个重要的金融机构，在当时中国金融业中长期处于领先地位。

2. **职务报国的史料出处与内涵详细**

职务报国理念，概括于张嘉璈主政时期多次讲话之中，其具体内涵如下：

（1）爱国与救国荣誉至上之观念

1933 年 1 月，张嘉璈在宁波中行视察时，明确提出了爱国与救国的荣誉至上之观念：

人生在世，除了为个人谋生活之外，有一个国家观念，这是天生的观念。无论智愚贤不肖，说到国家都有一种爱护的热心，所以说到救国，人人无不同此勇奋……我们种种努力，最终的目的，是在救国。总希望将来凡有国家大生产事业，都有我们中国银行参与其间，这就是中国银行同仁的荣誉。

1933 年 8 月，张嘉璈在天津分行视察行务时，还曾说过：

这两年中，先有九一八之变，继有上海战事，最近复有长城战事，天天都在惊涛骇浪之中；国家的命运，和银行的前途，皆异常震撼，万分危险！如果国家弄不好，个人的生命财产，和经营的事业，绝对不能得到安全！

1934 年 5 月 30 日，重庆金融、交通两机关公宴张嘉璈于一园，他提出了“中国银行根本就是中国四万万同胞的银行”的文化宣言：

我敢担保，中国银行整个的组织，是帮助中国所有一切事业的；四川所有分行，是为帮助川省一切事业的……大家不要以为我是说的客气话，我是诚恳告诉诸位的，因为中国银行根本就是中国四万万同胞的银行！

由此可见，在张嘉璈思想体系里，爱国与救国的荣誉至上之观念根深蒂固，即：我们中行工作的种种努力，最终的目的是在救国；凡有国家大生产事业，都有我们中国银行参与其间，这就是中国银行同仁的荣誉；中国银行整个的组织，是帮助中国所有一切事业的，中国银行根本就是中国四万万同胞的银行。

（2）中国银行既非政府当局，不在其位，如何才能忠于国家

张嘉璈的答案是：中行的存、放、汇等各种业务都是帮助国家增加生产。

我们中国银行如何尽救国之责呢？不外为人民谋增加生产；生产增加，外货不至充斥，脂膏不致外溢，人民自然富足；民富则教育可兴，军备可充，就可以抵御外侮。要谋帮助增加生产之道，就是各地分支行的同仁，研究当地的各种生产如何能改良？银行如何能帮助他们改良？这都是“放款”以内的事。要放款帮助生产，必须有资金，所以吸收存款，这是“存款”以内的事。地方人民劳力的代价，如何谋他们汇款的便利，以便他们的资金可以回至乡间；卖出货物的代价，如何令他们便宜汇回到乡间，不令他们的代价间接减少，奖励他们多劳力、多生产，这是“汇款”以内的事。（宁波讲话）

由此可见，张嘉璈所指爱国，不是空泛的口号，而是具体的和实在的，即中行的存、放、汇等各种业务，都是帮助国家增加生产。

（3）中国银行行员如何才能忠于国家

张嘉璈给出的答案是：忠于职务即忠于国家；要忠于职务，须由忠于自身始。

首先，忠于职务，即是忠于国家。因各种事业，对于国家社会，均有相当价值，国家社会是由社会中各种份（分）子之活动构成的。中国银行在社会上的地位，尤其重要。无论政府机关，或工商、交通、农村各种事业，或地方公益善举，本行均直接或间接参与其间，发生密切的关系，犹之机器之小轮大盘，对于机器的转动，均不可或缺。所以说，忠于职务，即忠于国家。

其次，要忠于职务，须由忠于自身始。我们银行对于社会，所负责任甚大，几万万的存款和钞票，关系大多数人的身家性命，如果我们的道德，无相当修养，则银行信用，必不能保持不坠，所以体力、知识、道德三者，必须刻苦自修，方能达到目的，此即忠于自己。能够忠于自己，然后对于职务，方能有所贡献。（天津讲话）

由此看来，张嘉璈的“职务报国”理念，有以下几层意思：

第一，中国银行以国家的存在为存在。凡有国家大生产事业，都有我们中国银行参与其间，这就是中国银行同仁的荣誉；中国银行整个的组织，是帮助中国所有一切事业的。

第二，中行员工忠于职务即忠于国家。国家社会是由社会中各种分子之活动构成的，中国银行在社会上的地位尤其重要，不可或缺，所以说忠于职务即忠于国家。

第三，中行员工要忠于职务，须由忠于自身而开始。因为中国银行对于社会所负责任甚大，所以我们必须刻苦自修体力、知识、道德三者，方能忠于自己；能够忠于自己，然后对于职务，方能有所贡献。

3. **服务大众，改进民生的史料内涵**

1930年4月16日，中国银行总管理处暨上海分行同人在银行公会设宴欢迎张嘉璈返国，张在即席演说中，谈及出国考察的观感指出：

出国目的为研究各国银行的进步，以为中行改革的借镜……各国现行之经济政策窥其趋向，都不外谋划使人民如何能生活，而生活得满意……反观我国，国家经济早已破产，我们的责任应从扶助生产、改良人民的生活做起。中国银行为国际汇兑银行，今后方针系扶助国外贸易，以达到扶助生产、改良人民生活为目的……发展原已实行的多数分行制，尽量便利顾客，以服务社会为本职。

1930年5月10日，中国银行于上海召集股东总会，张嘉璈先生以总经理名义提出翔实书面报告，对中行业务方针的转型，作了进一步说明：

本行从此以后，业务政策当以服务大众、改进国民生活为前提。所谓服务大众者，在乎使人人能利用银行。银行本为公众钱财之管理者，自应实事求是，以谋大众与本行相互之利益。故首先必须严格训练行员，俾知如何接待顾客，以谋顾客充分的便利；如何指导顾客存放余资，以谋储蓄能力之增进。对于顾客概无等差，一律待遇。所谓改进国民生活者，在乎谋国民生产力之增加。其道固非一端，而在中国银行职务范围内，应为之事，当力谋以低利资金，扶助大小工商，借以图物价低廉，生产发达，出口增加。同时以国内外商品市场消息，供给社会为其耳目，而为经营国际商业者之正鹄。

由此可见，“服务大众，改进民生”的史料内涵就是：第一，所谓服务大众者，就在乎使人人能利用银行，银行本为公众钱财之管理者，自应实事求是，以谋大众与本行相互之利益。第二，所谓改进国民生活者，在乎谋国民生产力之增加；在中国银行职务范围内，应为之事，当力谋以低利资金，扶助大小工商。第三，“服务大众，改进民生”的前提条件就是：必须严格训练行员，亦即“银行职员必须品行端方，操守廉洁，不负公众委托”。

4. **报国使命具有价值取向的卓越性**

文化管理本质是协调人的理性和本能；组织的管理终极手段就是善用共同的价值规范和价值目标去塑造与培育员工，由此达成组织中理想的人际合作模式。就张嘉璈报国使命而言，其文化选择的价值取向，应当说具有卓越性。所谓价值取向的卓越性，是指企业具有超越自身利益的使命和目的，以及具有较高的、有竞争性的道德准则。中行报国使命的价值取向卓越性的主要表现是：第一，不以追求利润为唯一目的，而具有服务社会和改进国民生活之责任。亦如张所言："所谓服务大众者，在乎使人人能利用银行；所谓改进国民生活者，在乎谋国民生产力之增加。"第二，不以追求利润为唯一目的，而具有"救国荣誉"和"忠于自己，忠于职务，忠于国家"的国家政治意识。"中国银行根本就是中国四万万同胞的银行"一语，则更表明了中行的报国情怀。

（二）立行使命的史料内涵与价值特征

中国银行的立行使命，概括于1930年底，张嘉璈在中行别业礼堂举行的总处及沪行全体同仁新年同乐会的演讲之中。换言之，他在这次新年同乐会上，作了在今天看来是一种对中行使命宣言的讲话，提出了大意是"积极成功，三方同乐；互相推进，同为模范"的使命宣言。

1. 立行使命提出背景与全行针对性

（1）新年同乐会演讲的时间考证

据姚崧龄《张公权先生年谱初稿》记载，1930年1月2日，张嘉璈在中国银行同人新年同乐会致开会辞。但1930年1月2日的时间可能有误，因为在《新年同乐会开会词》一文的"附：总处及沪行全体同仁新年同乐会启示及节目"中记载："爰择于月之十八日，就中行别业礼堂举行总处及沪行全体同仁新年同乐会。"可见，《新年同乐会开会词》并不是在1930年1月2日所演讲的。那么，"月之十八日"究竟是1930年12月18日，还是1931年1月18日呢？我们只能作如下推断，其判断依据如下：

第一，已知张公权《新年同乐会开会词》一文刊于《中行月刊》第6期，该期于1930年12月出刊，但在12月的哪天出刊并不清楚。如果按《中行月刊》出刊惯例进行推测，那么该刊第6期应当是在1930年12月下旬的某一天出刊，而"月之十八日"应当是指1930年12月18日中行举办了同人新年同乐会。如果说，由于年底工作繁忙，《中行月刊》也有可能是在1931年1月的某一天出刊。如果是这样，那么出刊日期一定是在1931年1月18日新年同乐会以后的1月下旬的某一天才能出刊。果真如此的话，应该在1930年12月出刊的《中行月刊》第6期，实际上推迟1个月才出刊，这好像不太符合张对中行办事效率的要求。

第二，新年同乐会的"新年"是指阳历元旦节，还是农历春节呢？据查，1931年春节是1931年2月17日。如果说新年同乐会的"新年"是指农历春节，那么1931年1月的"月之十八日"，距离2月17日的春节还有1个月之差，似乎也不合中国节庆的常理；如果"月之十八日"是1931年2月18日的话，那么1931年春节的大年初一已过了，这就更不可能。

由此可以断定，“月之十八日”应当是 1930 年 12 月 18 日；“新年”应是指阳历元旦节。因为中行早在建行之初就采用国外会计准则，民国也是按公历纪年，元旦节前举办同乐会更符合银行经营发展的惯例。因此说，1930 年 12 月 18 日，中国银行举办了同人新年同乐会，张嘉璈在新年同乐会致开会辞，作了在今天看来是对中行使命的一种宣言性讲话。换言之，张嘉璈提出中行立行使命的时间节点，是在研究设计中行战略转型与文化建构“新图样”时期提出的，即指张嘉璈在 1930 年 3 月 15 日出国调研回国后，到 1930 年 12 月底止的半年多时间里，根据出国调研所感悟的新理念，于 1930 年 12 月 18 日，正式提出了中国银行的立行使命。

（2）新年同乐会的演讲背景概览

背景之一：该新年同乐会是在中行改组为国际汇兑银行和中行总管理处迁到上海后，由总处与上海分行同人共同举办的，其与会气氛，正如编者所记述：

岁首行春，式传鹄燕，既同舟而共济，宜接席以言欢。我行总处，□有新年宴之设，沪行亦岁有同乐会之举。调节既往之辛劳，庆祝新年之进展，非仅为贺岁时，亦所以联情感也。自总处移沪以来，与沪行同仁接近益切，虽个人酬酢，间有往还，而全靠周旋，尚稽时会。爰择于月之十八日，就中行别业礼堂举行总处及沪行全体同仁新年同乐会，一堂聚话，广座飞胜，佐以兹歌，乐兹佳日。聆戛玉停云之雅奏……

背景之二：在新年同乐会上，张嘉璈先解答了三个问题：

（一）为什么总处会迁到上海？——当然是国民革命，首都南迁的结果。中国银行改变成了国际贸易银行，上海又适为全国商务的枢纽，所以上海为总行所在地的最适宜的地点。

（二）总处与沪行同在一处，彼此是否均有利益？——天下人往往因环境不同而气质互异，因素养不同而智识各别，从许多不同的气质与智识，彼此切磋琢磨，可以各自改善其个人的本质，发展其个人的长处，而发生进步的境界。总处与沪行同仁的环境素养，有相同也有大不相同之点，若能彼此利用其所长，补救其所短，共同努力，造成一种中国银行特有的优美高尚的空气，我敢断言一定是彼此有益的。

（三）总处与沪行同在一处，将来是否能熔成一炉，毫无参商芥蒂？——总处为指挥监督决定方针的枢纽，沪行为业务的中枢，两者能否和衷共济，实为中国银行前途有无光明的希望的分歧点，而我总坚信两者是必然能够始终合作的，因此我也坚信中国银行的前途是光明的。

（3）新年同乐会演讲词的全行针对性

张嘉璈在演讲开始时说：在这欢乐愉快的会场里，使我幻想到假使能合中国银行总处及一切分支行办事处全体的同仁欢笑一堂，岂不是更快乐更圆满？但这是事实上所不可能的，所以我这种幻想也就终归于幻想，而认为无可奈何的遗憾。

这说明新年同乐会演讲并不仅仅是针对在场同人的，而是针对全行的。而且，在新年同乐会演讲结束语中，他特别强调道：我今天的一番话，不仅为对于总处和沪行两处的同仁而发，也是对全体同仁而发，所以我希望全体同仁能体会这种意思，一齐向前做去。

不难看出，这次演讲是张嘉璈任中行总经理后，在花了两年时间外出调研和系统思考基础上，对中行公司文化建设的总体立行设想。

2. **立行使命的史料内涵及价值特征**

张嘉璈以讲故事的文化训导方式作为开始，进而循循善诱地阐明他对中行“积极成功，三方同乐；互相推进，同为模范”的使命内涵的理解与倡导。

（1）阐明对今日同乐会上，到会同仁十分踊跃的感想

我在解答上述的三个问题之后，又回说到今日的同乐会身上来了。不论大小人家，到了新年，都得穿几件新衣服，办几样新鲜菜蔬，家人团聚，叙叙天伦的乐事，或请请朋友，大家欢乐庆贺。但是我要说，假使这样人家，或是债务满身，或是名誉扫地，或是子弟放荡，形式上虽是庆贺，精神上只有痛苦。

即就我们中国银行而论，若是各分支行毫无进步，行基长在风雨飘摇之中，我们今天又有什么快乐之可言！这次新年同乐会，到会的同仁十分踊跃，已是从来少有的现象。我们今天为什么能得到如此的快乐呢？

其原因实由于本行十九年来，重重叠叠的难关都安全渡过，本行的地位，一天巩固一天，近来制度业务的革新，一天一天的实现，全行的柱石个个康健无恙，因此同仁对于本行的前途，都抱有一种前进无止境的乐观。所以我敢相信：今天到会的同仁心坎中，人人都含有发之于心的快乐。

（2）在赞许今天人人都含有发之于心的快乐的同时，引出他对今年快乐的进一步思考——以后天天、时时、刻刻如何同样快乐

今年固然快乐了，我更盼望明年后年以至无穷年，都能同样的快乐，而且更进一步的快乐，要使这种快乐为悠久，为深长，为普遍，为高尚，这（才）是真正的快乐，不过有什么法子，可以达到这种目的呢？

与其消极地从艰苦中求快乐，毋庸积极地从快乐中求成功。要求年年快乐，必须先求天天——乃至时时刻刻都快乐，然后才可以有此一年一度的快乐。

（3）针对如何能够天天、时时、刻刻都快乐的命题，指出满足这种快乐的三种条件及其普适性价值道理，即把全行安乐的目标建立在同仁精神快乐和同仁家庭快

乐的基础之上

如何能够天天、时时、刻刻都快乐，其中含了三种条件，第一是同仁本身精神上的快乐；第二是同仁家庭的快乐；第三是全行的安乐。若是同仁的精神上个个十分快乐，家庭十分和满，那么，一定人人奋发做事，全行的安乐也就可以立致。全行安乐了，然后行员的报酬待遇自然增加，而行员个人家庭的享受也当然随之并进，如此互相推进，循环不已，而我们年年同乐的目的就可达到了。

（4）分别揭示同仁如何才能精神快乐、同仁家庭如何才能快乐、全行如何才能安乐的具体含义和达到条件

同仁如何才能精神快乐？一要使身体十分康健，所谓“无病即是福”。所以必须起居有节，饮食有常，少近酒色，多讲体育。二要不做道德上负心的事，譬如舞弊营私，诈欺取财，或是伤风败俗，有一于此，心中就慄慄不安，任何个性坚强的人，也必生精神上的异状，损害身体的健康。三要量入为出，不做投机，一个人遇到入不敷出，就感觉到精神上的痛苦，假使再做投机，则胜败时时刻刻放在心上，偶遭失败，不特倾家荡产，并且一定发生精神上的毛病。诸君能身体没有疾病，心中无一点负心不安的事情，则一定可以得到精神上真正的安乐。

同仁家庭如何才能快乐？第一夫妇和睦，总使家庭十分的简单，勿做加添烦恼的事，我所谓烦恼的事，不待我说，诸君可以设想而得的。第二要注意子女的健康与教育，使子女个个十分的强壮，并且个个能受相当的教育。同时又必须节制过度的生育，因为若是过度生育，经济上无力培植子女，不特害子女，且为家庭之累。第三家庭中奖励看书、音乐、运动，以免女眷子女们多作无益有损的消遣，而养成家庭中幽静优美的空气。若能做到这三桩事，一定可以得到家庭中真正的安乐。

全行如何才能安乐？行不能安乐，那么我们个人及家庭的安乐，都无所依据。所以根本的安乐，还是在行的安乐，行的安乐是什么？第一要不以不正当或带投机性的方法来博利，而靠着本行坚固的信用，忠实的服务来获利。第二要不利用政治上或社会上任何种势力为我们后盾，而靠着中国银行全体行员忠实纯洁的人格为我们的基础。第三要股东行员不以争分一时的厚利为主旨，而以全行厚储公积，劳资真实合作为目标。能做到这三桩事，我敢说中国银行的基础一定可以根深蒂固，颠扑不破，总可以得到真正的安乐。否则突飞的暴利，一时的风光，掠夺式的报酬，不特使行不能得到真正的利益，还可置行于极危险的境界。

（5）循循善诱地推导出“三方同乐，同为模范”的使命性价值目标，即“吾们就是得到真正的安乐，我们的目的总算达到”这一立行使命之终极目标。该目标包含着三大内涵：中国银行的人员是模范的人员，中行行员的家庭是模范的家庭，中

国银行是中国模范的银行。

如何得到个人、家庭、全行三者安乐的方法，我想只有一个方法，就是比赛。譬如我们行员各种的运动，可以战胜人家；我们行员的音乐戏剧，可以受社会的赞美，我们所办的学校与教养的子弟，可以受到公众的称奖，我们行员个人和家庭的生活可以做社会的模范，我们行员著作，可以受社会的欢迎，我们银行各种办法，可以为金融界的先导，若是一样一样与社会上比赛起来，能博得一句批评说：中国银行的人员是模范的人员，中国行员的家庭是模范的家庭，中国银行是中国模范的银行，那么吾们就是得到真正的安乐，我们的目的总算达到了。

由此不难看出，张嘉璈所提出的“立行使命”具有价值选择普适性之特征：

第一，制度经济学认为，所谓价值选择的普适性是指“属于人们所理解的公正的组成部分”和“得到极普遍肯定的高级个人偏好，绝大多数较具体的意愿大都从属于这些价值”。而较稳定的普适价值和信念，能够使一个难以驾驭的复杂世界更易于我们的管理。公司文化理念的普适性，是指“人在企业中与工作事业相关的，与企业和个人利益相关的理念，利益的共同认知”，文化选择要“千方百计找到个体价值与企业公共价值的契合点，为个人实现自我价值搭建平台，达成公共价值与个体价值共同实现的双赢结果”。

第二，就“积极成功，三方同乐；相互促进，同为模范”的使命而言，这正是将中行“真正的安乐”的目标，建立在“同仁精神快乐和同仁家庭快乐”的普适价值基础之上，亦即：“若是同仁的精神上个个十分快乐，家庭十分和满，那么，一定人人奋发做事，全行的安乐也就可以立致。”反之，“全行安乐了，然后行员的报酬待遇自然增加，而行员个人家庭的享受也当然随之并进，如此互相推进，循环不已，而我们年年同乐的目的就可达到了”。

第三，用今天企业文化的成功案例对比讲，华为公司“双重利益驱动文化”理念（坚持为祖国昌盛和为民族振兴而努力奋斗，为家庭幸福而努力奋斗的双重利益驱动原则；没有为国家的个人奉献精神，就会变成自私自利的小人；没有促成自己体面生活的物质欲望，没有以劳动来实现欲望的理想，就会因循守旧，故步自封，进而滋生懒惰），这与中行当年“积极成功，三方同乐；相互促进，同为模范”使命的价值普适性，是高度一致的。

（三）公司愿景的史料出处与内涵详细

从企业文化学意义上讲，企业愿景也是企业文化核心价值体系的制高点，是组织和人们内心深处的追求和内心意愿的表达，以及对未来蓝图的期望。

从战略管理学意义上讲，企业愿景是组织未来状况的一个简明缩影的文字表述，它确定了这个组织的整体发展方向，是组织努力要达到的境界和个人或群体所渴望的未来的“状态”。

1. **“国民经济命脉，社会事业指导者，社会人士模范”史料详细**

该语出自张嘉璈 1934 年 7—8 月，在南京分行新屋落成典礼上的演讲。他运用自 1930 年 12 月以来全行积极践行公司终极价值观的业绩成果，再次对中行终极价值观进行重复性强调与概括，他说：

中国银行现在社会上的地位，比从前要进展得多。差不多中国境内无论什么，举凡农业、工业、商业，差不多没有不和中国银行发生了直接关系，或者是间接关系。凡是国人经营的企业，都要跑到中国银行来问一问。哪种事业可以做，哪种事业不可以做，都要来找中国银行替代他们想法子。甚至有的地方，筑哪条铁路，筑哪条公路，都要来问一问中国银行，这条路可不可以筑？这许多事件，每每要向中国银行来想办法，帮助他们进行。同时社会上对于中国银行的人也非常注意，我们的一举一动，在社会上，几有十目所视、十手所指之概。

照这样看起来，中国银行不啻为国民经济的命脉，是社会事业的指导者，是社会人士的模范，责望何等的重大。

但是我们自己回头想一想：我们是国民经济的命脉，但处此机遇陧艰的时局之下，我们是不是能为国民经济方面，想一点补救的办法？我们是社会事业的指导者，但是我们有否充分的智识与才能对于社会事业，有所尽力与贡献？我们是社会人士的模范者，但是我们的道德与品格，是否是为人家的模范呢？

虽然，我们自知目下之努力，离乎上述三项之目的尚远，但于以见社会期望于我人者，何等的殷切，我们的责任是多大多重！

对此，用现代企业管理眼光看，张嘉璈“中国银行不啻为国民经济的命脉，是社会事业的指导者，是社会人士的模范，责望何等的重大”一语，以及“但是我们自已回头想一想”之后的一段检讨话语，可看作是他再次对中行报国使命和立行使命所进行的重复性强调。但从使命和愿景的微妙区别上看，愿景多以感性形象来表述公司终极价值观，因此可以将“中国银行不啻为国民经济的命脉，是社会事业的指导者，是社会人士的模范”看作是中行的公司愿景。

2. **“如何使我行成为最进步最稳固之银行”史料详细**

该语出自张嘉璈 1934 年 5 月 29 日，在重庆分行所作的题为“如何使我行成为‘最进步最稳固之银行’”的演讲之中。在此之前，他曾于 1934 年 5 月 6 日，在宜昌讲话时，讲到了他原来对中行愿景的期望是：

中国银行号称最大、最稳固之银行，欲保持最大二字，须能长久维持其领袖之地位；欲保持稳固二字，须放款精而开支省。

但到了同年5月29日，他在重庆分行演讲时，回顾了中行自成立以来“一切事事物物的变化”，总结了中行担任中央职务时期、创立社会信用时期、递嬗商业银行时期和根本改组时期的商业银行演进过程，由此对中行作为“最大和最稳固之银行”的愿景期望进行了再度的升华性思考：

吾常有一个感想，吾们的广告自称为“最大最老之银行”，这个牌号总觉不甚称意，常思改为“最进步最稳固之银行”。

这即是说，中行应以“最进步最稳固之银行”的愿景目标去替代“最大最老之银行”之愿景目标。应当说，这是张嘉璈的中行公司文化价值思想的最高点，在此10个月后他就离职中行。他对“最进步最稳固之银行”愿景特征的描述是：

所谓理想的中国银行，不是极高大的洋房，不是数十万万的收付，不是个个行员坐汽车、吃大菜。是一个：无论遇如何风潮事变，兑现也好，提存也好，决不缺人半文钱，一切债务都有抵挡，都能清付的银行；是一个：凡有信用的字号，凡有有益国家的大实业，无一不与往来发生关系的银行；是一个：不必鼓吹，不与高利，而人人愿来存款的银行！

二、使命与愿景的文化共识与文化践行

公司文化既是一个“复数”的概念，培育公司文化本质就是形成组织内部上中下一体化的文化认同感；同时，公司文化又是一个员工“思行合一”的行动概念，由此形成群体性行为习惯、组织风气、组织形象。对于使命与愿景的共识响应和践行效果及其社会反响等情况，可以从众多史料中，选取几个例子加以说明。

（一）全行达成使命愿景的文化共识响应之案例

关于中行行员对张嘉璈所提出的中行使命与愿景的共识响应，可从以下案例看出，更多的则反映在第三章的文化共识之培育方式之中。

1. 行员对使命与愿景的共识响应之史实

案例一：1933年11月《中行生活》策划了“我们理想中的中国银行”征文活动，从中可以看出广大行员对中行“先国后行，枢纽自任；三者同乐，同为模范”之使命的认同感与殷切希望。《中行生活》这次征文共有应征文章72篇，全部收入刊登在1934年1月15日《中行生活》第二十二期的“新年号”上。

比如：行员刘翰筠在《如何把我们的中国银行做到“好”》一文的字里行间，足见其对张嘉璈所提出的中行使命与愿景心领神会的程度：

第一，张嘉璈曾说：中国银行不啻为国民经济的命脉，是社会事业的指导者，

是社会人士的模范，责望何等的重大。对此，刘翰筠联系自身工作，提出如何将中国银行做到“好”的职责是：

究竟此一年中，办事精神上，是否能照本行既定的方针，从实际上做去？是否对于辅助农工生产事业，改良社会经济，得到最大的效果？对于本行各种业务的工作，增加若干效率？我们虽不敢自诩其成绩，但本行一切的事务，经同人不断之努力，已逐渐向改进的程途中走去，这当为各界共见之事实。

第二，张嘉璈曾说：我们种种努力，最终的目的，是在救国。总希望将来凡有国家大生产事业，都有我们中国银行参与其间，这就是中国银行同仁的荣誉。对此，刘翰筠联系自己的工作实际，深刻领悟道：

惟国至今日，艰危万分，“救行”即所以“救国”，我们应如何积极地为行奋斗，建筑前途的坦途，这是我们的每个同人应负之责任。在我同人，总望将我们的中国银行，办到一个好字，但这一个好字，不是行内的人们，觉得办到怎么样，就以为好的，一定要使行外的人们，拿旁观的、比较的眼光来观察。例如常与本行接触的主顾，与我行往来，总觉得比他行为便利可靠，情愿来光顾我们。又同业各行，站在一条线上，比较的觉得我行事事有进化、有精神，可拿我行为榜样。

第三，张嘉璈曾说：浓厚力量的发生，在于内外同人有上下一致的精神。有一致精神，便能发生浓厚的力量。那前途的光明可以预卜的。对此，刘翰筠联系自身工作提出把中国银行做到“好”的职责：

如何能办得好呢？第一先问自己有否一致团结的精神，合力以赴；我们的行员，是否个个人有爱行的思想，这是先决的问题。如果行员人人知道爱护中国银行，遇有本行困难事情发生，大家起来，同心协力的扶持；遇有为行工作的使命，一心一德，努力向前去干，那么所办的事情，没有不会好的。

第四，张嘉璈对“三方同乐，互相推进”这一使命的普适性道理，只要一有机会就大力倡导，循环演讲，不厌其复，以力促员工的文化共识。对此，刘翰筠联系自身工作提出把中国银行做到“好”的职责是：

本行为同人生活服务的机关，同人衣食住在行，与行同其休戚，若不将本行办得基础巩固，则同人生命所寄，宁有生路之日？同人与本行，既有如此切肤关系，故必须人人尽其职责，拿全副精神才力，去力谋业务的发展。

在本行待遇同人，亦必须实事求是，大公无私，秉饩廪称事之义，信赏必罚，自总处以至分支行处内外办事人员，核其事少人冗，可为行节省开支者，量为裁并。年终考核成绩，凡有萎靡不振、办事不力之行员，尽可勤加淘汰；如认为确有成绩，才堪任使者，亦宜分别擢拔，庶几人人振奋，为行效力。

第五，张嘉璈提出过“忠于职务即忠于国家；要忠于职务，须由忠于自身始”的文化理念，刘翰筠联系自身工作提出如何把中国银行做到“好”的职责是：

总处现抱的政策，与各行精神打通一气，总经理及各管辖行经理，亲临到内地来与同人见面谈谈，从此下情可以上达，精神不致隔阂。同人只要自己努力，不患没有上进的出路，生活可以无忧。希望大家脑筋中，常存“中国银行是我们的中国银行”的念头，爱行即所以自爱，为行服务，即是为社会服务，即是爱国。

现在都市资金过剩，农村经济衰落，我行既不能离国家社会而独存，今后应如何设法维持农民的生产，增进内地的繁荣，为社会谋福利，并为本行自身谋发展，均是当前的责任。同人尤宜努力，注意于新兴各事业，以应社会之需要，庶可达我辈从事金融事业之宗旨。

案例二：1933 年 5 月 15 日，《中行生活》第十三期刊登了包文藻《我对于〈中行生活〉‘周年纪念号’之贡献和期望》一文，其中，有一段他对张嘉璈“全行同乐”愿景的感慨和对《中行生活》办刊效果的赞赏：

我曾记得张总经理在一卷六期的《中行月刊》上说过：“……使我幻想到假使能合中国银行总处及一切分支行办事处全体的同仁，欢笑一堂，岂不是更快乐更圆满？但这是事实上所不可能的，所以我这种幻想，也就终归于幻想。”

在这里，总经理固充分的深刻的表现着亲爱同仁的精神，而实际上我全体同仁又何尝不有此同感？单以我个人而论，在脑海的深处，就牢牢地印了这个幻想。可是人力终能胜天，在过去认为事实上不可能的全体同仁形式上底（的）欢聚，现在竟能达到全体同仁精神上的融洽，把我脑中所存的幻想，一洗而空，这回天的能力，不可不归功于这可爱的《中行生活》!

案例三：1934 年 1 月 15 日，《中行生活》第二十二期中，刊登了行员杨臬的《银行应如何辅助国家》一文和彭谷旸《对于农工商业之领导》一文，他们提出了高水准的普通行员的报国见识：

中国银行者，将不仅为吾国银行界之领袖，抑且为吾中华民族唯一之福星；

本行对于服务社会更尽职责，益为人所依重，必须使之感觉，一处无中国银行，即一处不便利。因之资金运用，途径益宽，社会国家均所利赖，本行之地位与业务，益超稳固而发展；同人生活，自随之而更愉快矣。

由上述史料，足见行员们对张嘉璈所倡导的“中行是国民经济的命脉，社会事业的指导者，社会人士的模范，使中行成为最进步和最稳固之银行”的公司愿景，有着深刻的文化共识与文化推演。

2. 全行践行职务报国之使命的史实记述

全行践行“枢纽自任，职务报国；服务大众，改进民生”之使命的一般史实评价，正如《行史》结束语所总结的那样：

中行是国民经济的命脉，以国民经济的枢纽自任。中行以大量贷款支持铁路、公路、航运交通事业，以促进国民经济基础设施的建设；大力支持民族工商业的发展，发起并组织“国货产品产销协会”、“国货公司”，以促进国货产品的生产和销售；创办农贷，带头把资金投向农村和内地；支持农村经济的复兴和农业生产的发展；大力支持进出口贸易，以改善国家的国际收支状况；支持和团结同业，以壮大民族的金融实力；兴办保险业务，开拓投资、信托和储蓄业务，以多种形式和多种渠道支持经济事业的繁荣；根据需要和可能，发放贷款，支持海外侨胞的经济事业。中国银行还协助政府整理公债、阻止白银外流、改革币制，以稳定经济。中国银行的这些工作，既促进了国民经济的发展，同时，也发展了中国银行的业务，提高了中国银行在金融业中的地位和声誉。

全行践行“枢纽自任，职务报国；服务大众，改进民生”之使命的具体史实，还可从中国银行民国时期多个年度的营业报告之记述中，得到深刻的验证。比如，张嘉璈在中国银行民国十九年度（1930）营业报告的引言中宣称：

银行业者之职务，既在乎扶助工商，发展社会，则举财政经济工商各业所受之影响，又无不一一波及于银行。银行将如何屹焉自立，以避免此风涛之震撼，复进而尽其救济援助之责，以奠国家经济组织于磐石之安。斯固银行业者所应负之责，而又自惭其绵薄者……以中国银行与国家社会关系之密切而普遍，益感其责任重大。同人毕岁兢兢业业，毋敢或怠，犹恐不及其什（十）之一二，此同人所引为深憾，敢不益自警惕，以期本行所尽力于社会者，得与年而俱进。

……民国十九年度值内外多事之秋，而本行营业状况，较之十八年度，仍得日见进步者，良由本行之稳健政策，已得社会之真实谅解，而是年一年间对于业务之种种革新，亦不无成绩足述，此对于股东，堪以告慰者。

再如，张嘉璈在中国银行民国二十一年度（1932年）营业报告的引言中曰：

民国廿一年，遭民国以来未曾见之国难，无异积弱之身，忽染时疫，百病齐发。政治则举国惶惶，几无一日之安定；社会则农村衰落，几至全国人民，沦为失业；经济则旧式商业组织奄奄待毙，几次第崩溃；金融则资金集中都市，内地血脉，完全停滞……

本行有见于此，故决定仍采取有进无退之方针，对于金融界巩固及改进金融组织之合作运动，固已尽力援助，以促其成；即凡工业因缺乏资金，不能进展者，则充分接济之；凡农产品因无金融帮助，不能维持相当价格者，则尽量调剂之；凡各省建设事业，需要巨大资金者，亦无不尽力助其完成；一面尽量向内地放款，矫正集中现金于都市之弊病。盖认清信用产业幼稚之国家，既能幸免于金融与产业之恐慌，即知金融上之继续援助，实可以间接促进社会与秩序之安定。

证诸已往一年间之成绩，私幸所取方针，尚无错误，以有廿年历史之金融机关，能于国难最严重之时期中，对于国家社会，稍尽厥职，吾股东与吾同仁当亦同声庆幸者也。

（二）践行使命与愿景的社会反响之四川省史实

对此，从1934年5月10日，渝埠各界热忱欢迎张嘉璈总经理抵渝，以及同年5月30日，重庆金融、交通两机关在重庆一园隆重设宴，欢迎张嘉璈一行的史料中窥见一斑，足见中行当年“经济枢纽，社会模范”的公众形象之形成。

据《溯江记》记载，1934年5月10日渝埠各界热忱欢迎张总经理抵渝：

午后三时，渝行自周经理以下重要职员，渝市银钱业界之重要人物，及民生公司经理卢作孚先生，均到码头欢迎总座，并有盛大之军乐队致敬。

船到重庆码头，渝行周经理偕同仁上轮迎接，城内重要长官，金融机关领袖，亦来欢迎，在军部乐队大作中，总座脱帽而过。轿子联翩，莫非冠盖，于是便进烟气缭绕的重庆城了。

盖渝埠各界欢迎张总经理之热忱，在此时多表现无遗，其热烈实为历年来所仅见。良由总座之学问、道德及二十余年来之苦心经营，其坚忍不拔之精神，早已为川省人士所景仰。今能抽暇于百忙之中，不远万里而翩然莅止，初为川人所不及料，其欣慰盖可知矣。

《溯江记》还记载了1934年5月30日，重庆金融、交通两机关在重庆一园隆重设宴，欢迎张嘉璈一行的场景；《中行生活》还专门辑录了“四川各界欢迎张公权先生标语”，这些标语集中体现了当地对张嘉璈先生的殷切期望，也足见中行当年“经济枢纽，社会模范”的公众形象之形成。

重庆金融、交通两机关，公宴总座于一园，并演川戏以助兴。

各银行员生，准时而至，整齐严肃，静听总座之讲演，开渝埠团体大会之新纪元。园中标语甚多，济济一堂，尽欢而散，为重庆商界空前之盛会。

而“园中标语甚多”所指的这些标语内容是：

欢迎四川开发前途的扶助者张公权先生！

欢迎生产事业的最大助力者张公权先生！

欢迎张公权先生，考察四川的经济状况，指导四川的生产方法，增加四川的建设力量！

欢迎张公权先生，促成国内的金融专家，促成国内的实业专家，促成国内的建设专家，促成国内的科学专家，注意全国生产最有希望的四川，多到四川游历、考察研究指导！

欢迎全国金融事业的领导者张公权先生！

欢迎国货消沉的唯一救星张公权先生！

欢迎张公权先生，携带世界前途的变化，中国前途的希望，四川前途的办法，赐赠四川人！

张嘉璈在欢迎公宴会上登台后，先由重庆银行公会主席潘昌猷致开幕词，次由卢作孚致介绍词，随后张嘉璈作了题为“银行界的责任应以商业道德改良政治”的演讲。他洋洋洒洒地讲了发展经济为救国要图、银行应为全国的血脉、以商业道德改良政治、银行应以道德为武器、四川为复兴中国之地、以唤起同情心救中国、银行钱庄应互资借镜、中行是全国人的银行等八大问题，他强调说：

发展经济为救国要图，而银行应为全国的血脉，银行应在国家组织之内发挥更大的效力，承担更大的责任，那就是以我们的银行道德来改良政治道德。

银行家应以道德为武器，凡是不正当或不合银行道德的事，都不去作，只要发现国家政治上或财政上，有不合理的事情，能够纠正的，都要竭力纠正；即使不能纠正，也不要去帮助他阿附他。

行员本身则须严加训练，一个个都变成有道德有人格的人。

最后，张嘉璈对继续践行中行“枢纽自任，社会模范”使命与愿景再次承诺，即“中行是全国人的银行，是中国四万万同胞的银行”！

张嘉璈演讲以后，何北衡先生致答词，他的讲话颇有深意：

我们欢迎张公权先生，是欢迎他对四川的办法，不是他那一堆银圆；要是欢迎银圆，我们就俗了。是他的道德和才具，不是他中国银行总经理的地位；是为公的，不是为私的，要是为私，那么“同行相忌”，我们就该欢送，四川是公开的，欢迎国内人士来开发，造成救济今日中国的一个大本营。

从上述史料中，尤其是从何北衡先生所说的欢迎张公权“对四川的（开发）办法”，欢迎他的“道德和才具”等话语，足可看出中行公司文化的公众形象的形成之势。这正如《中行生活》1934 年 7 月《前奏曲（为川行前奏）》一文所总结的那样：

我行近年来的一举一动，在社会上，几有十目所视，十手所指之概。因之无论上下级行员的行动，亦均为各界所注意，所以希望同人振奋一切，要融合旧的经验，发生新的生力，创造新的环境，共谋本行地位的增进。

由此，总行希望全国各分支行继续保持和发扬中行公司文化的公众形象：

本行所可贡献于各界的力量，不专恃金钱财力之融通，尤重在精神意识的导助；对于新兴事业，要有认识、判断的能力，从而尽转助，纠正的责任，然后本行始可不负社会上的期待。这就是我行全体同人所应引为一致努力企求的鹄的。

第二节　公司文化核心价值：行员理念

实现中行“枢纽自任，职务报国；服务大众，改进民生”的报国使命，以及“积极成功，三方同乐；互相推进，同为模范”的立行使命，需要具有普适性价值和亲和力价值的行员理念，作为达成中行使命与愿景最有力的工具价值观的支撑。据对多方史料的概括，张公权时期中行及川中行公司文化核心价值体系之行员理念的史料内涵，可以概括为：

先人后事，三者育人，四者激励，久于其任。

一、行员理念的史料内涵及其价值特征

行员理念的史实概括逻辑：“先人后事”是行员理念的核心概念，即用人任事之前，先要选人、律人、育人和激励人；“三者育人，四者激励”是“先人后事”的达成路径理念；“久于其任”是行员理念培育人和激励人之目的。

（一）“先人后事”的史料内涵与价值特征

“先人后事”价值理念的史料出处，概括于中行以下人事史料的内在联系，及其所表现出的人事管理规律与组织文化传统之中。

1. “先人后事”理念的史料内涵

“先人后事”理念的逻辑内涵，通俗地讲就是：事是人干的，要想干成事，用人任事之前，必先选人、律人、育人、激励人。

（1）中行人事训练是为民众与国家服务的先决前提

实现中行使命与愿景，首要根基在于任事之前先育人，先励人。在张嘉璈的价值理念中，人事是他所关注的重中之重，即“鄙人所注意者，在人事方面”；凡是谈及中行各种发展设想，必先以人事刷新和行员职务训练及精神修养提升为先决条件。

1930 年 5 月 10 日，张嘉璈在向中国银行股东总会提交书面报告中，提出改变中行业务方针时说：“所谓服务大众者，在乎使人人能利用银行。银行本为公众钱财

之管理者，自应实事求是，以谋大众与本行相互之利益。”然而，他紧接着就强调了贯彻这一战略转型的先决条件是：“故首先必须严格训练行员，俾知如何接待顾客，以谋顾客充分的便利；如何指导顾客存放余资，以谋储蓄能力之增进。对于顾客概无等差，一律待遇。”

1931年1月1日，张嘉璈在推出融中西银行经营管理智慧于一体的六项全面改革时指出：“今欲求中国银行在国际上占一地位，在国内为民众与国家服务，其最要关键在于人事。故人事刷新，实为中国银行革新之最大目标。”

还有，中国银行民国二十年度（1931年）营业报告也称：

回忆中国银行廿年间之历史，在办事人方面，虽时时兢兢业业，冀尽厥职，而每年所欲报告之成绩，实不敢谓堪副（符）股东与社会之期望。同人等惭疚之余，不能不有一言为我股东及社会告者。银行在国家社会中所占之地位，无异工厂中凡百机械之一种。而机械之装置，必须地盘坚固，方可运转裕如。

——由此可见，张嘉璈的上述观点说明，行员的职务训练和精神修养是中行为民众与国家服务的先决前提和首要基础。

1932年3月左右，张嘉璈在中行第一区区务会议上，强调“抑尚有言者，团结精神固以坚改进之基础，而训练人才尤为今后改进工作中不可忽视之要图”。

——这就是说，培育全行团结精神，也应当以训练人才为要图。

1933年7月7日，张嘉璈在天津分行对行员训话时提出“忠于自己，忠于职务，忠于国家的道理”，这说明忠于国家的前提是忠于个人，即“行员对于体力、知识、道德三者，非有充分的修养不可”，其本质就是“先人后事”。

1934年6月9日，张嘉璈在汉支行讲话时，谈到中行在百般竞争和挣扎中得能图存的唯一秘诀，其本质也是“先人后事”：

兄弟每出行至一处，一面考察商情，一面辄询及同仁履历（按：总经理在训话前，曾对同仁一一作个别问答）。因为近几年来，行方极注意到人事上这个问题。一个银行要在百般竞争和挣扎中得能图存，其唯一秘诀，就要有出色人才。换句话说：“无人才，谈不到与人竞争。”

1934年6月15日，张嘉璈在九十四号大厦发表《川行感想之种种》演讲时，将他们一行“入川之初，时适政界种种误会，对我行多所非难”的前提原因，归结为人事训练问题，即“有一机关设立，就得从头注意，不可因地僻或局面小而忽视之，设当日早早注意，多派得力行员；发展内地，人比钱要紧；迅速训练人才，没有适当人才，不可随便添设机关”。为此，他提出了事关全行的人事训练的改革措施：“如今各地有各地的行员，如何使其精神一致，最为困难，我人固不能将各行的行员——从机器中制造出来，使全体成为同一之模型；但欲求精神之整齐，组织之健全，自非集中训练不为功。”不难看出，这就是以负面的史实案例，说明中行成都支行任事不力的原因在于育人不力（详见后）。

（2）中行人事改革时间先于六项全面改革的推出

从1928年11月张嘉璈任中行总经理，至1931年1月推出六项全面改革的两年多史实看，“不能不完全修改”的中行原来打造的“房屋图样”，并非都等到张嘉璈“国外一行，研究建造中国银行的新图样”以后才改革，而是有例外的，这个例外就是人事改革。也就是说，1928年11月张主持行务之后不到半年时间，即在“研究建造中国银行的新图样”之前，就早早地推行了人事制度的改革，于1929年4月推出了总称为《行员服务待遇规程》的人事制度。

根据《行史》记载，中行制订人事制度早在1914年10月就已开始，但真正全面确立人事制度，是在1928年11月张嘉璈上任之后的1929年5月。这次改革目的是：使基本干部能安心工作，久于其任，树立以事业为前提的服务风气。改革内容是：实行考试录用与聘任制；修订服务待遇规程；培训人才，增强凝聚力；关心行员福利。到1929年4月，中行就形成了一套较完善的人事制度并公布执行。这套人事制度总称为《行员服务待遇规程》，包括八项规则：《行员俸薪津贴规则》《行员服务规则》《练习生服务规则》《行员年金规则》《行员储金规则》《行员恤养规则》《行员请假规则》《行员旅费规则》。其改革特色有四：重视人才，把选用和培养人才作为企业发展的前提；重视教育，鼓励行员提高文化、业务知识，加强对员工的职业道德和行风、行纪教育；按绩合理付酬并稳定员工生活，辅以多种待遇和福利制度，使有较强的凝聚力和归宿感，鼓励员工长期及至终生为中国银行努力工作；还有就是严格执行人事制度。

不难看出，张嘉璈之所以没有将中行人事制度改革放在出国调研和系统思考的两年之后和盘托出，这说明人事改革是一切改革的先行基础，不能耽搁。而且，1930年4月16日，张在出国调研之后所提出的“三者育人，四者激励”的行员训练新理念，以及在1931年1月推行的“行员职务训练与精神修养”改革，并未对《行员服务待遇规程》在制度层面有大的更改，而是对已有制度加以措施上的细化。

综上史实，可以将民国时期中行公司文化之行员理念概括为“先人后事”，通俗地讲就是：用人任事之前，必先选人、律人、育人、激励人。

2.“先人后事”理念的价值特征

“先人后事”理念的价值特征包括，任事之前先选人、先律人，体现着用人任事的审慎性；任事之前先培育人、先激励人，体现着文化价值的亲和力。

（1）“先人后事”价值特征：用人任事的审慎性

第一，用人任事之前先选人的审慎性。据《行史》可知，1915 年 8 月中行总处公布的《总分行号练习生服务规程》，录用学生，培养成普通办事员，是采用考试制度开始的。以后由人事室主任在每年暑期毕业考试前，就分别访问国内著名大学及高级中学，登记最优秀的学生，约其毕业后到行参加考试，分别录用。考试由总处人事室统一出题，计考：语文（包括作文、文言译白话、白话译文言）、英语（包括作文、汉译英、英译汉）、数学、珠算、经济常识等科。值得一提的是，从 1937 年上海中国银行招考练习生试题中可以看出，试题包括国文、英文、数学、常识等四部分，其中的国文题目为：中日关系调整之基点及有无调整可能之推测。① 不难看出，中行的国家使命与情怀在练习生准备入行时就加以灌输。在笔试后，还组织领导人员 4—5 人对应试人进行口试，面测应对才能和体貌举止，并有严格的体格检查，包括姿势仪表、精神状态等。根据以上考试、检查结果择优录用，量才使用，不徇私情。录取的大学毕业生，进行实习，称试用员，6 个月实习期满，成绩优良的转为正式行员。录取的练习生，经训练培养二三年后，成绩优良者升为助员，为初级行员。还酌用雇员办理普通事务，成绩优良，经过考试，可晋升为行员。1928 年改组期间，针对过去用人偏重经验阅历的现象，在改革中对经验和学历兼收并容。为了做好改革工作，还聘请一批中外专家到中行工作，如德国的罗德瓦尔德、英国的尼克尔和格雷、瑞士白恩大学毕业的张肖梅、美国克拉克大学毕业的张禹九、清华大学教授刘攻芸，他们都学有专长。同时选录国内外大学的优秀毕业生，担任高级行员，成为中国银行改革的中坚力量。

这说明“先人后事”理念内涵之一就是，要想干成事，必先选好人。

第二，用人任事之前先律人的审慎性。作为一种文化传统，中行从 1914 年开始制订人事规则时，首先就是《行员戒约》和《行员惩戒暂行规则》，这是中行行风、行纪的具体体现。1929 年 4 月合成《行员服务规则》，包括戒约、规约、保证人、惩戒四项。（1）戒约：主要规定行员不得兼营他业；未得总经理许可，不得兼任行外职务；对本行事务应严守秘密；不得在行内及向中行往来商家挪借款项；不得以他人名义向中行私做交易或为人作保；不得私用中行名义；不得有一切投机之行为。（2）规约：主要规定各行员对顾客应谦和接待；对顾客托办的事，力求照章方便迅速办理；对顾客探询事件，不得厌烦，涉及银行秘密，则应婉辞委谢；对顾客托做汇兑等事，按市面行情照算汇水，不得分外多索；每日应办的事，应当日完结，不

① 刘平. 民国银行练习生记事［M］. 上海：上海世纪股份有限公司远东出版社. 2016.10.

得拖延；每日应照法定时间到行、离行；办公时不得怠惰；各行员应和衷共济，不得妄生意见，党同伐异；各行员应操守严谨，屏除一切恶习。（3）保证人：指行员应有一人以上的保证人签具保证书，才能到行工作（详见第三章）。（4）惩戒：行员有过失时有记过、罚工资、减工资或降等、开除、开除并责令保证人赔偿等五种形式，行员受刑事诉讼处分或发生破产后应予开除。

比如，据《中国银行通信录》第六十八期之行员奖诫录记述，1921 年 3 月 14 日，总裁、副总裁示：“万支行（注：万县支行）会计兼国库主任万明彝，在当地商号借款，请假时未经清结，以致发生□□，应记大过一次，以示薄惩，仍由渝行转饬文，该员速将所欠之款限期清理完结，勿得迟延。”

这说明“先人后事”理念内涵之二就是：要想干成事，必先约束人。

（2）“先人后事”价值特征：用人任事的价值亲和力

第一，用人任事之前先育人的价值亲和力。中行用人任事之前先培育人的传统形成于 1915 年中行《通信录》之创刊，正式形成育人制度始于 1920 年 9 月。据《通信录》第六十一期记述：1920 年 8 月 24 日经副总裁张嘉璈裁示：成立行员讲习所，目的在于“为养成本行初级行员之学识”，培训范围包括：“所有本行之练习生、检券生等均应按时入所听讲”，其配套措施为“将来考核服务成绩，即与听讲成绩相计并算”，同时“总期相与砥砺有成，不得随意作辍”。由此，讲习所第一期于九月一日开学。再据《行史》记载：①1929 年 4 月《练习生服务规则》主要规定为：年龄在 15—20 岁间；高小毕业或在中学修业二年以上，或者曾干过商业，文理明顺，通珠算、笔算的为合格；服务满 3 年无过失的，得升为助员，成绩优异的，虽未期满，经核准，亦得特予提升；对练习生不支工资，只发津贴，膳食由行供给。服务勤劳的，年终发给年间津贴，最多不超过 60 元；发生不遵从上级行员告诫或怠惰而屡戒不改的，即行开除。这说明中行“用人先育人”理念是先从练习生抓起。②对作为培训对象的助员和练习生，由中高级行员担任导师。一般即由所在股系主任负责指导，边工作，边学习；人数较多的行则举办培训班、讲座，灌输新知识，每周还组织精神修养讨论会，使学识、经验、品德和素质都能提高。也可参加行外夜校进修英语、打字等课，由行支付学费。中行青年学习风气之盛，直至抗战也不稍衰，这批人迅速成为业务骨干。③1929 年 4 月人事改革时期，为融洽新旧人员之间的关系，并交流经验体会，于每星期五晚上，新旧高级干部一起聚餐。旧同事讲述旧经验，新同事报告他在工作中如何利用新知识，互相交换意见，取长补短，共同提高，消除隔阂，增进团结。分行经理到总处，支行领导到分行，都照例有聚餐，互通情报，沟通思想，多增行务知识，加强凝聚力。员工家中有事，都相互慰问与帮助。

④中行通过创办《中行月刊》《中行生活》《中行农讯》等刊物作为树立“团体精神”的载体，有效达成育人的目的。

这说明“先人后事”理念内涵之三就是：要想干成事，必先培育人。

第二，用人任事之前先激励人的价值亲和力。据《行史》记载：①中行为使行员有安定的物质生活，安心工作，除完善工资、年金、恤养等规则外，着重解决行员福利。如：建筑新式宿舍，使每人有安适的居处，各分支行处未建行员宿舍的，由行方给予房租津贴；供给行员从宿舍至办公地点的交通工具，上下班接送，或发给车马费（以副经理、主任为限）；设立子弟小学及补习班，部分行处发给一定的子女教育费，凭公立学校学习成绩及缴费单发给补助金；兴办消费合作社，以减低行员日用开支；部分行处并采取平价供应食米等办法，后来演变为发给米贴；发给制服及劳保用品，部分行处曾制发毛料中山装或西服，从而改变过去以穿长袍为主的着装，面貌焕然一新。②在《行员服务待遇规程》的八项规则中，有五项都是关于员工各种待遇方面的激励措施，如《行员俸薪津贴规则》《行员年金规则》《行员储金规则》《行员恤养规则》《行员旅费规则》。其中，《行员恤养规则》包括恤金、退职养老金和退职赠与金三项，在每年开支项下，酌定若干恤养基金。《行员年金规则》规定：行员在行服务满 6 年，除婚丧外，每年事假、病假不超过两星期的，按这 6 年所得职务工资平均数，给予半年年金；发给年金时，照储金规则扣存储金；养老年金并入恤养规则；还有超假扣除年金的规定等。《行员储金规则》规定：行员每月工资和年终酬劳金、年金各分 6 档提存 2%至 7%，交总处汇存，按月息一分二厘计给利息，每半年滚入本金；储金每满 100 元整数时，行员得以本人所有的中行股票 100 元缴存总处，换还储金现金 100 元；行员离职或病故时，所存储金及交存的股票，分别发还。此外，中行广泛地成立了同人消费合作社和中华国货产销合作协会等福利组织。

这说明“先人后事”理念内涵之四就是：要想干成事，必先明示使员工“久于其任”的各种待遇。

（二）“三者育人，四者激励”的史料概括

1930 年 4 月 16 日，张嘉璈在出国考察观感的即席演说词中，除了提出“今后方针系扶助国外贸易，以达到扶助生产、改良人民生活为目的”的发展战略的改革理念外，同时还提出了类似于今天组织文化建设的培育理念。

1. “三者育人，四者激励”的史料内涵

所谓“三者育人，四者激励”一语，概括于张嘉璈 1930 年 4 月 16 日的出国考察观感的即席演说词，以及张嘉璈于 1931 年 1 月 1 日所推出的“注意行员职务训练

与精神修养”改革内容之中。

（1）“三者育人”指通过“理情力”三者并进方式以确保行员训练效果

行员的训练，当从理、情、力三者并进。理的方面，由教育着手，使各人的理解步步向上。情的方面，拟提倡音乐、美术、文哲的高级趣味，发展性本善的内性生活。力的方面，当竭力提倡体育，组织各式运动比赛，健全各人的体格。

职务训练与精神修养的训练方法为：（一）使新行员与旧有经验者“同化”，而保存其新精神；（二）使其物质生活安定，而提高其精神修养。前者利用聚餐会。每星期五晚，由中上级新旧干部一律参加聚餐，旧同事讲其旧经验，新同事报告其在工作时，如何利用新知识，互相交换意见，使新旧融合一炉。组织新生活俱乐部，备有公共食堂，图书室等，邀请行外名人演讲，发行《中行生活》，传达行员动态，登载行员意见；组织旅行团，参观工厂及名胜，目的在提高生活兴趣，增进工作效率。

（2）“四者激励”指通过“衣食住行”四者整体计划以确保训练效果

行员同仁的训练，物质方面，衣、食、住、行四者，必将有一整个计划。诸如行员住宅、公共食堂、消费社、行员子女幼稚园、公共交通工具等，如能逐项办到，则物质生活，庶几解决十之八九。以收同仁诚能克勤克俭，自无后顾之忧之激励功效——即“仓廪实则知礼节，衣食足而知荣辱”。

2. **“三者育人，四者激励”的价值特征**

从现代企业管理视角看，张嘉璈关于理情力三者并进培育行员和衣食住行四者整体计划激励行员的理念，具有以下价值特征与管理效用。

（1）融激励因素和保健因素于一体的综合激励效用

用今天现代管理学激励理论看，赫茨伯格（Fredrick Herzberg）激励—保健因素理论认为，激励因素是指与工作内容相关的因素（如挑战性工作、晋升、个人发展等），激励因素也称为满意因素，一旦满足了这些因素可以激励员工，若是未满足的话也不会产生不满意；保健因素是指工作条件因素（如人际关系、薪酬、工作稳定等），保健因素也称维持因素，这些因素的满足并不能起到激励员工的作用，但一旦不满足将引起员工的不满。与现代管理学激励理论相比较而言：

第一，“理情力三者并进”的行员精神训练理念，相似于赫茨伯格激励—保健因素理论的激励因素。即是说，以教育明道理方式引导行员观念步步向上，用高级情趣熏陶行员具有善良人性的生活方式，提倡体育以健全行员体格等三者育人的方式，大致相当于当今的“德智体”全面发展育人方式，正如张嘉璈所说：“人为的本能与效能的根基，在乎他的体育智育德育的素养。素养充足，则本能与效能的发挥增进自易，否则到了一定的限度，就欲进不前，或则欲进反退。”①

第二，“衣食住行四者必将有一整个计划”的行员训练保障理念，则相似于赫茨伯格激励—保健因素理论的保健因素。“四者激励”能够使行员免去生活后顾之忧，由此去追求“理情力”的全面发展，亦即“四者激励”具有“仓廪实则知礼节，衣食足而知荣辱”的激励功效，具体案例见本节文化践行效果部分。

（2）寓精神教化于情境的多样性与生动性之特点

张嘉璈认为，“一个大机关中有千百个同事，哪能将一个一个人的素养，试验考别清楚，所以只好对于体育智育德育方面，有一共同的设施，以补助个人旧日素养的不足。”② 其所指的精神训练“共同的设施”有：一是利用聚餐会，每星期五晚，中上级新旧干部一律参加聚餐，旧同事讲其旧经验，新同事报告其在工作时如何利用新知识，互相交换意见，使新旧熔为一炉；二是组织新生活俱乐部，备有公共食堂、图书室等；三是邀请行外名人演讲；四是发行《中行生活》，传达行员动态，登载行员意见；五是组织旅行团，参观工厂及名胜。通过这些“共同的设施”，使行员精神训练达到“提高生活兴趣，增进工作效率”之目的。

由此可见，行员精神修养培育的“共同的设施”具有寓精神教化于情境的多样性与生动性之特点（案例详见本节文化践行效果部分）。

（三）“久于其任”的史料内涵与管理效用

在行员理念中，“先人”理念之元素，是通过“三者育人，四者激励”的路径理念所达成的；“后事”理念之目的，则是在于“久于其任”，即使基本干部能安心工作，久于其任，树立以事业为前提的服务风气。

1. “久于其任”的史料出处与文化溯源

“久于其任”一语，出自《行史》关于1929年中行人事制度改革方针之记述中：“改革人事制度成为中行革新的重要目标之一，其方针是：征录人材，待遇力求合理，奖惩黜陟有章可循，提高行员素质，使基本干部能安心工作，久于其任，树立以事业为前提的服务风气。”

（1）“久于其任”作为一种文化传统，最先出自张嘉璈在任副总裁时对中行历史经验的深切感受。根据《行史》第四章第三节“权力斗争的典型事件——则例之争”记述，中国银行民国二年（1913）则例（相似于公司宪法）在实践中存在着一些严重缺点。比如，则例第16条规定，中行的总裁、副总裁由政府简任。由于北洋政府

① 张公权．指挥与联络．《中行月刊》第9期．1931年3月．

② 张公权．指挥与联络．《中行月刊》第9期．1931年3月．

内阁变动频繁，财政总长不断换人，中行总裁、副总裁也就随之不断更易。从1912年1月成立时起到1916年底止的短短5年中，担任第一、二把手的有：吴鼎昌（监督）、薛仙舟（副监督）、金邦平（总办）、孙多森（总裁）、聂其炜（副总裁）、汤睿（总裁）、项藻馨（副总裁）、萨福懋（总裁）、陈威（总裁）、李士伟（总裁）、徐恩元（总裁）、俞寰澄（副总裁）等12人，任职时间最短的4个月，最长的也只1年左右。这说明，中行总裁开始时都是随政局变动而频繁换人。

1917年7月，张勋复辟失败，7月6日副总统冯国璋就任代总统职，段祺瑞组织新内阁，任命梁启超为财政总长。梁即简派王克敏、张嘉璈为中行总裁、副总裁。梁在日本时就认识张，又都属进步党，关系较为密切。梁很赏识张在上海中行工作时主张抗拒停兑，并取得成功，极力引荐他任副总裁。而张在接到任命之初尚有犹豫，据《张公权先生年谱初稿》记述：

1917年8月1日，张发电给王克敏总裁称，“本人原在中行服务，遇事义当效力奔走，不必在畀以任何名义。其副总裁一职，应请另觅贤能。”

8月2日，张接王克敏复电，文曰：“务请担任新职。其上海分行副经理名义，仍予保留，随时可回本职，并可随时往来南北处理行务。”

对此，张在随笔中道出他对“久于其位”的关注：民国六年（1917）7月，我被任为总行副总裁。自知本人性情不宜应付政治，且总裁时时更动，副总裁势必随同进退。若不能久于其位，何能有所成就？但以任公先生之敦劝，无法辞却。因请将沪行副经理之职暂时保留，亦荷允许，乃即就道北上……

由此反复函电，张嘉璈终于北上履新。到职后，经认真考虑，他认为要挽回中行信用，奠定中行基础，必须做到三点：一是扩充商股，成立有力量的股东会，以扶持总裁及副总裁，使能久于其位，因此必须修改则例；二是整理中行所发京钞；三是设法限制对政府垫款，并收回以前垫款。三者如能一一做到，则行基自固，业务不难发展。时任财长的梁启超表示同意。经过一番准备，1917年11月通过修改中行则例（民六则例）后，总裁的产生，不再由政府指派，而改由在董事中选举产生，使之能久于其位。尽管梁启超就任财长不过半年，但他在谈到中行修订则例时，语多赞赏，并引以自慰。认为他支持中行修改则例，使商股在股东总会中增加力量，正副总裁由董事会产生，对中行工作是有利的。

由上可见，中行“久于其任”的用人情结与文化传统，始于中行“久于其位”的则例之争，尤其是始于“若不能久于其位，何能有所成就?”的观念。

(2) 再据《志宁行同人励志社聚餐会》记述，1933年4月16日，宁行（南京）经理吴震修在本行同人励志社聚餐会上，在谈到中行传统时，其第一关键点就是银行业务之进展必须有安定之主体，即“全视主持行务者久于其事”：

我行自民七以来，处于波谲云诡之中，全视主持行务者之能稳固不摇，因而全体不至散沙解缆，克收继续努力、久于其事之效。此为我行十五年来命脉所系之第一要着。

《中行生活》编辑对于安定之主体的问题，以加编者按方式作了进一步解释：

说到主体安定一层，的确这是本行的优点，亦就是本行立场，虽历经多次的改变，皆能随时应付过去。[①]

由此不难看出，所谓主体安定，就是全视主持行务者能“久于其任”，而“久于其任”则是中行“虽历经多次的改变，皆能随时应付过去”的重要法宝和文化传统。可见，“先人后事”理念的用人目的在于“久于其任”。

2. “久于其任”的史料内涵及综合认知

“久于其任”的史料内涵是使基本干部能安心工作，久于其任，树立以事业为前提的服务风气。从张嘉璈管理文化思想体系中，不难发现，他虽竭力倾向于用人任事时（尤其是对高管人员的用人任事）需要“久于其任”，但是“久于其任”并非与“久于其岗”同义，“久于其任”类似终身雇用之意，即“我行行员若无重大过失，亦从无轻令离行者”，如他在《他山之石》一文所说：

我们中国银行的用人，向求以宽大恤旧为宗旨，只要一个行员，不有越轨行为，绝没有裁汰的。只要这个行员服务多年，总尽力维护的，这个亦是我们中国银行的一种精神。行员对于本行，都有深切爱护的感情，亦未始非由此而来。

“久于其任”并非与“久于其岗”同义，还可从张嘉璈在主张“久于其任”同时，又竭力主张行员应当具有“全行智识”理念中看出，他以“全行智识”作为对“久于其任”管理效用的综合认知与深入思考。而“全行智识”则含有当今企业人力资源管理的“一专多能”的内涵，所以“久于其任”并非“久于其岗”。

比如，1933 年 10 月，张嘉璈在蚌埠支行谈话时，针对外国银行行员和我国银行行员之间的智识差别时，讲了一段耐人寻味的话：

例如办营业的人，接遇顾客，收了存款开一存单，收了汇款开一回单等等，是人人能办到。一碰到疑难事情发生，便不能应付。所以今日吾们的行员能做刻板文章的很多，而能处变者很少。不特如此，吾们的行员只知局部，少知全体。办出纳的人，只知出纳，不懂营业；办会计的人，只知会计，不知出纳文书。

我常说一个行员，终身仅办一部工作，太不经济，就是行中用人，也不经济。

---

① 南. 志宁行同人励志社聚餐会.《中行生活》第十三期. 1933 年 5 月 15 日.

以一行而论，因各人的能力不齐，势不能不多储个别人才，以备支配。照此下去，非但运用不灵，功效减少，而开支增多，损失也加重，实是不经济的事。

就拿他个人来说，囿于一种职务，经年累月地只办一桩事情，别的事情，一些都不明了，不能表现他个人才能，也是极不经济的事。况且我国社会经济，现在这样的衰落，本行各种设施，也不能不力求经济。

于人事方面，也要一样讲究。譬如从前五人办的事，现在要想法缩到三人，就可办得了；从前一个人办一件事，现在要想法可办二、三件的事。这样一来，那么全行便会省出许多人来办别的事情，等到有了新的业务发生，不必再向外面招人，那就经济的（得）多了。所以行中用人，如能训练各种多能的人员，虽提高他的俸给，比较还有益处。因之同人本身亦可得较丰的收入，同时亦得到益处。

从这段话语中，我们可以看出张嘉璈有如下管理理念：如果说“久于其岗”所带来的负面管理效用是“一个行员，终身仅办一部工作，太不经济，就是行中用人，也不经济……拿他个人来说，囿于一种职务，经年累月地只办一桩事情，别的事情，一些都不明了，不能表现他个人才能，也是极不经济的事”的话，那么解决“久于其岗”负面管理效用的办法之一是：“从前五人办的事，现在要想法缩到三人，就可办得了；从前一个人办一件事，现在要想法可办二、三件的事”。其中所包含的理念就是“一专多能”或“增加行员办事效率”；而“增加行员办事效率”之后，行员收入较丰，行方也“交受其益”。

3. “久于其任”的价值特征及管理效用

“先人后事，久于其任”理念具有现代企业忠诚管理的增强效应，即能赢得雇员终身服务于中行之作用，这亦如张嘉璈在《他山之石》一文中所说：庶几居乎上者公，居于下者忠，同心同德，保持中国银行为银行界领袖的地位。

哈佛大学哲学系教授乔西亚·罗伊斯于1908年出版了《忠的哲学》，在他看来，忠诚自有一个等级体系，也分档次级别：处于底层的是对个体的忠诚，而后是对团体，而位于顶端的是对一系列价值和原则的全身心奉献。按照罗伊斯的观点，忠诚本身不能以好坏论，应该加以判断的是人们所忠于的原则。正是依据对这些原则的忠诚程度，人们才能断定是否以及何时应该终止对一个人或团体的效忠。

所谓忠诚管理，并不仅仅是指面向个人或团体的忠诚，更重要的是忠于某个企业据以长期服务于所有成员的各项原则。忠诚管理的基本要素有：设计一个准确合理的价值主张；赢得雇员的忠诚，即企业应该在雇员的个人发展和培训上舍得投资，为其充分发挥特长准备好相应的职业通道和组织结构，雇员忠诚与顾客忠诚是相辅相成、相互强化的。而影响员工忠诚度的因素包括工资福利制度、企业的发展潜力、企业人力资源管理制度、培训机会和晋升空间、领导的个人魅力。其中，薪酬和福利在员工的心目中是影响其忠诚度的一大重要因素。无论是企业忠诚度还是职业忠诚度都是建立在物质基础上的，良好的薪酬制度，保证了员工基本的物质需要，才会有良好的职业忠诚度、企业忠诚度。

不难看出，“先人后事，久于其任”具备了忠诚管理的“设计一个准确合理的价值主张”之要求，即“理情力三者并进”培育行员理念，具备了忠诚管理的“在雇员的个人发展和培训上舍得投资，为其充分发挥特长准备好相应的职业通道和组织结构”的要求；而“衣食住行四者整体计划”激励行员理念，则具备了员工忠诚度管理的“工资福利制度和人力资源管理制度”的相关要求，再加之中行当时的发展潜力和张嘉璈的个人魅力，因此可以说“先人后事，三者育人，四者激励，久于其任”的行员理念，具有现代企业忠诚管理的增强效应。

二、行员理念在中行及川行的育人效果

“行员理念”践行情况及育人效果，可以从《中行月刊》《中行生活》所刊载的史料文章中，以及从南京中国第二历史档案馆、重庆市历史档案馆、四川省历史档案馆的史料调研中，得到深切感受的史实结论，现分述如下。

（一）中行及川行践行“先人后事”理念的育人史实

中行践行“先人后事”理念的育人史实，可以从该理念对中行练习生成长过程中的育人史实加以说明；川行践行“先人后事”理念的育人史实，可以从《中行生活》所刊载的史料，以及重庆市档案馆民国时期中行档案中找到。

1. “先人后事”理念与中行练习生成长过程

“先人后事”理念的育人效果，《中行生活》月刊对此记载较为详细，刘平在《民国银行练习生记事》著述中有过一些记述。总的来说，民国时期中行练习生的成长过程，在以下四个环节饱受着公司文化的浸润与熏陶。

（1）练习生谒师环节的“先人后事”文化印迹

据 1932 年 11 月《中行生活》第六期《鲁行举行练习生谒师典礼》，以及《本行对练习生的期望——鲁行练习生谒师典礼训词之一》、《行之精神及行员之修养——鲁行练习生谒师典礼训词之二》记述，谒师环节作为中行练习生成长过程的文化熏陶第一课，其渊源在于：

按我国工商各业，收受生徒，其家族以付托之重，向有拜师之典礼，即如英国大学，亦有导师制度。追维原始，意美法良。本行招用练习生，凡关于训练教诲，言行食宿一切事宜，均应由行负责监督指导。公权先生返国后，对于同仁生活之改

进，能率之提高，无不时加注意；而对于本行中坚分子之中下级行员，期望弥殷。去年（注：1931）行务会议，曾订有本行低级行员之集中训练办法，期于平素培养造就全材；并在各行经（理）、副（经）理或襄理中，指定专责人员，定名为练习生业师，以总其成。又定练习生谒师礼式及开会秩序，以崇仪制，用示尊师之道，俾谋训育之全。凡我同仁，皆应奉为圭臬者也。

谒师环节每年酌择两期举行，曾由定期通讯函告。中行上海分行先后于1931年8月2日和1932年2月24日举行了两次谒师典礼。中行青岛分行则于1932年7月举行了一次练习生招聘考试，最终共计正取4名，备取4名，均先后到行，尚有从前招用者，即一并举办该行第一期练习生谒师礼式。业师一席，经请示中行总管理处同意，指定由青岛分行襄理孙晓初先生担任。青岛分行于同年8月7日，隆重举行了第一期练习生谒师典礼，全体行员参加了这次典礼。恰逢此时，中行总秘书戴志骞先生正好在青岛，因此被邀请莅临现场指导。开会如仪，一切礼式系遵照总处规定办理：一是礼堂集合（练习生坐前排，练习生家长及本行职员分左右列席）；二是行开会礼（仪式按照国府规定程式办理）；三是主席致开会辞；四是总经理训词（戴总秘书代表）；五是行谒师礼（练习生面向讲台立，业师就席，练习生向谒师行三鞠躬礼）；六是业师训词；七是练习生家长代表演说；八是练习生代表致受礼词；九是散会。

戴志骞代表张总经理作了“本行对于练习生的期望”的训词，要旨有三：

（一）阐述谒师仪式的意义。本行练习生指定业师训练，并规定谒师礼式，其中意义何在呢？盖以练习生均属青年，初入社会，如何服务？如何为人？若不绳以纪律，有误入歧途之虑。是在指导有人，表率有人，方能遵循走上轨道。所以前人对于师道与天地君亲并尊。中国自革命以后，新思潮澎湃而来，礼教大防，因之溃决……此种不良风气，纠正无方，社会普遍受影响，遂至纪律荡然，紊乱日甚。世界上无论任何国家断无不守纪律之社会，而能长治久安者……银行顾念各家长之委托，以及本行人才之需要，训练责任，自属义无可辞。银行之学识经验，为练习生服务之要素。“言忠信，行笃敬”，尤为练习生接近社会、处世为人之基础。凡此种种，非指定业师专任指导之责，不足以总其成。

（二）练习生要严格遵守相关规定，用尊师道。本行从前对于练习生，本定有训练办法，现在指定业师，俾专责成，规定谒师典礼，用尊师道。精神、仪式并重，严格训练，以期诸生将来为本行之中坚分子，国家之善良国民。诸位今日谒师后，诸事均有遵循，将来持身涉世，无不具有纪律化，胥于今日基之。但师资以外，友助亦不可无人。大凡人与人，人与事，有联络之关系，互助之精神，方能成功。诸位到行练习有一年者，有二年三年者，其后来之练习生，对于先入行者，均须表示相当敬意。因为到行既先一年，必多一年经验，咨询求教，足为他山之助。先入行者，遇事指告，互相友好，感情日甚，团结之力，即由此生焉。

（三）练习生是银行未来的希望，学无止境。我觉得本行将来最为得力的，就是练习生……本行对于练习生，实事求是加以训练，亦是希望练习生养成纪律化的基本行员，将来与本行发生一种不愿相离之关系。诸位在三年练习时期，对于学识经验，悉心研讨，必能日有进益。但学无止境，最忌浅尝辄止，如笔算一项，商业上不甚便利，就得学珠算及计算机器。本国文字固应有相当程度，而时会所趋，英文亦不得不习，如有余暇不妨再兼习他国文字，多一学问，即多一用途。希望诸位抱此毅力，日求精进，由是而助员而办事员，则今日之练习生，即为他日本行之中坚分子，诸位前途，未可限量。鄙人希望亦无穷，期其各勉旃无懈。

中行鲁（青岛）分行经理王祖训作了“行之精神及行员之修养”的训词，要义如下：

练习生既来本行，对于本行，不能不有一种正确的认识；对于自己，不能不有一种修养的标准；其要旨有二：

（一）对中国银行以往光辉历史的回顾。他将中行创业历史中所凝聚的精神概括为“奋斗的精神”、“爱行的精神”、“守法的精神”、“团结的精神”、“公平的精神”，他强调以上五点，是我行已往成功的结晶，也就是将来发展的基本。

（二）对练习生如何修养提出四点要求。信用，操守，诚实，周密（详见第三章）。

至于今天指定孙襄理为业师的缘故，因为孙襄理是国外大学毕业生，学识很好；个人的道德，大家都是很钦仰的；营业的经验，大家尤其很佩服的；做诸君的师表，实在无愧！所以陈准总处，指定孙襄理为业师。此后诸君要静心受其指导，养成我行基本的行员，这才是我所希望于诸君的呢！

（2）培训环节的“先人后事”文化印迹

据《沪行举行“实务演讲”》（见《中行生活》第十八期）记述，上海分行为实地训练新进员生起见，特于每星期举行“实务演讲”两次，由副襄理暨各重要职员分别主讲。1933 年 9 月 6 日，拟举行“实务演讲”开幕式，其演讲通告如下：

径启者：兹为增进练习生对于本行各部事务概念起见，爰有“实务演讲”之举。由副襄理及其他重要职员分别主讲，每星期二次，逢星期二三下午六时半至八时在本行五楼饭厅举行，定于九月六日开始。演讲日程附后，除“本行史要”已由居副理担任属稿外，其他仍按次举办，尚希练习生诸君准时出席听讲，其他同人愿自列席者，极为欢迎。再每次演讲甚盼出席听讲者，加以笔记，在三天内送交蔡襄理，以便择优留存，备作同人参考。特此通告。

1933年9月6日晚6时，在该行五楼饭厅举行开幕式，到者百余人。由冯仲卿君致开会辞，说明举行“实务演讲”之原委，可裨益于初级员生匪鲜，须潜心研究。第一讲原定居逸鸿君之“中行史要”，已由居君另行属稿。此次特请史海峰君主讲“上海金融组织及金融概况”，至为详尽。末由蔡承新君致辞答谢。此外，还通告了“实务演讲”日程安排：

上海金融组织及金融概况	史副理
本行业务概要及办事处概况	潘副理
各项存款汇出汇入款项	
托收代收押汇押款透支贴现	曹芝麟君
本行会计制度之演进及现况	
稽核制度代付公债本息事务	陆襄理
汇划及交换所现况	
楼下出纳事务	潘德民君
文书股文电收发及归档情形	
发行股工作概况	
本行发行历史及信用卓著之由来	徐觉先君
本行公债保管	韩调卿君
信托业务	程副理
国外汇兑	经副理

再据《总处设立训练班志略》（见《中行生活》第三十一期）记述：总处对于本届考取之大学毕业生及高中毕业生，有训练班之设立，从事训练。除技术训练外，并于每星期三、四下午五时至六时为精神训练之演讲，凡本行同人不在训练班者，如于工作并无妨碍，且得主管员之许可，亦得自由列席听讲。业于九月一日起开始实行，由总经理、总稽核、总秘书分别担任演讲，听者极为踊跃。

这一培训背景正如刘平所言：1934年6月15日，张公权在完成四川之行考察后，作了《川行感想之种种》的专题演讲。他强调：“如今各地有各地的行员，如何使其精神一致，最为困难，我人固不能将各行的行员——从机器中制造出来，使全体成为同一之模型；但欲求精神之整齐，组织之健全，自非集中训练不为功。”为此，他要求：“鄙意将来最好组织人事委员会，由各处保送人员，先加以体格上、道德上、学识上之训练，在相当期满后，再遣派各地工作。此点拟先由沪行与总处联合做起，此自属训练办法之一种。”根据张公权的指示，对于当年下半年考取的大学毕业生及高中毕业生，中国银行总管理处专门举办了一次训练班。除了技术训练外，并于每星期三、四下午5时至6时为精神训练之讲演。9月1日开始实行后，由总经理、总稽核、总秘书等分别担任主讲，听者极为踊跃。这些演讲，或关于人生问题之启迪，或关于职业修养之训导，可谓苦口婆心，循循善诱，“而综其历次讲演的主要意义，端在唤起同人服务上的彻底精神而已”。

（3）教化环节的“先人后事”文化印迹

其文化印迹大致包括：第一，《中国银行行员手册》辟有专章“服务精神及态度”，对行员在对人、对事、对物等各方面都提出了非常明确的要求。第二，将惩戒这种形式作为增强教化效果的重要手段。中行除要求练习生遵守行员服务规则之戒规戒约外，在服务期内如有下列情事之一，即行开除：一是不遵上级行员告诫者；二是怠惰而屡戒不能振作者。第三，将日记这种形式作为管理文化的一个组成部分。练习生以及初级行员每天须写日记，内容包括每大个人的反省，写罢交给做导师的经理批阅，成为将来品性考核的依据（详见第三章）。

（4）实习环节的“先人后事”文化印迹

该环节史实，可以从1941年7月《中行农讯》第六期所刊载的《本行工贷人员之训练》一文中，介绍了新招的工贷人员训练班的举办背景和训练步骤及内容，由此可对实习环节的“先人后事”文化印迹窥见一斑（详见第四章）。

2. 川行践行“先人后事”理念的育人史实

1933年12月，《中行生活》第二十一期刊载了《对于员生考成标准之研究——摘录渝行辖内定期半月通讯之一页》一文，从中可看出中行四川分行践行“先人后事”理念之史实，其特点与效果如下：

（1）深刻理解“先人后事”理念精髓

查人事之管理，为行务之基础。缺乏好的行员，不足以言办银行；办银行而不得好的声誉，不足以言做生意，更无所论服务与扶助。故经营银行，首须有富有德性和精神及社会观念之行员，方能第二步从事于信用和名誉之建设。

由此可见，经营银行首须富有德性和精神及社会观念之行员，这就是对“先人后事”理念精髓的深刻理解，以及高水准演绎——行员还须富有社会观念。

（2）有效演绎“先人后事”理念的适用范围：员生之考成标准

信誉建立之后，业务不难进展，生意自易发达。而服务社会和扶助工商，亦均包含于其中矣。然此种行务之基础，必须由各行之主管人员，负责进行，方能树立。各行经理与所属人员，于日常共事之际，或于年终考成之时，对于公理私情，应严格分明，而各个平素之计划言行，更应认真审察其实现与否，而作彻底之评（平）衡也。

（3）有效演绎员生之考成标准及具体内涵：公的方面和私的方面

（一）公的方面考成标准：勤劳、用心、合作、才具、应对。

勤劳——于公事繁多之时，不积压至于翌晨，并能从容地做些分外之工作。

用心——对于日常工作，肯思索而怀疑，因而产生问题，提出研究。

合作——无论本身事务之繁忙或清闲之时，调遣职务，极能帮忙。

才具——所做工作表现的本领，比事务表面的要求，为高而深而广。

应对——举止谈吐，具有相当和蔼之态度，接对之间，不致令人生厌。

（二）私的方面考成标准：修学、健康、容像、公德、习惯、诚恳。

修学——公余之时，对于各种智识，肯留意研究。

健康——公余之时，对于身体，肯加以锻炼。

容像——换言之，即有礼貌之谓。

公德——如对于团体生活、公共卫生之遵守，及公用物件之爱惜等等。

习惯——生活之习惯，宜于清洁健康。思想之习惯，宜期为公正高尚。

诚恳——举止言行，不特诚实，且须恳切。

（4）将员生之考成标准积极运用于实践，取得了实际效果，确立了育人励人新标准和新导向

所谓实际效果，即如文中所说："去年敝处对于练习生年终奖金之标准，不依昔日之照例到行年期摊算之办法，而以上列各条件为甄别之原则。并聚各主管人员于一堂，综合各方面之平衡，而加以论断。以是在行较久之练习生，去年所得奖金，反有不及上年之多者；而新进之练习生，亦有获得超过较到行年期摊派数目之奖金者。盖非如是，不足以示吾人要求之标准也。"

所谓育人励人新导向，即如文中所说："如今年渝属行务更思求有效之进展，则人事上所要求之标准，将愈为严格而增加。故平日须就上列各点，切实注意，以为训练人才之标准。"

3. 川行践行"先人后事"理念的档案史实

根据全宗号、档号、案卷号的查阅顺序，我们查阅了重庆市档案馆民国时期中行档案全宗号 0287 项下六大卷宗，尤其查阅了中国银行总管理处、重庆分行及所属机构有关人事方面的函电函件共 1784 份。对这些档案史料加以梳理研究后得出的深切感受与史实结论，足以说明中行行员理念的育人励人效果和形成于民国二十年代传承至民国四十年代后期的文化传统。

（1）渝行档案史实：重视对练习生成长过程的形式管理

中行总管理处关于准予考用罗织丰、陈世鸿、黄道源等充任练习生致中行重庆分行的函，民国十九年七月九日。

中行总管理处关于准予万县办事处练习生杨啸松升为初级助员致中行重庆分行的函，民国二十三年五月二十二日。

中行总管理处关于准予试用员沈裕福补实为助员致中行重庆分行的函，民国三十一年九月十六日。

中行总管理处关于成都南台寺办事处试用员陈鸿询应准补实为助员致中行重庆分行的函，民国三十一年十一月二十五日。

中行总管理处关于涪陵办事处一年级练习生林仲达应准自民国三十一年八月起提升为二年级练习生致中行重庆分行的函，民国三十一年十一月十九日。

中行总管理处关于核准郫县简易储蓄处试用员宋元攒补实为初级助员致中行重庆分行的函，民国三十一年十月二十一日。

中行总管理处关于叙永办事处试用练习生梁建尧名字误书为健字致中行重庆分行的函，民国二十三年六月二十七日。

中行重庆分行关于嘉定办事处招考练习生王克强、杜俊德致中行总管理处的函，民国二十二年六月十四日。

还有，中行重庆分行关于严格训练国立银行服务员致各分支行处的通函等。

由此可见，中行对练习生成长的培育过程，除了重视前述谒师、培训、实习、教化等四环节的实体性管理之外，还重视其形式管理，即对每个练习生每进一步均有总分行正式发函，显得郑重其事。我们也可以想见，当练习生经过努力获得总分行发函晋级时的喜悦心情。

（2）渝行档案史实：重视对各级行员规范的律人管理

档案史实之一：重视对各级行员的请假与销假管理。

中行总管理处关于成都支行会计主任王荫棠请假一事已知悉致中行重庆分行的函，民国二十二年五月十一日。

中行重庆支行关于转知成都办事处办事员黎俊续假致中国银行总管理处的函，民国十八年十月三日。

中行总管理处关于知悉内江支行代理会计主任束延文销假返职日期致中行重庆分行的函，民国三十一年九月十六日。

中行总管理处、中行重庆分行关于照扣五通桥办事处行员王映毕部分薪俸及严加限制行员请假日期的往来函，民国十八年十一月十三日。

中行总管理处关于回复张、孙两襄理公毕返渝视事等情应备案致中行重庆分行的函，民国二十三年十月二十九日。

中行重庆分行、中行内江支行关于涪陵办事处主任聂天福因公赴渝及其职务由该处会计、出纳会同代理的往来函，民国三十五年五月十四日。

中行总管理处关于农贷人员移交中国农民银行后各该员1942年如有请假者须将员名及请假日数填报中行重庆分行的代电，民国三十一年十月三十日。

中行总管理处关于准予免扣李春琛病假逾期内薪金致中行重庆支行的函，民国十八年十月八日。

中行重庆分行关于检送本行副理沈镇南返职日期并请核销其因公旅费的公函及中行总管理处的复函，民国三十三年三月二日。

档案史实之二：重视对工作联系、交接、检查等情况的管理。

中行重庆分行关于本行设立会计训练班致中行总管理处的函，民国二十一年二月十七日。

中行重庆分行关于询问成都支行经理陈徵祥可否兼任成都市银行银钱业同业公会主席致中行总管理处的函，民国二十二年五月九—十八日。

中行总管理处关于准予成都支行经理陈徵祥兼任成都市银行银钱业同业公会主任致中行重庆分行的函，民国二十二年五月十八日。

中行总管理处人事室、周宜甫、张禹九关于拒绝张芷沅借款并退还收条的往来函，民国二十二年一月十四日。

周仲眉关于告知《金融风潮史略》、《重庆经济史略》、《四川月报》编印情形及编制工作，旅川须知等致张禹九的函，民国二十二年七月十九日。

中行总管理处关于知悉副经理王君韧、沈镇南赴内江、成都一带视察各处业务致中行重庆分行的函，民国三十一年九月十一日。

中行总管理处关于办事员陈杨超前来服务并发给该员投函致中行重庆分行的函，民国三十一年二月五日。

中行重庆分行关于检送本行志愿从军人员调查表致重庆市银行商业同业公会的函，民国三十四年一月十一日。

徐维明（徐广迟）关于告知不能赴约并表示感谢吴羹楠的函，民国三十四年八月九日。徐维明（徐广迟）关于委托代为出席中国农业机械公司常务董事会议及会后之宴会致沈石年的函，民国三十四年八月十一日。徐维明（徐广迟）、杨庆春（杨幼庚）关于推荐杨筱姗至四川榨油厂服务的函，民国三十四年六月二十三日。

顾义关于申谢招待致孙瑞麟的函，民国三十二年四月三日。

刘守礼（刘敷五）关于更改吃饭时间的函，民国三十七年五月十五日。刘守礼（刘敷五）、赵耀先（赵菊轩）关于商洽中行内江支行收换法币及关金券事宜的往来函，民国三十七年九月二十二日。刘守礼（刘敷五）关于询问可否将排球场改为网球场的函，民国三十七年三月四日。

还有：中行总管理处，中行重庆分行，中行内江支行关于撤销资阳办事处，派王戚英充任自流井办事处营业员的函，民国二十一年九月十九日；中行重庆分行关于陈报奉分处（注：奉节办事分处）新任主管员郑晓溪与旧任主管员刘文藻交接日期的公函及中行总管理处的复函，民国三十三年七月二十八日；关于某某充任驻万县支行服务视察员的函。

档案史实之三：重视对各种费用支出的管理。

中行总管理处关于核给潼川办事处谷主任携眷旅费并请领该项费用申请书致中行重庆分行的函，民国十九年七月十八日（注，未批，原因不合要求）。

中行总管理处关于核复贵阳支行派车接送行员眷属其旅费摊付问题致中行重庆分行的函，民国三十一年十二月九日。

顾副经理前赴贵州出席贵州企业公司董事会支领因公旅费的函，民国三十一年八月三十一日。

中行重庆分行关于检送本行副理沈镇南返职日期并请核销其因公旅费的公函及中行总管理处的复函，民国三十二年三月二日。

档案史实之四：重视对停职、辞职、奖惩等情况的管理。

中行总管理处关于准予检券生黄启庸辞职，杨纯熙停职致中行重庆分行的函，民国三十一年九月十六日（注：杨纯熙停职因病，无力）。

中行总管理处关于准予开除罗炽丰致中行重庆分行的函，民国二十一年七月二十五日（原因：不堪造就）。

中行总管理处关于准予成都支行叙德芬记大过一次并应报其查后情形致中行重庆分行的函，民国二十一年九月九日。

中行总管理处关于节选苏州支行营业系员工许善道，助员许善林共同作弊、造假账目要点并检送该员照片致中行重庆分行的函，民国二十二年五月三十一日。

中行重庆分行关于裁汰桥处助员万滨致中行总管理处的函，民国二十三年八月十日。

中行总管理处关于裁汰五通桥办事处助员万滨准予备案致中行重庆分行的函，民国二十三年八月三十日。

中行总管理处关于与当地官厅接洽通缉本行舞弊逃员的函，民国二十三年六月二十六日。

中行总管理处检送匿名告中行雅安办事处主任戴效祖函件致中行重庆分行的函等，民国三十一年七月七日。

中行总管理处关于助员祝育办事认真予以记功一次致中行重庆分行的函，民国三十一年十一月十四日。

还有：渝中行关于到万处查案致中国银行总管理处的函等。

综上档案史料，不难看出以下几个管理特点及其结论性发现：

第一，中行对各级行员请假销假管理，不仅请假需有请示报告，连“公毕返职”也需有报告，足见当时律人之严格。

第二，中行对工作联系、交接、检查等管理规范。比如，对新任主管员与旧任主管员交接日期须出函，到支行服务视察须出函，行长经理主任因故不能参加客户单位的会议或宴请须出函，指派下属到客户企业服务也要出函。

第三，中行费用支出管理规范。比如，携眷旅费属奖励员工正当开支但需符合要求，派车接送行员眷属及其旅费也需请示，核销其因公旅费亦须程序。

第四，中行对行员停职、辞职、奖励、惩罚等均有规范，同时也注重案防和行员道德警示教育。比如，关于节选苏州支行营业系员工许善道，助员许善林共同作弊、造假账目要点并检送该员照片致中国银行重庆分行的函。

（二）中行及川行践行“三者育人，四者激励”史实

理情力三者并进培育行员的本质就是：促进行员提升智识，观念向上；情趣高雅，活出品位；提倡体育，健全体格。衣食住行四者整体统筹计划的本质就是：以收同仁“仓廪实则知礼节，衣食足而知荣辱”的文化培育之效果。

1. **“三者育人”的全行史实概述**

如前所述，张嘉璈的六项改革之一就是：职务训练与精神修养，具有寓精神教化于情境多样性与生动性之价值特点。该理念对“三者育人”训练原则从五个方面细化了训练方法：一是利用聚餐会，使中上级新旧干部融合一炉；二是组织新生活俱乐部，备有公共食堂、图书室等；三是邀请行外名人演讲；四是发行《中行生活》，传达行员动态，登载行员意见；五是组织旅行团，参观工厂及名胜。通过这些“共同的设施”达到“提高生活兴趣，增进工作效率”之目的。这些方法的践行效果，在《中行生活》所刊载的系列文章中均有史实记述：

（1）利用聚餐会互相交换意见，使新旧员工熔为一炉

《中行生活》先后刊登过的相关文章有：宁行同人励志社聚餐会，总处及沪行新年同乐会，浙行同人公余联谊会，以及汉支行、滇行、沈行、济支行等，利用聚餐

会，互相交换意见，使新旧熔为一炉的情形。

（2）组织新生活俱乐部，备有公共食堂、图书室等

《中行生活》所刊登的此类文章有《中国银行同人读书会简章》《中国银行同仁拳术会简章》《总行同人国术会之新猷》《中华国货产销合作协会章程》《志济支行行员俱乐部成立》《沪行球艺部之过去及其近况》等。

据《业余俱乐部》（见《中行生活》第六期）记述，中行常州办事处业余俱乐部，于 1932 年 7 月 21 日成立，职员 50 人是业余俱乐部成员。据《滨行的小图书馆》（见《中行生活》第十六期）记述，1932 年元旦中行哈尔滨支行小图书馆建立。而《福支行同人音乐会成立》一文（见《中行生活》第三十五期）则记述了 1934 年 12 月 9 日福支行同人音乐会成立的经过：

福支行自经理林叔晖君莅事以来，提倡音乐会，以为同人公余消遣调剂精神者，不遗余力。数月迄今，延聘导师，购买乐器，规模粗具。

特推林经理为董事长，贺次堪、陈勉庵、方光绳、蔡学昌、王葆荣诸君为董事，郭履刚君为主任干事，于十二月九日开成立大会。

是日，气候晴和，情怀惕遂，男女来宾翩然莅止，一一由文际干事陈大钟君殷勤招待。当推郑锡恩君为临时主席，报告开会宗旨，及欢迎董事长及各董事就职。继由林、贺两君训话，末由郭履刚君致答词。

闭会后，摄影纪念。越午聚餐，觥筹交错，逸兴遄飞。

席后檀板喧天，筝琶满耳。郑锡恩奏紫玉钗任青衫，蔡学鳌任小生，马叔生老旦，郑友善小旦，陈澄馨则为小丑，各尽唱功，宛转歌喉，曼妙无比。尔时郭青语击小锣，林其洛、林家端分任锣钹，黄子祥之箫声掩抑，方福锟之琴韵悠扬，配得珠联璧合，音节调和，无怪乎广座皆同声赞许也。

继之，来宾程永杰君讲演清书，诙谐百出，令人捧腹不已。此音乐会之盛况，亦同人合作精神之表现，也特濡笔志之。

（3）邀请行外名人进行演讲，以增强行员的智识

《中行生活》刊登了社会各界名流到行作专题演讲的文章，如秦润卿、徐寄顷、王志莘、范旭东、黄任之、何北衡、卢作孚等，他们的演讲涉及面相当广泛，且观点独到，视野广阔，不少见解颇有新意和深意（详见后）。与此同时，《中行生活》还刊登中行总行和分行的高级管理人员的系列文章，如总经理张公权、总秘书戴霭庐、上海分行经理贝淞荪、南京分行经理吴震修、天津分行经理卞白眉、杭州分行经理金润泉等，这是他们在视察分支行处时或在同人聚餐会等场合发表的演讲（详见后）。

（4）利用《中行生活》传达行员动态，登载行员意见

《中行生活》所刊登的文章有《刻刻要准备受顾客的考试》《我所遇见的顾客》《希望给予有“力”的东西造成“好”的环境》《一个后进行员的自励与希望》《理想中整个改进的简说》《一个体育的倾向者》《我的银行生活观》《津行同人送礼办法》《同人互助之一法》《营业室中自治的规律》《我们职责以外的生活》等（详见第三章）。

（5）组织旅行团，参观工厂及名胜

《中行生活》所刊登的文章有《胜归山一日游》《游峨眉山》《工厂参观记》《赣东归来》《东游片羽》《春假中爬山头生活》等。《谈宜汇处同人公余生活》（《中行生活》第十八期）一文，描述了宜汇处同人的公余生活包括拍球、骑马、游山、游泳、读书等。

由此可见，我们仅从上述《中行生活》系列文章标题所给出的信息中，就可感受到各分支行行员提升智识、观念向上的“理的方面”之培育效果，以及提倡音乐、美术、文哲的高级趣味，发展性本善的内性生活的“情的方面”之培育效果；还有提倡体育，健全体格的“力的方面”之培育效果。

2. 川行行员的公余生活之纪实

据《中行生活》第二十九期《川行一瞥》记述，中行渝行管辖着全四川境内所有中行分支机构，至1934年5月张嘉璈赴川视察时，共有16个分支行处，员工总数188人，平均年龄26岁。在张嘉璈所提倡的“三者育人”价值指引下，川行积极践行这一理念，使行员的公余生活被描述为以下九种：

公余生活之一：读书。分为三个类别的学习班：一是中文班，由周宜甫经理教授，教材多偏重于应用文；二是英文班，共有三个班，分别由行员王新华、顾文奎、张承毅三君教授；三是银行学班，由孙襄理教授，每星期授课三次。

公余生活之二：习字。习字即指书法。习字的纸张由行里供给，由周宜甫经理批阅指导。周宜甫经理在《书法讲演》中指出：

习字意义：字为美术之一，但因社会上应用之故，较之图书音乐等更形重要。关于身心之修养，尤有裨益。洵自束发受书起，迄今写字凡五十七八年，虽不能佳，然其中甘苦备尝。今乘渝行习字会组织之始，敢以刍荛，贡献同仁。

习字要旨：（一）习字之步骤；（二）习字之要点：有恒、选体、戒馁、工具；（三）各家字体略述；（四）字义之研究；（五）工具之略述：笔、墨、纸、砚；（六）习字之要诀：执笔、大楷、小楷、行草。①

① 周宜甫．书法讲演．《中行生活》第三十五期．1935年2月1日．

公余生活之三：骑马和练拳。星期日及休假日，同人多在城外举行骑马；平时并练太极拳，教师姓王。

公余生活之四：学戏。分两类班：一是学京剧，行里聘有专门教师教授，锣鼓丝弦，场面全备；二是学昆曲，由周仲眉（注：周宜甫之子）主持指导。

公余生活之五：打球。分为三类：一是打网球，行里在城外自建有网球场，有时组织与同业的比赛；二是打篮球，川行篮球队在1934年春初曾荣膺商务日报杯比赛第一届冠军；三是打乒乓球，公暇时，乒乓之声，不绝于耳。

公余生活之六：学术研究。分三类：一是茗学会，由张禹九襄理发起，英文教授以“常识”为主；二是会计班，由会计主任戴翼如君讲授本行会计制度沿革及实例；三是日文班，新近由张肖梅主任主张，方发起，由赵佛禅君教授。

公余生活之七：吃饭。为解决同人吃饭问题，去年夏天行里添设了西餐，其裨益为：一是菜肴之养料较多，一日两餐，每月十五元；二是不受时间拘束，迟到者不怕抢菜，仍有菜吃；三是聚餐时间较长，作谈话之交换。

公余生活之八：看电影。渝行利用本行电机，不时租片在行内放演，同人纳些微费用，同人的家属也被邀来同乐。

公余生活之九：团体旅行。每年趁休假日期，游览附近名胜地方。

《渝行通讯》第十七期和第十八期，曾连载过周仲眉的《回忆录》，其中也记述过渝行“三者并进”培育行员史实：

行方为集思广益，会于每星期二及五，集合两次，全体同人参加，名曰二五会。由禹公主席时居多。鼓励同人发言，竭忠尽思，均以为苦。

同人业余活动，如话剧、体育、读书、习字、旅行，均甚提倡，新进少壮同人，颇盛与愿。每星期多集体出城旅行，由禹公领事，驰马野餐，作竟日遊，不以为倦，颇能改进当时银行员生活之风气……本行时组有中行队，队员有五虎将，曾以竞赛，夺得商务银杯，威震一时。

由此可见，在张嘉璈“三者并进，四者激励”推进精神修养的文化倡导下，川行积极促进行员提升智识，观念向上；情趣高雅，活出品位；提倡体育，健全体格。所谓提升智识和观念向上，就是指渝行举办读书、习字、学术研究等不同类别的学习班，且由行长带头，其他领导上阵充当老师，努力提升员工智识，转变观念；所谓情趣高雅与活出品位，就是指渝行倡导行员学戏、看电影、团体旅行，以此培育行员的生活情趣，提升生活品位；所谓提倡体育和健全体格，就是指渝行鼓励行员参加骑马和练拳、打球等活动，以健全行员的体格。总之，川行行员公余生活颇有张嘉璈所希望的“上下和衷共济，一如家庭；彼此不惮研究，一似学校；全体活泼愉乐，更若俱乐部”之景象。

3. “四者激励”的全行史实案例

据《全国报刊索引》之1933年《中行生活》“同人消息”报道：“中行别业内新建总沪同人寄宿舍，业经落成，兹以电灯问题将解决，于六月三十日下午一时在五楼举行抽签择定，计单幢式房屋四十三家，公寓式八十八家，另有单身同人宿舍数间。约下月即可陆续遷入云。”而《鲁行宿舍开工建筑》则记述了1932年7月27日的开工过程。

值得一提的是，1933年8月，《中行生活》第十六期刊登了《沪行同人公余生活写真》一文，它深刻反映了由于沪行对衣食住行四者整体统筹计划的实施，收到了使同仁“仓廪实则知礼节，衣食足而知荣辱”的文化培育之效果。

自中行别业建筑告成，同人等乃得絜其眷属，聚居一处，望衡对宇，朝夕相见，过从日密，情感遂切，开支既省，生活渐裕，用能安居乐业，而服务精神益加增进，得以贯彻本行当局造福同人之本旨，良可感也。

目今全屋人口，不论男女老幼一并计入，都六百余人，熙熙攘攘，有类村镇，处身其间，无感寂寥。愿以人数既众，生活自异，同人中之公余生活，有为一般人所欲知而资参考者，盖一行行员公余生活之良否，则足证其风俗习惯之善恶，与品性操行之优劣也。

上文就是说，正是由于沪行在员工物质方面解决了后顾之忧，“生活渐裕，用能安居乐业”，由此奠定了行员“仓廪实则知礼节，衣食足而知荣辱”的文化高级需求——“服务精神益加增进”；“盖一行行员公余生活之良否，则足证其风俗习惯之善恶，与品性操行之优劣也”；由此沪行同人对张嘉璈所提倡的“情趣高雅，活出品味”文化倡导，作出积极的文化共识之响应——“庶几规过劝善，蔚成模范之村，趋正避邪，同争生活之光”。

紧接着，该文作者本着“不惮调查之劳，敢作写真之文，记载贵在翔实，真相务求毕露，绝无丝毫掩饰之点，不作欺人自欺之谈”的态度，详尽记述了沪行同人公余之后20多种生活写真。换言之，沪行员工具有高级趣味的、性本善的内性生活方式包括以下27种：

玩玩球艺，练习拳术，弄弄丝竹，看看书报，读读英文，听听演讲，办办国货，管管学校，逛逛花园，荡荡马路，拍拍照相，开开匣话，碰碰麻雀，喝喝老酒，陪陪夫人，抱抱小囝，讲讲空话，哼哼京调，乘乘风凉，围围火炉，看看电影，着着棋子，写写字画，刻刻图章，种种花木，养养金鱼，游泳游泳。

此外，《全国报刊索引》之1933年《中行生活》之“同人消息”还记述总行行员公余生活中“情趣高雅，活出品味”的情形：

总处同人对于研究京剧，素有兴趣。近在中国灌音公司灌音者，有陈文伯君宇宙锋过龙阁，魏少安君御果园锁五龙，马振铎赶三关，曹云樵君蒲关汾河湾，贾绍先君捉放庆顶珠，所有场面胡琴锣鼓等乐器，均系同人自任，音调节拍，无不恰当，曾于本行五楼饭厅放奏，声音清远，大有黄莺出谷绕梁三日之慨，新亚公司慕名敦请登台“无线电台”，将唱片播音全市。

4.“四者激励”的川行档案史实

经过对重庆市档案馆民国时期中行档案全宗号0287项下六大卷宗档案史料的梳理研究，得出了以下八方面的史实结论与深切感受，足以说明“四者激励”理念在川行积极践行情况与良好效果。

(1) 川行行员薪金发放的档案史料

中行总管理处关于检送成都办事处、万县办事处、自流井办事处、五通桥办事处支给二等生计津贴人员清单致中行重庆支行的函，民国十八年十一月二十三日报，民国十八年十一月二十八日发。

中行总管理处关于告知中行重庆分行经理周询，成都支行经理周荣光薪津支给标准的函，民国十九年一月十日。

中行总管理处关于告知中行重庆分行襄理陈征祥应支薪津数目的函，民国十九年五月十七日（俸薪270元，交际津贴30元）。

中行重庆分行关于转送成都支行加薪员生表致中行总管理处的函，民国十九年八月三十日。

中行总管理处关于派胡熙伯充任中行重庆分行襄理并支给交际津贴的函，民国十九年二月十四日（注：月俸220元，交际津贴4元）。

中行总管理处关于改订中国银行行员薪俸津贴办法致分支行办事处的通函，民国十八年四月十七日。

中行重庆分行关于本行同人民国三十五年二月份薪津已照规定发放及同人无拒领薪津情形致中行总管理处的函，民国三十五年三月二十六日。

中行总务部文书课关于抄录中行总管理处有关万县办事处被裁员工薪俸准发至民国十八年十二月份止电文的抄电纸，民国十八年十一月二十七日。

(2) 川行奖励行员携眷旅行的档案史料

中行总管理处关于规定行员支领携眷旅游手续及印发该项申请书及收据致各分支行办事处的通函，民国十八年十二月三十日。

中行总管理处关于准予给王渝返籍旅费致中行重庆分行的函，民国十九年九月二十一日。

中行总管理处关于准予广元办事处会计员唐华超支领调职携眷旅费致中行重庆分行的函，民国三十一年十一月十六日（注：此调职携眷旅费为国币 422.2 元）。

中行总管理处关于准予办事员杨仕良第一次携眷旅费致中行重庆分行的函，民国三十一年九月二十二日（注：第一次携眷旅费为国币 86.90 元）。

中行总管理处关于准予支给嘉定办事处助员庄嗣先携眷旅费致中行重庆分行的函，民国二十三年十月十七日。

中行重庆分行、中行万县支行关于寄送万县支行襄理颜大有调职旅费明细表及携眷旅费申请函的函，民国三十四年八月二十七日（注：携眷为妻、女 7 岁；旅费包括：上船费 300 元、万县至奉节船旅费 2400 元）。

中行总管理处、中行重庆分行关于核销故员戴邦铨家属旅费，携眷旅费的函，民国三十五年七月三十一日。

（3）川行对行员生活补贴的档案史料

中行重庆分行关于告知员工待遇嗣后米价比例增减致各支行处的代电，民国三十五年五月十七日。

中行总管理处关于改订本行员生米贴办法致中行重庆分行的函，民国三十一年十月二十四日。

中行重庆分行关于定供给员工平价食米及供膳临时办法补充附则第三至七条文致各分支行处分处简易储蓄处的通函，民国三十年九月十一日。

中行总管理处关于告知四川省员生生活补助费加倍数目致中行重庆分行的代电，民国三十五年四月二十七日（注：按 130 倍）。

中行成都支行、中行雅安办事处关于检送雅安办事处 1943 年度员生年间津贴清单致中行重庆分行的函，民国三十三年三月十七日。

中行重庆分行关于告知本行调往自流井、成都支行等服务人员应按调整生活补助费补借 1946 年 6 月份借支薪津的函，民国三十六年十一月十三日。

有限责任中国银行重庆分行同人消费合作社章程草案。

中行重庆分行关于农工贷人员下乡膳宿费报支办法。

中行重庆分行、中行涪陵办事处关于聂天福、熊仲琦等申请子女教育贷金的往来函，民国三十五年九月二十三日。

（4）川行对行员公橱管理情况的档案史料

中行重庆分行关于按月填报员工膳费统计表致各分支行处分处的通函，民国三十年九月二十四日。

中行总管理处、中行重庆分行关于纠正员生公厨、公费等加给补助费标准的代电，民国三十五年十二月十八日。

中行贵阳支行关于检送本行及所属行处员工民国三十五年四月公厨补助费清单致中行重庆分行的函，民国三十五年五月十一日（注：补助 37 万元，在各项费用——福利费列支）。

中行自流井支行关于陈报本行民国三十五年五月份公厨补助费改支数目的函及中行重庆分行的复函，民国三十五年五月二十一日（注：5 月份公厨补助费改支数目为 2.4 万元，4 月为 2 万元）。

中行总管理处关于告知各分支行察看人员薪津按 70% 支给一节，准公厨供应及膳费两项除外计算的通函，民国三十五年十二月二十六日。

还有：中行重庆分行关于民国三十一年五月起发给行员不在行晚膳者其米代金数目致中行总管理处的函，民国三十一年五月二十六日等。

(5) 川行对行员眷属生活补贴管理情况的档案史料

中行重庆分行关于告知员工眷属公厨供应费应以各项费用下福利费子目出帐致各支行处的代电，民国三十五年五月二十四日。

中行总管理处关于答复贵阳支行蔡嘉谟申请补领其母米贴一事致中行重庆分行的函，民国三十一年十一月九日。

中行总管理处关于知悉贵阳支行助员董鹏图、杨嘉陵未领眷属米贴原因致中行重庆分行的函，民国三十一年九月十一日。该文档原文如下：

档号名：据陈黔支行助员董鹏图等未领眷属米贴原因已悉

渝行台鉴接人字四三三六号

台函据陈：黔支行助员董鹏图仅有母朱氏一人米贴已由胞兄董震亚在柳处（注：中行柳州办事处）报领，又农贷员杨嘉陵益无直系亲属。该两员均未领眷属米贴，祈钧察等情已悉，此颂，台绥，总管理处启

还有：中行自流井支行关于陈报嘉定办事处助员郑亚强改发眷属米贴的函及中行重庆分行的复函，民国三十四年一月十五日等。

(6) 川行对行员医疗、保险、养老、抚恤情况的档案史料

中行重庆分行、中行万县支行关于贴补万县支行襄理颜大有医药费的函，民国三十四年八月十七日（注：患齿痛，贴补国币 1300 元）。

中行重庆分行关于核准补贴会计主任洪传钟医药费致中行万县支行的函，民国三十四年四月二十七日（注：贴补国币 3272.50 元）。

中行总管理处、中行重庆分行关于补贴重庆分行办事员沈能五医药费的函，民

国三十三年五月十六日（注：患黄胆病，医药费为国币 10800 元，贴补半数 5400 元）。

中行重庆分行关于聂天福眷属贴补医药费申请书致中行涪陵办事处的函，民国三十五年五月二十五日。

中行总管理处关于告知年满六十五岁之退职人员养老金发放办法致各分支行办事处的通函，民国十八年六月二十二日。

中行重庆分行关于告知本行副理顾义病故及请准破格抚恤并贴补医药费、埋藏（葬）费的公函、代电，民国三十三年五月二日。

中行重庆分行关于成都支行出纳毛麟病故并请优给恤金致中行总管理处的函，民国二十一年九月九日。

中行总管理处民国二十二年十一月印制员生团体保寿暂行办法，民国二十二年十一月。

中行总管理处关于代将本行员生民国三十一年保费拨至中国人寿保险公司驻渝分处致中行重庆分行的代电，民国三十一年八月三十一日。

还有：关于贴补分理处主管员生育补助费的函（生育补助费为国币 2000 元）。

(7) 对行员住宅及交通工具供应规定的档案史料

中行总管理处、中行重庆分行关于施行行员住宅供应办法及交通工具供应办法的函，民国三十五年七月。该文档原文如下：

渝行属行人员交通工具供应办法

一、渝行经理需用交通工具由行供给汽车，包括司机汽油及修理。

二、渝行副经理、襄理需用交通工具由行供给汽车，包括司机汽油及修理。并由经理指定副经理两人合用一辆。襄理三人合用一辆或每人使用包车一辆或每办公日给予车费叁仟元。

上项车辆在办公时间交由车辆管理员统筹支配以备业务上之应用。

三、渝行主任、副主任及渝市同城办事处主任、副主任合坐交通车，在交通车未置备前，每办公日给予车费贰仟伍佰元，副主任（按）一千八百元支给。

渝市同城办事处主任，如有需要，得陈准后使用包车一辆，在办公时间内应备供业务上之应用。

四、渝行领组、副领组（渝市同城办事处会计、营业、出纳、文书员）办事员、助员、雇员、试用员、练习生、检券生合坐交通车在交通车未置备前，每办公日给予车费贰仟元。

五、渝属支行经理、襄理及办事处主任、副主任需用交通工具，由管辖行审查各该地交通情况及业务繁简，比照上列二、三两条各级职员随时订定陈报总处备案。

六、上项办法自三十五年七月份起实行。

（8）川行对司机、杂役待遇情况的档案史料

陶器良关于告知中行成都支行、自流井支行等警工借支薪津应根据当地情形斟酌办理的函，民国三十五年三月六日。

杨学行、罗绍伯关于支给中行嘉定办事处司机丁克定日用费的往来函，民国二十七年三月十八日（注：照行员旅费半数支给）。

综上八个方面档案史料，不难看出以下几个特点及其结论性发现：

第一，行员薪金发放规范。尤其是在“中国银行重庆分行关于本行同人民国三十五年二月份薪津已照规定发放及同人无拒领薪津情形致中国银行总管理处的函”中，“薪津已照规定发放及同人无拒领薪津情形”一语，说明当时按绩论酬的考核类工作，具有防止资方武断和使劳方感到公平正义的制度安排。

第二，行方奖励行员携眷旅行，似乎在众多人事档案中特别抢眼。相对于当今夫妇各方各自享受年休假，应当更具人本主义亲和性与激励效果。

第三，对行员的生活补贴细致入微，包括员工待遇嗣后米价比例增减、改订本行员生米贴办法、定供给员工平价食米及供膳临时办法、员生生活补助费加倍数目、年度员生年间津贴清单，等等。

第四，对行员公厨管理，既讲规范又合情理。既讲规范，如按月填报员工膳费、上报公厨补助费清单、纠正员生公厨、公费等加给补助费标准等；又合情理，如公厨补助费改支数目、察看人员薪津按70％支给一节，准公厨供应及膳费两项除外计算、发给行员不在行晚膳者其米代金数目等。

第五，对行员眷属生活补贴尤其显出“激励暖人”之感觉。比如，告知员工眷属公厨供应费应以各项费用下福利费子目出账；即便是贵阳支行（注：当时属重庆分行管辖）两个助员（董鹏图、杨嘉陵）未领他们眷属的米贴之原因，也要由管辖行重庆分行致函中国银行总管理处，中国银行总管理处知悉他们未领眷属的米贴之原因后，还要发函告知。还有贵阳支行仅就行员蔡嘉谟申请补领其母米贴一事，就请示重庆分行，并向总管理处发函转呈，中国银行总管理处知悉后发函郑重答复。再有，中国银行自流井支行关于陈报嘉定办事处助员郑亚强改发眷属米贴的函，也是如此。由此不难深感张嘉璈“四者激励”保障行员训练这一行员理念的文化践行与传承效果，以及耐人寻味的“激励暖人”之感觉。

第六，对行员医疗、保险、养老、抚恤情况相对完整。如行员的医药费、生育补助费，行员眷属的贴补医药费，行员养老金发放办法，行员病故恤金及丧葬费，

员生团体保寿办法及代将员生保费拨至保司等，也有激励入微之感觉。

第七，对行员住宅及交通工具供应有具体规定。从中国银行重庆分行关于施行行员住宅供应办法及交通工具供应办法中，可以看出行方对行员的住与行的福利待遇和人文关怀。

第八，对司机、杂役待遇有制度安排。从司机、杂役待遇的请示情况中，也可以看出行方对司机、杂役人员具有人性化的管理安排。

（三）“久于其任”的川行人物回顾与资政管理启示

中行宁行经理吴震修指出：全视主持行务者之能稳固不摇，因而全体不至散沙解缆，克收继续努力、久于其事之效，此为我行十五年来命脉所系之第一要着；《中行生活》编者说，全视主持行务者久于其事是中行虽历经多次的改变，皆能随时应付过去的重要法宝和文化传统。现仅以四川分行的“全视主持行务者”——周洵经理（行长）这一行史人物之经历，说明“久于其任”理念在中行的践行史实及其对资政管理的启示。有关周洵的人物史料来源大致包括：

(1)《中行生活》第九、十四、十八期，连载过周宜甫自述《十八年来我的中行生活——渝历险之一页》，包括两个史实：1920 年 9 月赴重庆上任历险奇遇；1923 年，川军混战时期，他所经历的“用命履责”的史实。

(2)《中行生活》第二十九期刊登的张公权在叙处演讲《吾们应以人格与能力为竞争的工具》，以及刊登的署名来马、要得的《百闻不如一见》，两文记述了张公权以及总行经济研究室代主任格雷君，副主任张肖梅，沪行副经理史久鳌君等人对川行及周宜甫本人的评价。

(3)《中行月刊》第 3 卷第 5 期刊登的周宜甫《四川财政经济纪略》。

(4)《四川省经济月刊》1936 年第 5 卷第 2、3 期刊登的周宜甫《二十年来中行业务与四川金融之概述》。

(5)《渝行通讯》第十六期刊登的孙嗣璋《渝行掌故：周宜老绾渝行时之略述》，其中回顾了周宜甫 51 岁至 61 岁（民国十年至二十一年）、63 岁至 66 岁（民国二十二年至二十五年）的工作经历，以及周宜甫退休原因、退休交接工作的情形、退休后生活和 80 岁寿辰等史实。

(6)《渝行通讯》第十七期和第十八期，曾连载过周宜甫之子周仲眉的《回忆录》(一)(二)，其中记述了周宜甫如何与外界相处极洽并有效开展工作等史实。

(7)《四川省志·金融志（1986—2005)》和《成都市志·金融志》的相关记述。

综合各种史料，我们可以勾勒出周洵服务中行 20 年的人物小传，并运用现代管理理论透视“先人后事，久于其任”理念的文化价值与历史启示。

1. **“久于其任，功德圆满”的川行经理周洵小传**

周洵，字宜甫，籍贯贵阳，生于1869年4月2日。1915年9月至1916年12月，周洵任中行成都分号经理，后因病辞职，复于1917年11月又任成都分号经理，1920年10月，周升任四川中行（渝行）经理，时年51岁。1935年，周交卸于后任经理徐广迟先生，退休时66岁，至此共计为中行服务20年。周退职家居后，不事逸豫，更自立课程，潜心著述，到1949年4月2日八旬寿辰时，前后所成各书共13种。

（1）周宜甫由成都至重庆上任“躲躲停停，历程近月”的奇遇经历

周宜甫1920年10月由成都支行奉调渝行，其时正值川军与滇黔军大战，交通断绝，无路可走。滇黔军出境后，战事虽停，满地皆匪，绑票之风尤盛。

周宜甫上任路线计划：由于成都东大路及北路是万不能走的（注：因军阀混战），只有从成都出嘉定（乐山）绕自流井（自贡，下同），可由自流井绕泸县到重庆，勉强可以通过。周于1920年国历10月2日起，经过了“土匪林立，军队护送；躲躲停停，历程近月”的上任历险奇遇。

所谓“土匪林立，军队护送”是指：从嘉定去自流井计一百里，其间在大佛寺、张家场、陈家场三处，皆各有匪一百余，人人有枪，匪多兵少，实在可虑；周向当地军队请兵护送，护送的军队来了一排人，有三十名上下，排长姓何，历经三天幸过三关，始到自贡。到自贡后，打电话与杨子惠师长请兵保护，次日杨电赵营长派得力官兵一连，护送周某至泸。赵即遵办，派来之人，确是全连，共有九十余人，连长冯姓。行至青松岭遭遇土匪，于岭上鸣枪呐喊，幸冯连长护卫，匪已窥见护送兵有百人之多，就偃旗息鼓而退藏，由此平安到泸州。

所谓“躲躲停停，历程近月”是指：1920年国历10月2日，周由成都坐小木船起身，当日平安到达嘉定，在五通桥支行中住下；因嘉定以下即须陆行，匪风甚炽，就在五通桥支行住了三日（注：约到10月5日），等来护送的军队一个排；10月6日从五通桥出发，宿马踏井，甚清静；10月7日宿荣县城，也甚好；10月8日黎明启行，幸过大佛寺、张家场、陈家场三关，傍晚平安到自流井支行；从自流井到泸县，可坐三天轿子到达，也可坐一天轿子再坐两天船到达，因一直观望了一个星期（注：已到10月15日左右），商量得心乱如麻，最后决计陆行（注：坐三天轿子）；10月16日，在官兵一连的护送下，幸过青松岭，于10月18日，安抵泸县，又在泸县住了六天（注：即10月24日），始有重庆轮船到来，才得搭轮安抵渝行。

由此可见，周宜甫共行约24天，于10月24日左右，安抵渝行，始得上任。唐代诗人李太白有句诗说：“蜀道之难难于上青天。”这种上任历险奇遇真有谈虎色变

之势，川中险阻，于此可以想见。

（2）周宜甫上任后所遭遇的“一年五变，用命履责”之奇特经历

四川军阀1923年混战背景：民国十二年（1923）省军与联军争夺重庆之役最为突出。先是刘湘、杨森与黔军组成的联军驻守重庆，于十二年六月以军事急需为名擅自设立四川银行发行兑换券80万元。十二年十月间，熊克武、赖心辉等组成的省军攻击重庆，联军败走，对所发行的纸币弃置不顾。省军进驻重庆后，又另行设立重庆官银号发行兑换券100万元。十二年十二月，联军反攻，省军退离一走了之，所发行的纸币全部留在商民手中等同废纸。[①] 对此，据周宜甫自述：

四川从民国四年以后，无一年没有内战。单就重庆城说来，也有隔三两年未遭兵乱，也有一年里遭兵乱不止一次者。其中次数最多，当以民国十二年为第一。这一年里头，旧者（注：原居重庆的军阀）退却，新者（注：新攻入重庆的军阀）进来，足足闹了五次。若一进一出两面的计算，便是十次了。

军界向商会筹款，这一年中一共闹了十三回，平均每月一回。只说商场上及公共团体直接所受的损失，共有七百余万元。我们中国银行所受的损害，虽幸不甚巨，然某次系如何应付，实在说不完。

这就是说，在四川军阀混战时期的1923年之中，重庆经历了五次政局变化，周宜甫也经历了“一年五变，用命履责”的奇特经历，其中轶事有三。

第一，政局五变，六步程序；折腾人心，活像闹剧。

民国十二年内，重庆五次局变，通过六步程序，产出混乱中的地方秩序。第一步就是警报到来，说敌人已逼近，离渝数十里，或一二十里，于是绅商恐怕新的（军阀）进城，旧的（军阀）未退，演出巷战，乃要求旧的（军阀）暂退，保全人民。第二步就是旧的（军阀）答应后，（便）在商会筹款，作开拔费，所需数目，由多说少，定局后，将款送去，旧者退出，绅商才去欢迎新的（军阀）进城。第三步新的（军阀）进城以后，就是搜敌，一面出示安民。第四步就是新的（军阀）筹下马费，又在商会将数目议定，始集款送去。第五步就是渐渐看见（重庆）餐馆、旅馆的门口，闹热起来，处处军马盈门，因新来的官员及机关宴客，与夫城中绅商，或公宴新来的官员，或个人与新来的某官相熟，请他吃饭，故较平时宴会增多，新大轿子，亦触目皆是。第六步则又渐渐看见街上搬新家具的（人）很多，因为新的（军阀）既到了一个月后，官员中有将家眷接来者，有临时在重庆安家者，均已租定房屋，故需用各样家具，或屏镜等物安设。然却到了这个时候（第六步时），就不好

---

① 重庆金融［M］. 第3—6页. 重庆：重庆出版社. 1991.8.

了，不转瞬间，又是警报到来，说敌人又已反攻逼近，离渝城数十里，或一二十里了。于是又从这第一步，一步一步地演出来，好像那害病的人，第一期是什么状况？第二期是什么状况？到了第几期就要呜呼的，是一模一样。所以说混乱尽管混乱，却乱得很有秩序，就是如此。

但是，每到了第五、第六步，商界同人，便大家相对发愁，周宜甫也就在这六步程序中，整整过了一年。因为照样演了五幕，譬如多读过几遍的书，多看过几回的戏，所以印象很深。

第二，新来军阀，破城而入；告示三张，四人护行。

重庆五次局变，共六步程序，都是旧的（军阀）退让，新的（军阀）才进来。并且于乘除之际，由城内团防，或民众临时组织，担负一两天治安责任，等旧的（军阀）退得稍远，才让新的（军阀）进来，借以避免接触。故这样的局变，较为从容。然有一回进城时的状况不同。不是旧的（军阀）退让后，新的（军阀）才进来的，乃是硬破城而入的。

民国十二年旧历九月初七日之前一个月光景，省军已攻至重庆南纪门外十五里之佛图关，联军即据佛图关死守，足足相持了二十八天，攻者、守者都是百战勇将，所谓棋逢敌手，真无商量退让余地。此二十八天中，重庆城三面围困，只有大江下游一面尚通，城内粮食薪炭，早已断绝来源，大江南岸，亦早为省军所据，每日以枪炮隔江向城内轰击。周宜甫住的地点，恰临大江，用棉被悬在窗户内，聊避枪弹，全家伏处最下一层，只闻二层三层楼上，时有子弹打入，惟每日仍旧约集同人到行办事。但情况至此，尚有何事可办？大约午后三时没有甚事，也就散了。惟组织同人，每天轮以四人，于散后留守行内。

城中既粮尽薪绝，公家每日晨七钟开仓粜谷，每晨拥挤不通，大约每日城中饿死者，在仓前踏死者（注：多系妇孺，周曾路过此地，亲见一孕妇的胎儿被踩出，状尤惨恶），隔岸流弹打死者，总有几十人。到九月初七这天三点钟时，忽在行听本街上发出枪声，正问讯间，同人蜂拥入我办公室，相告曰城破矣。

这一惊又却不小，大家相视，面无人色，乃约定不准一人擅走，先将行门关上（其时渝行迁至曹家巷甫一年，直无所谓大门，仅铺板数扇而已），将库中余款安顿妥帖（库款整数早已特别安顿），又将各种重要证据、账表收拾完备。

此际只听满城枪声如雨，街上跑步的声音，亦接连不断。四钟半后，枪声稍稀，着人打听，知道联军已完全退尽，全城皆为省军占领。省军的司令部，扎在旧学院衙门。中行乃组织四个同人，在行看守；其余同人，各回家看视。周宜甫便先在行内替新来的军事长官，写了保护告示三张，预备一张贴在行门，一张贴在行员寄宿舍，一张贴在周家门首。

周便携此三张告示，前往学院衙门商请保护，距离又远，各街口或尚不准通行，或尚在开枪，或尚在搜敌，东回西绕，始得达到（途中见退却方面一弁兵，平日常随其主官来行相识，此刻被伤卧血泊中，见周呼救，周以十圓赠之，告以现因职务紧急，无法相救。后闻此兵，因不说其主官去向，被击死，心殊歉然）。只见司令部内，无论官兵，个个衣如鹑结，满面灰土，盖卧地攻击二十余昼夜，衣皆摩擦破烂，其初不准周进去，后有认识周者，始云此是司令熟人，导周入见。会着司令官，其衣服面孔，也是一样，一见惊问为何事来？周云来请派兵保护中行。伊怫然曰：此时哪有空人？周云不派兵，也得出张告示。伊又云告示谁人来办？周云已经写好了，请你盖颗印，伊始笑允。惟一个司令部，不特没有一张桌子，就是板凳也没一条，大家都是立谈。只得在阶石上用衣服垫着，盖了三颗印。

急忙（注：将盖了印的三张告示）持回行中，用木牌粘上，悬在行门；又送一张到寄宿舍，周始敢回家，并将告示带回，张贴大门。同住的几家，都称沾光不置。次日又照常到行办公，从此以为一天好似一天，不料六步程序演毕，到了旧历冬月初十边，联军又进城了。

第三，川省盐税，合署办公；有难同当，用命履责。

盐税本是一种转嫁性质，每月收入，有淡有旺。全视销盐之多寡，为税收之丰啬。川省盐税，对此本无一致。不料自民六以后，时局纷乱。川省政府，对于本省盐税收入，除留稽核分所经费外，其余一律由川截留，以供军用。其初尚循旧轨，候各地运商向中国银行完税后，始以印收向当地稽所提用。稽所签支到行，始行付给。民十一以后，政权分裂。战祸日剧，饷需益繁，军方不能静候盐商完税始用，遂开预提之例。惟稽所定章，收款银行，将运商税款收清后，每盐一载，填给收税单一张。此单系稽所编号发用，运商在渝完税者，自领单日起，限一个月内，持赴自流井，向稽所换领准单，前往配盐。又自换得准单日起，其盐限于一个月内出关。以上两种限期，均异常严重，不能率展。

在从前自由完税时，各商循供求常理做去，无甚困难。自预提之例一开，不问运商能销盐若干，只问军饷之需若干，饬令盐商照数预缴。盐商一面迫于军方之势力，一面迫于稽所之限期，纳税愈多，则积盐愈多，供过于求，既耗子金，本亦周转不继。稽所为恤商计，每遇预提之事发生，必多方拒绝。在军方亦非不知事属破例，商困宜纾，然有时遇事机万急，非款莫济，亦只有知其不可而为。

民国十二年中，有一次联军由重庆上游败退而下。黔军总司令袁祖铭之部队，突有数万集于江北，部中不名一钱。若登时无巨款接济，立有哗变之虞，江、巴两县之治安，即绝对不能保持，其损害且不止在财产。其时重庆盐务稽核处，尚借中行房屋一间办事，与经理室为内外间。稽核员为美国人季履义君。

袁急迫无措，乃派其军需处长，来向季君商量预提盐税一百万圆。季以积盐太多，不特盐商资力不及，盐斤疏销不及，即依限持准单到厂配盐，厂上亦无此巨量存盐以供配销。一个迫于军需紧急，力请变通；一个论纳税销盐事实，不允变通。相持两三小时，正无结果之际，各师旅部大小军需官，见急饷无着，又舍预提盐税，别无救燃眉之法，一齐拥至中国银行，将季君包围。

此时周宜甫见风头不好，不得不出为调停，双方劝解，舌敝唇焦。军方允减三十万，只预提七十万，季君只允预提三十万元。自然仍未说拢，然若于中迁就，大约五十万元，总可了事。因季君以来索提者皆是办事人员，不识是否袁总司令之意，遂谓非袁亲自来行面言不可。众人答以若要袁亲来，则仍非百万不可。季君仍主袁亲来，众人只得去请。

不一会，袁果亲率卫兵百余人来行，进门便怒不可遏。两人一见，袁谓明知预提盐税，既不合法，且多困难，然十万饥军，无饷必变，我与其坐视兵队抢多数之人民，不如止抢稽核处一家，以救众人。

季（履义）谓抢之一字，是匪人口吻，岂有总司令可语此者？两人至此已大翻其脸。周宜甫又不得不出面调停，费尽气力，始将口头冲突，解释过去，仍归纳来说事实。不料袁谓："你要我来，我已来了。但我不来，则百万可了事；我既来，非预提二百万不可。"无论如何调停，不能减少分文。此时已是午后八九钟。再一相持，直至夜间十二钟，尚不能解决。行内军官卫队，挤得个天衣无缝。季君整整一天，未得吃饭。周亦牵连受累，一天不曾进食。

结果季君见事无法，遂承认签二百万之税单，惟时已夜间一钟，以每载一张税洋二千三百余元计之，须办税单八百余张。每张有英文、华文数十字，中国银行国库股彼时仅仅两人，且须先由盐商将此八百余载之商号牌名及销盐之地，与盐之花色开来，方能着手，势不得不要求明日再办。

然袁恐季之允签，非出诚意。万一乘此未签之际，或入兵舰，或至领事署，则明日即无办法。又不肯以兵队将季管押，遂谓非有人以性命担保季稽核员，明日照常来行办公，则今夜此局断不能散。此时除（周宜）甫而外，无第三者。季亦极力宜周要求担保，只好仗着胆子，亲笔书立斫头保结，始大家归寓。周次早起来理发后，始到行。进行一看，季君已在外间坐着。问周云："今早到行何以略迟。"周云："我周相信你不得跑，然亦不敢说你一定不跑，故先将发理好，预备为你将这头颅卖掉。整理一下，较觉好看耳。"季君闻此，不禁转怒为笑。

——这就是周宜甫“用命履责”的形象写照。

次日办到下午，并添派行员五六人帮忙，始行办完，送季签字。签后一看，其签字式样与往常迥然不同。迨总司令都拿去转给盐帮，皆谓签字不符，到自流井，断不能掉准单配盐。袁闻之大怒，立要派队捉季。幸袁左右三要人飞奔来行，与周商量如何补救。周恐一人前去，力量单薄，乃邀商会新旧会长三四人，一同前去，极力劝袁。结果，数字仍要求袁改为一百万。一面另办一百万税单，负责请季正式签有效之字。奔走结果，幸双方依允，并签立合同，始又照此改办。惟盐商一时如何缴得出此巨款。只有将此税单，由商会各帮，按六成抵借，缴洋六十万元。我行因奔走此事微劳，得邀未减，只摊借了一万元。谁知不久联军又败退，此一百万税单，始终未经南所承认。此六十万元现金，完全归渝埠商场损失。前篇所谓民十二年一年之中，渝埠商场公共损失七百万元多，此即内中一部分也。嗣后迭次向北平总所交涉，卒无办法，亦足见身当乱世，生命财产之危险矣。

（3）周宜甫上任后，妥善处理内外关系，促进业务发展的史实

第一，周宜甫与各军将领相处融洽，使行务得维持于惊涛骇浪之中。

周宜甫于民十（注：应为1920年10月）自成支行经理奉调升充渝行经理。当民十至民十八（1921—1929）之间，川省内乱频仍，无年不战，渝行地当必争之所，往往一年之间，迭历乘除，各军饷将缺乏，派垫尤多，工商凋敝，业务亦无法推展。

周以与各军将领均有旧交，其德望又为各军所重，以是任何军方人据，均能相处，且争延充顾问，行务得维持于惊涛骇浪之中，良非易易。

每年周宜甫于赴京参加行务会议之前，必宴集当地军职诸人，婉告之曰：“我因赴京，行务交同人会同代理，若遇大事，彼等万难负责解决。甚盼诸公念平日之交谊，对敝行惠予护持，若有使命，愿于此时提出，我可尽力奉办，幸勿于我行后使同人为难也！”赳赳者均感周公之诚与谦，众应曰：“公行后，我等尽力保护贵行，誓守诺言，公勿虑也！”周公行后，果丝毫不来扰，各行即有派垫，独于中行不同，各军之能重信义，亦可□也。

总行以无西顾忧，倚周愈重，周以倦勤，曾数请退，均不得允。

第二，民国十五年（1926）刘湘驱走黔军而独霸重庆，周宜甫与其相处融洽，并促进渝行业务发展的经历。

（到1930年）周宜甫公时绾（注：绾即总管）渝行，已逾十年，与外界相处极洽。时戍渝者，为二十一军军长刘湘，对周公尤敬重。盖公于民国三年（1914）任巴县知事时，刘以团长驻军县内，协剿股匪，给予臂助。有此夙谊，相得益深，行务尤赖其维护。当时渝市逐渐繁荣，本行业务亦日临发展，公为分工合作计，以内

务全畀禹公主持，己则负责业务之指导及对外之应付。两公推心相结，协力从公。同人祇（只）数十人，均相为识，和睦如家人。行务又蒸蒸日上，均激励奋发，虽自晨至暮无少暇，然精神之愉快，终能克服身体之疲乏。

二十一年（1932）秋间，二十军及二十一军之战起（时称二刘战争），二十一军大胜，师长王某攻克内江。王能诗文，以儒将称，与宜甫公常有唱和。王寄其《克内江有感诗》来和，公（宜甫）除步和三首外，又命豫章（王豫章，时任渝行襄理）、循伯（赵循伯，时为渝行行员）及余（周仲眉时为渝行行员）各步和（史料中包含：王君原作诗一首，宜甫公和诗三首，王豫章和诗一首，赵循伯和诗二首），并寄还之。王谢函深以本行有如许诗人为诧。

第三，周宜甫自请将渝行降为支行，以缩规模，体公忘私的史实。

时也行务拮据，公为谋省开支，裁减职员，曾由数十人减至十五六人，营业文书两主任职均兼，昕夕劳碌，不闻怨愠。民十五年（注：时间有误，应为民十一，即 1922 年），又自请将渝行降为支行，以缩规模，体公忘私，有如此者。

渝行当时限于环境，业务踢蹐，历年损多益少，人员考绩，久未加薪，公曾以去就争于总行，谓劳逸不应全以损益为准，渝行处境不同，仍应例进，得报允。同人以此德公，无敢逸豫。每月终，公必有亲笔函报告总座，详述全省当时之政局经济及行务情形，数年不怠。总行誉为难能之举。

中行时行（注：原文为“时行”，即当时实行）区域行制，渝行辖于汉行，（周）公曾奉命兼汉行副理。洪苓西先生时绾汉行，以渝行行屋旧陋（即现在行址），促公改进，允拨三十万元以应。周公以茅奘土阶，不伤尧之为大，若必环楼玉宇，反逼神恶，尽以尚非其时，婉谢之。

时渝行行屋，除曹家巷一门可出入外，其余各面，均为民房包围，凡十余家。（周）公鉴于以后市政改良，行屋必改建，应求四面无遮，方显堂构，遂著（着）手遇机逐屋收购，费数年力，始得今日之基。

周公常谓：“事业久远之基，不必为及身享受着想而始着手也。”

第四，周宜甫在军阀混战时期远虑渝行行屋之基的史实。

时渝行行屋，大门临曹家巷，四面均为民房包围，曹家巷自陕西街口上坡三十余级，至行门为最高处，过此又下坡。街面约宽丈余。行屋大而旧，院落甚多，与今日之堂构输奠，其程度相差约一世纪。约今之出纳股及中保公司部分，为一旧院楼房，久无人住，阴森逼人，夜间传有鬼物。最后一揽，尤为阴湿，传有大蛇藏于穴内，酷暑之夜常出现，会有同人见之，骇而裸奔。柜台中有一枯井，上覆以木板，坐其上者，不知其下临无地。是者渝行上古史之神话也。

二十一年（1932）春间，渝行即有就行址建新□之议。遂由曹家巷迁至小樑子址，与居停汤府对门而居。其屋原为住宅，本不适用于银行。因陋就简之结果，改天井为室，隔厰厅为屋，玻璃上覆，空气窒流，时有玻璃棺材之诮。尤以柱多如林，极碍观瞻，当时以新厦逾年可成，屈就居之。讵知在此湫隘喧闹之中，一住八年。

第五，周宜甫在民五（1916）中行钞券停兑后重构信用的经历。

民十八年（1929），川省局势渐定，渝市商业逐渐繁荣，当时市面使用现洋，人民颇感不便，众请中行发行钞券。

周公于商会以“本行于民五（1916）停兑之钞，全已收回，并无拖欠，今再发行，当无微言”为问，众感承认，以是中行钞券之再度发行，极得民间信仰，深入农村，毫无阻滞。周公谓“今日之善果，即为昔是所机之善因”。

渝中之银行公会，即为周公之手（首）创，且被选任为第一任主席。

第六，周宜甫与总行下派张禹九襄理相处融洽并有效开展工作。

渝行于民十八年（1929）恢复为分行，业务更繁。时中央亦重视西南，总行遂于二十年（1930）秋，派调查课副课长张禹九先生来渝考查，旋（很快）任为渝行襄理。

张禹九为中行前总经理张公权先生之介弟，勇往有为。莅渝之先，人有为周公不安者，以为两人年龄之差，新旧之异，殊难协调。周公怡然不蒂于怀，迨禹九至，仍倾盖如故，推心相结，适与人所度者相反。盖两公皆遂人智士，襟抱相同，岂如庸俗所虑？周公谓禹公：“渝行难于对外，行务重于治内，今以内事全委君，愿君之才，勿少顾虑，余则力屏外难以护行。分工合作，愿同勉之。”

张禹九以周公见信之深，对于人事业务，励精图治，两年之间，进步甚速。

周公以无内顾忧，时局又安定，遂得以少卸□肩之暇，从事著述。周公每于席间畅谈以前金融事件，听者每乐而忘倦。因徇张禹九之精，口授各事经过，由调查组笔录，而成《四川金融风潮史略》一书，由渝行出版。此外周公又费五年之力，著成蜀海业谈一书，内容充沛，曾于民二十四年（1935），逐日登载于国民公报，吸引读者不少，一日不载，即遭诘问。

第七，周宜甫之子周仲眉入职中行的缘由及过程。

余（周仲眉，下同）于民国廿年（1931）夏间，毕业于北平交通大学铁道管理学院之商理系。秋间，即奉部令派往平汉路局实习。余以负笈北平，数年未返，遂请假四个月，偕眷归省。时家父宜甫公正绾渝行，张禹九先生任襄理。

余与禹公曾有一面缘，未尝深谈，见其勃勃有英气，心折其仪而已。一日，余偕友人同往餐于新新四餐馆，适遇禹公偕王豫章君先生（渝行行员）在。余被邀同坐，因叩（打听）其言论，奇传多创见，更窃佩之。

当时川省正为割据时代，入蜀之行，每为人所裹足。禹公独认川省为国脉，毅然请行。告（别）余以来川后，见城市之殷阗，物质之饶富，人民之勤奋，以及人才辈出之种种优点，迥非谤者所称“魔窟”之况，深慨浅见者之陋，而川省之开发，正有待于志士之努力也。此点为余所最惊異者。

余亦论及日本之强，闻有赖于崇奉王阳明知行合一之学，然在中国，遑论（闲谈）行未办到，即知亦属茫然。即以当时川省而论，地如何大，物如何博，被问者必瞠然无以对。是即知的工夫，并未着手，即有行的精神，而事无蓝本，难免盲人瞎为之议。是以欲开发四川，似应首重调查。禹公颇以余说为然，彼时似已收余为夹袋人矣。

王豫章君，时为成支行办事员，为禹公所识拔，调渝行服务，参机要，颇获信任。君颖悟博学，与余为总角交，同窗友，交情极挚。不数日，豫章来访余，告以禹公对余颇予青睐，认为有学者风度，愿邀入行共事，担任调查，是否愿就云云。余因自揣，毫无学识，而得禹公之重视如此，且禹公亦为余所折服，不妨应命追隨（随）。且余所习商业各科，亦与银行接近，在校时又喜习经济理论及会计，于此正可绎习事实以相阐发，何必膠柱返于茫茫人海之铁路界，难见出人头地之机会耶？计思既定，遂慨然接受。翌日，往谒禹公。禹公欣然从调查四川出口货之巨业——猪鬃——为局，余亦笑答以此为入行考试之代替，合则留不合则去为请。适公将赴万开行，约以十日返渝，希得报告。

余向未从事调查，白纸一张，不知从何处说起。因思商品之整个过程，不外产运销三个阶段，再自每阶段缕析其节目，当得其全豁。然此亦不过空中楼阁，若求实现，关非从实地访问参观不可。余于渝市商场，从未涉足，人士无识悉者。无米之炊，开门即感为难。因访问同人中何人为悉渝市商况，人以放款组领组刘君对（人们都回答说刘君最熟悉渝市商况），君即今日渝行副经理刘公敷五也。敷公时尚未欧化，长袍马褂，有掌柜之风。余即径以臂助为请，并以所职调查大纲请益于（刘）公。（刘）公谦抑近人，并为补充指正，慨然亲身介绍，同赴商家工厂开始调查。

时也，渝市房屋半为旧式，窗暗灯昏，如阴世界。访问所得，每汗浸不着边瞟，绝无理想之准确。余颇为气沮。回忆在北平城市人士园林之乐，尤有天上人间之感，几欲中辍以辞。敷公多方劝勉，谓此中大有学问，不宜以外表断之。复以敷公秉有新世纪之头脑，就所得之材料，参其见闻，剀切指示析综之法，使余渐由烦闷而感兴趣。余因识公学识非凡，必登大用于他日也。

嗣后同往参观猪鬃洗房，见其工作之程序及成品之种类，余均按部摄影以证之。

归则编辑报告，头绪就理，兴趣倍增，初欲业之如浼者，今则乐而不疲矣。约七八日，猪鬃之调查报告，斐然成章。

甫籍就，禹公已返渝，即日面呈。（禹）公见如期缴卷，又见报告图说互体，条理分明，略一涉览，颇示满意。次日，向家父曰，“此非大学生不能办也”。余闻之，且惭且励，尤感刘公敷五之鼎助不置。使无敷公之指引，则余将如陆逊之困八阵图，无法自拔于绝城矣。

由此说明，周仲眉入职中行的原因有以下几点：一是，周毕业于北平交通大学铁道管理学院之商理系，具有入行的学历资格；二是，张禹九襄理在新新四餐馆曾邀周同坐，进行过类似面试周之学识的谈话，张以周说为然，彼时似已收周为“夹袋人”矣，即指面试效果使张满意，且从内心已将周划入张的选人范围；三是，张禹九对周仲眉进行过入行考试，即以约十日为期，让周调查并撰写四川出口货物之巨业——猪鬃的调查报告，周如期缴卷，其报告图说互体，条理分明，张略一涉览，颇示满意，并向周宜甫说“此非大学生不能办也”。对此，1932 年《中行月刊》第 5 卷第 2 期（第 129—131 页）曾刊登过渝行周仲眉、刘敷五《重庆之猪鬃业》一文。与此相关，《中行生活》也记载过周仲眉的文章和发表的照片。最能体现周仲眉为人做事的品德与思维能力的文章是 1949 年 5 月《渝行通讯》第十六期所刊载的《同舟共济于暴风雨中之精神》一文（详见第四章），据《渝行通讯》第十期《渝中小学之盛会》一文可知，这时周仲眉已任重庆分行襄理。

总之，周宜甫之子周仲眉因何入职中行，与周宜甫个人运用权力招收其子入行并无关系，且周仲眉个人素质较高。

（4）张嘉璈及中行总管理处同事对周宜甫的评价

第一，张嘉璈对周宜甫工作与为人的评价。1934 年 5 月 26 日，张嘉璈赴川视察时，曾在宜宾办事处讲过这样一段饶有回味的话语：

我行从前在边省地方，如贵州、四川、甘肃、陕西各处分行，结果均未见成绩，不得不次第收缩。原因有三：（一）各行距总处太远，总处少人出来视察，当地办事人员，习气日深，因而懈怠；（二）主管人员，只知应付官厅，视为能事已毕，漠视业务；（三）下级办事人员，知无他迁之望，因循敷衍，只图养家糊口，毫无进取思想。递演至今，边省各行之存在未撤者，仅四川一行。实因：（一）川行发有纸币数百万元，非收回有妨全行信用，及既收回之后，存款尚有巨数，不便撤销；（二）渝行周宜甫经理，对于川行，应付有方，行为端正，历年于风雨飘摇之中，努力支持，觉不必立予收束，以待时机。

由此可见，四川军阀混战时期，张嘉璈将未裁撤四川分行的实因，客观上归结为：川行发有纸币数百万元，非收回有妨全行信用，及既收回之后，存款尚有巨数，不便撤销；主观上则归结为：渝行周宜甫经理，对于川行，应付有方，行为端正，历年于风雨飘摇之中，努力支持，觉不必立予收缩，以待时机。《行史》也曾有过四川分行经理周洵（宜甫）曾被当地军人拘留而不肯屈从的记述。

第二，中行总管理处同事对周宜甫的评价。中行总管理处同事对周宜甫行长的印象，还可从《中行生活》第二十九期来马、要得的《百闻不如一见》中看出：

某夕，同人纳凉闲话，中有由川回沪诸君，并有史久鳌君谈及川行琐事，颇觉亲切有味，恐为《中行生活》编者所未及者，特为摭拾记录如次，以飨同人。

这里“由川回沪诸君”是指与张嘉璈同行入川视察行务的行内人员，有总行经济研究室代主任格雷君，副主任张肖梅，沪行副经理及中行信托部副经理史海峰（久鳌）；“史久鳌君谈及川行琐事，颇觉亲切有味”，意指中行总管理处同事对周宜甫及川行的评价人员可能是以史久鳌为主、张肖梅为辅，他们以四川方言“来马、要得”为笔名，以“百闻不如一见”为文章名，道出了中行总管理处同事对周宜甫及川行经营管理现状的真实评价：

人常以为沪行接近总处，近水楼台，在总处指导之下，向新的途径中进展甚速。不料余此次赴川后，颇觉渝行进步之速率，自时间与空间之关系比例言之，将与沪行并驾齐驱。因觉天下事不亲眼看见，不能悉知底蕴，所谓“百闻不如一见”是也。

（一）一到四川，见渝行行员各佩徽章，状为古钱式。系银盾金字，一若从前咸丰时代之当十大铜圆，上标明“四川中国银行”等字样。度其涵义，殆采“外圆内方”之意思。其后往渝属各处，同仁皆佩有同样之徽章。无论于马路上及其他场所，见有佩带（戴）是项徽章者，即可知为我行之同仁。以鄙人所知，此点或可谓除渝行外，尚无其他各行实行，以前沪行亦曾办过，旋即消灭。渝行有此外表上普遍一律之象征，不可谓非有组织、有精神表现之一端。

（二）渝行于公共卫生，特别注意，大小便所，设备周到，甚为干净。各支行处内部墙壁上，皆有中国国货介绍所赠送之搪瓷标语牌，劝勉卫生方法，极为动人。

（三）渝属各处房屋，多堂皇宽大。若成支行之楠木厅、楠木柜台等，质美工细，极为可贵。至服务行员，大都年青之辈，极精神饱满，奋发有为。女行员心细缜密，亦能各尽其职。仆役都着制服，极为整饬。总之，使人一踏进行门，即发生一种感想，令人不必看到内容，即知其精神、纪律之所在。

（四）渝行经理周宜甫先生为川省名宿，在金融界资格最老，经验最富，对外与军政各界周旋应付，有左右逢源之妙，煞费苦心。其他各位副理、襄理，以及各位同仁，均各司其职，努力襄助。尤其是张禹九先生……四川地方如渐渐上了轨道，可兴创之事业甚多，市拆甚大，放款亦甚相宜。以我行目前在川之基础，若再多有富于知识和经验的人才，好好帮助，则将来业务之发展，有非吾人意想所及者。

由此可见，中行总管理处同事对周宜甫及所治理的渝行的评价如下：

第一，总行同事对渝行经营管理的总体印象是：渝行进步之速率，自时间与空间之关系比例言之，将与沪行并驾齐驱；第二，总行同事将渝行的亮点总结为：一是渝行行员外表上普遍一律之象征（行员各佩“四川中国银行”徽章；精神饱满，奋发有为；女行员心细缜密，各尽其职；仆役都着制服，极为整饬），不可谓非有组织、有精神表现之一端；二是渝属各处房屋，多堂皇宽大；三是渝行于公共卫生，特别注意，大小便所，设备周到，甚为干净。第三，总行同事对周宜甫的总体评价是：周宜甫先生为川省名宿，在金融界资格最老，经验最富，对外与军政各界周旋应付，有左右逢源之妙，煞费苦心。第四，总行同事对渝行“领导班子”的总体评价是：其他各位副理、襄理，以及各位同仁，均各司其职，努力襄助。尤其是张禹九先生……第五，总行同事对渝行发展寄予厚望：四川地方如渐渐上了轨道，可兴创之事业甚多，市拆甚大，放款亦甚相宜。将来业务之发展，有非吾人意想所及者。总之，正因为如此，总行对周宜甫既倚重又挽留，即：“总行以无西顾忧，倚（周）公愈重，（周）公以倦勤，曾数请退，均不得允。”

（5）周宜甫退休原因及情形、交接工作过程

第一，周退休原因及工作交接情形。

（周）公以行务倍繁，精力就衰，援章请退休，数请始得允。遂于二十四年度（1935），交卸于后任经理徐广迟先生。举凡历史久而未了结之案件，周公均笔述其渊源，分贴各挡（档），为后来治事者莫大之助。周公平时对于行务稿件，均亲笔□改，字体端正，绝无涂鸦之状。且常召关系同人，面告其讹正之处，循循如课生徒。同人之好习文笔者，得益不少，有受周公讲法者，即得片纸，均予珍藏摹习。

第二，周退休话别时的行内外情形。

渝市各界曾举行大会以志惜别，积一时之盛。同人亦集会相饯（别），情绪依依；周公以“待人以诚，治事以拙”二语，为临别赠言（对自己一生在中行工作的谦虚之评价）。并于孙襄理祖瑞、顾襄理敦甫均有赠诗。

赠孙祖瑞襄理诗一首曰：

风雨同舟蔓子城，两年交谊胜三生。

鸟栖义府枝空老，马得孙阳颜已荣。

入世竞誇金穴好，问心惟抱玉壶清。

我今斂手推枰起，愧负与公未了情。

不难而见，“入世竞誇金穴好，问心惟抱玉壶清”之佳句，足为周宜甫一生操守的适当之描写。

赠顾敦甫襄理诗一首曰：

结得岁寒三友盟，步兵青眼倍多情。

人逢叔度能罄俗，事到长康便点睛。

廿载锥刀悲我老，一腔冰雪爱君明。

萍踪幸有余生在，留取他年证友声。

(6) 周宜甫退休后生活及八旬寿辰的史实记述

先生退职家居，不事逸豫，更自立课程，潜心著述，前后所成各书共十三种。

本年（1949）四月二日为渝行前经理周宜甫先生八旬寿辰，周府假座西南实业协会，举行祝□，并展览先生之书法联□及著作墨稿百余本，琳琅满目，洵（周洵）大观也。参观者对先生治事为学之勤与实，莫不赞佩。

是日，周先生亲莅礼堂受贺，尤慰亲朋之望。此外更由先生哲嗣伯初仲眉叔彭三君，于事前辑先生之嘉言懿行，著为事略，遍赠来宾，读之尤增景仰。

先生绾渝行历十五年，因缘綦久。寿辰所展览者，即系各书之墨稿，共约六十七万字。均系先生亲笔书写，楷行均有，书法一笔不苟，可作临摹之用。

兹再就事略将先生著作种类摘录如下：

第一集——蜀海业谈，共一种，已于三十七年九月出版，每部上中下三册，共约三万字。坊处代售。

第二集——计三种：诗存、文存、联话共约十万字。

第三集——计四种，随笔、红楼梦说豉、芙蓉话旧录、志翼，共约十一万字。

第四集——计二种：塔南读左、读史闲评，共约十三万字。

第五集——计三种：读书识小、成语原解、五经玉屑，共约二十万字。

以上自第二集以下，正待印行。

2. “久于其任，功德圆满”的历史文化价值启示

综上史实可见，民国时期川行周洵（宜甫）经理（行长）于1915年入职中行，1920年升任重庆分行经理（行长），直到1935年退休，他在此岗位一干就是十五年，可谓“久于其任”的典型人物。周宜甫退休后，“不事逸豫，更自立课程，潜心著述，前后所成各书共十三种”，到1949年4月2日，周宜甫先生八旬寿辰时，其著作墨稿百余本，琳琅满目，可谓是人生的“功德圆满”。由此，可以体会到中行“先人后事，久于其任”理念的文化价值和历史启示如下：

(1)“久于其任”具有做事能力增值性与做事成本经济性的效用。按现代管理理论，“久于其任”的管理效用之本质在于：高度重视员工的学习曲线和经验曲线及其价值创造效应。换言之，一个人在同一岗位时间越长，“熟能生巧”的学习和经验曲线，既能增加员工的价值创造能力，又能降低其经营管理成本。不难看出，中行总管理处同事对周宜甫“为川省名宿，在金融界资格最老，经验最富，对外与军政各界周旋应付，有左右逢源之妙，煞费苦心”之能力与名望的评价，主要源于周“久于其任”的任事才能和学习经验曲线的增强效应。

（2）“先人后事”理念是行员从业操守的必要保障。用人任事之前，必先选人、律人、育人、激励人的“先人后事”理念，具有对行员从业操守的必要保障。张嘉璈对周宜甫在川行经营管理过程中，“应付有方，行为端正，历年于风雨飘摇之中，努力支持”的评价，说明了周宜甫既具有任事才能与任事韧性，又具有良好操守。而周宜甫良好操守的来源，不能不说是与中行“先人后事”理念框架下的选人、律人、育人、激励人措施紧密相关。

（3）“久于其任，功德圆满”的人物史实，对银行高管人员操守管理和银行道德风险防范的历史启示。周宜甫“久于其任，功德圆满”的人物史实说明，中行通过“先人后事，久于其任”的管理路径，也能达到“行务得维持于惊涛骇浪之中”“行务又蒸蒸日上，均激励奋发”，行员“均相为识，和睦如家人”“虽自晨至暮无少暇，然精神之愉快，终能克服身体之疲乏”“总行以无西顾忧”的发展与管理效果。换言之，“先人后事”理念，通过选人律人体现着用人的审慎性；通过育人暖人体现着人本主义的价值亲和力。在此背景下，周宜甫“入世竞誇金穴好，问心惟抱玉壶清”的个人修养，也是可想而知的结果。可以说，“久于其任”的管理路径，同样可以收到对银行高管人员内控与风险的管理效果。

（4）周宜甫“久于其任，功德圆满”的人物史实，也体现了四川分行斩荆披棘、筚路蓝缕、负弩前驱之创业精神。

所谓斩荆披棘之创业精神：周宜甫由成都至重庆上任“躲躲停停，历程近月”的奇遇经历，以及上任后所遭遇的“一年五变，用命履责”之奇特经历等，就是四川分行斩荆披棘之创业精神的形象体现。

所谓筚路蓝缕之创业精神：周宜甫1922年自请将渝行降为支行，以缩规模，体公忘私的史实；周在民国五年（1916）中行钞券停兑后重构信用的经历，以及他在军阀混战时期远虑渝行行屋之基的史实，无疑就是四川分行筚路蓝缕之创业精神的形象体现。

所谓负弩前驱之创业精神：负弩前驱谓背负弓箭，在前头开道，表示极为尊敬。周宜甫“对于川行，应付有方，行为端正，历年于风雨飘摇之中，努力支持”，由此促进业务发展的史实；周公“入世竞誇金穴好，问心惟抱玉壶清”的良好操守；周宜甫与张禹九“两公推心相结，协力从公，（全行）同人只数十人，均相为识，和睦如家人；行务又蒸蒸日上，均激励奋发，虽自晨至暮无少暇，然精神之愉快，终能克服身体之疲乏”的史实，足以说明四川分行负弩前驱之创业精神。

第三节　公司文化核心价值：行员道德

员工道德的本质，就是员工是否具有专业知识与技能，是否具有职业精神，是否懂得职业规则，是否遵守职业道德的问题。在现代管理理论中，员工道德是有层次的，既有符合现实的一般道德，也有滞后于现实的落后道德，还有超越现实、与先进文化同步的高尚道德。要实现员工行为和企业倡导的价值观的统一，必须坚持道德高标准，通过伦理道德建设，把企业制定的行为规范、规则、标准，化为企业员工的自觉行为，使企业价值观精神得以实现。因此，员工道德在本质上也属于行员理念在员工行为准则上的细化与延展。根据对多方史料的概括，逻辑地讲，张公权主持中行行务时期，中行（含四川中行）公司文化核心价值体系之行员道德的史料内涵，可以作如下的概括：

行员道德：高洁坚品，全行智识；新思旧养，理想行员。

一、行员道德的史料详细与价值特征

行员道德的史实概括逻辑：“高洁坚品”是对“高、洁、坚”三种品德的概括性简称；“全行智识”相当于当今的全行观念或大局观念；“高洁坚品”与“全行智识”组成行员道德之品质；“新思旧养”是道德培育的路径理念，“理想行员”是集智识、道德、体格和精神于一体的行员培育之终极目标。

（一）“高洁坚”品德的史料出处及其内涵推演

中行“高、洁、坚”三种行员品德的概括，出自姚崧龄《中国银行二十四年发展史》一书结论中的最后记述之中：

而所谓传统精神者，似极抽象，然粗知中行历史之人，则无不领会其意义，了解其体系。盖张氏在行，常以三大道德纪律期励同人：“一曰行员在行服务，不仅以保护股东、存户、持券人之利益为满足，必须进而为社会谋福利，为国家求富强；二曰职位不拘高低，必须人人操守廉洁，摈除恶习，更须公而忘私；三曰任事不能

仅以但求无过为尽职，必须不避艰险，不畏强御，战胜难关。”

以上三原则，张氏当归纳于“高”、“洁”、“坚”三字，以为每一行员座右箴铭。此种熏陶，为时既久，不知不觉中形成一种风气，使每一行员于待人接物之顷，不期然而然，表现无遗，博得众人之信任。

在现有诸多史料中，我们并未看见过张嘉璈直接提出“高、洁、坚”品德的记述，姚崧龄将此说成“张氏当归纳于高、洁、坚三字，以为每一行员座右箴铭”。然而，“张氏当归纳于”的“当”字，按汉语解释，“当”读平声时，有三个含义：充任、担任；掌管、主持；正在那个时候或那地方。“当”读去声时，也有三个含义：合适；抵得上，等于；姑且作为。因此，“张氏当归纳于”并不等于“张氏将其归纳于”之意。如果将“当”看作是“应当”之意，则“应当”作“应该”讲，“应该”则是一种“情理上必须如此”的推断。

既然张嘉璈并未直接提出过“高、洁、坚”的三个品德，而且姚崧龄对“高、洁、坚”品德内涵概括又有“情理应该”的推断成分，那么我们不妨将张嘉璈在设计中行新图样、建造中行第一层、建造中行二三层时，长于布道、亲于教诲的言行录，以及社会贤达对中行形象之赞誉，也按照姚崧龄的推断思维，尽量还原出张嘉璈所倡导之“高、洁、坚”品德的更为丰富之内涵。

1. “高”品德：忠于职务即忠于国家；忠于职务须由忠于自身始

姚崧龄概括“高”品德的逻辑内涵是：行员在行服务要以保护股东、存户、持券人之利益为满足；行员在行服务必须进而为社会谋福利，为国家求富强。对此，我们还可将“高”品德内涵概括为：忠于职务，即是忠于国家；要忠于职务，须由忠于自身始——行员对于体力、知识、道德三者，非有充分的修养不可。

1933 年 8 月 7 日，张嘉璈视察天津分行行务时，曾经指出：

忠于职务，即是忠于国家。然而，要忠于职务，须由忠于自身始，即如果我们银行想与外国银行竞争，则我们银行行员，对于体力、知识、道德三者，非有充分的修养不可。所以体力、知识、道德三者，必须刻苦自修，方能达到目的，此即忠于自己。能够忠于自己，然后对于职务，方能有所贡献。

——在“忠于职务即忠于国家；忠于职务须由忠于自身始”的道理中，张嘉璈尤其重视对“忠于自己”这一品德的文化倡导，即“我们银行行员对于体力、知识、道德三者，非有充分的修养不可”；对于行员“忠于自己”观点，张嘉璈在许多场合进行过多角度的反复强调和内涵补充。相对于姚崧龄对“高”品德内涵的逻辑概述（即以股东、存户、持券人之利益为满足；为社会谋福利，为国家求富强）而言，或许用“忠于职务即忠于国家；忠于职务须由忠于自身始”的表述，更能体现张嘉璈对“高”品德的文化主张与文化倡导。因为“以股东、存户、持券人之利益为满足”也应从“行员对于体力、知识、道德三者，非有充分的修养”而起；“为社会谋福利；为国家求富强”则始于行员忠于职务。

2.“洁”操守内涵：操守廉洁，摈除恶习，公而忘私

姚崧龄概括“洁”品德的逻辑内涵是：操守廉洁，摈除恶习，公而忘私。对此，我们还可以从张嘉璈的众多演讲与著述中，看到他对“操守廉洁，摈除恶习，公而忘私”内涵更为丰富的诠释。

（1）“洁”操守内涵：不做道德上负心的事；量入为出而不做投机

1930年12月18日，张嘉璈在论及“三者同乐，同为模范”的立行使命时，指出同仁获得本身精神上的快乐有三个条件，其中有两个条件都是指“洁”操守。

一是不做道德上负心的事，譬如舞弊营私，诈欺取财，或是伤风败俗，有一于此，心中就傈傈不安，任何个性坚强的人，也必生精神上的异状。

二是要量入为出，不做投机。一个人遇到入不敷出，就感觉到精神上的痛苦，假使再做投机，则胜败时时刻刻放在心上，偶遭失败，不特倾家荡产，并且一定发生精神上的毛病。诸君看见许多人因投机失败，往往发生神经病，中风病，甚至于自杀的，是何等危险。

这就是说，行员精神快乐的重要前提就是要有廉洁的操守。

（2）“洁操”守内涵：廉者守也，耻者疵也，简单和朴素为廉耻的根本

1934年4月间，张嘉璈应叶楚伧先生的函托邀请，为南京正中书局编印新生活丛书所撰写书序——《银行员的新生活》，他在文中指出：

第一，廉耻两字，往往是一个相联属的名词。廉是什么意义？廉者守也，安分守己谓之廉。就是我分内所要的就要，不是我分内所要的就不要，所谓“一介不以与人，一介不以取诸人”。

耻是什么意义？耻者疵也。深恶痛绝，谓之耻。管子说：“廉不蔽恶”、“耻不从枉”。唯廉者能知耻，所以要挽回陷溺的人心，更不可不从廉耻两字做起。

第二，如何能做到廉字？古人又说“俭以养廉”。所以新生活运动，规定“简单”、“朴素”为廉耻的根本。因为一个人的生活能够简单朴素，物质的需求减低，就不会有什么不廉洁、不知耻的事情发生。我们银行员是天天与钱财相接触的，尤其是在办公时间内，几乎耳闻目见之所及，无时不是金钱的声色；心思计算之所用，又无时不是钱财的出入。我们银行员与钱财的接触，既如此密切，被诱惑的机会格外多，假使对于廉耻两字没有极其清楚的认识，恐怕万一操守不坚，便会在不知不觉之中，为钱财所支配，而身败名裂。我们知道一个堕落的人，他并不是甘心堕落

的，只因平时行为不检，用度不当，时感入不敷出的困苦，终至环境逼得无可奈何时，于是有不名誉的事情发生。所以一个良好的银行员对于他日常的生活，应该使它愈简单愈好，愈朴素愈好，因为一人的收益有限，而一身的欲望无穷。假使我们能节欲而不纵欲，使个人的预算收付，时常维持平衡的状态，那么不但不会受物质生活的压迫，而且精神上可以得到异常的愉快。这是做人的根本，在我们银行员对于廉耻两字，更应当特别注意的。[①]

——应当说，在张嘉璈众多演讲稿与著述中，这是他对“洁”操守最为完整的内涵表述之一。与此相关，1935 年 2 月 20 日，张嘉璈在农村合作会议上，谈及改进内部精神时，换个说法强调了“洁”操守问题：

我行自改组国际汇兑银行以来，同人中似尚有一种习气，仍未消除净尽，平日服用奢华，不脱贵族化气息。返观四万万人民之生活，大多数系平民化，若我少数金融界中人，仍存留贵族化生活，未免不能协调，判然形成另一特殊阶级，欲求与社会打成一片，岂非南辕北辙，终难办到。且平民化即贫民化之意，民间疾苦，由来已至水深火热境界，若我犹高车驷马，养尊处优，必至遭人嫉忌，至于淘汰。故鄙意欲使内部行员，均能多有机会与农民接触，了解内地农村状况，从而改换其思想、精神、生活，以谋彻底的革进，养成俭朴之风尚。[②]

(3)“洁”操守内涵：公而忘私的适用情形

1933 年 6 月 15 日，《中行生活》第十四期刊登了长春支行经理张君度的上任演讲。其中，他以总经理、总稽核、总秘书以至各课长、办事员，无不精神奋发，努力职务的事例，告诫长春支行行员以此借镜，益自奋勉：

此次鄙人在沪见总行同人，自总经理、总稽核、总秘书以至各课长、办事员，无不精神奋发，努力职务。总经理除终日在行处理公务外，晚间当须抽暇与当地金融、实业各界，共同商讨一切，每星期则必在“九十四号”俱乐部开一聚餐会，与同人研究行务，集思广益，俾期进步，其孜孜不倦之精神，良不可及。

尤有足令鄙人感佩者，当在沪时，总经理适患疟疾，但仍在寓批阅公事，不肯休息。汪总稽核、戴总秘书有时即染微疴，亦不轻易请假，此皆鄙人所目睹者。夫最高职员且如此，则我辈安可不借镜，而益自奋勉耶？

又总账室刘攻芸先生，对于改革账务，异常努力，每有所改善，必先躬自试验，俟有成效，再试行于沪行，并征求他行意见；一无窒碍，始付实行。其不惮烦劳、

① 张嘉璈．银行员的新生活．《中行生活》第三十一期．1934 年 10 月 1 日．

② 公权．本行对于辅助复兴农村之愿望——二十四年二月二十日在农村合作会议席上．《中行生活》第三十六期．1935 年 3 月 1 日．

审慎周密之精神，皆吾人所宜取法者也。

凡此种种，深望同仁能共勉，则将来业务进展，可跛足以待矣。[①]

——由此可见，这段话为人们描绘了中行那些公而忘私的高管人员之群体形象。

1933 年张嘉璈在西北调查时，有商务印书馆潘光迥同行，潘后来撰文记述：

我所遇见中国银行的同事，个个朴实耐劳。我敬仰他们，因为他们不是衙门式的公务人员，而是与民众同甘共苦的新向导，辅助指导社会，忠实服务。

——这段话或许也是对公而忘私所作的进一步解释。

3. **坚韧性内涵：任事坚韧，说干就干，能行则行**

姚崧龄概括“坚”品德的逻辑内涵是：任事不能仅以但求无过为尽职，任事还应当克服困难把工作做好。对此，我们还可将坚韧性品德内涵表述为：任事坚韧，说干就干，能行则行。

（1）坚韧性品德内涵一般指“任事不能仅以但求无过为尽职”。其具体表现，可参见张嘉璈在内江办事处和成都支行讲话所指出的那样：

一小地方办事处之行员，始终坐井观天，为环境所笼罩，且知会计者只知会计，司出纳者只知出纳……办事同人，应改变旧的习惯，做事不分畛域，大家切实互助。譬如办会计的人，亦可帮办文书出纳事务；而文书人员，亦应为会计出纳之助力；办出纳者亦得随时帮助其他部分工作。如此做去，在此种业务简单之办事处，只要四五人，即可将全部事务办理裕如。

本行行员，均须有良好之习惯，不能放弃各个职责，应抱有十人工作五人完成之毅力，使行务效率增加，工作范围扩大。

（2）坚韧性品德内涵更多的是指“说干就干，能行则行”之品质。“说干就干，能行则行”一语，出自商务印书馆潘光迥《中国银行服务生活的“八段锦”》一文之中，他对中行员工的办事精神称赞道：

吾国人常说：这件事不行，那件事不行，不行就是不可能的意思。但是中国内地与城市的隔阂，一个公司中总处与分处的隔阂，完全是“不行”两字闹出来的。现在中国银行的办事精神，却不这样。例如贵行总经理张先生这一次出发到西北，要走便走。事前既不迟疑，临事更不畏劳苦，一行之后，内部办事上可以多得好几分联络，精神上多得好几分贯彻，对于银行事业的全般，更可以找出一些有系统的建设与推广的路径。所以我以为成功的要素，端在考虑有相当的成熟后，说行便行，万不宜因循畏难。银行的出路在此。

---

① 张君度. 共同生活中之共勉.《中行生活》第十四期. 1933 年 6 月 15 日.

对于潘光迥“说干就干，能行则行”的赞誉，《中行生活》编辑加编者按，号召全行员工要时时用“说干就干，能行则行”的赞誉自惕，应有“能知必能行”的自信力，我们想到的和说到的，就要做到——这也是对姚崧龄所言“任事不能仅以但求无过为尽职，必须不避艰险，不畏强御，战胜难关”的最好诠释。

任事坚韧的情形，还如张嘉璈对宜昌同人训话时所说的那样：

怎样才能由一笔交易中生产许多生意来？譬如存款、汇款、借款，每笔交易，都有他的特殊情形。只要你留意这位顾客，为什么不到别家去，而到本行来，三言两语，就可探得他的大概。你假使稍微用点精神，总能得到一点相当的收获。

譬如你对他客气一点，他就能自然而然地替你宣传到别处去，一传十，十传百的，使得外界都晓得中国银行的同事客气，那么就不怕他们的生意不找上门来。这不过就同人应付顾客一点而言，所以我说生意是活的，常常由生意中生出生意来！

照以前各行办事的习惯，经理坐在经理室里，招待客人，接洽生意，做同事的，只要每天将分内的事情办好，就算尽了他的职责。现在的情形不然。不论所居的地位是助员，或是练习生，个个人应当要有经理对付顾客一般的手段。

总之，一位顾客上了门，不要轻易放他到别家去。所以在一行或一处，无论几个人，几十个人，或者一二百人，都要负起全责，以全副精神，去对付一切。以现在全行二千三百几十个同事论，那就像有二千三百几十个经理；以二千三百几十个经理一贯精神的经营一个银行，这个银行不能保持他原有的地位，我决不相信；奢望一点，或者还可以超越原有的地位。

（二）“全行智识”理念的史料出处与内涵详细

“全行智识”一语，出自1933年1月张嘉璈视察宁波支行的讲话之中，其演讲题目是“如何使各地的行员成为整个的中国银行行员”。

1.“全行智识”理念的提出背景

要造（中行行屋）第二层、第三层的时候，鄙人有一很大的感触，就是觉得各地的行员，是某某地的行员，而不是整个的中国银行行员。譬如今天在座的同仁，只能称为“宁波中国银行”的行员，并不能称为“中国银行”的行员。

这句话能怎样说呢？诸君想想，诸君每日所接触的业务，是不是只要为宁波中国银行职责以内，可以应付过去就是了么？每日所接触的顾客，是不是只要勉强应付妥当就是了么？每年所得的结果，是不是只管宁波中国银行的盈亏就是了么？自己的前途，是不是只要一生住在宁波，可以勉强生活就是了么？这些来的业务，来的顾客，有没有与他行有关系？有没有可以为其他分支行多添生意？恐怕没有去问的；宁波的营业，如何能为杭州分行的助力？如何能成为总行全体中的一个重要分子，恐怕没有去想的；自己如何训练自己？可到杭州分行或其他各行或总行成一重要的行员，恐怕十个中难得有一个如此想的。这是不是只能算为“宁波中国银行”的行员？当然，这句话骤然听来，似乎太概括，在座诸君中，虽有几位抱着为全行着想的精神，但是恐怕亦不过常存有此心无此力的思想，觉得与其徒存空想，不如暂时苟安为是。

由此可见，张嘉璈一连用了十个句号，力陈全国中行普遍存在的“某某地的中行行员”现象之缺陷，由此，他提出了“人人要做成整个的中国银行行员，要有全行的智识，为全行服务的精神”的文化主张，类似于当今国有商业银行的“一级法人”意识及全局观念，并讲明了在“闭关自守”“各自为政”的中国，培育“全行智识”的重要意义，即是说：

我们中国银行，当然亦应该将全行的业务，有一整个的分工合作、指臂贯通的方法，尤其是先要全行同仁，人人有全行的智识，具备为全行服务的精神，否则不特不能追逐时代的潮流，且恐慢慢地自跻于落伍之林了。

2. “全行智识”理念的内涵概要

“全行智识”理念的内涵概要，可参见张嘉璈视察各行的系列讲话之中：

(1) 要有全行的智识，为全行服务的精神，使各地的行员成为整个的中国银行行员……总希望将来凡有国家大生产事业，都有我们中国银行参与其间，这就是中国银行同仁的荣誉。欲求达到这种目的，获到这种荣誉，必定先要诸位同仁个个成为整个的中国银行行员，盼望诸位这样一致向前努力！（宁波讲话）

(2)（全行智识）概括地说：就是全行行员，必须知道银行应如何做法，知道银行对于社会应尽的各种义务。所以必须具有经营银行的智识和服务社会的精神，才能够谋本身的发展，并达到扶助工商业和社会经济的目的。（蚌埠讲话）

(3) 希望同仁看了《中行月刊》的文章，从世界中国的大势，推论及于地方的经济状况来互相比照；看了《中行生活》，从总行改革的大方针，来研究分支行局部的应用与改善，以及同人意识的切磋。（宁波讲话）

3. “全行智识”理念的形象比喻

1933 年 10 月，张嘉璈到蚌埠支行视察行务，并向全行同事作《我们的出路》之谈话中的形象比喻，可以看作对“全行智识”内涵的深刻而又形象的诠释。

假定拿机器为比例，我们银行，好似全部的机器，我们行员，好似机器中的零件，或是螺丝钉配合而成的。若是缺了一个，或是坏了一些，那么全部的机器，就不会转动了。所以本行同人，个个须有完全的智识，技能，就如机器一样。

总处的地位，好比一只电铃，电线已经贯通了全国，电铃一揿，全国各分支行处都要响才好。但是这只电铃响不响，还要看各行处的同人能不能精神一致努力，跟上去才行。希望诸位一致努力从公，与总处及管辖行互通声气，表现全行内外一致的精神，那前途的光明可以预卜的。

4. **“全行智识”理念的管理内涵**

1931年3月，张公权《指挥与联络》一文刊于《中行月刊》第9期，此文的观点与理念，可以看作是对管理层推行“全行智识”的纵横管理之内涵。

（1）首领怎样指挥他的部下？

（一）工作分配的适当。须将工作分配公平，不可有过劳过逸的弊病；更重要的，是怎样使个人用其所长。譬如一个人长于应付者，叫他对外，长于事务者，叫他处理内部，脑筋粗放者，叫他担任往外发展的事，脑筋细密者叫他担任筹算设计的事，偏于理想者，叫他担任研究方面的事，偏于事实者，叫他担任多与外界接触的事，果能人人用得其当，则各个的本能固可逐渐发挥，而革务的效能，亦可事半功倍。

（二）各个缺点的指示。不论什么人，都有相当的缺点；故必须在他的缺点刚刚萌芽的时候，即设法纠正他，使缺点不致滋长，使这个人不因缺点的滋长，而致毁坏堕落，使培养垂成的人才，中途倾覆，这是何等不经济的事。大凡一个人缺点萌芽的时候或已抑止的缺点复发的时候，往往不能自觉。当首领的人果能随时留意，一见他有缺点，就诚恳的指示他，一而再，再而三，吾想虽顽石亦必点头，果能从此革新，岂不留下一个人才，多得驾轻就熟的功效。

（三）工作兴趣的鼓励。吾最不赞成的就是一个行员觉得他自己因可拿这几个薪水不能不工作，或恐怕黜革不能不勉强工作，有了这个思想，他就感觉得只要按钟点到行办事，办事不错就算十分的对得起行。设或要他多做一点工作，他就十分的不愿意，或是要实行一种新方法、新制度，他就觉得十分的麻烦，说出种种为难阻碍的话，使高兴做事的同事，亦望而却步。说到要望他能用心研究，自出心裁，对于工作的改良，不待首领的指点，能有所贡献，则更如河清之难矣。一行的事务，为首领的哪能事事顾到，若一个一个的行员不能对于改良方面有自动的贡献，这个人未有不失败的。然而要行员有自动的贡献，必须他们对于工作有十分的兴趣，这个兴趣，因大半由他本人的素养出来。然而哪能个个人都有同等的素养，并且一个人做事，若久于一事，必渐渐生厌倦之念。

所以当首领的，必须时时想法鼓起他部下的兴趣，鼓起的方法：第一，时时将他所做的工作，怎样与全体行务有关，怎样影响及于社会，讲给他听，使他感觉到所负责任之重要。第二，将他所做工作的进步情形，及与他人进步程度的比较告诉他，并且指点他再进一步的途径，使他对于自己的前程，有一种希望。第三，时时考察部下的苦难，在中国恶劣环境之下，敢说人人苦多乐少，在上者应时时与部下交谈，问问他们有无困难，能帮他解除者，尽力地帮他们解除，事实上不能帮他们解除者，亦应以精神上安慰的方法来慰藉之，使他精神上有所解脱，则他们不特可以减少精神所痛苦，并且觉得为首领的能晓得他们的艰苦，他们的精神，自然不致颓唐，事过境迁，兴致亦就恢复了。第四，卫生及娱乐的设备，关于因身体强健而增加兴趣，及因娱乐而增加兴趣。

（四）赏罚的决断。大凡一机关的堕落，最大原因都从赏罚不明来的，但是吾为什么不说赏罚严明，而说赏罚决断呢？赏罚严明，是说赏罚的结果；赏罚决断，是说赏罚的行为。应赏者，应该看到应赏的时候即时行赏，庶几可以鼓励他的向上之念；应罚者，应该看到应罚的时候即是行罚，庶几可以杜绝他劣点的滋长。若遇到有应开除的人，须勿瞻徇，立刻开除，以免传染为害群之马，因为凡事均有时间性，若失去时间性，即效力减去了大半，就变了事倍功半。现在社会上往往将待人忠厚四字误解了，以为处处宽待人，甚至有赏无罚，就是忠厚，这是大误了。你若是看见应罚的人不去罚他，这一个人永久不能觉悟回头，岂不反害了他一生。若是处罚得当，他能醒悟回头，反而因祸得福，救了他一生。况且设或因姑息一二个人，害了全机关，岂不不忠于社会，敢说绝非忠厚二字的本意。

以上说的当首领者若是指挥得当，他部下的工作效能，可以增进，他的一部分，必定是有组织、有精神、有新气象。

（2）部分的联络：各各部分可以充分联络，有合作而无掣肘

在大机关中，分了许多部分，若别的部分不来帮助他，不与他合作，则他的效能还是不能充分发挥，恐怕处处还需遇到障碍。所以必须研究，怎样可使各各部分，可以充分联络，有合作而无掣肘，吾想以下数点，是使联络可以实现，并使十分圆活的一种方法，欲与同人一商榷之。

（一）文字的交换。一个机关到了逐渐扩大，部分逐渐增加的时候，各个部分的人员，决不能时时刻刻会面接洽，并且事务日繁，决不能一一记忆于各个人的脑中，唯有将应令别部分接洽的事，记之于书面彼此相互交换。

第一，如分支行来的信，应先订明某事关系某某二部者，应令多寄一份信底，以便分送某部分，某事关系某某一部者，应令多寄二份信底，以便分送某某二部。

第二，若是外界来的函件，不能要求多寄信底者，应由本行自行摘要，分送他部分，可将事由性质，大略分类某事关系某部，某事关系某某若干部分，以便办事人按性质的规定，随到随办，不必请示研究。

第三，主顾或外界来当面接洽的事，应由主管人员备复写纸簿，遇事记录，到办公将毕的时候，分别事的性质，将记录分返有关系的部分。

第四，调查部所调查或研究的事项，其涉于普通者，如商业金融大势等等可发通函分送各行部分，其涉于特别者，应审察其关系某行某部分而分送之。

第五，欲令一分行晓得他分行发生的事实，应由总行将分行报告的事由，认为应令他分行接洽者，发一种定期通函，使各分行间，可以彼此明了情形。

（二）工作的更换。现在本行的大弊病就是各行员管了一种职务，不令变更，在行员本人，久而久之，亦觉安于一种职务，不想变更，办事人员不能更换工作，是部分间联络的最大障碍。因为一行员若是长久专管一种职务，他对于别部分的事务，就漠不关心，而何事与何部分有关，因为他不知道别部分的情形，他不会去关照人家。何事虽不是他分内事，若使他用心多加一点助力，就可补助别的部分，亦是因他不知道别部分的情形，他只晓得自顾自，不能加以丝毫帮助，以致别的部分无形中受了损害。有时别的部分来要求，对于某事，留心予以帮助，来的要求，当然是一句比较概括的话，一种事情往往因时因地而情势不同，若是他知道别部分的情形，他就可以随机应付他，不然他只好刻木求舟，呆板应付，那就不能不误事了。所以要各部分充分联络，必先将人员的工作，随时更换。

（三）各部分人员的集会。现在本行各行各部分的办事人员，往往在工作时间内埋头工作，工作一毕即各自分散，所以彼此对于工作情形，及每日发生新事实，均十分隔膜。要晓得各人的思想，在聚谈中，容易流露出来，所以若要各部分能充分联络：

第一，各部分的首领每日在一定时间内，必须有一集议，时间不论长短，将前一日所发生的事实，所经办的工作，将解决的问题，互为报告，简单讨论。

第二，各部分的首领，对于他本部分的人员，每星期有一集会，为首领者，将外界的大势，及别部分发生的重要事项，与夫次星期应做的工作，同他的部下讲讲，一面可令各行员，随便说说他的工作及感想，并令尽量发挥他的意见。

第三，各分支行的人员，不论分支行的人，到总行来，总行的人，到分支行去，或是支行的人到分行去，不论他担任职务的大小，总须有一小小的集会，请他讲讲说说，交换交换意见，这个效力比写几十封信强得多，不特有事务的联络，并且有精神的联络。

（四）各部公事室的分配与布置。现在世界各大商业机关，为增进办事的效能起见，都研究公事室的分配与布置，某部应与某部接近，某公事桌应与某公事桌接近，某部分须接近柜台，某部分可设在较僻的地点，某部分须与经理室衔接，随事务的性质，研究配置，彼此联络，总使事务敏捷，不因一种事务牵涉几部分而延搁，不因求迅速而致各部分彼此不相接洽。机关越大，公事室之配置愈难，这个必须由各部分的首领，随时审察研究，不可一成不变。现在各国大银行中，都有一专部，研究内部的组织如何改良吾们银行的质量，在幼稚时代，尚可无须乎此，只需各行各部分的首领，随时留意，已可补救许多。

（五）通信时间之注意。……希望各行对于通信时间加以注意，某处的信，应于某日某时寄出，某处电报，应于某时发出，某处应用无线电，某处应用飞机邮递，一一留心规定，总使用极快的方法通信，能够使他行得到最早的消息，这个功效对于总分支行内的联络上有莫大的关系，不可以小节忽之。

（3）“全行智识”的管理内涵：纵横协同

首领的指挥是纵的，部分的联络是横的，若是纵的横的，都有成文或不成文的好系统，好配备，好习惯，则一个机关不论他有数千人数百人都能如身之使臂，臂之使手，上下一体，指挥如意矣。深愿全行各部分的首领，不管他是经理领组或是一个专员，只需他有一二人以上的部署，都照此去做。

仔细品读张公权《指挥与联络》所说各点，即便是对当今银行的省行以上机关，“全行智识”理念的管理层内涵也堪称管理借鉴之经典。

5.“全行智识”理念的培育途径

“全行智识”理念的培育途径，可见于张嘉璈视察各行的系列讲话之中：

（1）从学习方面培育“全行智识”

（一）年轻者能读书者多读书，年老者无读书兴趣，多考察、多研究，多听人讲说，总使与新时代相适应；

（二）《中行月刊》与《中行生活》，皆是要求行员智识的增进而办的，但是并不是看了这种《月刊》与《生活》，智识就是足用了。古语所谓闻一以知十，《月刊》与《生活》，虽是总行给予同仁“力”的启示，“智”的浚发，“思想”的指导，才不过十分之一的分量，怎样求二至十？（宁波讲话）

（2）从工作方面培育“全行智识”

在上级的，应设法如何增加生意，力谋营业的发展，放款的稳妥，并随时注意商业的变迁，和将来如何收回放出的款项，使不至于呆滞。

在下级的，应明了全行的事务，具合作的精神，富有努力勤奋的观念，力求工作效能的增进，能以一人兼任或办几人的事，自然人手节省，开支减少，而利益增厚，庶可与他行竞争。（蚌埠讲话）

增进全行服务的精神，第一要各人发挥其所长，尽其能力之所及，不要抱各人自扫门前雪的主义。除了职务本分以外，凡有见到的地方，尽可自动的发表意见，告诉主管的人，慢慢地试办。只需行之有效，他的长处自然有人知道。又若他的职务，不适宜于他的本能，倘感觉没有兴趣，尽可老实说出来，以便将来主管员留心，给予一个其他可以发挥、尝试的机会。万不可因为衣食问题，就勉强敷衍因循的对付过去，弄得个人工作，黯淡无光，弄得顾客上门，毫无生气，这是我们中国银行行员万万不可如此的。（宁波讲话）

（3）从精神方面培育“全行智识”

（一）对于行务，应能全体了解，要明了全行事务，首要智识增加。

（二）对于工作，须有兴趣。但兴趣基于希望，而希望实寄于精神，精神又寓于身体。浓厚力量的发生，在于内外同人有上下一致的精神。至于行员的精神，尤应一致唤起。有一致精神，便能发生浓厚的力量。更希望我行行员的精神，能够一致。那全行的前程，就无限量了。（蚌埠讲话）

不同之精神于一炉，诚一要事；联络感情不过为团结精神之初步，似尚不足以尽同人的关系，必须团结精神，方能合步骤于一致。（第一区务会讲话）

（三）“新思旧养，理想行员”理念的史料详细

在行员道德史实的概括逻辑中，“新思旧养”是道德培育的路径理念；“理想行员”是集智识、道德、体格和精神于一体的行员之终极愿景目标。

1.“新思旧养”的史料出处与内涵详细

所谓“新思旧养”，即为“有新的精神和旧的涵养”之略语，该语出自《中行生活》第二十三期刊载的潘光迥《中国银行服务生活的“八段锦”》的第五条之中：

有新的精神，旧的涵养：贵行历史悠久，资格极老的同事不在少数，而平日彼此相与的生活，竟如求学时代的学生一般，既有新的精神，又有旧的涵养。

“新思旧养”的内涵详细，可以参见1934年5月8日张嘉璈视察四川时，在万县办事处所作的《一个青年行员应具之性格》之讲话内容，他将“新思旧养”内涵进行了提炼与概括，其要旨正如《中行生活》编辑所概括的：

一个青年走进了本行，应努力：（一）保持旧道德；（二）培养新精神；（三）用旧的识见贯彻新的精神，以“旧”驭“新”，而加以“整个化”，成为中国银行理想中的行员。

这就是说，“新思旧养”即指保持旧道德和培养新精神；“新思旧养”道德的培育，要遵循用旧的识见贯彻新的精神之原则，其具体路径是：以“旧”驭“新”，而加以“整个化”，从而成为中国银行理想中的行员。具体内容如下：

一个青年走进中行，便应理想到他的学识是怎样丰富？技能怎样优长？道德怎样高尚？精神怎样壮健？一步步地由低级行员晋升为高级行员。所以要想成为事实的表现，必须循着下列的标准做去。

（一）保持旧道德。我们现在的立场，已超越乎时代。对我国旧有的美德——勤俭信义——却不能不有相当的保持。同人日常用费不“出超”，宜“俭”；每天工作不积压，须“勤”；对外做生意，要尚“信义”，才不会有阻挠。这几样都能脚踏实地做到，便算作中国银行的行员，有了相当资格。

（二）培养新精神。现在的社会，实在进化得很快，一切事业的成功，都含有“新”的原素。我们在中国银行做事，期望将来立己立人，那不但要保持旧有的道德，而且要培养新的精神。什么是新的精神呢？简单地说来：第一是身体好。第二是宝贵时间。我们做事的速率，要以“一当三”为原则。第三是做事刻苦。第四是服务客气。第五是遵守规矩。

（三）用旧识见贯彻新精神。我们的新脑筋里面，尽管充满着新精神，但是吾们的社会是过渡的社会，不可完全尚新。吾们待人接物，尽可用旧方法，不过吾们心中充满着新精神，看社会进步到什么程度，吾们慢慢地改用新方法。换言之，吾们是内新而外旧，这样才可以战胜环境。

总之，中国银行的行员，是以“旧”驭“新”，而加以“整个化”的。要是同人能够照着上述三个标准做去，自然成为中国银行理想中的行员了。

由此可见，“新思旧养”作为道德培育的路径理念，其内涵包括：

第一，保持旧道德，主要指保持勤俭信义之美德，这样便有相当资格做中国银行的行员了；培养新精神的内涵则为：身体要好，做事讲速率，做事刻苦，服务客气，遵守规矩。

第二，用旧识见贯彻新精神，就是指以“旧”驭“新”，而加以“整个化”。其具体解释，还可从张嘉璈 1932 年 3 月在第一次区务会议讲话中看出：

改进之道，必须于知识经验之新旧两方，并筹兼顾，方能因地制宜，得手应心……故必须以新的脑筋，旧的阅历，互相交换，互相参照，方能应乎需要，适应环境，以收事半功倍之效。

第三，如何才能以“旧”驭“新”而加以“整个化”？1934 年 5 月 11 日，张嘉璈在内江办事处演讲时，对此作了进一步阐释：

目前中国银行行员，最大缺点，是旧的行员，只知旧经验；新的行员，只知规章。对内的人员，仅知记账，对外的人员，仅知老式交易，所以全行人员，未能熔化一炉，互相调剂。有旧经验的行员，应再研究新的智识，随时设法改进业务；新进的学生出身之同事，在熟谙本行规章之外，更应习知旧经验，最要者在当主任阶级者有指导新员的能力，庶几不熟练之行员，可以逐步养成。

2. **“理想行员”的史料内涵与愿景画面**

（1）“理想行员”的史料内涵

该内涵出自1934年5月29日，张嘉璈在渝行的《如何使我行成为“最进步最稳固之银行”》演讲之中：

欲易我行“最大最老之银行”为“最进步最稳固之银行”，要达到上述目的，先要有理想的中国银行行员：一、健全之智识。旧的钱庄智识，新的洋行头脑，人人能看中外银行经济书籍与报章；二、道德的观念。人人知道，不营私，不舞弊，不投机，不嫖不赌，有公德心；三、强健之体格。人人能运动，面色光辉，身强力壮，能吃苦；四、互助的精神。不分彼此，共同增加效率，节省人力。

“理想行员”的史料内涵，还可见于1934年6月15日，张嘉璈在上海九十四号发表《川行感想之种种》演讲之中，他指出：

故我人必须迅速地培养本行人才，使其才能、道德、人格、学识诸端，成为“中国银行型”，到处受社会之重视，斯为当务之最要者。

不难看出，“理想行员”的史料内涵是：用旧的识见贯彻新的精神——健全之智识，道德的观念，强健之体格，互助的精神；由此使本行行员的才能、道德、人格、学识诸端，成为“中国银行型”，到处受社会之重视。

（2）“理想行员”的愿景画面

组织愿景和员工愿景，类似于组织和员工的梦想。对于组织进步与员工发展而言，其实就是在做两件事：做梦和圆梦。做梦即提出愿景，圆梦即脚踏实地向目标迈进。张嘉璈在渝行演讲中，以极似当代企业管理的愿景激励方式，通过员工愿望看见的景象来激发员工行为。对于“理想行员”的愿景，张是这样层层叠叠地描绘的：先描绘理想中行的愿景画面，再描绘达成理想中行的“理想行员”的愿景画面，最后揭示出将员工的个人愿景与中行的组织愿景交汇融入的最终愿景画面。

第一幅画面：理想中行的愿景画面。

所谓理想的中国银行，不是极高大的洋房，不是数十万万的收付，不是个个行员坐汽车、吃大菜。是一个：无论遇如何风潮事变，兑现也好，提存也好，决不缺人半文钱，一切债务都有抵挡，都能清付的银行；是一个：凡有信用的字号，凡有有益国家的大实业，无一不与往来发生关系的银行；是一个：不必鼓吹，不与高利，而人人愿来存款的银行！

诸位人人有这一件图样的中国银行回旋于诸位心目中，每日到行以前，拿这幅图样想一想，诸位到行以后的工作，就大不相同了。

第二幅画面：理想中行之“理想行员”的愿景画面。

要达到“最进步最稳固之银行”目的，先要有理想的中国银行行员：一、健全之智识。二、道德的观念。三、强健之体格。四、互助的精神。

诸君心中能加具这一幅做人的图画，天天理想这一幅做人的图画，则全行空气，必焕然一变。我行共有二千余行员，吾人既无功夫一一管教，因赖教管之行员，亦决不能成为好行员。盼望诸君自己管自己，管的方法是极容易的，只需公暇一想这一幅做人的图画，而身体力行之就可矣。

第三幅画面：理想中行之“理想行员”的家庭类比事例画面。

诸君试再想一想，假定你们的上代有了大宗财产，肯随便交你经营吗？为父者必须在子弟中选择一最可靠者，交他管理。今一般不相识者，以金钱存入银行，认诸君为可受信托的人，诸君的信用何等深厚？即责任何等重大？试问若无高尚的人格，何以对得起大众的信用呀？

第四幅画面：将员工愿景与中行愿景交汇融入的最终愿景画面。

吾还有一个理想，就是中国银行的行员，创造一种为社会所信用、所尊敬的人格，久而久之，人家不便问尊姓大名，一望而知为中国银行行员，或一问是中国银行的行员，就知道智德体之育具备的人，不必再怀疑。则将来人人要进中国银行，人人愿以子弟交于吾们，即吾们自己子弟亦要都令其入中行，方为上等子弟，这岂不是优美的理想吗？

第五幅画面：将员工愿景与组织愿景交汇融入的形象类比画面。最后，张嘉璈以他前不久登上峨眉山金顶的形象事例，来强调中行公司愿景和中行员工愿景如何相互交融的感悟：

此次游峨眉山，登金顶，金顶不过高而已；但峨眉之成名山，决不端赖金顶之高，亦须有林泉丘壑之美。比之吾行总经理，亦不过“高而已”，而全山之伟大，有赖于全行的同事！

对此，运用当代企业管理理论观察，对于第一幅画面的愿景激励为：“诸位人人有这一件图样的中国银行回旋于诸位心目中，每日到行以前，拿这幅图样想一想，诸位到行以后的工作，就大不相同了”；对于第二幅画面的愿景激励为：“诸君心中能加具这一幅做人的图画，天天理想这一幅做人的图画，则全行空气，必焕然一变。盼望诸君自己管自己，管的方法是极容易的，只需公暇一想这一幅做人的图画，而身体力行之就可矣。”这些话语，不能不说，与现代企业管理中标准的愿景激励方法几乎是一模一样的。

（四）行员道德的文化价值特征与资政管理效用

用当代企业管理理论观察中行早在80多年前提出的公司文化之行员道德，其文化价值特征与资政管理效用如下：

1.“新思旧养”道德培育法的博采众长性和因地制宜性

应当说，张嘉璈通过保持旧道德，培养新精神；用旧的识见贯彻新的精神，以“旧”驭“新”，而加以“整个化”的方式，来塑造行员的高、洁、坚三大品德，既能够博采众长，洋为中用，同时又有兼顾国情的因地制宜性，从而有利于使员工品德培育在中国本土公司有效的落地。关于张嘉璈对道德培育路径的博采众长性和因地制宜性，可以从他在渝行的讲话中看出：

（1）中西结合，推陈出新

考察回来，经数年之经验，觉得吾们银行单效法中国老成式钱庄果不可，单效法外国银行亦不可，必须有吾们自己的办法，吾称为中国近代式的银行做法。

由此可见，张嘉璈所指道德培育路径的原则是，既要西为中用，又要因地制宜，从而推陈出新，找到中国近代式的银行做法。

（2）古为今用，洋为中用

所谓近代式的必要条件如何？（一）吾国旧式钱庄，虽云失败，但其作（做）法，颇称良好。因其能与真正工商业接近，银行则否，只知走上门来顾客的生意，故吾行同仁第一须有钱庄之智识。（二）察钱庄之失败，在不明了近代工商业，与夫世界贸易的趋势，往往囿于一隅，囿于旧习。故吾行同仁第二须有外国洋行之智识。（三）现代学术，日新月异，银行已变学术化。故吾行同仁第三须抱如在大学研究院之心理，对于原理原则，亦须详加研讨。（四）吾国社会环境太坏，最易堕落，外国人到中国来什么不懂，但能战胜旧环境，创造新环境，不为环境所同化，继续创造其事业。吾辈现注意内地，则内地的同仁，不特能吃苦，且须有打破旧环境，创造新环境的能力。故吾行同仁第四须有教会的精神。

在此，张认为，欲易我行“最大最老之银行”为“最进步最稳固之银行”，必须全体同人努力培养四种要素，不难看出，钱庄之智识体现着对员工道德培育路径的“古为今用”的原则；外国洋行之智识、大学研究院之心理、教会的精神体现着对员工道德培育路径的“洋为中用”的原则。

（3）因地制宜，推陈出新

吾人虽应备以上四种要素，但须力避其恶习，如钱庄的经理做私生意，店员宕账；洋行之买办恶习；研究院之书呆，只知书本上原理原则；宗教家之慈善气，只知销用别人的钱，不知生产。若能扫除这种缺点，而具有此四种智识与精神，吾中国银行就可称为近代式的银行！

这就是说，对这四种中西品德，在“古为今用和洋为中用”的同时，又不能全盘照搬和机械运用，而应当在借鉴其精华，摈弃其糟粕的基础上，通过去伪存真，才能建立起“近代式的中国银行”。

2.“高洁坚”品德是实现中行使命所必备的品质与能力

高品德、洁操守、坚韧性之三字箴铭，是实现报国使命和立行使命最有力的道德素质支撑或工具价值观支撑。换言之，忠于自己、忠于职务、忠于国家的高品德，操守廉洁、摈除恶习、公而忘私的洁操守，以及任事坚韧、说干就干、能行则行的坚韧性，是实现“枢纽自任，社会模范”使命的根本素质。而且，高品德、洁操守、坚韧性之三字箴铭，也是培育具有竞争性的员工道德准则和培育基于卓越伦理的企业竞争优势的力量源泉。

3.“全行智识”具有培育中行协同效应与竞争优势效用

根据波特“价值链”理论可知，战略基本单位是活动，竞争优势来源于企业所进行的许多相互分离而又相互衔接的活动（即价值链）。企业与企业的竞争不只是某个环节的竞争，而是整个价值链的竞争，整个价值链的综合竞争力决定企业的竞争力。拥有竞争优势的企业，其资源和能力必须具备两个特征：稀缺性、相关性。资源和能力的稀缺性，主要表现为对员工和部门素质的提升；资源和能力的相关性，主要体现为通过价值链内部协同效应来培育企业的竞争优势。由此可见，张嘉璈“要有全行的智识，为全行服务的精神，即人人要做成整个的中国银行行员”的文化价值主张，其企业战略管理的本质就是：

（1）通过对员工和部门素质的提升来增强资源和能力的稀缺性

通过对员工和部门素质的提升来增强资源和能力的稀缺性，这亦即是如何养成“全行智识”的问题，正如张嘉璈所说：

年轻者能读书者多读书，年老者无读书兴趣，多考察、多研究，多听人讲说，总使与新时代相适应，并且年纪不论大小，只要他能运用新智识，年纪大的因为有阅历的关系，他运用的程度比新进的为优强，只怕他不肯去求新智识。语云：“人惟求旧，器非求旧，惟新。”（蚌埠讲话）

简单地说起来，每天所做的事，与想到应做的事，总要做完算数，不可一到散值钟点，不问事体做完不做完，拿起帽子就走。就是散了行，亦应该时时想想今天所做的事，有没有缺点？有没有做错？有没有明天应当补做的事？不要出了行门，就算职务已了。（宁波讲话）

由此不难看出，“散了行，亦应该时时想想今天所做的事，有没有缺点？有没有做错？有没有明天应当补做的事？”这段话中所包含的理念颇有当今海尔公司文化所提倡的“日事日毕，日清日高”理念之韵味。

（2）通过提升内部协同效应来培育资源和能力的相关性，形成竞争优势

我们中国银行，当然亦应该将全行的业务，有一整个的分工合作、指臂贯通的方法，尤其是先要全行同仁，人人有全行的智识，具备为全行服务的精神，否则不特不能追逐时代的潮流，且恐慢慢地自跻于落伍之林了。（宁波讲话）

“首领的指挥”是纵的，“部分的联络”是横的，若是纵的横的，都有成文或不成文的好系统，好配备，好习惯，则一个机关不论他有数千人数百人都能如身之使臂，臂之使手，上下一体，指挥如意矣。（《指挥与联络》一文）

总处的地位，好比一只电铃，电线已经贯通了全国，电铃一揿，全国各分支行处都要响才好。（蚌埠讲话）

可见，中行培育“全行智识”的目的与波特价值链理念如出一辙，即“消费者心目中的价值由一连串企业内部物质与技术上的具体活动与利润构成，当你和其他企业竞争时，其实是内部多项活动在进行竞争，而不是某一项活动的竞争”。

4. **“理想行员”具有运用愿景进行终极价值激励之效用**

愿景（Vision），是指以清晰的图像和隐喻的方式来表达一种特定的目标，是公司文化的领导性理念和美好的商业预期故事，它具有激起向往、进入心灵与血性、全员受到激励、真正感到工作的意义的管理效用。其实，从这个意义上讲，对企业经营与员工成长而言，就是要做两件事：做梦和圆梦。确立良好愿景就是“做梦”，由此为实现愿景而努力工作就是“圆梦”。如上所述，张嘉璈为员工所描绘的五幅如何做人做事的愿景画面，具有愿景激励的管理效用，以及帮助员工确立有积极人生意义的价值观，从而获得稳定一贯的工作态度与动力。进一步讲，张为行员描绘的“理想行员”愿景画面，也是最终达成中行“最进步最稳固之银行”公司愿景目标的最有力的工具或路径的价值指引。

二、中行及川行行员道德之育人效果

在行员道德史实的概括逻辑中，“高洁坚”品德与“全行智识”一道组成行员道德之内涵；“理想行员”是集智识、道德、体格和精神于一体的行员培育之终极愿景目标。然而，要反映这种抽象品德的文化践行效果，众多史实都与此相关，但这些史料同时也能反映刊教理念、法人伦理等的文化践行效果。为避免行文重复，宜以如下原则加以梳理：第一，对“高洁坚”品德的文化践行效果，用中行员工在抗战时期表现的史料加以说明。第二，“全行智识，理想行员”的文化育人效果，实际上

是指员工在“全行智识，理想行员”品德价值指引下，形成具有内部协同效应的竞争优势，而对中行创业活动所作的整体贡献。为此，可以用中行“能行则行”的史实来有效反映出这种整体贡献的效果。换言之，能行则行，首先意指能够做到的就一定要做到，进而意指想要做到的就一定千方百计去做到；然而之所以中行员工“能行则行”，其内在品质是因为“全行智识，理想行员”的有效培育之结果。第三，由于“新思旧养”是道德培育的路径理念，宜在本章第七节刊教理念和第三章文化共识方法中，加以说明。

（一）“高洁坚”三大品质在抗战时期的传承

《行史》第三篇小结指出：中国银行在抗日战争过程中，执行战时财政金融政策，调动和发挥自己的金融实力，做了许多有效的工作，支持了长期抗战，对国家、民族做出了一定的贡献。中行所以能在战争环境的恶劣条件下发挥较好的作用，除去它本身有较强的金融实力外，还在于广大员工爱国爱行，顾全大局，把自己的行动和抗日救国联系起来。在许多重大问题上，他们能服从全局利益，甘愿承担艰苦繁重的任务。这是取得较好成绩的重要条件。之所以中行广大员工爱国爱行，顾全大局，甘愿承担艰苦繁重的任务，这不能不说是与中行及川行的行员道德之育人效果有关。

1. 中行员工在抗战中所表现的爱国爱行精神

中行员工在抗战中所表现的爱国爱行精神，正如《行史》的如下记载[①]：

（1）中行员工在战争危急的情况下，发扬了爱国爱行精神，服从命令，坚持营业到最后时刻，再作有秩序地转移；中行海内外行在撤退中曾发生过多起不幸事件，为当事者留下了永难磨灭的悲痛回忆。比如：

1938 年 10 月，日军在大鹏湾及澳头登陆，广州中行一面照常对外营业，一面做撤退准备，以尽维持金融的职责。15 日，日军攻入惠阳、博罗，各商业银行均已停业。广州中行自 17 日开始，有计划地先将存款付给客户，又将剩余库存及重要物品运往广州沙面外商银行处存放，再疏散一部分员工去香港，一部分员工眷属去梧州。19 日日军迫近增城，广州危急。广州中行于该日晚才安排其余人员乘船经石岐、澳门转往香港，并立即在港租房办公。

1941 年，地处浙江沿海的宁波支行面临海面有敌舰游动开炮，上空有敌机侦察轰炸，有的员工家属甚至被炸殒命，但全行员工不畏艰险，始终坚持营业。4 月 19

① 卜明．中国银行行史（1912—1949，上卷）第 431—433 页，第十四章第六节，中国银行员工在机构变动中发扬爱国爱行精神．

日凌晨，日军在镇海口登陆，宁波受到威胁。此时，宁波支行才一面通知有关机关和工商界提取存款，一面组织人员携带剩余库存及账册等于上午 7 时作有秩序地转移，经永康撤往龙泉。

1942 年，日军进攻新加坡时，新加坡中行为便利华侨提款，在有日机轰炸的情况下，仍镇静从公，维持营业。直到当地其他行都停止办公后才结束营业，乘船紧急转移。

战时撤退中行员牺牲的有：新加坡分行人员在从新加坡乘船向加尔各答撤退途中，遭遇日机轰炸，文书主任张纪歆的夫人被炸身亡。1942 年 7 月，杭州中行员工奉命疏散，从福建转往江西途中，因疫癀肆虐而丧生的达 10 余人。1942 年 5 月，日机滥炸云南保山，保山中行中弹 3 枚，员工被炸死 1 人，失踪 1 人。

（2）中行员工不顾个人安危，保护库款公物。比如，1942 年 4 月，日军由缅甸腊戍入侵滇西。中行畹町、垒允、芒市、腾冲等 4 行处撤至保山。5 月 4 日，日机飞临保山大肆轰炸，员工为安全计，连夜将重要账册及库存现钞转移太保山石库内，虽保山城被炸成废墟，员工私人行李全部焚毁，只有石库无恙。随后，由总处运输处派车星夜赶到保山，抢出了最后一批库存现钞 230 万元和公物。运输处在日军侵占仰光之前，将缅甸境内雍兴公司的机器约 1600 吨，裕滇纱厂的机器约 500 吨，运输处本身另件 40 吨，尽快抢运入境，保障了财产安全。运输处还将 8 辆卡车组成一支流动修理队，停驻于畹町近郊，平时修理车辆，紧急时可随部队疏散员工及眷属。

再如，新加坡分行营业股主任戴云峰在带领分行员工撤退途中遇日机轰炸，一员工及眷属弃船游到一荒岛上，住了几个月，才又回到了新加坡。戴在旧货店中发现了中行散失的传票，立即买回，并找一安全地点存放，到分行复业时交还分行，为复业帮了大忙。行员邱延国在日机轰炸时正好携带了 30 多万元钞票，邱等冒生命危险，不肯须臾离开。行员颜保种在敌机轰炸时把所管传票放入袋内，随身携带，与传票共存亡，表现了高度的爱国爱行精神。

2. 硝烟下的重庆中行：烽火传情，烈火炼金

据《重庆日报》报道：2012 年，重庆银行业元老之一的陈功元已是 95 周岁高龄的老人，他 1940 年从四川省立重庆高级商业职业学校会计专业毕业后，便进入重庆中行，一直工作了整整 40 年。

据陈功元回忆，抗日战争时期，海外汇款成为个人和国家渡过难关的稀缺资源。前方战火纷飞，各种物资输送时常中断；后方烽烟下坚守抗战，海外汇款如雪中送炭。在那个年代，只有中国银行还在用举鼎之力坚守侨汇收解服务。

陈功元说，当时中国银行的分支机构遍及世界各地，海外华侨赡养家属的汇款和支持抗战的捐款源源不断地通过海外各地的中国银行汇回国内。国内尚未沦陷的地方就转汇至当地的中国银行各分行，解汇给收款人；已经沦陷的地方就由重庆中行委托邮汇局、其他银行解汇给收款人。汇款的到来无疑是万里鸿雁，不仅是对身处战乱中的亲人的经济支撑，也是对他们最关切、最厚重的情感问候，这让当时很多有海外亲人的市民望眼欲穿，切身体会到了“烽火连三月，家书抵万金”的慨叹。华侨巨子陈嘉庚在《南洋回忆录》中评述此事：“南洋侨胞逐月内汇寄家之款，总计不下千余万元，间接增厚国家经济力至大。数月前敌陷厦门，波及潮汕、闽粤海疆受制益甚。而各地原有银行或缩或停，一部分信局则乘机取利，抬高手续费，于是我侨胞寄汇信款颇感困难。幸中国银行负起责任，遍设办事处于闽粤内地各城市乡村而谋补救。款无论多寡，地无论多远，路无论通塞，皆乐于收汇，而汇水又甚低廉。”①

3. 职务报国：寇机狂炸渝市，拿工作答复轰炸

据渝行主办的《农放月报》第一卷第六期记述：1939 年 5 月 3、4、12、25 日，肆日寇机大发兽性，狂炸渝市，精华所在，摧毁殆尽，市民伤亡者逾万人，情状之惨，自不忍睹。由此，渝行农放股员工面对寇机狂炸渝市的环境，他们提出了响亮的口号与措施：拿工作答复轰炸（详见第四章）。不难看出，拿工作答复轰炸，这正是渝行农放股员工在寇机狂炸渝市环境下，践行忠于职务即忠于国家的“高”道德和践行中行“职务报国”使命的最有力的体现。

4. 川行员工对公而忘私品德的演绎

《渝行农放》第末卷第末期（1942 年 8 月）刊载了《几点信念》一文，将渝行农贷从 1937 年到 1942 年所取得的成绩，归结为建筑在一种精神的基础上面，这种精神的四个要点之一，“公事当私事去办”，“我们无论到什么地步，应当抱一种热忱的态度，对事业应当尽十二分的努力去做”。不难看出，这就是川行员工对中行“洁”品德之公而忘私的一种朴实而有效的演绎（详见第四章）。

（二）行员道德成就中行“能行则行”的史实

“全行智识，理想行员”的文化育人效果，实际上是指员工在“全行智识，理想行员”品德价值指引下，所形成的中行“能行则行”的能力与效果。而中行“能行则行”的史实，据《行史》记述如下：

1. 中行担任央行职务时期“能行则行”史实

中行担任央行职务时期，百端待兴，整理财政与成立中央银行尤为当务之急。

---

① 硝烟下的重庆中行：烽火传情 烈火炼金. 来源：重庆日报. 时间：2015—08—25.

1912年初，南京临时政府发行军用钞票共500万元，1912年10月中行就已基本收回。1913年3月4日，中国银行复财政部函称已陆续收回军钞499.1万余元。在代收税款方面，1913年4月，财政部设立国税厅筹备处，统一全国国税，颁布金库章程，委托中行掌握总金库及全国分支金库，希望能逐步把金库统一起来。于是中行即积极筹备接收各省金库，或设分行，或托官银钱号代理。并派员赴日本调查日本银行经理国库办法。到1915年底，随着机构增设，中行接收各地关税21处、盐税38处，随着接收各地金库，中行的分支行、代理店、汇兑所也就在全国各地设立起来。中行成立初期的一般银行业务，是以汇款业务为中心，带动了其他业务的发展。到1915年底止中行在全国22个省区设立了136个分支机构，为其他银行、钱庄所不及。

2. 中行在递嬗商业银行时期“能行则行”史实

中行是法定的中央银行，但它一直非常重视发展一般银行业务，把中行办成既是政府的中央银行，又是一家实力雄厚的商业银行。中行在递嬗商业银行时期，由于内外交困，使业务发展速度不如想象的那么快。内部原因是停兑令引起的京钞问题连年困扰，外部原因是连年军阀混战，致内地资金流入都市，投机蜂起。1923年7月，在济南举行分行联席会议时，决定成立业务委员会，由分行经理任委员，每年举行一次会议，制定当年行务方针。同时使各分行明了总处与政府的关系。总处不经分行同意，不能随便移用分行资金。所有应付政府借款的问题，由总处统筹掌握。这是中行在业务方针上的一次重大变更。以此为契机，中行各分行进一步通力合作，摆脱停滞局面，各项业务有了缓慢进步。改变业务方针之后，从1923年到1925年，形势起了很大变化。存款增加了46%；放款增加了24.5%；汇款增加了1.6倍多；资产总额增加39.2%，而停兑券的发行则逐年减少，当时为政府垫款已经基本停止。这对于增强中行实力大有好处。

3. 中行根本改组时期“能行则行”史实

1928年中行在根本改组时期，首先回顾了近17年的经历，总结出“三大觉悟”：发行银行不可不求业务上的独立；各地分行应保持相当的独立；营业方针不可不侧重于商业方面。由此促使中行抓紧改革，保证了中行稳步发展。

（1）存款不断增加。从1928年起，中行改组后，其军政机关存款大量转交给中央银行，但由于中行信誉好与吸存措施得力，存款还是逐年上升。并形成一种“能行则行”的自信。全行存款总额从1927年的3.3亿元到1935年已达7.7亿元，1937年达11.3亿元。10年中增加了2.4倍，计近8亿元之巨，相当于当时股本的约20倍，已成为全行营运资金的主要来源。

（2）资产总额逐年提高。中行的资产总额由1927年的5亿元，逐年提高，到1934年近10亿元；到1937年成倍增长达20.16亿元，居全国银行界的首位。中行储蓄部的资产总额1937年也达1亿多元，中央银行的发展速度虽然很快，1937年的资产总额比1934年增长了2.73倍，但总额仅17.84亿元，仍少于中行。

（3）扭亏为盈，增强实力。国内连年战争，金融市场枯窘，交通运输梗阻，各业都受影响。向以慎重自持，稳健发展的中国银行，在此形势下，也不免受到损失。1927年纯损达157万元，1928年又损失76万元（其中以汉口中行为最，两年共亏334.5万元，上海、南京、杭州等行略有盈余）。为此中行强调开源节流，从1929年起扭转了亏损局面，历年都有盈余。1935年6月，总处拟订了业务推进方策及考核标准，当年的盈利达360万元。

4. 中行在抗日战争时期“能行则行”的史实

1937年8月12日，总处通告全行：“当此国难时间，人人当具有为国牺牲精神。凡我同仁无论如何不得借故请假。倘有托词请假，意图逃避，即予开除，以示敬戒。”

抗战时期，1937年到1941年，中行吸收存款一直在中、中、交、农四行中居于领先地位，历年年底余额都接近甚至超过其余三行的总和。从1937年9月到1939年12月，四行联合贴放共计6.36亿元，相当于1939年底止法币发行总额42.87亿元的14.84％。在两年零四个月的时间内，四行将如此巨额资金投放市场，解决农、矿、工、商各业紧急的资金需求，对于稳定战时经济，抢运和储备战时物资以及发展内地生产事业都发挥了积极作用。其中中行按35％摊放，为2.23亿元，加上摊垫的基金等，其总数还要更多一些。

1940年到1942年的3年中，中行继续参与联合贴放，支持后方工、农、商、矿各业。3年中，四行联合贴放总额共计49.52亿元，占同期四行法币发行总额343.60亿元的14.41％，和1940年以前阶段的比例十分相近。中行按分摊比例（1940年为35％，1941—1942年为30％）计算，参与贴放共15.20亿元。1940年到1942年四行联合贴放中，协助产盐贷款占31.2％，发展工矿事业贷款占24.7％，调剂粮食及农业贷款占10.3％，协助交通事业贷款占9.3％，平抑物价及收购物资贷款占14.7％，合计占总额的90.2％。

综上史实说明，大凡中行认准的发展战略，其执行效果大多“能行则行”，究其根源，不能不说在很大程度上归结为行员道德的长期培育。

第四节　公司文化核心价值：法人伦理

现代企业文化中的法人伦理，是指企业的社会道德、市场道德、生态道德和对员工的人际道德等，主要包括系统做事原则和重大关系原则。不难看出，民国中行的法人伦理，在本质上属于中行经营理念（行基理念）在公司对外行为准则中的细化与延展。本史之所以将“法人伦理”放在先于行基理念的地位加以表述，这既是因为法人伦理是实现中行“国民经济命脉，社会事业指导者，社会人士模范，成为最进步和最稳固之银行”宏大愿景的最重要的过程性价值指引，更是永葆中行在中国银行业领袖地位的不可或缺的价值理念。

据对多种史料的编研可知，在张嘉璈的思想体系中有着深深的永葆中行在中国银行业领袖地位的情怀和宏愿。正如《行史》所言，中国银行从1912年成立到1928年北洋军阀统治结束的16年中，走过了一段崎岖坎坷的道路。经过16年的磨炼，中国银行不仅把自己建成一家全国规模最大、实力最强、信誉最好的银行，而且也是全国资本额最高，对中国政治经济有着重要影响的股份制企业，为后来办成一家近代化、国际化大银行奠定了良好基础。

在此背景下，素抱经济宏愿的张嘉璈，便有着永葆中行在银行业领袖地位的情怀和宏愿。也许是因为他的“新思旧养”时时告诫着他：要永葆中行在同业的领袖地位，既需要具有高于同业道德标准的员工道德来规范行员行为，同时还需要有高于同业道德标准的法人伦理来规范中行的企业行为。为此，他常常为永葆中行领袖地位而居安思危，在多种场合反复强调永葆同业领袖地位的意义和要求：

我们中国银行的历史，要算最早，信用也算最好，以前的地位，当然也算最高。但是现在因为同业的竞争，我们中国银行自己虽不觉得什么样的退步，可是因为别人家的进步，就觉得自己一天一天往后退。（宜昌讲话）

诸君更须知道，本行在社会所处的地位是万目睽睽，我们的一举一动，不知不觉间都在一般人的耳目间。（宜宾讲话）

在居安思危的同时，他不断提升中行法人伦理的律己标准，以期中行做一个同业的永久的领导者，从而实现建设理想中国银行的宏愿目标，亦即：

所谓领袖的资格，即须其人有确定不移守法的精神，有深厚的道德观念，有远锐的经济眼光，即资格具备矣。（汉支行讲话）

希望大家随时去找寻新的境地，再由新的境地，达到特别新的阶段，总要使我们中国银行站在最前线，做一个永久的领导者。（宜昌讲话）

从这个意义上讲，我们就不难理解法人伦理和员工道德，对永葆中行同业领袖地位的重要性。根据对多种史料的编研，对民国时期中行（含四川中行）公司文化核心价值体系之“法人伦理”的基本内涵，可以作如下的概括：

法人伦理：信誉基石，竞争有德；顾客股东，同业合作。

一、法人伦理的史料详细与价值特征

法人伦理的史实概括逻辑：“信誉基石”是中行作为法人的根本市场道德，即根本经营原则和处世关系原则；“竞争有德”是调整中行法人在业务发展与同业竞争过程的重大关系法则；“顾客股东”是调整中行法人与社会公众关系的重大关系准则，以及中行为社会提供金融服务的始得根据；“同业合作”是中行法人与同业伙伴相处的重大关系准则。

（一）“信誉基石”理念的史料详细与价值特征

“信誉基石”是中行作为法人的根本市场道德，即根本经营原则和立行处世关系原则，它是中行在创业活动过程中历史地获得和选择的核心价值理念。

1. “信誉基石”理念的史料详细

“信誉基石”一语，源自对张嘉璈“使人民信任中国银行，以及其他新式银行，不啻为中国近代银行奠一基石”一语的概括缩略语。

如前所述，张嘉璈曾从中行的商业银行演变进程角度，将 1915 至 1920 年视为中行“极力设法顾全钞票信用，创立社会信用时期”，在中行历史上，创立社会信用则是从上海中国银行抗拒停兑令，最后取得胜利开始的。

1916 年 5 月 11 日，上海中国银行清晨接到北京总行转来 1916 年袁世凯政府发布的停兑钞票、止付存款的命令。当天张嘉璈在随笔中曾自述云：

我与宋经理汉章接读电令后，惊惶万分。详细计议后，认为如遵照命令执行，则中国之银行将从此信用扫地，永无恢复之望。而中国整个金融组织亦将无由脱离外商银行之桎梏……而寄其希望于不受政府非法支配之银行，足以维护中国金融之生命。因即与宋经理毅然决定拒受北京命令，照常兑现付存。

这就是说，张嘉璈与宋汉章毅然决定拒受北京命令并照常兑现付存的根本出发点在于：中国之银行将从此信用扫地，永无恢复之望；中国整个金融组织亦将无由脱离外商银行之桎梏。换言之，信用是银行经营之根本基石；兑换券（钞票）以兑现为原则，兑现则是银行信用的根基。

1932 年 7 月，原九江中行行长（注：实为九江办事处即浔处）徐寄庼在《二十年来兑换券之信用》中，以兑换券兑现则有信用，停止兑现则造成混乱的若干史实，深刻阐明了兑换券以兑现为原则，兑现则是银行信用的根基的道理。

兑换券是什么东西？兑换券不过是一张纸而已。但是一圆券有现金一圆之效力，五圆券有现金五圆之效力，百圆十圆券有现金百圆十圆之效力，到底这种替代现金之效力，从何而来呢？因人人衣、食、住、行都要需要它。人人何以需要它呢？因兑换券随时可以兑现之故。所以兑换券以兑现为原则，不兑现则不成其为兑换券。因此兑换券之兑现与不兑现，至堪寻味。

民国初元（1912），市上流通之兑换券，外国银行居多。中国银行承大清银行改组之后，兑换券甚少，其后渐渐流通，至民国三四年（1914—1915），更益增信用。

民国五年（1916）袁世凯称帝时，于五月间，下令停止各银行兑换券兑现。其时鄙人适在九江任中国银行行长，料想此项命令，上海中行必不奉行。因上海中行，宋汉章、张公权两先生为正副行长，深知上海金融之不可破坏，竭力维持信用。但九江如何办法呢？当时决定照常兑现后。即与道尹商量，由吴道尹出示布告：九江中行兑换券，照常兑现。不半日，得上海电报，上海果然照常兑现。

北京则停兑过数日，中行总处以命令不能尽行，遂电令各行自由处置。北京停兑后，发生恐慌，市上多是兑换券，不再见现金，因现金已被各家收藏起来。上海以照常兑现之故，虽挤兑一二日，即见平静，信用益发达。

民国十六年（1927）革命军到汉以后，下现金集中命令。各银行兑换券又停。汉口所受影响甚大，而上海可以说绝无。

盖兑换券停兑之结果：第一，钞券本身跌价；第二，使物价抬高；第三，币换券变成商品，为一投机物，不再成其为货币兑换券。

自经过民五（1916）、民十六（1927）两次风潮后，大家都觉得非兑现不成。兑换券之信用，归根于兑现，兑换券在各银行营业时间内，随时可以兑现。兑换券即是现金，这一张纸，才可以通行无阻。中国银行发行最多，信用最好；经过民五风潮，而信用更著；经过最近一・二八风潮益见巩固。①

总之，1916 年 5 月 11 日袁世凯政府发布停兑令，上海中国银行经过有责任、有信用、有准备、有智谋的抗拒停兑，在全行上下特别是股东会的不懈斗争和社会舆论的呼吁支持下，上海中国银行兑现风潮于 5 月 19 日平息，从而取得了抗拒停兑令斗争的胜利。张嘉璈在当天自述云：“上海中国银行之钞票信用，从此日益昭著。

① 徐寄庼．二十年来兑换券之信用——四月十四日．《中行生活》第三期．1932 年 7 月 15 日．

南京、汉口两分行鉴于上海分行措施之适当，并获当地官厅之合作，对于发行之钞票，及所收存款，照常兑付现金。影响所及，浙江、安徽、江西三省，对于中国银行在当地发行之钞票，十足使用。”

对此，《行史》序言引用《张公权先生年谱》中的自述是：“此次的惊人的抗命事件在当时深得人心，奠定了以后中国的银行在全国的信用与地位”，“使人民信任中国银行，以及其他新式银行，不啻为中国近代银行奠一基石”。

由上可见，上海中国银行抗拒停兑令的胜利，使得中行历史地获得和选择“人民信任，中行基石”的文化核心价值理念。而“信誉基石”理念内涵则与现代商业银行信誉内涵是一致的，即银行信誉构成了银行与用钞人，银行与存、放、汇等业务的当事人之间的反复交往之延续关系。

2. “信誉基石”理念的价值特征

（1）“信誉基石”是保持中行持续经营的理念根基。《行史》结束语指出：中国银行37年来，在经营管理工作中积累了一些值得借鉴的经验，其中第一条就是：把维护银行信誉，作为立行之本。正如张嘉璈在汉支行演讲时所指出的：

中国银行的道德观念在哪里呢？举一二件来说：如洪宪的停兑令，当时沪行未尝不可遵行，因为就是停兑，亦是服从政府命令，无亏职守。但是我们要一定反对这个命令，为的是银行对于社会的一种责任心，就是道德观念。

不难看出，商业银行以有限资本吸引大量存款进行经营从而赢利的经营特性，决定了银行经营的根基在于信用，这也是中行持续经营的根基。

（2）“信誉基石”是成就同业领袖地位之基础理念。实现中行“国民经济的命脉，是社会事业的指导者，是社会人士的模范”的愿景，最根本的经营理念和道德观念就是“信誉基石”。正如张嘉璈在叙处和渝行演讲时所言：

诸君更须知道，本行在社会所处的地位是万目睽睽，我们的一举一动，不知不觉间都在一般人的耳目间。

所谓理想的中国银行，是一个：无论遇如何风潮事变，兑现也好，提存也好，决不缺人半文钱，一切债务都有抵挡，都能清付的银行；是一个：凡有信用的字号，凡有有益国家的大实业，无一不与往来发生关系的银行；是一个：不必鼓吹，不与高利，而人人愿来存款的银行！

由此可见，张嘉璈所指的理想中国银行的“无论遇如何风潮事变，兑现也好，提存也好，决不缺人半文钱，一切债务都有抵挡，都能清付的银行；凡有信用的字号，凡有有益国家的大实业，无一不与往来发生关系的银行；不必鼓吹，不与高利，而人人愿来存款的银行”等三大特征，其根本是“信誉基石”的延伸。

（二）“竞争有德”的理念内涵与营销应用场合

“竞争有德”是中行法人在同业市场竞争和发展业务过程中的重大关系法则，也是中行在创业活动过程中历史地获得和选择的核心价值理念。

1.“竞争有德”理念的史料内涵概括

“竞争有德”是“有竞争道德”的简略表述语。该语出自商务印书馆潘光迥曾赞誉中行服务“八段锦”之中，他对中行“有竞争道德”的概括性描述是：

银行的竞争，近来日见剧烈，即就此次行程所及，新开的银行，已不止一二家，我于是又不禁向贵行同事发问：“贵行对于同业竞争取什么态度呢？”他的回答是：“中国地大物博，银行服务机会正多，决非中国银行一家所能包办，况且没有适当的竞争，就不能有进步，我们很欢迎竞争，更要勉励自己，在竞争的时候不忘记商业道德的原则。”

关于“竞争有德”内涵，张嘉璈在多个场合曾做过以下含义的阐释：

（1）竞争有德：中行法人伦理要以人格与能力为竞争的工具

1934年5月26日，张嘉璈在宜宾办事处训话的题目是“吾们应以人格与能力为竞争的工具”。换言之，中行“有竞争道德”的重要内涵就是：

目前各家银行，纷至沓来，营业竞争，日益剧烈，我们更要淬砺精神，应以我们的人格与能力，为竞争之工具。

那么，中行的人格与能力所指为何？是怎样形成的？张嘉璈的解答是：

须知银行最要的条件是信用，信用之构成，是从各人员各别之信用结合而成的；我们要谋本行各行之平均发展，同时必要先谋每一行同人之平均发展。

（2）竞争有德：用新精神、新方法、新思想，立己立人，推进业务

“竞争有德”的具体内涵，还可从史海峰陪同张嘉璈视察汉支行时所作的《“抢”“抢”》演讲中窥见一斑。他曾从同业竞争角度，将我国商业银行演变过程进行了“不做生意、做生意、寻生意和抢生意”等四阶段划分，他对“抢生意”时期的形势描述（见前），并对中行在“抢生意”时期的竞争原则，进行了如下概括：

在这般剧烈的竞争之下，我们要谋出路，非在“抢”字上多用功夫不可。讲到抢生意的“抢”字，也深有意义，不是一味乱抢。而且抢的手段，各人不同，强中更有强中手，必须慎加准备，方可济事。记得时常听见总经理训示同仁说，“同仁必须要有新精神、新方法、新思想，来立己立人，推进业务。”我们就依照总经理所训示的三点，向社会上去“抢”生意吧！

（一）要锻炼新精神来抢生意。精神饱满，黾勉从公，顾客无论何时来行，无不态度诚恳，办事敏捷，不使顾客久待柜外，必令其个个满意而去，成为我们永久的顾客，不为人家抢去。

（二）运用新方法来抢生意。平时注意各项商情之调查，一有生意，即能应付裕如，立刻成交；并须随时想法，谋业务之推广与展开。譬如顾客以某种业务来行接洽，即须连带推想至于其他生意；又或在某地本行接洽之生意，应即连带推想及于其他联行之生意，利用本行分支机关之广，辗转介绍，互相兜揽。务使由于一个顾客而化至若干的顾客，同时由于一笔生意而生出若干的生意，如是服务既属普遍，业务自能猛晋。

（三）培养新思想来抢生意。时代进展不已，今后做生意必须具有新的眼光、新的学识，然始后能开辟新的途径，寻别人未曾发觉的新生意去做，并且要在事先用迅速的步调，作充分的准备，方不致沦于落伍。此种新的智识，必须随时储藏，先事准备，举凡社会上事物之演进，以及新兴事业之勃起，务须潜移默化，细加研究。社会上无论何事有涉及金融经济范围者，无不有本行参与在内，我行凡所措施，既能应乎潮流，合乎需要，自可永久保持领袖地位于将来。

（3）竞争道德：中行悠久历史与发达滋长的三个原素之一

1933 年 5 月 21 日，张嘉璈在汉支行作《中国银行之基础安在》演讲时说：

诸君试想中国银行在这种环境之下，所以能有二十余年之光荣悠久历史，至今发达滋长，究为何故？吾敢说就是因为将行基筑于“法治”、“道德”、“经济”三个原素上。有了这三个原素，方能有强固之组织。

1934 年 6 月 15 日，张嘉璈在上海九十四号发表的《川行感想之种种》演讲之中，对道德与人格的重要性再次强调说：

惟本行自有其道德与人格，足为外界所敬重，此种道德与人格，乃全体同人所共同缔成。倘就此基础而发扬之，光大之，定可为社会服务不少。

（4）银行业救国图存的有力武器：以银行道德改良政治

1934 年 5 月 30 日，张嘉璈在重庆金融、交通两机关公宴会上演讲时指出：

因为银行目前占极重要的地位，所以今天我们银行，除了扶助各种事业之外，对于我们国家，还有一个比较更大的责任，那就是以我们的银行道德来改良政治道德……今天我敢信我们同业大家均抱有救国的奢望，我们的金钱，并不是我们的武器；吾们的商业道德，才是我们的武器。先决条件，就要应该努力纠正自己，凡是不正当或不合银行道德的事，我们都不去作。只要发现国家政治上或财政上，有不合理的事情，能够纠正的，都要竭力纠正；即使不能纠正，也不要去帮助他、阿附他。同时行员本身须严加训练，一个个都变成有道德、有人格的人。

2.“竞争有德”理念的营销应用场合

竞争有德就是要以人格与能力为竞争工具，运用新精神、新方法、新思想，立己立人，推进业务。运用现代企业市场营销管理的眼光，透视张嘉璈关于如何运用新精神、新方法、新思想推进业务的多种论述，其实也就是对张嘉璈“竞争有德”理念框架下的营销应用场合及其营销方法的概括。

1930 年 8 月 1 日，张嘉璈在《银行员的本职——做生意》一文以及相关讲话中，对生意的概念与银行做生意案例、银行各部门人员如何学会做生意、怎样由一笔交易中生产许多生意来的营销方法均作过介绍：

（1）做生意的概念与银行做生意案例

第一，做生意的概念。一种一种的营业，都是从意思的动作上生出来的。从你每日所见所闻所做的各种事物上，去用心思，发生新的意义，可以见诸施行，产生新事实。这就叫作“生意”。别人的生意，我替他发生关系，叫作“做生意”。

第二，做银行生意的案例。有一上海存户他是做买卖的，要到天津办货，就得汇款到天津去，银行加了一笔汇款业务。他的货销在福建，运货到福建去，要先用款，银行就可加一笔押汇业务。或者他不要用款，出一张汇票，托银行去代收，银行就添了一笔托收业务。若是他的货一时卖不出去，而银行来做押款，就有押放业务。这位存户，做买卖赚了钱嫌存款利息太小，想投资在别种证券，托银行代买，买了并托银行代存，银行就发生了信托保管业务。

可见最初不过一存款业务，一点一点添了许多，这不是生意吗？如其拿银行（生意）当他的一种生意做，那么遇见一位存户，如其是做买卖的，就得知道他的买卖是何种买卖，从哪里买，往哪里卖，招揽他的汇款生意。他的买卖，什么时候畅销，在不畅销的时候，可以问问他要做押款不要做押款。他的存款多了，可以同他谈谈，他要不要向别方面投资。若是不当作生意做，管存款的，只晓得收存款，管汇款的，只晓得收解汇款，管放款的，只晓得放款，在这位主顾身上，可以不可以发生别种业务，一概不问，对于主顾，好似路人一样。

（2）银行各部门人员都应该学会做生意

我们进银行是学生意，我们在银行是做生意。收存款汇款的是做生意，管出纳管会计的，亦是学生意。甚而至于管调查研究的，亦是做生意。为什么呢？

因为收存款的，他可以注意存款出入的情形，如其他要支款去汇款，就可指点他怎样替他汇款；如其他去投资，就可告诉他，怎样银行可替他投资；付汇款的，如知道他汇款是按月汇来的家用，就可以指点他储蓄。管出纳的如能收付敏捷亲切，他就可以间接招致存户多来存款。管会计的他记账的时候，可留心一笔一笔的来踪去迹，如认为有可以发生新业务者，应随时告诉主管的人，让他注意。调查研究与主顾及商业有莫大关系，因调查研究结果，而发生新生意，更不必说了。就是管理庶务的，他能将行产整理清洁，增加顾客的好感，管理行役得法，替行节省开支，亦是替行做生意。要之我希望同人知道，离开生意两字，没有银行，在银行的人员，人人应该当作生意做。

（3）由一笔交易中生产许多生意的营销方法

譬如存款、汇款、借款，每笔交易，都有他的特殊情形。只要你留意这位顾客，为什么不到别家去，而到本行来，三言两语，就可探得他的大概。你假使稍微用点精神，总能得到一点相当的收获。简单地说，譬如你对他客气一点，他就能自然而然地替你宣传到别处去，一传十，十传百的，使得外界都晓得中国银行的同事客气，那么就不怕他们的生意不找上门来。这不过就同人应付顾客一点而言，所以我说生意是活的，常常由生意中生出生意来！（宜昌讲话）

譬如有人来汇一笔款到上海，就研究他是否常汇？若是常汇，就研究他的用途，招呼他上海的收款人，并通知上海行，揽他的买卖或是存款生意。又若有一笔汇入款，从上海汇来，就研究是否来办货？若是办货，就可发生别的押款或押汇交易，其他可以类推。照这样做起来，岂不是等于一人办二行的事，就是一行可抵二行。我敢说全行同仁抱此精神，我们的生意一定可以增加一倍，七八万万的营业总额，就可变了十五六万万了。（宁波讲话）

（4）培育全行行员具有经理（行长）的营销能力

不论所居的地位是助员，或是练习生，个个人应当要有经理对付顾客一般的手段。所以在一行或一处，无论几个人，几十个人，或者一二百人，都要负起全责，以全副精神，去对付一切。以现在全行二千三百几十个同事论，那就像有二千三百几十个经理；以二千三百几十个经理一贯精神的经营一个银行，这个银行不能保持他原有的地位，我决不相信；奢望一点，或者还可以超越原有的地位。总之，一位顾客上了门，不要轻易放他到别家去。（宜昌讲话）

（5）增强行员营销能力的各种具体途径与方法

第一，通过增强行员能力来营销业务。补充智识：为主任者，公暇多读书报杂志，以广学识；多研究本地商业情形，以增经验。每年因公便赴渝行讨论业务之进行方法，对于调查，尤应注意。商业之道，不外常理，旧式商业说，货物之来踪去路；新式商业说，货物之产销，即其理也。当地行员无论大小，对于一地大宗物产之产销情形，及经营商业者之人格、道德、能力、信用，均须彻底明了。因放款之后，其事业不啻为本行所经营，若各钱庄，彼以借款转放市场，则全市面之放款，不啻为本行之放款。即各帮营业之失败，其失败之原因，亦须调查明白，以为殷鉴。主任以此责营业员，营业员以所得转告同人，互相研究，则银行成一学校，可补同

人智识之不足矣。诸君既感本身之供给，不敷今日中行之需要，则先重道德，次求经验，再次则扩充智识。（乐山讲话）

第二，通过开展调研活动来营销业务。不论文书、出纳、会计，即不办营业的人，亦应留心业务，平时可分组担任调查当地各种物产产销状况，编一种极精细的统计，各人的报告综合起来，当地商情，就可了如指掌。再与办营业的人谈谈本行与各业的往来，就晓得营业的做法。（汉支行讲话二）

当经理的就要平日十分用心，审察社会上何种事业需要最切，同时审察如何放款，及几多放款可以不致损失，皆须随时随地预为之备。（成都讲话）

至我人对于社会服务，应随时加以研究态度，如汇款、存款手续，于行章范围以内，务求顾客之便利与敏捷，放款一面打开新路，一面仍须审慎从事，力谋安全与保障，避免呆账之损失，而不论何处营业，必须年有盈余。（宜宾演讲）

第三，通过上门服务和转变服务态度搞好营销。做生意不可等人家找上门来：因为找上门的生意，我们不知其内容，人家不要做的，才能找上门来，所以必须自己去找。例如社会上新增多少事业，中国银行可以参加多少，全体行员随时均应注意。又如内部工作人员，于存款、汇款、应付顾客的时候，不妨和颜悦色的探听他们的来源与用途，以备招揽生意。有了头绪，再报告经副理（经理及副经理，下同）揽做。不应单靠经副理做生意。（天津讲话）

服务客气：银行最欢迎的是顾客，而顾客之所以近悦远来，是银行能够给他满意，这满意便是我们服务客气的象征。银行里站在前线上的人，最常接近顾客。如果顾客去而不来，便是前线人们没有服务客气的好精神的表现，须知："Customers are always Right"一语，尽可译做我们服务客气的座右箴言。（万县讲话）

（三）"顾客股东"理念的丰富内涵与价值特征

"顾客股东"原意是"顾客是第二股东"，"顾客股东"理念是调整中行法人与社会公众关系的重大关系准则，是中行为社会提供金融服务的始得根据，也是中行在创业活动过程中历史地获得和选择的核心价值理念。

1. "顾客股东"理念的史料出处

"顾客是第二股东"，出自1930年10月初张嘉璈在《中行月刊》发表的《他山之石》一文。他认为上海商业储蓄银行向股东大会的报告，很有足资我们考镜的意义，尤其是赞赏他们"服务而取得信用"的说法，由此指出：

我们办银行，除为股东谋利为银行谋开支之外，尚有一大目的，就是为人服务，所以行员不论大小，职务不论高下，而目的则一……不论哪一家银行，绝没有单位靠资本营业的，股本之外，全靠存款，存款愈多，营业愈大，利益愈厚。有了存款，若没有好的放款户头，还是不能得到利益。

所以顾客是我们的第二股东，我们银行的获利，都从顾客身上来的。所以银行的信用愈增，顾客愈多，顾客愈多，利益愈厚。

《行史》第八章记述了该理念提出的背景如下：1928年以后，中行根本改组的专业化有两大前提，一是业务方向的转移，一是资金来源的转移。业务方向既经转移，业务上所需资金的来源，不容求之于发行，而须求之于存款；不能求之于政府机关，而须求之于社会与工商界，所以中行改组后，一面维持发行，一面竭力推进存款业务，作为收缩发行的准备。1929年1月，行务会议讨论的业务方针指出：过去依赖发行钞券及经理库款以资周转，改组后，代理国库的权力大大削减，虽可继续办理，而得益有限，所以亟须另筹财源；对吸收存款的方针，依照专业化原则，“力求避免与中央银行竞争，减少揽收政府存款，依靠培养工商事业及民众私人存款来源”。当时，银钱业家数众多，都纷纷争揽存款，竞争剧烈。因此，中行采取了不少推进存款业务的措施：

第一，树立良好信誉。存户相信银行，去存款就是购买它的信用。因此，中行公开发行准备，在历次金融风潮中，准备充分，妥善地平息了挤兑提存，从而提高了中行的信誉。

第二，增设营业网点。在市区商店及住户稠密地段，增设市区办事处，与工商界接近，减少顾客奔走之劳，方便客户，各城市都设有若干办事处，有些办事处的存款余额超过分支行本身。

第三，改进中行服务。明确提出“顾客是第二股东”的思想，以周到的服务吸引顾客，以优质服务作为吸存的有力手段。给予顾客种种便利，尽量简化手续，加速临柜处理。为减少顾客等候时间，在柜面拥挤时，临时增加人员帮助办理，对顾客收付款，敏捷而亲切。为改进对顾客的服务，各重要分行还安排有服务专长的高级行员专门在柜面招呼接待顾客，回答顾客的询问，指导办理各项手续。

第四，加强联系客户。仿效外商银行，每逢年节对存户间有馈赠；对于重点存户，更要周密联络。再是仿效钱庄的“跑街”制度，即配备熟悉当地工商业情况的外勤人员，主动登门联络客户，争揽业务。

第五，适当变通存款利率。中国银行的存款利率常比同业偏低，往来存款的利率，中国银行3%，其他银行4%。

由此可见，“顾客股东”内涵即指“顾客是第二股东”，这是中行的重要竞争原则，即以周到的服务吸引顾客，以优质服务作为吸存的有力手段。

2. “顾客股东”理念的演绎内涵

1933年4月16日，宁行举行同人励志社聚餐会，经理吴震修在杯酒联欢之外，

“借此为精神上之结合、业务上之研讨”，在其讲话中，他对中行“顾客股东”理念内涵进行了既深刻又富于哲理的演绎，该文刊载于《中行生活》第十三期，编者曾对该文加了比正文还长得多的按语，就吴震修关于“顾客股东”的演绎性内涵，进行了深入归纳并向全国中行推广。

（1）恳谈会关键主题之一：认识本行之股东

以狭义言，凡执有本行股票者，为本行股东；我们在行服务者，为本行伙计。其实股东以所出资本，为本行信用之保障。伙计则以其人格精神能力，为本行信用之保障。就本行对国家、社会、民众言，我们股东、伙计，可谓是站在一条线上的。故以广义言，我们应以国家、社会、民众，视为我们之东家。如此解释，现在流行银行界之口头禅所谓“社会服务”，始得其根据。

可知我行宗旨之宏，使命之大，不仅以一日之盈亏，与一般东家、伙计较其短长。吾人在此立场，尤当放开眼孔，握定主张，从远处大处做去。由是言之，我们所负责任，何等隆重！人人必须先就自身之人格精神能力，做出一个中国银行行员的样子来，要使社会认识敬爱中国银行的人才是。①

（2）《中行生活》编者对“顾客股东”的演绎性内涵，进行了再归纳再推演，并向全国中行各分支机构推广。

关键按语之一：以我们行员说，平常止（只）知股东是东家，总经理以次之各高级行员是上司，我们是些小伙计。但是银行是人民财产之公共管理者。所以震修先生有广义的申说：“社会民众是我们的东家，我们的股东伙计是站在一条线的。”这种亲的譬解，精警透彻，言人所未言，吾人应当时时记着，用以自励。所谓我们站在一条线上的分子，是股东和伙计，由总经理以至练习生，皆是伙计中的一分子。行员出其劳力为股东做事，是不分大小的；不过总经理高于一切，居于领袖地位，他在本行中，心力之萃聚，完全在谋社会民众之福利。我们在此领导工作之下，要以人格、精神、能力，作本行信用的担保，共同竭诚以赴之。

由此可见，《中行生活》编者肯定了吴震修关于“顾客股东”的演绎性内涵：社会民众是我们的东家；并认为这种见解“精警透彻，言人所未言”；由此希望全行上下时时记着，用以自励。

关键按语之二：我们的东家，不尽是拿着股票的股东，社会民众才是我们唯一的东家；我们的上司，不尽是行内各高级行员，来到行内的顾客才是我们真正的上司。银行应付顾客，何尝专为的（是）图利，银行是做顾客所吩咐做的事情，专谋

① 南．志宁行同人励志社聚餐会．《中行生活》第十三期．1933年5月15日．

顾客所需要的便利。若我们把站在柜外的顾客，看作是顶头的上司，时时刻刻感到责任之重大，休戚之相关，哪里还会有怠慢的态度发生呢？行内用种种方法训练行员，就是要你知道，如何对于你的上司——顾客——尽职；如何可以帮助你，指导你，去对你的上司——顾客——尽职。

由此可见，《中行生活》编者对“顾客股东”演绎内涵进行了既深刻又富于哲理的再推演：顾客才是我们真正的上司。

按语关键之三：震修先生所说：“必须先就自身之人格、精神、能力，做出一个中国银行行员的样子来，要使社会认识敬爱中国银行的人才是。”这是我们无疑地应当如此向前做去。

由此可见，《中行生活》编者赞赏将广义股东理念落到实处，就要从远处大处去做，即必须先就中行行员自身之人格、精神、能力，做出一个中国银行行员的样子来的观点，以此作为增强竞争力的关键。

综上所述，宁行经理吴震修和《中行生活》编辑对于张嘉璈“顾客是我们的第二股东，我们银行的获利，都从顾客身上来的”理念的演绎性内涵如下：

第一，本行狭义股东是指凡执有本行股票者；而将国家、社会、民众视为中行之广义股东，并认为这是银行界社会服务的始得根据。

第二，中行员工要以其人格精神能力，为本行信用之保障；股东以所出资本，为本行信用之保障。

第三，我行宗旨之宏，使命之大，我们所负责任何等隆重。吾人当放开眼孔，握定主张，从远处大处做去，人人必须先就自身之人格精神能力，做出一个中国银行行员的样子来，要使社会认识敬爱中国银行的人才是。

第四，顾客才是行员真正的上司；若把站在柜外的顾客看作是顶头上司，则时时刻刻感到责任之重大，休戚之相关，从而更好为客户服好务。

第五，银行应付顾客，何尝专为的图利，银行是做顾客所吩咐做的事情，专谋顾客所需要的便利。

第六，用种种方法训练行员，就是要行员知道，如何对于你的上司——顾客——尽职；如何可以帮助你指导你，去对你的上司——顾客——尽职。

3. “顾客股东”理念的价值特征

不难看出，“顾客股东”理念的系列内涵，具有以下文化价值特征：

（1）国家、社会、民众是中行股东理念的家国情怀

应当说，“国家、社会、民众，视为我们之广义东家，这是银行界社会服务的始得根据”的理念，要比现代管理理论的利益相关者理念更具家国情怀。

所谓利益相关者概念，以弗里曼的观点最具代表性，“利益相关者是能够影响一个组织目标的实现，或者受到一个组织实现其目标过程影响的所有个体和群体”。利益相关者概念启蒙于1959年《企业成长理论》中“企业是人力资产和人际关系的集合”的观念，最终形成于1984年弗里曼的上述观点。企业的利益相关者包括股东、员工、债权人、供应商、消费者、竞争者、中央政府、地方政府以及社会活动团体、媒体等。不难看出：利益相关者分类尽管很全面，但它是从“影响一个组织目标的实现和受到一个组织实现其目标过程影响”的角度，来看待这些利益相关者。然而，中行的广义股东理念则把国家、社会、民众视为股东，而股东地位要比利益相关者地位更为重要，更受企业的尊重；而且，把国家、社会、民众视为股东的前提，就是指中行人人必须先就自身之人格精神能力，做出一个中国银行行员的样子来。由此可见，中行的广义股东理念要比利益相关者概念的胸怀更大，产生时间也早得多。

中行南京分行行长能够在80多年前，就把国家、社会、民众也视为股东，这是非常难能可贵的。这也表明中行上下对张嘉璈永葆中行在银行业领袖地位的情怀和宏愿，有着深刻的理解和积极的演绎，由此促进“总要使我们中国银行站在最前线，做一个永久的领导者”的宏愿目标的实现。从这个意义上讲，我们就不难理解，中行的广义股东理念对永葆中行在同业领袖地位的重要性。

（2）顾客才是行员真正上司的理念更切合中国国情

《中行生活》编者能够结合中国文化传统提出“顾客才是行员真正的上司；把客户看作是顶头上司，则时时刻刻感到责任之重大，休戚之相关，从而更好为客户服好务”的理念，我们也不能不说是非常难能可贵的。而且，“顾客是行员上司”与“行员应对顾客上司尽职”的理念，要比当今随处可见的“顾客就是上帝”这一舶来语，更切合中国实际，也更加富有实效。

此外，“银行应付顾客，何尝专为的图利，银行是做顾客所吩咐做的事情，专谋顾客所需要的便利”理念则与当今为客户创造价值的理念极为相似。

综上可见，早在80多年前，《中行生活》编辑能够如此深刻而正确地演绎出更切合中国文化传统的“顾客是行员上司”理念，以及演绎出不逊于现代企业管理服务理念的“为客户创造价值”内涵，不能不说是难能可贵的。

（四）“同业合作”理念的史料详细与价值特征

在中行法人伦理的史实概括之逻辑中，“同业合作”是中行法人与同业伙伴相处的重大关系准则。其史料详细与价值特征如下：

1.“同业合作”理念的史料内涵

该理念出自《行史》第一篇小节和第十一章内容之中。早在1920年中国商业银行发展壮大时期，中行早就看到，要同外国银行相抗衡，光靠中国、交通等几家银行是不够的，“有海洋必先有河流”，必须有大量商业银行做后盾。20 世纪 30 年代前后，中国金融业进入了艰难的时期：一是帝国主义国家转嫁经济危机，向中国倾销剩余产品。二是空前大水灾，受损面广。三是内战连年不息。四是日本帝国主义侵略中国。五是美国白银政策的影响。1933—1935 年的美国白银政策使原来受尽银价过低之苦的中国政府又遭遇了银价高涨、白银持续外流的灾难，物价惨跌，通货收缩，银根奇紧，金融业周转不灵。在以上一系列内外因素的冲击下，一些原来基础很脆弱的银行、钱庄纷纷停业或倒闭，即使是一些基础比较稳固、具有一定实力的银行也发生了资金周转不灵甚至挤兑、挤提事件。中行负责人考虑到当时的金融界要依靠政府是不可能了，中央银行草创伊始，还不能发挥其“银行的银行”的职能，而且局面也不是一家银行的力量所能挽救的，除了团结自救，别无他法。因此，中国银行积极协助同业共渡难关，其方针就是在促进金融业团结自救的前提下，力所能及地多承担一些责任，多发挥一点作用。亦即“不自限于改组条例所赋予之职责，不斤斤于营业之盈亏，更不以独善其身为得计，抱定为国家、为社会牺牲之决心……”

由上可见，尽力扶持商业银行特别是一些新式大银行，是中国银行的政策以及由此所形成的文化传统。“同业合作”内涵可以概括为：中行一贯秉持“有海洋必先有河流”、有大量商业银行做后盾才能与外国银行相抗衡的理念，并以此作为指导中行与同业伙伴的关系准则，显示出有容乃大的商业道德。

2. **“同业合作”理念的价值特征**

现代企业管理中的法人伦理，包括系统做事原则和重大关系原则。其中，重大关系原则是指建立企业相应的“处世原则”，以指导企业处理与客户、员工、竞争对手、合作伙伴、国家、社会和自然环境等因素的关系。“同业合作”理念作为中行相应的“处世原则”，其价值特征如下：

（1）同业合作是实现中行“服务大众，增强国力”使命的必要保障

中行同业合作处世原则的出发点和所站高度，就是联合同业共同与外国银行相抗衡，振兴民族金融，这是中行报国使命及爱国与救国荣誉至上观念在处理同业关系领域的延续，是实现中行报国使命的有力的工具性价值观。

（2）营造中行良好的生态环境，增强抗拒外部环境不确定性的能力

同业合作处世原则，有利于营造中行良好的生态环境，增强抗拒外部环境不确定性的能力，达到持续经营和不断发展之目的（详见法人伦理践行案例）。

二、法人伦理的践行情况及史料案例

关于“信誉基石，竞争有德；顾客股东，同业合作”之法人伦理的践行情况及其历史文化价值，现以相关史实分述如下。

（一）全行践行信誉基石理念情况概述

总的来说，中行法人伦理之“信誉基石”理念的践行情况，正如《行史》结束语所言，民国时期37年来，中国银行在经营管理工作中积累了一些较好的经验，值得借鉴，其中第一条就是：把维护银行信誉，作为立行之本。

37年来，中国银行为了维护自己的信誉，进行了不懈的努力和斗争：认真清理大清银行的商股、商存，以维护商民的正当权益；抗拒北洋政府的停兑令，保持了中国银行钞券的兑现、付现；尽力整理“京钞”、“汉钞”，恢复了两地中国银行钞券的正常流通；充实并公开中国银行钞券的发行准备，以取信于民；设法减少对政府的财政性的借垫款，力求营运资金的不被挪用；逐年按规定宽提公积金和备抵呆帐损失，以厚实力；在成为国家专业银行业务重点转移后，积极设法开拓国际汇兑业务，以打破外国银行对中国国际汇兑业务和汇价的垄断；努力做好侨汇的汇解工作，以增进海外侨胞的信心；积极参与平抑物价的工作，以稳定币值；想方设法支持国际贸易的发展，增加外汇收入，减少外汇支出，以保证对外支付。由于中国银行维护了良好的信誉，中国银行的业务日益发展扩大。

由此可见，之所以中行能够在战乱频仍，经济凋敝，社会不安宁的艰难困境中，克服重重困难，把自己建设成一家信誉卓著，初步近代化、国际化的大银行，并成为近代中国一个重要的金融机构，在当时中国金融业中长期处于领先地位，不能不说坚持和传承“信誉基石”的文化传统始为首要之根本。

（二）全行践行竞争有德理念史料案例

根据1941年10月13日，中行霍宝树副总稽核（字亚民，1932年任分区稽核，1936年升任副总稽核，1942年升任总稽核，1946年升任副总经理）《本行沿革与工业贷款的演进》演讲[①]的史料记述，可以清晰地看出中行以人格与能力为竞争工具之史实。

一、本行的创始与发展（略）

二、本行工贷的四个阶段

民国十六年（1927）北伐告成，本行总管理处南迁至沪。是时存款日增，信誉

① 霍宝树．本行沿革与工业贷款的演进．《中行农讯》第六期．1941年12月25日．

日隆，资力益见雄厚。十七年（1928）由政府指为国际汇兑银行。因鉴于国际汇兑基于国际贸易之发达，而国际贸易之发达必先促使国内工商各业之繁荣。故业务对象，亦从同业商号转注到工农各业，开始办理对工厂的放款。所有本行工业放款的演进，约分为四个阶段：

（一）工业贷款的第一个阶段（注：约为1928—1931）。最初本行的工业放款，只要有工厂的货品、原料、机器、地产可做押低（抵），同时经理有信用，有资产，就为承做。并没有注意其内部管理，市场供求等情形。

当时江浙的丝业很发达，每年丝业贸易最盛的数月，上海的银行钱庄无有不对丝厂丝商放款。不意民国十九年（1920）长江水灾，翌年西北又大旱，影响所及，工商业均为之凋敝。我国丝业，又因国人商业道德欠佳，丝中混麻，品质既不纯粹，技术又不知改良。日本丝产则日求进步，锐意经营，所有我国在美洲之丝业市场，尽为掠夺。以致上海丝业风潮大起，丝价狂跌，丝厂纷纷倒闭，至此各银行钱庄对丝业之放款，虽有押品在手，竟至本利难保，本行亦非例外。

（二）工业贷款的第二个阶段（注：约为1932—1933)。本行经此教训，深感工厂新式会计制的建立，足以明了厂内业务情形。情形即明，易于对症发药。因即进行放款各工厂会计制度的改进工作。可是在工厂方面，积重难返，要其改用新式会计制度，困难殊多。

盖当时囿于钱庄制度，工厂间银钱往来，全凭旧式折子存取，在内部则用流水账。非独旧式商人如此，即留学生归国所办工厂亦如此。以致工厂本身，账务不明，厂内盈亏，货品产销，均属一笔糊涂账，自己茫无所知。尚有一部分厂家，又深惧新式账目之应用，易使他人明了厂内情形，有所不利，不愿接受。所以本行虽有改革各放款工厂会计制度之计划，处处有感棘手。

民国二十二年，社会经济又起恐慌，申新二五两厂周转欠灵，要求本行借款。本行即以建立新式会计制度，设立稽核，审查账目为借款先决条件。几经商洽，反复解释，始获同意。以后两厂业务，固因新式会计制度的建立而渐有起色。

本行于是规定，非工厂有健全会计制度的，不得放款。所有放款，必慎之于始，不轻易许人；而既经放款，则始终予以维持，决不乘人之危。因之业务稳固，各工厂亦乐与本行往来。

（三）工业贷款的第三个阶段（注：1934—?）。放款各工厂的会计制度既已建立，本行更进一步注意各工厂出品市场的变化，新式管理方法的实施，营业情况的进展，一一谋所改进。特别于管理一项，因管理之得法与否，足以影响工厂前途，尤为重视，曾代各厂延聘专材，锐意改进。同时以市场之供求及去年销售状况以预测本年可能之盈余，并与他厂情形相比，以决定厂内业务应持之方针。结果尚能圆满。

（四）工业贷款的第四个阶段（注：? —?）。若干工厂，以内部积弊太深，管理不善，技术又劣，竟至无法周转，宣布倒闭。此种倒闭之工厂，既为本行放款之损失，亦为国家社会之损失，不能设法维护。本行乃接收倒闭之工厂，代为经理。除改革其会计及管理制度之外，力求技术方面之改进，使出品标准化，因之死而复苏者不少。如今之豫丰纱厂及晋南、晋中、晋华各厂皆是。

综上史实，中行“竞争有德”的人格竞争工具和能力竞争工具足以显现：

1. 中行“竞争有德”的人格竞争工具之表现

中行“竞争有德”的人格竞争工具，体现为“所有放款，必慎之于始，不轻易许人；而既经放款，则始终予以维持，决不乘人之危”的信贷经营信条，以及“本行放款之损失，亦为国家社会之损失，不能设法维护。本行乃接收倒闭之工厂，代为经理”的职务报国之认识，这就是调整中行与贷款企业的市场道德规范。

所谓“所有放款，必慎之于始，不轻易许人”，就是坚持“进步的保守”和“稳健之主义”经营方针，从而保障中行贷款的质量与安全（详见行基理念）。

所谓“既经放款，则始终予以维持，决不乘人之危”的市场道德，实不愧为中行为实现“改进国民生活，谋国民生产力之增加”的公司使命，永久保持同业领袖地位的重大关系准则和高尚法人伦理。

所谓“本行放款之损失，亦为国家社会之损失”的职务报国之认识，以及“本行乃接收倒闭之工厂，代为经理。除改革其会计及管理制度之外，力求技术方面之改进，使出品标准化”的卓越法人伦理之举动，说明了中行以“吾们的商业道德”作为有力武器，为实现“改进国民生活，谋国民生产力之增加”的使命尽到职务报国之责。相比之下，中行早在80多年前的卓越法人伦理，即便是在今天，也有着不同凡响的借鉴意义，主要表现在以下两点：第一，商业银行应跳出狭隘的“绩效—薪酬”观念的束缚，树立职务报国使命观、崇高法人伦理的国家大局观。第二，在当今多数公司的文化建设中，文化道德的认识误区就是：仅把道德规范看作为组织规范员工行为的文化手段，却忽视了法人伦理的有效建构及其经济效应的深入思考，由此而影响到企业竞争力的获得与保持。

2. 中行“竞争有德”的能力竞争工具之表现

即指中行从本行工业贷款演进过程中，所获得的历史经验和“绩效知识”，并以此作为中行的能力竞争工具，由此发展自身的业务。

所谓中行所获得的历史经验是指：最初本行的工业放款，只要有工厂的货品、原料、机器、地产可做押低，同时经理有信用，有资产，就为承做。并没有注意其内部管理，市场供求等情形……以致上海丝业风潮大起，丝价狂跌，丝厂纷纷倒闭，至此各银行钱庄对丝业之放款，虽有押品在手，竟至本利难保，本行亦非例外。本行经此教训，深感工厂新式会计制的建立，足以明了厂内业务情形。情形即明，易于对症发药。

所谓中行所获得的绩效知识是指：第一，进行放款各工厂会计制度的改进工作。第二，本行于是规定，非工厂有健全会计制度的，不得放款。第三，放款各工厂的会计制度既已建立，本行更进一步注意各工厂出品市场的变化，新式管理方法的实施，营业情况的进展，一一谋所改进。第四，曾代各厂延聘专材，锐意改进。第五、同时以市场之供求及去年销售状况以预测本年可能之盈余，并与他厂情形相比，以决定厂内业务应持之方针。

3. 中行“竞争有德”的良好实践效果之史实

中行的“非工厂有健全会计制度的，不得放款”的能力竞争工具，以及“所有放款，必慎之于始，不轻易许人；而既经放款，则始终予以维持，决不乘人之危”的人格竞争工具，使中行取得了三大较好的实践效果：

第一，“非工厂有健全会计制度的，不得放款”的能力竞争工具，使中行“因之业务稳固，各工厂亦乐与本行往来”。第二，中行帮助贷款企业对市场变化、新式管理方法实施和营业情况进展等“一一谋所改进”，其效果为“结果尚能圆满”。第三，中行在尽谋国力增加之责（接收倒闭之工厂并代为经理，力求技术方面之改进，使出品标准化）时，其效果是“因之死而复苏者不少，如今之豫丰纱厂及晋南、晋中、晋华各厂皆是”。

综上所述，不难看出，中行“以人格与能力为竞争工具”的、“竞争有德”的法人伦理，是增强中行核心竞争力的重要支撑理念。

（三）全行践行顾客股东理念史料窥貌

如前所述，张嘉璈“顾客是我们的第二股东”理念的演绎性内涵主要包括：第一，国家、社会、民众，视为我们之广义东家，这是银行界社会服务的始得根据。第二，我们在行服务者，应以其人格精神能力，为本行信用之保障，人人必须做出一个中国银行行员的样子来，要使社会认识敬爱中国银行的人才是。

1. 全国中行践行顾客股东理念的总体情况概述

关于中行员工践行“顾客股东”理念的情况，可以从《中行生活》所刊载的员工探讨和交流自己与顾客接触的感想、经验、艺术等文章中，清晰地窥视出“顾客是我们的第二股东”理念对增强员工服务意识的影响。比如，《中行生活》刊登过的

《我所遇见的客户》之系列文章，由于第三章文化共识方法中有类似记述，为避免行文重复，在此从略。

2. **乐山中行力行该理念的艰险性与智慧性案例**

值得一提的是，川行在1932至1937年抗战爆发期间，开始延伸设立第二批下辖机构，中行嘉定（乐山）办事处于1932年4月25日成立，行址位于城内东大街。然而，乐山办事处成立不久，即遭乐山县政府强迫借款并引起事端。从化解这一事端的史实，既可看出乐山办事处主管运用智慧，抗拒乐山县政府向中行强迫借款，从而维护社会、顾客、公众等“股东”利益的一面，也可看出企业与中行具有良好外部关系，由此增强中行抵御外部不确定性的能力的一面。

据《四川月刊》(8)，第二卷第二期记述：乐山为二十四军（刘文辉）防地，县府因军需紧急，曾于去年（1932年）十一月间先后向乐山中国银行借款数千元。借款时曾有由征局粮税收入项下拨还之约，但迄未实行。本年（1933）一月中，县府又议借款，计中行二千元，华新、凤翔两丝厂各一千元。筹议至再，皆无结果。至一月十五日，县府忽用硃单（类似红头文件）将中行行员传入拘押，经裕通经理赴县劝解，至晚始释。中行自撄（因）此打击，即电向眉山刘军长（自乾，刘文辉的字号）及张道尹[①]（富安）等呈诉经过，并从是日起，悬牌通告各界，暂行停止业务。嗣又经张道尹委托沈眉生团长与中行再三接洽，邀请城中最高级长官夏师长（仲实）杜道尹（少棠）及华新、凤翔之经理等，与中行及县府互释误会，允将前有借款，缓期设法归还，并盼中行即日复业，以维市面。经此翻调停后，中行及又悬牌通告前月二十三日照常营业。

由此可见，乐山中行力行顾客股东理念具有艰险性、智慧性和任事坚韧之品质，企业与中行具有良好关系，由此增强了中行抵御外部不确定性的能力。

第一，力行顾客股东理念的艰险性主要体现在：乐山中行抗拒县政府因筹军需紧急而强迫借款时，县府居然用硃单将中行行员传入拘押。

第二，力行顾客股东理念的任事坚韧之品质主要体现在：一个管理区区七八人[②]的乐山办事处主任，当中行行员被县府拘押后，“即电向眉山刘军长（自乾）及张道尹（富安）等呈诉经过”，并未因级别不够而不敢直接向刘军长及张道尹反映问

---

① 道尹，民国时期的官名。1914年5月，袁世凯公布省、道、县官制，分一省为数道，全国共93道，改各省观察使为道尹，管理所属各县行政事务，隶属省长。

② 据川行一瞥（《中行生活》第二十九期）记述：渝行1933年共有14个分支行处，员工总数162人，平均年龄27岁；再据1947年《四川分行辖属办事处人员配置情况（6—15人）比较表》综合判断，1933年乐山办事处约为七至八人。

题，也没有请示上级行予以协调，而是以任事坚韧的品质，勇于解决自己所面临的外部环境之复杂问题。

第三，力行顾客理念的智慧性主要体现在：“从是日起，悬牌通告各界，暂行停止业务”，这就等于将乐山县政府为军阀之需而强迫向中行借款事实与责任公之于众，由此张道尹不得不“委托沈眉生团长与中行再三接洽，邀请城中最高级长官夏师长（仲实）杜道尹（少棠）及华新、凤翔之经理等，与中行及县府互释误会”，由此乐山中行取得了“允将前有（1932 年）借款，缓期设法归还，并盼中行即日复业，以维市面”的解决问题之主动权，因而在 1 月 16 日至 22 日停业一周并妥善解决问题后，从容地于 1 月 23 日复业。

第四，乐山中行与企业之间的良好关系主要体现在：1 月 15 日，县府忽用硃单将中行行员传入拘押后，“经裕通经理赴县劝解，至晚始释”；张道尹“邀请城中最高级长官夏师长（仲实）杜道尹（少棠）及华新、凤翔之经理等，与中行及县府互释误会”，共同解决问题。

（四）中行及川行践行同业合作理念案例

关于中行践行“同业合作”理念的情况，可以通过 20 世纪 30 年代中国银行协助同业渡难关、同业合作理念增强中行抗拒外部环境不确定性能力案例，以及在其他方面践行“同业合作”理念的案例加以说明，现分述如下：

1. 20 世纪 30 年代中国银行协助同业渡难关

20 世纪 30 年代前后，中国的金融业陷入了艰难的处境。中行的方针就是在促进金融业团结自救的前提下，力所能及地多承担一些责任，多发挥一点作用。根据这一方针，把救助困难中的同业渡过难关作为自己的责任，事例是很多的。（1）与交通银行共同增资改组新华银行；（2）支持上海商业储蓄银行平息提存风潮；（3）协助天津中国实业银行平息挤兑；（4）配合地方平息金融风潮；（5）增加同业放款；（6）声援国外的侨资银行。

与此同时，中行还积极推动同业成立互助组织。张嘉璈先与各大商业银行密商同意后，再与其他中小银行疏通，缩短停业日期，尽量在阴历年关前复业，并大胆地向同业表示，如果复业后发生困难，中行当全力协助。所建立的同业互助组织主要有：（1）银、钱两业各自成立财产保管委员会；（2）银行业组成联合准备委员会。与此同时，中行还创办聚餐会，以取同业之长。据马学斌研究表明，1915 年 7 月，张嘉璈发起上海银行界经理的聚餐会。“由上海商业储蓄银行在其宁波路行址内，预备午餐，于聚餐时，彼此交换有关金融消息，并发表意见”。谈到对聚餐会的体会，张说，“无形中受新思潮之浸润；每遇同业共同问题，常能采取一致步骤，合作解决”，“一年之中，得结识如许金融界新人物，私衷极感兴奋”。当时浙江地方实业银行副经理李馥荪、浙江兴业银行常务董事蒋抑卮、浙江兴业银行董事长叶揆初、上海商业储蓄银行经理陈光甫、交通银行经理钱新之等，均成为张切磋业务、互相支持的挚友。上海银行业公会即在此基础上成立。

2. 增强川行抗拒外部环境不确定性能力案例

中行践行“同业合作”理念，建立起了良好生态环境，从而增强了中行抗拒外部环境不确定性的能力。现仅以中行成都支行三次被挤兑风潮困扰史实为例，说明“同业合作”理念具有增强中行抗拒外部环境不确定性能力的既往效用。

（1）1933 年 4 月，成都中国银行挤兑风潮

据《四川月刊》（10），第二卷第四期记述：成都中国银行于本月中旬，因有人向二十四军刘军长密告，谓该行前代理金库尚有余款三四百万元之多，请即清出备用。刘氏因派（财政厅）文和笙厅长查办此事。

经中行经理向文氏解释代收备款，财厅行款相抵，两无余存。且就全川历年官款存欠面论，则所欠尚多。如欲彻底清查，须电上海（中行）总行及重庆中行派员来蓉清结；如仅为财厅局部所欠，则请文厅长、刘会办、张道尹等莅行查账及借款契约，以期明了化解此事等语。文氏即据此向军长请示。惟（唯）市面闻此风潮，遂大起疑虑，从十八日起遂纷往提取存款及兑换钞票等。

幸中行颇冷静应付，除一面向沪渝两地中行，调取现款来蓉周转；一面对挤兑者亦尽量兑现，并托蓉市各银行及钱庄等约十家代为分兑，星期日亦不休息，照当办事。面（请）省府财厅及蓉市银钱业公会亦布告市面及登报辟谣，代为证明。比至本月二十四日，此种风潮，遂实告平息矣。①

（2）1933 年 7 月，成都中国银行与聚兴诚银行发生挤兑风潮

据《四川月刊》（13），第二卷第七期记述：本月（1933 年 7 月）中，中国银行与聚兴诚两行同时发生挤兑，旋即平息。

至中行则因蓉广和参号欲汇款五万元与北平总号，商于中行，以汇水太高，未成交兑。但该号竟电北平总局与平中行交涉，由平中行付银四万七千元作为五万元与广和总号成交。同时蓉广和参号即预备向蓉中行交款。

惟按中行汇款规则，凡在万元以上之款，须经彼此电告，方能交兑。蓉中行因此随即向平中行电询问洽。广和羞愤之下，不俟蓉中行电回，即散布蓉中行将倒闭之流言。一面并以中行之发行券派人在市面九折八折出售，使人怀疑。挤兑风潮，

① 成都中国银行之挤兑风潮.《四川月刊》（10）. 第二卷第四期. 1933 年 4 月.

因之而起。幸各银号代为兑现，遂告无事。[①]

(3) 1933年10月，成都中国银行发生挤兑

1933年10月20日，位于署袜街中国银行左侧的公济银号因故停止营业，市面误传为中国银行关门停业，以讹传讹，引起误会，造成挤兑。

该行一面辟谣，一面保证兑付，当天共兑付10余万元。第二天，公济银号开门，误会消除，挤兑平息，中行照常营业。[②]

由此可见，1933年4月17日，成都中行第一次被挤兑时，冷静应付，除一面向沪渝两地中行调取现金来蓉周转，一面对挤兑者亦尽量兑现，并托成都市各银行及钱庄等约十家代为分兑外，还出面请省府财政厅及成都市银钱业公会发布告于市面登报辟谣，到4月24日，风潮遂告平息。1933年7月14日，成都中行第二次被挤兑时，"幸各银号代为兑现，遂告无事"。1933年10月成都中行再次发生挤兑时，该行一面辟谣，一面保证兑付，当大共兑付10余万元。第二天，公济银号开门，误会消除，挤兑平息，中行照常营业。

不难看出，中行成都支行三次被挤兑时，蓉市各银行及钱庄均代为分兑，后遂告无事。这些史实说明中行具有较高的信誉和卓越的法人伦理，由此为中行营造了良好的社会生态，并在抗拒外部环境的不确定性时起着重要支撑作用。

尽管如此，1933年成都中行数次被挤兑的事实，以及1933年3月成都中行与成丰银号因汇款纠纷，致使双方"同往地方法院，请官厅解决"，"官厅为保障人民私权起见，因成丰银号无价值八万元之不动产交案担保，已暂将该号当事人收押云"[③] 的事实，还是对成都中行及中行整体的市场道德形象带来较大的负面影响，并引起了张嘉璈的极大关注与担忧（详见下述）。

3. **川行在其他方面践行"同业合作"理念的案例**

中行四川分行在其他方面践行"同业合作"理念的案例如下：

(1) 1933年4月，重庆银钱业成立联合公库

重庆银行业及钱业同人，因鉴于年来市面现金枯窘，业务堪虞，特共同发起一公库组织，定名为重庆银钱业同业公会联合公库，以期周转市场金融。最近已将组织完善。闻二十一军部，实为敏活金融起见，对于粮契税券发行事宜，亦将委托该库代为管理云。[④]

---

① 中国银行与聚兴诚银行发生挤兑风潮. 四川月刊 (13). 第二卷第七期. 1933年7月.

② 成都市志·金融志 [M]. 第42页. 成都：四川辞书出版社. 2000.3.

③ 成都中国银行与成丰银号之汇款纠纷，四川月报 (9)，第二卷第三期 1933年3月.

④ 重庆银钱业成立联合公库. 四川月刊 (10). 第二卷第四期. 1933年4月.

（2）西部第一家银行公会——重庆银行公会的创立

1931 年 9 月 25 日，重庆市银行业同业公会成立，并通过章程。会员银行有中国银行重庆分行、聚兴诚银行、川康殖业银行、四川美丰银行、重庆平民银行、重庆市民银行、重庆川盐银行等 7 家，康心如任主席。这也是西部地区成立的第一家银行业同业公会。[①]

（3）1934 年 5 月，成都成立银行公会

成都（的）川盐银行、中国银行、聚兴诚银行、地方银行、市民银行、美丰银行、川康银行等七家组织之银行同业公会，已经市府批准，于五月二十日假中新街川盐银行开成立大会，通过章程八章四十三条。又照章选举职员。计陈树屏（中）、杨梦侯（川盐）、佘□芳（市）、何兆青、许子馥（地）、胡浚泉、马□端（美）、康心远（川康）、张茂芹（聚）九人为执委，张茂芹、胡浚泉、陈树屏三人为常委，并选定胡浚泉为本届主席。惟胡氏现未在省，暂由陈树屏代行云。[②]

（4）1930 年 11 月，成都银行钱业公会成立

1930 年 11 月 24 日，成都银行钱业公会成立。李星垣任主席，当时成都共有 37 家银行钱庄，因基金不固，投机失败，相继倒闭达 28 家。这一组织并非纯粹的近代银行业同业组织，直到 1934 年 5 月 20 日，成都市银行同业公会才单独正式成立并通过章程，会员银行有中国银行、聚兴诚银行、川盐银行、川康银行、四川美丰银行、重庆银行、四川地方银行等 7 家，主席胡浚泉。而此时的重庆银行公会已成立近三年。[③]

（5）1936 年 10 月，重庆银钱业票据交换所成立

1936 年 10 月 15 日，由重庆中国银行承办的重庆银钱业票据交换所成立，参加的银行有 10 家、钱庄 12 家，聘杨学优为主任，民国 26 年 10 月停办。[④]

（五）张嘉璈高度关注川行法人伦理状况

值得一提的是，从四川大环境讲，自 1917 年刘存厚与罗佩金、戴戡争夺全省领导权之战起，到 1933 年刘湘、刘文辉争夺全省霸主地位的大战止，在这 17 年中，战祸绵延。尤其是成都中国银行由于多种原因发生多次挤兑，这就使张嘉璈对四川中行贯彻中行法人伦理的效果问题，显得特别关心。其关注要点，从他 1934 年 5 月

---

① 刘志英、张朝晖等. 抗战大后方金融研究［M］. 第 430 页. 重庆：重庆出版集团霍宝树.. 重庆出版社. 2014.6.

② 成都成立银行公会. 四川月报（23）. 第四卷第五期. 1934 年 5 月.

③ 刘志英、张朝晖等. 抗战大后方金融研究［M］. 第 432 页. 重庆：重庆出版集团. 重庆出版社. 2014.6.

④ 重庆金融［M］. 第 489 页. 重庆：重庆出版社. 1991.8.

赴川详察行务史料中可窥一斑。这就从负面案例说明，在张嘉璈思想体系里，有一种深深地永葆中行在中国银行业领袖地位的情怀和宏愿。

1. **高度关心“偏处西陲而川政又紊乱不定”的川行发展**

此次来川最大原因，在欲考察川行业务进行情形。四川偏处西陲，而川政又紊乱不定，故总处对于川行业务，实甚关心！盖川行为中国银行之一部分，川行一日不能推进，即全行多受一日之累。个人此次来川，深感川行之问题复杂，希诸君努力奋斗，以战胜此艰难之环境！（成都演讲）

这说明张嘉璈站在“川行一日不能推进，即全行多受一日之累”的高度，来看待川行业务发展和形象建设的问题。

2. **深切关注川行在道德形象与社会口碑上所存在的问题**

张嘉璈说：“入川之初，时适政界种种误会，对我行多所非难。其中有因聚兴诚银行在沪装运现银，诿为我行破坏者，以是空气似甚恶劣。”这就是说，他尤其看重成都中国银行与聚兴诚银行发生挤兑风潮对中行道德形象的影响。关于外界对成都支行和重庆分行不信任的情况，张嘉璈举例加以说明：

（1）张嘉璈会见四川省督办刘湘时，刘对张的谈话细节。

当余会见川省督办刘湘时，渠曰：“余对中行，非为误解，乃属怀疑，因：（一）总行是否对渝行负责？（二）无论总行如何，分行如何，总行是否曾接济渝行资金？再外界盛传中行对各地救济农村及辅助建设诸端，颇多尽力。而在川省，除吸收存款及高利贷款外，向无所事事。究竟总行对其他各行是否有此同一情形？”又曰：“余对中行，决非希望多助军事贷款，而希望中行，对于建设，稍稍提倡。”

此种质问口调，为向日所未闻见者，足见外界智识之进步。（九十四号演讲）

由上不难看出，刘湘关于“中行在川省，除吸收存款及高利贷款外，向无所事事”的评价，以及“希望中行，对于建设，稍稍提倡”的口吻，使张嘉璈的感觉非常诧异：“此种质问口调，为向日所未闻见者，足见外界智识之进步。”

（2）张嘉璈援引一友人向他反映的情况，说明四川分行的作为让外界怀疑中行总行任四川分行自生自灭。这个友人对张嘉璈说：

总行对于渝行，并未与以分文资本，渝行之生存，全恃当地之存款与发行，总行无异任渝行自生自灭，而沪行对于渝行之通融，亦以若干为度。

对此反映的情况，张嘉璈感触良多，由此深析自身原因，即不把外界对中行不信任的看法当作是“外界不原谅”中行，而是“实则自己太不进步”。

其观察（注：外界对渝行和成都支行的观察）虽不尽然，然颇近似，可见外界观察之锐利，迥非昔比。故吾辈同事，若思想与应付，仍抱定老办法，必与社会凿

柄不相容，为社会所诟病。然而近日内地支行，类此者十之五六，在内地同人以为外界不原谅，实则自己太不进步。（九十四号演讲）

3．**张较为严厉地批评了成都支行暮气重重并深责总行之责**

性情一向儒雅的张嘉璈，较为严厉地批评了成都支行“行员流于舒懒，经理流于松懈，全行暮气重重；外间极少良好批评”，并深感总行“不能不任其责”。

成支行自开办以来，风潮迭起，外间极少良好批评。假使经理得人，风潮未尝不可减少；惜经理不能得人，以致年来无一日之安定。此总处不能不任其责。

成支行处于存款码头之成都，因为事不紧张，行员流于舒懒，经理流于松懈，弄得全行暮气重重。

这不能不说，以张嘉璈浓厚的旧涵养之人品，很少这么严厉地直接批评下属，可见他对中行法人伦理道德形象和同业领袖地位看得多么重要。与此同时，他深感总行不能不任其责的史实，也表现出他严于律己的品质。

4．**张甚至道出了四川分行拟被裁撤而未裁撤的真实原因**

张嘉璈在叙处演讲时，甚至道出了四川分行拟被裁撤而未裁撤的真实原因：第一、总行对于边远省份的机构，如贵州、四川、甘肃、陕西等各处分行，只要绩效差就不得不次第收缩，原因有二：总行管理鞭长莫及；行员习气日深，因而懈怠，只图养家糊口，毫无进取思想。第二、总行至今边省各行未撤者仅四川一行的原因也有二：一是因为川行发有纸币数百万元，存款尚有巨数；二是因为渝行周宜甫经理，对于川行应付有方，行为端正。

5．**对中行成都支行重塑社会道德形象提出四点整改要求**

张嘉璈对中行成都支行重塑社会道德形象提出了“要消除外界怀疑和要加紧本身工作”两方面整改要求，落实到具体工作整改上有四点：

（1）从巩固民众对中行的信仰着手去增加存款

近日此地银行之新兴者甚多，同人处此竞争时期，尤须谨慎从事。竞争之点，我行决不在多量钞票之发行，须从巩固民众信仰着手；民众对本行既有信仰，则存款自能逐渐增加也。

（2）存款的行应用全力研究存款手续之便利

实则存款的行，应用全力研究存款手续之便利，如何可以存息减低而存款不减，存款种类之改善，存款之如何运用，正有许多研究之事，同时还可以研究所得，贡献于其他吸收存款之行。

（3）要对四川经济建设给予一定的贷款支持

针对川省督办希望中行对于四川建设给予贷款支持的需求，要求成都支行经理

“要平日十分用心，择优良途径而稍稍放款”，他说：

吸收存款码头，最容易使人误会的，就是只收而不放。然而不是放款码头，就不易有善良之放款途径。故既欲免除误会，不能不稍稍放款，又要择优良途径，确是一桩极难的事。所以当经理的就要平日十分用心，审察社会上何种事业需要最切，同时审察如何放款，及几多放款可以不致损失，皆须随时随地预为之备，不可专受从前军阀外界的敲诈，压迫的摊派，不特不得社会之同情，且减消本行的威信。成支行今日以前的现状，就是如此。

（4）对成都支行员工提出一系列殷切的希望

至于本行行员，均须有良好之习惯，不能放弃各个职责，应抱有十人工作五人完成之毅力，使行务效率增加，工作范围扩大；且对于工作应抱研究态度，使一切工作皆有生气。因为成支行年来受损太巨，不能不从增加效率上节省开支，不能不从改良营业上增加收益，否则成支行不能立足，诸位生活亦将动摇！

在座全体大都系青年，更应振作精神，应用清晰脑力，屏（摒）去阶级观念，协力合作，使成支行焕然一新，不为全行之累。

（5）对重塑川行信誉和维护领袖地位提出殷切希望

此次本人来川视察，深感外界对我行之怀疑，应切实使其消除；且同人等之工作，应黾勉从事，力图迈进，使成支行焕然一新，不为全行之累。

6．深刻反思总行对川行管理不足并提出系统的改进政策

1934年6月16日，张嘉璈在九十四号所作《川行感想之种种》演讲中，深刻反思总行对四川行的管理不足，并提出系列事关全中行的改进建议。

（1）有一机关设立就得从头注意，不可因地僻或局面小而忽视之

往昔我人之视四川，以为地处边陲，内乱频仍，希望毫无，始终未予注意，所以不外呆账、亏损；且各支行处因主持非人，行务废弛，弊窦百出。设当日早早注意，多派得力行员，则或许可获许多盈余，至少亦必可以补补呆账。

（2）发展内地，人比钱要紧

今日欲开发内地，并不拿钱放账，就算了事；必须有新智识之杰出人才，研究各业衰败之病源，逐一改善而组织之，方有农业贷款可放，或工业贷款可放。否则与旧式钱庄，有何分别？吾辈不过为旧式钱庄垫腰而已。余曾告刘督办：“若川省果能政治安定，吾当先输入优秀之人才，而钱在其次。”渠深以为然。

（3）迅速训练人才，没有适当人才，不可随便添设机关

目今我人派往英处或阪行服务之人员，以其必须熟识外国言语，往往事前考虑至再。殊不知内地人才之遴选，更有慎加审择之必要者。因内地人选，必须适合内

地之环境与人民之心理，及有能与内地同化之习惯，而脑中更须有本行的精神与新的智识，在在（事事）足以为凡百事业之指导者，方能应乎地方上之需要，合乎我人理想中之要求。乃此行沿途与各处同人晤谈，大半既少充分旧的教育，亦无完全新的学识。旧的，钱庄学徒出身者甚少；新的，高中毕业者亦不多觏。在内地固不必尽需大学毕业或留学生人才，顾目下我行新设机关，均是低级人员升调以应，而对方交接之人物，如县知事、局长之机关上人，甚至团长等等，均是学校出身。我行之人，以其教育之不足，势难取得对方之重视，因此难博社会之信仰，增进本行领袖之地位，更谈不到为指导事业、辅助建设之中心。于此，余益觉本行人才有非积极的加速的彻底的训练不可！

（4）行员训练是彻底的训练，是集中训练

余抑有感者：此次到四川，上次到西北，所行各处，备受欢迎。自惭无才无德，宁能当此。惟本行自有其道德与人格，足为外界所敬重，此种道德与人格，乃全体同人所共同缔成。倘就此基础而发扬之，光大之，定可为社会服务不少。彼欢迎之人员曰："我人非欢迎中行的银子，乃欢迎中行的一般人。"于以见人才之足重，而人格为尤要。故我人必须迅速地培养本行人才，使其才能、道德、人格、学识诸端，成为"中国银行型"，到处受社会之重视，斯为当务之最要者。如今各地有各地的行员，如何使其精神一致，最为困难，我人固不能将各行的行员，一一从机器中制造出来，使全体成为同一之模型；但欲求精神之整齐，组织之健全，自非集中训练不为功。

今日各地行员的精神，幸赖在行年深日久之老行长所薰育、所维系，但人事变迁，近来新进行员，日见增多，分子日益复杂，假使没有统一的精神，将来组织愈大，愈难维系。故鄙意将来最好组织人事委员会，由各处报送人员，先加以体格上、道德上、学识上之训练，在相当期满后，再遣派各地工作，此点拟先由沪行与总处联合做起，此自属训练办法之一种。我人固知过去各处任用人员，在汉者用汉，在粤者用粤……因各地方言及各生活习惯不同，不能随便调动。有此集中训练后，调迁更易，自无困难。以上所述，咸为此行沿途对于人事问题之感想，而为个人急切希望有所改进，以固本行基础者。

综合张嘉璈高度关注川行法人伦理状况的史料，可见他对永葆中行同业领袖地位的情怀和宏愿，及其在川行如何落到实处的关注。

第一，张嘉璈高度重视外界对四川分行的不信任之批评意见；他批评成都支行非卓越伦理的行为与结果，从另外一个角度说明，他对"信誉基石"行基理念和"人格能力，竞争有德"法人伦理践行情况十分关注。

第二，张嘉璈深刻反思中行总行对四川分行管理不足并提出系列改进建议，这从另外一个角度说明其对中行领袖地位的深切关注，亦即“我行之人，以其教育之不足，势难取得对方之重视，因此难博社会之信仰，增进本行领袖之地位，更谈不到为指导事业、辅助建设之中心”。他提出要以彻底的和集中的训练迅速培养本行人才，使其才能、道德、人格、学识诸端，成为“中国银行型”而到处受社会之重视，由此使本行自有其道德与人格，足为外界所敬重。

第五节　公司文化核心价值：行基理念

简而言之，所谓“行基”，是民国时期中行对本行业务经营和组织管理的重要事项和基础事项的概括性简称。“巩固行基”一语，最先源于1917年8月初，张嘉璈赴京履新任总行副总裁，中旬他即向时任财政总长梁启超提出整理中国银行的三点办法：（一）修改银行则例；（二）限制中行对政府垫款；（三）整理银行所发京钞，由此巩固行基，发展业务。梁氏对先生所提办法，颇为首肯。此后，张嘉璈对“巩固行基”一语有过多次强调。比如，1933年10月21日，他视察天津分行时说：“须本行组织健全、基础巩固，然后同人生活方可无忧。”1934年夏，张嘉璈在宁行新屋落成典礼演讲时更为明确地提出：“对于我们的业务，应当去努力，来巩固我们的行基，使中国银行在社会上有更巩固的地位，得到更大的发展。”到了1946年6月14日，中行董事长孔祥熙将“巩固行基，建全组织”纳入行务大会闭会训词之中。

民国时期中行“行基理念”相似于当今企业文化价值体系中的基本经营理念与管理理念。所谓经营与管理理念，是指实现企业使命和愿景所必须遵循的最基本的工具性价值指引，是组织经营与管理过程中的核心判别标准与决策原则。为了实现中行“国民经济的命脉，社会事业的指导者，社会人士的模范”的愿景，离不开“行基理念”的工具性价值支撑。

根据对多方史料的分析，张公权主持行务时期，中行及川中行公司文化核心价值体系之“行基理念”的史料内涵可概括为以下几点：

行基理念：（一）革新精神，创造能力；进步保守，稳健主义；
（二）稽核前置，位高任重；会计责广，计算精明；
（三）关注效率，积极节支；细则要点，工作规范。

一、行基理念的史料详细与价值特征

逻辑地看，在民国时期中行及川中行公司文化核心价值体系的“行基理念”之中，“革新精神，创造能力；进步保守，稳健主义”大致相似于现代企业文化价值体系的经营理念；“稽核前置，位高任重；会计责广，计算精明”大致相似于现代企业文化价值体系的经营与管理理念；“关注效率，积极节支；细则要点，工作规范”大致相似于现代企业文化价值体系的管理理念。

（一）“革新精神，创造能力”的史料记述及价值特征

“革新精神，创造能力”理念概括于“以革新精神谋本行业务之进展，以创造能力图一切事物之改善”一语。

1934年5月11日，张嘉璈由渝乘专车出发，先经隆昌办事处停留约两小时，到达内江办事处，已是晚8时30分。5月12日适逢星期天，早晨张即偕同行11人等，一起到自贡寄庄考查，参观了自流井大坝堡一带盐井火井。张返内江用完晚膳后，休息片刻，召集内处全体同人，于客厅训话。他首先对内江、自贡、隆昌等机构及参观盐和糖的制造情况，谈了三方面印象：

首先，他觉得内江、自贡、隆昌这三个机构的办事人员比较所办之事为多；其次，内江办事处过去放款数目不小，用人不多，他感到非常的高兴；再次，盐糖制造观感：在井庄参观盐井大井，在内江参观漏棚糖房，觉得井盐纯粹天然之富源，内江制糖方面，皆数百年前之旧法，毫无人工的改进，与外（国）人之以机械制糖比较，曷啻霄壤之别（霄指云天，壤指土地。天和地般不同，形容差别很大。亦作“霄壤之别”）。此由当地制糖家未受相当之教育，技术上不知改良，因此联想到吾四川的本行。在此基础上，他谈到了“革新精神”和“创造能力”等两大问题，《中行生活》对张此次讲话所加的编者按——演讲要旨概括为：

目下市面不景气，同人应通力合作，增加办事效率。以“革新精神”，谋本行业务之进展；以“创造能力”，图一切事物之改善。

尽管，张正式归纳“革新精神，创造能力”理念的时间相对较晚，但是作为一种经营管理文化传统，早已根植于中行经营管理的行为与习惯之中。

1.“以革新精神谋本行业务之进展”史料内涵

内涵一：把革新经营管理，作为发展业务的必由之路。正如《行史》结束语所言：37年来，中国银行经营管理工作较好的经验之一就是，把革新经营管理作为发展业务的必由之路。张嘉璈在内江训话中，对“革新精神”的表述，首先是以川行近年的变化来说明“以革新谋发展”的重要性的：

渝行近两年来，已非昔比。对于业务方面，办事效能，及职员精神上，均不无革新。目的一面在求业务进展，一面造成充分新智识之行员，庶足应付现代环境而图生存。现在渝行亦招考练习生，张襄理自兼教授课程，以增进行员智识，亦即革新事项之一。今日渝行奋发革新，即欲渝行不同于四川的机关，而力图改进，此是同仁不可不知的。

内涵二：以新的脑筋，旧的阅历，互相交换，互相参照。

张嘉璈在内江训话中，对“革新精神”的表述，其次是以中行行员的缺点来说明“以革新谋进展”的重要性的：

目前中国银行行员，最大缺点，是旧的行员，只知旧经验；新的行员，只知规章。对内的人员，仅知记账，对外的人员，仅知老式交易，所以全行人员，未能熔化一炉，互相调剂。

那么，如何改正中行行员的这些缺点呢？张在内江办事处训话的回答是：

（因此）有旧经验的行员，应再研究新的智识，随时设法改进业务；新进的学生出身之同事，在熟谙本行规章之外，更应习知旧经验，最要者在当主任阶级（层）者有指导新员（工）的能力，庶几不熟练之行员，可以逐步养成。

改进之道，必须于知识经验之新旧两方，并筹兼顾，方能因地制宜，得手应心。故必须以新的脑筋，旧的阅历，互相交换，互相参照，方能应乎需要，适乎环境，以收事半功倍之效。（区务会讲话）

由此可见，“以革新谋进展”的这一内涵，相似于现代管理的新老员工之间采用“头脑风暴法”去寻找到新的发展思路。

内涵三：随时去找寻新的境地，再由新的境地，达到特别新的阶段。

“以革新谋进展”的史料内涵，还可追溯到张嘉璈的多次讲话要旨之中：

希望大家随时去找寻新的境地，再由新的境地，达到特别新的阶段，总要使我们中国银行站在最前线，做一个永久的领导者！（宜昌演讲）

希望诸君转换脑筋：大家寻觅业务上的新路，从新路上去找一条生路，天天存这一个念头，必有巨大的收获，光明的出路。（蚌埠讲话）

目下各地新设之银行日多，业务之竞争日烈，同时以社会新兴事业之日增，业务之范围亦日广。我人必须以加倍之精神与努力，用新的思想，新的方法，开辟新的途径，树立新的基础。（宜宾讲话）

由此可见，随时去找寻新的境地，再由新的境地，达到特别新的阶段，这相似于现代企业创新管理的产品、方法、制度的创新过程及其结果；而“以革新谋进展”的目的在于：使我们中国银行站在最前线，做一个永久的领导者。

总之，民国时期中行的革新精神内涵与当今企业创新能力内涵大致相当，而且“以革新谋进展”也是中行从成立以来的文化传统。

2.“以创造能力图一切事物之改善”史料内涵

1934年5月12日，张嘉璈在内江办事处发表《以创造能力打破环境》的讲话，在讲到两大问题之一“创造能力”时，他这样说道：

最后有一层告同仁者，今日以后，须事事有创造能力，即小而至于一行的布置，亦须不为环境所牵制，尽可以极省的金钱，自己创造一种新式的设备。

由此可见，“创造能力”的史料内涵更多指的是企业的边际适应性改进，即“事事有创造能力，即小而至于一行的布置，亦须不为环境所牵制，尽可以极省的金钱，自己创造一种新式的设备”。

3.“革新精神，创造能力”理念价值特征概述

总的来说，以革新精神谋本行业务之进展，以创造能力图一切事物之改善，是中行在37年创业活动中所历史地获得的经营法宝性理念。正如张嘉璈所说，“本行无时不在改进中力求革新”。该理念的价值特征主要体现在：

（1）“以革新精神谋本行业务之进展”的产品、方法、制度创新的内涵，以及通过“新思旧养”相互融合的创新内涵，它与“信誉基石”理念、“三字箴铭”品德一起，共同成就了中行“能行则行”的史实。换言之，在中行“想要做到的就一定千方百计去做到”的史实结果中，“以革新谋进展，以创造图改善”的经营管理理念的整体贡献效果，是功不可没的。

（2）“以创造能力图一切事物之改善”理念中包含着边际适应性改进思想。张嘉璈所言“事事有创造能力，即小而至于一行的布置，亦须不为环境所牵制，尽可以极省的金钱，自己创造一种新式的设备”的创造能力，其价值特征则相似于现代经济学的边际适应性改进理念。制度经济学在分析人类知识演化时，其重要结论就是：人类新知识产生分为突变性知识增长（通过重大创新而来）和适应性知识增长（通过微小的、渐进的改良而来）。知识的突变性增长往往源于发现原先一无所知的思想，而知识的适应性增长则常常源于有计划的信息搜寻。然而，人类大部分知识不能归功于突发性的重大创新，而应归功于适应性变革，即通过试错，通过对需求和不断变化的条件做出适应性反应的调整和改良而表现出来的创造性。因此企业发展既需要知识的突变性增长，更离不开知识的适应性增长。不难看出，民国时期中行“以创造能力图一切事物之改善”理念，就是一种企业有计划地信息搜寻和边际适应性改进的创新管理思想。

（二）“进步保守，稳健主义”的史料记述及价值特征

“进步保守，稳健主义”大致相似于现代企业文化价值体系的经营理念，其史料记述及价值特征如下：

1. “进步保守，稳健主义”的史料内涵

（1）“进步保守”的史料内涵

所谓“进步保守”，其原话是“进步的保守”，该语由张嘉璈概括于 1934 年 5 月 6 日在宜昌办事处对同人训话之中。他说：

我们中行，在外界素有保守之名。保守二个字，并不是一个坏名词。不过保守要分进步与不进步二种。我所希望的，是进步的保守。

“进步保守”史料内涵，可以追溯到 1930 年 12 月 18 日，张嘉璈在新年同乐会上的开会词中，当他阐述达成“三者同乐，社会模范”使命的方法时说：

行的安乐是什么？第一要不以不正当或带投机性的方法来博利，而靠着本行坚固的信用，忠实的服务来获利。第二要不利用政治上或社会上任何种势力为我们后盾，而靠着中国银行全体行员忠实纯洁的人格为我们的基础。第三要股东行员不以争分一时的厚利为主旨，而以全行厚储公积，劳资真实合作为目标。能做到这三桩事，我敢说中国银行的基础一定可以根深蒂固，颠扑不破，总可以得到真正的安乐。否则突飞的暴利，一时的风光，掠夺式的报酬，不特使行不能得到真正的利益，还可置行于极危险的境界。

由此可见，“进步保守”理念的史料内涵大致如下：第一，靠着本行坚固的信用，忠实的服务来获利；第二，靠着中国银行全体行员忠实纯洁的人格为我们的经营基础；第三，通过全行厚储公积和劳资真实合作，把行员长远利益和短期利益结合起来，不追求经营中“突飞的暴利”。

（2）“稳健主义”的史料内涵

“稳健主义”作为中行在战乱频仍、经济凋敝、社会不安宁的外部环境下，艰难的创业和坎坷的发展过程中的经营传统，屡屡出自中行成立初期与中期的经营年报之中。比如：

中国银行 1923 年营业报告之汉行[①]及所属情况称：汉行以时局关系乃守稳健主义，而各种业务渐形发展。渝支行处此时局，只能暂抱收缩主义，非俟川局稍定，无从进行。成都为川省政治中枢，战事最烈，金融枯竭，我行已于去年改为办事处，业务一时尚难发展；万县办事处亦因战事暂行停业。

---

① 注：当时由于四川军阀混战，业务萎缩，重庆分行降为支行并归属汉口分行管辖。

中国银行1927年和1928年营业报告之汉行及所属情况均称：渝支行营业稳健，尚可获利。

中国银行1931年营业报告称：本行廿年来，素抱之稳健主义，所产生之信用及蓄积之实力，得以收效于盘根错节之日，堪为股东告者。

中国银行1933年营业报告称：唯有一秉本行夙抱之稳健主义，对于本身，力求增加效能，减轻成本，以巩固已有之基础；对于社会，继续今日之方针，导金融界入于健全之正轨而已！

“稳健主义”的史料内涵，还可见于1933年张嘉璈在汉支行的演讲之中：

我们中国银行从前曾发过一分四五厘股息，但是鄙人到总行后，力主逐渐减低股利，以固根本，遂减到七厘官利。当然股东虽是很不满意，但是外国报纸上曾赞为中国银行稳健政策之第一步。假使我们年年发了一分二三厘，这十几年多要牺牲一千数百万的现金，变成一个虚本实利的行，恐怕我行早已不能存在了；即使存在，亦为被视为一个虚空亏累的行。我们为什么要减低股利？为的是要使现金收入与支出相抵，并且可以稍有暗藏，以抵呆账，并以备营业不好的年代，可以保持股利的平均。假定全行行员，人人具有经济常识，知道收支适合之需要，知道浪费之错误，知道节省之重要，则全行营业，何患不发达？

不难看出，“稳健主义”内涵则相当于当今商业银行风险管理的审慎性原则，亦即“渝支行营业向以稳健为主尚能获利”；“稳健主义”也指减低股利，以固根本股利，避免中行虚空亏累，被赞为中国银行稳健政策之第一步。

总而言之，逻辑地看，“进步保守，稳健主义”具有相近的含义，既指对外信贷经营的审慎性，又指对内利益相关者利益分配上的稳健性。

2. **“进步保守，稳健主义”的价值特征**

（1）“进步保守”理念本质，就是一种融创新发展、稳健发展、有德进步和保持领袖地位于一体的集合性发展模式

根据张嘉璈思想体系的推演，在“进步保守”理念中，“进步”是以坚固的信用，忠实的服务，人格与道德，厚储公积与稳健发展为内涵；“进步”还含有革新与创造之意味，进步的目的就是“随时去找寻新的境地，再由新的境地，达到特别新的阶段，总要使我们中国银行站在最前线，做一个永久的领导者”。用现代管理眼光审视“进步保守”理念中的“进步”，其本质就对发展与管理、长远利益和短期利益的“度”的把握。不难看出，“进步保守”的价值特征就是一种融创新发展、有德进步、领袖地位和稳健发展于一体的集合性发展模式，简而言之，其要旨即为：进步需创新，稳健当保守。

（2）“进步保守，稳健主义”价值特征主要是指商业银行把控经营风险的审慎性和稳健性

商业银行以有限资本吸引大量存款进行经营从而赢利的经营特性，决定了把控经营风险的审慎性。中行营业报告所称的“本行廿年来，素抱之稳健主义”一语，说明“稳健主义”实为在战乱频仍、经济凋敝、政治风波绵延不绝、中外银行激烈竞争的年代里，经过崎岖道路所历史地获得与选择的重要经营法宝和一贯文化主张。总而言之，“进步保守”和“稳健主义”是实现中行“三者同乐，同为模范”使命，尤其是实现“行的安乐”使命的根基理念之一。

（三）“稽核前置，位高任重”的史料记述及价值特征

“稽核前置，位高任重”大致相似于现代企业文化价值体系的经营与管理理念。在该理念的概括逻辑中，“稽核前置”是指以事前稽核的方式行银行信贷风险管理之实，由此银行外部经营风险与内部道德风险的防范全仰赖于稽核手段，因而稽核工作的地位高责任重且权力大。

1.“稽核前置，位高任重”的史料内涵

“稽核前置，位高任重”一语，概括于北洋政府时期和南京国民政府时期的中行业务制度改革的史实之中。据《行史》所述，中行稽核组织的演变过程以及稽核方式和稽核内容大致如下①：

（1）稽核组织演变过程

1912年总行成立时设检查局，即负责稽核检查工作，有局长一人、佐理一人。1914年9月，总行改为总管理处，设总稽核一人综理稽核事务，主要是业务管理方面的事，并非一般审计工作。1915年增设副总稽核一人，总稽核下分设三组，各设领组稽核一人。1928年总管理处迁沪，进一步加强稽核职权，设稽核四人，承总经理之命，稽核全行业务。到1931年改革调整，恢复总稽核制，汪振声任总稽核，掌管全行各项业务：计划国内外业务的发展及营业机关的设立与变更；审定全行及各行业务方针；调拨全行营业资金；综核全行业务及查账事项；规划全行及各行发行与准备事项；主管信用调查及规划推广业务方案；审定重要业务契约；掌管各行代理国库事项。各分行在会计科内设稽核组，由兼管稽核的副经理兼领，由总处任命的会计主任具体负责，对辖内支行处业务进行稽核。

（2）稽核派驻制度演进

1915年7月总处因管辖范围广，特设赴外稽核检查各行账目，但赴外稽核一年出

① 卜明．中国银行行史（1912—1949．上卷）［M］．第173—177页．北京：中国金融出版社．1995．9．

差不过一两次，每次所到之处，只停留三四天，只能做账面上的核对，不能做业务上的指导，这样由总稽核专管全行及下属各分行账目的稽核体制已不能适应业务发展和经营管理情况。为了强化业务稽核，1921 年 7 月 15 日中国银行召开董事会并决定："查我行各分行业务渐形发展，各处金融情形亦愈趋复杂，分行散在各地，总处指挥监督欲求完密方法似非由本处于重要各行添设辅助稽核人员不可，兹经董事会议决，订定驻外稽核试办规则六条。除由示字十八号函布告施行外，爰将津沪汉粤东等行规定为稽核区域，每一区域设置驻外稽核，辅助总稽核办理稽核营业事务。特此通告，即希查照。"（《行史资料》第 2509 页）于是中行总处于 1921 年 7 月划分区域，每区设一驻外稽核，专管这一区内稽核事，直属总处，为总稽核的辅助机关。至 1931 年总处设立检查室，恢复赴外稽核名义，执行职务时，会同分区稽核一同办理。检查室掌管对各分支行处的稽核事项包括：检查账目；审核业务；调查商情；视察人事及设备。

根据《中国银行驻外稽核试办规则》规定，驻外稽核之职务包括（仅指稽核前置部分）：①调查区域内各行业务情形，如遇营业资金（被）认为有酌盈剂虚之必要时，得与各关系行协商妥协，陈报总处办理。②调查区域内各行存放款及发行准备情形，得陈述意见于总处。③区域内各行请定放款限度，应由稽核转陈总处并应附陈意见。④区域内调查信用事项。《中国银行驻外稽核试办规则》颁布后，由于驻外稽核制度适应了当时银行的发展，自身也得到锻炼和提高，并且发展为在决策层中有驻会稽核制，在管理层中有驻厂稽核制、驻社稽核制、驻投资公司稽核制等多种形式的派驻稽核，构成对银行业务的立体监控稽核。①

（3）稽核方式与方法

当时中行的稽核方式有书面和实地两种：定期书面稽核是根据上报的会计报表、业务报告等书面资料进行稽核，评估全行资金营运状况。赴外实地稽核，一般先对检查行处的业务状况、经理、会计主任的经历及当地经济状况作分析研究，以便心中有数。稽核对违反制度的人和事，有就地处理权力，包括对支行经理的黜免。当时谑称稽核是钦差大臣，持有尚方宝剑。

而稽核方法则采取事前事后两种。事前稽核项包括：所属行处有关金额较大或风险较大的放款、机构设置与撤销、新业务的开办、当地军政机关贷款等，必须事前向上级行请示，经审核认可后，方得办理。其目的在于事先监督，决定是否可行，或有必要进一步改善补充，制止和防止经营失误。事后稽核是根据已成事实，进行

---

① 中国银行总行营业部王新生. 中行稽核派驻制度的演进及其启示——读《中国银行行史》（1912—1949）[J]. 国际金融研究. 第 61—62 页. 1996 年第 9 期.

分析审查，借以考察所属行处对经营方针、业务政策、规章制度的执行情况，分析各类业务的增减变化趋势，以测定各该行处业务经营是否正常发展，等等。

（4）稽核内容较为广泛

①经营管理方面，如实地检查库存现金、有价证券、抵押品及寄存品是否账实相符；查点各项重要凭证、契据、密押、密码、印章、账册、传票保管状况，应急处置是否周全；书面或登门核对往来存款、同业存款、放款各户余额；查核各项开支、费用、财产管理状况。②查核会计制度执行状况，包括各科目余额核对，记载是否正确及时；证券、外汇经营状况，特别是期货买卖，抛补方法是否正确。③成本与投放款是稽核的最重要部分，着眼于放款的营利与安全性，查核各笔放款手续是否照章办理；利率的确定是否得当；抵押品的价值、抵押权是否可靠，借款人和保证人的资信状况；放款中有无中行行员投资开设的公司、商号；有无一个客户同时在透支、押款、贴现等方面多头叙做放款的，特别对于透支、呆滞、坏账及处理措施，进行切实查核。④综合资金来源与营运状况，业务总量的大小，成本损益等状况，结合当地经济金融情况，提出应兴、应革事项。

综上可见，“稽核前置，位高任重”的史实内涵，可以概括如下：

第一，“稽核前置”形式上的内涵，即指事前稽核事项包括：所属行处有关金额较大或风险较大的放款、机构设置与撤销、新业务的开办、当地军政机关贷款等，必须事前向上级行请示，经审核认可后，方得办理。

第二，“稽核前置”形式上的内涵，还指驻外稽核的“稽核前置”职责有：调查区域内各行业务情形，如遇营业资金认为有酌盈剂虚之必要时，得与各关系行协商妥协，陈报总处办理；调查区域内各行存放款及发行准备情形，得陈述意见于总处；区域内各行请定放款限度，应由稽核转陈总处并应附陈意见；区域内调查信用事项。同时，更指驻外稽核制度适应了当时银行的发展，从而发展为在决策层中有驻会稽核制，在管理层中有驻厂稽核制、驻社稽核制、驻投资公司稽核制等多种形式的派驻稽核，构成对银行业务的立体监控稽核。

第三，“稽核前置，位高任重”的实质性内涵，是指用“事前稽核”方式去施行银行一切风险管理之事实，因而使稽核工作具有位高任重的特点。

2. “稽核前置，位高任重”的价值特征

（1）稽核工作位高任重的史实表现

中行对稽核工作的高度重视，是总行内部机构设置的一大特点。在总管理处所属各部门中，总稽核是仅次于总裁、副总裁（总经理、副总经理）的重要职位，稽核部门已成为当时的业务中心、管理中心和参谋中心。与此同时，稽核对违反制度的人和事，有就地处理权力，包括对支行经理的黜免。当时谑称稽核是钦差大臣，持有尚方宝剑。到1946年6月14日，中行董事长孔祥熙于行务会议闭会训辞之中，曾有过“严行稽核，便利社会”一语，也就是说，民国时期，中行最终还将稽核工作的作用上升到银行为社会尽责的高度来对待，可见稽核之位高任重。

（2）稽核工作位高任重的“权威管理”

高度重视稽核部门“位高权重”的权威来源管理，不能不说也是中行总处管理中的又一个亮点。据《行史》可知，为了确立稽核部门的权威来源，主要抓了以下几项管理：第一，中行总处为做好全行的稽核工作，首先注重身教的示范效应，即召集各分行检查人员先行检查中行总处各部。“身教重于言教”也是总行的管理文化传统，比如：1922年1月，总行鉴于1921年11月京、津、汉三分行发生挤兑风潮，元气大伤，决定总行实行紧缩开支，人员由300人减为120人，正副总裁和董监事自动减支半薪。影响所及，凡是分支行因业务清淡而裁减的冗员，遣散时都能服从决定。第二，全行对稽核人员的遴选十分严格，不仅总处如此，各分行稽核组也是精选业务品德兼优的人员来担任这项工作，并规定严格的工作纪律，既应保密，又不得利用职权谋私。第三，总处稽核部门在派员赴外稽核时，会同分行稽核人员进行传帮带。总而言之，注重身教、精选人员、传帮带动是支撑总处稽核部门权威的三大来源，也是稽核部门“位高任重”职能作用有效发挥的保障。正因为如此，从而使稽核工作“对业务情况进行随时了解，并发挥出重要的参谋作用，使中国银行在业务方面的漏洞一般都能防患未然”。

（四）“会计责广，计算精明”的史料记述及价值特征

“会计责广，计算精明”大致相似于现代企业文化价值体系的经营与管理理念，将“会计责广”和“计算精明”并列起来表达的逻辑结构是指中行“会计责广”的直接管理效用，就是要使经营管理达成“计算精明”之结果。

1.“会计责广”的史料出处与内涵详细

“会计责广”理念，概括于中行会计制度改革史实、中行工业贷款演进史，以及张嘉璈《会计主任的责任》一文之中。据《张公权先生年谱初稿》和《中行月刊》第3期记载，1930年8月底，张嘉璈对分行会计主任所做的《会计主任的本职》的演讲中，提出了会计主任六项责任之说：

第一责任：把银行中关于会计部分，组织完善而督察之，其中包含日常营业的一切事务。

第二责任：时时留意谋会计制度的改进。在现在的银行竞争十分剧烈的时候，不特业务日有增加，而且业务的种类，也日新月异，再有种种机械的应用和机械的

进步，会计制度随之而变迁。

第三责任：时时研究及留心各种业务的数量，并将一行的营业头寸，完全明瞭。如此则全行的实际状况，及每日各种业务的增减，可以报告于经理。

第四责任：时时注意一行的各种经费支出，研究各种用费，是否经济，有无浪费。留意到各种业务及其用费，是否达到生利的目的。

第五责任：每日须对于每笔业务，研究其是否有利可获；若有某种生意，目前并不十分有利，就得研究其将来有无发展的可能。凡是有利的或有发展可能性的，就该尽量在此类业务上用功夫，告诉营业或者柜台的人，叫他们十分的注意。

第六责任：训练行员留心研究怎样可使行员可以增多智识，可以增加效能。凡有可以增进智识及效能的机会，应该尽量指导行员，叫他们不失去这个机会。凡行员有品性优美，聪明勤敏者，应当尽量奖励诱掖，俾有上进的机会。

由此可见，“会计责广”内涵是指：中行会计职责既有狭义的会计职责，更有广义的会计职责，会计工作是强化经营管理的重要参谋与助手。

第一，张嘉璈提出改革会计制度要达到三大目的：对顾客服务，不因会计手续而迟延；每日各行账目，要当日结出；总处按日得到各分行资产负债余额及累积损益数字。这是通常所指的狭义的会计职责。

第二，张嘉璈之会计主任六责，除了狭义会计职责外，更有广义会计职责。比如，留意到各种业务及其用费，是否达到生利的目的；每日须对于每笔业务，研究其是否有利可获；凡是有利的或有发展可能性的，就该尽量在此类业务上用功夫，告诉营业或者柜台的人，叫他们十分的注意；训练行员，留心研究怎样可使行员可以增多智识，可以增加效能等。还有前述的中行辅导企业建立新型会计制度与全面提升中行贷款质量的史实，这些都是广义的会计职责。

2. “计算精明”的史料出处与内涵详细

“计算精明”一语，出自商务印书馆潘光迥曾赞誉中行服务“八段锦”之中，他对中行员工“计算精明”的印象是这样描述的：

每次讨论一个问题，不免有数字上的计算。如运费、水脚、佣金、折扣、银清、行市、利息等等。贵行同事都能打此算盘，而且打得奇快。这或许是银行界服务人员应有的才具，在我不免少见多怪罢。

这就是说，“计算精明”是指中行“会计责广”理念的对外文化形象是“计算精明”，对内直接管理效用也是“计算精明”，内含“注重效率”意味。

3. “会计责广，计算精明”的价值特征

（1）“会计责广，计算精明”的价值特征首先体现在中行会计制度确立了银行会

计制度中的三权分立精神，反映着银行管理水平和科学管理方法

据《行史》记述，银行业务关系资金出入，对外由营业、出纳分别担任，而内部的联系，则由会计居中处理，业务记录由会计分析整理，出纳收付由会计审核证实，这是内部的牵制功能，是银行会计制度中三权分立的精神。与此同时，银行会计水平反映着银行的管理水平和科学的管理方法。从 1913 年起，中行结束了上收下付的旧式记账方法，采用复式借贷记账，带动全国各行业推行新式银行会计的记账方法。1930 年又进一步改革，仿照世界流行的英美式制度，推行复写、套写的记账凭证和活页账。这一新会计制度为各公私银行所广泛采用，对中国金融事业的近代化大有裨益。一直到 1946 年，全国各行局实行统一会计制度，即以中行《内规》为基础，只是细则有所不同而已。就中行本身而言，这次会计改革虽非尽善，但是提高了工作效率，便利了柜面交易收付，缩短了顾客等候时间；每日账目当天可以结出，总处可以按日得到各分行的资产负债损益数字；联行账务核对简便，并为今后机器记账打下了基础；也改善了服务，加强了管理。

（2）"会计责广"理念对内管理的延伸价值中包含着当代管理会计理念

所谓管理会计，是从传统会计中分离出来的与财务会计并列的，着重为企业改善经营管理、提高经济效益服务的一个企业会计分支。美国管理会计师协会 2008 年的定义是：管理会计是一门专门学科，在制定和执行组织战略中发挥综合作用。

简而言之，张嘉璈所指改革会计制度的目的是"求服务的效能及业务的发展。而并不是加几张报单，减几本账簿，改几个名词，就算了事"；会计工作六责的逻辑要义是：①从会计角度督察日常营业的一切事务；②时时留意谋会计制度的改进；③时时研究及留心各种业务的数量及每日各种业务的增减；④时时注意和研究各种经费支出的经济性；⑤每日研究每笔业务获利情况和将来获利趋势并随时告诉营业单位；⑥训练会计部门行员增多智识和增加效能。

不难看出，他所指的改革会计制度目的和会计六责中，不仅仅局限于财务会计的职责，也包含着当今管理会计的理念。换言之，改革会计制度"求服务的效能及业务的发展"目的和会计六责的本质是指，会计工作不仅要对会计数字的真实性和准确性负责，更要对会计数字背后的业务联系、经营状况和发展建议等负责，从而具有当代管理会计"改善经营管理和提高经济效益服务"的理念。

（3）"会计责广"理念对内管理的延伸价值中包含着会计人员培育理念

张嘉璈说，徒法不能以自行，若是会计主任不能尽责，则我们的一切改革都是枉然的，我们的目的，是永久不能达到的；即使会计主任能尽责，而他的部下人员，不能领会意思，不能打起精神，独木不成舟，亦是枉然的；会计主任应留心研究怎

样可使行员增多智识和增加效能。这就是说，会计主任尽责、会计主任培育有效下属的责任，已类似于当今人事主管的责任。

(4)“会计责广”理念对外经营延伸价值：改善企业管理与提升贷款质量

前述史实说明，“会计责广”理念还具有对外改善企业管理与提升贷款质量的延伸价值，即以贷款企业建立会计制度，设立稽核，审查账目为借款的先决条件；同时以会计辅导和代聘会计专才，帮助企业运用会计制度分析预测市场供求与销售盈余，通过与其他企业的对比分析，制定经营方针，由此提升贷款质量。

（五）“关注效率，积极节支”的史料记述及价值特征

“关注效率，积极节支”大致相似于现代企业文化价值体系的管理理念，其史料记述及价值特征如下：

1. **“关注效率，积极节支”的史料内涵**

“关注效率，积极节支”一语，作为中行管理理念，概括于张嘉璈视察全国分支行的多次讲话之中。

所谓节省开支，并不是用消极的裁人方法，是用积极的方法，要大家增进办事的效能。如果每人能增加三分之一的办事能率，则全体行员千数百人，即可分出五六百人，来办新兴事业，或添设分支行。如是开支减少，成本减低，自然可以和人家竞争……我们一方面减低成本，一方面积极招揽生意，因为有为社会服务的精神，而成本又低，即可以做到所谓“价廉物美”的四个字，则各项好的生意，当然向我们行里来做。相信这两点做到，则营业竞争无论如何剧烈，本行的主顾，必是头等主顾；本行的生意，必是头等字号生意。（天津讲话）

现在全行业务一天一天的增进，若是因为业务增加，就要增加行员，增加开支，全行的负担必有漫无止境，盈亏不能相抵之一日，所以最要紧的，就是业务增进。而行员的办事能力随之俱进，一个行员抵两个行员的用，一天的时日产生两天的工作，则业务增进的效果，自然可以表现出来。（区务会议讲话）

欲保持稳固二字，须放款精而开支省；放款精，必须全市业务情形了然于胸中，不论新旧商务，均有研究，养成选择之能力；开支省，必须人人俱有相当办事才力，人人均以经理之责自任：即全行行员，其才力，其用心，等于经理，则效率增进，业务加多，而费用不增。（宜昌讲话二）

至于本行行员，均须有良好之习惯，不能放弃各个职责，应抱有十人工作五人完成之毅力，使行务效率增加，工作范围扩大；且对于工作应抱研究态度，使一切工作皆有生气。（成都讲话）

综上可见，“关注效率，积极节支”理念的内涵大致如下：

第一，业务增进在于效率增进，效率增进在于行员办事能力随时俱进。所谓节省开支，并不是用消极的裁人方法，而是用积极的方法，要大家增进办事的效能。而行员的办事能力随之俱进，一个行员抵两个行员的用，一天的时日产生两天的工作，则业务增进的效果，自然可以表现出来。

第二，应抱有十人工作五人完成之毅力，使行务效率增加，工作范围扩大；且对于工作应抱研究态度，使一切工作皆有生气。

第三，效率增进途径还包括：放款精，必须全市业务情形了然于胸中，不论新旧商务，均有研究，养成选择之能力；开支省，必须人人俱有相当办事才力，人人均以经理之责自任。

2. **“关注效率，积极节支”的价值特征**

不难看出，从增加效率上去积极节省开支，其价值特征在于：既可以使业务增进，又可加增于行员的薪金，达到行方与行员“两有裨益”的双赢效果。

正如 1933 年 1 月，张嘉璈在宁波中行讲话中明确指出：

行员的办事能力随之俱进，一个行员抵两个行员的用，一天的时日产生两天的工作，则业务增进的效果，自然可以表现出来。到了那时，若拿预备添用人员应增未增的开支之一部分，分配在富于能力的原有同仁们，如是，在本行可望开支节减，在同仁们可望收入增加，这岂不是交受其益吗？

再如，1934 年 5 月 13 日，张嘉璈在内江办事处讲话时说：

办事效率，力求增高，开支方面，应从俭约，以省下来的金钱，加增于职员的薪金上，双方兼顾，岂不两有裨益？这算是本行新的政策。

（六）“细则要点，工作规范”的史料记述及价值特征

“细则要点，工作规范”出自《行史》第六章记述之中，即：在中行改组时期推出六项全面改革基础上，还根据自 1912 年建行以来十多年的实践经验，对存、放、汇各项业务及人事、文书、会计、出纳、仓库等工作，制定了各种统一制度，同时规定了相应的操作程序和手续，明确提出哪些该办，哪些不该办，应该怎样做；哪些先做，哪些后办；要注意哪些问题，要防范哪些事故，都写得十分具体。在这一整套的制度体系中，全行总的制度叫作“办事细则”，分部门的制度补充规范则叫作“业务要点”。而且，各分行还再根据当地习惯加以补充，由此印发给各有关行员遵照执行。这些制度体系建成后，就使得全行业务处理和办事手续等一切工作规范化。

1. **“细则要点，工作规范”的史料内涵**

（1）所谓细则，是指全行总的制度叫作“办事细则”；所谓要点，是指分部门的制度补充规范则叫作“业务要点”，且各分行还再根据当地习惯加以补充。

(2) 建立和完善细则要点的结果是使一切工作规范化，这已在前述“三者育人，四者激励”保障行员训练的川行档案史料梳理中，有过充分的展现。

2.“细则要点，工作规范”的价值特征

(1)“细则要点，工作规范”是中行实现近代化管理的首要任务

根据《行史》第一篇小结可知：中行成立之初，一些重要的章则制度尚未制订，即使已经制订公布的如《中国银行则例》也有很大缺陷。因此，中国银行要担负起中央银行责任，足以与外国银行相抗衡，首要任务在于抓紧实现近代化。而“细则要点，工作规范”就是中行实现近代化这一首要任务的重要成果之一。

(2)“办事细则”具有统筹全行经营管理大局之效用，“业务要点”具有因地制宜加以完善的管理效用

由于总的制度叫“办事细则”，分部门的制度叫“业务要点”，同时还让各分行再根据当地习惯加以补充，由此形成整体办事原则，再印发给各有关行员遵照执行，这就使中行的业务处理和办事手续等一切工作，达到规范化管理的目的。

(3) 通过“细则与要点”的约定俗成，久而久之便形成操作习惯和文化传统

据《行史》对细则要点管理效用的评述是：①使各项业务工作，不仅有章可循，而且操作有序，运作规范，有利于提高工作质量和工作效率。②使是非有标准，有利于人与人、上道工序与下道工序、部门与部门之间的配合协作。③有利于培养、教育行员，特别是新人员，可以按图索骥，循序操作。④久而久之，约定俗成，行为成习惯，习惯成传统，从而形成中国银行文明作风的一个组成部分。

二、行基理念在全行践行的史实概述

关于行基理念的文化践行情况，现以相关史实分述如下：

（一）“革新精神，创造能力”理念的践行情况

《行史》结束语对作为近代中国一个重要金融机构的中国银行，在当时中国金融业中长期处于领先地位的值得借鉴的经验，进行了总结。换言之，中行在民国期间37年中，历史地获得了四大法宝性理念，即维护银行信誉，支持经济建设，革新经营管理，确立良好风纪。由此可见，中行在创业活动中始终把革新经营管理作为发展业务的必由之路，这一史实及其结论，正是“革新精神，创造能力”理念的文化践行情况之总体写照。卜明行长在《行史》序言中，则对始终把革新经营管理作为发展业务必由之路这一法宝的实践效果进行过这样的总体评价：自中行改组为国际汇兑银行以后，全行上下，集中力量，对业务、会计、人事、调研以及机构设置等各个方面进行了全面的制度改革，大幅度提高服务质量，加强内部管理。连当时四

联总处也承认，在四行两局中，中国银行管理较好，效率较高。当时，在不少商业银行心目中，中国银行是他们学习的楷模。

（二）“进步保守，稳健主义”理念的践行情况

总的来说，中行在“进步保守，稳健主义”经营理念指引下，把支持经济建设作为办行的指导思想，取得了骄人的业绩。该理念的践行过程，可以从民国时期中国银行多年的营业报告中得以体现：

中国银行1922年营业报告称：本行有鉴于时局之一时不易底定，于是一面就完好区域加以整理，如江浙等省之添设办事处，以期扩充营业，推广发行，行之半年，颇著微效。一面于不靖地点，缩小范围，如重庆、开封、张家口等处之改支行，西安、包头、周口、许县、成都、万县等处之改办事处，以期节省开支，减少损失。夏秋之间，变故丛生，幸免重大损害，未始不由于此，此本年营业方针之应报告者一。

中国银行1923年营业报告称：以故本行营业方针，一再研求，不敢侈言发展，惟兢兢焉培植实力，节减开支，以期行信日增，行基日固。所难者，财政之压迫，市面之恐慌，常有实逼处此猝不及备之时，本行地位所关，职责所在，不容不兼筹并顾。差幸年度告终，成绩虽无可观，担负尚未加重，其间经过之荦荦大者，敢举以告。

中国银行1924年营业报告称：所幸各分支行千万分危难之时，奋力支持，冒险调拨，交通虽阻，接济未断。本行信用反因之稍有增进，业务亦因之略见起色，以故本年全体纯益较之上期尚不远逊，此固非始料所及，敢为我股东诸公告也。

中国银行1926年营业报告称：我行分支遍布各省，既苦于地方当局求取之应付，又慑于各地市面之牵累，其支拒筹应之艰，言难罄状。我行信用日坚，各分支恪守慎行，不事求功，熟谋远虑，绸缪得宜，尚未过伤元气，差堪庆幸也。

中国银行1927年营业报告称：年来时局益趋纠纷，民生历受压迫，金融市场环境日蹙，益以现金集中，劳资争执，一军兴所在，罗掘无已。交换媒介之紊淆，运输线路之梗阻，产业证券因之跌落，信用制度因之动摇。处此形势之下，即使保守观望，亦不免坐受莫大之损失。况我行分支遍于全国，各地分治，应付尤难。外来压迫，既无从消极抵抗，未雨绸缪，亦多所牵制难行。无已，只得一方力图健全，一方裁减骈枝，以期无负于社会之信赖，股东之托付而已。

中国银行1928年营业报告称：本行自革命军兴以来，尽力赞助，关于运送券现，经理库款，力谋迅捷，以应要需。至政府筹募公债，凡金融界分任募集者，本行无不参加应募，总以基金稳妥，用途指定者，量力担任，此本行对政府所尽之义

务也……本行发行兑换券，前在北平、汉口等处迭受政治影响，发生变端，益觉对社会之责任綦重，筹思至再，爰将发行准备金渐取公开检查制，以资保障。先由上海字样兑换券实行，设立检查委员会，按月检查报告，以昭券信。此本行兑换券准备金公开之改革也。

中国银行1930年营业报告称：民国十九年度值内外多事之秋，而本行营业状况，较之十八年度，仍得日见进步者，良由本行之稳健政策，已得社会之真实谅解，而是年一年间对于业务之种种革新，亦不无成绩足述，此对于股东，堪以告慰者。

中国银行1931年营业报告称：民国廿年度上半年各地营业状况，均见进步，良由时局暂时安定，市面资金活动，故业务随之增加，而本行自十九年来之种种革新，已渐见社会良好之回响。若无下半年之长江水灾，东省事变，则民国廿年度之营业，当有突飞之进步。然虽有下半年之疾风雷雨，而本行仍能屹焉自立，不受风涛之震撼，此又本行廿年来，素抱之稳健主义，所产生之信用及蓄积之实力，得以收效于盘根错节之日，堪为股东告者，兹缕述如左。

中国银行1933年营业报告称：民国二十二年度之国民经济，一言以蔽之，二十一年度病态之显著而已……所幸当地各行，谨慎将事，未遭巨大损失；同时对于市面，不惜牺牲，尽力扶持，以免局部金融基础之动摇……唯有一秉本行夙抱之稳健主义，对于本身，力求增加效能，减轻成本，以巩固已有之基础；对于社会，继续今日之方针，导金融界入于健全之正轨而已！

中国银行1934年营业报告称：故二十三年度营业之困难，为向来所未见。本行本历来固有之方针，当资金过剩，市面宽松之日，懔然于循环之必至，不敢不审慎从事，宁忍亏耗；及市面紧迫，则权衡轻重，维持常度，尽本行应尽之责。

与此同时，“进步保守，稳健主义”理念的践行结果则是：在国内连年战争，金融市场枯窘，交通运输梗阻，各业都受影响的形势下，中行仅在1927年纯损157万元，1928年又损76万元，但从1929年起扭转了亏损局面，历年都有盈余，1935年盈利达360万元。

综上史实，足以说明“进步保守，稳健主义”理念，使中行在战乱频仍、经济凋敝、社会不安宁年代，能够审慎自持，稳健发展，效果尚佳。

（三）“稽核任重，会计责广”理念的践行情况

“稽核前置，位高任重”和“会计责广，计算精明”理念的践行情况，由于它们的选择与形成过程，也包含着践行情况，加之在第四章也有所记述，为了避免文字重复，现分别简述之。

1. **“稽核前置，位高任重”理念的践行情况**

对于“稽核前置，位高任重”理念的践行情况，前述稽核组织演变过程、稽核派驻制度演进过程，既是理念的选择与形成过程，从某种意义上也就是该理念的践行情况。据《通信录》记述，早在民国三年（1914）9月16日，中行总管理处就制订了《赴外稽核规约》；同年7月16日中行就批准实行了《总管理处总稽核职掌大纲》，同时还附有总管理处总稽核所属各员职掌清单附说明。这说明，中行“稽核前置，位高任重”的管理偏好由来已久。据《行史》评述可知：中国银行把革新经营管理，作为发展业务和跻身于世界近代化大银行之列的必由之路，其中稽核制度改革也是革新经营管理的重要方面。“稽核前置，位高任重”理念的践行情况，在第四章抗战时期文化传承之农贷精神中，还有“稽核前置，细则要点，工作规范”文化理念传承的专门介绍，在此不再赘述。

2. **“会计责广，计算精明”理念的践行情况与历史启示**

据《行史》评述可知：中国银行把革新经营管理，作为发展业务和跻身于世界近代化大银行之列的必由之路。中行会计制度改革的践行情况如下：

（1）中行会计制度改革的成效显著

就外部影响而言，从1913年起，中国银行结束了上收下付的旧式记账方法，采用复式借贷记账，带动全国各行业推行新式银行会计的记账方法。1930年又进一步改革，仿照世界流行的英美式制度，推行复写、套写的记账凭证和活页账。这一新会计制度为各公私银行所广泛采用，对中国金融事业的近代化大有裨益。一直到1946年，全国各行局实行统一会计制度，即以中行《内规》为基础，只是细则有所不同而已。

就促进中行本身经营管理而言，这次会计改革虽非尽善，但是提高了工作效率，便利柜面交易收付，缩短顾客等候时间；每日账目，当天可以结出，总处可以按日得到各分行的资产负债损益数字；联行账务核对简便，并为今后机器记账打下了基础；也改善了服务，加强了管理。

（2）中行“会计责广”的史实案例

如前《本行沿革与工业贷款的演进》记述，1928年中行改组为国际汇兑银行后，因鉴于国际汇兑和国际贸易之发达必先促使国内工商各业之繁荣，因此开始办理对工厂的放款，在工业放款的演进阶段，中行辅导企业建立新型会计制度，其“会计责广”特征突出，由此达到了帮助企业改善经营管理并提升中行贷款质量的目的。也就是说，中行以“贷款企业建立会计制度为借款先决条件，帮助企业运用会计制度分析预测市场供求与销售盈余，制定经营方针”，其结果是使中行“因之业务稳固，各工厂亦乐与本行往来”；中行辅导企业会计以求发展的“结果尚能圆满”；中行“乃接收倒闭之工厂，代为经理”之后，“因之死而复苏者不少，如今之豫丰纱厂及晋南、晋中、晋华各厂皆是”。

（3）“会计责广”理念的历史性启示

纵观民国时期中行公司文化之“行基”价值理念，会计改革始终是中行业务发展与进步的竞争利器。张嘉璈指出：会计主任第二责任就是时时留意谋会计的改进，即指“往往一种会计制度改订之后，当会计主任的就认为这个制度已经满足，可以无须再事研究，并认为已毋庸再有改革。这是很大的错误。在现在的银行竞争十分剧烈的时候，不特业务日有增加，而且业务的种类，也日新月异，再有种种机械的应用和机械的进步，会计制度随之而变迁。故一种制度改订之后，决无满足，决无止境，必须随时随地用心研究。”

在中行会计改革演进史中，从1913年总行设立计算局起，就不断改革，与时俱进。而且，中行早在80多年前就曾提出，管理措施设定不能与“服务敏捷”的行业经营与竞争规律相悖。1931年的会计就已有当代管理会计的内涵，早于全球管理会计共识达30年之久。直到1946年，全国各行局实行统一会计制度，即以中行《内规》为基础，只是细则有所不同而已。

知往鉴今，当今在促进银行业务发展的多种须改革问题当中（包括财务与会计的改革），可不可以在力所能及范围内进行边际适应性改进？这的确值得思考，亦如张嘉璈所言：“时时研究此新（会计）制度的缺点及不其效用之处。一面时时与别的银行的会计人员接触，研究别的银行会计制度的优点，设法输入新思想，使本行的会计制度，刻刻不落潮流之后。同时当会计主任的应时时采访各部分（门）尤其是会计部分人员的意见，并尽量叫他们批评，这种做法，不但可使会计制度，随时有改善的机会，并且可使行员的精神，步步向上”。

（四）“关注效率，积极节支”理念的践行情况

“关注效率，积极节支”理念的践行情况，可从以下史料中窥见一斑。

据中国银行1922年营业报告称：上届股东常会，佥以开支过大，定议缩减，本年上期即遵照切实办理，首由董事会改订各项章制，继由总管理处实行裁减人员，节省开支，以为之倡，以次推之，各分支行本年全体开支较之上年，约省73.7万余元，并严饬各分支行逐渐再减，以再减50—60万元为十二年份预算标准，此本年节省开支之应报告者又一。

对此，《行史》第一篇小结指出：1922年1月，总行鉴于1921年11月京、津、汉三分行发生挤兑风潮，元气大伤，决定总行实行紧缩开支，人员由300人减为

120 人，正副总裁和董监事自动减支半薪。影响所及，凡是分支行因业务清淡而裁减的冗员，遣散时都能服从决定。由此可见，中行总管理处以严以律己的“身教”，积极推行“关注效率，积极节支”理念，从而带动全行的实施。

再据孙嗣璋《渝行掌故：周宜老缩渝行时之略述》（《渝行通讯》第十六期）记述，也可看出川行对“关注效率，积极节支”理念的践行情况。

公（周宜甫）于民十自成支行经理奉调升充渝行经理。当民十至民十八之间，川省内乱频仍，无年不战，渝行地当必争之所，往往一年之间，迭历乘除，各军饷将缺乏，派垫尤多，工商凋敝，业务亦无法推展。

……时也行务拮据，公为谋省开支，裁减职员，曾由数十人减至十五六人，营业文书两主任职均兼，昕夕劳碌，不闻怨愠。民十五年（应为民十一年，1922），又自请将渝行降为支行，以缩规模，体公忘私，有如此者。渝行当时限于环境，业务踢蹐，历年损多益少，人员考绩，久未加薪，公曾以去就争于总行，谓劳逸不应全以损益为准，渝行处境不同，仍应例进，得报允。同人以此德公，无敢逸豫。

由此可见，在川军混战时期，周宜甫于 1922 年自请将渝行降为支行，以缩规模，体公忘私的史实，说明川行也具有“关注效率，积极节支”的传统。

（五）“细则要点，工作规范”理念的践行情况

全行总的制度叫作“办事细则”，分部门的制度补充规范则叫作“业务要点”。据《通信录》记述，早在 1915—1921 年期间，全行总的制度即“办事细则”和“业务要点”就已逐步形成。

1. **中行“办事细则”和“业务要点”的史料窥视**

（1）中行总的制度（办事细则）窥视。比如：

《中国银行总管理处组织释义》民国三年（1914）订；

《中国银行分行章程》民国三年（1914）十月一日改订；

《中国银行汇兑所章程》民国三年（1914）十月一日改订；

《中国银行代理店规》民国四年（1915）十一月订；

《中国银行货币交换所分支所办事大纲》民国四年（1915）十一月十九日订；

《中国银行押汇规则》民国四年（1915）十月订；

《中国银行活支汇款规则》民国四年（1915）十月订；

《中国银行招集商股章程》民国四年订；

《中国银行货币交换所分支所办事大纲》民国四年（1915）十一月十九日附归并各所移交及办事处开幕日期；

《中国银行任用人员条例》民国四年（1915）八月十一日公布；

《中国银行总分行号练习生服务规程》民国三年（1914）十月总管理处修订；

《中国银行总分行号练习生服务规程》民国四年（1915）八月修订；

《中国银行考选练习生办法》民国三年（1914）九月总管理处订；

《中国银行监视员职权简章》民国四年（1915）订；

《总管理处总稽核职掌大纲》民国三年（1914）七月十六日批准实行；附总管理处总稽核所属各员职掌清单附说明。

（2）中行补充规范（业务要点）窥视。比如：

《中国银行总管理处调行试用人员办法》民国四年（1915）八月订；

《中国银行总管理处预备员章程》民国四年（1915）七月改订；

《预备员考试办法》民国四年（1915）七月订；

《中国银行行员俸薪章程》民国四年（1915）十二月订定附表格；

《中国银行行员请假暂行规则》民国四年（1915）六月一日修正附表格；

《中国银行行员恤养金规则》民国四年（1915）八月十六日公布；

《中国银行考试预备员练习生规则》民国四年（1915）九月订；

《中国银行考试预备员练习生监考人员须知》民国四年（1915）九月订；

《中国银行考试预备员练习生评分及算分办法》民国四年（1915）九月订；

《中国银行民国二年（1913）总分行行员暂行酬劳办法》；

《中国银行民国三年行员奖励金办法》民国三年（1915）订。

此外，据《通信录》第四十六期记述，1919年中行副总裁裁示：支行等级之规定；总管理处致各分支行函：关于行员储金事项；第五十一期记述，中行副总裁裁示：调查行员保证书办法；第五十四期记述，劳功加俸之变通办法等，这些规定大致相当于“业务要点”。

2. 分行“办事细则”和“业务要点”的史料窥视

与此同时，各分行的制度补充规范即“业务要点”，也随之形成。

据《通信录》第十一期记述：《中国银行重庆分行办事细则》共三章计104条规定，于1915年底形成。

第一章总则：包括机构内设、行员编制、营业时间、休业日期。

第二章分则：第一节文书股，第14—34条；第二节营业股，第35—51条；第三节出纳股，第52—68条；第四节会计股，第69—80条；第五节国库股，第81—102条。

第三章附则，第103—104条。

从上不难看出，相对于总行，该办法属于“业务要点”；相对于重庆分行下属机构和部门，该办法属于“办事细则”。

据《通信录》第十六期记述，《潼川分号办事细则》于1916年形成，共计三章22条款。

第一章总则，第1—15条；

第二章分则，第一节文书系，第16条；第二节营业系，第17条；第三节出纳系，第18条；第四节会计系，第19条；第五节国库系，第20条。

第三章附则，第21—22条。

据《通信录》第三十一期记述，就连中行四川射洪县洋溪镇办事处（归属中行潼川分号）也建构了《潼川中国银行洋溪镇办事处规则》，共19条。

由上不难看出，中行“细则要点，工作规范”理念的践行特点就是：事事有规章，办事有依规。如前所述，对川行档案史料梳理的结论性发现表明：中行对各级行员请假销假管理，不仅请假需请示报告，连“公毕返职”也需报告；中行对工作联系、交接、检查等管理规范；中行费用支出管理规范；中行对行员停职、辞职、奖励、惩罚等均有规范，同时也注重案防和行员道德警示教育；中行对行员薪金发放规范，具有防止资方武断和使劳方感到公平正义的制度安排；中行对行员公厨管理，既讲规范又合情理；中行对司机、杂役人员也具有人性化的管理安排等。综上所述，说明“细则要点，工作规范”，久而久之，约定俗成，行为成习惯，习惯成传统，从而形成中行文明作风的一个组成部分。

第六节　公司文化核心价值：调研理念

实现中行使命与愿景，还需要有“调研先导，科学态度；条分缕析，谙悉环境”的调研理念，作为达成使命和愿景最有力的工具价值观的支撑。

根据中行“改进民生”使命可知，“所谓改进国民生活者，在乎谋国民生产力之增加。其道固非一端，而在中国银行职务范围内，应为之事，当力谋以低利资金，扶助大小工商，借以图物价低廉，生产发达，出口增加。同时以国内外商品市场消息，供给社会为其耳目，而为经营国际商业者之正鹄”。

可见，这里“以国内外商品市场消息，供给社会为其耳目，而为经营国际商业者之止鹄”，就是调研理念对实现中行“改进民生，增强国力”使命的有力支撑。

从历史后评价讲，调研理念及其践行效果，对于中行业务发展和品牌效应形成都是功不可没的。据梳理多方史料，对民国时期中行及川中行公司文化核心价值体系之调研理念的史料内涵，可以简要概括如下：

调研理念：调研先导，科学态度；条分缕析，谙悉环境。

一、调研理念的史料出处与内涵概括

调研理念的史实概括逻辑："调研先导"是调研理念的核心概念，意指银行业务之实施要以调研为先导；"科学态度"是发挥调研先导作用的前提与规范，意指调研先导要以科学态度与方法为基础；"条分缕析"是发挥调研先导作用的路径理念和方法论，意指一条一条地分析，形容分析得细密清楚而有条理；"谙悉环境"是发挥调研先导作用的结果衡量标准，意指熟知银行业务的经营环境。

（一）"调研先导，科学态度"理念的史料记述

历史地看，"调研先导"意指银行业务之实施要以调研为先导；"科学态度"意指调研先导要以科学态度与方法为基础。

1. "调研先导"的史料详细与理念概括

"调研先导"一语，出自《行史》关于调研工作重要性的记述之中。20 世纪 30 年代的中国，调研工作重要性尚未被社会所认识，而中行孜孜于此——将调查研究作为一切工作的先导，因而成绩卓然。1931 年 1 月 1 日，张嘉璈在其所推出的六项全面改革措施中，在论及推进经济研究工作重要性时，曾经自述道："设立经济研究室为总管理处改组方案之重要项目……研究目的，着重于一事一物之详细调查，以期有裨于银行业务之实施。"这就是说，银行业务之实施，要着重于一事一物之详细调查，即指以调研为先导来实施银行业务。

"调研先导"理念的具体内涵，还可参见于张嘉璈的多次演讲之中：

欲保持（中行）稳固二字，须放款精，必须全市业务情形了然于胸中，不论新旧商务，均有研究，养成选择之能力。（宜昌讲话）

本行行员，对于工作应抱研究态度，使一切工作皆有生气。（成都讲话）

我人对于社会服务，应随时加以研究态度，如汇款、存款手续，于行章范围以内，务求顾客之便利与敏捷，放款一面打开新路，一面仍须审慎从事，力谋安全与保障，避免呆账之损失，而不论何处营业，必须年有盈余。（宜宾讲话）

现代学术，日新月异，银行已变学术化。故吾行同仁第三须抱如在大学研究院之心理，对于原理原则，亦须详加研讨。（重庆分行讲话）

从上不难看出，"调研先导"理念的内涵大致如下：第一，着重于一事一物之详细调查，以期有裨于银行业务之实施；第二，不论新旧商务，均有研究，养成选择

之能力；第三，对于工作应抱研究态度，使一切工作皆有生气；第四，对于社会服务，应随时加以研究态度；第五，现代学术，日新月异，银行已变学术化，故吾行同仁第三须抱如在大学研究院之心理，对于原理原则，亦须详加研讨。

2.“科学态度”的史料详细与理念概括

“科学态度”一语，出自潘光迥赞誉中行“八段锦”之中，“八段锦”第七条就是“有科学态度”，中行员工具有科学态度的特点给潘的印象是：

中国银行诸友在参观时发问的周到与中肯，及参观后讨论的深切与细密，都具备一种科学的态度，可以为银行事业前途庆幸。而谚云：“问题问得好，答案已半晓。”中国银行的同事诸君既好问，又善问，真是难得。

借用潘光迥“科学态度”之赞誉，来表达中行调研理念之特征，其史料内涵主要体现于中行“百年调研，百年办刊”的文化传统之中，主要有二：

（1）中行调研的科学态度之体现：本着“先人后事”原则，选用调研人才，培育调研人才，使中行调研团队具有藏龙卧虎、精英荟萃的特点

据《姚崧龄论述张嘉璈的改革办法》记述，过去中国银行总管理处亦尝成立图书室，并曾延揽留日留美之经济学者如马寅初、王澂（文伯）、卫挺生（申甫）、唐林（有壬），从事调查与研究工作。只以当时政府及大学需用专家，各人一经发表著述，即被延揽，咸未能久于其任，难言有何成绩。张嘉璈推出六项全面改革后，为推进经济研究工作，确保达成“着重于一事一物之详细调查，以期有裨于银行业务之实施”的目的，其整体部署为：一是1930年，以设立经济研究室为总管理处改组方案之重要项目；二是为免蹈负责者不能久于其任之复辙，张氏在伦敦时特聘英国银行协会副秘书长格雷（F. W. Gray）来华主持研究室工作，并延瑞士白恩大学毕业之张肖梅女士及美国克拉克大学毕业之张嘉铸（禹九）协助；三是录用助理人员，加以训练。总之，“量才登进，遴选极为严格”，“全室虽仅10人左右，但都属有真才实学之人，工作效率极高，成绩卓著”①。

（2）中行调研的科学态度之体现：调查规范，研究深入；搜购必要图书杂志以助研究；发行定期刊物《中行月刊》公布研究所得

据马学斌研究认为，中行经济研究室调查的方法有二：一是间接调查，即在调查室时期建立的图书馆，一直延续由调查研究部门使用和管理。从经济研究室编辑出版的《每周重要书报目录索引》可以看出，它的内容出自国内四五十种报纸、一百多种杂志，据载，“举凡国内重要都市之重要报纸与定期刊物，征集殆尽”。这些

① 转引自马学斌．百年智库溯源——中国银行早期的经济研究工作［J］．国际金融．2016年第2期．

书报刊物，是他们及时调查、了解政治、经济、社会、文化等各方面信息的源泉。二是直接调查。根据需要，随时赴各地，深入各分支机构、所在地军政机关和工厂、矿山、农村考察，掌握第一手资料，形成有事实、有分析、有建议的调研报告。张嘉璈等银行高管，经常亲自率队出行。正如《行史》所记述，1933 年 10 月，张嘉璈到华北各地去考察。1934 年 4 月，张嘉璈率领多人乘轮船赴四川各地考察，历时一个半月，与分支行交换意见，研究上海资金入川从事开发的业务方针。

由此可见，中行调研工作是以聘请一流经济学家担任研究工作为前提，以调查规范，深入研究为手段，以发行定期刊物公布研究所得为传播途径，以着重于一事一物之详细调查为目的，从而使调研工作具有科学的研究态度。

（二）“条分缕析，谙悉环境”理念的史料记述

在中行调研理念的史实概括逻辑中，“条分缕析”是发挥调研先导作用的路径；“谙悉环境”是发挥调研先导作用的结果衡量标准。

1. “条分缕析，谙悉环境”理念的史料出处

（1）“条分缕析”一语，出自 1934 年 10 月 19 日，四川省事业之实行家、社会之先导者何北衡，在中行别业新建宿舍大礼堂所作的《四川人心目中所希望的中国银行》演讲之中（见《中行生活》第三十二期）。他赞赏中行调研效果时说：

欲晓得川中的详情，一问中国银行便得，因为前次张总经理诸位入川，把四川解剖得很精密，研究得很清楚，所以中国银行的（人）知道四川，可说比四川人更为亲切，更为详细。

关于四川很简单的情况，中国银行对于四川早已在那里条分缕析的研究了，所以再也用不到我来费词（多说）。现在我想说的，就是对于中国银行的希望……

由此可见，用社会名流对中行调研效果的赞誉——“条分缕析”，来概括中行调研的必经路径和所达效果（案例见后）是恰如其分的。

（2）“谙悉环境”一语，出自潘光迥赞誉中行“八段锦”之中，“八段锦”第三条就是中行具有“谙悉环境”的服务特点，如潘所言：

行旅人总喜欢沿路问讯。有一次在步行的时候，我向贵行某同事发问：“那边一个工厂似的建筑是谁家的？”他便把这工厂的名称、出品、人员、资本、开办以来的历史，滔滔不绝地讲给我听。我又问：“那边一家是谁家的？”他很诧异地回答说：“这是本地有名的某某学校。”似乎要提醒我，这是与我们办文化事业的商务印书馆极有关系的。

再问到当地的衣食住等问题，贵行同事回答得尤其详尽，连各项东西的日常价格，都说得明明白白。还记得有一次谈起银行事业推广问题，贵行同事某君对于水陆交通、当地风土，及绅商官厅关系等等，都说得头头是道。

由此可见，用社会名流对中行调研效果的赞誉——“谙悉环境”，来概括中行调研的所达效果（案例见后）也是名副其实的。

2. **“条分缕析，谙悉环境”理念的史料内涵**

对于“条分缕析，谙悉环境”理念内涵，我们可以从《中行生活》第十三期刊载的《吾人应注意之调查工作》一文中窥见一斑。该文出自1933年，属于张嘉璈主持行务时期，作者宋嘉贤是以总行口吻撰文发稿的，内含“条分缕析，谙悉环境”的内涵解释。

第一、欲求中国银行界之充分发展，须向各种事业调查入手做去。凡集一事，必先有统计，然后方针乃可确立。吾国各种事业，向无专门调查，以致进行遂无把握，何异船行大海，失去指南，不辨方面，故进行迟缓，且不得目的之所在，达登彼岸，戛乎其难。

银行为自己业务前途计，欲求进展，非调查明确，何所适从，故调查责任，非常重要。我行总处专设调查课，总经理早见及此，深知调查之重要。

第二、惟各项调查当事人，甚难其选，非其人品学识，熟悉本地情形，眼光见到，恐不易搜集事实，供献实用。

兹将所应调查者，宜分类编列，务必表里详明：

1. 山川形势；2. 交通途径经过之地点与始终；3. 水陆运输及运费；4. 生产种类及实数与时期；5. 工业数类；6. 倾销方向各个地点与种类数目；7. 贩运状况；8. 出入口商业经营；9. 社会好恶；10. 地方治乱兴衰；11. 关税费用；12. 汇兑沟通；13. 金融状况；14. 其他一切。①

由上文信息，可以推断出以下的史实判断和大致结论：

第一，从该文的言辞表达方式中，如“吾国各种事业，向无专门调查”，“我行总处专设调查课，总经理早见及此，深知调查之重要”等语，以及该文还提及“总处将各处调查所得，著为专书”的话语（见下），可以看出作者宋嘉贤好似站在总行角度，对全行布置调研工作任务一样。由此可以断定：宋是代表总行经济研究室，为规范全行调研“条分缕析”的路径和“谙悉环境”的标准而撰文刊出的。

第二，该文明确了中行调研理念对于促进全行业务发展的战略意义。即“欲求中国银行界之充分发展，须向各种事业调查入手做去。”而“凡集一事，必先有统计，然后方针乃可确立”，其逻辑含义就是确定经营方针要以调研为先导，这里“统

① 宋嘉贤. 吾人应注意之调查工作.《中行生活》第十三期. 1933年5月15日.

计”应该意指对调查研究的数据整理。

第三，该文提出了中行调研先导的“条分缕析，谙悉环境”之衡量标准，亦即“兹将所应调查者，宜分类编列，务必表里详明”的14个方面。对此，我们按照现代企业战略管理理论去衡量，这14个方面的调研内容，基本包含了当今宏观战略PEST分析的全部内容。所谓PEST分析，是指影响一切行业和企业的各种宏观力量，即从P—政治、E—经济、S—社会、T—技术等四大类影响企业的主要外部环境因素进行全面分析。比如：政治环境因素分析就是：“10.地方治乱兴衰”；经济环境因素分析就是：“4.生产种类及实数与时期；5.工业数类；6.倾销方向各个地点与种类数目；7.贩运状况；8.出入口商业经营；11.关税费用；13.金融状况”；社会环境因素分析就是：“9.社会好恶；14.其他一切”；技术环境因素分析就是：“1.山川形势；2.交通途径经过之地点与始终；3.水陆运输及运费；12.汇兑沟通”等。

第四，该文还指出完成熟悉本地情形的14种调研途径与方法。亦如文说：

按调查进行，宜将上项各节，著为科目，选择熟悉该地专员，优给津贴，专司其事，假以一二年长期时间，务须搜罗详尽。

设有管辖邻近地方，视有可为者，亦宜遴选此项人员前往调查，俟各处调查报告，汇集总处，择紧要地域，再派员复查，以免不实不尽之误。

第五，该文提出了如何利用调研成果促进全行业务的要求。亦如文说：

总处将各处调查所得，著为专书。此项调查书成后，应视作秘藏，颁给分支各行，务令各行当事员熟读是书，并用以训练下级行员，则各处情形可以贯通，俾业务进行，可以秉此方针，有所遵循，必可事半功倍矣。

此外，从重庆市档案馆“02870002000340000001000”档案——中国银行总管理处编印《商业、工矿调查表填注须知》中，也可看出中行调研工作对“条分缕析，谙悉环境”的具体操作要求。

二、百年调研和百年办刊的文化传统

历史地看，中行具有“百年调研，百年办刊”的传统；逻辑地看，“条分缕析”作为发挥调研先导作用的路径理念和方法论，包括调研和办刊是一种联动行为，调研目的是“着重于一事一物之详细调查，以期有裨于银行业务之实施”，而办刊的重要目的之一则是为了定期公布研究所得，由此为业务发展和经济研究提供有价值的参考与借鉴。

1932年，总行经济研究室研究人员张嘉铸赴渝行任襄理后，面对“随时随地可以发生问题，而又须随时随地即谋解决之方”的环境，一面从事调查之设计，一面编辑出版《四川月报》，并向总行经济研究室副主任张肖梅建议道："弟之管见，以为各省份均应刊印类如《四川月报》之刊物，同时皆有调查研究之工作。"① 这也说明，调研和办刊其实是一种必要的联动行为。

（一）百年调研的由来始末之史实记述

据《行史》相关记述和马学斌对中行调研历史的研究，中行对经济研究工作一向比较重视，其百年调研文化传统的形成脉络，大体经历了四个阶段②：

1. **萌芽阶段**（1915 **至** 1920）：**设置专职调查员**

1912 年，中行成立以后，内部还没有专门的经济研究机构，其大政方针则是由股东会和董、监事会决定；对宏观经济、微观市场的把握，以及日常经营政策的拟订，基本处于依靠首脑和高管个人决策的自然状态。

1914 年 9 月，中行参照英国银行体制设立了总管理处，置总稽核职位并设赴外稽核室。该室随时调查了解各地分支机构的情形。自此，中行有了对经营决策者起"重要的参谋作用"的助手。③

1915 年 1 月，中行为"使各分行号洞悉全体业务及会计情形"，遂创办《中国银行业务会计通信录》（后改为《中国银行通信录》）。其内容主要是上下之间"商榷"经营业务问题，这可被视为中行有了进行经济研究的一种初级载体。

自 1915 年第 2 期始，该刊在《业务类》设《各地市面状况专栏》，由各分支机构发布当地市面报告，后发展为调查报告，首次明确提出了"调查"的概念。

自第 9 期起，该刊开始出现以"调查员"名义撰写的调查报告。纵观全刊，署名的调查员只有蔡汇东、武骥、陆世葵三人，没有再出现其他名字，经查这些调查员就是《通信录》的编辑人员。这说明其时总行已开始设有专职调查员。

从第 12 期即 1915 年 12 月开始，《报告书》在原来仅限于报告调查情形的基础上，还提出关于"营业方针"的建议。进一步表明，《报告书》正在由单纯调查向研究、解决问题过渡。

1918 年的第 34 期，增辟"译著"栏，首文为《巴黎クレデイリオネ——银行之经济调查局》，详述了该行内部机构、职能、经费使用等情况。刊载该文说明，中行对发达国家银行开展调查研究的关注。

总之，中行经济研究工作起步阶段的特点是：在五年左右的时间里，不断摸索前行；先以各分行/号依靠自我力量的调查为主，总行专职调查员为辅；次以调查为

① 张嘉璈. 国人欲图自爱自救须对己先有相当认识与研究.《中行生活》第八期. 1932 年 12 月 15 日

② 马学斌. 百年智库溯源——中国银行早期的经济研究工作 [J]. 国际金融. 2016 年第 2 期.

③ 毛知砺. 张嘉璈与中国银行的经营与发展. 台北：国史馆. 1996.

主，研究次之；再以反映内部分/支行所在地情况，直接为微观业务服务。

2. **起步阶段**（1921 **至** 1928）：**成立调查室并创办星期报告**

1920 年 12 月 31 日，《中国银行通信录》第 65 期刊载了“本行调查室之设立”的消息，详细说明了调查室成立的背景、时间和职能：

银行内之组织不可无调查部分，泰东西各国先例具在，且尤为近今银行家所最注意者也。本年十二月十一日奉副总经理裁示：本行应设调查室，办理下列事项等，因其调查室之事项计：一、业务上必要之经济调查事项；二、图书及关于经济资料之搜集保管事项；三、总裁副总裁及其他各部分委托调查事项；四、经济资料及通信录之编纂及出版事项；五、研究外国汇兑事项。

由此可见，调查室职能与调查员时期相比，有了以下变化：一是开始注意从经济资料搜集到成果编纂出版的工作；二是视野放宽，研究外国汇兑问题正式起步。研究的前提是调查，必须拥有大量的资讯；研究的成果，也需要用一定的形式记载和传播出去，以接受检验和应用于实践。调查室的成立，反映出中行已经开始进入一个比较完整的“经济研究”过程循环的新阶段。

调查室成立后，在办《中国银行通信录》的同时，又创办了《中国银行星期报告》。该刊内容分为“金融情形”“各地财政要闻”“各地商情星期报告”三部分。这说明中行的经济研究工作已突破了本行业务的局限，开始放眼于宏观的经济问题，经济研究工作逐渐步入正轨。

3. **过渡阶段**（1928—1929）：**更名调查部**

1928 年 10 月，中行改组为国际汇兑银行。11 月张嘉璈就任总经理后，认为中行内部的组织，“必须参考各国银行之最新组织”，由此决定到欧美、日本等国考察金融制度和银行管理。在出国之前，作为过渡措施，中行于 1929 年 4 月出台了《中国银行组织大纲》（下称“《大纲》”）。《大纲》第五条规定：“总管理处置业务、会计、总务、调查四部”，原调查室更名为调查部。《大纲》第九条为调查部确定的职能是“掌管调查国内外各地财政、金融、贸易状况及实业界信用，并编制统计等类事宜”。因属过渡措施，《大纲》对调查部职能的描述比较笼统，但可明显看出新增了调查“实业界信用”职能。这期间，时常出现“调查室”“调查部”混用的情况。

4. **革命性重组阶段**（1930 **年起**）：**组建经济研究室**

1930 年调查部又改为经济研究室，为总处二总四室之一。1931 年 1 月 1 日，张嘉璈参照发达国家银行的组织管理和中国银行的发展目标，对中行实施了六项全面改革措施，其中之一就是加强经济研究工作。

1931 年 12 月，中行制定的《修正中国银行组织大纲草案》（下称“《大纲草案》”）出台。其中，将调查部正式更名为经济研究室，并明确直接隶属总经理。《大纲草案》第十五条规定，“经济研究室掌管国内外经济调查事项如下：一、办理一般经济调查；二、编纂经济刊物及统计；三、图书管理”。同前期相比，经济研究室的职能增加了对国外的经济研究。既说明中行此举是为适应开展国际汇兑业务的需要，也反映出与上海滩英美等外资银行抗衡的决心。

姚崧龄在《中国银行二十四年发展史（民国元年至民国二十四年）——张公权先生建立近代金融组织基础之成就》中，对经济研究室具体职能的论述，除上述三项（办理一般经济调查；编纂经济刊物及统计；图书管理）外，还提到“嗣后更进而着手于信用调查，对于团体及个人之信用与资负状况，作超然的机密调查研究”。马学斌认为，根据《大纲草案》规定，总管理处设业务管理室，下辖有业务调查课，专门“掌管信用调查及研究推广业务等事项”；因而信用调查职能已不属于经济研究室。亦即经济研究室已摆脱这类“微观”的业务，工作重心在“宏观”的调查研究。

经济研究室成立的“革命性重组”现实意义在于：一是已将“调查”仅作为必需的手段和过程，并在机构名称中隐去，而突出其“研究”的职能；二是首次明确该室直接隶属总经理，强调其重要性；三是将研究范围由“业务”扩展为宏观“经济”，由国内扩展为“国内外”；四是主要研究人员全部更新。经济研究室的基本体制，一直延续至 1949 年，成为中国各大银行效仿的模式。

（二）百年办刊的由来始末之史实记述

由于调研和办刊是一种联动行为，因而在民国时期，中行总行和许多分行都呈现出调研与办刊的普遍现象。根据马学斌关于中行民国时期系列刊物研究的结果，以及《行史》之相关记述，现将中行百年办刊的由来始末综述如下。

纵观中行报刊史，从 1915 年首创《中国银行业务会计通信录》到 1949 年办《中国银行通讯》，中行在民国期间曾办有大量报刊，在其系统内经办的连续出版物，有据可查的就有近 30 种（见表 2－1）。

表 2－1　民国时期中国银行创办报刊一览（不完全统计）①

报刊名称	刊期	版幅	发行	创办单位	创刊时间	停刊时间
1. 中国银行业务会计通信录	月	16 开	内部	北京总管理处	1915.1.15.	1917.9.15
2. 中国银行通信录	月	16 开	内部	北京总管理处	1918.5.31	1921.12.31

① 马学斌．中国银行历史上创办报刊一瞥——农贷业务报刊和分支机构报刊［J］．国际金融．2016 年第 9 期．

续表

报刊名称	刊期	版幅	发行	创办单位	创刊时间	停刊时间
3. 中国银行星期报告	周	32开	内部	北京总管理处	1921.3.23	1921.12.21
4. 中国银行营业报告	年	16开	发售	上海总管理处	1929	1935
5. 金融统计月报	月	16开	内部	上海总管理处	1930.1	
6. 中行月刊	月	16开	发售	上海总管理处	1930.7	1938.12
7. 每周重要书报目录索引	周	16开	发售	上海总管理处	1931.7.1	1936.12.31
8. 中行生活	月	16开	内部	上海总管理处	1932.5.15	1935.3.1
9. 中外商业金融汇报	月	16开	发售	上海总管理处	1934.2	1939.1
10. 全国银行年鉴	年	16开	发售	上海总管理处	1934	1937
11. 农村通讯	月	16开	内部	上海总管理处	1937.4	
12. 金融周刊	周	16开	内部	重庆四行联办	1940.5.20	1948.1
13. 中行农讯	月	16开	内部	上海总管理处	1941.7.25	1942.8.31
14. 每周经济要闻索引	周	32开	内部	上海总管理处	1948.4.25	1948.8
15. 四川月报	月	32开	发售	重庆分行	1932.7	
16. 川边季刊	季	32开	发售	重庆分行	1935.3	1936.6
17. 河北合作通讯	月	16开	内部	天津分行	1937	1942
18. 农讯	月	16开	内部	桂林分行	1938.10	1942.7
19. 农放月报	月	16开	内部	重庆分行	1939.1.	1942.8
20. 经济商业调查月刊	月	16开	发售	内江分行	1940.5	1944
21. 雍言	月	32开	内部	西安分行	1941.1	
22. 湘农通讯	月	16开	内部	长沙分行	1941.2	1942.2
23. 西北老乡	月	16开	发售	西安分行	1942.7.4	1942.8
24. 正报	日	对开	发售	西安分行 雍兴公司	1943.12.30	1949.1
25. 经济资料汇编	月	16开	内部	天津四联分处	1946	
26. 渝行通讯	月	16开	内部	重庆分行	1948.1	1949.7
27. 外汇工作汇报	月	16开	内部	天津分行	1949.3	

说明：《中行生活》停刊时间是根据史实新加入的，《农放月报》的创刊与停刊时间是根据史实更正后加入的。

由此可见，一家银行竟办如此多的报刊，这在中国金融史和企业报刊史上是一个特例。这说明，办报办刊活动已成为中行历史的重要组成部分。现将民国时期中行创办的主要刊物之间的历史承接脉络，分述如下：

1. 创办中国第一份银行企业刊物之史实窥视

据马学斌对相关文献的梳理：（1）在1915年1月15日中行创办刊物之前，英资的上海永年人寿保卫金有限公司曾于1910年主办过《获卫报》；（2）有文献载：“杂志之以银行冠其名称者，我国首推上海之银行周报，创始于民国六年（1917）。”但该结论不准确。即便是《银行周报》，也诞生于中行的襁褓中。据姚崧龄《张公权先生年谱初稿》记述，张嘉璈为灌输金融知识于各业领袖及银行从业人员，并为发表金融主张起见，早在1915年12月，就开始筹备发行《银行周报》。嗣以次年发生停兑风潮，行务纷繁，无暇于此。后于1917年5月30日，创刊《银行周报》于上海。张先在上海中国银行内，辟一室为编辑部，本人独任编辑。内容分为：上海金融专论、各地金融专论、上海商情与金融统计、各地商情与金融统计。其经费则全赖浙江兴业、浙江实业、上海商业储蓄、中孚、盐业等银行之广告费收入。直至民国七年八月，上海银行公会成立，此一刊物遂成公会之喉舌。该刊继续发行历32年，直至1950年，始告停刊。正如马学斌所言，《银行周报》作为近代中国最早由国人创办的公开发行的金融类期刊，诞生于中行的襁褓中，也应属中行的一份荣耀。（3）根据现有文献看，还在中国近代报刊业尚处发展初期之时，“以银行冠其名称者”，应首推在《银行周报》之前（1915）创刊的《中国银行业务会计通信录》。中行总管理处“仿各国银行通信录之例”，率先于1915年1月15日在北京创办了中国银行业最早的连续出版物，即中国第一份银行企业报。

在创刊号的《中国银行业务会计通信录章程》中，明确指出：“本通信录之宗旨在使各分行、号洞悉全体业务及会计之情形。”所刊载的内容，均根据银行日常管理和经营业务的需要展开。1916年5月12日，袁世凯发布了中、交两行兑换券停止兑换和存款停止付现的命令，导致挤兑风潮。尽管中行抗拒“停兑令”，但中行全系统的营业还是受到巨大冲击。《中国银行业务会计通信录章程》也因此无法正常刊行，停兑风波后，办刊每况愈下，办到第33期（1917年9月15日出版）后休刊。1917年8月，张嘉璈北上履新，任中行副总裁后，为更好地发挥该刊在经营管理中的作用，在他的主持下，反思两年多的办刊实践，对该刊物进行了改革，并从第34期开始复刊，更名为《中国银行通信录》。改版后编辑方针发生了较大转变，跳出了囿于业务说业务的框框，新增加了国内市场、宏观经济和国外同行业的资讯；同时，连续刊载金融理论译著，有了研究问题的学术气氛，从而改变了只是记载业务流水账的局面，更好地适应了银行经营发展的需要。更名后的《中国银行通信录》，一直延续到1921年12月。该刊的历史作用和停刊原因，正如张嘉璈1930年7月1日回顾时所说：

本行有通信录，自民国四年一月始，名曰业务会计通信录。以本行业务上会计上，同人应知之事实，应具之智识，灌输于同人。其后改为中国银行通信录，无业务会计之分，而加入译著一门，以外国杂志中足供参考之著述，摘译登载。意将以世界进步之学说，发达之事实，为同人研究改善之参考。二者各有特长。惜以时局纷扰，上下同人忙于应付环境，不暇从事研究，以致通信录之资料日见缺乏，读者兴趣日见减少，遂于民国十年十二月停刊。

马学斌对中行这7年的刊行历史评价说：该刊物伴随中行度过从破土萌芽到快速成长的重要历史时期，在通讯、交通落后和科学管理手段匮乏的年代，它成为银行家驾驭企业的重要工具，由此使中行成为中国银行业办报刊的“第一个吃螃蟹的人”、银行企业文化建设的拓荒者。难脱早期“幼稚”的该刊物，为中行履行国家银行之责并不断提高管理水平、图谋自身发展，发挥了其他管理手段不可替代的独特作用：总行的经营方针、计划和规章制度，能够较快速地部署，并成为全员共同的行动。此外，该刊洋洋洒洒的77期，留下许多从业者和他们活动的真实印迹，为百年后的人们了解民初的银行营业提供了鲜活的影像，成为研究早期银行经营和体制演进、沿革的珍贵历史文献。它也是近代中国金融发展史的见证者，中国银行业报刊发展史的奠基者。

2.**《中行月刊》与《中行生活》之办刊关系**

纵观中行报刊史，《中行月刊》与《中行生活》作为最重要的两种刊物，其办刊经过和相互关系情况大致如下：

《中行月刊》于1930年7月创刊，1938年10月停刊，总共98期，每期100—150页。其定位是：公布经济研究成果，有撰述、专著、调查、报告、资料等，内容丰富精要，以增进行员的银行、经济知识，被认为是中行精神的表现物。议论时事鞭辟入里，切中时弊，发挥着银行界代言人的重要作用。

张嘉璈主张《中行月刊》的办刊目的是“表现自身固有之精神”。然而，到《中行月刊》出刊至第四卷时，中行经济研究室的精英们，逐渐将《中行月刊》办成了一份经济调查和学术研究特色的经济刊物。为解决《中行月刊》的办刊窘境，中行在办刊实践中，逐渐产生出《中行月刊》主外，打造中行的经济研究学术品牌；《中行生活》主内，促进“理情力”的精神训练的分工格局。

《中行生活》于1932年5月15日创刊，1935年3月1日刊行最后一期后停刊。其定位是：专载行内主管人员与来宾有价值的演讲或谈话，行员生活动态，行员对于行务的建议及建设性的批评，是全行知识交流的总汇，情愫沟通的枢纽，也是对行员进行精神训练的刊教平台与窗口（详见后述）。

3. **定期公布研究所得的系列调研刊物之窥视**

发行定期刊物公布研究所得作为中行调研工作传统，其目的在于“公布研究所得，供本行及各银行参考和保存统计数字，增进行员经济业务知识”①。《行史》相关记述和马学斌的研究结果表明，中行用于定期公布研究所得的系列调研刊物，除《中行月刊》外，还发行过以下刊物：

《中国银行星期报告》，由中行调查室于1921年3月23日在北京创办，为非卖品。其功能是介绍一周之内财政动态、商市行情。其内容丰富且具有很强的时效性，对银行开展经营有重要的参考作用。该刊应该是对同时刊行的《中国银行通信录》内容的补充，因此亦可视其为《中国银行通信录》之附刊。

《中国银行报告》，是总行为使中行取得社会信用，于1929年起，以总经理名义对外发表的年度报告书，内容除中国银行一年的经营状况外，对于国际贸易、国内外财政金融动态与国民经济的消长，都有扼要确实的报道和分析。所列统计数字与事实，如农工业生产、白银输出输入、华侨汇款，具有权威性。其定位是：不仅为当时企业界的决策做参考，至今仍是中外学者研究中国经济发展史的重要资料。报告书常以中、英文字分别编制。

《金融统计月报》，由中行调查部于1930年1月在上海创刊。初期刊名为《金融统计》（月刊），非卖品；1931年7月第19号改为《金融统计月报》，公开发售。其内容是当期一个月的金融行情统计表，无任何文字论述，中英文对照。该刊定位是：提供和保存权威性的统计数字，以供比较、研究用。该刊补充了《中行月刊》的内容，纯为经济技术指标，专供专业人士参考，因此可以看作是《中行月刊》的辅刊。直至1934年12月，第60号仍在刊行，准确停刊时间不详。

《每周重要书报目录索引》，由中行调查部于1931年7月1日在上海创刊，公开发售。该刊创办目的，是因“本室鉴于海上报章杂志之浩繁，而吾人精神有限，不克一一卒读”，故“为节省精力起见，特将国内重要杂志报章目录，编为分类索引，每周刊布一次”。中行调查部“顺势而为”，将平时为研究问题而搜罗的报章杂志，筛选加工，推向社会，取一举两得之效果。因其定位准确，内容广泛，信息及时，读一册可尽览天下大事，故在上海各界有一定影响。

《中外商业金融汇报》（月刊），由中行经济研究室于1934年2月在上海创办，每月25日出版，公开发售；16开本，每期百页上下。该刊定位是提供和保存权威性的

① 毛知砺. 张嘉璈与中国银行的经营与发展. 台北：国史馆，1996. ——转引自马永斌《百年智库溯源》.

统计数字，以供比较、研究用，也是在《金融统计月报》之后，为补专业基础资料不足又再创办的专业刊物，它也是《中行月刊》在经营业务内容方面的重要辅刊。

《全国银行年鉴》，1934 年起连续 4 年每年一巨册，近 2000 页，具有权威性。其定位是：不仅为当时企业界的决策做参考，至今仍是中外学者研究中国经济发展史所必需的重要资料。年鉴常以中、英文字分别编制。抗战开始后，为保密计，即停止对外公布。

4. 农村贷款业务报刊《中行农讯》办刊历史

马学斌的研究表明：1932 年至 1933 年间，由于受战争和自然灾害影响，中国农村经济发生严重危机。由于农民负债累累，农村金融组织衰落，大量资金又流入城市，导致农村金融枯竭、农村经济恢复乏力。中行作为国际汇兑银行，以其“立场言，农村金融不在其营业范围之内”，但由于“农业衰败，影响工商业，与进出口贸易，不得不分其一部分资力，以资提倡，而作示范。因于二十一年（1932）开始农产品押款；二十二年，推广于合作社放款”。由此，中行从 1932 年起至 1942 年止，从事了历时 10 年的农贷业务。其时间之长、规模之大，位居同行业之首。其间，中行总管理处和所属分行，曾创办了一批专为开展农贷业务、推进农村合作运动进行宣传的报刊，对恢复和发展农业生产乃至支援抗战，都起到一定作用。但后来随着南京政府明确农贷业务划归中国农业银行办理，这些报刊也都停刊。

在此背景下，《中行农讯》月刊，由中行总管理处于 1941 年 7 月 25 日在重庆创办。其前身为 1937 年 4 月以中行农村放款委员会名义在上海办的《农村通讯》（月刊），“《中行农讯》继承《农村通讯》的使命而出版”。该刊定位为“同仁刊物”。时任中行副总稽核的霍宝树在创刊号撰文说，“与研究学术的专门杂志不同，它的目标在于（一）沟通消息，集中意志，（二）交换经验，研讨实务。广泛言之，在不妨碍本行整个政策的原则下，它是本行农工贷同人随便谈话的园地”。其主要栏目内容是“有关农贷之论著、生产调查、特种农贷办理方法、农村社会风尚、农贷实务讨论、业务消息、同仁业余生活等”。

1942 年，政府要求中行将农贷业务移交中国农业银行。该刊办至当年 8 月 31 日出版的第 13、14 期（合刊），遂宣布停刊。在最后一期上，宋汉章以“依依惜别”为题，发表《告本行农贷同仁书》，对中行自 1933 年起就主动发起的农贷业务进行了总结：“一方面为国家树立农村金融之基础，增加生产实力；一方面使农民免除向来高利贷之压迫，直接蒙受其益。”（详见后述）

5. 新中国成立前后《中国银行通讯》办刊历史之一斑

1949 年 8 月 1 日，新中国成立前夕，中国银行总管理处经济研究室编印的《中国银行通讯》创刊，从其“卷头语”中，可以窥见该刊办刊历史之一斑：

自从（1949 年）五月二十八日接管中国银行，六月六日中国银行复业以来，我们一直想把那千头万绪的工作向各有关方面，作一个系统的报告。这一小册子便是我们愿望的实现。我们把这个临时刊物取名为《中国银行通信》。内容包括上级工作指示，工作总结及计划，各重要部门工作报告，专题研究，市场动态，参考资料同生活报道等。

这是一个小小的开始，但我们希望还不止此。在将来，我们要随时发行这个刊物。使《中国银行通信》不仅是临时的，而且成为经常的出版品。使它的内容一天天的充实起来，成为研究中国金融经济的重要刊物。这个期望，我们相信不是幻想，而是实在的……

经常出版的《中国银行通信》无疑地可以帮助行员及干部的学习同加强总处对各分支行的领导及联系……

经常出版的《中国银行通信》的内容都是切实的、技术性的资料，可以成为学习经济技术的良好工具……

这个不定期出版的《中国银行通信》一方面反映着行员的集体生活，同时也希望能够为大家交换意见，研讨问题的园地。

由此可见，《中国银行通讯》是新中国成立前夕，人民政府于 1949 年 5 月 28 日接管中国银行，6 月 6 日中国银行复业以后，由中国银行总管理处经济研究室所主办的临时的、过渡性的和不定期的刊物。据对全国报刊索引网搜索，现在存世的《中国银行通信》只有第一期，未见续刊。

根据《中行职工》报于 1950 年初创刊的时间可以推知：新中国成立后中国银行在全国银行业中率先接受党的领导并将总管理处由上海迁至北京，经过几个月过渡，《中国银行通信》的使命应当是由《中行职工》报继承与承接。

据“中行故事：毛主席与《中行职工》”记述：1949 年 10 月 1 日，中华人民共和国成立后，中国银行在全国银行业中率先接受党的领导并将总管理处由上海迁至北京。由于中国银行海内外机构分布广，员工人数众多，当时的很多员工还不了解党的政策，尤其是海外分行。为了及时沟通信息，宣传党和国家的方针政策，让国内外的中行员工了解新生的人民政权，了解国内的形势和动态，1950 年，当时的中国银行总管理处决定创办一份内部刊物，定名《中行职工》，但刊名采取什么书体，由谁题写，迟迟难以决定。

1950 年初，时任中国银行总管理处教育科人事室副主任的张文秋了解到了总管理处有关创办《中行职工》内刊的工作安排以及题写刊名的难题。作为当时主席的亲家，她仔细思索，如果请毛主席来题写刊名，《中行职工》将成为全国银行业中首家由主席题写刊名的内刊。为此她自告奋勇，主动向总管理处提出，请毛主席为《中行职工》题写刊名，立即得到了总管理处支持。随后，她通过自己的女儿思齐（毛主席长子毛岸英的爱人），向主席表达了这一想法。

1950 年 3 月的一天，春寒渐去，暖意融融。一大早，思齐便告诉母亲，主席同意今天就为《中行职工》题写刊名并邀请她一同到中南海菊香书屋。得到这一消息，张文秋兴奋万分，她顾不得多想，立即同女儿思齐一道赶往中南海。

等他们来到菊香书屋，主席已在书房备好笔墨纸张。和母女二人简单攀谈后，主席提笔准备题写刊名，在落笔前，毛主席问："要不要署名？"张文秋略一思索答道："就不要署名了吧。"于是毛主席欣然提笔，"中行职工"四个遒劲有力的大字跃然纸上。见到主席书毕，张文秋激动不已，正要向主席道谢，而毛主席却没有停笔，又接着写了好几幅。每写一幅主席都会仔细打量思索一番后再动笔写下一幅，力求字字完美，精益求精。当最后一幅写完，毛主席的脸上浮现出满意的微笑，他对张文秋说："由你们挑选吧！"

随后，张文秋仔细收好主席手稿并马上拿到总管理处，同时任教育科副科长的秦雨民共同选择一幅，报送总管理处领导并马上获得批准启用。《中行职工》成为国内银行业中首份由毛主席题写刊名的机构内部刊物。从此，这份由毛主席题写刊名的内部刊物在中国银行海内外职工中广泛传送。

1990 年 10 月，中国银行总行党委决定向全辖发布刊物——《中行职工》报，并继续沿用毛主席题写的刊物名称"中行职工"。此后，《中行职工》报作为中国银行总行主办的全辖内部刊物，得到了全辖机构员工的欢迎，发行量和关注度迅速提升，并逐渐成为总行与各地各机构间"上情下达，下情上达"的桥梁和纽带，其丰富的内容、新颖的形式，有力提升了中国银行在同业中的影响力，而毛主席题写的"中行职工"刊名，也成为代表中国银行员工"追求卓越、坚忍不拔"精神、气质的企业符号。①

6. **中行四川分行民国时期办刊史料之窥视**

根据民国时期中国银行创办报刊一览表及《四川月报》相关史料可知，四川分行及其所属机构在民国时期共主办过 5 种刊物，它们分别是：

（1）《四川月报》，于 1932 年 7 月创刊，每月一册，定价一元二角。主要栏目：专载、财政、捐税、金融、货币、商业、产业、交通、社会一瞥、评论选辑、川边

① 中行故事：毛主席与《中行职工》. 河北袁毅. 搜狐历史. https://www.sohu.com/a/100716006_652676.

政事等。[1] 停刊时间约为1937年10月，即到第十一卷第四期止。

（2）《川边季刊》，于1935年3月创刊，主要专栏：专载、调查资料（含经济、金融、商业、产业）、社会（教育、土司、夷情、匪祸、账务、禁烟）、交通（公路、运输、航空、邮电）、政务（政务、军务）等。[2] 1936年6月停刊。

之所以在《四川月报》基础上增办《川边季刊》，其原因正如1934年11月，重庆中国银行四川月报社发行《川边季刊》启示所言：

四川幅员广大，物阜民稠，可供研讨之事件极多。敝社会于二十一年七月份起，刊行《四川月报》，使关心川事者，由此可得一概括之鸟瞰。惟其中川边各地，如川西屯区，川南各属，川东西属以及西康诸区，民物风土皆于内地大相悬殊。前此虽会于《月报》中间有《川边》一栏，但以篇幅所限，对于各地情形未能尽量刊登。此定于民国二十四年一月起，将上述各地另行编印《川边季刊》一种。创刊号定于二十四年一月底出版，敬希惠订为荷。本刊定价：每期，三角；全年四期，一元二角；邮费，国内在内，国外每期加三角；邮票代购十足收用，以一角者为限。重庆中国银行四川月报社谨启

川边季刊征稿简约：（一）本刊欢迎外稿；（二）本刊征求下列各项稿件：（甲）川边各区业务、政治、经济、教育之实况；（乙）川边各区人民生活社会风俗习惯实况；（丙）川边各区种族宗教土司之调查；（丁）川边各区地理历史之记载；（戊）关于川边各区之实际调查；（己）川边各区照片及游记。（三）来稿未预先声明及附有邮票者概不退还；（四）来稿不拘文言语体须膳写清楚并加标点符号，如有图表请用墨笔绘制；（五）来稿请于稿末署名并注明通信地址；（六）本刊对于来稿有增删之权，其不愿修改者请预先声明；（七）来稿登载后酌赠本刊，四川月报，本社出版业书或现金四种；（八）来稿请寄重庆（小梁子）中国银行四川月报社收。[3]

（3）《农放月报》，于1939年1月创刊，32开，内部发行，由中行重庆分行农贷股主办，介于当时的条件，该刊为手刻蜡版而印制的。第末卷第末期出刊时间为1942年8月。在创刊号的引言当中，《农放月报》刊物使命有以下四点：

（第一）四川素称天府之国，自全面抗战□动后，遂为西南经济建设之中心。抗战资源之供给，类多赖于川省。渝行秉承中央农放政策，总处农放宗旨，积极辅助农民，增加农业生产，以厚国力。（此时农村工作人员增至26人）。

（第二）农村社会具有半封建之素质，合作社组织训练与稽核指导均具有特种方

---

① 四川月刊（1）. 第一卷第一期. 民国二丨一年七月.

② 四川月报（31）. 第七卷第一期. 民国二十四年七月.

③ 四川月报. 第五卷第五期.

法与相当技术……以本刊为交换经验及心得之场合，彼此足资借镜。

（第三）本行办理农放，为时颇暂。放款手续，管理办法，并□陈规，各工作人员平日感观所及，依实际需要，各抒所见，以凭采纳，而收事功。

（第四）各县社会环境不一，地理人和亦互异，若特产之调查，农村之写实，生活之现况，可报道消息，沟通信息，则彼此千里一堂，如同晤对，可省各别通讯之烦。①

(4)《经济商业调查月刊》，16 开，发售，内江支行主办，存续时期为 1940 年 5 月至 1944 年，这是川省唯一的支行级刊物。

(5)《渝行通讯》月刊，16 开，内部发行，重庆中国银行主办，存续时期为 1948 年 1 月至 1949 年 7 月（详见后述）。

综上所述，中行具有“百年调研，百年办刊”的文化传统，在张嘉璈主持行务时期，就确立了“调研先导，科学态度；条分缕析，谙悉环境”的调研理念，以及“寓教于刊，展现精神；以刊为校，提升智识”的刊教理念（详见后述）。

（三）百年调研和百年办刊的特点窥视

根据中行“先人后事，久于其任”的用人理念，以及“调研先导，科学态度”的经营价值偏好，尽管那时社会舆论普遍认为，“经济研究工作，是交给失意落魄的经济学者的”②，但是中国银行却对经济研究工作一向比较重视，据马学斌考证，当年中行呈现出精英荟萃、藏龙卧虎、编研合一的调研特点。③ 根据对多种史料的综合概括，中行“百年调研，百年办刊”的文化传统具有以下价值特征：

1. **藏龙卧虎，精英荟萃，编研合一**

（1）编辑人员，藏龙卧虎

据马学斌考证，《中国银行业务会计通信录》的编辑工作由总稽核、总司账和编辑员三人负责，其分工是：“总稽核编辑关于业务各要件”，“总司账编辑关于账务各要件”，编辑员（后称“编辑主任”）负责日常编务。上述编辑工作人员历经三届：前期是程良凯、汪振声、范绍濂；继者为卞寿孙、谢霖、蔡汇东；后期是林葆恒、居益鋐、李鸣谦。经查，上述 9 人均系学有所长的早期“海归”、银行经营管理的行家里手，且均为民国年间闻名遐迩的人物。

汪振声：1904 年留学日本早稻田大学，获法学学士学位；回国应试清廷，被授

---

① 农放月报．第一卷第一期．创刊号．1939 年 1 月．

② 毛知砺．张嘉璈与中国银行的经营与发展．台北：国史馆．1996．

③ 马学斌．论《中国银行通信录》兼谈企业报刊作用——纪念中国银行创办报刊 100 周年［J］．国际金融．2015 年第 1 期．

予法政科举人，殿试授内阁中书，任大清银行总行稽核科科长；辛亥革命后，曾任民国北京政府审计处审计官等职。

谢霖：中国会计师制度的创始人。1905 年赴日本明治大学攻读商科，获商科学士学位；回国后，应试经济特科，清政府收入商科举人学衔；进入中行之后，曾任《中央银行月报》主编。

蔡汇东（编辑员）：是著名的辛亥革命党人。留学日本期间，曾在杂志发表《日本政客之经营中国谈》，抨击日本对我国东北的侵略，批判清政府的投降行径，呼吁国人救亡图存，被日本政府以“有害公安”罪名没收刊有该文的全部杂志。而该文则被史学界称为辛亥革命前革命党人的一次重要舆论活动。辛亥革命中，蔡出任黄兴战时总司令部法官；辛亥革命后，加盟中行，专职编辑《中国银行通信录》。

卞寿孙：1906 年入美国白朗大学学习政治经济学，获哲学学士学位，后任中行总稽核，负责《中国银行通信录》业务资料的编撰。

居益鋐：留学日本，归国后在财政部任职，后任中行总司账，负责《中国银行通信录》会计资料的编撰。

范绍濂：1904 年由清政府选派留学美国学习法律，在中行时任专职编辑员。

（2）研究团队，精英荟萃

据《行史》记述，中行曾先后聘请第一流经济学家担任研究工作，如马寅初、唐有壬（林）、卫挺生（申甫）、王文伯（澂）等。因当时政府及大学需要专家，各人一经发表著述，即被聘去，不能久在中行。为进一步加强经济研究工作，1928 年总处将调查室改为调查部，掌管调查国内外各地财政、金融、贸易状况及实业界信用，并编制统计资料，直辖于总经理，为总处四部之一。1930 年调查部又改为经济研究室，为总处二总四室之一。

为加强经济研究工作，中行特聘英国银行学会副秘书长格雷任经济研究室代理主任，主持研究工作；并请瑞士白恩大学博士张肖梅女士及美国克拉克大学硕士张嘉铸任副主任，后又请美国康奈尔大学硕士、农业经济专家张心一以及祝仰辰博士为副主任。据马学斌考证①：

张肖梅（1911—2000 年），浙江镇海人，是中国最早获得伦敦政治经济学院博士学位者之一，民国经济界的风云人物。胡适曾评价说，“肖梅是一位很有学问的女子。做的经济研究很有成绩，中国银行每年的报告书是她的手笔居多”②。张嘉璈赞

① 马学斌. 百年智库溯源——中国银行早期的经济研究工作［J］. 国际金融. 2016 年第 2 期.

② 毛知砺. 张嘉璈与中国银行的经营与发展. 台北：国史馆. 1996.

其才学，还将张肖梅介绍给自己的八弟张嘉铸，两人最终结为夫妻。

张嘉铸（号禹九），毕业于美国哈佛大学，是“五四”新文学运动中的“新月派”主要成员，中国国剧运动发起人之一，同胡适、梁实秋、徐志摩等齐名。他主要撰写综述性文章及翻译发表国外的经济、金融方面的著述。

张心一（1897—1992年），甘肃永靖人，中国近代著名民主革命家黄炎培的女婿。毕业于美国依阿华农学院畜牧系，后又获康奈尔大学农业经济学硕士学位。张心一认为办农贷才可发展农业生产，使农民得到经济实惠，于是辞去金陵大学教职，担任中行农贷稽核兼经济研究室副主任，负责研究农业经济问题，是中国杰出的农业经济学家。

总之，在经济研究室专业精英的背后，是中行旗下强大的人才群体。有学者评论，“民国二十三年（1934）中国银行领导阶层人士四十八人，其中留学归来者二十八人，本国大学毕业者八人；三人有博士学位，十人有硕士学位，一人有传统功名（举人），这是其他行业所罕见的情形”。正因为如此，中行智库具有雄厚的基础和后盾，这也是当时中行智库在中国金融界独领风骚的重要因素。

（3）研编合一，相互促进

据马学斌考证，中行经济研究室的专业人员既是研究员又是中行系列报刊的编辑兼作者。经济研究方面的调查报告、评论等，主要是该刊编辑人员所撰写的。比如，张心一负责研究农业经济问题，并为《中行月刊》编纂年度经济综述文章。而且，从发表在各期的文章内容看，显示出他们各有侧重，说明经济研究室人员的分工研究方向不同。比如，罗从豫的重点是公债问题，柳汝祥是产业和外贸，甄润珊是外汇问题，陈隽人是农业经济和商品，欧阳执无则是国际经济和金融。经济研究室为他们提供了学以致用、展示专长的舞台，他们的研究成果撑起了中行出版物的骨架。

2. 调查规范，研究深入，条分缕析

中行调查规范与条分缕析的传统，可以追溯到一百多年前（1915.1—1917.9），那时中行就拥有了信贷风险评价体系之雏形。《中国银行业务会计通信录》所刊载的《为瞩调查放款各字号一切情形》一文记载：

查关于尊拟放款各字号，尚有左列各节，须详细调查：

一、东家及经理之年岁；二、东家及经理平常名誉如何；三、东家系创业人抑系继业人；四、东家若系继业人继业已若干年；五、东家另有何职业；六、东家另治有何项产业及各项产业之盈亏；七、经理在本字号有否股份；八、经理在本字号已办事几年；九、经理在本字号前系办何事并在何处办事；十、经理除在本字号办事外自己有无他项生意及与人合资等事；十一、各该字号在本地已开设几年；十二、各该字号有无联号；十三、各该字号会否易主及易主已几年暨因何事易主；十四、各该字号在本地商界占何等地位。①

这即是说，中行各分号要根据上述 14 项标准来进行风险评估，决定是否对外放款。无独有偶，如前所述，到了 1933 年，《中行生活》第十三期刊登《吾人应注意之调查工作》一文时，“兹将所应调查者，宜分类编列，务必表里详明”的调研标准也列为 14 个方面内容，基本包含了现代企业战略管理宏观战略 PEST 分析的全部内容。可以说，这时已建立了较为规范的风险评估体系。

中行研究深入的传统，为张嘉璈所高度重视和竭力推行，他曾说：“吾在德国基尔，曾参观德国实业家以巨资组织的世界经济调查局。可见他们对于调查之注重”，并认为“调查研究与主顾及商业有莫大关系”。在他推出六大改革并直接领导经济研究室后，更强调调查规范，研究深入。经济研究室“着重于一事一物之详细调查，以期有裨银行业务之实施”，并据此撰写了大量专题调查报告。如《中行月刊》发表的调查类文章，以事实为基础，有分析、有见地，是社会各界了解中国社会经济问题的窗口。其中一些文章至今仍有一定的参考价值。据马学斌统计，《中行月刊》从始至终的 17 卷近百期，共发表调查类文章 153 篇，平均每期一篇多，足见调查量之大和对调查的重视。抽取 1933 年和 1934 年两年，与同时期刊行的《中央银行月报》《交行通信》（月刊）的内容进行统计比较分析，《中行月刊》发表的调查类文章，几为两刊之和。

3. 高管咸集，众星拱月，名流毕至，相互借智

所谓高管咸集，指中行系列报刊的撰稿者可谓是高管咸集。在经济研究室专业精英的背后，是中行旗下强大的人才群体，即是说从总行到分行的管理人员，都是人才济济，他们几乎都是中行系列报刊的撰稿者。

所谓众星拱月，是指在张嘉璈经营管理思想的原创与倡导下，只要战略、思想乃至题目一出，从总行精英到分行高级管理人员，都积极响应，执笔回应，演绎深化，带动全行，宛如众星捧月，直指全行员工理、情、力三大修养的提升和为全行业务大力发展贡献出智慧。

比如，《中行月刊》刊行期间，名流们经常为其撰稿。如中行总会计刘驷业（又名攻芸，1900—1973），先后留学美国和英国，获经济学、哲学博士。其主持该行账册更新，为总经理张嘉璈赏识。他曾在《中行月刊》发表《改革银行会计制度应取

① 转引自马学斌. 论《中国银行通信录》兼谈企业报刊作用［J］. 国际金融. 2015 年第 1 期.

之步骤》《银行会计》（连载）等多篇文章（见《中行月刊》第 1 卷第 1 期、第 2 卷第 10 期）。1935 年后，刘曾先后任南京政府中央信托局副局长、邮政总局副局长、邮政储金汇业局局长（其余详见第四章）。

所谓名流毕至，指中行系列报刊撰稿者可谓是花香引蝶，使社会名流毕至，为中行系列报刊贡献智慧性真知灼见。《中行月刊》实力彰显，影响力也随之扩大，群贤毕至，吸引了一些同业巨头、社会名流投稿。据马学斌考证：①被称为“中国摩根”的最成功的私人银行——上海商业储蓄银行创办人陈光甫，在《中行月刊》1932 年第 4 卷第 3 期发表《战事停止后银行界之使命》。②以支持发展民族工商业著称的浙江兴业银行总经理徐新六，在《中行月刊》1932 年第 4 卷第 6 期发表《膨胀与紧缩之意义》。③美籍奥地利人耿爱德（1880—1962），是中国近代机制币收藏和研究方面的大师，在此领域无人能望其项背。他撰写的《最近中国纸币发行之沿革》一文，首发《中行月刊》，连载 4 期（见《中行月刊》第 15 卷第 6 期至第 16 卷第 4 期）。④刘崇伦（1885—1937），民国时期著名实业家。早年留学日本学习电气技术，归国后致力于推广农村电气化，并创办福州电气公司进行实践，卓有成效，被时人称为“光电刘”。其创办的公司的遗址现为福建电力博物馆。1931 年，刘崇伦所写的《福州电气公司农村电气化部之庶绩》一文刊登在《中行月刊》1931 年第 3 卷第 4 期。总之，这些社会名流的稿件为中行的刊物独家刊载，或论述当时社会热点问题，或是见解独到的理论阐释，其中一些稿件曾经在当时的历史时段产生过重大影响，时至今日也还为业界研究者奉为圭臬。再如，《中行生活》刊行期间，名流们也是经常为其撰稿，在“谈话录”栏目就曾专载过马寅初等经济专家，卢作孚、范旭东等工商界名流演讲的记录稿（见第四章）。

所谓相互借智，是指中行历史上，在重要转折关头，面临难解问题时，除依靠常设智库外，还擅长借助外脑发力，作为发挥智库作用的一种形式。比如，创办“聚餐会”，取同业同人之长，也是中行借助外脑发挥智库作用的一种重要形式。张嘉璈还将这种形式引入中行，作为内部交流经验的一个重要平台。每星期五晚上，新老管理人员一同聚餐，老同事讲述经验，新同事介绍工作体会，互相交换意见，取长补短，互通情报，沟通思想；同时也起到联络感情、凝聚向心力的作用。后来抗战时期在重庆有有名的“星期五聚餐会”。

4. **方寸之地，目的明确，分工相济**

在中行百年办刊的历史长河中，利用系列刊物的方寸之地，进行目的明确的提升智识和培育精神之办刊实践，并逐渐形成了系列刊物之内外相济的分工，即形成了以《中行月刊》主外，打造中行经研学术品牌；以《中行生活》主内，促进行员

“理情力”精神训练的办刊分工格局。总之，利用刊物这一近代媒体之方寸之地，尽展促进经营管理和培育公司文化之功效（详见后述）。

5. **断了又续，续了又断，持续百年**

在中行百年调研和百年办刊的历史长河中，所谓“断了又续，续了又断，持续百年”的文化特征，一是指从阶段性或短期看，中行调研乃至办刊的活跃期具有间断性，中行历史上所主办的近30种刊物，其各自办刊期限都是有限的，多则持续了七八年，少则仅出一期就停刊，宛如昙花一现。二是指从宏观或长期来看，中行从1915年首创《中国银行业务会计通信录》起，到1949年办《中国银行通讯》和《中行职工》止，中行在民国期间所经办各类报刊30余种，其历史绵延30多年，贯穿中行在此期间的全部发展过程，再加上解放后中行的办刊与调研活动，可谓是具有“百年办刊，百年调研”的历史。

6. **经营管理，文化品牌，硕果累累**

据《行史》记述，调研工作的重要性在20世纪30年代的中国，尚未被社会所认识，但中行孜孜于此，而且成绩卓然，发挥了重要的经营管理作用。换言之，中行调研成果的历史检阅与品牌效应如下：

（1）调查研究成为中国银行一切工作的先导

中行领导层重视调查研究工作，把它当作开拓业务所依赖的事业，拥有一支精干的专业队伍，并发动国内外100多家分支行处大兴调查研究之风，上下左右，声息相通，形成群体，蔚成气候。检阅各期中行刊物，每期都有分支行处撰写的调查报告，具体翔实，有根有据，鞭辟入里，不玩弄词汇，不泛泛空谈。

（2）调研成果成为全行经营管理的决策参谋

中行调查研究的范围较广，包括从业务对象、有关厂商的信用及其经营情况到全社会乃至国际经济状况的各个方面。对重大经济问题，如白银外流、国际贸易消长、农产品产销、内地资金匮乏等更作深入探究。对经济状况、发展趋向的正确判断，是确定经营方针的前提，所以经济研究室被视为中行的智囊团、决策的参谋与顾问，每年将全面经济情况列入中国银行年度报告，公布于世，真知灼见，备受有识之士的赞赏。如1934年度中行营业报告发表以后，《申报》《时事新报》《字林西报》《大陆报》都发表社论赞誉：取材审慎，数字正确，以一商业金融机关，而能完成指示社会心脏活动的报告，实难能可贵；有明健的观察，积极的思想，平衡的论断，认清困难而不悲观的精神。报纸对中行每年的营业报告认为是对于中国经济、金融、福利的重要宣言，“即在最刚顽之国民听之，亦当卷袖而奋起矣”。由此，保证了中行在军阀混战、民生凋敝的复杂政治经济形势下，能够屡屡渡过激流险滩，规避经营风险，不断发展壮大，始终保持在行业中的领先地位。

（3）调查研究促进中外贸易和国际经济关系

中行调查研究的成果，发表的资料数据，常为国内外经济研究单位和工商界人士所采用。各国实业团来华考察，外国银行家代表来华咨询中外厂商委托调查，中行都能尽心调查答复，殷勤办理，因而有助于促进中外贸易和国际经济关系。

（4）调研成果为中行赢得了宝贵的文化信誉（详见后述）

三、调研理念的践行情况与历史启示

在调研理念内在逻辑中，"调研先导，科学态度"是调研理念之因，而"条分缕析，谙悉环境"则是调研理念之果。换言之，调研理念的践行情况，可以通过以下几方面的史实予以说明：一是，全行在调研理念指导下，如何以调研报国，在全行取得的调研成果；二是，由于全行践行调研理念，所取得的"谙悉环境，世情灵通"的决策参谋之作用；三是，全行调研与办刊间断性之历史启示等。

（一）川行调研工作史与调研报国精神窥貌

四川分行调研工作史，可以从《渝行通讯》第十六期所刊载的孙嗣璋《渝行掌故：周宜老绾渝行时之略述》、《渝行通讯》第十七期之周仲眉《回忆录（一）》以及《渝行通讯》第十八期的周仲眉《回忆录（二）》中，窥见一斑。

1. 20世纪30年代川行调研工作起步与发展之史料窥貌

（1）据《渝行掌故：周宜老绾渝行时之略述》记述，20世纪30年代四川分行（渝行）调研工作起步的领导情况大致如下：

渝行于民十八年（1929）恢复为分行，业务更繁；时中央亦重视西南，总行遂于二十年（1931）秋，派调查课副课长张禹九先生来渝考查，旋任为渝行襄理（相似于当今的行助）。禹公（张禹九）为中行前总经理张公权先生之介弟，勇往有为。莅渝之先，人有为公（周宜甫）不安者，以为两公（周和张）年龄之差，新旧之异，殊难协调。公（周）怡然不蒂于怀。迨禹公至，仍倾盖如故，推心相结，适与人所度者相反。

盖两公皆遂人智士，襟抱相同，岂如庸俗所虑？公（周）谓禹公："渝行难于对外，行务重于治内，今以内事全委君，愿君之才，勿少顾虑，余则力屏外难以护行。分工合作，愿同勉之。"禹公以公（周）见信之深，对于人事业务，励精图治，两年之间，进步甚速。

公（周）以无内顾忧，时局又安定，遂得以少卸□肩之暇，从事著述。公（周宜甫）每于席间畅谈以前金融事件，听者每乐而忘倦。因徇禹公之精，口授各事经过，由调查组笔录，而成《四川金融风潮史略》一书，由渝行出版。此外公（周）又费五年之力，著成蜀海业谈一书，内容充沛，曾于民二十四年（1935），逐日登载于国民公报，吸引读者不少，一日不载，即遭诘问。

将由此可见，总行调查课副课长张禹九来渝行任襄理后，与渝行经理周宜甫相处甚好，周将全行内部管理之工作全权委托张禹九负责处理。

（2）据《渝行通讯》第十七期之周仲眉《回忆录（一）》记述，20 世纪 30 年代四川分行（渝行）调研工作起步的“招兵买马”情况大致如下：

张禹九认为“是以欲开发四川，似应首重调查”，由此他把川行调研工作放在重要地位来抓，于是开始为调研工作的开展而招兵买马。在本章第二节关于“久于其任”的川行人物回顾中，曾记述过川行经理周宜甫之子周仲眉，入职中行从事调研工作的缘由及过程。即由张禹九出调研题目给周仲眉，周仲眉在渝行营业股放款组领组（职务头衔）刘敷五帮助下，经过七八天的调研，完成了《重庆之猪鬃业》的调研报告。张禹九见周仲眉能“如期缴卷，又见报告图说互体，条理分明，略一涉觉，颇示满意”，由此周仲眉成为渝行首名专职调研人员。

在周仲眉《回忆录（一）》和《回忆录（二）》中，既记述了以上经过，又回顾了渝行调研工作从无到有、调研队伍逐渐壮大的过程：

调查组之组织及工作，事无前例，禹公（张禹九）畀（给以）余（周仲眉）全权以设计之。余以序有先后，事有范围，不务高，不好大，从近处实处着手为原则，拟议调查范围，以四川省之经济为限，材料先从各处报章杂志搜辑。每日披阅，将有关上项材料，分类剪贴，送陈经（理）襄理阅览，再行收回保管。此独角戏（指当时周一人具体承担渝行调研工作）遂于二十一年（1932）三月份内开幕（始）。

禹公及欲推于（进）调查工作，不久又征用赵循伯君来组服务，赵君深于新旧文艺，尤长编辑，因同议利用搜集之材料，发行定期刊物，专报道四川情形。请（示）于禹公，得允，定名四川月报，分政治，经济，财政，教育，社会诸部门（指栏目），于二十一年（1932）七月份开始发行，颇得当时社会之赞许。余（周仲眉）以月报编辑，专委（赵）循伯。（四川）月报并请准当局，称四川月报社，余被委任社长。余以徒□□事实，仍嫌述而不作，未臻完善，遂于每刊之前，辟专载栏，专时论四川问题，侧重经济，作有系统之记载，尤为省外关注川省之人士所诊（珍）视，不数月，外省之研究机关及图书馆，纷销以其所出刊物，寄来请作交换，订阅者亦接踵而来。

禹公又独应从事数字之统计，多作图表，旋又征用卢定中君入行，专司此事。

渝行同时增充图书，为本组参考便利起见，遂命本组图书管理。人手又嫌不够，遂渐增加。未半年而至五人，逾年而至十余人，蔚然大国（即大部门）之风矣。

由此可见，川行调研工作从 1932 年 3 月份起步，先从各处报章杂志搜集资料做起，然后进行分门别类的整理；7 月份创刊《四川月报》；调研队伍在当年 6 月增至 5 人，到当年底已超过 10 人。这在当时，调研队伍人数几乎占到渝行本部股室管理人员的三分之一左右，不能不说是蔚然大部门之风矣。

据南京国家第二历史档案馆《民国 36 年中国银行重庆分行职员录》记述：1947 年，重庆分行全辖总数约为 580 人，重庆分行本部 198 人，其中 11 个直属办事处计 104 人。换言之，重庆分行本部股室管理人员仅 94 人，占全行人员比例大致为 16%（94/580）。我们再据《川行一瞥》（见《中行生活》第二十九期）记述，1932 年四川分行共有 10 个分支行处，员工总数 136 人，平均年龄 36 岁。不难看出，渝行当时的分行管理人员最多只有 20 多人。而 1932 年底，渝行调研队伍已逾 10 人，由此可见调研工作在当时的重要地位。

2. 20 **世纪** 30 **年代川行调研刊物、专著及课题之史料集**

（1）30 年代渝行调研刊物与专著之史料窥视

据《四川月报》第七卷第一期记述，截至 1935 年 3 月，重庆分行的经济业刊（含经济专著）和旅行业刊等调研成果的汇总信息如下：

第一，经济业刊（含经济专著）：

①四川金融风潮史略，每册五角（已售尽）；

②四川省之公债，每册六角（已售尽）；

③重庆经济概况，每册五角（已售尽）；

④四川省之药材，每册一元（已售尽）；

⑤四川省之糖，每册八角；

⑥四川省之山货（上编），每册一元二角，下编正在印刷中；

⑦重庆市之棉织业，每册一元二角；

⑧四川省之夏布，印刷中（以上为经济业刊）。

第二，旅行业刊：

⑨宜昌到重庆，每册一元；

⑩峨眉山，每册二元。

由此可见，第一，在重庆分行的经济业刊含经济专著中，从《四川金融风潮史略》《四川省之公债》《重庆经济概况》和《四川省之药材》等专著“已售尽”的信息中，不难看出这些成果是切合需要和有价值的；第二，从重庆分行主办旅行业刊的信息中，也可窥视出当时也许有通过兼办旅游扩展银行收费收入的痕迹；第三，从上述重庆分行主办的经济业刊（含经济专著）和旅行业刊的售价信息中，也可看出他们“以刊养刊”或增加中间业务收入的端倪。

值得一提的是，渝属内江支行在1940年5月至1944年，曾经主办过唯一的支行级的16开公开发行刊物《经济商业调查月刊》。

与此同时，据对重庆市档案馆民国时期中国银行0287全宗号档案的调研，发现重庆分行及所属机构在1933年曾主办过类似的准刊物——《定期半月通讯》的情况。这些定期半月通讯形式上是手写的，一般一期只有五六页容量，其内容大多是报告当地的经济金融信息。这也说明中行调研与办刊具有普遍性。比如：

《中国银行重庆分行定期半月通讯》第1号，民国二十二年一月十日；第2号，民国二十二年一月十五日；第4号，民国二十二年二月二十五日；第5号，民国二十二年三月十日；第23至26号，民国二十二年三月十日；第27、28、30、31号，民国二十三年三月十日。

《中国银行成都支行定期半月通讯》第1至3号，民国二十二年一月二十四日。

《中国银行重庆上关岳庙办事处定期半月通讯》第1、2号，民国二十二年三月十日。

《中国银行泸庄定期半月通讯》，民国二十二年八月二十九日—九月四日；

《中国银行涪陵办事处定期半月通讯》第1—6号，民国二十二年三月二十一日第1号；民国二十二年三月二十八日第2号；民国二十二年四月十七日第2号；民国二十二年四月二十八日第4号；民国二十二年五月十五日第5号。

《中国银行内江办事处定期半月通讯》第12、14至17期，民国二十二年十一月二日。

《中国银行隆昌寄庄定期半月通讯》第1、3、4号，民国二十二年九月十九日；第5号，民国二十二年十一月十九日；第6、7号，民国二十二年十二月六日。

《中国银行万县办事处定期半月通讯》第1号，民国二十二年一月十八日。

《中国银行叙府办事处定期半月通讯》第1至8期，民国二十二年二月二日。

《中国银行涪陵办事处定期半月通讯》第7—9号，第7号民国二十二年六月二十一日；第8号民国二十二年九月三日；第9号民国二十二年十二月一日。

还有：王戊辰（王绍谷）关于请收转第11号《中国银行内江办事处定期半月通讯》致张禹九（张嘉铸）、周宜甫、陈树屏的函，民国二十二年七月二日；

王戊辰（王绍谷）关于请收转第12号《中国银行内江办事处定期半月通讯》致张禹九（张嘉铸）、周宜甫、陈树屏的函，民国二十二年九月二日。

（2）20 世纪 30 年代川行所做过的调研课题之史料窥视

据《中行月刊》《四川月报》《四川经济月刊》等相关文献记载，30 年代川行所做过的调研课题如下：

1930 年川行调研课题：①重庆成立三银行；②川省丝捐状况；③四川丝业近状；④川省人民负担额。

1931 年川行调研课题：①川刘防区收入；②四川苛捐杂税之繁重；③四川捐税之繁重；④川善后公债展期发行；⑤成都粮税征至四十八年；⑥川善后公债展期发行；⑦渝平民银行近讯；⑧四川财政经济纪略（周宜甫）。

1932 年川行调研课题：①川省田颂尧仍苛税征粮；②四川自流井盐井与制钾工业，渝行；③四川二十一军部发行整理重庆金融库券；④四川财政评述，经济研究室；⑤重庆之猪鬃业（渝行周仲眉、刘敷五）；⑥四川金矿含有成分表。

此外，1932 年 11 月，中国银行重庆分行创刊《四川月报》，并发出《四川月报征文启事——如何改进今日之四川》：

1. 爱国似乎经历小范围作为起点，川人爱国更宜先由爱本省出发，而爱国爱省，必须先由认识，后由工作入手，所以我们特选这个题目来讨论。

2. 本题不限范围，但必须各有立场，无论政治、法律、农工、经济、银行、钱庄以及教育，文艺均可。内容务求实际确切。

3. 征文不限定时间，选录者即于本报上逐期登载。

4. 登载之稿，酌赠每千字一元至五元之薄酬。

5. 不用之稿，仍将原件奉还。①

1933 年川行调研课题：①重庆输出货物统计；②川省二十一军发行之公债库券纪略，渝行；③四川璧山宝源煤矿调查；④川省币制紊乱之概状；⑤四川石油矿产调查。

1934 年川行调研课题：①四川丝业近况；②四川金融季节之考察，渝行刘敷五；③内江金融季节之考察，内处；④叙府金融季节之考察；⑤嘉定金融季节之考察；⑥四川米之概述；⑦四川内江之糖业，内处萧冠堃调查，其研究框架是：（一）糖业产销之鸟瞰，（二）甘蔗种□及糖区域；⑧川省现金之回顾与近况，渝行；⑨四川资中糖业衰落；⑩渝市各银行概况。还有：成都最近银行略志，四川现金近况调查等课题。

1935 年川行调研课题：①整理四川财政办法；②重庆银行业之统计；③四川之

① 四川月报．第一卷第五期．首页．1932 年 12 月．

糖业，吴卓，图文并茂。其中：四川之糖业的研究框架是：

（一）四川之产糖区域。

（二）农业：1. 蔗种；2. 下种；3. 下肥及灌溉；4. 耕种之习惯及轮种；5. 害虫；6. 收获；7. 产量。

（三）制造：1. 农人与糖房及漏棚之关系；2. 糖房：甲、糖房之数目，乙、糖房之资本及产量，丙、甘蔗之运输，丁、甘蔗之榨，戊、蔗汁之处理及煮糖；3. 漏棚：甲、漏棚产量及资本，乙、漏棚之制造程序，丙、产品之分析；4. 片糖；5. 冰糖之制造。

（四）糖业之经费：1. 工资；2. 燃料费及牛力费；3. 制造之费用；4. 捐税及运输；5. 借贷利息；6. 机器及包装之价值；7. 产品之价值；8. 销售。

（五）对于四川糖业之批评（四方面）。

（六）改进之意见：1. 急进办法共8条；2. 缓进办法共3条。

1936年川行调研课题：①四川桐油产销概况，渝行；②四川米之概述，渝行，其研究框架是：（一）四川米之产场，（二）四川米之销场，（三）四川之米商业，（四）四川之米工业，（五）四川米荒史略，（六）农村经济之救济设施；③四川蚕业之鸟瞰；④整理后之四川财政；⑤四川公路进展近况；⑥内江大糖厂成立；⑦川省本年度预算；⑧各地金融经济报告：重庆（渝行）：（一）金融市况，六月。（二）商务概况。（三）农业概况。（四）交通概况。（五）财政概况；⑨内江银行调查；⑩自井银行调查。

1937年川行调研课题：①四川荣昌烧酒坊瓷业调查，陈鸣臬。②四川基本建设大纲。其纲要是：（一）尽量开发五大资源：（1）动力资源——煤、石油，水力；（2）金属资源——铁、钢、锑、金、铅与锌；（3）化学资源——硫、硝、盐；（4）粮食资源——米、麦、杂粮；（5）服装资源——棉花、羊毛与皮革。（二）创立与扩充八大工业：（1）钢铁部门；（2）炼铜部门；（3）兵工部门；（4）机器部门；（5）基本化学部门；（6）水泥部门；（7）纺织部门；（8）伐木部门（附设造纸部门）。（三）次第修筑三大铁道：（1）修筑成昆铁路；（2）修筑成宝铁路；（3）完成成渝铁路。（四）活动四川金融。（五）设立统筹机关。③各地商情：重庆（九、十月）。④各地商情：重庆（六月份）。⑤各地金融经济概况：重庆（十及十一月）。

1938年川行调研课题：①各地商情：万县（十二月份），重庆（十一、十二月份）。②各地商情：万县（一、二月）。③各地金融经济概况：重庆（一）金融概况（七月份）。④各地金融经济报告：重庆（九月份）。

3. **川行“调研报国精神”之史实概况**

川行调研报国理念及其精神形成，可以从1932年12月《中行生活》第八期所刊载的张禹九《国人欲图自爱自救须对己先有相当认识与研究》一文中清晰看出。该文是他写给总行经济研究室副主任张肖梅等人的一封信，信中通报他来渝行工作半年多的情况，其中可看出他对调研报国的看法。

（1）职务报国之调研报国理念的内涵

内地社会，非新非旧，青黄不接，纷乱无秩序，随时随地可以发生问题，而又须随时随地即谋解决之方。

年来有意于调查之工作，盖欲真正使国人爱国，非由认识一点着手不可。我国人士多缺乏社会观念；而此间一切现象之无纪（记）载，无参考，无办法，非言语所可形容。故来渝不数月，又复从事调查之设计。

这就是说，在“我国人士多缺乏社会观念；而此间一切现象之无纪（记）载，无参考，无办法，非言语所可形容”的情况下，面对“随时随地可以发生问题，而又须随时随地即谋解决之方”的实际情况，“盖欲真正使国人爱国，非由认识一点着手不可”，这就是调研报国理念内涵。换言之，调研报国就如本文标题所言：“吾人欲图自爱自救，须对于自己有相当之认识和研究。”

（2）调研报国之基础工作是调查设计及上下合作

故来渝不数月，又复从事调查之设计。总处之调查研究工作，经近十载，未能成功，远因莫由得详，今日此项经济研究之工作，能有进展而获得相当声誉。

惟欲求尊处事业更加根深蒂固，而能披露吾中国全国之现象，则各分支行所在地应均有调查设计，通力合作，以收集思广益之效。

此间编辑之《四川月报》，已出三期，前曾寄奉，草创之初，内容殊有芜杂及简陋之处，尚乞教正。吾人于此刊物用意为：一、使四川人认识四川省整个之事物；二、使外省对于四川有相当的了解；三、引起本省人对于调查工作之兴趣；四、训练调查工作人才之初步；五、期望其他行处亦有同样企图之发生。

这就是说，张禹九来渝行任职后，着重抓了调查之设计工作；他认为，总行的经济研究工作在张肖梅等的主持下，取得了近十年来未取得的成绩与声誉，望总行经研室能披露吾中国全国之现象，各分支行应均有调查设计，并通力合作，以收集思广益之效。以渝行编辑出版《四川月报》的调查设计为例，其刊物用意包括：使四川人认识四川省整个之事物；使外省对于四川有相当的了解；引起本省人对于调查工作之兴趣；训练调查工作人才之初步；期望其他行处亦有同样企图之发生。

（3）对总行办好《中行月刊》的改进建议

今日之《中行月刊》，似不能不认为国内经济刊物比较上实在的一种；然其内容偏重于国际化之思想，以及上海一埠之实况。若能于此两种现象之外，再加以国货化之思想，以及十八省之实况，则以后社会上之一切改革，方有切确之正鹄。否则不顾本国固有之事实，事前不加以认识和研究，则万百企图永为文不对题之牺牲也。弟之管见，以为各省份均应刊印类如《四川月报》之刊物，同时皆有调查研究之工作。尊处再以医士之眼光，决（抉）择相当的材料，综合加以论断及介绍。换言之，即研究室之将来，应向“Economist Offce”之目的去做。

在此之前，则月刊（中行月刊）应以国外之药方适于中国病情者，尽量介绍；国内之特殊现状，尽量披露；庶吾人之智识工作，不为一国富民强社会之“传染病”或“新迷信”，而实欲解决吾人四（周）围种种不了之问题也。

（总之），吾人欲图自爱自救，须对于自己有相当之认识和研究；吾人今日之求智识，务求十分的经济，十分的实际，庶智识不仅为吾人之装饰品耳。

由此可见，张禹九反映《中行月刊》所存在的问题（内容偏重于国际化之思想），对《中行月刊》的定位提出建议（以国外之药方适于中国病情者，尽量介绍；国内之特殊现状，尽量披露），以及对各省均应办刊与调研也提出建议（各省份均应刊印类如《四川月报》之刊物，同时皆有调查研究之工作），同时还对于总行与各分支行上下配合，增强调研工作效能提出建议：总行对各省办刊与调研成果应当“以医士之眼光，决（抉）择相当的材料，综合加以论断及介绍”。

总之，张禹九认为，办刊与调研是一种求智识的工作，其现实意义是：吾人欲图自爱自救，须对于自己有相当之认识和研究；其工作要求是：吾人今日之求智识，务求十分的经济，十分的实际，庶智识不仅为吾人之装饰品耳。

4. 调研报国之《四川省之药材》案例

进一步看，张禹九所指的调研报国理念，在川行调研专著《四川省之药材》的出版序言中，得到了富有实效的体现：即兴起商品研究，谋我国经济之复兴。与此同时，该成果也对中行业务发展起到了重要的参谋作用。

1934年9月，总行经研室副主任张肖梅曾为《四川省之药材》的出版作序，题目为“商品研究的重要性——序本行出版新书《四川省之药材》”[①]，从中不难看出《四川省之药材》这一调研成果的重要意义和现实作用。

（1）经济研究工作的立行与报国角度

① 张肖梅．商品研究的重要性——序本行出版新书《四川省之药材》．《中行生活》第三十三期．1934年12月1日．

张肖梅首先指出了中行改组为国际汇兑银行以后，所面对的经营形势之窘境是：

慨自东省失陷而还，频年巨额之入超，无法弥补，于是我国国际收支，遂形成极不平衡之局势；然余以为地大物博如中国，资源之富饶，甲于天下，经济之繁荣，宁不可期？今日中国之贫乏，非为产业之竭蹶，实乃人谋之不臧。良可慨已！余尝论我国处此一发千钧之际，全国经济总崩溃，迫于眉睫，舍推广国产，使达自足自给之境一途外，实无以挽此沉疴。

接着，张肖梅对如何利用经济研究工作去服务大众和谋国民生产力之增加，提出了经济研究工作立行与报国的使命定位，她说：

惟所可患者，在商品无研究之专书，参考乏相当之材料，虽产业统制之说，高唱入云，而散沙一盘，无从着手，终致徒唤奈何，而无丝毫功效之可言。此本室所以致力于商品研究之由也。

这就是说，为了弥补中国国际收支呈极不平衡之局势，经济研究工作要从增加中国外贸出口的商品研究入手，并将商品研究与统计成果，除了逐期分载于《中行月刊》，还想辑为专刊，以促国人之憬悟，而便研究者之考镜。由此以表达经济研究室服务大众和增加国力之心迹，亦即：区区服务社会之至诚，所敢昭告于国人者。

(2) 回顾《四川省之药材》的成书过程

抑余闻川省产业冠全国，蓄志实地考察者已久。洎乎今夏，得偿夙愿，抵渝之日，首即谋诸渝行经（理）副（经理）襄理，而以整理川省重要商品相嘱，幸能得其赞许，且出历年所集材料，积极加以删辑，而先成《四川省之药材》一编。又以此项刊物之出版，实有集中之必要，使有志研究国内商品者，对于材料之采集，知所问津，而免散漫无稽之忧，于是征得渝行同意，决由本室代为出版，藉收集中之效。今《四川省之药材》为本室代理出版之首编，当兹付梓之初，容有不能已于言者。

这说明：第一，《四川省之药材》是1934年5月，总处经研室发起的研究课题项目，并当面委托重庆分行承接调研任务；第二，本项目得到渝行经理、副经理、襄理（相当于当今领导班子所有成员）的“赞许”，并组织人员将“历年所集材料，积极加以删辑，而先成《四川省之药材》一编”，即完成初稿；第三，总处经研室认为《四川省之药材》“实有集中之必要”（即指公开出版发行之必要），在征得渝行同意后，决定由总处经研室代为出版。

(3)《四川省之药材》的成果价值：对川省颇饶有经济价值

夫川省出产丰裕，古称天府，开发整理，颇饶有经济价值。第以川民乘连年兵燹灾害之余，对于各项商品供需产销之情态，不遑为详确之调查及统计，坐令固有之生产，日就衰颓而无法改进，药材即其一也。

盖中国药材之产于川省者，计达六十种之多，而每年运输出省，恒在千万斤以上，其重要于斯可见。惜乎品种不知改良，交易运输，墨守成法，且近年欧风东渐，国人多醉心洋医，而日人独研究中药之培植，不遗余力，运输既属便利，品种尤见精良，驯致川省药材，不惟国外市场，难望扩展，即国内销路，亦有日趋萧索之势。按近三年来川药输出之统计，民国二十年（1931）总值约六百一十八万余元，而廿一年减为四百廿万余元，廿二年（1933）更减为三百三十六万余元，其削减之速，令人咋舌！倘再任其衰落，而不谋整个之补救，则将来川药地位，必至完全消失而无疑。是不仅川民生计，岌岌可虑，而药品一项在我国对外贸易中，又将成为绝大之漏卮。然则四川药材于经济上之重要性，固不逊于其他商品也。《四川省之药材》一书之出版，乌乎可缓?

（4）介绍《四川省之药材》的主要内容和编著特点

主要内容：上编详述川药产销状况，而于产地优劣、用途、销庄等项，尤有分类简明之记载；下编首述药业组织内容，次述交易、金融、规例、运输等情形，而以衰败因果殿其后。

编著特点：①本编材料，悉由药业中博采群访而得，凡有所闻，率笔之于书，经长时期之收集，始积成是编。是斯编所细述者，当无丝毫不情实处；②统观全篇，即完全以经济问题为立论中心，而于药品之应如何改良，亦很富有研究价值，则本编作为经济界之参考也可，而作为药材业之借镜也，亦无不可；③在本编未出版前，四川商品从未见有专书之刊行。本编既出而问世，虽为药材专论，而未始非凡为川产之前导，川省产业之改进，或将肇端于是。

（5）希望全行以该书出版为契机，兴起商品研究，谋我国经济之复兴

抑又有进者，本行分支机关，遍布全国，使各行能闻风兴起，就当地重要商品而加以探讨，各出一辑，而以本室总其成，则于全国商品之整理，必有极大之助力；以谋我国经济之复兴，尤必事半功倍。斯诚鄙人昕夕所展望者矣!

（二）川行条分缕析与谙悉环境之调研效果

在调研理念的内在结构中，“调研先导，科学态度”是调研理念之因，“条分缕析”是发挥调研先导作用的路径，“谙悉环境”是发挥调研先导作用的结果之衡量标准。最能体现“条分缕析，谙悉环境”的史实案例，就是1934年5月，张嘉璈一行赴川详查行务的史实性效果。

据史料记载，与张嘉璈同行赴川视察的人员共有7人，其中：行内人员加上张嘉璈本人共4人，行外人士有4人。这次察川所保留下的调研资料、游记及相关资

料包括：川游行程、溯江记；川行一瞥、四川省一瞥、四川十个城市一瞥；张嘉璈10次讲话；百闻不如一见、本刊“川行专号”之先声等文；与此同时，为配合张嘉璈赴川视察活动，《中行月刊》还发起了系列对四川省各地的调研活动，并刊出了调研成果。史实证明，这次调研在总行人员指导和渝行员工配合下，达到了对四川省和四川分行“条分缕析，谙悉环境”的调研效果。

1. **川行一瞥[①]：条分缕析川行行员六个方面公私生活**

(1) 川行经营管理的殊（特）点

第一，营业方面九个特点。

1. 存款利率特别高：定存自年息七厘起至一分二厘，活存自三厘至四厘。比期存款一每月半或月底日存入或支取，利率自月息一分起至一分七八厘不一。

2. 放款习惯依比期[②]：全市一切放款，多为每一比期交割一次。按日短拆，鲜有之。

3. 对期汇款翻码头：一切汇款，除门市外，悉为对期——比期日两地同时收付。川中各埠，货币不同，汇率差异，可以套做联期，买卖远近期，始似国际汇兑，俗称“翻码头”。渝市证券交易所做汇兑，须纳保证金。

4. 汇划票据抵解多：每晚在联合公库抵解，因现洋贴水，支票或汇票均采用保付或承兑制度。

5. 报关代办近勃兴：本行及当地各行，现均设有服务股或代办部，代客报关。

6. 货币问题真复杂：各地通用货币不同，有龙洋、人头洋、川大洋、川半元、滇半元、广东双毫、龙双亳等。渝埠现洋或现钞对于汇划洋，随市均有汇水，每千元（汇水）自二三元至三十元，人头洋上达四十元。

7. 代理川轮公票据：统售兼稽查各轮客票，发表轮船往来消息，为市民服务，亦为自身谋便利。

8. 旅行人们之服务，各地介绍或素识人们来川，努力于照料接送及代雇车船一切服务；行所在地均有相当设备，并与下游之中国旅行社合作。

9. 扶助国货介绍所：开幕一年来，本市各洋广杂货商店，多因时局影响亏本，介绍所尚稍获盈余，今后将从人才及资力两点，予以更大之扶助。

第二，文书方面六个特点。

---

① 川行一瞥.《中行生活》第二十九期. 1934年8月1日.

② 比期：古代官府催缴租税的期限；旧中国银钱业和工商公定的一种债权债务结算日期。如以每月五日、十日、二十日、二十五日为“小比期”，以每月十五日、三十日为“大比期”。一般拆放短期款项，即以半个月为期。

1. 遍用华文打字机：华文打字机之应用，普及于全属。（1）时间节省三分之二；（2）字体小，节省纸张，节省邮费；（3）副本清楚，一次可打出五份。号函用新式标点：暂用于辖内来往函件。（1）句读清楚，免疑误；（2）节省读者时间。

2. 补编成语电码本：应用成语已收集八千余条，希达一万五千条至二万条，约下月可竣事。（1）节省译校时间；（2）对电费加价，作消极之抵抗。

3. 发送行市报告单：营业逐日汇价息率及外币行市等，印发英中文行市报告单，交新闻夜校童工分送，日需二百四十余份。（1）普遍服务；（2）便利外商；（3）可作统计及事实上之参证。已办二年，渝埠同业，近多仿行。

4. 设置标准自鸣钟：四川最不讲究时间，为统一时间及严守时刻习惯计，川行门首一一装置，兼具宣传功用。

5. 表报变相交航邮：节省一部分邮费，而与航邮同样迅速——公司系作为行李收费。

6. 调查编辑之认真：两年来努力不断的（地）工作，已有相当成品出而问世，现正根据原定计划逐步前进。

第三，会计方面八个特点。

1. 比期账务特别多：重庆商场收交以月半月底，是称比期。我行平时柜台前线，每部一二人足敷分配，待至比期日则须临时加派一二倍以上。各账结束，须在深夜方能竣事。

2. 定期存款有比期：比期存款为渝、万两埠所仅有，即半月期定期存款，存入日期，限于每月半及月底两日。利率照市面规定，每比高低不一。其转账手续与定存同。

3. 保付支票最麻烦：渝埠系划账码头，支票受授，均须保付，于晚间在公库抵解。遇现洋贴水高涨时，虽票面为数极微，亦不惮保付。

4. 一切票据须承兑：与第三项同样之情形，所有应付汇票，亦一律加盖承兑图记，晚间公库抵解。

5. 对期汇款四川有：渝埠汇兑交易，以申汇为主体。其交易方式，系为对期双方两地同时交付，以约定之比期日为交割期，记账自下期起，改用约收约付等科目处理之。

6. 现金贴水作损益：渝埠现金有时枯涩，对于以本票或庄票掉易现洋或钞票，均须贴水，最高每千元（贴水）达三十元，最低时约二三元。我行收付该项贴水时，归入手续费科目内买卖货币损益细目处理之。

7. 公库抵解到深夜：收入各行庄本票、保付支票、承兑汇票等等，每日均往公库抵解，在比期日，约计收入千余张左右。记账方法，特立一种票据日记账，待总结后，制一笔与其他汇划传票对转。

8. 比期传票逾千张：平时传票常在五六百张之间，比期时则骤增二三千张之多，故员生工作，不易匀称。

（2）川行生活一斑：员工公余生活被描述为读书、习字、学戏、打球、学术研究、吃饭、（看）电影等八个方面（详见第二章）。

（3）川行各行设立年期表（略）

（4）川行行员情况：包括川行行员年龄表（略）；川行行员服务年期表（略）；川行员生职务迁调表（略）；川行行员籍贯表（略）。

（5）川行收发函电计数表（略）

（6）渝行出版品（见前述）

由上可见，总行对内部调研条分缕析之框架是严密的，川行回答该调研答卷的条分缕析功力也是全面的，仅以川行行员情况的四表为例，可以看出：

第一，1932 年川行共有 10 个分支行处，员工总数 136 人，平均年龄 36 岁；年龄在 30 岁以下者 84 人，占比 61.8%；服务年限 3 年以内者 82 人，占比 60.3%；去职人数（含退休者）29 人，占比 21.3%；川行六类交流人数（由总调渝、由总调辖、由渝调总、由渝调辖、由辖调渝、辖内互调）22 人，占比 16.2%；川行行员之外省籍贯者 24 人，占比 17.6%。

第二，1933 年川行共有 14 个分支行处，员工总数 162 人，平均年龄 27 岁；年龄在 30 岁以下者 114 人，占比 70.4%；服务年限 3 年以内者 121 人，占比 74.7%；去职人数（含退休者）23 人，占比 14.2%；川行六类交流人数（由总调渝、由总调辖、由渝调总、由渝调辖、由辖调渝、辖内互调）72 人，占比 44.4%；川行行员之外省籍贯者 30 人，占比 18.5%。

第三，1934 年川行共有 16 个分支行处，员工总数 188 人，平均年龄 26 岁；年龄在 30 岁以下者 129 人，占比 68.6%；服务年限 3 年以内者 136 人，占比 72.3%；去职人数（含退休者）2 人，占比 1.1%；川行六类交流人数（由总调渝、由总调辖、由渝调总、由渝调辖、由辖调渝、辖内互调）40 人，占比 21.3%；川行行员之外省籍贯者 52 人，占比 27.7%。

此外，从川行补编成语电码本之记述中，我们还可以看出：通过收集应用成语八千余条（希达一万五千条至二万条，约下月可竣事），由此节省译校电文时间和节约电价费用，足见川行“以创造能力图一切事物之改善”之边际适应性改进能力。张嘉璈说，“本行无时不在改进中力求革新”，“事事有创造能力，即小而至于一行的布置，亦须不为环境所牵制，尽可以极（节）省的金钱，自己创造一种新式的设备”，对此文化主张，川行的响应是有力的。

2. 川省一瞥：条分缕析川省经济社会情况八个方面

（1）四川贸易一览表（1930至1932）：20多种货物进出口量。

（2）四川农业统计表：四川农户与田地；四川20多种主要作物的种植面积与产量（详略）。

（3）四川货币名称表：四川流通的29种货币详情（详略）。

（4）重庆的企业情况：重庆6大行业及其79家企业的情况（详略）。

（5）四川民俗琐志：方音（各地特异方言；各地山歌）、日常生活、节令（近20种）、婚姻、妊娠、丧事（详略）。

（6）四川名人一览表

周朝：（1）商瞿，又称商瞿上，字子木，双流人，孔子弟子，蜀儒最古者。墓碣今犹存。（2）苌宏，又称苌叔，资中人，事周景王、敬王，后以谏迁都事被杀，人争惜之。

汉朝：（1）张宽，字叔文，故又称阴叔。成都人。文翁治蜀时，遣宽诣博士受经，还蜀教授，蜀学由是比于齐鲁，是最有功于蜀之文化者。（2）司马相如，字长卿，成都人。好读书击剑。武帝时，唐蒙奉使通夜郎，巴蜀疑惧，帝遣相如谕巴蜀，西南夷始通，邛作酋长皆归顺。今成都北门外驷马桥，即因相如所题而名。（3）杨雄，字子云，成都人，学识淹博，著作宏富。一时问奇字者，皆就雄求解，为蜀中古今文入学问之冠。今成都县署侧有子云亭，即问字处。（4）卓文君（女），临邛人，卓王孙女，司马相如饮于卓氏，文君新寡，相如以琴心挑之，文君夜奔相如，有《白头吟》遗作。

三国：（1）严颜，忠县人，事刘璋为巴郡太守，张飞获颜，将杀之，颜神色不变，飞乃礼释之，引以为宾客。

晋朝：（1）常璩，字道将，成都人，撰《华阳国志》十二卷。（2）陈寿，字承祚，顺庆人，仕晋，著有《三国志》六十五篇，及《古国志》五十篇，品藻典雅，荀最、张华谓可比迁、固。

唐朝：（1）李白，字太白，彰明人，好读书击剑。天宝时，供奉翰林，诗为全唐之冠。后因事窜夜郎，释回后，依其族人李阳水于当涂而殁。今彰明有读书台遗迹。（2）陈子昂，字伯王，射洪人，以召对称旨官待诏。唐初文章，祖尚徐庾，子昂变为雅正体，时推文宗，其旌德碑今犹存。（3）杨太真（女），父玄琰，为蜀中司户。太真生导江县（即今之汶川县），幼时尝误坠池中，后人呼为落妃池，今池尚存。(4) 武则天(女),父为利州都护,则天生于广元县,今县中尚有庙。

宋朝:(1) 范祖禹,字淳甫,成都人,学博而守正。官龙图阁学士,切直敢言,不避权贵,后为群小所谮,贬窜宾化卒。(2) 苏舜钦,字子美,潼川人,博学倜傥,范仲淹荐其才,授集贤校理,后因狂放被劾。谪湖州长史,在苏买水石,作沧浪亭。(3) 虞允文,字彬文,仁寿人,初与秦桧不合,桧死乃见用。出入将相二十年,屡挫金兵,注唐书五代史,又诗文十卷、春秋讲义三卷、奏议十二卷、内外志十五卷。(4) 张浚,字德远,绵竹人,性至孝,出入将相数十年,始终不主和议。求贤礼士,所荐名臣名将,不可胜数。所著易诗书礼、春秋中庸等解,及杂说文集共数十卷。(5) 苏洵,字明允,眉山人。中年始发愤为学,一时学者,竞以苏氏文章为模范,有文集二十卷。(6) 苏轼,字子瞻、和仲,文学冠宋代。官至兵礼两部尚书、端明殿学士。后以直谏贬官,卒于常州,子迈、迨、过均善为文。(7) 苏辙,字子由、同叔,文学与兄轼齐名。亦因直言极谏贬官,晚年罢居许州,号颍滨遗老,卒于许。(8) 花蕊夫人(女),五代蜀主孟昶之夫人,姓费,青城人,能文,有宫词百首。蜀破,宋太祖当召之赋诗,有"十四万人齐解甲,也无一个是男儿"。夫人归宋后,私祀孟昶像于宫中,太祖见而问之,诳答为宜子之张仙。人咏之曰:"嬴得美人怀旧宠,汉家宫里祀张仙"。

明朝:(1) 杨慎,字用修,新都人。正德时状元,切直敢言,因大礼案谪窜云南,有《升庵全集》数十卷,今新都县桂湖即其故宅。(2) 杨展明,字玉梁,嘉定人。才兼文武,精骑射,勇敢善战。张献忠据成都,展率兵与战于彭山,大破之,川人依若长城。未几,为袁韬所刺,展既死,蜀复大乱,十余年始定。(3) 秦良玉(女),忠州女子,适石柱宣抚,使马千乘,良玉具文武才,所部曰白杆兵,屡立奇功。应诏勤王,庄烈帝赐以诗加少保。张献忠入川,良玉败之,几为所擒,故流贼无敢入石柱者。

清朝:(1) 张鹏翮,字运青,遂宁人,官至大学士。秉性廉介,扬历中外数十年,尤以治河功绩为伟,辑有《治河全书》数十卷。(2) 岳钟琪,字容斋,赐籍彭山。武穆二十一世孙,魁奇沈雄,由同知改武职。平定西藏、青海,厥功甚伟。官至少保宁远大将军,封威信公。(3) 杨遇春,字时斋,崇庆州。由武举起家,勇敢谋略为诸将冠。以平定白莲教及回疆,官至陕甘总督,封一等昭勇侯。(4) 张问陶,字仲冶,遂宁人,鹏翮曾孙,工诗,一时有青莲再世之目。由翰林官至莱州知府,因忤上官,求罢。侨居吴门以终。所著有《船山诗草》行世,有清二百余年,蜀中诗人以问陶为最。(5) 李调元,字雨村,绵阳人。博学爱士,藏书数万卷。所辑《函海》一书,多至二百余种,尤为宏富。又著有《童山诗集》、《雨村诗话》等书,由翰林官至潼商道。(6) 向荣，字欣然，大宁人，初随杨遇春征回疆，积功至提督，以勇谋著。一时洪杨初起，荣督师复武昌，进克采石，遽卒于军，大营由是而溃。(7) 鲍超，字春庭，奉节人，由练丁起家。官至湖北提督，封一等子，骁勇善战，洪杨之役，转战十余省，所向克捷。

（7）四川著名内战表：24 次内战发生时间、战事人物、战事事由（见前）。

（8）四川特产一览表：32 种地方特产；四川猪鬃输出数量及价格表。其中，四川的 32 种地方特产包括：

1. 巫山——梨子；2. 奉节——橙子、黄杨木梳；3. 云阳——桃片；4. 梁山（平）——竹帘、柚子；5. 忠州——豆腐卤；6. 酆（丰）都——路引；7. 涪州——榨菜；8. 南川——方竹；9. 长寿——县印百寿图；10. 重庆——渝酒、白糕、枣糕、广柑、板鸭；11. 万县——烧辣鸭子；12. 江津——大头菜、橘子；13. 泸州——龙眼、大渠酒；14. 叙府——糟蛋、芽菜、竹参；15. 江安——竹器、李子；16. 犍为——陈色酒；17. 嘉定——白蜡、大绸、竹丝器；18. 成都——鸡皮绉、蜀锦、川绣、灯彩、花草；19. 金堂——烟叶；20. 简阳——四耳猫；21. 郫县——胡豆瓣；22. 温江——酱油；23. 双流——地瓜；24. 新津——红心瓜子；25. 资州——冬菜；26. 内江——桔糖；27. 自流井——小鸡、牛皮毯子；28. 保宁——醋、蒸磨；29. 广安——方竹；30. 合州——盐梅、桃片、鸡蹄花；31. 峨眉——峨参、峨笋、朱砂莲；32. 潼川——豆豉。

仅以 80 多年前川行所调研的古代及民国以来的四川名人一览表和四川 32 种地方特产为例，就可看出川中行“条分缕析，谙悉环境”的调研功力非凡。无论对于国内外投资者来说，了解一个地方“人杰地灵”的文化底蕴都是至关重要的。而四川名人一览表和四川特产一览表就是四川“人杰地灵”最有说服力的依据，也是初次接待外来投资者时饭桌上最恰当的话题。不难看出，川中行当年“条分缕析，谙悉环境”的调研功力，即便是对于当代川省接待外地来宾和介绍四川名人和特产时，也很受用。

3. 川省十城市一瞥：条分缕析川省十城市经济情况

（1）万县：鸟瞰、街市、市政、商业、名胜等情况（详略）

（2）重庆：一瞥、形势、生活、商业、胜境等情况（详略）

（3）隆昌：交通、产业、县政等情况（详略）

（4）内江：县治、商业、币制、田赋等情况（详略）

（5）自流井：市区、盐产、土产等情况（详略）

（6）成都：地理、街市、人文、庙宇等情况（详略）

（7）嘉定：交通、产业、币制、田赋等情况

（8）五通桥：概述、产盐、景色等情况

（9）叙府：鸟瞰、产业、货币、教育等情况（详略）

（10）泸县：概况、产业、货币、教育等情况（详略）

（11）北碚各种事业概略（详略）

仅以川行当年对嘉定“城市一瞥”的调研为例，即看出其“条分缕析”功力：

交通。嘉定之名，始于宋朝，为府治。民国改为乐山县。负山带河，为上川南商埠之一。西北多山，东南地坦；气候温和，土质肥沃。县属凡十乡三十二镇。河东有凌云、乌尤二山，赤山碧水，风景清幽，宋时苏东坡曾讲学于此。县城当岷江、青衣、沫水合流之处，舟楫来往，四季通航。溯岷江而上成都。青衣江上游通雅州，沫水上游到金口河。沿岷江下至叙府。入长江，可至沿江各地。陆行有成嘉马路，直抵都门，长四百余里。城内邮电局各一，乡村电话，可达全境。

产业。甲、出产：嘉定出产，以丝、蜡、盐绸为大宗。（一）丝：分细丝、粗丝二种，细丝为铁机及木机小车所缫，运销上海。粗丝系旧式大车所缫，运销云南。二种年产三千余担，价洋约二百四十万元。（二）白蜡：嘉定白蜡，多产自洪雅、峨眉一带，年约二千余担，可值洋二十余万元。白蜡虫属介壳虫类，产于会理一带，云、贵等省亦产。虫体小如粉末，春夏间，虫即孵化。种蜡者用桐叶包虫如“搭连”（装钱之代名），挂水蜡树嫩枝间。孵化后自叶包出，寄生于枝叶全部，啜吸树汁，由虫体分泌一种物质黏附树枝，日久愈厚，秋时剥取，炼化净，即凝成蜡，虫的生命，亦告结束。（三）盐：产牛华溪，年约三千五百引，值洋三百万元，运销成都、雅州。（四）大绸：产城内及苏稽、白杨坝。年约八千匹，值洋约二三十万元。最为有名“上方大绸”与“嘉定大绸”。交易以分两计，每匹约值洋三十余元。民二（十）二年，龙兴丝厂作小规模之电机织绸尝试，有织机六部，今春已开始工作。（五）其他如纸、药材、乱丝头等，亦为出口货，年约值洋四五十万元。（六）食品中以江团鱼为著名。

乙、工业：（一）丝厂十四家，共有工人五千余人。以凤翔、华新、裕利为著。（二）造纸厂一，有工人五十余人，机械简单，出品不多。（三）造碱厂一，有工人六十余人，出品销夹江制纸。附设电灯部。（四）火柴厂二，有工人百余人。（五）织布厂三十余，系家庭工业，工人约共三四百人。

丙、商业：入口货首推棉纱，年约三百万元。次为烟土与米，再次为苏货、白糖、纸烟等。全年人口统计约七百万元。出口之丝、盐、白蜡、大绸、纸、碱等，全年约八百余万元。

币制。嘉定除中行外，有成益、滋福二银号。聚兴诚设有代办处。市面流通货币，以大洋为主。本省钞票，亦照大洋通行。铜圆通用大二百，每洋一元，换钱二十二千文。

田赋。全县人口约二十五万，城内约五万人。民性朴质。田赋由民二十二年征至四十六年。民二十三年，一年征收四次，全年收洋三十八万元。地方附加，每年约十余万元。税捐统捐，每年约五十余万元。教育方面有图书馆一，甚简陋。中学校三，学生千余人；小学校六十余所，学生万余；幼稚园二，学生约三百人；孤儿院一，有孤儿六十余人；平民工读社一所，有工读生四十余入。此外有四医院。红十字会一、明道院一。哥老会势力亦盛。

4. **总行及川行同时发起对四川省各地系列调研活动**

（见前：30年代川行所做过的调研课题之史料窥视）

综上史料所述，难怪四川省事业之实行家、社会之先导者何北衡1934年10月19日在赞赏中行调研效果时说：“关于四川很简单的情况，中国银行对于四川早已在那里条分缕析的研究了”。

（三）经济研究与办刊的间断性之历史启示

调研和办刊是一种联动行为，调研目的是“着重于一事一物之详细调查，以期有裨于银行业务之实施”，办刊则是为了定期公布研究所得与提升行员智识。

所谓民国时期中行调研与办刊的普遍性，是指中行系统内经办的连续出版物，有据可查的就有近30种；渝行及其所属机构共办刊5种，还出版过经济业刊和旅行业刊多达10种，而且，渝行所属支行和办事处都有过《定期半月通讯》。

所谓民国时期中行调研与办刊的间断性，就是指中行历史上所主办的以上刊物，其办刊期限都是有限的，多则七八年，少则一个月，宛如昙花一现。比如：

《中国银行业务会计通信录》（含《中国银行通信录》）持续办刊近7年；

《中国银行星期报告》办刊时间仅9个月；

《中国银行营业报告》共发布了7年（次）左右；

《全国银行年鉴》共计发布了4年（次）左右；

《中行月刊》办刊持续时间共计8年零5个月；

《中行生活》办刊持续时间共计2年零10个月；

《中行农讯》办刊持续时间共计1年零1个月；

《中国银行通讯》至今存世的仅有1期；

《四川月报》办刊持续时间共计5年；

《川边季刊》办刊持续时间共计1年零3个月；

《经济商业调查月刊》（内江支行）办刊时间 4 年左右；

《渝行通讯》持续办刊时间共计 1.5 年。

然而，从中行“百年调研，百年办刊”的历史长河来看，中行在民国时期的办刊活动则从 1915 年起，断断续续地延续到了 1949 年。那么，怎样看待全行调研与办刊活动尽管有间断，总会被延续的看似矛盾的历史现象呢?

1. 调研与办刊间断性的主客观表层原因

据对相关史料的研究，全行调研与办刊活动间断性的主客观表层原因如下：

第一，外部形势和环境变化导致停刊。比如，《中国银行通信录》的停刊原因正如张嘉璈所言：“惜以时局纷扰，上下同人忙于应付环境，不暇从事研究，以至通信录之资料日见缺乏，读者兴趣日见减少，遂于民国十年十二月停刊。”再如，《中国银行营业报告》停止定期发布原因是“抗战开始后，为保密计，即停止对外公布”。还如，《中行农讯》《渝行农放》《西北老乡》等农贷刊物的停刊原因是：“政府为调整国家银行业务起见，决定将农贷业务，一律归中国农民银行集中办理。我行农贷已奉命于八月底移交。”（渝行王君韧《告别渝行农贷同仁》）又如，《中行月刊》停刊原因是：1937 年“八一三事变”后，中行在上海已无法正常经营，总管理处迁至香港，《中行月刊》终于 1938 年底停刊。

第二，总经理移换致使办刊质量下降并停刊。比如，《中行月刊》在 1930 年 7 月创刊到 1938 年 12 月停刊的 8 年多存续期内，其内容呈现出前期与后期的明显变化。正如马学斌指出的：在 1936 年 12 月的第 13 卷最后一期上，一则《本刊重要启事》，宣告《中行月刊》的性质发生根本的转变：“自刊行以来已历七载，谬蒙读者赞许，至深荣幸。兹以第 14 卷将届伊始之际，本刊编辑内容拟仿照各国经济刊物方法，酌量修改，尚祈读者不吝指教……”从此以后，经过重新组合的内容明显枯燥、沉闷，已完全失去创刊初和前期朝气蓬勃的面貌。究其原因，其一，张嘉璈辞职，《中行月刊》没有了掌握主旨之人。中行改总经理制为董事长制，派宋子文任董事长。《中行月刊》是否因秉承宋的办报主张而致改变方针？其二，时值全国处于日寇入侵、社会动荡、舆情纷纭的多事之秋，《中行月刊》不知所措。再如，目前《中行生活》存世的最后一期是 1935 年 3 月出版的第三十六期，而 1935 年 4 月恰好是力主办刊的张嘉璈被迫离开中国银行之时，也是主编薛光前辞职赴欧留学之时。

2. 调研与办刊间断性的深层次认识原因

本史研究认为，仅仅以上述主客观原因，还不足以解释中行在民国时期办刊活动中“尽管有间断，总会被延续”之矛盾的历史现象。如果说，中行调查报告、论著等成果，得到了社会的公认和赞誉，对扩大中行的影响、树立中行的社会形象进而拓展中行的经营业务，具有不可代替的作用；如果说，中行的信誉所以能够名扬四海，超过其他资格更老的银行，久居全国之冠，出色的调查研究工作是重要原因之一的话，那么为什么在外部形势相对稳定时期——1942 年抗战的战略相持阶段、1944 年以后战略反攻阶段，以及 1945 年抗战胜利后至解放战争爆发前的相对稳定时期，全行调研与办刊活动也有间断性呢？

究其深层次认识根源，在中行办刊活动“尽管有间断，总会被延续”的矛盾的历史现象背后，银行内部还存在着对于商业银行经营管理规律的深层认知原因的分歧，即在中行内部对于微观调研与宏观经研、实务探讨与学术研究、经营战术与经营战略的关系认识，以及各自重要性的认识，均存在着差异。换言之，正是由于人们对经济研究和学术性办刊的业务促进效用上存在着认识上的差异，这就成为全行调研与办刊间断性的重要内因。其主要表现是：

第一，一般行员对经济研究促进业务发展效用的认识差异。如前所述，中行“百年调研”文化传统，大体经历了从萌芽到体制确立阶段，即设立专职调查员的萌芽阶段，成立调查室的起步阶段，更名调查部的过渡阶段，组建经济研究室的体制确立阶段。然而，中行经济研究室的成立不是简单更名，而是革命性重组，这是指经济研究室成立后，已将“调查”仅作为必需的手段与过程，在部门名称中隐去，而突出其研究的职能；而且将研究范围由“业务”扩展为宏观的“经济”，由“国内”扩展为“国内外”。由此就带来一个关于对调查室、调查部与经济研究室的职能认识问题，也就是人们对于微观调研与宏观经研、实务探讨与学术研究之间关系及其重要性的认识存在着差异性问题，亦即：调查部的微观调研和实务探讨，具有简单明了、务实可靠，切合多数人认识水平的特点；经济研究室的宏观经济研究、学术探讨，则具有相对的务虚性，对于促进银行具体业务的发展，仅具有间接适用性，而且宏观研究和学术探讨深奥费解，曲高和寡。正如当时人们觉得《中行月刊》从第四卷起，“内容一天完备一天，材料一天充实一天，一天一天的学术化、研究化、参考化，与本行的日常生活，不免一天一天疏远起来。你想全行同事中间，有几个研究高深经济？不是性情不近，便是没有工夫。”这就说明，宏观研究与学术研究的这种调研职能，对于促进中行业务发展的重要性，并不是被大多数人所共识的。调研和办刊是一种联动行为，由于全行对于经济研究促进业务发展的效用具有认识差异，那么就会影响到办刊的生命力。

马学斌在评述中行办刊历史上两次引进国外经验时指出：第一次是 1915 年，在国内银行企业办报还是空白的历史时期，“仿外国银行通信录之例”创办了《中国银行业务会计通信录》，开银行业办报之先河，在中国金融史和企业报刊史上都留下多彩的一页，引进是成功的。第二次是时隔20年后，又“仿照各国经济刊物方法”，改造《中行月刊》，其结果是使其面目全非。因为，同样是“引进”，前者是仿“银行通信录之例”，后者是仿“经济刊物方法”，几字之差，结果却截然不同。亦即后者着眼于“学术”和“理论”，忽略了“精神”，等于放弃了大量的内部读者和作者；且在学术刊物之林中又没有办出自己的特色，终致其走上下坡路；再加上环境的变化，即使延展刊期——变月刊为季刊，也没能摆脱停刊的命运。这充分说明，失去自身特色，缺乏“精神”的报刊是没有生命力的。其结局令人遗憾。

也就是说，在马学斌看来，张嘉璈在《发刊词》中将《中行月刊》的着力之处定位于表现“团体精神”，然而在张嘉璈离职中行前后，《中行月刊》被经济研究室的精英们逐渐改造为学术性经济刊物，忽略了“精神”，等于放弃了大量的内部读者和作者，使《中行月刊》没能摆脱停刊命运。

对此，我们可以反过来看马永斌的观点：即便是对当今学者来说，也对研究学术和理论的重要性存在着认识上的分歧，更何况是在八九十年前的中行呢？那时中行，尤其是内地中行的整体智识水平较低，亦即张嘉璈所说“大半既少充分旧的教育，亦无完全新的学识。旧的，钱庄学徒出身者甚少；新的，高中毕业者亦不多觏”（九十四号演讲）。这就不难想象，在那时要达成研究学术和理论同样具有促进业务发展效用的认识，是一件多么难于理解和达成共识的事情。

第二，中行高层对经济研究促进业务发展效用的认识差异。历史地看，不仅广大基层行员难以理解经济研究和学术研究对于促进现实业务发展的重要性，即便是在中行高层也同样存在着对经济研究效用的认识差异。从1946年6月14日，中行董事长孔祥熙在行务大会闭会训辞（词）的“特缀下列数语”中，不难看出，这时中行的调研理念被在传承基础上变迁为“明察密访，世情灵通”（详见第四章），而张公权时期调研理念内涵为“调研先导，科学态度；条分缕析，谙悉环境”。所谓“明察密访，世情灵通”，其内涵大致应当是指：重视明察密访的征信调查，从而达到世情灵通（与谙悉环境是同义语）的调研目的。

《行史》中与“明察密访”有关的征信调查的记述：20年代，中国人没有自己办的征信所。中行为了对团体及个人的信用与资产负债状况作超然的、缜密的调查研究，除由中行全国各行通力合作，以期信息相通之外，并于1932年3月发起，由中国银行、上海商业储蓄银行、浙江兴业银行、浙江实业银行、交通银行、四行储蓄会、中央银行7家为社员，组织了中国人自己办的“中国兴信社”，是以研究征信和信用调查为主要目的的学术团体。6月6日正式成立“中国征信所”，以中国兴信社的基本会员和上海华商银行等19家为中心，另有外商银行、公司共34家会员。

这是华商银行的联合调查机关，是中国征信事业的创始。专门办理信用调查，以及工商企业、个人的身家、事业、财产和市场情况，将所得资料加以整理，制成报告或印成刊物，供各会员参考，并备各工商企业或个人购阅。同时有中行顾客和国内外同业直接向中行咨询的，征信所的工作很受社会信赖，业务也日见发达。1934 年 5 月 15 日，中国征信所改组为中国征信所股份有限公司。截至 1935 年 11 月已有会员 154 家，每天接受的调查要求平均在 20—30 份。从创办到 1936 年 7 月，共发行调查报告 3 万份左右，已为社会所信任。不少外商洋行、银行纷纷加入为普通会员，连美国商务参赞也加入为会员。直到“八一三”沪战爆发，业务停顿，抗战胜利后才恢复。

从上不难看出，这种明察密访的征信调查与张公权时期的经济研究是有区别的：一是前者更为务实，后者相对务虚些；二是前者效用体现为贷款决策的战术性指导——该笔贷款能不能贷，后者效用体现为贷款决策的战略性指导——全行贷款重点置向何处。之所以抗战胜利后，中行调研理念被传承基础上变迁为“明察密访，世情灵通”，其根本原因还是中行高层对经济研究的业务促进效用的认识有差异，而对征信的微观调研更有价值偏好而已。换言之，微观调研简单明了、务实可靠，切合多数人认识水平，而宏观经济研究相对务虚、对银行业务间接适用，不少人感觉深奥费解等。

第三，经研与办刊对促进业务发展效用的认识差异的当代川行例证。1992 年 1 月，中行四川省分行与全国其他许多省分行一样，创办了《四川国际金融》月刊，1997 年 12 月在历经 5 年发刊 60 期后停刊，其间该刊曾于 1993 年和 1995 年被全国中行系统评为第二届和第三届国际金融期刊一等奖。该刊停刊的主要原因是由于商业银行深化改革中，研究与办刊被视为“非银行业务职能”而被精减。这一史实同样告诉人们，即便是在当代商业银行内部，也一直存在着关于银行经济研究及其办刊对促进业务发展效用的认识差异。

3. 张嘉璈对经研与办刊窘境的决策选择

如前所述，张嘉璈是高度重视调研工作的。他直接领导经济研究室后，更强调首要的工作就是“调查”，张嘉璈等银行高管，还经常亲自率队出行调研。而经济研究室则“着重于一事一物之详细调查，以期有裨银行业务之实施”，并据此撰写了大量专题调查报告。

所谓研究与学术办刊的窘境，是指将《中行月刊》“办成既可以研究，又可以增加一般兴味的杂志，是极不容易的事”，但这并非指研究与学术办刊不重要。

张嘉璈对中行“改进民生”使命定义为：“所谓改进国民生活者，在乎谋国民生产力之增加……同时以国内外商品市场消息，供给社会为其耳目，而为经营国际商业者之正鹄。”这里“以国内外商品市场消息，供给社会为其耳目，而为经营国际商业者之正鹄”，就是调研理念对实现中行“改进民生”使命的有力支撑。为此，张嘉璈主张：一是须抱如在大学研究院之心理，对于原理原则，亦须详加研讨；二是欲保持中国银行最稳固之银行地位，就“须放款精，必须全市业务情形了然于胸中，不论新旧商务，均有研究，养成选择之能力”，“本行行员，对于工作应抱研究态度，使一切工作皆有生气”，“我人对于社会服务，应随时加以研究态度。”这就是张嘉璈高度重视调研工作的内在原因。

所谓对经研与办刊窘境的决策选择，是指中行在办刊实践中，逐渐形成了以《中行月刊》主外，打造中行的经济研究学术品牌；以《中行生活》主内，促进行员“理情力”精神训练的办刊分工格局（详见后述）。

4. 中行调研成果的品牌效应与历史启示

《行史》认为，调研成果为中行赢得了宝贵的文化信誉。正是由于中行调查研究发表的资料翔实，信息准确，内容丰富，历经考验，赢得了社会的认可，不仅在企业界，以致在国内外学术界都具权威性，为中行树立起崇高的形象。这是宝贵的文化信誉，不是任何广告宣传所能达到的。有人说，中行的信誉所以能够名扬四海，超过其他资格更老的银行，久居全国之冠，出色的调查研究工作是重要原因之一。这是不无道理的。

马学斌对此评价说：中行的调查报告、论著等成果，得到社会的公认和赞誉，对扩大中行的影响、树立中行的社会形象进而拓展中行的经营业务，更有不可代替的作用。社会评价中行智库的研究，“均能切实注意中国经济问题”，“调查分析，颇为周详，至足博取社会之好感”，并认为其“发挥着银行界代言人的重要作用”，“为国内学术性研究的权威机构之一，为国际瞩目”。

综上所述，全行调研与办刊间断性之历史透视的启示如下：

第一，调研理念尤其是经研理念的文化践行情况，既与国家外部形势有关，更与银行内部文化主导者的力行倡导与有效推行有关。而且，经济研究及其办刊对促进业务发展效用的认识差异一直历史地存在着，不是所有领导人都认同调研理念（尤其是经研理念）在银行工作中的重要地位与非凡作用。

第二，中行调研成果的历史检阅与文化品牌效应证明了一个不容置疑的历史结论：凡是要做最大、最好、最稳固、最进步的银行，都必以调研为先导，且须重视宏观经研与学术研究对经营战略的指导作用，以及对宝贵文化信誉的形成作用，因为这不是任何广告宣传所能达到的。

第三，本史还认为，在民国时期政府腐败、经济落后、财政拮据，加之军阀横行、战乱不止的环境下，中国银行能够摆脱困境，迈开步伐，在各项业务经营发展上“能行则行”的重要秘诀在于：中行的经营管理实际上有“三大参谋”，即“稽核前置”的风险防范参谋，“会计责广”的帮助本行和贷款企业如何盈利的计算精明参谋，以及科学态度下“条分缕析，谙悉环境”的调研先导参谋。

第七节　公司文化核心价值：刊教理念

实现中行“枢纽自任，职务报国；三者同乐，同为模范”使命，落实“先人后事，三者育人，四者激励，久于其任”的行员理念，培育“高洁坚韧，全行智识；新思旧养，理想行员”的行员道德，都需要运用刊教理念作为最有力的工具价值观指引和提升员工精神修养的沟通园地。根据史料记述和综合编研，对民国时期中行公司文化核心价值体系刊教理念的内容，可作如下概括：

刊教理念：寓教于刊，展现精神；以刊为校，提升智识。

一、刊教理念的史料出处与内涵详细

刊教理念的史实概括逻辑：“寓教于刊，以刊为校”理念，是指实施以刊教化的途径与方法理念，即精神训练的共同设施之一，包括发行《中行月刊》和《中行生活》等，以这些刊物为教化窗口或平台，把银行办成类似今天的函授学校一样，从而进行三者并进式的精神训练。“提升智识，展现精神”理念，是指实施以刊教化的目的或结果性理念。“提升智识”内涵，就是通过刊教形式，促进三者并进式的精神训练：理的方面，使行员的理解步步向上；情的方面，培育行员高级趣味，发展性本善的内性生活；力的方面，竭力提倡体育，健全行员的体格。“展现精神”内涵，即培育全行上下“居于上者公，居于下者忠，同心同德，保持中国银行为银行界领袖的地位”的团体精神。

（一）“寓教于刊，展现精神”的由来始末

从中行刊教理念形成的历史逻辑看：“寓教于刊，展现精神”理念的由来始末，就是中行刊教理念的形成原因和最终目的。现据史料予以分述如下：

1.《中行月刊》创刊背景、意义、目的、方法

张嘉璈在设计中行新图样时期（1928.11—1930.12），于 1930 年 4 月提出了类

似于今天组织文化建设的文化培育理念：确立中行新时期之组织使命与愿景；提出“三者并进，四者保障”行员职务训练理念；倡导创办表现全行“团体精神”的机关刊物《中行月刊》。到了建造中行第一层时期（1931.1—1932.12），张嘉璈于1931年1月1日，推出了中行六大项全面改革，而“注意行员职务训练与精神修养”就是其中改革之一。

(1)《中行月刊》创刊背景

在设计中行新图样时期，《中行月刊》应内外形势要求于1930年7月创刊。正如张嘉璈在《中行月刊》发刊词中所说：

本行有通信录，自民国四年一月始，名曰业务会计通信录。以本行业务上会计上，同人应知之事实，应具之智识，灌输于同人。其后改为中国银行通信录；惜以时局纷扰，上下同人忙于应付环境，不暇从事研究，以致通信录之资料日见缺乏，读者兴趣日见减少，遂于民国十年十二月停刊。

这即是说，中行从1921年12月《中国银行通信录》停刊后到1930年7月之间，近10年没有对外发声和对内沟通的舆论工具。然而，此时民营的天津大陆银行、广州大中储蓄银行、北京金城银行、汉口聚兴诚银行、上海商业储蓄银行等，以及官办的北京交通银行、奉天东三省官银号，都已先后创办了自己的刊物。新组建的中央银行也于1929年创办《中央银行旬报》（后改为《中央银行月报》）。[①] 为此，在总结前期创办《中国银行业务会计通信录》（后改为《中国银行通信录》）得失基础上，《中行月刊》于1930年7月应势而为地在上海创刊。

(2)《中行月刊》创刊意义与目的

1930年7月1日，张嘉璈在为《中行月刊》撰写的发刊词中，阐明了其创刊的意义与目的：

考国内外专门杂志，盈千累万，即就银行杂志一门，已无虑百数十种。凡所著述，皆出专家之作，决非我行自办之出版品，所能望其项背。然则欲以银行之新知新说，灌输于行员也，斯奖励行员订阅银行杂志也可，或由银行以杂志中特别之著作，刊发行员阅览亦可。又何贵乎有此事倍功半、缺而不全之自办出版品。然而吾人不以此而自沮者，盖有深意存焉。

他所认为的《中行月刊》创刊的“盖有深意存焉”，是指：

故欲知原理原则，新组织，新事物，可读一般之刊物。欲知一机关之精神，不能不读此机关之刊物。吾人欲知本行精神之所在，势不能不有自身之出版品，此本

① 马学斌．“团体精神”的载体——历史上的《中行月刊》[J]．国际金融．2015年第7期．

刊之所以继通信录之后而复出也。

因此，他主张《中行月刊》办刊目的是“表现自身固有之精神”，亦即：

本刊为中国银行全体之刊物，亦即为本行全体人员自由意旨发表之机关，由此千数百人之自由意旨，而得全行精神之表现。

（3）《中行月刊》办刊方法

张嘉璈所说的办刊方法有二：不偏于多记时事，或多载译著，而在以本行全体之思想行动，事事物物，尽量登载，此其一。一切材料，不可尽依赖于总处之调查部，必须总处之各部及分支行各同人，尽量供给，各个人如有意思，亦可尽量发挥，此其二。

总之，张嘉璈通过创办《中行月刊》来作为展现中行“团体精神”和促进公司文化建设的载体。这就是“寓教于刊，展现精神”的由来。

2.《中行月刊》所面临的办刊窘境与解决办法

（1）《中行月刊》办刊窘境

虽然《中行月刊》办刊宗旨是“表现自身固有之精神”，然而到《中行月刊》出刊至第四卷时，“内容一天完备一天，材料一天充实一天，我们十分的佩服。不过我有一个感触，觉得月刊一天一天的学术化、研究化、参考化，与本行的日常生活，不免一天一天疏远起来”。这就是指中行经济研究室的精英们，逐渐将《中行月刊》办成了一份经济调查和学术研究特色的经济刊物，造成了以下的办刊窘境①：

你想全行同事中间，有几个研究高深经济？不是性情不近，便是没有工夫。若是不能得到多数行员的趣味，多数行员的阅读，岂不是枉费了经济研究室诸公的许多心血，所以常常觉得中行月刊有改革的必要。

但是想想每种杂志有每种杂志的格局，不可以随便拿油盐酱醋凑在一起。要想拿月刊办成既可以研究，又可以增加一般兴味的杂志，是极不容易的事。

从上不难看出，《中行月刊》办刊窘境有二：一是刊物学术化、研究化、参考化，读者减少；二是用一种刊物难以解决既表达经济研究成果，又展现员工精神培育面貌的矛盾。然而，尽管《中行月刊》“一天一天的学术化、研究化、参考化”起来，但并不是说张嘉璈因此认为经济研究的学术化、研究化、参考化不重要，而是担心没有通俗期刊兼顾广大行员“理情力”的精神训练。

（2）坚持“表现自身固有之精神”办刊宗旨的解决办法

据时任张嘉璈助理秘书的薛光前回忆，“时上海商业储蓄银行在陈光甫先生领导

---

① 一封行员的信——希望编印一种表现全行生活的刊物.《中行生活》第一期. 1932年5月15日.

下，一切讲求现代化，重视精神训练，出版《海光》月刊，专为对内检讨之用，对外并不公开发行，公权先生也有意于此”，以期“策励同人，刷新日常生活，贯穿服务精神”。可能正是《海光》启发了张嘉璈，使其恍然大悟。①

这就是说，中行在办刊实践中，逐渐产生出《中行月刊》主外，打造中行的经研学术品牌；《中行生活》主内，促进“理情力”精神训练的分工格局：

所以鄙人建议，不如拿（中行）月刊专从研究方面用功，办成一很有声色的经济杂志，阐明本行的经济思想、经济政策；另办一份小小的杂志，专来表现本行全体同仁的一切公私生活，我想一定可以得到多数行员的欢迎。

3.《**中行生活**》**应势成为中行“家庭通信机关”**

在上述背景下，《中行生活》于 1932 年 5 月 15 日创刊。但它并没有像两年前《中行月刊》创刊时那样由张嘉璈撰写堂皇落款的《发刊词》，而以《一封行员的信——希望编印一种表现全行生活的刊物》的特殊表达方式来代替发刊词，以示本刊之诞生。那么，这封“行员的信”的作者究竟是谁、《中行生活》为何要以“一封行员的信”作为发刊词?

该发刊词以第一人称撰写，如“我们的《中行月刊》已经出到第四卷了……”，“鄙人建议……我想一定可以……”，“要是决定另办一份杂志，鄙人希望这份杂志编制的精神……”，“我们若是要完成中国银行所负重大的救国利民的使命，必须令全行二千个同事，有同样的认识，有同一的精神”，等等。可见，这封“行员”的信，阐释精辟、分析透彻，登高望远，不啻为一份极具操作性的企业报刊企划书或指导书。对此，笔者赞同马学斌的推论及其原因分析：该信虽未署名，但不难看出，其绝非一般行员所撰，只能出自张嘉璈之手。其原因是：张嘉璈之所以没有同两年前为《中行月刊》撰写《发刊词》那样堂皇落款，而用这种隐晦的方式来表达他的办刊理念，正好反映了他对《中行月刊》当时状况的无奈，寄托了他对新办刊物《中行生活》的期冀，张在这一特殊形式的发刊词中，提出了怎样坚持《中行月刊》“表现自身固有之精神”办刊宗旨的解决办法：即《中行月刊》专门从研究方面用功，办成一很有声色的经济杂志，阐明本行的经济思想和政策；另办一份《中行生活》杂志，作为专供本行同人阅览的刊品，专来表现本行全体同仁的一切公私生活，亦即其办刊宗旨为：

社会全般的经济生活，从农工商各个各个的生活所构成。中国银行全行的生活，从一个一个行员的生活所构成。一切事业的成就，就是凡百公私生活演进的表现。

---

① 马学斌.“家庭通信机关”——历史上的《中行生活》[J]. 国际金融，2015 年第 11 期.

所以这份杂志，可以名之曰“中行生活”。

据史料显示，《中行生活》最后一期出刊时间为1935年3月1日，时间跨度约4个年头，共计出刊36期。事实证明，张嘉璈倡导创办《中行生活》的《一封行员的信》，反映了行员的共同心声（详见后述）。

4.“寓教于刊，展现精神”理念的内涵概括

（1）“寓教于刊”内涵概括

“寓教于刊”的逻辑内涵，是指将中行公司文化之精神教化作用，寓于中行系列刊物之中；或者说，以方寸地，育理情力。其史料内涵，体现在张嘉璈的相关讲话与文章之中：

欲知一机关之精神，不能不读此机关之刊物。吾人欲知本行精神之所在，势不能不有自身之出版品，此本刊之所以继通信录之后而复出也。

本刊（中行月刊）为中国银行全体之刊物，亦即为本行全体人员自由意旨发表之机关，由此千数百人之自由意旨，而得全行精神之表现，此鄙人所深切希望于编辑诸君及全体同人者也。

（2）“展现精神”内涵概括

“展现精神”的逻辑内涵，是指通过刊物这一载体或平台或窗口，培育和展现中行精神。其史料内涵，体现在张嘉璈的相关讲话与文章之中。比如，《中行月刊》的“展现精神”作用是：

本刊为中国银行全体之刊物，亦即为本行全体人员自由意旨发表之机关，由此千数百人之自由意旨，而得全行精神之表现。精神云者，即一事业之首领及其全体服务人员之思想行动之表现之谓也。

要之一机关中若干个人之意旨，或以相同而融化，或以相异而冲突，激荡糅合，而形成团体之思想行动，此之谓团体精神。

再如《中行生活》作为中行的家庭通信机关，其“展现精神”作用有二：一是，“一切事业的成就，就是凡百公私生活演进的表现”，“通过这份杂志，将本行总分支行一切业务、事务，及行员服务的工作与思想都写出来，可以大大的改善我们行员的精神。”所谓演进，意指事物在长久发展变化向好的方向推进。演进的过程也就是通过刊教而展现精神的过程。二是，“我们若是要完成中国银行所负重大的救国利民的使命，必须令全行二千个同事，有同样的认识，有同一的精神。就是除了阶级关系、职务关系之外，有深厚的精神团结”。

（二）“以刊为校，提升智识”的史料概括

从中行刊教理念形成的历史逻辑看，“以刊为校，提升智识”理念则是刊化精神的途径与基础，所谓途径是指以刊为校是寓教于刊的途径；所谓基础，是指提升智识是展现精神的基础，只有提升了智识，才能转变观念，达成文化共识，最终培育出团体精神。现据史料分述如下：

1.“银行学校”的史料出处与理念概括

“银行学校”一语，概括于张嘉璈的多次讲话之中。而以刊为校的途径和理念，则是在那个时代如何将中行办成银行学校的因地制宜的最好落实形式。

1934年5月6日，张嘉璈对宜昌同人训话指出：欲保持中国银行最大和最稳固银行地位，措施之一就是“彼此不惮研究，一似学校”。

1934年5月8日，张嘉璈在万处演讲时指出：“银行好似一个大学校，同样地订有行规，叫行员遵守，我们在校里当好学生，在行里也应做好行员。如果自己不守规矩，任意行动，那不单为银行所鄙弃，也许在社会上也受淘汰呢!”

1934年5月20日或25日，张嘉璈在定处（乐山）演讲时指出：“在银行服务，则所需之智识更多，教育尤为重要。银行而无教育，行将不行矣。”

1934年6月8日或9日，张嘉璈在汉支行说：“我是抱着无限希望，愿诸位勤学不懈，在最短时期内，完成速成更高更深的学业!”

由此可见，“银行学校”价值理念的史料内涵就是：银行而无教育，行将不行矣；在行里好像在学校里一样；彼此不惮研究，一似学校；愿诸位勤学不懈，在最短时期内，完成速成更高更深的学业!

2.“提升智识”的史料出处与内涵详细

“提升智识”理念，是指实施以刊教化的目的或结果性理念之一。而且它也是刊化精神的基础，只有提升了智识，才能转变观念，达成文化共识，最终培育出团体精神。“提升智识”一语，概括于张嘉璈的多次讲话之中。1933年1月，张嘉璈在视察宁波支行时说：

总行现在出版的《中行月刊》与《中行生活》，皆是要求行员智识的增进而办的，但是并不是看了这种《月刊》与《生活》，智识就是足用了。

古语所谓闻一以知十，《月刊》与《生活》，虽是总行给予同仁“力”的启示，“智”的浚发，“思想”的指导，才不过十分之一的分量，怎样求二至十？仍在同仁自动的努力。

希望同仁看了《中行月刊》的文章，从世界中国的大势，推论及于地方的经济状况来互相比照；看了《中行生活》，从总行改革的大方针，来研究分支行局部的应用与改善，以及同人意识的切磋。

1932年3月，张嘉璈提出了“模范经理”三大标准之一就是：

不断地补充新知识。知识为办事能力之宝库，故我人对于新的知识，应随时的注意，不断地补充。否则时代进展，难免沦于落伍。（区务会讲话）

类似话语还有：同人须培养完全的智识，犹如配搭完全的机器一样（蚌埠讲话）；如果诸位再不在智识上奋斗用功，银行固然难免要落伍，自身也必归于淘汰（汉口讲话二）。

由此可见，“提升智识”理念的史料内涵就是：第一，知识为办事能力之宝库；故我人对于新的知识，应随时的注意，不断地补充；如果诸位再不在智识上奋斗用功，银行固然难免要落伍，自身也必归于淘汰。第二，《中行月刊》与《中行生活》办刊主要目的之一就是增进行员智识，即总行现在出版的《中行月刊》与《中行生活》，皆是要求行员智识的增进而办的，给予同仁“力”的启示，“智”的浚发，“思想”的指导。第三，“提升智识”理念的管理效用，就是促进三者并进式的精神训练：理的方面，使行员的理解步步向上；情的方面，培育行员高级趣味，发展性本善的内性生活；力的方面，竭力提倡体育，健全行员的体格。而且，只有提升了智识，才能转变观念，达成文化共识，最终培育出团体精神。

（三）张嘉璈深切关注川行员工的“他调”问题

如前所述，素抱经济宏愿的张嘉璈，有着永葆中行在银行业领袖地位的情怀和宏愿。他常常为永葆中行领袖地位而居安思危，在多种场合反复强调永葆同业领袖地位的意义和要求：“诸君更须知道，本行在社会所处的地位是万目睽睽，我们的一举一动，不知不觉间都在一般人的耳目间（宜宾讲话）”。在居安思危的同时，他还不断提升中行法人伦理的律己标准，以期中行做一个同业的永久的领导者，从而实现建设理想中国银行的宏愿目标。1934 年 5 月，在他巡视川行各处时，有两大问题令他堪忧，一是前述的成都支行在道德形象与社会口碑上所存在的问题；二是深切关注以嘉定办事处川行员工为代表的川行员工素质的“他调”问题，说明提升智识对于川行员工的极端重要性。

1. 张嘉璈对川行员工整体素质总的印象

1934 年 5 月 20 日或 25 日，张嘉璈在定处训话时，他首先就巡视川行各处之感想总体概括为：川行人员之程度，较他省为低；因川行同仁出身学校者多为低级，或竟失学；出身商界者，亦未得良好环境之培育。与此相关，1934 年 6 月 15 日，他在《川行感想之种种》演讲中，对四川行员的整体素质有一个基本判断：乃此行沿途与各处同人晤谈，大半既少充分旧的教育，亦无完全新的学识。旧的，钱庄学徒出身者甚少；新的，高中毕业者亦不多觏。

对此，他在嘉定讲话时提出了“他调之弊”一说，即：川行人员智识偏低原因有二：一是川省银行、钱庄均不进步，川行人员，无良好之环境；二是川行人员多为本地人，即主任阶级，多皆足不出川。川行人员（素质）比较他省程度为低之结果，则发生难于他调之弊。既难他调，在行本身，殊不经济。

这就是说，川行人员既处于无良好之外界环境中，又没有感受到好的“他调”（意指由外部施加的教化）的影响。既然“他调”是造成员工素质偏低的重要原因，那么责任就在于中行本身没有对行员加强“他调”的影响，而运用强化行内“他调”方式提升员工智识，这也是一种经济的育人方式。

2. **川行员工素质偏低对中行形象的影响**

张嘉璈在定处和九十四号大厦谈及川行员工素质偏低对中行形象的影响时说：

本行向为各界推为领袖的金融机关，则不论智识、言论、道德、工作，均应较各界为高，获得各界之景仰。

吾川行行员，若仅等于普通川人，或更不及，其影响于川行名誉甚大。

在沪晤杨粲三君，谓川行目前渐有特色，足证昔日之不进步。近年渝行竭力改革，得此好批评，理应自慰，但观察之后，仍觉名不符实。此种论调，并非责备同仁，实不免有怜悯之同情。

在内地固不必尽需大学毕业或留学生人才，顾目下我行新设机关，均是低级人员升调以应，而对方交接之人物，如县知事、局长之机关上人，甚至团长等等，均是学校出身。我行之人，以其教育之不足，势难取得对方之重视，因此难博社会之信仰，增进本行领袖之地位，更谈不到为指导事业、辅助建设之中心。

由此可见，川行员工素质偏低对中行形象的影响包含几层意思：第一，川行人员智识偏低，对川行名誉影响很大，甚至影响到中行为各界推为领袖的金融机关之地位。第二，尽管渝行近年来竭力改革得到好评，但就人员素质讲，仍觉名不符实，且对川行人员智识偏低不免有怜悯之同情。第三，在业务接洽和营销过程中，对方的县知事、局长之机关上人，甚至团长等等，均是学校出身；而我们的行员，大多是由“既少充分旧的教育，亦无完全新的学识”的低级人员升调（迁）以后，去应对大多学校出身的官员们。第四，这种双方人员素质上的反差，对中行业务开拓和形象培育的影响就是：我行之人，以其教育之不足，势难取得对方之重视，因此难博社会之信仰，增进本行领袖之地位，更谈不上为指导事业、辅助建设之中心。

3. **提升川行员工整体素质“他调”办法**

纵观张嘉璈关于提升行员智识的多次讲话内容，概括地讲，他对提升川行乃至全国中行员工整体素质“他调”办法与途径有四个方面：

（1）以“银行学校”或“以刊为校”途径提升员工整体素质

因川行同仁出身学校者多为低级，或竟失学；出身商界者，亦未得良好环境之培育。如树之未大，果之未熟，弊之所在，系同仁之未得教育，不仅限于学校，即普通商业，亦需相当教育。在银行服务，则所需之智识更多，教育尤为重要。

银行而无教育，行将不行矣。川行人员，今日如需补充高深学理，或深厚之经验，实不易易。但未尝不可从最低限度做起。

总行现在出版的《中行月刊》与《中行生活》，皆是要求行员智识的增进而办的。希望同仁看了《中行月刊》的文章，从世界中国的大势，推论及于地方的经济状况来互相比照；看了《中行生活》，从总行改革的大方针，来研究分支行局部的应用与改善，以及同人意识的切磋。

（2）未尝不可从最低限度做起的提升员工整体素质的两大途径

（一）补充智识。为主任者，公暇多读书报杂志，以广学识；多研究本地商业情形，以增经验。每年因公便赴渝行讨论业务之进行方法，对于调查，尤应注意。商业之道，不外常理，旧式商业说，货物之来踪去路；新式商业说，货物之产销，即其理也。当地行员无论大小，对于一地大宗物产之产销情形，及经营商业者之人格、道德、能力、信用，均须彻底明了。

因放款之后，其事业不啻为本行所经营，若各钱庄，彼以借款转放市场，则全市面之放款，不啻为本行之放款。即各帮营业之失败，其失败之原因，亦须调查明白，以为殷鉴。主任以此责营业员，营业员以所得转告同人，互相研究，则银行成一学校，可补同人智识之不足矣。

（二）智识之不足，以人格补充。川行既为川省各界所注意，无论公私方面，均应勉为模范。本行为社会中之一份子，自视甚小，但耳目所系，在小市面之嘉定，尤显其地位之重要。同人既感智识不足符实，则先将人格提高；因人格一高，可补智识不足之缺憾。若二者都缺，不知补充，则必为人所轻视矣。

总之，诸君既感本身之供给，不敷今日中行之需要，则先重道德，次求经验，再次则扩充智识。勉力为之，他日之川行，自可追他行而翱翔，或超越其前，不负今日之希望！

由此可见，提升川行员工整体素质“他调”办法如下：第一，补充智识和以人格补充去弥补智识之不足，是从最低限度做起的提升素质的最好途径。第二，张嘉璈甚至将对川行人员整体素质的担心看作是“我人本身之能力是否足敷本行今日之需要”的大问题，其过渡性解决办法就是“能力不足，则先重道德，次求经验，再则扩充学识”。第三，殷切希望“他日之川行，自可追他行而翱翔，或超越其前，不负今日之希望!”

（3）淬砺精神，以我们的人格与能力，为竞争之工具

张嘉璈在叙处训话时，在谈及川行人员素质方面问题时提出了三个素质要求。在此基础上，他重复强调了培育员工“全行智识”的品德要求。

私德端正，不为社会所指摘；智识充足，比别人高；衣服朴素整洁。

须知中国银行是整个的，从今以后，吾们要使不论何行人员，变成整个中的一分子。倘叙府行员，其程度能力只合于叙府一处，则不特难于他调，且无上进之望。试问一地的行员，只限于一地之用，本行训练行员，岂不十分不经济？

面对川行人员素质问题和目前各家银行纷至沓来，营业竞争，日益剧烈的外部形势，他提出了权衡利弊的解决办法是：

我们更要淬砺精神，应以我们的人格与能力，为竞争之工具，须知银行最要的条件是信用，信用之构成，是从各人员各别之信用结合而成的。我们要谋本行各行之平均发展，同时必要先谋每一行同人之平均发展。不论是分枝（支）机关，或分枝（支）机关中之一员，均须步步整理，其有益于地方而能赚钱者留之，否则去之；行员之合乎本行标准者留之，否则去之。诸君更须知道，本行在社会所处的地位是万目睽睽，我们的一举一动，不知不觉间都在一般人的耳目间。

（4）对新入行员工进行彻底的训练和集中的训练

1934 年 6 月 15 日，张嘉璈在《川行感想之种种》演讲中，提出了对新入行员工进行彻底的训练和集中的训练的理念与方法。

二、刊教理念的价值特征及管理效用

根据现代企业文化理论可知，公司文化的培育逻辑就是对文化选择、文化共识和文化实践所进行的集合性管理，亦即：以有效的文化选择为前提，以整体的文化共识为纽带，以持续的文化实践为落脚点，通过文化管理的对象化作用与物质化运动，最终转化为组织的物质性与精神性的成果。其中，文化选择的成果只是“文化种子”，文化共识才是连接文化选择（种子）与文化行动（果实）的桥梁，“只有达成共识的要素才能称为文化”。这即便是在现代企业的文化培育过程中，要跨越员工整体共识企业文化的门槛，也是最难实现和最显领导水平的问题。

正因为如此，纵观我国改革开放以来的经济转型过程，我国企业文化建设现实问题的简单扼要概括亦如彭剑锋所说：“文化理念天上飘，员工行为地上爬”，不少企业在建设企业文化的同时，其所出现的新问题仍旧还是文化的问题。

可见，企业文化培育的难度在于共识，要解决“理念先进，行为落后”的企业文化实践问题，要跨越行员形成整体文化共识的门槛，最重要的是提高文化共识的

管理效果，文化共识力体现着企业文化管理的水准与层次。

有鉴于此，民国时期中行刊教理念的价值特征和管理效用，无异会对我们当今企业如何提高文化共识力带来历史启迪与借鉴意义。

（一）“寓教于刊，展现精神”的文化管理逻辑

张嘉璈认为，决定事业成败的关键因素是“无形之精神”，即“团体精神”。寓公司文化之精神教化作用于系列刊物的管理逻辑，则与当今企业文化培育逻辑是相吻合的，“寓教于刊，展现精神”的文化建设逻辑，表现在以下几点：

1. 培育无形的团体精神与当今组织文化培育本质相一致

张嘉璈在论及无形之精神时指出：夫谓世界一切事事物物，均有一定之原理原则，经营事业者，但依此原理原则而行，自可得同等之效果，则一切事业宜若无优略成败之分矣。何以同一事业，往往其基础，其环境无不相类，其应用原理原则之程度亦相类，而其事业之成就，乃有相距若天壤者，此何以故。曰：可以致之同者，有形之事物，不可强其同者，无形之精神。

由此可见，无形之精神是造成企业之间“事业成就相距若天壤者”的根本原因，这一观念在当今也是如此。现代企业战略管理理论认为，企业之间的发展与竞争由外向内有四大层次：产品与市场层面的发展与竞争，创造价值活动层面的发展与竞争，资源与能力层面的发展与竞争，文化与战略意图层面的发展与竞争。而文化与战略意图层面的发展与竞争是根本性竞争，其本质就是一种经营哲学或价值精神，培育企业文化就是塑造企业精神。

张嘉璈在论及精神（文化）时还说：精神有发之于首领，而同事效法之者；有发之于下级，而上级赞同之者；有因一团体中，彼此思想行动之不一致，而产生自然之发展者；有为环境之左右，而不得不随之变化者。

这基本上道出了文化选择的主要来源，正如王成荣的企业文化定义所言：企业文化是指在一定的社会大文化环境影响下，经过企业领导者的长期倡导和全体员工的积极认同，实践与创新所形成的整体价值观念、信仰追求、道德规范、行为准则、经营特色、管理风险以及传统和习惯的总和。[①] 王斌（2008）也指出：企业文化是企业在其长期经营过程中，在总结经营成功、失败的经验教训的基础上，由企业群体所认可的特有的共同信仰、价值观念、行为规范和奖惩规则，并由企业经营者提炼和培育起来的一种适合于本企业特点的管理理论和管理方法的凝结和升华。[②] 而

---

① 王成荣、周建波. 企业文化学［M］. 第48—51页. 北京：经济管理出版社. 2002.10.

② 王斌. 略论企业文化管理的构建与意义［J］. 理论月刊. 2008年第4期.

张嘉璈所指的精神来源有：有发之于首领，这相当于企业领导选择文化价值；有发之于下级，这相当于企业领导认同、总结和推广来自企业内部的文化价值；一团体中，彼此思想行动之不一致，而产生自然之发展者，这相当于企业主流文化以外的支流文化价值；有为环境之左右，而不得不随之变化者，这相当于企业变迁的原因。

2. 培育无形团体精神的关键是如何赢得广大行员的共识

根据现代企业文化理论，培育文化共识过程，是一种理性的与非理性的管理相融合的综合管理过程，既包括理性的官方意识灌输、文化理念教育训导与制度性强化，还包括感性的理念故事化、理念人格化（企业英雄榜样）、领导感召魅力化、环境氛围熏陶等。

张嘉璈说："精神云者，即一事业之首领及其全体服务人员之思想行动之表现之谓也"，其中含有"只有达成共识的要素才能称为文化"之意味，即精神（文化）是"一事业之首领及其全体服务人员之思想行动"。

张嘉璈还说："要之一机关中若干个人之意旨，或以相同而融化，或以相异而冲突，激荡糅合，而形成团体之思想行动，此之谓团体精神。"这段话的本质就是说，培育文化共识过程，就在理性与感性管理的振荡融合之中，由员工群体思想与行为的互动效应所演进出文化共识的效果。

3. 寓教于刊和刊化精神是促进行员文化共识的沟通窗口

寓教于刊的沟通窗口效应，亦如《中行月刊》发端原因所言："故欲知原理原则，新组织，新事物，可读一般之刊物；欲知一机关之精神，不能不读此机关之刊物；吾人欲知本行精神之所在，势不能不有自身之出版品。"还如《中行生活》办刊目的所言："专来表现本行全体同仁的一切公私生活"，"社会全般的经济生活，从农工商各个各个的生活所构成。中国银行全行的生活，从一个一个行员的生活所构成。一切事业的成就，就是凡百公私生活演进的表现。"

进一步讲，所谓演进，在汉语中的释义是演变发展，它强调某种事物发展变化的正向作用，意指事物在长久发展变化向好的方向推进。而文化共识过程，就是由员工群体的思想与行为的互动效应演进出文化共识的效果。张嘉璈所指的"一切事业的成就，就是凡百公私生活演进的表现"，其本质就是员工群体的思想与行为振荡融合的文化共识过程。

（二）"寓教于刊，展现精神"的文化共识逻辑

对史实的综合编研表明：中行"寓教于刊，展现精神"的办刊方法——《中行生活》的编制精神，就是培育企业"团体精神"并赢得广大行员文化共识的独具特色之方法——独具特色的公司文化共识的管理逻辑。

1. 中行文化共识特色逻辑：真实的编制精神

张嘉璈在《一封行员的信——希望编印一种表现全行生活的刊物》中说：

人类的生活，本是有表有里。机关的生活，尤其是偏于形式。表面的生活，形式的生活，都是偏于虚伪，虚伪是社会最大的病根。因为专谈表面只讲形式，必至人类里面潜伏的一切病态，无从表现，无从发泄，愈伏愈炽，终致不可收拾。

不难看出，"真实"的办刊精神具有特殊的文化共识之管理意义，即在理性的官方意识灌输过程中，要讲求"真实"性，这就会减少文化培育中的官方说教的色彩和"偏于虚伪性"。公司文化理论告诉我们，文化在员工心中"落地"有三个程序性环节：知、信、行。"知"是对文化的认知，"信"是对文化的信奉，"行"是对文化的践行。显然，"信"是文化落地的前置性环节。造成当今组织文化建设"文化理念天上飘，员工行为地上爬"问题的主要原因之一就是，组织文化选择的价值取向过于"高、大、全"，或者是官方说教色彩偏重并"偏于虚伪性"，使员工对组织价值理念要么浅信，要么将信将疑，要么干脆就不信。在这方面，张嘉璈把"真实"的办刊表达，视为医治那些"专谈表面只讲形式的虚伪"这一社会文化的最大病根的有效方法，期望通过广大行员的真实表达，以避免他们"无从表现，无从发泄，愈伏愈炽，终致不可收拾"的组织病态发生。因此，"真实"的编制精神具有以下特色性文化共识效用：

若是拿人类里面的（即指精神的、灵感的）生活，用真实的写法表现出来，则他们的好处，可以十二分的表现出来，就是坏处亦可以明明白白地说出来，不特使读者知事事物物之真善真恶，抑且可以增加读者精神上之愉快。

我盼望这份杂志，将本行总分支行一切业务、事务，及行员服务的工作与思想，都用"真实"的写法写出来，可以大大的改善我们行员的精神。

关于在"真实"编制精神引导下的文稿案例，我们可以从《中行生活》第二十五期曾刊登过的《一个小统计》看出。其中记述道：

民国二十三年（1934）三月二日晚七时，总经理在上海公共租界静安寺路斜桥七二二号万国体育会，欢宴沪、宁、浙各属经理主任及总沪同人，与宴者六十五人。席作U形，当据在座同人分头调查之结果，汇编各项统计如下：

戴眼镜者二七人，剃和尚头者二五人，剪各式杂头者四十人，中装穿马褂者二四人，穿中装而不穿马褂者一四人，穿西装者二七人，有须者九人，微须者一人，体重二百五十五磅以上者三人，女性二人，男性六十三人，女性迟到者一人，男性迟到者一人，因事早退者二人，挑眼者一人。

从上文不难看出，这个小统计就体现了真实的编制精神，具有可读性与趣味性，即如张嘉璈所说“就是坏处亦可以明明白白地说出来，不特使读者知事事物物之真善真恶，抑且可以增加读者精神上之愉快”。可以推知，相信行员包括与会者读了此文后，或许还会联想到“这些高管人员为何会迟到早退”，“体重二百五十五磅以上者该不该减肥，以达到张总经理关于力的训练要求”等问题，由此在长久发展变化过程中向好的方向推进——中国银行全行的生活，从一个一个行员的生活所构成；一切事业的成就，就是凡百公私生活演进的表现。

再如，《中行生活》第十三期登载了行员徐宗泽《希望给予有“力”的东西造成“好”的环境》一文，对《中行生活》办刊质量开门见山地提出尖锐的批评：

我不会客气，我只是爽直地寄给你我心里想说的话。《中行生活》编得如何好？我以为那是你的责任；并且所谓“好”，实在了也不易解释，因为只有更进了一步的时候，才知道比以前是更好了，但是究竟仍然是没有止境的。要不满意现在，才有更进一步的将来。

我从看了第一期的本刊，脑海里立刻印上了“活泼”、“真实”、“亲切”。我一直希望着；结果呢？我所看到的是训话，训话般的讲演。我不是反对，我也不敢批评；但假如能恕我唐突，我要“真实”地说：我还嫌这些空虚缥缈，青年人所要的是“力”，希望多把一些有“力”的东西给我们。希望在告训前进之外，还要告诉我们如何前进？如何完成一个完全的人？

我以为，训话只同扎兴奋药针一样，当时有效，而不是根本的办法。十二分企望着高级同人训话之外，给我们一些有力的指导与榜样——这当然是各方面的——在这里我想起第三期本刊的一段，使我仰慕宋董事的俭德，他不只是喊俭朴，他是自身力行，至少在这一方面他可以作我们的榜样。

各分行处呢，也不要尽说他们是正在如何改进？要把大家正要改进以前的不好之点写出来给别人看，我想，有同病的人也可以藉此改善。

该青年行员还借《中行生活》这一平台，向编辑部和总行高层提出建议说：

希望各处高级同人注意到，并且来讨论这一个问题：“如何给青年行员造成一个好环境”。这里要有一个声明：所谓“造”，绝没有强迫、禁止等意义，是造成这样一条路，使人们“自然地”渐渐地退出那条路而走上这一条。

由此可见，真实的编制精神，是促进广大青年文化共识的有效途径：

第一，该行员确有一种初生牛犊不怕虎的精神，对全行上下都满怀期望的《中行生活》第一期的办刊质量，表示极大不满：“我所看到的是训话般的讲演”，其矛头直指中行高层的讲话。他认为，领导训话只同扎兴奋药针一样，不是根本的办法，因而嫌《中行生活》内容空虚缥缈，没有把有力的东西给年轻人，希望管理当局能给青年行员造成一个好环境。这不能不说，该青年行员的确用真实的写法，把自己对《中行生活》办刊意见，十二分地表现出来了。而《中行生活》“真实”的办刊精神，则减少了文化培育中的官方说教色彩和“偏于虚伪性”。

第二，《中行生活》编辑部诚实办刊的博大胸怀展现无遗，他们没有以当今职能部门那种报喜不报忧的狭隘心胸来面对批评，而是以包容的态度加谦恭的按语给予回复：“此篇实得我心，故为附数语于此，愿共同努力，改善环境，勿急勿躁勿畏难。”正是这种真实与包容的办刊精神，编辑们更加重视“十二分企望着高级同人训话之外，给我们一些有力的指导与榜样”的办刊建议，从而使以后的《中行生活》既重视理性视角的讲演的报道，又重视类似“企业英雄”的感性榜样的宣传。

总之，通过“真实”的办刊精神，达到“不特使读者知事事物物之真善真恶，抑且可以增加读者精神上之愉快”和“可以大大的改善我们行员的精神”的寓教于刊与文化共识之目的。

2. **中行文化共识特色逻辑：活泼的编制精神**

张嘉璈在《一封行员的信——希望编印一种表现全行生活的刊物》中还说：

尝听说一切事业的成功，从困苦中得来。而事业的创造，乃从愉快中得来。在精神极愉快的时候，方有极新颖的思想。

我们中国人在现在环境之下，多一个一个的垂头丧气。就是我全行同仁，或愤恨外侮的耻辱，或焦虑生计的困穷，或自怨学问的不足，或忧愁身体的萎弱，或不平升迁的缓慢，十之八九感觉到人生的无味。加上国家政治不良，更觉到我们中国人的痛苦，好像已成不治之症，于是一切言论文字，都像病榻呻吟之声。

我们想想，一个人若是天天听到病人呻吟之声，还能有愉快的精神么？即不是呻吟之声，就是刻板文章的礼义道德之谈，亦何能唤起精神的愉快？

唯有将一切事事物物，从乐观的、善意的、向上的、超脱的方面来观察他、解决他，则自然而然不至增加我们的烦闷，不致减少我们的愉快，这就是我所说“活泼”的意义。

由此可见，活泼的编制精神具有以下特殊的文化共识之管理意义：

第一，张嘉璈所指的“活泼”的编制精神，是以“精神极愉快方有极新颖思想”为主要内涵，其管理逻辑就是：“事业的创造，乃从愉快中得来；在精神极愉快的时候，方有极新颖的思想。”简而言之，“活泼”是为了愉快，愉快才有好的思想；有了好的思想，才能形成文化共识。这与他 1930 年 12 月所提出的中行“积极成功，二方同乐，互相推进，同为模范”的使命是一脉相承的，即：

与其消极的从艰苦中求快乐，毋庸积极地从快乐中求成功。要求年年快乐，必须先求天天——乃至时时刻刻都快乐，然后才可以有此一年一度的快乐。

如何能够天天、时时、刻刻都快乐，其中含了三种条件，第一是同仁本身精神上的快乐；第二是同仁家庭的快乐；第三是全行的安乐。

第二，张嘉璈所指“活泼”的编制精神之对立面就是垂头丧气与病榻呻吟。不难看出，“活泼”隐含着要树立不怨天尤人的积极心态之意，即“唯有将一切事事物物，从乐观的、善意的、向上的、超脱的方面来观察他、解决他，则自然而然不至增加我们的烦闷，不致减少我们的愉快”。反之，如果成天怨大尤人的话，所说所写的一切言论文字，都像病榻呻吟之声；如果无病呻吟的话，则只有刻板的礼义道德说教，难以唤起精神的愉快。

比如，《中行生活》在1933年“同人消息”栏目中，曾刊载过总处总务课同人聚餐的消息，其主旨又是在表达总务课课长的廉洁品质，好像背景与主旨不符。

总处总务课同人六月二十三日晚七时设筵冠珍酒家，为新任课长汪伯平君洗尘，并为前任课长林旭如君荣任代理人事室主任馆别。济济一室，颇极一时之盛。而饮少辄醉之李远洵傅福田二君，面色皆红，有如桃花头面者。

餐毕，返本行五楼，首由林旭如君致辞，略谓本人来至中行，已将三年，愧无成绩以贡献，惟一本毅力精神做去，庶几稍可自慰。此次汪课长加入我行，实足为我行庆幸，汪君少时肄业陆军校，专功炮兵科。民国五年（1916）毕业，入军队充当少尉排长等职，嗣以军阀时代，汪君负才难展，改任青年会干事。及民国十五年（1926），汪君由美毕业回国，时方国民革命军兴，复入军界，任中央军校教官，二次奉派英美及欧洲各国调查军事。汪君一身廉洁，众所钦服，此次接受本行总务课课长一职，本行前进，当益有发展云云。

旋由汪君起致辞，略谓曾忆总经理有云：国事之有办法，胥视一二人之努力奋斗，行之既久，蔚为风尚。譬如我们中行本身力量固有限，若能做好，推而之于全国各机关，则其力量自大，旨哉斯言！余曾闻之青年会某美人云，考中国之典章文物以及政治法律，几无疵点，究其所以积弱至此者，不外缺乏一个“廉”字而已。此诚洞见澈结之谈，我人欲为社会及国家尽力，唯有先从本身立场，奉公守法做起。本人对银行学问，尚少研究，学同人不吝指示云云。

即席并有魏友新蒋宗尧二君发表意见，直至深晚始散。

由此看来，上文在表达总务课课长廉洁品质之前，虽有着“济济一室，颇极一时之盛。而饮少辄醉之李远洵傅福田二君，面色皆红，有如桃花头面者”的情形描述，但也有着“餐毕，返本行五楼，首由林旭如君致辞；旋由汪君起致辞；即席并有魏友新蒋宗尧二君发表意见，直至深晚始散”的廉洁教育过程，传递着“我人欲为社会及国家尽力，唯有先从本身立场，奉公守法做起”的廉洁教育主题。然而，选在“活泼”的洗尘会上，而非设定的一本正经的会议室里，来谈廉洁教育问题，至少可以减少刻板礼义道德说教，增强文化共识之功效。

综上所述，“活泼”的编制精神，对于理性的官方意识灌输和感性的文化教化，都具有很好的补充意义，不失为一种具有特色的文化共识之管理方法。

3. **中行文化共识特色逻辑：亲切的编制精神**

张嘉璈在《一封行员的信——希望编印一种表现全行生活的刊物》中又说：

我们中行同仁，彼此间的关系，虽说是阶级观念比别的机关少得多，虽说是职务关系之外，亦有个人朋友的关系，但总觉得彼此精神上的关系，还没有十分的深厚。我们若是要完成中国银行所负重大的救国利民的使命，必须令全行二千个同事，有同样的认识，有同一的精神。就是除了阶级关系、职务关系之外，有深厚的精神团结。但是精神作用，不是一篇训词、一个命令可以养成的，要在平日行员相互间，有诚恳深切的自由交换意见，则不期然而然的发生精神关系。

我深愿有一杂志，拿来当作中国银行这个“家”的家庭通信机关，一个一个自由发表意见、供给资料，表示“亲切”的态度。

由此可见，张嘉璈所指“亲切”的含义是：先有深厚的精神团结，再有同样的认识和同一的精神，而以“亲切”途径培育同一的精神，不是靠一篇训词、一个命令可以养成的，而是要在平日行员相互间，有诚恳深切的自由交换意见，则不期然而然地发生精神关系。由此，他希望把《中行生活》办成中国银行这个“家”的家庭通信机关。我们以企业文化共识理论透视所谓“在平日行员相互间，有诚恳深切的自由交换意见，则不期然而然的发生精神关系”，其管理本质就是运用文化的语言象征这一媒介（俗称企业员工间的共同语言）来达成文化共识。

德国慕尼黑大学教授E. 海能认为，企业文化的媒介对于促进员工文化共识至关重要。所谓企业文化的媒介包括象征、象征性行为和象征性作品，它们有利于企业内部形成关于价值观念和行为准则的共同认识。其中，纯语言象征和象征性行动尤其重要。① 企业文化的纯语言象征这一媒介，既指共同语言，它隐含着特殊意义的联系，它是从人与人之间的行动与关系产生的，而这种联系只有在具体的关系体系中加以理解，它除了表面意义之外，还能传递复杂的思想内容。任何人进入企业之前，已经在和社会上其他人的交往中形成了他个人的价值观，这是他的第一社会化过程。当他进入一个企业，也有一个企业对他逐渐熟悉的过程，这就是第二社会化

① 〔德〕E. 海能. 企业文化——理论和实践的展望［M］. 第102页. 北京：知识出版社. 1990.

过程，即“对机构化的，或以机构化为基础的‘亚社会’的承认”。然而，“第二社会化过程需要‘学会’与角色有关的全部词汇。一方面是理解在一个机构中调节日常观念和行为的语义范围，另一方面还要理解这种语言范围的内在前提，它所包含的价值观念和它所反映的微妙情绪差别”。正是这些纯语言象征，可以帮助组织成员来理解组织和解释组织。①

相比较而言，《中行生活》在“亲切”办刊精神的引导下，通过“平日行员相互间有诚恳深切的自由交换意见”，就能使行员在“第二社会化”过程中学会与角色有关的全部词汇，由此产生企业员工之间的共同语言，达到“不期然而然的发生精神关系”——即使全行二千个同事，有同样的认识，有同一的精神，这就是整体的文化共识，亦如张嘉璈在蚌埠支行讲话时所说：

浓厚力量的发生，在于内外同人有上下一致的精神。至于行员的精神，尤应一致唤起。有一致精神，便能发生浓厚的力量。

银行之职业竞争，与国家一样，全在办事精神。因此我现在更希望我行行员的精神，能够一致。那全行的前程，就无限量了。

（三）“以刊为校，提升智识”的文化培育逻辑

从对综合史料的研究不难看出，张嘉璈为实现“三者同乐，同为模范”之立行使命，其管理思维的脉络是：经理人人以模范自居——行员以经理为标准从事——中行做一个永久领导者。然而，“以刊为校，提升智识”则是经理成为模范、行员达到经理标准、中国银行做永久领导者的前提条件与素质保障。

1. 经理（行长）人人以模范自居的管理内涵

我希望各行经理人人以“模范经理”自居：（1）保持高尚的人格。人格为立身处世之骨干，我人服务银行，应处处以保持高尚的人格为前提，不卷入社会恶习之漩涡。（2）不断地补充新知识。知识为办事能力之宝库，故我人对于新的知识，应随时的注意，不断地补充。否则时代进展，难免沦于落伍。（3）养成刻苦的习惯。今后世事日艰，我行欲求业务上之进展，非从减轻成本入手不可。惟不刻苦，决不能达到减轻成本之目的。（区务会讲话）

2. 行员以经理（行长）为标准从事的管理内涵

以现在全行二千三百几十个同事论，那就像有二千三百几十个经理；以二千三百几十个经理一贯精神的经营一个银行，这个银行不能保持他原有的地位，我决不相信；奢望一点，或者还可以超越原有的地位。（宜昌讲话）

① 罗长海、林坚．企业文化要义［M］．第113—116页．北京：清华大学出版社．2003．

3. 中国银行做永久的银行界领导者的管理内涵

希望大家随时去找寻新的境地，再由新的境地，达到特别新的阶段，总要使我们中国银行站在最前线，做一个永久的领导者！（宜昌讲话）

所谓领袖的资格，即须其人有确定不移守法的精神，有深厚的道德观念，有远锐的经济眼光，即资格具备矣。（汉支行讲话）

由于对企业文化理念的教育训导方式，始终是转变员工认知从而达成文化共识的第一管理要务，所以当代企业文化培育的“教育化经营”理念甚为流行，该理念就是把文化的教育训导看成是企业经营活动和经营思想，强调员工要按照本企业共同的价值观和经营理念统一行动，企业根据自身的业务和管理要有针对性地进行理念、知识、技能、工具和方法的学习。相比较而言，张嘉璈所倡导的“银行学校，提升智识”理念与方法，则是经理成为模范、行员达到经理标准、中国银行做永久领导者的前提条件与素质保障，也与当今“教育化经营”有异曲同工之契合感。

但在文化理念教育训导目的上比较，张嘉璈关于“经理人人以模范自居——行员以经理为标准从事——中行做一个永久领导者”的胸怀更具广阔性。可以说，“银行学校，提升智识”理念也是达成“全行智识，理想行员”的有效路径。

第三章

中行文化共识的独特培育方式及其机制

公司文化落地有三个程序性过程："知"是对文化的认知，"信"是对文化的信奉，"行"是对文化的践行。显然"信"是文化落地的前置性关键环节，它既取决于文化选择的有效性，更取决于融理性教育与感性熏陶于一体的综合管理——文化共识的培育过程。公司文化培育的难度在于员工整体的文化共识，它体现着不同公司文化管理的水准与层次。

有鉴于此，在中行及四川中行公司文化简史的章节框架设计中，我们将第二章第七节"公司文化核心价值：刊教理念"进行适当的拆分：

第一，将刊教理念的史料出处与内涵详细、刊教理念的价值特征及管理效用等内容，保留在第二章之中——公权时期文化核心价值特征及践行效果。

第二，将刊教理念的具体的、细致的、体现着不同企业文化管理水准与层次的做法——集理性教育与感性熏陶于一体的综合管理的特色方法，则采取另辟第三章的方式，予以单独记述，即公权时期达成文化广泛共识之培育方式。

第一节　达成行员整体的文化共识之独特培育机制

公司文化共识过程是集理性教育与感性熏陶于一体的综合管理过程。据对史料的研究，公权时期达成文化广泛共识之独特培育机制大致如下。

一、文化主导者反复倡导与高管之深入演绎

文化共识第一管理金律，就是从多种角度重复灌输文化核心价值；文化共识第

二管理金律，就是文化追随者积极响应与扩大传播，对文化核心价值进行多种场景的适用性的演绎延伸。

（一）张嘉璈反复倡导中行文化核心价值

比如，如前所述，中行“积极成功，三方同乐；相互促进，同为模范”的立行使命，是将中行“真正的安乐”的目标，建立在“同仁精神快乐和同仁家庭快乐”的普适价值基础之上的，这与当今华为公司的“双重利益驱动文化”理念——坚持为祖国昌盛和为民族振兴而努力奋斗，为家庭幸福而努力奋斗的双重利益驱动原则——的价值普适性是高度一致的。

1930年底，张嘉璈提出类似于当今的立行使命后，只要一有机会，就大力倡导、循环演讲、不厌其烦地灌输立行使命的普适性道理，针对各种情形，推演立行使命的适用情况，力促全行行员的文化共识。

1933年1月，张嘉璈赴宁波中行视察演讲时明确提出：行员的办事能力随之俱进，一个行员抵两个行员的用，一天的时日产生两天的工作，则业务增进的效果，自然可以表现出来。到了那时，若拿预备添用人员应增未增的开支之一部分，分配在富于能力的原有同仁们，如是，在本行可望开支节减，在同仁们可望收入增加，这岂不是交受其益吗？大家如能这样的努力，中国银行方可战胜于艰困中之难局，中国银行方不失其固有之地位。

1933年10月21日，张嘉璈在蚌埠向全行同事作谈话时说：简言之，本行在社会上，为社会经济服务机关，在吾同人则为生活关系的服务机关。须本行组织健全、基础巩固，然后同人生活方可无忧。

1934年5月6日，张嘉璈在宜昌办事处向行员作训话时说：你我在中行，可说都是靠中国银行生活。所以我们共同的目标，就是用什么法子才能使中国银行发达，大家有永久的生活过？简单一点讲，就是存款如何可以增加；开支如何可以节省；呆账如何可以减少……诸如此类，都要想到一个尽善尽美的办法，才能达到一个尽善尽美的境地。凡属同人，个个应当有这种观念。

1934年5月11日，张嘉璈在内江办事处演讲时说：求业务有进展，则不愁薪俸不能增加。办事效率，力求增高，开支方面，应从俭约，以省下来的金钱，加增于职员的薪金上，双方兼顾，岂不两有裨益？这算是本行新的政策。

1934年5月17日，张嘉璈在成都支行训话时再次强调：因为成支行年来受损太巨，不能不从增加效率上节省开支，不能不从改良营业上增加收益，否则成支行不能立足，诸位生活亦将动摇！

1934年5月26日，张嘉璈在宜宾办事处演讲时说道：盖银行为我人生活之所系，必须银行业务进展，基础巩固，我人生活，方可无忧。

1934年6月9日，张嘉璈在汉支行演讲时说：同人所需要的，当然想生活提高，行方所需要的，不外要提高行员能力，二者并进，才能凑合。

1934年7—8月间，张嘉璈在宁行新屋落成典礼的演讲中，针对“凡是人，都是有点自私的，所以对于他的家事，总要比对于他的公事注意得多，所以对于他所工作的事业，不免就不大经意”的现象，语重心长地对行员们说了一段话，这可视为他对立行使命的普适价值所进行的最经典的重复灌输：

在外面工作，固然是为谋生活，但是你对于你所做的事业，不留心注意，力图发展，假如你所依为生活泉源的事业一旦倒了，那么你的生活问题，就难解决了。所以我们对于我们的业务，应当去努力，来巩固我们的行基，使中国银行在社会上有更巩固的地位，得到更大的发展，诸位也可以有服务中国银行一辈子的希望，各位本身也可以有相当的进展，那么我们公家大事，固然是成就了，同时个人家庭生活的小事，也连带解决了，两全其美，这是多么好的事！

（二）高管人员追随并深入演绎价值道理

艾弗莱特·罗格的企业文化在员工中的传播规律认为，文化变革思想往往从占比很小的集体中产生（约2.5%），由其进而传播到“早期采纳者”（约13.5%）；一旦这些人对变革思想予以赞同，则“大多数人”就会采纳它了（约68%）；剩余“迟缓者”（约15%）也会逐渐接受变革思想，还有1%的不接受变革思想者最终将被企业辞退。海能则将文化认同分为自然认同、社会化认同、灌输认同、选择认同、权宜认同、制裁认同等六种类型。① 可见，在企业中，员工对新文化的认同过程通常是不同步的，新文化的形成只能逐层推进。文化共识程度的提升，往往会经历一个从不同群体到企业整体的渐进过程。尤其是文化主导者倡导新文化早期的唯一方式就是联系“早期采纳者”——主要由企业高管团队和对新文化自然认同的少数员工所构成。而“大多数人”与“迟缓者”不会直接从“变革者”那里接受新思想，往往须先通过“早期采纳者”的认可过程，才能全面接受。

张嘉璈成为中行文化主导者之后，在其长于布道和亲于教诲的人格魅力感召之下，《中行生活》有效构建起高管紧密追随并深入演绎价值道理的刊教特色。史实表明，正是由于中行领导阶层人士和分支行高管人员的高素质群体背景，使他们几乎都具有非同凡响的演说口才和深邃思想，这就形成了高管紧密追随、深入演绎价值内涵、多角度诠释中行传统的刊教培育特点，由此促进了中行精英文化和员工群体文化的融合，

① 罗长海、林坚．企业文化要义［M］．第113页．北京：清华大学出版社．2003．

收到了渐次达成整体文化认同或文化共识的刊化精神之效果（详见后）。

二、运用方寸之地构筑银行学校的刊教特色

如前所述，中行“百年调研，百年办刊”文化传统具有“藏龙卧虎，精英荟萃，研编合一；调查规范，研究深入，条分缕析；高管咸集，众星拱月，名流毕至；方寸之地，目的明确，分工相济；断了又续，续了又断，持续百年；经营管理，文化品牌，硕果累累”等六大价值特征。除此而外，中行在办刊实践中，逐渐产生出《中行月刊》主外，打造中行的经研学术品牌（也承担部分行员训练之责任）；《中行生活》主内，促进“理情力”精神训练的分工。两种刊物都能给予同仁“力”的启示，“智”的浚发，“思想”的指导。

根据对多种史料的编研，纵观《中行生活》和《中行月刊》在促进行员达成整体文化共识过程中的刊教特色，大致包括以下三个方面：(1) 主旨明确，匠心策划；(2) 才俊主持，申理引路；(3) 寓教于刊，系统刊教。

（一）主旨明确，匠心策划

为了体现办刊宗旨，《中行生活》每期都醒目地将“公私生活演进的表现，一切事业成功的基础”竖排在刊头两侧。该刊内容则紧紧围绕行员的“公”和“私”两方面的“生活”展开刊教活动，因为“中国银行全行的生活，从一个一个行员的生活所构成；一切事业的成就，就是凡百公私生活演进的表现”。在明确的主旨下，《中行生活》通过匠心策划，促进行员达成整体文化共识。

1. 栏目丰富，气象万千

《中行生活》办刊的匠心策划，首先体现为栏目设计丰富，据马学斌研究，《中行生活》栏目设计包括以下内容：

(1)“论坛（论述）”栏目。刊载业务探讨、工作建议和日常社会生活伦理方面的评述文章。这些文章分析银行内外的形势，将中行一个时期的工作重点和要求讲述给行员们，如唠家常，并无板着面孔的说教。

(2)“谈话录”栏目。专载马寅初等经济专家，卢作孚、范旭东等工商界名流以及中行高管等演讲的记录稿。该栏目基本每期必有，它可以将专业、晦涩的“大道理”转变为生动、活泼的口述，易于读者接受和理解，深受行员的欢迎。

(3)“参观记”或“游记”栏目。用以发表行员参观著名工矿企业、各国（地区）银行和游览名山大川后写的文章。通过活泼生动的文字，让更多的行员开阔视野，了解各界客户状况、同业动态、各地风俗物产等社会经济文化生活情形。这些文章内含着市场调查的意味，但比通常的枯燥报告更易被行员吸收、消化。

(4)“行务纪要”栏目。以简明新闻的方式，报道总行和分/支行当前的动态。文章短小精悍，反映面较广，各分支机构情况一览无遗。

(5)“人事汇志”栏目。按照中行早期《中国银行通信录》的传统做法，专设一栏，专载当期行内人员任免、升降和人事迁调情况。

(6)“同人消息”栏目。主要介绍从总经理到普通行员的有意义的日常生活动态，如业务活动以及聚餐、郊游、体育比赛等。比较特殊的是，行员的婚讯、婚庆活动也经常见诸版面。

(7)“文艺”栏目。主要刊登行员创作的散文、诗词、小品等。

此外，杂谈虽未设专门的栏目，但每期都有多篇。主要是对行务工作的批评、建议，还有就修身养性、人情世故方面谈个人的看法，倡导积极的人生哲学等。这些文章中行员们畅谈“公私生活”，构成了《中行生活》的重要内容。与此同时，还不定期地推出与读者互动的“来函”栏目，就工作、学习、生活中的热点问题答疑解惑的“答问”。还设有“各地特讯”“共同生活之一斑”“播音台”“新书介绍”等栏目。另据刘青按照《中行生活》具体情况，并兼顾题材、文体与使用方便，将《中行生活》文稿内容分为九类：(1) 行务；(2) 社情；(3) 演讲；(4) 同人；(5) 居家；(6) 出游；(7) 娱乐；(8) 体育；(9) 论丛。

再有就是，《中行生活》几乎每期都在文字间穿插配有图片，有时还有图片专版。这些图片有的是中行和分行的工作、活动场景，有的是各分/支行的建筑物内外景，有的是名胜风光，甚至还有行员夫妻照、子女照，充满了浓浓的“公私生活”气息。这使分布各地的行员如临其境，如睹其人，对增进行内融合和行员间相互了解起到了很好的作用。正如行员所说：“给我们介绍这些从未见过的同仁，得以切实的（地）精神会谈了！”[《中行生活》第九期《读〈中行生活〉后（一）》]。

总而言之，《中行生活》内容可谓是寓“理情力”的精神训练于一体，以方寸之地，呈万千气象。其栏目文章，“颇能引起读者同仁不少兴趣，因内容多系行事，近水楼台，易于兴奋读者精神”(《中行生活》第四期《谈谈生活》)。

2. **运用专号，聚焦刊教**

据马学斌之研究，为了适应刊教需要，《中行生活》克服困难，共举办过 3 期专号，以聚焦刊教内容。

(1)《中行生活》第七期为《会计专号》

编者在该专号《写在前面》中指出：会计制度之优劣，关系到银行行务之隆替，而此项制度，尤以适合时代切于实用为准鹄。本行会计自实行新制以来，成绩渐著，然一事一物，愈加研究，则愈臻精密，而进步亦愈无止境……可供研究之处甚伙，随时可以增进改善之机会。

（2）《中行生活》第十九期为《体育专号》

张嘉璈在“力”的训练中，倡导“组织各式的运动比赛，健全各人的体魄”，因为“必须有了适当的运动，才有活泼的精神和健全的体格，然后才有健全的事业”。该专号正是基于此而推出的，其《前奏》（编者按语）指出，“专号中的来稿，有理论，有感想，有叙事，有的是锻炼修养的功夫，有的是比赛得胜的消息”。

（3）《中行生活》第二十九期为《川行专号》

该专号详细报道了视察川行过程中张嘉璈的演讲、考察纪实，介绍了当地分行经营状况、沿途风土人情和四川的物产、文化等。如前所述，张嘉璈川行系列演讲是他关于中行作为商业银行的文化价值思想之峰值，其对促进广大行员文化共识的影响是至关重要的。

3. **文字讲究，盈溢情感**

在明确的办刊主旨下，《中行生活》编辑团队在促进行员达成整体文化共识过程中，通过匠心策划，增添刊教特色。其整体策划，正如1933年4月15日，《中行生活》第十二期《编者之言》之中所总结的那样：

期望在这简单的篇幅中，充满了生动的、轻快的文字；在轻快的文字中，布满着全行公私生活的演进和各色各种的事迹；在这种种的事迹中，发挥着盈溢的情感；在盈溢的情感中，把握着刺激的、坚实的、健全的力量，来做事业成功的基础。不使人感觉到材料的单调，文字的枯燥，不使人的思想与情感停顿在一个事实中，而忘却了对于多方面连锁的关系，尤其是不使全行中每一位同人失去他自己尽量表现的机会，而成为大众化的文艺。

史实证明，《中行生活》在不多的版幅中，编排有序，繁简得当，容纳了较多信息，被行员评价为“短小精悍，要言不烦，令人于三数分钟，一气读完，轻快异常”（《中行生活》第十一期《谈第九期的〈中行生活〉》）。

（二）才俊主持，申理引路

马学斌研究认为，中行的出版物一般都由经济研究室编辑，而唯有《中行生活》的日常编辑工作由总管理处秘书室负责。张嘉璈委托该室主任董孝逸（肇夔）主持其事，由其助理秘书薛光前襄助一切；其后，董孝逸另有重要任务，无法兼顾，就由薛光前担任编务，唐润一襄助。

1. **才俊主持，身边的人**

《中行生活》编辑，虽没有经济研究室里那些经济学者的“海归”身份，而是秘书出身的“笔杆子”，但都有深厚的中国传统文化底蕴，且熟谙银行业务，又接受过现代教育，才思敏捷，文笔纵横，因而也都是深受张嘉璈赏识和信赖、直接为其服务的“身边的人”。

(1) 前期主编董孝逸。江苏江都人，北京大学预科肄业。1916 年曾撰写《寒松龕诗草二卷、拙修草堂稿一卷、红棉旧馆诗存一卷》并出版。中行同仁对其评价是：“孝逸先生才长心细，综理文案，深为公权先生所倚重，我忝属同僚，朝夕相处，受其陶熏颇多。胜利后（指抗日战争——作者注），中国银行从陪都重庆迁回上海，孝逸先生所乘飞机不幸在川康边境失事……如此英才遭此不测”。可能因董孝逸英年早逝，鲜有相关著述。好在他倾注心血的《中行生活》（第 29 期，《川行专号》）刊有他的照片，为今人留下了这位青年才子的音容。董孝逸是著名银行家、上海商业储蓄银行总经理陈光甫的同乡，而陈又是张嘉璈的忘年交。董将每期的《中行生活》都送陈，与其办的《海光》遥相呼应。

(2) 后期主编薛光前。民国名人，1910 年生于江苏青浦，毕业于苏州东吴大学，1932 年入职中国银行，在协助董孝逸负责张嘉璈的文案和编辑《中行生活》的同时，还兼职上海新闻社社长，并主编了《1933 年之上海教育》。1935 年，薛光前赴意大利留学，获罗马皇家大学政治经济学博士学位。其后，他先后担任过南京政府交通部长张嘉璈秘书、驻意大利使馆大使衔代办、巴黎和会中国代表团顾问等。期间，他还曾随著名军事家蒋百里从事军事外交，与其交谊笃厚，并著有《蒋百里的晚年与军事思想》一书。薛光前晚年撰回忆录《困行忆往》，并请与其保持了一生友谊的老长官张嘉璈题签。1978 年，薛光前在台湾去世。

(3) 编辑唐润一。浙江海宁人，祖居杭州，书香世家。其毕业于之江大学（浙江大学前身），后入中行。抗战时期，追随时任交通部长的张嘉璈，做其私人秘书，并沿袭中行由秘书办报的传统，也曾主编交通部刊物《抗战与交通》。1949 年后，他曾在西安中国人民银行工作，还是老本行——任《储蓄报》主编。据传，其一生诗作甚多。

值得一提的是，尽管马学斌认为，唐润一没有“海归”身份，但从《中行生活》第 31、32、33、36 期所连续刊载的格雷《银行员之训练与人事》一文有关“四、增进顾客间好感的重要（以下为唐润一译）”的信息中，可以看出在格雷多达七千余字的此文中，唐润一翻译了两三千字，如何解释唐润一能够娴熟翻译专业性很强的英文，还有待我们进一步研究。

2. **编按申理，捉笔引路**

(1) 编按申理。《中行生活》编辑经常通过加“编者按语”和“编后语”的方式，捕捉来稿亮点，评论、引申或演绎来稿中有价值之处，或鼓励作者，引导读者，实现与行员的互动，由此引领刊教方向。可以说，《中行生活》所刊载文章中，许多重要与关键的观点几乎都可以见到编辑申理引路的痕迹。

比如，《中行生活》第三期刊载了通易信托公司总经理黄溯初《仁者以财发身不仁者以身发财》一文，这可看作是如何以“旧”驭“新”的道德塑造的经典之说。黄关于正心修身和如何做人的道理，通过编者的价值引领，足以说明“以旧驭新而加以整个化，成为中国银行理想中的行员”的文化培育模式。

再如，《志宁行同人励志社聚餐会》刊于《中行生活》第十三期，宁行经理吴震修在宁行同人励志社聚餐会上，演绎出“我们应以国家、社会、民众，视为我们之东家，这样才能使银行界之社会服务始得其根据”的理念。而《中行生活》编者对此进行了深刻又富于哲理的再推演，提出了“顾客才是行员真正的上司；把客户看作是顶头上司，则时时刻刻感到责任之重大”的银行服务观，从而深化了员工对中行“服务大众，改进民生”使命意义的认识。

还如，《中行生活》编辑们在引领刊教方向时，有时编者按文字比正文还长得多，足见其引领刊教方向的良苦用心。《中行生活》第十二期曾刊载了天津分行经理卞白眉《我们应以从军的精神从事本身的职业》一文，编辑对此文则加上了比正文还长得多的编者按，由此对张嘉璈“忠于职务即是忠于国家”的理念加以弘扬与演绎，引领行员如何爱国的刊教方向。

（2）捉笔引路。《中行生活》编辑还多次“操刀主笔”引领刊教方向，其价值引领效果可谓是高屋建瓴，切中要害。

比如，《中行生活》第十五期刊登了编辑薛光前的《人生的六味》，以启迪行员正确应对人生的甜、酸、苦、辣、咸、淡等六味，从而成为一个心智成熟的员工。《中行生活》第三十二期刊登了薛光前的《服务上的彻底精神》，他提出了“所谓服务上的彻底精神，即为一身事业成败之所系，操之则生，失之则亡”的观点。为引导行员正确认识事业家“动”与“静”的作用，薛光前还于1935年1月再次“操刀主笔”引领刊教，其《畏惧失败才是耻辱——从陈嘉庚先生的奋斗精神说到事业家的“动”、“静”作用》刊登在《中行生活》第三十四期。纵观全文，立意深刻，而且还有自撰文说明问题，自加编者按申明重点之色彩（详见后述）。

再如，《中行生活》第二十八期刊登了编辑唐润一《以乐观精神养成青年活力》一文，以此响应张嘉璈“积极成功，三方同乐”的使命主张，并对“同仁本身精神上的快乐”命题，从人生哲学高度，解析了人的欲望对人生快乐的影响，找到了“不能调和理想与现实的冲突”而影响人生快乐的根本原因，由此对精神快乐命题进行了“以乐观精神养成青年活力”的深入演绎，以促进“二者同乐，同为模范”使命的达成。《中行生活》第三十二期还刊登了唐润一《立志第一课》一文，他从人生哲学的认识高度，引导行员正确立志。第三十三期还刊登了唐的《“咱们欢迎在工作时唱着歌的人”》，提出了用“知足的心理、信赖的心理、好奇的心理、创革的心理”来激发行员工作兴趣的方法（详见后述）。

（三）寓教于刊，系统刊教

“银行学校”价值理念内涵是：银行而无教育，行将不行矣；在行里好像在学校里一样，彼此不惮研究，勤学不懈。史实说明，《中行生活》通过高管追随，名流讲学，广播智识，运用方寸之地构筑银行学校，有效促进了精英文化和员工文化的融合，这在《中行生活》系列文章信息中足以显现。

1. **高管追随，深入演绎**

中行总管理处和各分支行许多高管人员，均是文化培育的积极推动者、严于身教的践行者、举一反三的文化道理演绎者，这就形成了高管紧密追随、深入演绎价值内涵、诠释中行传统的刊教培育特点，起到了推波助澜、承上启下的文化共识的促进作用（事例见后）。

2. **名流讲学，广播智识**

《中行生活》还刊登过社会名流的多篇演讲文章，如秦润卿、徐寄顷、王志莘、范旭东、黄任之、何北衡等。他们的演讲，涉及面相当广泛，且观点独到，视野广阔，不少见解颇有新意和深意。比如，黄溯初《仁者以财发身不仁者以身发财》，卢作孚《建设中国的困难所在及其必循的道路》《卢作孚谈话录》，何北衡《四川人心目中所希望的中国银行》，潘光迥《中国银行服务生活的“八段锦”》等。由此，借助外脑，广播智识，发挥方寸之地的刊教作用（事例见后）。

3. **寓教于刊，操作要领**

在“寓教于刊”理念的具体操作过程中，教化，是指以高管与名流为讲学主体；广播智识，是指着重在总行和省分行层面构筑起银行的学校氛围；而寓教于刊，则是指将总行和省分行层面的高管名流的讲学智识，再以刊物为函授教化平台，扩大到在全行整体层面，进行“理情力”三者并进的行员精神训练。

（1）在总行层面构筑起银行的学校氛围

据全国报刊索引《中行生活》（第331页）之“同人消息”栏目记述[①]：

总经理于七月二十日下午六时半在八仙桥青年会大体堂演讲，是晚往听讲者，除中国经济学社及银行学会会员外余均各界及各银行员，约八百余人，六时许楼上

---

① 全国报刊索引网，http://www.cnbksy.com/search?author=&searchContent=中行生活&categories=1%2C2%2C3%2C.

下即挤无隙地，后至者咸抱向隅。

讲题为《美国金融风之原因其在世界经济会议主张提高物价之立场》。首先列厥欧战后美国金融风潮酝酿之因，次申论此次世界经济会议之三大难关与美国现在所处之地位，末后对本国银行同人，致期勉之意。词简意深，听者动容，直至九时半始行散会。

总处薛光前君于上月廿一日晚，在沪中西乐房播音台演讲：《青年救国须从建全组织做起》。此为大学联第一次播音演讲，薛君甫毕业于东吴法科，故大学联特推请担任也。

（2）在省行层面构筑起银行的学校氛围

据《练习生应注意之三件事》（见《中行生活》1934 年 9 月第三十期）记述，中行汉支行每月召集练习生谈话一次，由襄理甄润珊君出席谈话，这也是构筑起银行学校氛围的真实写照。

教育重点之一：多读书增加智识扩充见闻。我们在行服务，不论职位大小，均有重要责任。应各尽其能，忠心职务，以造成自己为一得力的行员。所以一有空暇，宜多读有益的书报杂志，然后可以增进学识。遇事不论大小，应随时研究，不要知其然而不知其所以然，然后可以得到经验。有学识，有经验，工作自然会进步，为行为己，均有裨益。择书之标准有三：（一）足以引起兴趣者；（二）足以补助或增进学识者；（三）与个人程度相合者。读书方法有四：（一）遇到生字或难解的字句，先凭个人见解想象一下，然后翻查字典或参考书，以证想象之确否？再模仿书上的用法，将此生字构造一句，反复习练，必能将此生字，据为己有；（二）读书时应聚精会神，专心一致，然后读后有深刻的印象，而永不会忘却；（三）读完后，须知此书之中心思想何在？然后能举一反三，方有所获益；（四）既知此书之中心思想，就凭个人见解，作一摘略，或进一步做一篇书评。

教育重点之二：多研究扩张经验增进阅历。现在学校里有银行专修一课，期间三年，正和我行练习生期间一样。所不同者就是学校里读的是课本，所得到的是理论；而我们在行里完全是实际工作，所得到的是经验，比学校里专修的，更切实，更应用。所以我们要本（着）在校求学的精神，勤奋努力于本职，以求经验的增加。

在每部分实习的时候，应处处留心，时时研究，最好能将所办的事务，自己有一简明系统的记载。譬如汇入款，从经理拆信，一直到发通知书，至收款人领款为止，将一步一步的手续记载起来，便可永记不忘。等到实习期满，各部分情形既了如指掌，自可达到行员的地步。至于办事方面，要有研究深造的心，不明了或有疑问之处，应随时发问，“三人行必有吾师”，同事中只要能指点我的，就是我的先生，不要不知而不问。同时处事要谨慎，号码要写清，账簿要整洁，桌子上、抽屉里要理得干净，如能养成这种习惯，对于将来做事，是很有帮助的。

教育重点之三：多运动强健身体舒畅精神。总结一句，我们在练习期间，除勤于职守外，应多读书，增加智识；多研究，扩张经验；多运动，强健身体。在练习时，果能为一良好的练习生，练习毕，即为一健全的行员。①

再据全国报刊索引《中行生活》“同人消息”栏目对渝行的记述：渝行每逢星期二星期五，同人皆有谈话会举行，定名为“二五会”，讨论一切银行实务以及同人公私生活问题。并以名人读书所得，及引证中行生活中所载各项，公开研讨，由周经理、张襄理、陈襄理、戴主任轮流主席，同人兴趣，甚为浓厚。

不难看出，这也是构筑起银行学校氛围的真实写照。

总而言之，“寓教于刊，刊似学校”的办刊特色正如行员关敦谅所说：《中行生活》创刊以来，已经有一年零八个月了，已往的生活中，予我们以知识、品行、德性、经验、服务、金融、训练上的指导和益处，实在不少，真值得钦佩和感谢的。（见《中行生活》第二十二期）

4. **系统刊教，要义概览**

据本史对《中行生活》和《中行月刊》刊教内容、刊教关键要义的研究，两种刊物主要在六大方面，给予了中行行员以“力”的启示、“智”的浚发、“思想”的指导。这六大方面刊教内容、刊教关键要义是：

注重人性根本问题的教化；

强化中行创业传统的教育；

强化使命愿景的意识培育；

综合配套的廉洁操守培育；

系统务实的业务素质培育；

激发梦想的文化精神培育。

第二节　明做人之道与育做事之理的独特培育要义

组织文化具有两重属性及双重功能，即道德属性的治心功能和知识属性的育能

① 甄润珊谈话. 练习生应注意之三件事.《中行生活》第三十期. 1934 年 9 月 1 日.

功能。文化的道德属性，指组织文化是组织依据对自然、社会和个人的认识，以是非、善恶为标准，调整人们社会关系的行为规范和准则，它决定了文化的治心功能——转变工作态度。文化的知识属性，指组织文化是提升组织效能的共同认知系统，解决组织绩效问题的价值理念，适合于组织自身特点的管理经验和管理方法的凝结和升华，它决定了文化的育能功能——培育办事能力。

然而，组织文化的两重属性均是在有效的文化共识过程中，才能渐进地发挥出文化的治心功能与育能功能。不能不说，《中行生活》在“明做人之道，育做事之理”的刊教要义策划与推动上，可谓是做人道德性教育和做事能力性教育相结合，内容丰富，有声有色，有力地促进了文化共识，较好地发挥出治心功能与育能功能。其明做人之道与育做事之理的独特刊教要义大致有以下六大方面。

一、注重人性根本问题的教化：人生意义，幸福感觉，情趣培养

《中行生活》《中行月刊》“明做人之道，育做事之理”的第一类刊教内容就是：注重人性根本问题的教化，发展广大行员性本善的内性生活。

一般地说，由于人的欲望很多，就会使人总感觉内心空虚，如不能满足人的物欲，人就会向外求取物质财富，以此来填充自己。所以，如果注重人性根本问题的教育，就会使人的内心精神世界丰富和强大起来，从而找到正确的精神支柱。

从企业文化视角看，埃德加·沙因认为：组织文化是组织深层的特质，根植于组织一切活动的底部。组织文化的本质分成以下五个方面：自然和人的关系，现实和真实的本质，人性的本质，人类活动的本质，人际关系的本质。理解以上五大关系的本质有助于解决企业的两大问题：内部管理整合和外部环境适应。内部管理整合，是指为保证企业长期生存和发展，员工、组织、制度之间的协调与管理特征。外部环境适应，是指为求得在外部环境中的生存和发展所表现出的对外部环境的适应特征。企业文化变革都要紧紧围绕着这两个方面来展开。[①]

由此可见，员工文化共识的哲学命题，就是帮助员工完成对职业人生的系列根本性认知与思考，从而使其俯视和把握职业人生规律，确立起正确的职业人生观与价值观。从企业文化视角看，系统整合员工的根本性认知，则是文化共识的重要步骤，也是培育员工行为动力机制的关键，正如俗语所说：做事的成功基于做人的成功。在企业文化核心价值体系出台以后，系统整合员工根本性认知不是可有可无的，

① 张德、潘文君．企业文化［M］．北京：清华大学出版社．2007．5．〔美〕埃德加·H．沙因．企业文化与领导［M］．第95—129页．北京：中国友谊出版公司．1989．9．

缺乏这些系统整合员工根本性认知的理念的企业，至少是不尽成熟的企业。只有当员工完成对职业人生的系列根本性认知，确立起正确的职业人生观时，组织价值观才能真正变成员工共同行为并为组织创造财富。

运用上述原理，观察《中行生活》颇具匠心的人性教化与情趣培养，不能不说它同样具有帮助员工完成对职业人生的系列根本性认知，确立起正确的职业人生观与价值观的作用。或者说，注重人性根本问题的教化。

（一）寻找人生意义，认知人生幸福

1930 年 10 月初，张公权在《中行月刊》第五期《他山之石》一文中指出：人生在世，若说生存，一衣一食一榻足已，为什么营营逐逐，辛苦终身，若说没有目的，岂不人生太无意义。我想为人众服务，是一种最高尚的理想，所以我们办银行，除为股东谋利为银行谋开支之外，尚有一大目的，就是为人服务，所以行员不论大小，职务不论高下，而目的则一。

这段话说明，培育高尚的理想，要从明晰人生意义开始。为响应此观点，《中行生活》编辑特别注重人性根本问题的认知与教化，曾刊载过系列文章，对员工进行人性根本问题的教化，为促进文化共识奠定坚实的基础。

1. 寻找人生意义之刊教案例

《中行生活》第十一、十二期刊登了祝仰辰一篇近 6000 字的长文《一个后进行员的自励与希望》，其主旨就是如何寻找人生的意义。作者全文要点如下：

（1）提出中行员工的“生活”问题

《中行生活》这个刊物，是“公私生活演进的表现，一切事业成功的基础”，我以为这几个字把本刊的宗旨和效能，说得十二分的透彻。

因为“生活”两个字的意义，决不仅指着保持生命这一点，我们要长久活着，草木、禽兽无一不要存在而活着，那么我们与草木、禽兽有什么分别呢？

（2）人是自觉的、有灵魂、有目的、利群的、向上的动物

我们与万物不同的地方，在乎我们是自觉的动物，我们是有灵魂的动物，我们是有希望有目的的动物，我们是利群的动物，我们是不断向上的动物。

人生的意义与价值，必须等我们觉悟到自己是一个“人”的时候，才得发生。我们是“人”，凡人都有一定的权利和义务，做人就是去享受人的权利，并去尽力于人的义务。单有权利而无义务，不是人的生活；单有义务而没有权利，也不是人的生活。

第一，人与草木禽兽不同的地方，在乎身体之外，尚有灵魂。身体之内，若无灵魂，或是灵魂不在身内，飘荡于宇宙之中，则身体于草木同朽，那又何患之有呢？

所以一个人有了物质上的生活之外，还有精神上的生活；物质上的生活，可高可低，有形的收入，可多可少，知足者常乐，能忍者自安，精神上的修养却不可忽略，不可缺少。

目下社会消沉，世风日下，金钱物质高于一切，环观亲戚朋友以及中行同仁之中，不信神佛，不奉宗教者，或是似是而非、若有若无的敬神朋友究有多少？

我不劝人进哪一教，不过灵性上的修养，精神上的生活，深望人人能够顾到。基督教的圣经也好，佛教、道教的劝世文也好，儒家的格言也好，都是引人向善的，凡是足以陶冶个人良善的性情的事，增长精神上快乐的事，都要努力去做。

（比如）工余之暇，必须披览与自己的职务有关系的书报杂志，使知识日益丰富，能适应现代的潮流。他如鉴赏字画，怡情音乐，驰骋于运动场中，徘徊于山水之间，都能使身心活泼；精神上的愉快是极宝贵，而非物质所可抵偿的。

华美的衣饰，珍贵的食品，壮丽舒适的房屋，富有人的物质生活，谁不羡慕？但是牺牲了人格去求富，即不值得；因为穷困而烦闷，也是徒然。

环境尽管让他恶劣，内心的精神生活，却不可不使他丰富，使他和谐，我们要用快乐的精神来支配环境，切不可让物质来支配宝贵的心灵。赶快打起精神来，尽我们行员应尽的义务，干我们的中行生活，尽量的享受我们应有的权利，安心过我们这比上不足、比下有余的中行生活罢！

第二，人与草木、禽兽不同的地方，在乎人有合作的能力与利群的精神。人类的归宿，不在乎互相争斗，而在互相扶助；不在乎互相排斥，而在互相联络。分工就是合作，害人实等于害己。人生不过几十寒暑，各人的精神、气力、寿命都很有限，通力合作，努力前进，就等于增加自己的精力，延长自己的寿命。

利己必先利人，未有人能离开团体、社会，孤立独行而成功的……我们要维持永远的中行生命，希望中行继续不断的生存活跃，就不能不努力造就人，使后进的青年行员，都成为道德高尚，纯洁有为的人，急起直追，来为后进的青年行员造福……总处于《中行月刊》之外更编印《中行生活》，来增加行员的智识，可见造就青年行员是行中最紧要的责任。

（3）中行行员一年到头辛辛苦苦，为的是什么

张总经理告诉我们："我们种种的努力，最终的目的，是在救国"；"人生在世，除了为个人谋生活之外，有个国家观念，这是天生的观念，无论智愚贤不肖，说到国家，都有一种爱护的热心，说到救国，无不同此奋勇。"

我们要救国，必须集合团体，脚踏实地地做去。我们中行行员要生活，必先谋中行本身的生存与活泼，中国银行要继续不断的生活，更不能不谋工商各业顾客的

生存与活泼。盖金融与实业，相依为命，资本为百业的血液，金融业乃制造血液、澄清血液、输送血液的心脏，血枯则体瘠，膏尽则灯灭，此定理也。

总之，人必自觉其为“人”，而后才能尽其责任，才能为社会人群谋福利。中国银行亦必至我们行员个个认识它是整个的中国银行，是有雄厚的实力，有特殊的地位，有极其光荣之历史的中国银行，而后才能发扬光大，尽其对于国家社会补助领导之天职。

对于祝仰辰的此文，《中行生活》加了编者按向全行员工推荐：

生活二字界说和目的，本来是很难说的，记者曾于第三期本刊黄溯初先生演讲篇后，说了几句话：“……一个人必定要有适当的训练与修养，必定要以其道德、学问、体力、智力，来支配生活，做些有益于人群的事，而不专为物质所支配；由是才可以养成健全的社会，得到人生的真谛……”如今读了仰辰先生这篇文字，把人生的真意义，尽量发挥出来，真是言近而旨远，难能而可贵，令我张口结舌，莫赞一词。正是：“自从崔颢题诗后，不敢临江赋鹤楼！”

2.《**‘心’的新改造**》**之刊教案例**

行员周延庆《“心”的新改造》一文刊于1934年1月《中行生活》第二十二期。他认为，“心”的新改造，不得不从人生观说起：

人究竟是什么？人生是那（哪）一回事？能认清这两层，那就容易解决啦。

（一）人的目的，是不是专为弄钱？钱弄到了，造所洋房，坐坐汽车，就算目的已达么？虽然洋房、汽车，本是人所享有的东西，是不是除此之外，没有别的了？（二）人生是否如上所说，专以享受一切，而不为一切服务，仅仅如此的简单？

如其是不错的话，那么：（一）之目的（即指人的目的）未达，必出之以争，争之不得则乱，以至无有尽头；（二）如只知有我，其他一切均可置之不问不闻，则我所享受者，将由何人供给？而国以不成其为国。

如何将这二层认得清楚呢？记得前在某笔记里有一段说：“某随员随某大员出巡，某随员因大员之势，到处苛索，食必珍馐，用必绮锦。某大员风闻其事，一日令某随员陪食，席间仅菜羹数事。席将终，其下属具盛馔进，大员问其尚能再食否？某随员以不能对。随员亦悟，不再苛求。”

观此既饱以后，虽有佳肴，亦不能下啦。可知肉食饱，菜食亦饱，且人的需要，正亦不过食饱、衣暖、住安而已……如能认清这两层，其人自奉必约，待人必厚。以此心推而至于家国社会，小事则小举，大事则大举。银行亦为社会事业之一，其责任之重，不言可知。大而国家安危，小而个人生计，无不有连锁的关系。为银行员生者，如能认识上述的意义，以之认识银行，则事不举矣。

用现代经济学原理审视《“心”的新改造》的刊教意义，它道出了一个深刻的人生追求的道理。稀缺性假定是指欲望总是超过了能用于满足欲望的资源，稀缺性是人类共同的一般性追求，也是自始至终一直困扰着人类的基本问题。钱是稀缺的，如果人的目的只是专为弄钱，有两个后果：一是专为弄钱必出之以争，争之不得则乱，以致无有尽头——即稀缺性是人们争夺的诱因和冲突根源；二是即便钱弄到了，造所洋房，坐坐汽车，就算目的已达么？——其实这就会使人们陷入一个追求稀缺性物质的怪圈，即得到了许多东西，唯独没有得到满足；由于边际效用递减规律的作用，人生就是由欲望不满足时的痛苦和满足之后的无趣所构成的。正如作者所说，食必珍馐，既饱以后，虽有佳肴，亦不能下啦；如能认清这两层的道理，其人自奉必约，待人必厚。由此，人不能专以享受一切而不为一切服务，如能认识上述的意义，以之认识银行，则事不举矣。

3. **认知人生幸福之刊教案例**

《中行生活》第二期刊载的《什么是生活》一文，则是结合中行实际情况，教化员工如何确立正确人生观，认知人生幸福感的刊教史实案例。

（1）什么是中行生活？所谓“中行生活”，就是我们中行社会之共同生活。更进一步，连我们同仁之个人生活及其家庭生活，也可以包括在内。个人生活及家庭生活是私的生活，共同生活是公的生活。

（2）生活受制于生存目的。人类在共同生存之下而有继续性之集合，是为社会……生活既由维持继续生存而来，所以生活当然受支配于“生存之目的”……人类社会之生存目的，就是在步步战胜自然环境，而求获得增进其生存之幸福。人类历史，是一部奋斗的历史。听天安命这句话，是用来安慰怯懦的人，抵制躁进的人而已。

（3）达成生活目的需要奋斗。人类社会欲达其生存之目的，必须履行达其目的之条件，而生活即受此生存目的及达此目的之条件之支配……总而言之，人类生活，一方是奋斗生活，一方是幸福生活。奋斗是达生存目的之条件，幸福是生存之目的。奋斗生活是人生唯一生活途径；至于幸福生活，则可求而不可必得。因为幸福是奋斗之成功，而成功是失败积累之结晶，欲求幸福必须继续奋斗。万不可急功，急功者易挫，挫则不能继续奋斗。

（4）人生奋斗利器观。人生既以奋斗为唯一生活途径，欲求践此途径而畅行无阻，则必挟有奋斗之利器。人生奋斗之利器包括：一是身体必求强壮而健康，对于奋斗，决无畏葸。二是充彻知识，随时随处留心观察，再时将所得知识静心沉思，考其原因结果，究其经过程序，而求其能透底了解。三是人生之奋斗，必须群策群力，相互扶持，必须各尽其能，各安其分也。

（5）人生之求幸福观。人生之求幸福，亦决不能以个人为目的……人生即可一面奋斗，一面享受他人们所求得之幸福；更可一面享受现在自己已经求得之幸福，而一面继续其奋斗。人生之希望无穷，幸福即无止境，而人生之奋斗，亦无止境。

（6）人生幸福的做人智慧

苦乐是主观的，不是客观的；当奋斗之着着（渐渐）成功，虽尚未求得完全幸福，而睹此着着成功，亦当发生无限快乐。

由此可见，《什么是生活》一文的主旨，涉及行员职业人生哲学观的认识问题：一是，生活受制于生存目的，人的生存目的是在步步战胜自然环境，而求获得增进其生存之幸福。二是，达到生存目的的制约条件是：奋斗是达到生存目的之条件，幸福是生存之目的；幸福是奋斗之成功，而成功是失败积累之结晶，欲求幸福必须继续奋斗。三是，人生奋斗利器观：奋斗之利器是康强身体、充彻知识、相互扶持。四是，人生幸福观的内涵是：人生既可一面奋斗，一面享受他人们所求得之幸福；更可一面享受现在自己已经求得之幸福，而一面继续其奋斗。人生之希望无穷，幸福即无止境，而人生之奋斗，亦无止境。这正如当今哲学与文化学者张汝伦所言：为什么人的意义不同于一个茶杯、桌子的意义，就在于人生有意义，我们赋予它意义；人的生命意义是可以通过生活智慧加以创造的：即用悟性获得幸福的智慧，悟出生命的本质，以获得幸福的智慧。不难看出，早在八十多年前的《什么是生活》一文所指的“苦乐是主观的，不是客观的；当奋斗之着着成功，虽尚未求得完全幸福，而睹此着着成功，亦当发生无限快乐”观点，就已道出了张汝伦所言的获得人生幸福的做人智慧。

（二）调节枯燥生活，培育高级趣味

调节枯燥生活与培育高级趣味也是职业人生的系列根本性认知问题，正确的认知，也是达成整体文化共识的基本的心灵教育内容。

1. 如何调节枯燥生活之刊教案例

比如，《中行生活》第三期刊登了行员“伟”的《我的银行生活观》一文，其主旨就是如何调节枯燥的银行生活，培育行员的职业兴趣。

（1）银行生活枯燥和缺乏职业兴趣的现象

有人说：当银行员的生活，是机械式的，是枯燥乏味的，会计人员终日在数字里翻觔（筋）斗；文书人员一个个埋头伏案；办出纳的，盘出盘进，不是洋钱便是钞票，手疲目倦，一点兴趣都没有。尤其是下级行员，终岁辛勤所得几何，更觉味同鸡肋了。

（2）用亲身感受说明正确看待该现象的道理

人身是整个的，不是局部的；是休戚相共的，不是肥瘠不关的。当行员的人，果能认定这个目标去服务，如手足之护头目，行里的事，便是自己的事，那末做起来，自然觉得很兴奋而有趣了。

银行在百业中，要算是占有很优越的地位，住的吃的，比较普通的商店舒服得多，银行事业对于各界均有接近的机会，便常有出头的希望。

只要能同心协力，把你的银行办好了，比方一个人养成了健全的身体，自然是耳聪目明，四肢舒适，无往而不快活了。

银行对于行员，亦要有相当的保障与爱惜，使当行员的，感觉到我即是行，行即是我，要有本固枝荣的关系，不要有鸟尽弓藏的慨叹。

总经理曾经很剀切、很忠实的说过，我们如果努力工作，巩固我们行的地位，还怕不能融融洩洩，心安梦稳，过我们的快乐日子么？

有人往往觉得自己的职位低、酬报薄，便愤懑不平是错误的。要晓得行员对于银行，就好像人身的五官四肢，虽各有各的功用，却是同属一体，拱卫全身，无所谓高低厚薄的。一个人要是不知足、不耐烦，那真不免自寻懊恼了。

上文关于“缺乏职业兴趣”现象，在现代管理学看来，就是在职场上下级合作过程中如何处理“职业枯竭”的问题，即当你熟悉一项工作之后，就会变得简单而乏味，没了兴趣，这就是职业枯竭。而中行在文化培育过程中，通过两种途径处理好行员“职业枯竭”问题：一是，组织针对“久于其岗”所带来的负面效应（包括员工“职业枯竭”问题），提倡“全行智识”和“一专多能”。二是，本文提出了一种类似于职业个体对“职业枯竭”现象的自我调节的解决办法：即在“职业枯竭”期不应忘职业合作理性，而要全力做好现在工作岗位工作后，才有离开现在工作岗位的可能；只有将个人的埋怨与当下工作质量分离处理，才能在“抱怨”期间，让组织和上司有时间来重新审视你的个人价值，为升职或转岗创造条件，从而巧妙处理“职业枯竭”问题。从上不难看出，上文“我即是行，行即是我，本固枝荣”和“一个人要是不知足、不耐烦，那真不免自寻懊恼了”，就是自我调节“职业枯竭”的正确态度；“我们如果努力工作，巩固我们行的地位，还怕不能融融洩洩，心安梦稳，过我们的快乐日子么”，就是自我调节“职业枯竭”的正确认识；“银行事业对于各界均有接近的机会，便常有出头的希望”，就是在《中行生活》“真实”办刊精神框架下，自我调节“职业枯竭”，为升职或转岗创造条件的真实而有效的途径。

再如，1933年8月《中行生活》第十六期还刊登了行员“楚”的《工作的兴趣问题——我的日记之一页》一文，其中道出了“工作兴趣由自己观念决定且操之在我”的道理。

我以为工作之有兴趣与否，均由其观念及感想而决定，其枢纽操之在我。

个人担任会计事务，若能细细考察账目之原理，如何使记者迅速，手续敏捷，业务发达，时时去研究，刻刻求深造，那么所做工作，表面上看来固觉无味，而精神上的生活，即能由单纯而化为复杂，枯寂单调而变为津津有味。

回忆《中行生活》编者曾说道：以心理来变更环境，及知其所以然等语，发挥尽致，洵为扼要之论。为我行同人个个奋发精神，处处以发展行务为鹄的，我行前途，必无限量，至同人生活兴趣的增高，还其余事呢。

不难看出，此文的刊教意义在于，调节枯燥生活感觉其实是转变自身观念。

再如，1934 年 12 月《中行生活》第三十三期刊登唐润一的《“咱们欢迎在工作时唱着歌的人”》一文，提出了用四种心理来激发行员工作兴趣的方法。

于此，我们需要从内心的心理功能，让各个自动地来寻求那杠杆三（前两个杠杆略）可以省力的“支点”，即主观上的对工作发生兴趣。

一、知足的心理——职位的低微，俸给的菲薄，是阻碍对工作发生兴趣的两大魔障。要晓得这实在是一种不合逻辑的错误观念，工作原是表现自己，他人无从估价，即使一下子将你的职位待遇，增加了好几倍，试问你的工作能力，也会同时同样的增加好几倍么？这就没有准见了！一箪食，一瓢饮，在陋巷，人不堪其忧，回也不改其乐。像颜渊这样一个穷措大，他有什么地位，他有什么报酬，何以还那般的自得其乐，难道真是吃得穷开心了吗？这是因为他深深的满足于他的求学工作，所以能乐此不疲。一个人诚能有知足的美德，则无求无忤，心广体胖，正不专指是寻求兴趣的一小端呢。

二、信赖的心理——对工作有了信赖，不管它的性质如何，以及是否能够达得到，至少他个人一颗空虚的心，会给填满了。干起事来，似乎一路上都竖立有指路牌，可以放胆大踏步走去；即便受了失败，也等于迷了路似的，大不了走回头路，另求他道，一些也没有灰心的影子存着。因为他始终认定这个目的地，总有一天来到的。而且这样，工作就等于他的生命，对生命莫非还会不忠实，更谈不到厌倦了。哥伦布若没有这种强固的信赖心理，虽然不敢说以后便没有继起探求新大陆的人，但美国的文明，要展缓若干年代，是可以拿得稳来下断言的。

三、好奇的心理——譬如在银行里会计部分办事的，一天到晚，在数字堆里讨生活。一个疏忽，账面上发生了错误，性越急越查不清，眼前成千累成的数字，得意地乱跳。这种窘态，常要碰到，当然毫无兴趣可言了。可是要明白为了一时糟乱，才闹下错误，怎可再以同样的心情去查究，不要错上加错，愈弄愈糟了么？所以这是，你要认作是一个好机会。应当摆出大侦探家的态度，用好奇的冷静头脑，慢条斯理的去试验你的侦查术，究竟还是自己将科目弄错，或是收付相反，或是账上原来别人就错定了的。这样，终必至将和你为难的数字，从壁角落里捉了出来为止。不见瓦特也因好奇心驱使，将热水壶里的白发老人，给揪出来了吗？

四、创革的心理——如果每天日常的工作，永久板板六十四的机械化，虽不见得就感到了绝度的厌倦，但要想寻出一点兴趣的痕迹，恐怕也是不可能的吧！凡百事物，操练成熟，等到闭上眼睛也能做的地步，骨子里便自然的分出两种趋向：一种是墨守着绳法，永不改进，让时代的潮流，来吞并了它；一种是根据熟能生巧的原则，力求适应环境。从平淡无奇的环境中，再谋新的出路。我们在这种情况之下，正可自己来测验自己，对于一切日常的应付手续，账式表格，都可以想象着改革成一种更完善、更经济、更有效率的方法出来。我们拿现在的通信账表和办事手续，跟数年前的比较一下，便会看出它日新月异的痕象，所以工作的路线，永久是前进的。现在通用的，将来就会变成陈迹了的。一八四八年美国煤气灯发明，一般人都感到便利异常，独有爱迪生仍兴冲冲地孜孜研究，所以发明电灯鼻祖的交椅，终究是虚着位置让他。

此外，在上文中，《中行生活》编辑兼作者唐润一为求明了起见的刊教效果，还将上面所举的四种心理的对工作发生兴趣的方法，画成三个插图，并指出“要晓得这四种方法，不是和第一图般各自分离的；也不是和第二图般顺序追随的；乃是和第三图一般，互相连锁，四通八达，无时无处，不发生密切的关系”（图略）。

2. 培育高级趣味之刊教案例

《中行生活》第三十四期刊登了骆伯年《我们职责以外的生活》一文，探讨了用什么方法来调剂中行行员职责以外的生活问题，其促进文化共识的要义是：通过培育高级趣味来调节枯燥生活，从而促进整体的文化共识。

银行职员的生活尽管被一般人艳羡，然而有时会使我们感到这生活的刻板，有时又会使我们感觉着这生活是生动得需要费了多量的心思才能去应付，而且我们从早晨到傍晚，在环境单调，又须在在都加意谨慎的办公室里，小心翼翼地工作着，像这样的一天职责完了以后，劳心过度，脑力疲乏，精神不舒适，这些现象该用什么方法去休养呢？在行中是备了无线电、风琴那些娱乐品，供我们消遣，但光是以娱乐来消遣，作为调剂生活的方法，又有什么意味呢！

我们所需要的，一方面是要能够调剂生活，一方面又要使得这生活有意味，更要使这生活能产生出成效，这样才算完成了职责以外的生活，才算调剂了我们的日常生活。而能调剂生活而有意味的方法，可以分为三项：

（一）以适合各人的兴趣来调剂生活，要使得生活有艺术化。所谓艺术化，并不是为着“为艺术而艺术”的生活，是为了要谋得各个人的性情相适合，又须有意味，而不致将生活陷于空虚、平庸的现象，所以生活须艺术化。

（二）以适合个人的体格去运动，以运动来调剂生活……

（三）以游山玩水投入大自然的怀抱，来调剂生活……

我们职责以外的生活，固然不能说是怎样完善，但是比起一般流溺在赌博和花天酒地那种徒耗精神而无谓的事情，是至少该好得多了吧？

我们做职员的，除了在行里孜孜的努力着职责以外，对于自己也该帮点有职责的事，一方面固然可以藉以调剂生活，一方面又可使个人的体格康健，精神振作，头脑清醒。有了这康健的体格，振作的精神，清醒的头脑，去应付行里的事务，自然能敏捷、奋发，而办事的效率也能因之增加。这实在可以说是我们自己个人的一种获益，同时也未尝不是行中的一种收获呢！

3. **应对人生六味之刊教案例**

《中行生活》编辑曾多次“操刀主笔”引领刊教，响应张嘉璈的文化倡导，推动全行文化共识。1933 年 7 月《中行生活》第十五期刊登了编辑薛光前《人生的六味》一文，以启迪行员正确应对人生的甜、酸、苦、辣、咸、淡等六味，从而成为一个心智成熟的员工。

（1）认知人生六味之意义。人是“社会的动物”，无法摆脱人与人的关系而与社会相接近。但社会的关系复杂错综，假使你投身了社会，不久就会遍尝各式各样的味道，具体地说来，共有六种：甜、酸、苦、辣、咸、淡。

（2）人生六味之内涵。甜是人生最快乐的味道；酸是人生最难过的味道；苦是人生最苦恼的味道；辣是指猛烈的刺激；咸表示安定的生活，好像机械一样的，常年不息；淡是一个人感觉到自己生活枯寂无聊单调。

（3）应付六味的观念。快乐是调养生命的宝剂。人生没有快乐，就不可以久存。所以甜的味道，应该尽量的享受。但一个人在享受甜的味道的时候，还应该“居安思危”，不能完全忘记忧患的事情。换一句话说：快乐时应有一种节制的观念。

酸是人生的荆棘。凡是一个人尝到了酸的味道，没有不感觉到苦楚的。这个时候，应该要有一种“达观”（相似于豁达）的观念。

应付苦的味道只有“忍耐”（endurunce）。谚云：“吃得苦中苦，方为人上人。”不吃苦是不会成人的；能够忍耐吃苦就是成功的人；不能够忍耐吃苦就是不成功的人；苦就是成功与不成功间必经的界石。

应付辣的方法很困难。一个人尝到了辣的味道，非但不应该消极，而且应该要有一种“骄傲”的观念，含有一种奋发自励的意思，非把你自己的事业，做到成功的地步不可。

人生尝得最多的味道是咸，即日出而作，日入而息。对付咸的味道，只有继续有规则的行动；而坚忍不拔的责任性，尤为不可缺少的要素。

淡的味道与咸的味道有时间上与空间上的关系。一个人从事于某种职业，在时间上的味道是咸的，在空间上的味道是淡的。淡的时候唯有使生活充实起来，应该选择一种嗜好，只要在调剂精神、有益心身的大原则之下，各随意之所适、心之所近而为之，那么淡的味道，就会一洗而空，而觉得自己的生活，时常是饱满的，刻刻是完美的。

不难看出，应对人生六味的观点，尤其是正确认知“淡的味道与咸的味道在时间与空间的关系”之道理及其文化价值，即便是在今天，也是消除新入行员工易产生的急功近利的浮躁情绪，指导他们穿越职场价值观念屏障的经典教案。

（三）“以旧驭新”引导行员正确立志

张嘉璈塑造行员品质的路径与要求是：一个青年走进了本行，应努力保持旧道德，培养新精神，用旧的识见贯彻新的精神，以“旧”驭“新”，而加以“整个化”，成为中国银行理想中的行员。对此，《中行生活》的刊教史实如下：

1. “以旧驭新”的道德塑造经典教案

《中行生活》第三期刊载了通易信托公司总经理黄溯初《仁者以财发身，不仁者以身发财》一文，这可看作是如何以“旧”驭“新”的道德塑造之经典教案。

（1）“仁者”的三层意义：一是，仁字专指仁爱，是对具有自爱、爱人的仁爱之人而言。凡是仁爱的人，必能爱人；而能爱人的人，必能先从自己爱起；故不能真自爱者，决够不上说爱人。自爱是仁爱的基本，爱人是仁爱的扩充。二是，仁字是不只是指仁爱，还兼指具有其他德性而言。譬如仁、义、礼、智、信，古人谓之五性，而仁却居五性之首。仁者二字，是指能仁爱而且兼有其他德性之人而言。三是，仁字是兼指仁的体用，明德是仁之体。明德是谓人所固有之德性的全体，仁爱是明德的大用之一。明德或谓之良知，或谓之性善，或谓之至善。仁者二字，是指能明仁爱及其他德性的体用之人而言。

（2）“身”字的内涵所指：“身”字，身即是身体，是指人的耳、目、口、鼻及四肢而言。贤与不肖，佛与凡夫，其身体的构造，是无不相同的。其所不同的，惟在圣贤与佛之身乃是仁者之身，而不肖者与凡夫之身，乃是不仁者之身而已。因为凡庸的人，不知自修其身，不知其身本为德性之所托，遂使凡愈凡，庸愈庸。盖贤明的人，必能自知其身原是仁者之身，其中具足明德，更用自修的功夫，使其四肢不为不仁者之动，耳目口鼻不为不仁者之视听言嗅，只要用工不息，自能求仁得仁。

能否转不仁者之身而为仁者之身，其枢机全在乎能自觉知其所固有之德性与否。当其不知，便是不仁者之身；一旦知了，便为仁者之身。

(3)“财”字的内涵所指：“财”字不是专指金钱，乃是兼指一切财富而言。

人生是不能无生活的，而财又为人的生活上所不可无的东西，若是一日无财，便一日不能生活。故财之于人，常常抱有一种压迫或诱惑的态度。当其压迫人们的时候，几乎猛过虎威。其诱惑人们的时候，几乎毒逾狐媚。

在人所不知而己所独知的时候，财之所施于人们的压迫与诱惑的力量，往往越来的凶猛，几乎有杀人如草不闻声的样子。自古以来，英雄豪杰之屈服于财，而不克终享其令名者，不知凡几。

凡人之所以不能支配财，而反为财所支配的理由：一是，不能认清财之所以为财者是什么；二是，不能自知其身，原是仁性之所托的身体。因此，遂至发生本末颠倒、主客易位的事情来了。

财的本分，只在助人成事。若人能善用之，则可以表见财的好处，正复不少。若不能善用之，便只见财之恶，而不见其善，是岂财的本分原来如此的么？实则这为恶的责任，不是财所本有的，而为用财的人们所应负而无可逃避的。这是因为用财的人们，忘其本身是仁者，而非不仁者之故。致使其所用的财，遂成为不仁者之财，而非仁者之财了。是故助人为恶的财，必出于不仁者之身。而助人为善的财，亦必出于仁者之身。

仁者之财与不仁者之财的区别，其枢纽亦全在乎人，而不在乎财。

(4)“发”字的内涵所指：“发”字就是发扬或发展的意义。

仁者以财发身，是说仁者能以其财为助，而发扬其原为德性之所托的身体；不仁者以身发财，即指不仁者忘其本为德性之所托的身体，而以之为发展其财之用，结果反为财所支配，即以身殉财的意思。

总之，希望诸位人人皆能自知，且复能自信其身体均为仁者之身，而绝非不仁者之身，并且各能用这自知与自信的力量，而使中国银行的财富，终能成为仁者之财，而绝非不仁者之财。故为诸位与中国银行及中国的前途计，是莫善于此。

为了让员工更好地把握黄溯初该文的做人道理，《中行生活》编者作了“使行员的理解步步向上，发展行员性本善的内性生活”之精神修养辅导，指出：

世界一切问题的中心是人类的生活。但是欲解决生活的问题，不可不先研究人类生活的目的，及如何做人的道理。

生活大概可分为两方面说：一为物质的；一为精神的。人有时固然需要物质生活的安定，才能享受精神生活方面的乐趣。

可是有人因为精神生活受了很厉害的痛苦，他的物质生活，虽好到极点，仍然不能享受，并且丝毫不感觉到愉快。各人的人生观，虽各有不同，我敢说人生绝不是单拿物质生活来做目的，想大多数是承认的。

那么要解决这个问题，一个人必定要有适当的训练与修养；必定要以其道德、学问、体力、智力，来支配生活，做些有益于人群的事，而不专为物质所支配，由是才可以养成健全的社会，得到人生的真谛。

黄溯初先生“勿为财所支配”一语，就是这个意思。全篇阐明义利本末的分别，正心修身的益处，发挥如何做人的道理，语语警辟而又有含蓄。

综上，从黄溯初关于正心修身和如何做人的道理，以及《中行生活》编者的价值引领中可以看出，中行发展行员性本善的内性生活的文化主张，以及“保持旧道德，培养新精神，用旧的识见贯彻新的精神，以旧驭新，而加以整个化，成为中国银行理想中的行员”的文化培育模式，即便是在21世纪互联网新时代的价值多元化与差异化的背景下，也不失为员工文化教化之经典借鉴案例。一言以蔽之，要穿透员工职业生涯的文化价值屏障，就有必要从中国传统文化中去寻找职业人生终极目的的答案，亦如黄溯初所指的“仁者能以其财为助，而发扬其原为德性之所托的身体；不仁者忘其本为德性之所托的身体，而以之为发展其财之用，结果以身殉财”。进一步讲，即便在西方马斯洛的需要层次理论里，自我实现的需要虽然是以物质需要的满足为前提，但是自我实现的最终指向是精神的和灵魂的。因此，发展性本善的内性生活，就要建构积极意义的人生观，由此使员工获得释然自我内心与战胜浮躁环境的良方，使人们跳出单向度的金钱崇拜、攀比难受、做事浮躁、生活焦虑的“稀缺性怪圈”（指人们追求稀缺的物质，会陷入“稀缺——丰裕——再稀缺”的难以满足现象），从而做到“心态决定状态，埋头换得出头，静心方能用心，进取赢得获取，快乐取代享乐”，收获一个“想通、悟透、做好、活好”的职业人生过程。

2. 引导行员如何正确地立志之刊教案例

《中行生活》第三十二期刊登了该刊三大编辑之一的唐润一的《立志第一课》一文，其促进文化共识的刊教要义就是引导行员正确立志。

（1）意志是行为的动脉管。一切日常的活动，完全冲意志的功能，赓续进行，没有意志，行为将失去了重心，而显得彷徨飘忽，无所适从。考意志的本质，大都是蒙着后天的培养，受有种种影响不同的熏陶。

（2）立志的内涵与意义揭示。立志即是如何去把持一个正确的目标，使全部力量，能够常常集中于一项事务，将预期着的计划、希望，一一从理想之中，有效果而兼有秩序的（地）加以实现。换言之，人的内在中心是精神，精神的中心就是

“立志”。我们服务事业，离不了浸注我们全副的精神，当然也有着它的中心，这中心乃是“立志”，即用“志”字来做精神的统帅。我们处世的罗盘就是“立志”。我们的确需要着一个坚强的意志，来做我们服务事业的试金石，冲破了我们事业成功的铁扉。如王阳明所说：“志之不立，则如无舵之舟，无衔之马。”孔子说：“三军可夺帅也，匹夫不可夺志也。”

（3）如何立志与立志好坏的原因。立志需要备具了几种根本条件：刻苦、勤学、虚怀、恒心、乐观、奋斗；立定志向还需要“专心”与“实行”这两个重要性的杠杆。专心——廓清视觉的功能，集中脑力，消除杂念；实行——坚持信仰的一点，脚踏实地，埋头苦干。专心训练就是：将薄弱的能力，集中到了一事，它的成效，未必会得到推扳；将强固的能力，分散去办各事，结果百事无成！

立志的好坏，仍旧系诸乎人；立志本身，不担任任何功过。立志要有“得志，泽加于民；不得志，修身现于世”的抱负。得志后可以餍足一切私欲，那仅是沐猴而冠的心情，毫不足道。

3.“动”与“静”的人生哲学之刊教案例

《中行生活》编辑薛光前于1935年1月再次“操刀主笔”引领刊教，其《畏惧失败才是耻辱——从陈嘉庚先生的奋斗精神说到事业家的“动”、“静”作用》刊登在《中行生活》第三十四期，以此引导行员正确认识“动”与“静”的人生价值作用。纵观全文，立意深刻，还有自撰文和自加编者按的申明道理之色彩。

（1）“动”与“静”的人生哲学意义。惟我人于陈先生致力事业的举措和精神中，可以感想到一个问题：事业家的“动”、“静”作用。

所谓事业家的“动”作用，“动”的本来意义为发展，为创造。人生来好动，也好发展，好创造。能动，能发展，能创造，便是顺从天然，便能享受快活；不动，不发展，不创造，便是摧残生机，便不免感觉烦恼。

所以“动”是先天的一种本能，虽各人强烈的程度不一，其为俱生而来则一。因之事业家“动”的作用，便是指事业的“创造力”或“发明力”而言。

所谓事业家的“静”作用，“静”本来意义为感受和领略。世间之能者、艺者，固然由于具有伟大的创造力，而他的感受和领略的能力，也比众不同，能见人所未及见，发人所未曾发。可是感受的能力，毕固由于天资，半也由于修养，而亦只能在“静”的当儿，容易出见（现）。一般人不能充分尽其感受的能力，就是因为心地太忙，不能宁静下来。所以所谓“静”，乃以心界的空灵为对象，假使衡以事业的圈圈儿来说，便是指“观察力”或“判断力”而言。

总结来说，动的意义，在于发展，其重心系乎“体力”的奋斗，所表现于事业上之作用者为创造，为发明；静的意义，在于感受，其重心系乎“思想”的运用，所表现于事业上之作用者为组织，为管理。事无创造不能相生，事无组织与管理不能相成。“动”则有余，“静”则未足，陈嘉庚先生的事业是如此，中国当前大半的事业，又何尝不如此呢？

（2）薛光前自加编者按申明领悟此文之重点。第一，认识人生“动”与“静”的辩证关系：“动”的效用如“自强不息”；“静”的效用如“宁静致远”。如“动”而不能“静”，无以致其绵密之思考，无以守成，无以策进；能“静”而不能“动”，无以运其天生之魄力，无以创造，无以锐展。能“动”之后，必须继之能“静”，然后相生相因，方可收事业上进退裕如之效。因此，人生应做到“守如处女，动如脱兔”。

第二，深刻认识人生守“静”的重要意义：培养“静”的功能底（的）前提，更为不论事之大小，皆当深切注意的要点。尤其我辈在行服务的人员，要求充分的尽其职责，非时时忙里偷闲，运其思想，完成其职务，至尽善尽美之地步为止，而尤非透视“静”的功能，从节制精力、虚心以求二点切实做起不可。

从上不难看出，正确认识“动”与“静”理念的育人意义，即便是在今天，也颇具参考价值。在价值多元化与差异化的当今，人不成熟的第一个特征就是“立即要回报”（海尔公司前CEO张瑞敏语）；美国成功学大师拿破仑·希尔也曾说过，穷人有两个非常典型的心态：永远对机会说不与总想一夜暴富。因此，在人生成长过程中，尤其是在未成功之前，认识人生守“静”的重要意义，无异于一道医治“物质攀比与金钱崇拜，急功近利与生活焦虑”的文化道德困扰的良方，由此才能克服急功近利的焦虑。用现代管理理论透视薛光前关于人生守“静”的重要意义观点，其刊教育人的重要意义在于：守“静”理念是增强员工个人市场竞争力的重要来源。制度经济学认为，企业家个人经验和知识包括直接的经验和知识、间接的经验和知识、内省的经验和知识。所谓内省的经验和知识，是指经过主体内心的反省所产生的经验和知识，而获得这类知识的前提是“致虚极，守静笃”，即追求虚应达到极致，守住静要完全确实，由此才能获得内省的经验和知识。而内省的经验和知识则是增强员工个人知识竞争力的最重要来源。

二、强化中行创业传统的教育：知往鉴今，激发情感，以启未来

企业文化作为企业中人们共同拥有的特有价值观和行为准则，其价值观体系的特有性或个性化，源于对自身经营管理成功与失败的经验教训的总结，由此形成一种特有的管理理论和管理方法的凝结和升华。可见，组织的文化价值观体系中，凝

聚着一种知往鉴今和以启未来的文化传统，而《中行生活》《中行月刊》“明做人之道，育做事之理”的第二类刊教内容就是：知往鉴今，激发情感，以启未来的中行创业传统的教育。

（一）知往鉴今，以启未来的创业传统教育

强化企业创业活动史的传统教育，始终是企业文化培育的重要内容，也是《中行生活》刊教的关注重点。概括起来讲，《中行生活》对中行创业传统的教育，体现在所刊登的以下文章、报告及其观点之中。

1. 传统教育的效用：知往鉴今，以启未来

《中行生活》第十三期刊登了《志宁行同人励志社聚餐会》一文，《中行生活》编辑对此文所加的编者按，可视为中行官方对创业传统教育的效用之阐释。

原文：吴（震修）经理首先将本行组织为股份有限公司，股东总额若干，官股、商股若干，及股东会各种章则，开会召集之手续，董事、监察人、常务董事、董事长、总经理之产生程序等，详尽讲述，又及我行已往之历史，从前股东会开会情形，沿流溯源，汪波千顷。

按语：凡在一机关做事，必须知道此机关之性质与立场，然后能发生情感，发生兴趣。我们许多同仁明白本行历史者固多，而知之不深，或简直不明了的，恐怕还不少；尤其是我们下级同仁或是才进行的，那更莫名其妙了。我很想将来请几位前辈将本行的历史详记一番，而各分支行、办事处的缘起经过，亦各个的记述出来，陆续登载，虽然是工程浩大，总希望有实现的一日。

最近在励志社邀集宁行全体同仁聚餐，恰好在参与本行股东常会之后，特将本行组织情形、已（以）往历史，及此次改选董事之经过，沿流溯源的一一讲解出来，真是波涛万顷，一气贯注，使我们对于本行有更进一步的认识。

由此可见，中行官方对创业传统教育的效用阐释为：凡在一机关做事，必须知道此机关之性质与立场，然后能发生情感，发生兴趣。这就是说，知往能鉴今启发未来，传统能激发情感和兴趣。

2. 中行在商业银行演变过程中的传统教育

如前所述，《中行生活》第二十九期刊登了张嘉璈视察重庆分行时的演讲。他回顾了中行自1912年成立到1934年讲话为止时，“一切事事物物的变化”，其中，他将中行的商业银行演变进程划分为四阶段：

担任央行职务时期（1912至1914年）；

创立社会信用时期（1915至1920年）；

递嬗商业银行时期（1921至1926年）；

“根本改组”时期（1927至1933年）。

《中行生活》同期还刊登了史海峰陪同张嘉璈视察汉口支行时所作的演讲，他则将20世纪30年代以前我国商业银行的整体演变过程划分为四阶段：

1912至1916年为“不做生意”时期；

1917至1921年为“做生意”时期；

1921至1926年为“寻生意”时期；

从1927年起为“抢生意”时期。

为此，他提出，在国内商业银行“抢生意”时期，中行行员应当按照张总经理的三点训示，“同仁必须要有新精神、新方法、新思想，来立己立人，推进业务”，向社会上去“抢”生意，由此发展壮大中行。

如前所述，中行公司文化核心价值产生于中行的商业银行演变过程中，这种传统的回顾与教育，也就是文化核心价值的重复灌输与文化共识的推进。

3. 中行以革新精神谋业务发展的传统教育

如前所述，《中行生活》第十期刊登了张嘉璈视察宁波中行时的演讲，他将中行经营战略转变和公司文化形成的过程回顾如下：

（1）设计行屋新图样时期（1928.11—1930.12），通过出国调研和系统思考，为中行战略转型和文化建构作充分准备；

（2）建造行屋第一层时期（1931.1—1932.12），由此推出六大改革措施和深化人事训练；

（3）建造行屋二三层时期（1933.1—1935.3），推进全行文化共识，促进中行成为国民经济命脉，社会事业指导者，社会人士模范。

4. 中国银行各个年度营业报告的传统教育

比如，《中国银行民国十八年度营业报告》称：中国银行自成立以来迄今十有八载，自民国十七年十月新条例颁布以后，遵即变更业务方针，趋重于国内外汇兑及扶助国内外贸易之发展，期无负国家之付托，社会之望。

（1）中国银行之成立及承还大清银行商股商存款项……当时中国银行时知本身能力薄弱而敢毅然担任代还者（指：承还大清银行商股商存款项），一方面固依赖政府之威信，一方面则认清维持信用为银行生存之基础，故不惜负此重责，而本行因此得于产生之初即以办理银行之基本思想印入于行员脑筋之中，俾行员时时警惕于信用之维持其有裨于中国银行之发展实非浅鲜也。

（2）中国银行履行国家银行职务（略）。

仅从上述“本行因此得于产生之初即以办理银行之基本思想印入于行员脑筋之

中，俾行员时时警惕于信用之维持其有裨于中国银行之发展实非浅鲜也”一语中，就不难看出，中行营业报告中深含“信誉基石”理念的传统教育。

再如《中国银行民国二十年度营业报告》称：中国银行成立今届第二十年，不特进步之速度，不能与欧美银行相颉颃，抑且往往有进五步而退十步之感觉，甚至有欲进且止之困苦。回忆中国银行廿年间之历史，在办事人方面，虽时时兢兢业业，冀尽厥职，而每年所欲报告之成绩，实不敢谓堪副股东与社会之期望。同人等惭疚之余，不能不有一言为我股东及社会告者。

还有，《中行月刊》1934 年第 8 卷第 1/2 期刊登了《二十二年份我国银行业之回顾》；《中行月刊》第 8 卷第 4 期刊登了张公权《中国银行二十二年度营业报告》，其中均含有浓厚的创业传统教育内容。

（二）高管人员传播与演绎中行传统的教育

如前所述，文化旗手倡导新文化早期的唯一方式就是联系“早期采纳者”——主要由企业高管团队和对新文化自然认同的少数员工所构成。而“大多数人”与“迟缓者”不会直接从“变革者”那里接受新思想，往往须先通过“早期采纳者”的认可过程，才能全面接受。因此，高管人员传播与演绎中行传统至关重要。

1. 要对中行负责就须熟知中行传统

中行总管理处总秘书兼人事室主任戴志骞在《放胆来说几句关于本行的话》（见《中行生活》第十二期）中说：要对中行负责就须熟知中行传统。

吾人既是中国银行的一分子，须先明了中国银行过去的历史……假使吾人都能明了中行的历史，自然能明了中行是什么东西，并且对于中国银行负起责任心，目中只知有“中国银行”四个字，于是我行便能发展其前途。

至于要想对中国银行负起责任的话，换言之，便是人人要事无巨细地联想到中国银行的过去、现在和将来。

1934 年 3 月 7 日至 4 月 6 日，戴志骞曾有闽粤之行，所至各处，均有演讲，《戴志骞在闽粤演讲录》刊于《中行生活》第二十六期，其中说：“大凡一行之兴起，必有所凭借。中国银行之所以有今日，亦自有其所凭借者在。”于是，他将前中行作为国家银行时期的“凭借”概括为经理国库所享受的种种特殊利益；并认为当国民政府定都南京，中央银行业已成立，中行改为国际汇兑银行和原有“凭借”失去后，行之兴起“凭借”就是信用，并告诫员工：“张总经理早见及此，在做副总裁的时候，便主张招集商股，脱去国家银行之名，以免受政潮影响；并时时计划保持本行种种利益。”因此，我们服务于社会，应与潮流俱进，才不会落伍。

2. 鲁行经理对中行五大精神（传统）之概括

1932年8月7日，鲁行第一期练习生谒师典礼隆重举行，鲁行经理王祖训在《行之精神及行员之修养》训话中，既强调了精神与传统对于事业成功的重要性，又概括出中行的五大传统，以此推进文化共识。

大凡人做一件事业，要想事业成功，必须要用种种精神来工作，才有成功之可能。我们中国银行现在尚未到成功的地位，但是就已往的历史看来，其间经过艰难困苦，实在不少，才能到现时地位。我先将已往的种种精神，说给诸君听听，好让诸君对于本行有一种正确的认识。

（一）奋斗的精神。当民国五年（1916）时代，袁政府别有作用，特下全国停止兑现命令，彼时沪行经理为宋汉章先生，公权总经理正在沪行副经理任内，盱衡国内经济趋势，以上海金融，关系全国命脉，认为乱命，毅然不肯盲从；长江流域，兑现如常，全国金融，因之稳定，我行信誉，因之大增。至民十一（1922）挤兑之后，我行为整理内部起见，不得已而大裁人员。其时北京报界，每日必有半张篇幅，标为“中国银行之黑幕”，专事攻击，并列举我行如何作弊，及作弊数目若干，我行置诸不理；又印出无数小册子到处分送，我行仍置诸不理，惟一意修明内政，整理营业，到后来法院来行侦察，股东会又举出委员十一人来行逐笔清查，经年余之久，始查明确无丝毫弊窦，报告股东大会，于是我行内幕，社会上才真正明白，而本行的信誉，又因之大增。及至民十七年（1928）政府南迁，中央银行行将成立，我行代理国库的权利，无形消灭，本行股票价值，直落到四折以下，大有朝不保暮之势，危险已到极点。于是先将总处迁到上海，一面就财部指定我行为“国际汇兑银行”的范围，竭力开辟外汇；一面就自有商业银行的地位，竭力整顿营业。同人奋斗的结果，效力日大，而本行的信誉，又因之大增。以上所举，不过就大者而言，其余某一事、某一地，可以表现我行同人奋斗精神的地方，则说不胜说了。

（二）爱行的精神。我行开办二十年来，自总经理至各干部同人，头脑里只知有行，什么名利，都不顾及的……他平素对于名利，看得淡薄极了，时时刻刻总是对于行的方面着想，要想银行办好。在民十（1921）前后的时期，其他商业银行，赢利很丰，行员的花红分得很多；我行同人，除年终领得三个月年间津贴外，别无收益，但是大家皆刻苦做事，并不见异思迁。又如民十及民十七（1921，1928），行基不稳之时，同人在行中的行员存款，数达五百万以上，大家镇静非常，并无张皇提取情事，人人抱有与行同休戚决心。所以每逢难关，无不安然渡过，这都是我行同人爱行精神的表现。

（三）守法的精神。我行二十年来历史上，同人中一二不肖份子，盗窃行款的事实，也同其他同业差不多，在所难免；但是不顾法纪，公然舞弊营私，确是没有的事。并且遇到困难的时候，往往不顾身家性命而不做违法的事。例如民国元年，陈其美做上海都督，把宋汉章先生拘去，迫令提款，当时宋先生就对他们说："款项是中国银行的，不是我姓宋的，非法取款，无论如何不能办到。"又如民十五年的时候，汪总稽核在济南做鲁行经理，被张宗昌请到公安局里去，逼他提款，汪总稽核拘留多日，亦未允从；其他各行，受各省军阀的压迫，类此之事甚多，举不胜举，这是对外守法的精神。至于对内，其例更多。民十一二年间（1922—1923），沪行有个同事许韡人，盗窃大宗行款潜逃；同年汉行所属周家口主任，因其幼子为匪绑去，私挪行款三四万赎出。结果不但尽法严办，而沪行经理宋汉章先生，汉行经理洪苓西先生，均陈请总处，将是年应得之三个月年间津贴，全数罚去，以身作则，表示守法的精神。

（四）团结的精神。民五年（1916）停兑，沪行抗令以来，外人观察我行，总以为各行分立，其实我行内部异常团结。民十（1921）以前之京行，受政治之影响，拖累甚重，几于无能自存；民十（1921）以后，各分行出其全力维持，终能整理过去；民十六年（1927），汉行又受政治影响，不能营业，各分行又出其全力维持，结果亦安然过去。此外如渝行，如粤行，如黔行，如口行，如赣行，如皖行等，几于无处不受政治影响，无处不赖各分行合力维持。

总之，我行所处地位，向无党派为背景；所恃以为争存之具者，只在各部分领袖，合力同心团结的精神。所以我行在民国十年（1921）前，资产负债额，仅仅二万余万元，到现在已增至八万余万元，可见得团结的精神，效力是极大的了。

（五）公平的精神。我行对于保障行员一节，就历史上惯例看来，虽无明文规定，但是行员进退，隐隐有一种保障。在行员最初进行的时候，当然是经相当的介绍，既进行之后，就全看各个人的作为如何。如平素确有过人成绩，行中对他即有相当的奖励；反之有违反行规的举动，行中对他也就有相当的惩罚。绝没有因某人背景，有某种关系，碍于情面，而发生赏罚不公的事实。即如此次考试练习生，来报名的有十几位之多，其中有市政府要人介绍的，有本行同人介绍的，还有我个人介绍的一位。结果市政府要人介绍的，都没有录取；我个人介绍的也没有录取，我还费了三十元路费，让他回去。至于我行所以特别注重公平的精神者，因为一个机关，如果有不公平待遇的事实发现，做坏事的人，就没有畏法的心；要好的人，就没有希望的心。像这个机关，怎能办得好呢？

以上五点，是我行已往成功的结晶，也就是将来发展的基本。

3. 宁行经理对中行特有之三大精神（传统）概括

1933年，宁行经理吴震修在视察扬州办事处，对行员做《本行特有之精神》之训话（见《中行生活》第十五期）时说：

我行今日于社会上能有相当之地位，能受一般人之深切信仰者，实缘整个的我行同人秉特有之精神奋斗，挣扎得来，诚非易易。所谓特有之精神为何？兹归纳之，举三要点：

（一）实力。我行成立二十余年，最近资产总额达八万万元。民国以来，政治纷扰，内战频仍，因而引起金融上紊乱之情状者屡有所见，于此际会，我行常用种种方法，尽力调剂，维持市面金融。脱非有相当实力，曷克臻此？

（二）主义。我行自民十七（1928）改组为国际汇兑银行以还，即以服务社会、辅助生产为主义。此种主义，虽未明白标榜，而我行业务推展之方针，皆以扶助国内工商业，谋一般民众之便利为前提，不专以谋利为目的。

上自总经理下至各同人，无不恪守斯旨，共同努力，数年来成绩斐然。惟望各同人今后须本此主义以行，例如对于一般顾客，均须竭诚服务。良以银行之生存，实有赖于顾客。易言之，顾客实银行之东家也。

（三）安定。我行实力既称充厚，则业务方面自无不安定之情形，根基亦因之稳固。至于人事方面，即在从前国家银行时代，虽总裁数易，而同人亦决少更动。且凡我行行员若无重大过失，亦从无轻令离行者。即有调迁，亦视其人地是否相宜为原则。他如行员之待遇又复优厚，养老金、抚恤金、人寿保险等计划周详，同人等只要能节衣缩食，安分守己，则其生活未有不能安定者。

……故我觉我行同人生活既能安定，精神方面亦自因之安定。以安定之精神，服务于根基稳固之我行，业务当可日臻发达，故我对于诸君有无限的希望。

三、综合配套的廉洁操守培育：以旧驭新，俭以养廉，榜样示范

《中行生活》《中行月刊》“明做人之道，育做事之理”的第三类刊教内容就是以旧驭新，俭以养廉，榜样示范的综合配套的廉洁操守培育。《中行生活》编辑对廉洁操守培育不乏其组稿、编稿、加按等匠心引导，由此促使全行行员廉洁操守和精神修养得以提升。

根据现代商业银行管理原理可知，商业银行内部控制是商业银行的一种自律行为，是商业银行为完成既定的工作目标和防范风险，对内部各职能部门及其工作人员从事的业务活动进行风险控制、制度管理和相互制约的方法、措施和程序的总称。

那么，八十多年前，在商业银行风险及内控的实践与理论均不充分发展的条件

下，中行是怎样搞好内控，怎样进行内控文化——廉洁操守培育的呢？总的来说，民国时期中行内控管理之操守培育，通过刊教这一窗口，所呈现出的操守培育的刊教特色大致有八大方面：（一）先人后事，细则要点，规范操守；（二）公权倡导，身体力行，榜样全行；（三）高管追随，深入演绎，诠释传统；（四）外请名家，以旧涵养，驭新思维；（五）晒生活费，比操持家，俭以养廉；（六）感性教化，榜样引领，多样熏陶；（七）运用日记，把握心迹，检阅行为；（八）配套措施，统筹兼顾，凝固操守。现以史实详情分述如下：

（一）先人后事，细则要点，规范操守

据对多种史料的研究可知，“先人后事，细则要点，规范操守”，是民国时期中行内控管理和操守培育的特色之一。

1. 先人后事：内控管理和操守培育的前提保障

中行对操守培育的刊教传统，早在1915年1月至1921年12月期间就已形成，即由《中国银行业务会计通信录》月刊（1918年5月更名为《中国银行通信录》，两者合并简称为《通信录》）承担起了对全行行员操守培育的刊教之职责。而中行“先人后事”的行员理念，对于内控管理和操守培育而言，其价值引领作用主要体现在两个方面：一是用人任事之前先选人，二是用人任事之前先律人。经对《通信录》和《中行生活》刊教内容的梳理，可以说它们在内控意识和操守培育的刊教方面，有着浓厚的用人任事之前选人与律人的价值引领导向。

（1）用人任事之前先选人的刊教之价值引领导向

比如：1915年6月，《中国银行业务会计通信录》第六期刊登了《中国银行考选练习生办法（民国三年九月订）》、《中国银行总分行号练习生服务规程（民国三年十月修订）》等规定；

1915年8月，《中国银行业务会计通信录》第八期刊登了《中国银行任用人员条例（民国四年八月十一日公布）》、《预备员考试办法（民国四年七月订）》、《中国银行各分行考送预备员简章（民国四年七月订）》、《中国银行总管理处预备员章程（民国四年七月改订）》、《中国银行总管理处调行试用人员办法（民国四年八月订）》等系列规定；

1915年9月，《中国银行业务会计通信录》第九期刊登了《中国银行考试预备员练习生规则（民国四年九月订）》、《中国银行考试预备员练习生监考人员须知（民国四年九月订）》、《中国银行考试预备员练习生评分及算分办法（民国四年九月订）》等系列规定；

1915年11月，《中国银行业务会计通信录》第十一期刊登了《中国银行总分行号练习生服务规程（民国四年八月修订）》；

1919 年 10 月，《中国银行通信录》第五十一期刊登了副总裁（即张嘉璈——作者注）裁示《调查行员保证书办法》。

（2）用人任事之前先律人的刊教之价值引领导向

比如：1915 年 4 月，《中国银行业务会计通信录》第四期刊登了《行员进退汇录（自总管理处成立起）》；

1915 年 8 月，《中国银行业务会计通信录》第八期刊登了《行员奖诫录（七月十九日奉）》、《行员奖诫录（七月三十一日奉附行员奖诫通知）》；

1915 年 8 月，《中国银行业务会计通信录》第八期刊登了《中国银行行员请假暂行规则（民国四年六月一日修正附表格）》

1917 年 2 月，《中国银行业务会计通信录》第二十六期刊登了《行员奖诫录（民国六年一月十六日至二月十五日）》；

1917 年 4 月，《中国银行业务会计通信录》第二十八期刊登了《中国银行总管理处存记人员一览表（民国六年三月十六日至四月十五日附表）》；

1918 年 2 月，《中国银行业务会计通信录》第三十二期刊登了《行员奖诫录（七月十六日至八月十五日）》；

1918 年 7 月，《中国银行通信录》第三十六期刊登了《行员奖诫录（七月三十一日）；

1918 年 8 月，《中国银行通信录》第三十七期刊登了《核准各分行号所人员进退录（此类系以号信关照不另通知）》

1918 年 9 月，《中国银行通信录》第三十八期刊登了《行员奖诫录（八月十日）》；

1919 年 7 月，《中国银行通信录》第四十八期刊登了《说银行检查——银行业者应行注意事项》；

1920 年 2 月，《中国银行通信录》第五十五期刊登了《行员进退录》；

1921 年 1 月，《中国银行业务会计通信录》第六十六期刊登了《行员奖诫录（一月十一日）》；

1921 年 3 月，《中国银行通信录》第六十八期刊登了《行员奖诫录（三月一日至三月十四日）》

再据重庆档案馆中行重庆分行史料，可知其用人任事之前先选人与先律人的操守培育之文化传统。比如：一是对练习生成长的培育过程，除了重视内容管理，还重视其形式管理，即对每个练习生每进一步均有总分行正式发函，显得郑重其事。

二是中行对各级行员请假销假管理，不仅请假需请示报告，连“公毕返职”也需报告；对工作联系、交接、检查等管理规范；费用支出管理规范；对停职、辞职、奖励、惩罚等均有规范。三是注重案防和行员道德警示教育，比如“关于节选苏州支行营业系员工许善道，助员许善林共同作弊、造假账目要点并检送该员照片致中国银行重庆分行的函”。四是还有信访制度。显而易见，用人之前先选人与先律人，是重庆分行内控管理和操守培育的前提保障。

（3）选人与律人的操守管理之重要形式：中行保证人制度探究

据《行史》可知：1914 年，中行制订人事规则时，其首要规则就是《行员戒约》和《行员惩戒暂行规则》。1915 年就建立了行员奖诫录、行员进退录、总分行号练习生服务规程、任用人员条例。1929 年 4 月，中行合成的《行员服务规则》中包括戒约、规约、保证人、惩戒等四项章程，这是中行行风、行纪的具体体现。这就是说，保证人制度是“先人后事”理念和操守管理的重要体现形式。1919 年 10 月，《中国银行通信录》第五十一期刊登了副总裁（即张嘉璈）裁示《调查行员保证书办法》，为了探究民国时期中行选人与律人的操守管理之重要形式，经我们对自贡档案馆和内江市档案馆之中国银行行员保证书案例的调研，中行行员的保证人制度之轮廓大致如下：

第一，四川省自贡市及内江市档案馆的中行保证人制度案例。

①桥处（注：中行五通桥办事处）主任：王新华。

保证人姓名：周洵，别号，宜甫；籍贯：贵州贵阳；职业：家居；通信处：重庆黄桷垭复兴村二十四号；关系：戚谊。

具保日期，三十一年（1942）八月二十日。

最近查保日期：三十一年（1942）九月十九日，三十三年（1944）六月二十六日，三十四年（1945）七月十号。

②桥处办事员：翁钱龄。

保证人姓名：任子卿；籍贯：浙江绍兴；职业：重庆三北公司副经理；通信处：重庆陕西路二二四号；关系：乡谊。

具保日期：三十三年（1944）七月。

最近查保日期：三十三年（1944）七月二十四日，三十四年（1945）八月二十三日。

③桥处会计员：柏向晨。

保证人姓名：严懿男；籍贯：江苏镇江；职业：重庆中国货公司副经理；通信处：重庆民族路二四一号；关系：亲戚。

具保日期：三十四年（1945）七月二十一日。

最近查保日期（注：字迹不清晰）。

④定处（注：中行嘉定即乐山办事处）主任：柏向晨。

保证人姓名：黄继明，别号钦齋；籍贯（未填）；职业：蜀瓷公司经理东川瓷厂厂长；通信处：重庆通远门外牛角沱蜀瓷公司；关系（未填）。

具保日期：十八年（1929）十二月十八日。

最近查保日期：三十三年（1944）九月二十五日，三十四年（1945）十一月二十二日。

⑤保证人姓名：陈继桥；年龄：四十七；籍贯：四川省自贡；学历：（未填）；经历：（未填）；职业所在地：自流井泉济；每月收入：□拾元之资产；永久通讯处：裕大盐号转；与被保人关系：友谊。

保证人签名：陈继桥；填表时间：三十六年（1947）元月一日。

被保人姓名：曹贤书；现在职务：（中行内江支行）行员；现在住址：内江支行。

调查事项：查该保证人现住本市竹棚子，通讯由裕大盐号收转，信誉尚佳。

调查人：陈溥□；调查日期：三十六年（1947）元月一日。

第二，民国时期中国银行行员保证人制度的大致特点。

①中国银行行员保证人制度，在形式上由保证书、保证人调查表、对保清单等组成。保证书包括以下项目：被保证人姓名、现在职务和现在住址，保证人姓名、别号、籍贯、职业、经历、家居（即地址）、通信处、与被保证人关系。保证人调查表除上述项目外，另外还单列出具保日期、最近查保日期、调查事项、调查人姓名、调查日期等项目。

②保证人属于有一定社会地位和经济基础的人士。如任子卿系重庆三北公司副经理，黄继明是蜀瓷公司经理东川瓷厂厂长，陈继桥每月收入：□拾元之资产。与此同时，保证人亦可是中行高管人员，体现着举贤不避亲的原则。如，桥处主任王新华的保证人就是昔日四川分行经理周洵（宜甫），周于1935年退休，周与王新华的关系为“戚谊”。

③保证人与被保证人之间关系可分为戚谊（亲戚）、乡谊（老乡）、友谊等。

④查保具有经常性的制度化安排。如，对周洵的最近查保日期为1942年9月19日，1944年6月26日，1945年7月10号；对任子卿的最近查保日期为1944年7月24日，1945年8月23日。

⑤查保人对被查保人员的调查事项负责。即保证人调查表通过调查事项、调查

人签名、调查日期等项目，确立查保人的责任。

2. 细则要点：工作规范化是操守培育的制度保障

中行“细则要点”的行基理念，是指全行总的制度叫作“办事细则”；分部门的制度补充规范叫作“业务要点”。对于内控管理和操守培育而言，其主要价值引领作用类似于当今的“程序管理”，有效程序管理是内部控制的基础手段，建立和完善“细则与要点”的结果，就是使全行一切工作规范化；有效程序管理也是操守培育的制度保障，通过对“细则与要点”的约定俗成，久而久之便可以形成操作习惯和文化传统。可见，中行操守培育的制度强化方式由来已久。

而《中行生活》对操守培育的刊教内容与特色，我们可以从 1933 年 7 月《中行生活》第十五期所刊载的蚌埠支行发布的《助员练习生训练奖惩纲要》之通告中，以及从 1934 年 2 月《中行生活》第二十三期所刊载的《行员应恪遵各项规则及办事程序方法之申告》一文中，窥见一斑。

（1）操守培育之制度保障：《助员练习生训练奖惩纲要》

一、德性上之训练：（说明）我国古代教育，首重道德，道学二字，昔贤并称。盖惟有学问者，必先具有道德，所谓品学兼优是也。即近代学校制度，亦以德育、智育、体育三者并重，可见修身之学，为吾人在社会处事、立身之本，古今中外，理无二致。诸君身为行员，如具有优美之道德品性，养成高尚之人格，则不患无自见之处。爰规定修身纲要数则，期共遵守。

1. 注重公德、私德，养成操守廉洁，为一忠实行员。

2. 性情和平，品貌端正，出言谨慎，举止安详，临事勿矜奇躁率，庶可寡过。

3. 服装整洁，注意健康，爱惜光阴，早到迟退，以养成良好习惯。

4. 态度谦和，娴于辞令，待顾客必须亲切周到；对于质问者，勿示以厌恶之态度。

5 对上级应知礼貌，对同级互知尊重，对下级勿存傲慢；即待遇行役，亦平心和气，务使全体具守规律，和衷共济；银行有如家庭化、平民化，而毫无官场化。

6. 对于上级人事之管理，修身之指导，宜诚意接受。同事遇有错误，宜互相劝勉，不事隐讳。

二、智识上之训练：（说明）本行行员应具有普通常识，及兼备银行应有之学识，临事方可适应咸宜，不致捉襟见肘。兹规定纲要数则于后：

1. 学校出身者，进行后切忌抛弃所学，不事研究。

2. 非学校出身者，于工作以外，宜潜心学问，具有完备知识。

3. 工作时间以外，多阅有益各种书籍、杂志、报纸；而于逐日报纸中经济一栏及银行特刊等，均须注意研究，勿可忽视。对于本行所发《(中行）月刊》、《(中行）生活》各册，尤应不时浏览，以求心得。

4. 行员应明了本行为社会服务之精神，营业之方针，事务之处理，及本身应负之责任。研究心得，发挥思想，遇事头脑清晰，可以担当重任。

5. 逐日须做日记（详见后）。

三、技术上之训练：

1. 初步习下层工作。

2. 逐步至各部分历练。（说明）本行兹规定助员练习生初进行时，宜从下层工作做起，逐步至各部分历练。要在于此过程中，使之通晓银行应办各种事务之技能，如簿记之原理、营业之情形、经济之状况。悉心研究，弗徒为机械的工作，方可陶冶为有用之人才。

3. 习作通畅文字。

4. 练习书法。（说明）思想言辞，胥由文字表现。伦敦银行学界杂志所载斯蒂尔论文，其中有谓："第一须习为畅达之文字，庶几可以明白表示自己之意思；而文字之简洁，尤为重要。其擅长文字之行员，为前途最有希望者。"故诸君于文字必须特别注意，务期人人习有畅达之文字，以应己用。并须逐日练习书法，由工正而入于纯熟。兹已指定文书主任为诸君文字之指导者，自即日起，将逐日所临之字帖小楷，汇交文书主任指点笔法，并评定次第，送交经襄理阅看，以验其成绩有无进步。至关于文字之练习，可随时向文书主任研讨质疑，以求阐释。

四、信赏与必罚：

1. 年终考绩。

2. 随时奖惩。（说明）本行每届年终，具有行员考绩报告书，以为各员生进级奖叙之标准。所有本行颁定之行员服务规则各条，诸君当知一体遵守。兹为明定赏罚起见，特规定各种训练纲要，自经实施而后，除于年终报告各员生服务之成绩、办事之勤惰而外，并视各员生训练成绩优劣，以定奖惩。其有于德性、智识、技能各种训练上显著进步，认为应论功行赏者，随时具报管辖行，除请总处核定奖励，以示激劝；如或不守规章，不知自爱，不遵上级之指导，以及根性大劣，不堪造就者，当按照本行行员服务规则所定惩戒各条，立予惩戒。此项奖惩办法，并先陈准管辖行及总处备案实行。

对此，《中行生活》编者加按，强调其重要性并向全国中行机构介绍其做法：

本行对于本行员生实事求是地加以训练，犹之军队中必须有基本军队，这也就是希望养成纪律化的基本行员……总经理说"要人人成为整个的中国银行行员"，我们何可不从兹注意呢？讲起训练的方法，真是千端万绪。其实这不过指示途径，而触类旁通，还在乎自己。兹承蚌支行刘翰筠君，寄来蚌支行助员练习生训练奖惩纲要一则颇为扼要，爰刊之于此，以为同人切磋之助。

由此可见，早在八十多年前，蚌埠支行就提出了现代企业文化培育中的一个深刻理论问题——注重公德与私德，养成操守廉洁，为一忠实行员。而且将此作为行员德性上训练的第一条内容。所谓公德是“利他行为”的准则，是指从考虑别人的利益出发，可以牺牲自己的利益；所谓私德则是“自利行为”的准则，是指从考虑自己长远利益出发，可以牺牲自己眼前的利益。尽管自利性是人类的社会属性，但自利与自私有着明显的差异：自利是指不损害他人利益的利己行为；自私是损人利己的利己行为。培育好的企业文化，一定要从培育私德做起。因为，要求人人大公无私只是一种管理理想。所以，公德培育要以私德培育为基础，亦即要求人们讲私德——牺牲自己眼前利益而顾及自己长远利益，从长期时间上看，这就能换取人们讲“公德”的空间效果。不能不说，蚌埠支行提出“注重公德、私德，养成操守廉洁，为一忠实行员”的管理理念是难能可贵的。此外，“银行有如家庭化、平民化，而毫无官场化”的理念，也能为操守培育创造良好环境。

（2）操守培育之制度保障：《行员应恪遵各项规则及办事程序方法之申告》

该文对中行自成立以来的“细则要点”之合规文化以及廉洁操守培育理念，予以制度上的强化——再次重申“本行行员服务之信条”和“本行行员在服务期内应遵守下列规约”，其中对发此申告的原因介绍如下：

本行所颁订各项规则及办事程序方法，原为各行行员平时处理一切事物之准绳而设。总处近查各处间有流弊发生，大都由于手续疏误及同人未尽能恪遵规则所致，为此特通函各行行员，嗣后务须恪遵本行所颁各项规则及办事程序方法，以杜微渐。兹照录业字第七十一号通函原文如下：

迳启者，查本行所颁各项规则，及办事程序方法，俱经本处普遍咨询，严密考虑之后，方事颁发实行。若各行员黾勉服膺，身体力行，当决不致有流弊发生。查去年一年以来，各处所发生流弊，经本处彻底究查结果，均由各行员平时办事疏怠，未能恪遵本处所颁规则及办事程序方法所致。联行间及同事间，往往遇有不遵规则及疏误手续之处，彼此多不立即严加纠正，视为当然，驯至于不知不觉之中，发生流弊，尚不觉察，事后乃彼此推诿。夫任法与任人二者，固须相提并用，但既定有规则及办事程序方法，自必须于适用规则及规定程序方法之后，方能任人，否则有法而不必恪守，可以任意出入，则忠实者将莫知适从，黠者反因而觊觎为恶，贻害匪浅，及至流弊发生。本处若严执服务规则以绳疏误之咎，则骤视未免过于刻酷，然不如此，则本行因此而受莫大损失，扪心自问，实难卸责。凡法均为防患而设，本行分支如是之多，服务行员如是之众，势非严密守法，不能防止流弊。为此通函，至希通饬办事各员，禀遵为要。（下略）

本行行员服务之信条：

一、本行行员应遵守本行一切章程规则。

二、本行行员遇事务之未经专条明定，或虽有专条尚待斟酌及事关重大者，应由各该员生陈明本上级机关办理。

三、本行行员不得违反上级机关之指令，如有意见，得于事前陈述。

四、本行行员不得兼营他业。

五、本行行员不得兼任行外职务，但得总处许可者，不在此限。

六、本行行员对于本行事务，严守秘密，不得以文件簿册示人，或泄漏主顾与本行往来之状况。

七、本行行员不得向本行或本行往来商家，挪借款项。

八、本行行员不得有一切投机之行为。

九、本行行员不得以他人名义，及别号、记名、堂名，向本行私作交易；或为人作保，向本行借放款项。

十、本行行员除办理本行事务外，不得用本行名义。

十一、本行行员不得犯一切不规则之行为。

本行行员在服务期内应遵守下列规约：

一、总分支行大小行员应遵守行中一切训示，服从命令。

二、各行员对于一切顾客，应谦和接待。

三、凡顾客托办之事，应力求方便，迅速代其照章办理。

四、凡顾客探询事件，应平心静气，逐一答复，不得厌烦；但事涉银行应守之秘密，应婉辞诿谢。

五、凡顾客托做汇兑等事，应接市面行情，照算汇水，不得分外多索。

六、无论何项顾客，均应竭诚招待，遇事指导，不得妄自尊大。

七、每日应办之事，应于当日完结，不得拖宕。

八、行员每日到行离行，应照法定时间。

九、行员办公时，不得怠惰。

十、行员于本分职务外，遇有他项事务必须助理时，除有特别理由，不得推诿。

十一、各行员应和衷共济，各奉其职，不得妄生意见，党同伐异。

十二、各行员应操守严谨，屏除一切恶习。

由上可见，通过细则与要点来确保操守培育工作的规范化，是搞好操守培育的基础前提。

（二）公权倡导，身体力行，榜样全行

据对多种史料的研究可知，“公权倡导，身体力行，榜样全行”，是民国时期中行内控管理和操守培育的特色之二。

1. **公权倡导，操守廉洁**

如前所述，张嘉璈所倡行的操守培育理念，主要体现在以下讲话之中：

第一，在“三方同乐，同为模范”使命阐述中，同仁精神快乐的条件包括：不做道德上负心的事，譬如舞弊营私，诈欺取财，或是伤风败俗，有一于此，心中就栗栗不安，必生精神上的异状；要量入为出，不做投机，入不敷出是精神痛苦的来源。由此才能得到精神上真正的安乐。

第二，张嘉璈在描述中行理想行员的愿景画面时指出：理想的中国银行行员要有健全之智识、道德的观念、强健之体格、互助的精神。其中，道德观念指，人人知道，不营私，不舞弊，不投机，不嫖不赌，有公德心；希望中国银行行员创造一种为社会所信用、所尊敬的人格，久而久之，社会人士一望而知为中国银行行员，就知道是智德体之育具备的人。

第三，张嘉璈在《银行员的新生活》一文中，集中阐明了他对廉操守的倡导：如何能廉？俭以养廉，简单与朴素为廉耻的根本。一个堕落的人，并不是甘心堕落的，只因平时行为不检，用度不当，时感入不敷出的困苦，终至环境逼得无可奈何时，于是有不名誉的事情发生。所以好行员的日常生活，应使其愈简单愈朴素愈好。人的收益有限，身的欲望无穷，假使我们能节欲而不纵欲，使个人的预算收付，时常维持平衡的状态，那么不但不会受物质生活的压迫，而且精神上可以得到异常的愉快，这是做人的根本。

第四，姚崧龄在《中国银行二十四年发展史》一书结论中说：张嘉璈常以三大道德纪律期励同人……以上三原则，张氏当归纳于“高”“洁”“坚”三字，以为每一行员座右箴铭。

2. **身体力行，榜样全行**

张嘉璈“新思旧养”的素质背景，使他具有很强的“道德治行”之管理偏好。他将中行立行使命定义为：中行人员是模范的人员，行员家庭是模范的家庭，中行是中国模范的银行。在此思维模式下，他作为永葆中行在同业领袖地位的中行领袖人物，对自我的道德要求更是身体力行，榜样全行。

（1）不忘初心，执着事业（详见第一章）

（2）洁身自好，从不湿鞋（详见第一章）

（三）高管追随，深入演绎，诠释传统

据对多种史料的研究可知，“高管追随，深入演绎，诠释传统”，是民国时期中行内控管理和操守培育的特色之三。即是说，中行领导阶层人士和分支行经理几乎都有非同凡响的演说口才和思想，他们紧密追随张嘉璈“道德治行”之文化主张，深入演绎和诠释中行操守培育之传统，对廉洁操守培育起到了推波助澜、承上启下的文化共识的促进作用。

1. 总行人事室主任对洁操守培育的归纳与演绎

据史料记载，中行总处总秘书兼人事室主任戴志骞，“对于人事管理，备极精密；更不惮跋涉之劳，亲履各行，实地考察；目的在使中行人事前途，日益精进也”。1934 年，戴志骞有闽粤之行，所至各处均有演讲，其《闽粤演讲录》记录着他积极响应张嘉璈“洁文化”主张的思想，其大意是：

（一）银行员应有德性及学识之修养。盖我行之业务，能否日臻发达，荣誉能否垂久不朽，全视同人于服务上能否尽职为断。人事室之使命，在指导同人能尽服务之责任，智识之培植，及德性之修养也。智识不完备，责任上缺憾必多。若无德性学识之修养，则处此社会竞尚浮华，外诱纷繁，易出越轨之行动。故银行员应有刻苦任劳、俭朴自奉之态度，以为社会之榜样。反之，如生活以奢侈是尚，用度又漫无节制，易招外界物议，固非银行之福，亦非行员个人之利。

（二）中国银行现在的精神和将来之趋势。精神文明，亦是很抽象的，尤其是银行之制度和组织，银行员治事之才具和合理化，在在均足表现一个银行的精神……总经理常说：“如有精神不自私，不利用银行找钱，喜欢尽其本能，为社会服务的人，本行当然欢迎。”否则他决不招致。总经理是以身作则的，从前政府曾几度要总经理就财长，总经理总是予以拒绝。盖他全副精神和事业，整个的寄托在本行。所以从民二十一（1932）以后，我行钞票发行，就达到一万九千万，存款就达到五万万；每股股票，由四五十元，现在涨到七十二三元。这种收获，固然是总经理之惨淡经营，亦算是我行近年来精神的胜利品。

2. 鲁行经理对洁操守培育的归纳与演绎

鲁行经理王祖训于 1932 年 8 月 7 日，在该行隆重举行的练习生谒师典礼上，对张嘉璈文化主张予以传承与演绎，其训词记载于《中行生活》第六期《行之精神及行员之修养》一文。对于练习生今后如何修养，他提出了“信用”“操守”“诚实”“周密”等四点要求。在论及“操守”时，教育行员道：

操守是我们在社会上立身的第一要义，尤其是我们做银行员的唯一要素。我们

要保我操守，头一件是要能“学俭”，古人说：“俭以养廉”。第二件是要有“定力”，我们平时谈论，大家无不自信个人的操守，但是真到见着现钱，或者见着大宗现款，这时候恐怕无论何人心里，总要动的；不过有定力的人把持得住，没有定力的人把持不住而已；在这时候，我们先要想一想：还是发这一点小财的好呢？还是留着操守，一辈子吃不尽的好呢？古人说：“临财毋苟得”，诸君要牢牢记住这句话！

由此可见，王祖训所演绎出的操守培育观的要义就是：第一，将员工操守演绎为社会上立身第一要义和银行员的唯一要素。第二，在张嘉璈提出的俭以养廉的操守培育途径之外，演绎出保持操守的第二条途径是要有“定力”，做到“临财毋苟得”。新制度经济学认为，大多数人在自利性主导动机下，还同时兼而具有利他主义动机和机会主义行为倾向。而机会主义行为倾向则是人的操守可能变节的潜在内因，机会主义行为本质就是以损人利己为手段追求自己的短期化利益。然而，个人“定力”修炼，就是在无论何人总要心动的大宗现款面前，像王祖训所说的那样，“先要想一想：还是发这一点小财的好呢？还是留着操守，一辈子吃不尽的好呢？”——这句话中实际上包含着根除机会主义行为倾向对个人定力影响之自律方法。换言之，“留着操守，一辈子吃不尽”就是追求个人长期而稳定利益的观念，以此可以有效克服潜伏在人内心的“恶魔”——以损人利己为手段追求自己短期化利益倾向——的影响，从而增强定力，保持廉洁操守。第三，王祖训还把“信用”的日积月累，看成是行员“自然渐渐的成为本行重要行员，渐渐的成为金融界重要人物了”的根本素质和发展路径。这一观念对今天教导员工也不无借鉴意义。

3. **宁行经理对洁操守培育的归纳与演绎**

据史料编研可知，吴震修是20世纪30年代颇有经营管理独到见地的中行分行行长。他在行员洁操守培育方面的思想也不例外，既有效演绎了张嘉璈的廉洁思想，还演绎出洁操守培育的管理措施。而且，还可以将吴震修对洁操守培育的观点，视作民国时期中行对洁操守培育的最经典之认识与做法。

（1）洁操守培育基础：衣食足而知荣辱。吴震修曾将“本行特有之精神”概括为：实力、主义、安定。其中，“安定”精神是指：我行同人生活既能安定，精神方面亦自因之安定；以安定之精神，服务于根基稳固之我行，业务当可日臻发达（见《中行生活》第十五期）。对此，扬州办事处行员“和”（笔名）在《书吴经理训话后》一文中，既对吴震修经理的讲话精神予以赞许式的回应，又阐明了“衣食足而知荣辱”的洁操守培育的基础认识问题。

宁行吴经理来扬视察行务，除与诸同人一一各别谈话外，复于聚餐时向同人训话，标示我行特有之精神凡三点：首实力；次主义；次安定。然吾人静聆之下，不徒细心体会，尤须躬践力行，而安定为第一要义。何也？盖吾人生活苟能安定，对于我行主义自可奉行勿懈，为日既久，行中实力未有不充厚者。故安定本也，实力末也。征诸务本之义，则同人安定生活问题，讵可稍缓耶？

这就是说，扬州行员们认为：安定为第一要义，只有让行员生活安定，中行主义自可奉行勿懈，行中实力未有不充厚者；员工的安定生活是本，中行实力增长为末。换言之，使员工生活安定，具有“奉公勿懈”之管理功效，而银行对行员洁操守培育基础也是“安定”。

该文的难能可贵之处还在于，扬州行员们认为，行里给员工安定生活的同时，更加深刻地认识到“知止”之重要意义：

知止而后有定，定而后能静，静而后能安，安而后能虑，虑而后能得。盖吾人生活果能知止，则一切非分之念，自不足萦其心，所虑自属正当。

譬如遇一顾客，觉其可与共事，必谋所以维系之方；见一业务审其可以发展，必谋所以进行之策。一旦达到目的，心中之自得，诚有不可以言语形容者。

反之，不能知止，则生活方面首先不能安定，又安得余暇运用灵敏之脑筋，锐利之目光，以尽己职，以发展行务？更安有所谓“得”哉？

这就是说，员工有了安定的生活后，更应当首先“知止”，即吴经理所示节衣缩食，安分守己之谓也。换言之，银行对行员洁操守培育的跟进措施，就是在给予员工“安定”生活的同时，更要教育员工有“知止”的感恩之心，而不使其陷入追求稀缺性的困境——贪得无厌与永无满足。人如果没有“知止”的感恩之心，人生就是由欲望不满足的痛苦和满足之后的无趣所构成的；当一种满足一经成为常态，对人来说它便不再是满足；从而陷入“稀缺——丰裕——再稀缺”的怪圈，得到了许多东西，唯独没有得到满足。因此，“知止”的感恩教育至关重要。进一步讲，当员工有了“知止”的初步认识后，就要以良好的廉洁文化教育他们树立正确的终极人生目标。

（2）守己尽职即是爱国，做事尽力则待遇随之而来。吴震修《“戒”与“练”》一文刊载于《中行生活》第十五期，其中记述，1933 年 5 月 22 日，他到镇江支行视察，谈及操守问题时，提出了“要知守己尽职，即是爱国；做事能有相当之尽力者，在社会上自有相当之待遇”的观点，并列举中行守己尽职的榜样——我行总经理——来教育行员，尽心竭力地去做，前途希望，何可限量？

我行总经理也是一个无钱的人，但并不因为处境之不裕，而减少其对于行务竭尽心力之热忱，乃因推举而任总经理之职……由此可知受人崇拜者，不在钱之有无，而在其人格及其信誉。总经理之愿力系将行务视为家务，全体同人服务本行，亦须视作代自家做事，不辞劳苦，不避嫌怨，尽心竭力的做去，前途希望，何可限量？

（3）言心则首重乎“戒”，言身则首重乎“练”之洁操守培育箴言。吴震修在《“戒”与“练”》中还指出：

更有说者，无论何人做事，要想成功，言心则首重乎“戒”，言身则首重乎“练”。银行员终日与银钱接近，随时有诱惑之可能。“戒”字如未做到，则视存入者盈千累万，而己独无，因羡生怨，因怨生贪，其为害于心也将无有既极？故必先有戒心，然后有定力。但是要身体坚强、脑力充足，方克具有正确之思想及判别，是以此点，尤为重要。

（4）对张嘉璈“俭以养廉”文化主张予以配套制度上的支撑。据《“戒”与“练”》记述，为搞好“俭以养廉”的洁操守培育，吴震修在本行推出“行员储金优给利息”的配套制度与方法，鼓励行员节俭而储蓄，节俭而储蓄后既可俭以养廉，又增加了银行运营的资金来源。

顾由私人节俭而储蓄之，本为生计所不可缺之事。余任职总行时，早已提倡行员储金优给利息，现在总行计算每年付给行员存款之利息，竟已达到巨额。兹经总行改将利率减小，仍以减小数目移作全体同人保寿险之用，如何办法，正在规划中，则不论有无存款，均可享得本行优待之权利。总行之为行员筹划者，亦可见其公允而周密。顾所以为行员力谋待遇上之普及者，正为行员能尽力行务之故。

（5）提出抵御外界种种诱惑的“心”定理念：心定则治事自勤敏。《中行生活》第十七期刊载了吴震修在新浦的讲话——《“心术”与“体格”》一文，他首先表扬了该处行员，“在此枯寂无味之环境中，而能努力工作，胜任愉快，这是我深为嘉许，而更忻慰的”。与此同时，表达了他的担心与希望：“我觉得此间之环境，不仅是枯寂无味，而且甚为恶劣，诸君都是年富力强，守身如玉，千万不要被这不良的现象所诱惑，甚而至于陷溺，这尤其是我所切盼的。”最后，他提出了如何抵御外界种种诱惑的理念——正定的“心术”，亦即：

我们在社会上服务，不是专靠“本领”吃饭的，“心术”与“体格”二者，实为一重荣辱的关头。“心”定则治事自勤敏，“体”健则精神自奋发，此地虽街道湫隘，空气恶浊，我们只要有健全的“体格”，就能抵抗一切的外感，犹之乎有了正定的“心术”，即可抵御外界的种种诱惑了。

4. 长春支行经理对洁操守培育的归纳与演绎

长春支行经理张君度的上任演讲——《共同生活中之共勉》一文，刊载于《中行生活》第十四期。他结合当地实际情况，对洁操守培育进行归纳与演绎：

首先，他提出对“俭以养廉”的深化认识是“能俭尤贵能勤，乃获相得益彰”，即把“俭与勤”结合起来育导员工：

近年商界职员，多趋奢侈，往往小则影响个人经济，大则旷职误公，贻害无穷，实为识者所共叹。惟本支行同人夙闻均能崇尚俭朴，不习浮靡，此种美德，至堪佩慰。鄙意以为能俭，尤贵能勤，乃获相得益彰，天下事业苟非孜孜不倦，鲜有能达者，此古人所以有业精于勤之说也。

其次，如前所述，他向员工列举了中行总管理处勤于事业的高管群体形象：

此次鄙人在沪见总行同人，自总经理、总稽核、总秘书以至各课长、办事员，无不精神奋发，努力职务。

再次，他对员工品德修炼提出了殷切希望：

再同仁在行服务勤勉，固为要图，尤须养成责任心，因一人之智力有限，惟赖群策群力分工合作，始能共底于成，各有职务，即各具责任。职务范围内之事，固望聚精会神以图进展；即范围外之事，诸同仁苟有心得，对于行务裨益之建议，鄙人不但深表欢迎，抑且极愿采纳。但若有漫不经心、怠忽职务，则鄙人亦决不姑息，以代人受过。此则愿与诸同仁共加警惕，期无陨越耳。

5. **四川分行经理对洁操守培育的归纳与演绎**

四川分行经理周宜甫《理想中对内对外的二点》一文，刊于 1934 年《中行生活》第二十二期，提出了“对内之旨在于：人不徒重才而先重德”的观念。

民国二十二年（1933）冬，我总行以理想之中国银行，遍征文于各埠的同人。本“集众思，广众益”之诚，以求行务将来之进展，甚盛事也。

因思既日理想，自不过各就思想之所及，而有合于事理者，姑妄言之。不揣狂愚，特就理想所及之点，分而为二：一曰对外，一曰对内。

对外之旨唯何？则曰功不仅在行而须在国。

对内之旨唯何？则曰人不徒重才而先重德。

而且，川行秉持“人不徒重才而先重德”理念，已非一日。据《渝行整饬收税处之风纪》（见《中行生活》第九期）记述，1932 年该行在“人不徒重才而先重德”理念指引下，从严治行的案防史实如下：

重庆海关税款，向由渝行代收，其货币有关平银及金单位两种。除关平银系按固定之价算收外，其金单位一种，因金价时有起落，逐日行市不同。

重庆美孚洋行所完开税，向为金单位，由该洋行办事员戴某经手缴纳，历有年所。讵近数月来，戴某对于所完税款，填送该洋行之报单，恒以少报多，每次浮报数十元或百数十元，吞没中饱。此项报单，系于纳税后填制，照章须先送本行收税处盖章证明，方完手续。乃收税处经手人员，朦然罔察，竟徇情照办。

近由美孚汉行，另派洋员，至渝查账，发现其所报金单位数目有异，向本行查对，始揭穿黑幕，竟浮报到四千余元之巨。该洋行认为与收税员同谋所为，主张一体彻究，将戴某押送公安局讯办。渝行亦将收税处关系各员，一并送请公安局扣留，静待处理。旋经戴某供认实系个人浮报舞弊不讳，情愿全数赔出，虽对于收税员并未株连，但渝行因收税各员职责所在，何得徇情助恶？遂人私图，不知检举，至数月之久；虽美孚事寝，未受影响，而该各员事前不报，扶同隐匿，实属不合。业经陈明总处，分别开除，以肃行规。

查本行代收开税，负有全责，现在经收者尚不下十数处，戴某虽经查明真相，未曾株连，无损行誉；然各地情形复杂，难保不再有类此情弊发生，稍涉疏虞，即不免代人受过。至于税款之保管，账目之稽核，关系合同，手续上尤不能不格外慎密。要在我分支行处同仁，随时随事，特加注意耳。

6. 检查类高管员对洁操守培育的归纳与演绎

1934年12月1日，由束云章演讲，薛光前笔记整理的《个人过来之银行生活——纠正自己几个错误的观念》一文，刊于《中行生活》第三十三期。从《中行生活》编辑薛光前亲做笔记情形，以及束云章“此次来沪，参与总处召集之检查会议”的演讲口气看，束应当为中行稽核类高管人员。在其演讲中，他“将个人于过来之银行生活中所犯之几个错误观念，报告于下，借以自惕，兼资切磋”，其中不少理念，尤其是“进银行并非为舒服生活”观念，亦可视作对洁操守培育的演绎性价值理念。

一、读书与做事业并非为两事。（见后）

二、进银行并非为舒服生活。或曰：银行为百业之首，进银行服务者，其地位犹高人一等，事实上殊不尽然。盖凡百工商事业，只需资本充足，经营得法，即可脱离银行而独立生存，惟独银行以调剂金融、辅助工商为目的，欲尽酌盈剂虚之能事，非以工商业为营运之对象不可。故银行之地位，不但不高于他业，抑且有赖于社会之营养，此固极平凡、极浅易之识见，但每为人所误解而不自觉；更有人羡慕银行生活，非常安定，非常舒服。其实凡世之安定生活，即工商各业亦然，非为银行一业所独是。

至谓舒服一层，实为不确，倘有为求舒服生活而进银行者，我知其目的差矣。银行之生活，不但不较他业为舒服，且更觉为苦，因银行所接触者，三百六十行，行行均有……均须充分明了其内容，熟悉其情况，庶几一事之来，得以从容应付，举措裕如……不但此也，银行因业务关系而所交接之人物，有士农，有工商，有军政各界，各界情形不一，环境有异，必须相机应付，切不可一成以不变。再人心不同，各如其面，然则如何察言辨色，投其性情，迎其心理，固为应对上最重要之问题，亦事实上最难做到之一点。我银行地位所处，对此尤不容忽视，纵明知事属匪易，亦当处处存心，时时留意，一念不松弛，一念不矜张，用心到人所未用心处，思量到人所未思量处，务竭其全副精神以赴之，力求其完善。是则欲谓进银行服务，为享受舒服之生活，又安可置信哉？

三、服务时应当为顾客着想。银行业务之对象为顾客，则其服务时应当为顾客着想，当无疑义，惟默察目下一般金融界情形，并不尽如是。若一存户银行存款，则向询明姓名，填具印鉴卡片，点清存款数目，然后开给存单或存折，一若手续极为简单，除此之外，别无他事。殊不知一存户之来，并非出于偶然，亦非必有所求于银行，乃信用银行之安全，而许以钱财相托。故其来也，实含有重要之涵义，亦寓于最诚恳之意思，则我人除对其完成各项储单之手续外，应如何时时为其打算，以谋其便利，增进其收益，方不负其来行之一番诚意，此非银行故示优惠于顾客，实银行分内应有之责也。再若对顾客放款，不应限其目光于利息之收益方面，应进一步时为对方之事业着想。因本固枝繁，水涨船高，惟顾客之事业能滋长发荣，斯银行之服务可永久无尽。此为个人于以往银行生活中所未发见之意识，亦历来服务上自认为最可遗憾之事，所以不惮为诸君告之。

四、做事应负起积极的责任。（见后）

五、倘做错事应即反躬自责。我人在社会做事，或有顺顾，或有拂怠，务须平心易气，安静以求。倘有不合，亦当再加详思，虚己商讨，切不能自以为是。盖舍己从人，取人为善，圣贤之心传，正在于此。倘行有错误，责我以过，亦发尽心体察，反躬自责。责己者可以成己之德，亦惟有时当看自己有不是处，才会有进步……亦古之“罪己则无尤”之谓，我人当三复斯言。

六、应养成刻苦耐劳的习惯。此次来沪，见海上五光十色，颇有一番太平气象。但我人若一回想内地之情形，其景况之惨苦，有非想象及者……虽然，目下救济农村之声，几将震破我人耳鼓，顾如何能达到此目的，非举国上下，群策群力，一致以赴，而尤非我金融界深入内地，切实为挽救农村经济之工作不为功。深入内地，言之最易，行之实难，倘我人不先养成刻苦耐劳之习惯，决难具备深入内地之条件，与农民同其生活，共其甘苦，以完成救济农村之工作。总经理所以于《中行生活》上“银行员的新生活”一文中，谆谆以此点训勉同人者，正有望于我人之能早自激励，善自素养，以任此艰巨，尽此责任也。

以上所述，无非为个人于过来之银行生活中所体会之种种弊病，有为先前所觉察者，有为新近所发现者，今一并暴露于诸君之前，借为自警自惕之意，言尽于此，敬求指正。[①]

7. 沈行经理对洁操守培育的归纳与演绎

据《中行生活》第十八期《汪经理来锦视察对同人训话记录》[②] 记述：1933 年 6 月 7 日下午三时，沈行汪时璟经理，偕同杨耕雨、董公达、过振汉诸君来锦州办事处视察。抵行小憩后，即查点库存，核对各项存款、放款，暨各种账表。嗣因时已六钟，暂告休息，共同聚餐。餐后仍继续核查，至晚十时事毕，共同讨论行务改进方针及研究账面革新手续，至十二时各自归寝。汪经理对同人训话大意如下：

（一）立品：我们无论做什么事，必须有端正的品行，才能立定脚跟，公私双方，庶可与日俱进。因为一个人涉足社会，最容易为环境所迁移，而改变其性情，染习不良嗜好，以致经济感受拮据，寅吃卯粮，东挪西借，日复一日，债台高筑，弄得不堪收拾。缘精神上既骛予外务，就无心办公，错误迭出；还有异想天开的，做那违法之事，结果名誉扫地，误行误己。所以希望在座同人，必须立品，始能知足，循规蹈矩的办事，则前途定有发展的希望。

（二）办事须有责任心：目下商战剧烈，同业竞争，无论何种事业，非提起十二分的精神，时时刻刻地去改进，难免落人之后。因为现在的中国银行，非比从前的中国银行，环境上、地位上均与从前的情形不同。接待顾客须持和蔼的态度，敏捷的手续，始能使其满意；而一切不良的习惯，尤须完全免去，如是我行的信誉，方可日渐增加。对于办事，务要有责任心，不可互相推诿。拿中国银行作为自己的家，拿中行的事，好比自己的事。若是个个人都有这样的责任心，则办事自能感觉一种兴趣，业务方面，当然一天比一天的发达，中国银行自能永远地存在，我们亦可永远地在行服务。

（三）同人要有互助精神：查业务范围较小之支行、办事处，大半人少事杂，同人工作方面，不得不彼此兼顾，然各部分的事体，势不能逐日平均，所以同人须有互助的精神，切磋的习惯，协力同心，分工合作，行务始能蒸蒸日上。若以为个人工作已毕，责任已卸，不问同事如何忙碌，亦袖手不顾，那一切事务，决不会整齐而有秩序的。

（四）做事须放大眼光：（见后）

（五）勤阅书籍：青年行员，除学些照例公事外，公余之后，无所消遣，最易误入歧途，荒弃学业。本行有鉴于此，所以各行有图书室、球房、运动场之组设，以

---

① 束云章演讲．薛光前笔记．个人过来之银行生活——纠正自己几个错误的观念．《中行生活》第三十三期．1934 年 12 月 1 日．

② 秦仲康．汪经理来锦视察对同人训话记录．《中行生活》第十八期．1933 年 10 月 1 日．

备同人公余后，有一种正当的消遣，并可增进智识，锻炼身体，真是法善意美。然而设备是设备，至于同仁能否约束身心，各自砥砺，还在个人。希望同人如行内已有此项设备，必须时时去阅习；若并无设备的，最好自己选购几种有用的书籍读读，将来可得到不少的用处……学问一层，是不以年龄、阶级为限制的。若荒废不讲，一旦升为高级行员，苟无相当程度，焉能胜任？彼时始感觉“书到用时方恨少”矣。所以最好事先历练，储以有待，则将来身居其位，诸事都能迎刃而解，不致棘手。要知“学无止境”，非自己努力，不足应付将来。

（六）锻炼身体：（略）

沈行行员对汪时璟经理训话的反响，亦如《中行生活》编语所言：

锦处同人蒙汪经理以恳挚的态度，谆谆善诱地来开导我们，同人感聆之余，惟有遵着汪经理的话，一一的去履行。所幸同人等平素均能安分守己的做事，自信亦颇有互助的精神，切磋的习惯，团结的决心，并且行里现在已有一所网球场，作为同人公余锻炼身体的地方。闻汪经理回沈后，拟购书籍多种，寄与同人阅读，这于同人将来可以灌输不少新智识，于此更当表示十二分感谢。

不难看出，汪时璟所讲的“拿中国银行作为自己的家，拿中行的事好比自己的事……中国银行自能永远地存在，我们亦可永远地在行服务”，时至今日这也是育人名言。

8. **广州支行经理对洁操守培育的归纳与演绎**①

据《与广处同人一夕谈》（刊于《中行生活》第十期）记述，潘述庵“于民十八年（1929）四月奉派津行，未匝月，即赴秦皇岛改组支行。驻两年，其时曾有派驻日本之议，未克成行。二十年（1931）四月，奉调石家庄支行，未及半载，又有派来广州之议。以津行乏人，故未果行。后港行促行甚急，遂于（1933）三月间至港行，今来广处矣。三年之间，迁调四次，奔驰南北，转地万里”。这里“广处”应为广州支行，据《行史》记载，广州分行（粤行）于1919年2月改为支行并隶属于香港分行；同时香港支行改为香港分行，管辖广东省境内中行机构。潘述庵应当是广州支行经理，《与广处同人一夕谈》应为其上任演讲，而潘的演讲内容大多也是属于操守培育的演绎性教育范畴。其讲话要旨如下：

（一）改正错误：吾人最大而最通常之错误，即不能分开公私两方面。或谓银行中之为经理者，往往以为银行即经理，经理即银行。此种观念，大有昔日君皇时代，朕即国家之意味，果有此念，固诚莫大之谬误。而办事人员，往往又一切诿责于经

① 潘述庵演讲．于鑫铎笔记．与广处同人一夕谈．《中行生活》第十期．1933年2月15日．

理，以为万事皆有经理负责，我等可以不闻不问，此又过于放弃职责。

须知银行所以分为经理、主任等等阶级，诚以事务冗繁，不得不各掌一部分，以收分工合作之效。社会为人的集合，且为有组织的集合；既有组织，当不能不分工；既分工当有职务之不同。在公事而论，正如剧场之表演，君臣之分，父子之别，其次序绝不能凌乱；但表演完竣，则台上之分别，又绝对不能作为社会日常交际之阶级标准。我辈既系表演幕剧，希望专诚做去，幸勿贻笑为“落乡班”，一钱不值也。但因职务之分别，而发生错误之观念，则诚非银行区别职责之本旨。今后希望诸君，总要对我监视，不必客气。

忆予接事之第一日，曾将夹万锁匙遗下，并无人留意。翌晨，予将夹万打开，冀早到者留心开闭，然终无人留意，此可知诸君并未尽监督经理之责，此诚不可不留意。吾人再从做戏者作一例证。无论其为粤剧名角或平剧名角，倘任彼一人为之，无其他配角帮助，则彼等何能成名？由此可知事业不论大小，非借他人之力，决难造成；而银行之命脉，不在经理一人，而在全体行员，明矣。诸君务须认真做去，更勿以予暂居斯土，随便敷衍数月。希望大家能同心合力，为我行努力服务，企予望之。

（二）刻苦忍劳：兹者，我行接管海关收税处，事务较繁，精神散漫，或有怨言者，或有请加派人员帮忙者，诸君之勤惰，予颇知一二，诸君应自己注意，自己监督，勿待予之督责。事务虽繁，应研究加增效率以挽救，勿轻冀人之帮忙。须知过去之休闲，系不应有之现象；今日之力任艰难，乃诸君应负昔日习惯使然。今后应本刻苦耐劳之精神，努力工作，则不独银行受其利，于诸君之身心，亦有莫大裨益焉。

（三）供献意见：一人所知有限，故集思广益，为当务之急。诸君倘有意见，当尽量发表，俾大家讨论，择善而从，则银行之发展，实利赖之。予于某夕，时已深夜，犹闻喁喁之声于某房中，则论谈改革收税处事也，颇具条理，让至今仍未见其发表于大家之前，予甚诧异！今后希望有意见者，尽可明言，切勿存于胸中，秘而不发；甚或互有成见，暗中猜忌，则行务或受其弊，而同事间情感，亦因之而易发生破裂。此诚不可不注意也。

（四）注意节俭：我国今日经济状况已陷于崩溃地位，商业衰落，生产凋零，一时难望活跃。我行处于国家多事之秋，营业多受影响，未能尽量发展，诸君之待遇，或因此而感觉不满，在所难免。然诸君应体念时艰，勿因此而灰心，治本不能，先求治标，惟有量入为出，节省用度。须知由俭入奢易，由奢返俭难，此亦敢为诸君告者。然诸君之有困难者，予亦深知，倘于可能范围内，可为诸君设法者，当为诸君设法，诸君勿以为虑。但诸君仍应自己打算，勿专倚赖予之扶助。

（五）修养人格：名誉为人生第二生命，吾人应常注意。诸君于公余之暇，寻求娱乐以消遣，此当然之事，予绝不过问。但倘时至深夜，始行返行者，自足令人怀疑，希望同人永无此等现象。盖不正当之娱乐，不独与人格有关，且与身体有莫大弊害，间接上银行亦受害不浅。倘有此种行为，予绝对不顾一切，毅然本职责之所在，加以严厉处分，盖以其有关于行务也。但愿本行之名，借诸君而兴；不欲本行之名，被诸君而玷。此又予之殷殷所期望者也。

（六）服务精神：银行之发达，端赖办事人员之能振作精神。吾人平日办事，对内应具有融和合作之精神，对外则以谦让亲善为主。西谚谓："顾客恒居于是之地位"（Customs are always right）。于可能范围内，当尽量退让，以博好感；然后再婉为解释，俾得两方有相当之了解，切勿鲁莽，而致有不当之开罪。失一顾客，似无关重要，而其宣传之力，乃不可思议也。至练习生，更应留意，暇时应帮助办事人员，以多得练习之机会，切不可存自满之心；对于行员之指教，尤当虚心接受。诚能若是，则不独银行受其利，亦即诸君成功之表现。关于服务精神，外貌之整理，次序之严肃，亦最为重要。公事房中，闻有嘈杂大叫之声，或尘封满目，不事整理，或衣履不完，囚首垢面，使人望而生厌，最为危险之印象。诸君务宜留意于此，以免顾客感觉吾人之凌乱，毫无秩序。

（七）熟悉大势：（见后）

（八）融和言语：在座诸君，除本省人外，江浙者多。予于公暇，每见江浙者恒相叙而谈笑，本省者亦聚其伍而谈。此固因言语之相通便利使然，但予甚希望，彼此能互习对方之言语，彼此能教习其所述之语。江浙者习粤语，广州者习江浙语，务使互相融和，则诸君个人间情感，可以融合；公事方面，因言语之相通，亦可以增进合作之精神，将来自己亦可感觉到意外之便利。

总之，吾人既委身银行，则举凡一切，当以银行利害为前提。凡有利者，当尽力兴之，害者除之。盖银行与吾人有直接之关系也。吾人为本身计，为银行计，均应本着努力精神而服务，使行基益臻巩固，业务蒸蒸日上。予虽不敏，愿与诸君共勉之。（二十一年十月四日）

从潘述庵讲话中，可以体悟到中行支行级领导的管理境界和水平，而他对洁操守培育的归纳与演绎性教育亮点则在于：

第一，"今后希望诸君，总要对我监视，不必客气"，这就是说，内控管理要从行长自身做起，并希望员工时时监督行长。更难能可贵的是，潘述庵将批驳"银行即经理，经理即银行"观点，在他上任演讲的第一点中就郑重提出，而且还举例说明该观念所带来的风险点在哪里："忆予接事之第一日，曾将夹万锁匙遗下，并无人留意。翌晨，予将夹万打开，冀早到者留心开闭，然终无人留意，此可知诸君并未尽监督经理之责，此诚不可不留意。"他在先正己后正人的演讲中，向员工提出"银行之命脉，不在经理一人，而在全体行员"的操守培育之希望。

第二，修养人格就要将名誉作为人生第二生命，这也是洁操守培育的演绎性教育亮点。而且，倘有员工参与不正当之娱乐行为，潘的管理态度是从严的："予绝对不顾一切，毅然本职责之所在，加以严厉处分，盖以其有关于行务也"。

第三，潘对员工操守培育的演绎性原则是互利双赢的，即"吾人既委身银行，则举凡一切，当以银行利害为前提。凡有利者，当尽力兴之，害者除之。盖银行与吾人有直接之关系也。吾人为本身计，为银行计，均应本着努力精神而服务，使行基益臻巩固，业务蒸蒸日上"。

第四，潘能在支行管理层次上（一般仅管理 20—40 人），提出让员工"熟悉大势""供献意见""融和言语"的管理要求，也是难能可贵的。

（四）外请名家，以旧涵养，驭新思维

据对多种史料的研究可知，"外请名家，以旧涵养，驭新思维"，是民国时期中行内控管理和操守培育的特色之四。

1. 救贫应先救精神上贫乏之道四端

寿毅成在杭州青年会的演讲《说贫富》刊载于《中行生活》第三十四期。该文对于洁操守培育的意义是：通过对中国传统文化引经据典的梳理，说明两大做人道理，献于广大年轻行员修炼自我洁操守时思考。

（一）贫为缺乏之义，富为具足之义，不必专就财用言。凡物分则少，故贫字从分；物萃聚则务，故富字训备；世俗但知以多财为富，无财为贫，抑陋已。

完美之人生，不独在富，病态的社会，亦不独患贫。

（二）当此国步艰难，世变孔亟之际，时贤竞言生产建设，以救社会物质上之贫乏，诚是也；不佞以为万有亟于此者，乃在如何可以救精神上之贫乏，是非倡导青年修养，以植其本，则物质上之进步，亦未必可期也。

总之，关于青年修养问题，略举大概，期于先救精神上之贫乏而已。

救贫之道有四端：一曰讲学以启其智；二曰修德以广其量；三曰敬业以践其实；四曰乐群以致其公。

对此，运用当代经济学理念透视《说贫富》的洁操守培育之刊教价值，这也是用旧涵养驭新思维的洁操守培育之经典教义。经济学认为，稀缺性假定构成了经济问题的前提与基础，构成了社会财富的实质性内涵。稀缺性是人们无法改变的约束条件，能够改变的只有人们自身的观念与行为。而《说贫富》的“完美之人生，不独在富”的观念，则是与稀缺性的经济学本质之一——“物质追求有边界、当知止”的道理是相通的；《说贫富》的先救精神上之贫乏的方法——讲学以启其智，修德以广其量，敬业以践其实，乐群以致其公，则是与稀缺性的经济学本质之二“利益形式包括精神性”的道理是相通的。个人自身利益形式不仅仅限于物质与金钱，还有非物质的稀缺性东西——精神，这对每个人同样是一种财富，从很多方面看，精神财富绝对不亚于物质财富的效用。在欲望无限和资源有限的约束条件下，应对人生疑惑与人生烦恼的最终办法就是，寻找精神财富的支撑，从而抑制贪婪的物质与金钱追求欲望，实现人的综合发展与追求物质与精神相平衡的生活，从而获得真正的职业人生幸福。

2. **仁者以财发身，不仁者以身发财**

如前所述，中行为做好行员精神训练，常常邀请行外名家来行开讲座，为行员广播智识。通易信托公司总经理黄溯初《仁者以财发身不仁者以身发财》演讲，可以说是如何以“旧”驭“新”的道德塑造的经典之说。

他的“仁者以财发身，是说仁者能以其财为助，而发扬其原为德性之所托的身体。不仁者以身发财，即指不仁者忘其本为德性之所托的身体，而以之为发展其财之用，结果反为财所支配，即以身殉财的意思”演讲主旨，以及“希望诸位人人皆能自知，且复能自信其身体均为仁者之身，而绝非不仁者之身，并且各能用这自知与自信的力量，而使中国银行的财富，终能成为仁者之财，而绝非不仁者之财”的期望，实为用旧涵养驭新思维的洁操守培育之经典，如他所说“为中国银行及中国的前途计，是莫善于此”。

（五）晒生活费，比操持家，俭以养廉

据对多种史料的研究可知，“晒生活费，比操持家，俭以养廉”，是民国时期中行内控管理和操守培育的特色之五。

张嘉璈说：俭以养廉，简单与朴素为廉耻的根本。一个堕落的人，并不是甘心堕落的，只因平时行为不检，用度不当，时感入不敷出的困苦，终至环境逼得无可奈何时，于是有不名誉的事情发生。好行员的日常生活，应使其愈简单愈朴素愈好。人的收益有限，身的欲望无穷，假使我们能节欲而不纵欲，使个人的预算收付，时常维持平衡的状态，那么不但不会受物质生活的压迫，而且精神上可以得到异常的愉快，这是做人的根本。

如何才能让行员在保持简单与朴素生活的同时，不至于受到物质生活的压迫？如何让行员在节欲而不纵欲过程中获得精神上的愉快？《中行生活》编辑对此命题，颇具匠心地连续刊载过数篇关于员工如何安排好家庭生活费用的短文，从一个侧面深入和具体地辅助洁操守培育。《中行生活》于 1933 年 8 月起，首在第十六期刊登了式如的《我怎样支配我的生活费》一文，并希望“各地同人中，就其本身的环境，对于生活费用之支配，定不乏良好的方法，甚盼继续写示，藉增本刊讨论之资料，想亦为我同人所乐闻也”，以此引导出“晒生活费，比操持家，俭以养廉”的系列短文，辅助行员洁操守的培育。

1.《**我怎样支配我的生活费**》：**勤十工作，量入为出**

在这生活程度日见昂贵的社会中，人人终觉用途太多，入不敷出，侥幸做了本行行员的我，觉得生活比较以前安定点，于是我下了决心来支配我的环境，首先从“勤于工作”、“量入为出”两件事做起。

一个人以辛勤的结果，得到生活的代价，若不把这生活费适当的支配，势必致寅吃卯粮，移东补西，久而久之，不堪设想。所以我以为，必须要求每月生活费收支适合，进一步再求其月计有余，庶生活裕如，精神可免痛苦，能率自然增加。我现在虽月入有限，时感不足之苦，但自从节减不必要的消费，确立当年的预算以后，颇有成效。但所谓“俭用”，须从合理方面着眼，所以家庭卫生，最关重要，否则医药费一来，就要立刻打破预算的藩篱，无法维持收支的均衡。

我过的是小家庭生活，夫妇儿女共四人，女仆一人，月薪五十元，连膳费津贴等共八十余元（年间津贴另外存储，作为年节及其他特别费用）。兹将支配方法，记之如左（下）：

经常费	（月计）	特别费	（月计）
房租	十九元	子女小学教育费	四元
在行午膳	五元	衣服鞋帽添置	五元
电灯	二元	交际	五元
米	十元	书报	二元
菜用	十八元		
煤火	三元		
车费理发	六元		
傭（佣）工	五元		
杂费	二元		

计经常费月支洋六十六元　　特别费月支洋十六元

对于此篇文章的观点，《中行生活》编者站在人类生活的哲学高度，加编者按予以引导“俭以养廉”的操守培育方向和大局：生活费用的支配，足以左右个人之意趣，影响社会之安定。因此，首先从勤于工作和量入为出做起。

（一）生活费用的支配，足以左右个人之意趣，影响社会之安定。按人类为社会之原动力，人类生活为此原动力之中心，吾人一方努力生产，一方面应适当消费。生产是增加社会的财富，消费是取到自身的需要，所以要各就本身环境善为支配，以免入不敷出之忧。因此生活费用的支配，足以左右个人之意趣，影响社会之安定。

（二）如何省吃俭用？如何支配适当？实为当前的一个重要问题。吾二千余同人，在此共同生活之中，关于各地之生活状态，彼此均为关心，顾不能互相问闻，尽人皆知耳。今式如君说：首先从“勤于工作”、“量入为出”做起，这诚是一针见血之谈，其中却含有深远的意义，并承将生活费支配情形忠实写来，我除极端佩谢外，敬祝他日常生活日臻愉快。

2. **生活费的支配的确有全行共同注意和研究的必要**

1933 年 10 月，《中行生活》第十八期刊登了李缙（据对李缙所有文章的综合判断，他应为石家庄支行经理）《我之生活费预算表》一文，作为式如《我怎样支配我的生活费》一文的续篇，继续引导“俭以养廉”的操守培育方向和大局。

读本刊第十六期式如先生《我怎样支配我的生活费》一文，觉得生活费的支配，的确有共同注意和研究的必要。

我个人生活费的支配，因为在小家庭而外，尚有大家庭之负担，所以时常发生变动，不能固定。但在变动之中，也可守着定而不易的原则。就是在一定的期间中，必须收支适合，在大小家庭之间，两相伸缩，此费彼省，不使支出超乎收入。由此十余年来，虽无若何积蓄，然亦无负债。

今就我全月收入一百十一元五角之数，拟一预算表如左（下），以后即根据此表来配支我的生活费。

项目	月计	项目	月计
米面	十二元	菜蔬	十元
味料	三元	灯炭	三元
房租	八元	佣工	四元
行中午饭	五元	交际费	二元
书报费	一元	医药费	二元
衣服费	十元	子侄学费（中学一人，小学二人，大学一人之三分之一）	三十元
父母赡养费	十八元	储蓄	三元
合计	一百十一元		

3. 升迁较快且持有家产行员怎样支配其生活费案例

1935年1月，《中行生活》第三十四期刊登了G.D.《怎样支配我的生活费》一文，记述了一个在中行升迁较快且持有家产的行员怎样支配其年度生活费的史实，由此避免青年人因立身不慎而堕落的事发生，借此更好的自警自惕。

我因齐鲁战争牵连着学校停办，辍了学，接连兹爱的祖父弃养（先父早年见背，家计由祖父主持），以不及二十岁的我，须担起瞻顾家族的重任来，那是何等艰危的事啊！当时幸赖M地中行的经理是世交，就派给我做M行练习生。到现在在经过七年，讲到生活，尚可安危度着。

偶然看到《机联会刊》的"生活费专号"，即使每月只赚四五元的，作者也井井有条地写出收入支出的适合方法；又看到本刊第十六期上式如君的《我怎样支配我的生活费》一文，也不由地引起我自己的生活费预算表起来。

讲到生活费，第一要说家庭中人数。我家连我自己七个人：祖母、母亲、妻、子二人、女一人；第二要说现在的进款，我在中行升迁上，算是快的，现在每月拿本俸四十五元，生计津贴十元（内地），外加年底的年间津贴。我家中的产业仅十余亩田，每年收入租金不到八十元，此外一千余元的存款。以七口之家负担的我，要求收支适合，非立一个准确精密的预算支配不可。

现在就我生活费，列一表分配如下：

【收入】	
本俸	五百四十元（注：年收入）
生计津贴	一百二十元
年间津贴	一百三十五元
田租	八十元（估计）
利息	一百六十元（估计）
合计	一千另三十五元
【支出】	
住屋租费	一百元
米	一百二十元
蔬菜	三百六十五元（每日一元估计）
灯油柴炭	五十元
佣工	四十八元
衣服添置	五十元（估计）

续表

【支出】	
舟车	七十元（住宅离行较远，有时要坐车。又乡间亲族有祭祀，因祖母、母亲信念甚笃，时须雇舟前往。）
医药	二十元（此项不能不立；能不生病，固然最好，可以移作他用。）
交际送礼	六十元（估计）
储蓄	四十八元（子女初级教育费）
杂项	一百元（估计）
合计	一千另三十一元

上列不过就大概说，超出与不及之数，却已无几，可以算准确了。拿此种表登载出来，真是平淡无奇之至，多占篇幅，无非因对着现在社会偶有所感，青年因立身不慎而堕落的事，层出不穷，借此作为自警自惕罢了！

综上史实可见，《中行生活》编辑部运用晒生活费、比操持家、俭以养廉的行员洁操守辅助培育方式，具有以下价值特征和管理启示：

第一，《中行生活》编者赞赏与推荐式如一文“支配我的环境，首先从勤于工作、量入为出两件事做起”的观点，正是如此，才使式如一人“月薪五十元，连膳费津贴等共八十余元”收入，能够紧凑过好“夫妇儿女共四人，女仆一人”一家的生活。这说明节欲而不纵欲，使个人的预算收付时常维持平衡状态，就不会受物质生活的压迫，而获得精神上的愉快。

第二，《中行生活》编者提出“生活费用的支配，足以左右个人之意趣，影响社会之安定。如何省吃俭用？如何支配适当？实为当前的一个重要问题”的观点，不能不说是一种小中见大的洁操守培育观点和洁操守文化培育的有效落地方式，亦即“编制好行员的生活费预算表”，是防止“青年因立身不慎而堕落的事层出不穷”的有效落脚点，增强行员“自警自惕”的基本途径。

总之，相比之下，八十多年前，中行培育行员洁操守的系列做法：（1）教育员工勤于工作、量入为出地支配自我的环境；（2）将生活费用的支配看作是足以左右个人之意趣和影响社会之安定的理念；（3）从关注编制好行员生活费预算表的细小工作做起，作为防止青年因立身不慎而堕落后果的有效落脚点和增强行员自警自惕的基本途径，不能不说，这些培育方式更为人性化，也更为实在与有效。

（六）感性教化，榜样引领，多样熏陶

文化共识过程，是一种集理性与非理性的管理相融合的综合管理过程，既包括理性的官方意识灌输，还包括感性的企业英雄个体的培育方式。而企业英雄人物也是公司文化核心价值体系构成元素之一。所谓企业英雄，是实践企业文化价值理念

的典型人物或企业文化的人格化，具有培育企业文化的人格化示范效应。

如前所述，年轻行员徐宗泽曾对《中行生活》办刊质量，开门见山地提出尖锐的批评，“看了第一期的本刊，所看到的是训话，训话般的讲演……训话只同扎兴奋药针一样，当时有效，而不是根本的办法。十二分企望着高级同人训话之外，给我们一些有力的指导与榜样”。由此，他称赞了《中行生活》第三期所刊登的《宋大班之俭德》一文的榜样作用。据对多种史料的研究可知，“感性教化，榜样引领，多样熏陶”，是民国时期中行内控管理和操守培育的特色之六。

1. 理念人格化培育：宋大班之俭德

《宋大班之俭德》刊于1932年7月《中行生活》第三期，该文通过一段小新闻，引发人们对中国银行前经理宋汉章的节俭救国品德的崇敬与效仿。

有一天，《新闻报》内载着一段小新闻，题目叫作“家中没有老爷”。原文如下：家中没有老爷——宋汉章先生的笑话（小记者）。

节俭救国，是大家公认的吧。可是说起来便当，做起来就不容易。我记得有一次，我的朋友，去访前中国银行经理，现任中国银行常务董事的宋汉章先生，碰进门去，有一位女人出来开门。我的朋友就随口问道：“你家老爷在家么？”

不料那位女人立刻回答着说，“我家并没有老爷。”倒使我的朋友愣了一愣。原来那位开门的，就是宋太太。她是躬操井臼，不假手于娘姨的。自然，没有娘姨，就没有老爷了。到现在，宋先生还是坐着蹩脚包车，比较的那辆车子还要桂花，穿的是布衣。那种节俭力行的精神，值得我们钦佩。大家说节俭救国。他老先生实在是一个“模特儿”。

由此，引出作者的感思：“以汉章先生声华德望如是之尊，不料治家如是勤俭，真益令人起敬，不仅可为本行同人的模范。”此外，作者还介绍了宋汉章乐用国货习惯的故事，最后感叹道：“像汉章先生这种躬行实践、毫不苟且的精神，实足为现代社会上一般人士的表率。”

《中行生活》第十三期和第十六期分别刊登了中行董事宋汉章《我的经营保险事业之生活》《宋汉章先生在银行的“生活”》两文，把宋汉章生平办事实力、毅力，不畏难、不偷安的精神，尽量表现出来，足为行员们学习、仿效，塑造了一个深受激励的“企业英雄”和员工模楷，其事迹主要如下：

（1）宋汉章先生在保险事业生活中的品德

宋先生年高德劭，凡是稍知中国金融界历史的，几于有口皆碑。“宋大班”三个字可算是上海滩上对于他老先生一致的尊号。在一般不知宋先生的人，未尝不以为这事只要借重他的声望和地位，就足以从容坐镇，尽可养尊处优，指挥若定了。殊不知宋先生的办事，是向来脚踏实地，认真去做，不但时常邀请专家，研讨保险的经络，更不惜纡尊降格，向各方面去联络招揽，虽以宋先生的按部就班、严肃为容，也不能不为之迁就。这种精勤自励、实事求是的精神，是很值得钦佩，足为后辈的楷模。

再有就是宋先生的好学，老而弥笃。听说现在每天公余之暇，必要读国语国策，还要精心着意的做篇国文，去就正于所延请的名宿，作为日常的功课（事例略）。可见一个成功的人，自有他独到之处，非可幸而致之的。

（2）宋汉章先生在中行服务生活中的品德

（一）当民元之初，大清银行宣告清理的时候，各方谋攫取民国国家银行者不乏其人，逐鹿甚烈，结果有中国银行之创建。宋先生在沪行时期，艰难缔造，煞费苦心，才奠定本行的基础。因此横遭疑忌，中间曾一度不获自由。尤困难的，是基础虽立，资金则分文无着。而政府发行军需公债七百余万，军用钞票五百万，皆责成银行照兑，无米为炊，况在萌芽时代，其应付之棘手，也就可想而知了。此宋先生第一次的“生活”。

（二）迨民国五年洪宪帝制发生，京钞停兑，上海中、交两行同时奉停兑之命，其时殖边银行停兑风潮未息，明知这是洪宪乱命，但是长江各埠，已经草木皆兵，恐慌万状。交行已遵命先停，惟本行照常兑现。其时行址在汉口路三号，由马路、门外，以及柜外，万头攒动，三日不息，岌岌乎有朝不保暮之势。这时候恰好张总经理在沪行副理的任内，同宋先生苦心擘画，力主照常兑现，总算转危为安，才能把东南半壁的金融市场维持到今日。然而在那兑现时候最初的一礼拜中，日夜焦思，几乎寝不安席，食不甘味，他老先生于此五日中，狂吸雪茄烟尽十二盒之多，可见辛勤忧虑之深。有一天公权先生讲到此事，犹觉谈虎色变，自称当时目击人民争先恐后拼命挤兑的情形，于此见银行关系人民经济如此之大，更觉办理银行者所负责任之重云云。此种映（印）象，思之如在目前，而公权先生以其精神心力委于本行，力求造福于社会民众者，曾谓亦因感此映象而益坚。亦足见当日情势严重，责任艰巨了。这也就是宋先生第二次的“生活”。

（三）还有一次重大的事件，就是民十一年的（某）月里，总税务司安格联不知听了什么谣言，忽然要将本行各地分支行代收的关税款项，限于四十八小时之内，扫数解交上海汇丰银行。这一个晴天霹雳，真是不易对付，尤其是各行对于沪行向系存少欠多，一时那有如许巨款代各行垫解。就是设法调汇，仓促间也没有这许多头寸，而且缓不济急，这是毋庸讳言的。幸亏宋先生在上海金融界信誉昭著，人缘极好，更难得的是外商的信仰。据闻他老人家当时去会汇丰的大班司梯芬君，提出此项问题，并对他说："你我全是办银行的，你看此事如何能办得到？"当时汇丰大班安慰一番，立刻联合麦加利大班打电报致总税务司，大意说宋大班在职一日，敢担保绝不致发生问题，安氏见沪商对其如是信仰，于是复电允办。一天云雾，就此消除。倘非是像宋先生这样的诚信交孚，恐怕这严重的难关，不能如此的从容渡过。这是他老先生第三次的"生活"。

（3）宋汉章精神对中行行员的启示

我们正应留心，师法其如何养成其精神、定力、道德、物望，才能临到大难，从容不迫，一些不慌张凌乱，才能解决重大的问题，担当重大的责任。以上不过仅仅是宋大班的银行"生活"的片断。至于本行有多年的历史，其间各位先进同仁经过的事迹，应付的苦心，一定也很多，盼望各地同仁就其所知，翔实的写告本刊编者，俾得随时刊布，以作公共的模范。

就一般而言，企业英雄的理论标准有三：一是理想性，卓越地体现了企业价值观的某个方面，和企业的理想追求相一致，即理念人格化。二是先进性，在其卓越地体现企业精神等的那个方面，取得了比一般职工更多的成绩。三是可学性，其所作所为离开常人并不遥远，显示出普普通通的人也能够完成非同寻常的工作。不难看出，宋汉章"嘉言懿行"之感性形象，类似于满足理论标准的企业英雄人物。其理想性，体现在宋先生年高德劭，凡是稍知中国金融界历史的，几于有口皆碑；其先进性，体现在他的几次生活中；其可学性，体现在他生平办事实力、毅力，不畏难、不偷安的精神，离开常人并不遥远，足为后辈的楷模。

2. 理念人格化培育：浙行洪启周君

1932年12月，《中行生活》第八期刊登了景伟的《浙行洪启周君积劳逝世》一文，这类似于按企业英雄的实践标准，所推出的普通行员之示范榜样。

浙行营业股办事员洪启周君，浙之萧山人。少习钱业，以勤敏闻。十二年三月来吾行服务，初在兰属各处供职，旋浙行以其在职勤能，特于十六年调派来杭，办理营业股往来存款及放款等事务，所掌同行往来票据进出，本甚繁重。

君记忆力极强，办事能力又极富，每当顾客盈前，右手执笔，左手握算，从容应付，熟极如流，未尝使顾客久候。而尤为难能者，于敏捷应付之中，百无一失；月终结息，纤毫不爽，经人覆（复）核，从未发现差误。

即公毕偶暇，与同人一枰对弈，亦若智珠在握，应手而下，著著制胜。其心手之敏捷，实不仅于办理公务，为同侪所钦佩也。

顾君任务既繁，辛劳亦特甚，日不暇给，辄继以夜。益以薪入不丰，家庭负担綦重，平素不遑顾及自身营养，体质乃日益亏弱，至面足忽现浮肿，胃纳亦失常态。

君初犹不措意，力疾从公，迨后勿支，始返里就医，调治一周，委顿如故。时君以公务重要，不欲久旷，且宿患胃症，漠然视之，即仍扶病来杭，销假办事。讵知积劳过甚，病势隐伏已深，到行办事甫一日，气逆偃卧，症象突变。亟延浙江病院盛院长至，谓君脉搏反常，治已棘手，勉为注射强心剂而去。当时行中急雇肩舆，派员伴送回萧。登舆之际，同人等知洪君此去，殊鲜生望；相顾凄然，而君神志清明，犹对众一一颔首，不自知其濒危也。乃至中途钱塘江畔，遽尔溘逝，享年仅三十七岁。家有颁（斑）白老母，年青寡妻，遗子二，俱在髫龄。虽君平日自奉甚俭，一无嗜好，顾亦仅敷事畜，至是一门嫠孤，顿失所依，身后萧条，可以想见。

君生前待人诚挚，谦退不伐，故人亦多乐就之。噩耗传来，不特阖行同人悲悼不置，即顾客有询悉者，亦为吾行折一干才，深致痛惜。

嗟乎，以君一生尽心努力于职守，而天不假年，赍志以没，临危且不及归与家人诀别，留遗恨于江畔，逝水滔滔，斯人不作，痛已！

在文化培育过程中，企业英雄的实践标准是多种层次、多种形式的：一个人在非常的情况下完成了平常的任务就是一个榜样；一个人在平常的情况下完成了超常的任务也是一个榜样；一个人在本职工作之外为公司的发展做了许多事情还是一个榜样；一个人创造性地做了一件突出的事可以成为大家学习的样板；一个人在一个时期创造了显著业绩可以成为大家学习的目标；一个人几年如一日，燃烧和奉献着自己，更是大家学习的榜样；一个班组或部门持续性的绩效优异也很有说服力。

不难看出，洪启周“每当顾客盈前，右手执笔，左手握算，从容应付，熟极如流，未尝使顾客久候；而尤为难能者，于敏捷应付之中，百无一失；月终结息，纤毫不爽，经人复核，从未发现差误”，就是一个在平常的情况下完成了超常任务的榜样。

洪启周“任务既繁，辛劳亦特甚，日不暇给，辄继以夜。益以薪入不丰，家庭负担綦重，平素不遑顾及自身营养，体质乃日益亏弱，至面足忽现浮肿，胃纳亦失常态。君初犹不措意，力疾从公，迨后勿支，始返里就医，调治一周，委顿如故。时君以公务重要，不欲久旷，且宿患胃症，漠然视之，即仍扶病来杭，销假办事。讵知积劳过甚，病势隐伏已深，到行办事甫一日，气逆偃卧，症象突变。亟延浙江病院盛院长至，谓君脉搏反常，治已棘手，勉为注射强心剂而去”，就是一个在一个时期创造了显著业绩，多年如一日燃烧和奉献自己的榜样。

洪启周“公毕偶暇，与同人一枰对弈，亦若智珠在握，应手而下，著著制胜。其心手之敏捷，实不仅于办理公务，为同侪所钦佩也”，“君生前待人诚挚，谦退不伐，故人亦多乐就之”，则增添了该人物形象可感知的厚度。

洪启周“神志清明，犹对众一一颔首，不自知其濒危也”，“嗟乎，以君一生尽心努力于职守，而天不假年，赍志以没，临危且不及归与家人诀别，留遗恨于江畔，逝水滔滔，斯人不作，痛已”，则更增添该企业英雄人物的感染力。

（七）运用日记，把握心迹，检阅行为

据对多种史料的研究可知，“运用日记，把握心迹，检阅行为”，是民国时期中行内控管理和操守培育的特色之七。

1. 运用日记把握心迹的制度出来

张嘉璈曾将日记作为行员个人修养的重要内容，认为“日记是一件顶好的工作”，有三点好处：一是可以将每天生命的痕迹记留下来，“我们可以凭了日记检阅过去的行为和过去的思想”；二是可以作为训练自己文字的极好机会；三是坚持记日记，可以锻炼一个人的耐性和恒心。由此，在中行曾有过要求行员逐日记日记，作为管理文化组成部分的历史。为此，《中行生活》也刊载过多篇员工日记，对这种管理文化予以积极响应。

关于运用日记去把握心迹和检阅行为的重要意义及推广方法，可以从 1933 年 4 月《中行生活》第十二期和第十四期的编者按语里看出：

日记的用意甚善，足为随时检点、鉴往知来之助，不仅可作史料观。上期本刊所志宁属业务会议中有“助员练习生均须逐日做日记”的议决案，听说实行已久，并且由主管人员逐日批阅，因此可以知道站在柜台上前哨的同人，与顾客接触的情形，因此可以发现某种手续优点、弱点或错误之所在，确有益于事务改进的补助不少。这种办法似乎大家都可这样做去，并且不必专限于下级行员，即是上级行员亦不妨如此办理，备一袖珍秘本，无论领导工作的计程，设计工作的备忘，接洽工作的记录，每日办事时间的分配及录要，皆可随时记载，即使事情忙碌，采取春秋经文的笔法，正亦无妨，只要能持之以恒罢了。①

日记为吾人唯一之良友，凡思想之进退，能率之增减，环境之变迁，胥可于此中得之，关于省览警惕之功，实有意想不到之收获。昨承郇志和先生寄示锡支行同仁赵鹏远君、曹世隆君、孙昌树君、楚君、同君日记数种，或关于体、智、道德之修养，或关于业务工作之感想，捧诵一过，至深佩谢。惜限于篇幅，未能一次登出，爰为陆续刊布于此，以为吾人切磋之助。（编者）②

据 1933 年 7 月《中行生活》第十五期记载，将员工记日记这种管理文化加以制

---

① 卞白眉. 我们应以从军的精神从事本身的职业——写给编者的第二封信.《中行生活》第十二期. 1933 年 4 月 15 日.

② 曹世隆. 公私生活之片断.《中行生活》第十四期. 1933 年 6 月 15 日.

度化的规范执行与推广运用，始于 1933 年 4 月 1 日，宁行所属蚌埠支行所发布的《助员练习生训练奖惩纲要》之通告中：

本届宁属会议各项记录规定：助员练习生初进行时，宜从下层工作做起，逐步至各部分历练，均须逐日做日记，及练习书法，阅览有益杂志及书报等，上级行员对于下级须加以修身之指导，遇有错误，同人宜互相劝勉，不事隐讳……

一、德性上之训练……

二、智识上之训练……

5. 逐日须做日记，因过去之事，有可使吾人反省者，有可使吾人忻悦者，不可毫无记录。惟日记为吾人唯一之良友，凡境遇之变迁，思想之进化，恒借日记之力而察知之。故自即日起，各员生逐日应做日记，且须抱一决心，永久弗断，必能助长其见识。所做日记，字迹须端正，文言、白话均可，所记之范围，举例如下：甲、工作方面之纪实；乙、业务上之闻见与意见；丙、市情之所闻；丁、阅书报之心得及记要；戊、亲友并顾客间咨询，及谈论关于本行事务者；己、休假时之纪游及闻见。此项日记，每日送交经襄理阅看，随时指导。

三、技术上之训练……

四、信赏与必罚……

由此可见，中行管理层之所以将“凭日记检阅过去的行为和过去的思想”的做法，看作是“宏其造就，蔚为有用之才”的重要途径，这是因为：

第一，“日记的用意甚善，足为随时检点、鉴往知来之助，不仅可作史料观”，“日记为吾人唯一之良友，凡思想之进退，能率之增减，环境之变迁，胥可于此中得之，关于省览警惕之功，实有意想不到之收获。”这里“省览警惕之功”就包含着运用日记把握心迹与检阅行为的操守培育之用意。

第二，练习生以及初级行员记日记的内容，规定为每天个人的反省有六个方面，写罢交给做导师的经理批阅，成为将来品性考核的依据。导师批改作业的时候也不时加注评语以便在进德修业上及时给弟子一些指引。根据这套办法，每个新进者在行里，不久都会赢得勤、惰、可靠与否等的评语。一个行员在组织里的地位高下及升迁的希望，也往往以这些评语为取舍。

第三，“听说实行已久，并且由主管人员逐日批阅，因此可以知道站在柜台上前哨的同人，与顾客接触的情形，因此可以发现某种手续优点、弱点或错误之所在，确有益于事务改进的补助不少”，这表明运用日记把握心迹与检阅行为的操守培育过程确有实效，其实例见下。

2. 运用日记把握心迹的具体事例

(1) 1933年8月，《中行生活》第十六期刊登了行员赵鹏远《一个行员日记中的感想和自励（二月十六日起至三月一日止）》，其中一则日记如下：

金钱名誉孰重（见后）

一般人的通病：大凡一个人最容易犯的通病，就是在没有职业的时候，或没有相当地位的辰光，很肯吃苦的向上跑，一旦有了职业，或者稍有一些地位了，往往安想丛生，行为不检。这我说是一人失败的动机，堕落的起因。古人说："居安思危"，我认为很有道理。就是处于安稳的地方，要常常想到危险的可怖。时时刻刻当心自己的言行有无失当，痛下内心修养的功夫，这样才可打消一切妄念，因为人不只是向上的动物，要一刻不停地向上跑，才不为时代的落伍者。

办事首重细心（略）

业务上的宣传（略）

今天事今天了（略）

(2) 1934年12月，《中行生活》第三十三期刊登了行员朱翔衢《从行员考绩报告书说起》的日记，文中也反映了中行对员工操守培育的以下史实：

今天接着颁发的行员考绩报告书，上面把行员的学业经过、平时生活、家庭情况经济情形，一一加以调查。其他还有行员的行为能力、服务情形，并且要由主管人员外加经副理具体的考语。行方对于行员的成绩，其审慎周详，于此可见，亦足征行于行员的期望，是何等的深切和热烈！

一个人不能知道自己的好坏，如同不能看到自己的面貌一样，所以要看自己面孔，须用镜照，要知道自己的好坏，全凭良师益友的指示和批评。有指示，有批评，观过知仁，才能有不断的进步。

从上可以看出，第一，中行用人任事之前先选人和用人先育人的程序与内容的严谨性，即把行员的学业经过、平时生活、家庭情况经济情形，一一加以调查；对其行为能力、服务情形有具体考语；对行员成绩审慎周详；对行员期望深切和热烈。第二，上司对行员的指示和批评，在操守培育过程中是至关重要的。

(3) 1933年6月，《中行生活》第十四期刊登了行员曹世隆的日记《公私生活之片断》，编辑先加按语，对通过检查行员日记这种教化方式予以肯定与发扬：即日记为吾人唯一之良友……关于省览警惕之功，实有意想不到之收获。

从曹世隆日记前缀中还可看出：他认同自己写日记与上司检查日记的作用，即"窃思日记之作，足为随时检点、鉴往知来之助"。而"自宁行业务会议议决，宁属各支行助员、练习生逐日须作日记一篇，锡支行（注：无锡）同人均能于公余之暇，日无间断，晚间作好，每晨送交经理批阅”，说明了这种做法在宁属各支行的落实情况。随后登载了他 2 月 17 日、3 月 3 日、3 月 14 日的三则日记。

（4）1933 年 8 月，《中行生活》第十六期还刊登了行员“同”的《我与报纸杂志——摘录日记之一页》一文，其中说道：“阅读报纸与杂志，成了我的习惯，成了我的嗜好，并且当作是快乐身心、调剂精神的无上消遣。”

（5）1935 年 1 月，《中行生活》第三十四期刊登了易宣《我现在的生活》、侯湘《报告我的生活及思想》等日记。侯湘在日记里自述道：

我自知是一个平庸无能的人，但自知也不是贪吃懒做的人。记得昔年我和她结婚之前，我曾提出很苛刻的条件，如发现赌博、吸烟行为，我即不认她为妻，虽口头要求，到现在双方尚能遵守不渝。在二十一岁时，我害了一次病，后来立志练拳术和做深呼吸，迄今十年矣，不知有病。

自入中行已逾一年，所入虽微，尚不致亏累，对于开支预算表上的信条，我是严密遵守，从不使有巨量的超过。我不愿做（坐）电车，因为它是文明先进国的法宝；更不愿做洋车，因为不忍视同类为牛马。省下钱，每日是二百文，我就移以给老弱残废的同胞们。我并非匿情要誉，实在见了他们，联想到手不提篮、肩不能挑的自己将来！（后略）

从上述行员日记中，不难看出，运用日记去把握心迹和检阅行为这种文化管理方式，对员工操守培育起到了积极的辅助作用。

（八）配套措施，统筹兼顾，凝固操守

据对多种史料的研究可知，“配套措施，统筹兼顾，凝固操守”，是民国时期中行内控管理和操守培育的特色之八。员工操守培育是一个系统工程，既包括理性与感性教化，也需要律人制度的强化，还需要配套措施的统筹兼顾。

1. 操守培育配套措施：消费合作制度

即以消费合作制度的辅助配套措施，为全行俭以养德的洁操守培育创造更好的支持性环境与氛围。1933 年 10 月，《消费合作的呼声》一文刊登于《中行生活》第十八期，其中记述了中国银行同人国货消费合作的史实：

以大众集拢起来的合作精神，利用合作社的本体，得以享受团体自身的合理消费，只此能为减轻消费者的负担，增加消费者的购买力，做一率真、合理的答案，除此消费合作社制度，难得再有使我们达到这目的之最切实、最和平的办法了……沪渝两行，前后响应，相继而起，在生活“利”里，足以见到他们活泼合作的精神，年终结算表中证实他们合作精神的利益，这一点却是应当早有所觉悟哟！……

总之，消费合作制度决可减轻消费者的负担，增加消费者的购买力。联合消费

合作制度，更不仅于此，并可得着货真价实的物品，避免私商不法的抽索、佣金等等防不胜防的事。我们走进商店买东西，一个人的消费负担，假若两个人一并合作的购买，消费的负担固然加入倍数，而所得值，也正比的加了成分，在负担项下，却可有请求减轻一些的要求。

这说明，消费合作制度能够合理减轻消费的负担而得大量享受；上海和重庆两分行实行消费合作制度效果不错；消费合作制度好处较多，可以推广。然而，合理减轻消费的负担而得大量享受，这样做其本身就可以扩大“俭”的收益，从而更好地辅助员工养好德。

2. **操守培育配套措施：同人互助一法**

即以同人互助法的辅助配套措施，为全行俭以养德的洁操守培育创造更好的支持性环境与氛围。1933 年 2 月，《同人互助之一法》刊于《中行生活》第十期，其中记述了中国银行同人互助的“内部保险”办法：

（1）同人互助意义：我国民性，少同类扶助之情，多抱“各人自扫门前雪，莫管他家瓦上霜”之旨，故甚至亲戚有穷苦，或鳏寡孤独而无告者，每视同陌路，即有心人亦只有惋惜咨嗟，无能为助。夫同属人类，宜本同情之心，互相扶助。

（2）同人互助范围：查我行同人，往往有积劳致疾，因病身故，身后萧条。本行虽有抚恤一项，而到行未久，或俸薪较微者，所在多有，同人中虽不乏慷慨之士，代为通告求助，然司空见惯，多视同一种酬应。结果，同人身后所得无几，而为之发起者，已力竭声嘶，焦头烂额矣。我行分支行几遍全国，同人多至千余，如我行同人能一致联合起来，组织一“同人家属善后会”，譬如每人每月出会费一元，同人以一千计，则每年可得一万二千元。同人中每年如有二人病故，即以年息一分计算，每年可得一千二百元，分给二人家属，作为善后津贴，每户可得六百元，勉强可以度日矣。如是十年之久，可得十余万元，扩而充之，或自办学校，或其他有益事业，使同人子弟，均有职业。在同人出少数之资金，供多人之需用，所费甚微，而受惠无穷。爰不揣谫（简）陋，将善后会章程，草拟于下，祈同人进而教之，尤望总处同人，登高一呼，事半功倍，幸甚祷甚！

（3）同人互助章程：本会定名为“中国银行同人家属善后会”（后略）。

从上可见，以《同人互助章程》去解决“到行未久或俸薪较微者，所在多有，同人中虽不乏慷慨之士，代为通告求助，然司空见惯，多视同一种酬应。结果，同人身后所得无几，而为之发起者，已力竭声嘶，焦头烂额矣”的人情送礼问题，使年轻员工在俸薪较微期间更好地俭以养德，具有重要的配套措施之意义。

3．**操守培育配套措施：同人送礼办法**

遇到亲戚朋友及同事的婚丧嫁娶，如何既能节俭办事，又能体现人情关怀，始终是困扰中国人的一个重要问题。在民国时期的中国银行，也同样如此。《津行同人送礼办法》刊于1933年2月《中行生活》第十期，同期还刊有《关于送礼的又一个例子》等文，以此配套措施，为俭以养德创造更好的支持性环境与氛围。

（1）同人送礼办法出台背景：送礼办法的原意，一方面送礼的人可以节省，一方面受礼的人可以不必酬客；人情、礼谊、经济三样，俱能兼顾。

（2）津行公份送礼办法：今为节省消费起见，对于津行同人婚丧喜寿，拟用本行全体同人名义改送公份。此项公份基金，经理月出八元，副经理六元，襄理四元，主任二元，办事员一元，助员、练习生五角，按月由薪水项下摊提，交庶务处保管。遇有同人婚丧喜庆等事，即由此项基金内提支致送；如有特别捐款亦在此款内动支。并另立账册登记，每期结账后，如有余款，仍按成发还。所有送礼办法，拟定如左（下）：

本生父/母亲大庆（自六十岁起）；本生父/母亲丧；本人完姻及续弦；以上公份三十元。承继出房本生父/母亲丧；以上公份二十元。

本生祖父/母大庆（自七十岁起）；承继父/母亲丧；本人之子完姻；以上公份十五元。承继祖父/母亲丧；本生祖父/母亲丧；本人之女出阁；本人妻丧；以上公份十元。

伯叔父/母亲丧；胞兄/弟丧；本人之姊/妹出阁，及兄/弟完姻；以上公份五元。

此外如因同人身后萧条，不能不酌量捐助丧费，或遗族赡养费，由公份项下特别支出者，每次以二十元为最高额。（附注）自十七年六月份起至二十一年六月份止，津行同人公份基金共收七千二百七十三元，除送份资一千八百二十五元外（内计喜份四十三起，寿份十五起，丧份四十七起，共一百零五起），所余基金五千四百四十八元，均经按期退还同人。

4．**操守培育配套措施：营业室自治规律**

1933年6月，《中行生活》第十四期刊登了“沈行（注：沈阳分行）同人自治会”之组织情形。同年9月，《中行生活》第十七期刊登了该行《营业室自治会暂行章程》及《营业室管理细则》，将该做法向全国分支机构推广，为全行员工操守培育创造更好的支持性环境与氛围。

（1）营业室自治会由沈行同人自行组合，以养成自治习惯为主旨。凡在营业室办事人员，均为会员。由会员票选执行委员和监察委员。

（2）执行委员会为本会最高执行机关，其职权暂定如下：代表本会办理对外事项；裁决会员之违章惩罚问题；监督管理、整理一切；筹划营业室改善事项。监察委员会为本会最高监察机关，其职权暂定如下：检举会员违章行为；考核管理员任职勤惰；检查会员清洁。

(3) 管理员为本会执行管理者，其职权暂定如下：管理营业室一切事务；纠正会员未遂过失；检举会员违章行为；督饬茶役整理一切；考核茶役勤惰；保管营业室公用物品；依执委之委托办理一切。

(4) 列述规约、惩戒、附则等规定若干条（附营业室管理细则25条）。

由上可见，沈行同人营业室自治会的裁决会员之违章惩罚问题、监督管理、检举会员违章行为等职权，体现了对全行操守培育的配套支持之功效。

5. **操守培育配套措施：办公学校化与散值家庭化**

1934年1月，《中行生活》第二十二期刊登了《办公时学校化 散值后家庭化》一文，其中，可以看出当年中行如何管理员工八小时以外生活的痕迹：如调查各同人生活状况，以设法领导他们走上正当消遣的轨道。

中行内部分两种本质，办公时间，采取学校化；散值时间，采取家庭化。

所以办公时候，人人将全副精神，来办理他们应办的工作。

钟点到了，人人就恢复自由，有的不怕疲乏，还在健身房运动，有的上图书馆去研究古今中外学问。并且更提倡各种小组织，如科学研究会、文学会、艺术学会等。每逢星期假日，由高级人员领导着员生们，出外考察农村教育、社会经济和工业路矿等，以增经验。还有夜校和晨校，以增进同人技能。同时调查各同人生活状况，以设法领导他们走上正当消遣的轨道。凡是品学兼优的同人，给予奖学金，俾知所奋勉。

6. **操守培育配套措施：防止行员舞弊之五种途径**

1935年3月，《中行生活》第三十六期刊登了蒋叔琛的《防止行员舞弊之我见》一文，这可以视作张公权时期，中行综合管理员工操守的集大成之措施。

近年来我国银行业务，日新月盛，而行员舞弊案件，则层见叠出，有与其演正比例之势。此虽社会奢靡之风，与夫物质诱惑性之强而多，有以相成相因，然平心而论，银行当局事前之疏于防范，及平时未能注意于人事之训练，亦难辞其愆尤也。恶习既启，若不及早防范，则银行本身，固首蒙极大损失；而行员保证人，亦莫不胆战心惊，惧大祸之将临；影响所及，将更使新旧行员，俱有觅保无门之慨。笔者不敏，以为防救之道，须从改造行员心理做起。

目前多数银行之孜孜从事于组织之严密，器械之改进，手续之增繁，以及保人之挑剔，虽佥属合理行动，无可非议，然其结果恐仅能救治于一时，究非一劳永逸之谋。盖行员自晨至暮，役役于金银堆中，借贷账上，必欲存心作弊，可谓其孔道多，得心应手。且压抑过重，反动愈烈，于物然，于人亦何独不然。至手续增繁，时间既不经济，尤不合乎年来各银行之竞以“服务敏捷”四字为招徕顾客之标榜。管见所及，拟订防遏办法数条如左（下）：

（一）常易职务以换环境。行员措理任何事务，其始也必勇气百倍，迎头前进，但日久则玩生，服务效率，随之大减。为上者若于此际洞烛其隐，使其更换职务，则必可促发其新的兴趣，与进取精神。且环境屡易，事务未臻纯熟，虽欲作弊而无由。而各部分之连锁关系，行员可藉此融会贯通，疑窦尽释，于公于私，交受其利。

（二）屏除阶级以敦亲睦。年来各银行行员，虽多能上下一心，共以拓展业务相勗矣，但阶级藩篱，迄犹未克尽撤。小行员有进行多年，而尚未与经副理交谈者，甚或高级职员盛气凌人，有使小行员不敢响迩者，此种不良状态，实为中国各项事业不进步重大原因之一，亟应设法矫正。且吾人研究人类心理，下级人员类以得与上焉者亲近为荣，苟为上者痌瘝在抱，能随时温存下级人员，则受之者视宠若惊，决无携贰，即欲作弊，恐亦难得良心上之通过。银行司人事者，尤应多与低级职员相接触，并随时注意其日常行动，所谓寓监察于和颜悦色之中，事虽小节，所关实重。

（三）广辟娱乐以遣身心。查行员舞弊之主因，不外误入歧途，以致耗金过巨而弥补无方，断未有因家庭经济困难，或其他关系而忍出此下策者。故银行当局，急宜广辟正当娱乐途径，使其得利用业余，随意参加，以纾疲惫之心神，而不旁骛荡闲。高级职员，尤宜勤事领导，以鼓兴趣。倘得融融泄泄，进而作学术上之探讨，则收效为更宏矣。

（四）严定赏罚以息急怒。行员终岁辛勤，所昕夕祈祷者，唯有升迁一途。银行方面，如无特殊情形，必须于历届年终，切实考核其成绩，分别擢升，使无觖望。至或奖或惩，务须出以公允，不稍阿私，以博得行员之同情心；否则偶不一慎，将使有才抱屈之人，心灰意懒，时日稍久，更难保其不有堕落之行径也。

（五）改善待遇以纾内忧。银行员多被视为吃不饱、饿不死之职业，际此生活程度继长增高，行员负担亦随时日而俱重之秋，当其轴者，应随时于可能范围内，改善其食宿待遇，使无内顾之忧。目下诸大银行经营广厦，以为行员及眷属之聚居，实为养成合作精神，及相互督察之最好方法。盖行员衣食无愁，复多正当娱乐，足供消遣，吾知其必能洁身自好而无敢逾越，或竟至冒大不韪者。语云：“衣食足，然后知荣辱。”信非虚语也。

由上可见，防止行员舞弊之五种途径的管理亮点如下：第一，操守培育的防救之道须从改造行员心理做起，具有管理的科学性。第二，操守培育的管理措施的设定，不能与“服务敏捷”的行业经营与竞争规律相悖。换言之，操守管理程序的设定，不能增繁手续使服务效率降低。时至今日，这也是至理名言。第三，常易职务以换环境，类似于当今的轮岗与交流措施，这也符合张嘉璈所提倡的培育行员“全行智识”的要求。第四，摒除阶级以敦亲睦，尤其是“银行司人事者，尤应多与低级职员相接触，并随时注意其日常行动，所谓寓监察于和颜悦色之中，事虽小节，所关实重”的观点，可为当今银行人事与监察部门借镜，力求做到寓监察于和颜悦色之中。第五，广辟娱乐以遣身心，这说明卓有成效地提高银行主流文化在员工业余生活中的所占份额，是至关重要的。第六，严定赏罚以息急怒，这就是说，年轻员工想升迁者常有内在焦虑甚至有“急怒”，应将严定赏罚和考核公平作为员工升迁的正当途径。第七，改善待遇以纾内忧，从而达到衣食足然后知荣辱的管理效果。

综上所述，对于“如何使行员保持简单与朴素的生活的同时，又不致于使其受到物质生活的压迫，在节欲而不纵欲过程中获得精神上的愉快”的问题，中行在探索操守培育的制度强化方式时，并不是简单地只规定“禁止性规定”，予以强制压服，而是不断鼓励各分行积极探索多种人性化的配套措施，为全行“俭以养德”的洁操守培育创造更好的支持性环境与氛围，以收“衣食足方知礼仪”的文化共识之功效，由此可见其难能可贵性。

四、强化使命愿景的意识培育：职务报国，服务大众，积极成功

《中行生活》《中行月刊》“明做人之道，育做事之理”的第四类刊教内容就是：“职务报国，服务大众；积极成功，同为模范”意识培育，并通过精心组稿，匠心加按，从而演绎出上下一体的文化共识之培育效果。

（一）“枢纽自任，职务报国”意识教育

使命愿景是公司文化核心价值的制高点，《中行生活》《中行月刊》对“枢纽自任，职务报国”意识的教育，可从以下几个史实案例加以说明。

1. 银行可以扶助社会一切之事业

《中行月刊》1932 年第 4 卷第 1/2 期刊登了粤行副经理林承芬先生对广州办事处同人之演讲词（林曾旅美十余载，在美服务银行界，兼任教授），他对中行“枢纽自任，职务报国；服务大众，改进民生”之使命，进行了逻辑严谨的理性阐述，其全文逻辑要义如下：

（一）银行与社会之关系——银行可以扶助社会一切之事业也。

（二）银行在社会上之地位——银行既能扶助社会，则社会仰赖于银行者自多，

由是则银行在社会实占重要之地位。

（三）中国银行在世界之地位——中国各银行中，以资本之大营业范围之广者，首推我行，而分支行之多，亦以我行为最，在国内观察，诚一伟大之银行也。

（四）银行之特征——银行虽以营业为旨，然其性质则与其他商店不同。商店之盈利在买卖物质之商品，而银行之买卖不在物质而在信用。

（五）银行之信用——银行乃信用买卖及制造场。

（六）银行发达及衰落之原因——银行之发达，系在办事之努力与否，而不去其资本之大小。

（七）办事人员应具有之服务精神。

（八）银行之今昔观（注：相似于前述史海峰所指的20世纪30年代以前，我国商业银行“不做生意”时期和“做生意”时期的观念差别）。

（九）我行行员之弊病及应有之觉悟。

（十）结论——吾人既委身银行，则对于银行应有深刻之认识，于服务应时加注意，盖服务尽责对内则可以共同合作，对外则可以博顾客之好感，营业赖以发达则银行必盈利，而我本身之地位，亦可以稳固无忧。

2. **时时刻刻想法使行基日臻巩固**

《中行生活》第二十二期曾刊载了《怎样巩固我行的行基》一文，所传递信息是普通行员对“枢纽自任，职务报国；服务大众，改进民生”的深刻认识。

今日中国危险已极。如果国家亡了，我们的银行和我们本身，当然不能独存。惟救国之道，在于有效之奋斗，我们忠心努力于本职，即所以尽救国之责。譬如中国银行的行员，要时时刻刻的想法子，使行基日臻巩固。

怎样能使行基巩固呢？不外“开源节流”的老法子，对于行里日常应用的物件，要想法子爱惜它；对于办事要自动地增加工作的效率，对于业务全体，要随时随地的悉心研究，使它一天一天的发达。

对外营业的行员，更要时刻的用心，调查商号的殷实，和最近存出货的数目，以及其生意情形，和店员的举动；对内记账的行员，也要随时留心往来户的呆滞，和隔久不发生生意的户头。呆滞久没有出入的户头，就恐怕它的营业失败，周转不灵，可以早为防范；隔久不发生生意的户头，恐怕它的生意被别家揽做去了，好去向他揽做。存款和汇款方面，也要使它像放款率一样的增加上去。

像这样上下同心戮力，我们的行基自会坚如磐石一样了。行基巩固了以后，才有力量来努力社会事业，辅助工商发展，使社会经济安定，国家富强，而中国银行服务社会的精神更伟大了！

3. 以从军的精神从事本身的职业

《中行生活》第十二期曾刊载了天津分行经理卞白眉《我们应以从军的精神从事本身的职业》一文，《中行生活》编辑将其观点加以深入分析，并向全行加以推荐，由此对张嘉璈“忠于职务即是忠于国家”的“枢纽自任，职务报国”理念加以弘扬传播与适用演绎。卞白眉经理在文中指出：

我辈有职业者，若能始终忠于职务，虽当飞机炮弹之降临，能不慌乱、不畏缩者，其勇敢亦不亚于从军。虽不居民族英雄之名，或亦尚能实践民族英雄之道。

对此观点，《中行生活》编辑加了比正文还长的编者按，以此引领行员如何爱国的刊教方向，力促文化共识。

（1）提出问题：顾救国之方法和机会甚多，似不必呐喊浮嚣，更不必盲从附和，止（只）须认清方向，从本身上做起。要知道人人都奋志请缨，荷枪实弹地跑到前线去，谁来做这后方工作来策应前方，而社会上一切的事业交谁来担任？

（2）回答问题：本行种种努力的目的是为救国，那么我们努力于本身工作，岂不是亦即所以救国吗？所以今后想对于埋头工作、忠于职务方面，更加自勉，以尽行员的责任，亦即以尽国民的责任。

——这几乎是在重复强调张嘉璈“忠于职务，即是忠于国家”的言论。

（3）力荐卞之观点：《中行生活》编辑为贯彻张嘉璈“忠于职务即是忠于国家”的文化主张，找到更多的演绎论据，即“如今白眉先生信内所说‘我辈有职务者，若能始终忠于职务……其勇敢亦不亚于从军’，这句话诚为现在处世的南针，所以就采此语旨以为标题”，由此达成引领刊教方向之目的。

（二）“服务大众”意识的深化演绎教育

《中行生活》《中行月刊》中“服务大众”意识教育的史实案例，大致如下。

1. 服务上的彻底精神为事业成败之所系

1934 年 6 月 15 日，张公权在完成四川之行考察后，作了《川行感想之种种》的专题演讲。他强调：“如今各地有各地的行员，如何使其精神一致，最为困难，我人固不能将各行的行员——从机器中制造出来，使全体成为同一之模型；但欲求精神之整齐，组织之健全，自非集中训练不为功。”为此，他要求：“鄙意将来最好组织人事委员会，由各处保送人员，先加以体格上、道德上、学识上之训练，在相当期满后，再遣派各地工作。此点拟先由沪行与总处联合做起，此自属训练办法之一种。”根据张公权的指示，对于当年下半年考取的大学毕业生及高中毕业生，中国银行总管理处专门举办了一次训练班。除了技术训练外，并于每星期三、四下午五时至六时为精神训练之讲演。凡该行同人不在训练班者，如于工作并无妨碍，且得主管员之许可，亦得自由列席听讲。9 月 1 日开始实行后，由总经理、总稽核、总秘书等分别担任主讲，听者极为踊跃。这些演讲，或关于人生问题之启迪，或关于职业修养之训导，可谓苦口婆心，循循善诱，而综其历次演讲的主要意义，端在于唤起同人服务上的彻底精神而已。其中，《中行生活》编辑薛光前曾作《服务上的彻底精神》的精神训练之讲演，刊载于 1934 年 11 月《中行生活》第三十二期，其刊教主旨可谓新行员入行之服务精神培育的经典教材，其主要观点如下：

（1）新员工常遇心理：工作平常和酬报微薄

一个青年初入职业界服务，常常遭遇二个现象：一为所任事务的较属平常；为所受酬报的较属微薄。而普通一般青年的心理，每每厌弃事务的平常，就以为不足措意；嫌恶酬报的微薄，就以为不值尽心。于是上焉者对于所任的职务，只望奉行故事，身体虽在办公室里面，而一心以为有鸿鹄将至，对于所事无不以速了速结为大幸，其结果成绩如何，则非所问。下焉者，那么因循苟且，敷衍塞责，驯至不能自信，不能取信于人。推考此种服务上以“勉强过得去”为满足的根性之所以养成，实在由于缺乏服务上的彻底精神所致。

（2）服务上的彻底精神及其职业人生的意义

什么叫作服务上的彻底精神？就是我们不做事则已，欲做事，不论何事，不论事之大小，无不以“最完善”为目的，不做到最完善的地步不放手，做事时丝毫不存迁就或敷衍的态度，运用整个心灵，浸入所思索所做的事业底（的）全部。我们知道，牛顿深思的时候，忘形至于拿时辰表当鸡蛋投锅而煮之，以为午膳；卡期做算术继续至十余小时，有以极紧急的家信告之，亦置若罔闻，算之如故；孔子发愤忘食，诲人不倦；王阳明于结婚之日，外出遇一道人，相与谈天而终夜忘归，致误佳期；法国有位著名的画家鲍辛，他说其自己所以成名之由，曰“吾无他妙巧，惟于所作之事，从不肯忽略耳”……像这种种对于所作所为的事情，丝毫不存苟且的心思，以全副精神赴之，力求其完善，就是服务上彻底精神的极诣，也就是凡百事业成功的枢纽。

（3）如何确立行员服务上的彻底精神之途径

服务上的彻底精神之基础，实建筑于首先明了职业的正确意义之上。假使我们深深的（地）认定，职业为人类共同生活中之互助的永久的行为，我们所以服务，乃各尽其能，为社会全体分任一部分的当尽义务，其用意决不在仅仅换得多少物质上的酬报，那么我们一定能于忠诚服务中，得到无上的快乐与慰藉，而肯乐吾所业，竭吾心力以为之。

终日自私自利，以“小我”为前提的，必无暇为社会服务，为人群谋公益。所以欲提高效率，不可不减低一己之私欲，欲贯彻服务的精神，不可不先公后私，以事业为重，个人为轻，这当然非先从明彻职业所含蓄的重要意义做起不可。

以我们中国银行来说吧，我们服务于此，假使把服务的意义看得很单纯，仅仅作为一身生食之寄托所，那么我们无异把自己当作一架消化的机器，虚生人世，没有一点价值。假使我们把中国银行的职业，从远的、大的、深的方面，来透视它的意义，以为中国银行是中国唯一的最有力的金融组织，它的兴替，就是社会经济、国民经济的兴替，我们忠诚服务于中国银行，就不啻为社会、为国家服务，那么我们的抱负，我们的希望，是何等的伟大，何等的光耀！

有此抱负，有此希望，服务的动机，自然正当，所谓："心无私欲，自然会刚；心无邪曲，自然会正。"决不会限其眼光于利己方面，转而能注其全副精神于职业之改进，而且也不必俟服务有具体的成绩，有相当的代价，方才觉得畅快；即在平时运用思想，策划打算，或竟至平常数一张钞票，记一回账簿，也处处觉得兴味无穷，乐在其中，精神百倍了。

（4）正确应对新员工常调心理，基于对于职业正确意义有充分认识

结论起来，服务上彻底精神的产生，乃基于我们对于职业的正确意义，有充分的认识，而其结果，乃足以对敌普通青年所遭逢的二个境遇：（一）不以事务之平常而厌弃；（二）不以酬报之微薄而嫌恶。因为：

（一）有了服务上的彻底精神，必能事事孜孜研究，事事感觉兴趣。纵极平常之事，亦必细细思索，不但知其然，而且知其所以然的道理。能如此，然后有进步；有进步，自然更会发生兴趣，决不致有丝毫厌弃的心理。

（二）有了服务上的彻底精神，即能得事业本体上的兴味，不以成功后所收之利益为动机。换句话说，爱做事，爱计划，所谓"只问耕耘，不问收获"，决不顾虑到物质上的代价多少，自然更不会因酬报之较属微薄，而发生嫌恶职务的情绪。但是有这种彻底精神的人，意虽不孳孳于酬报，而酬报的逐渐增厚，乃其一种自然的附带结果。

一言以蔽之，所谓服务上的彻底精神，即为一身事业成败之所系，操之则生，失之则亡。此中关键，当然不出于我人自己手掌的主宰之中！

纵观此文之刊教要义，不得不说，时至今日，它也是新入职员工文化培育的经典教材，真可谓历久弥新，其现实育人的效用意义如下：

第一，时至今日，新员工的常遇心理也是认为底层工作平常和工资酬报微薄，很容易陷入"大事做不了，小事不愿去做"以及"勉强过得去"习惯之误区。

第二，服务上的彻底精神就是我们不做事则已，欲做事，不论何事，不论事之

大小，无不以“最完善”为目的，不做到最完善的地步不放手。该理念与当今海尔公司的员工个人竞争力理念如出一辙：即把别人认为简单的事情一次一次做下去，把别人认为容易的事情千遍万遍做正确。换言之，把本职工作持续地做到位并力争做到极致，这就是普通员工个人竞争力的来源。

第三，服务上的彻底精神建筑于首先明了职业的正确意义之上。即是说，确立正确的职业人生观与价值观是做好银行服务工作的根本保障，也是新员工应对常遇心理——工作平常和酬报微薄——的根本价值指引。

第四，先公后私，以事业为重，个人为轻，有了服务上的彻底精神，意虽不孳孳于酬报，而酬报的逐渐增厚，乃其一种自然的附带结果。该理念说明了制度经济学的一个辩证道理，亦即：企业赢利和发展的本质是“人们为实现自我利益而产生的意外副产品”，即人们在“主观为自己，客观为他人”的这只“看不见的手”的支配下所作所为的结果。反之，员工赢利和发展的本质，则是员工先公后私地为组织（企业）工作的意外副产品。如果一个员工越是“只问耕耘，不问收获”，“先公”地做事，那么这个员工意虽不孳孳于酬报，然而他就越能得到“后私”的酬报与晋升，这乃其一种自然的附带结果。

第五，服务上的彻底精神，即为一身事业成败之所系，操之则生，失之则亡。此中关键，当然不出于我人自己手掌的主宰之中！这里“我人自己手掌的主宰”，就是指确立正确的职业人生观与价值观，就能应对新员工的常遇心理，获得服务上的彻底精神，从而“先公”地做事，且酬报逐渐增厚。

2. 顾客是第二股东和行员的真正上司

如前所述，宁行经理吴震修在宁行同人励志社聚餐会上，“沿流溯源，汪波千顷”地回顾了中行以往之历史，还谈到一个关键问题就是：

以广义言，我们应以国家、社会、民众，视为我们之东家，这样才能使银行界之社会服务始得其根据，因而人人必须先就自身之人格精神能力，做出一个中国银行行员的样子来，要使社会认识敬爱中国银行的人。

《中行生活》编者再推演出符合中国文化背景的银行服务观：顾客才是行员真正的上司；把客户看作是顶头上司，则时时刻刻感到责任之重大，休戚之相关，从而更好地为客户服好务。并将此观念向全国中行各分支机构推广，从而深化了员工对中行“服务大众，改进民生”之使命意义的认识。

3. 以三大准备刻刻准备受顾客的考试

1934 年 1 月，《中行生活》第二十二期刊登了阮葭仙《刻刻要准备受顾客的考试》一文，他提出了“以发行准备、存款准备、知识准备，刻刻要准备受顾客的考试”的服务大众之演绎理念。

银行对于发行纸币，有额定的发行准备；对于吸收存款，有普通的营业准备，所以银行资产上的准备力量愈充实，信用也愈好。

我们行员应付顾客的知识上准备，也是同样的重要。

银行需有资产上的准备，其功用是在巩固信用；而行员需有知识上充实的准备，其功用是在发挥服务社会的精神，亦是在取得顾客的信任心。银行业务愈发展，这种准备也愈需充实。所以我们的理想，除了我行固有资产上充实的准备以外，任何行员亦都有知识上的充实准备，便是准备着受顾客的严格考试。

这不能不说，上文之中“行员知识上充实准备的功用，是行员发挥服务社会的精神和取得顾客的信任心之关键环节；而且，银行业务愈发展，这种准备也愈需充实；任何行员都应有知识上的充实准备，准备着受顾客的严格考试”的服务理念，即便对当今服务业和银行业员工也是很有用的。

4. **我们不应该使一个顾客不满意而去**

1934 年 6 月，《中行生活》第二十七期刊登了汉口支行汇兑主管钱家泰《从柜台上的生意说起》一文，其中记述了一个史实：汉支行赵经理深入演绎中行“服务大众”使命的具体适用性内涵，他向全行同人提出了：“我们不应该使一个顾客不满意而去”的服务大众理念；对此理念，汉口支行汇兑主管钱家泰结合柜台生意加以应用。

此外，《中行生活》还刊登过兰州支行经理金润泉先生的演讲，他对如何践行中行“服务大众，改进民生”之使命，提出了“我人应如何努力与社会新事业相俱进”的工具性管理理念。

（三）“改进民生”意识的深化演绎教育

中行“改进民生”使命就是指，在本行职务范围内应为之事，当力谋以低利资金，扶助大小工商，借以图物价低廉，生产发达，出口增加。然而，中行在国际汇兑银行职务范围内增强国力的业务逻辑在于：增加国际汇兑关键，在于大兴国际贸易；大兴国际贸易关键，在于资助土产贸易和开办农贷业务（详见后述）。据对史料研究，《中行生活》“改进民生”意识的深化演绎性教育，主要体现在救济内地经济和辅助复兴农村，以及在全国中行提倡热爱国货活动等方面。

1. **救济内地经济和辅助复兴农村**

为了配合“改进民生”使命意识教育，《中行生活》曾组织多篇救济内地经济和辅助复兴农村的稿子，予以系列报道。比如：寿景伟《论我国农业之救济》，《中行生活》第五期，1932 年 9 月 15 日；董孝逸《从农村经济之衰败说到银行今后之责任及其危机》，《中行生活》第五期，1932 年 9 月 15 日；《江浙蚕业联合统制之第一声》，《中行生活》第十一期，1933 年 3 月 15 日；野马《繁荣内地是谁的责任?》，《中行生活》第二十一期，1933 年 12 月 1 日；熊沅《业务农村化，工作科学化》、彭谷旸《对于农工商业之领导》、杨臬《银行应如何辅助国家》，《中行生活》第二十二期，1934 年 1 月 15 日；张公权《内地与上海——四月五日在约大同学学术研究会演词》，《中行生活》第二十六期，1934 年 5 月 1 日；张心一《英合作专家斯曲克兰谈话纪要——二十三年十二月二十七日在九十四号聚餐会席上》，《中行生活》第三十五期，1935 年 2 月 1 日，等等。由此，提高全行员工对救济内地经济和辅助复兴农村重要意义的认识，概括起来有以下几方面：

（1）中行浙江分行经理寿景伟《论我国农业之救济》一文，对“改进民生”意识的演绎性教育。《中行生活》将该文主旨概括为四个方面：国人应注意研究农业经济问题，最近各国农业金融制度之概观，我国农村衰落之原因及其改造，改造中应加努力之方向与步骤。其刊教意义在于：集报国意识和科学对策于一体。

第一，国人应注意研究农业经济问题。我国农业经济，在此世界农业科学化之时期中，固无往而不见其衰退、其落后，在此世界不景气之环境中，又无往而不见其枯竭、其阢陧。我国虽素号以农立国，而农业金融制度，至今尚未渐臻发达。惟当此农民经济破产、生计垂绝之际，究以何种金融制度，较为切实可行；其实行之方法及步骤，又将若何，实大有研究之余地。

第二，最近各国农业金融制度之概观。为找到我国农业经济改造中所应加努力之方向及步骤，寿景伟首先研究了近世（代）农业金融制度的发轫国——德国，所采取的分期偿还方法之适用，及不动产抵押债券之发行，以适应农业上长期放款之需要的制度特点。同时研究了法、美、英、俄、丹麦、挪威、瑞典、奥地利、意大利、比利时、瑞士、荷兰、澳大利亚、南非、日本等国的农业金融特殊之设施，并对各国农业金融制度的实践效果进行了综合比较，提出了“洋为我用”之原则：“我国国情不同，自不必效仿他邦；惟各国所经历之困难及其战胜困难之历史，亦颇足资参证”。

第三，我国农村衰落之原因分析。（1）有由于国际经济界之不景气者；（2）有由于国外农产品之倾销者；（3）有由于农业生产技术之不进步者；（4）有由于国货提倡之未能切实进行者；（5）有由于国产商人之掺假作伪自堕信用者；（6）有由于地方政治之失修，而土匪遍地，公共秩序无术维持者；（7）有由于乡村人才之过于缺之，而地方事业转为新旧土豪劣绅所把持者；（8）有由于赋税负担过重而分配失平、民不堪命者；（9）有由于农田、水利、森林、畜牧、蚕丝、米、麦、茶、棉、渔、盐诸事业，尚无分区分业之具体改进计划及各业专家之适切指导者；（10）有由于社会风纪破坏，而赌博、花会等不良习惯，及鸦片、红丸等有害消费，蔓延各地，遂致民族精神，萎靡不振，达于极点者；而其最重大之穷源，厥在社会服务家之寥寥不可多得，或竟至绝无！

第四，改造中应加努力之方向与步骤。当世诸国，殆无一不在“穷”的境界中，而在被国际经济侵略之我国，则其穷之尤穷，殆非普通之辞书中，所能寻得其形容词。变通方案，究将安出，忧时彦硕，颇有著书论究之者……我国在此农业经济之改造时期中，其所应加努力之方向与步骤，要可分为左（下）列四端：

（甲）就政府方面言之（略）；

（乙）就社会方面言之（略）；

（丙）就农民方面言之，则我国今日之最盛需要者，固为生产所需之资本，而农业科学常识之普及，与农业团体组织之改进，实亦目前最重要之亟务……

（丁）就银行方面言之，社会经济与金融事业，相依为命，血枯则体瘠，膏竭则灯灭，事所必至，理有固然……是则今日之所以为农业根本谋者，亦正所以为金融基础耳，为社会命脉谋耳。经济消长，国家存亡，殆胥将于我政府我民众与我经济界领袖之能否协力同心，支撑此危局，觇（chān，窥视；观测）之矣！西哲有云：“社会经济组织，乃整个之有机体”，其意义因可深长思也。

《中行生活》对此加编辑按语，既指出此文来源经过，又强调其重要性：

寿毅成先生来到我们浙江分行，瞬已经年。其在国外求学和从政经过，大概毋庸我细细介绍了。今承寄示一篇大文，征引详赅，立论精当，真有洋洋洒洒、立马万言之慨。原来的题目为“最近各国农业金融制度概观及我国农业经济改造中所应加努力之方向与步骤”，何等庄严典重，岂是这小小刊物所能容纳，但是仔细一想，我国农村经济之前途，为目下的一个绝大问题。

中行生活是社会生活之一部，农村经济是社会生活的基础，尤其与金融事业，息息相关的。我们天天吃金融界的饭，倘若对于生活基础的动摇，金融源泉的枯竭，不去理会研究，那么还谈什么生活呢？

……所以赶紧将此文，改头换面，摘要刊布，使我们同仁首先了解这个问题的重要，并可辗转介绍，使一般亲戚友好们的思想行动，渐趋一致，或者对于文中所说的应加努力之方向与步骤，多少可以贡献一点助力吧。

（2）《中行生活》主编董孝逸《从农村经济之衰败说到银行今后之责任及其危机》一文，对“改进民生”意识的演绎性教育。其主旨为银行界应认清对于国家之责任，银行界应分工合作辅助社会事业，本行更应力持正义注意普遍的规导。这是典型的“改进民生”意识和“竞争有德”意识的演绎性教育。

我行居于特种银行地位，扶助国内外贸易，以期达到辅助生产、改良人民生活之目的，其业务方针，已一再揭示于公众。年来对于工商业，曾稍稍努力，冀勉尽其扶助之资，而国内农村经济之前途，我行又一再于历年报告书中，叙述其危害，以大声唤起国人之觉悟。

我行各支行办事处，设于内地，多有接近农村者，藉此研究农业经济之机会正多，倘在商业范围之内，有可补助农产事业之发达者，亦尽力而为，对于社会，当有所贡献。所望国人共同注意，以图挽救，而担任其各个应尽之责任耳。

我行以继续不断的努力，在一般的观评之下，幸得良好之信誉。此在我行同仁闻之，一方固足私自庆喜，一方益感自身所负责任之重大。方今社会中组织纷崩，道德凌替，窃以为银行除应注意于专门化之外，尤应注意于道德化。

吾人一方面努力于本身宗旨之贯彻，一方面更不可不努力于普遍的正义之维持。吾人之律己处世，务须本诸正义，初不待言，而对于银行业务之处理，更应以正义为依据，同时尤应以正义灌输于同业，及工商各业顾客之间，立懦廉顽，方可振砺薄俗于万一。盖同业间之正当竞争，原为商业上所不可避免，吾行苟遇此不可避免之事实，倘为轻微末节，不妨予以相当之让步；其关系较重之事，却不可不全力以赴。良以职责所在，未敢后于人也。万一同业中之竞争，有用不正当之手腕或直欲紊乱市场者，我行应力取开诚布公之态度，以正义相规劝，相纠正，久而久之，自可谅解，而无谓之纷争，亦可日趋减少。

至如顾客中工商各业，倘有以不正当之方法经营其事业，有影响其前途之虞者，或某公司前途本有希望，惟以不正当意旨及不健全管理，致妨碍其发展者，亦可本诸正义，掬诚忠告，务使其脱离荆棘之丛，共履康庄之道。盖精神上道德上之援助，尤为物质上辅助之前提。

（3）《业务农村化，工作科学化》一文，对“改进民生”途径的演绎性教育。该文是浙江分行行员熊沅为响应《中行生活》1933 年 11 月所策划的“我们理想中的中国银行”的征文活动，结合救济内地经济和辅助复兴农村的意义和方法所提出的工作建议。《中行生活》编辑对字数超过 1500 的文章，为宝贵篇幅起见，只得择其重要数端，摘要为同人诸君陈之：

第一，业务农村化。希望我行今后能分一部分精力，普遍的、切实的去救济这奄奄一息的农村经济。我行去设法救济农村，即是救济祖国，也就是自己救济自己！

复兴农村，要素有三：所谓须从教育、治安以及经济三方面下手。前二者与我们性质不合，留待别人去讨论，我们权且仅谈谈农村经济。但我行并不是像救济院一类的机关，可任意无条件放款给人；我行放款出去，当然不比捐款去赈济，是要想本利可以收回。换一句话说，向银行通融资金，是要有相当的资金或信用作担保。可怜他们除掉自己身体而外，是一无所有，要叫他们到银行里押款，是万难做到。那么，要用经济力去复兴农村，第一步是要制造农民的信用基础。

制造农民的“对‘人’信用”办法，莫如组织农村合作社，贷款给农民，完全借农村合作社的信用力量（这是一个比较繁难的问题，应聘请些富有经验学识的专家来详加研讨，看怎样彼此才能都站在有利的立场上进展）。

至于制造农民的“对‘物’信用”办法，莫如组织物产仓库。我们静心想想，我行日常所办的押款押汇，还不是农产品居多数，还不是从农人手中取得来的资产，经商人整理打包，变成了商品，运到市场上来的；所以我们不妨帮助农村直接做去，我们可凭借他们的产物做信用，农民因此便可调取生产资金，并且可以利用合作力量，代运代销，直接市场，务使“金融”、“生产”、“运输”三者兼顾，以裕农民收入而固国基，是何等痛快的事呢？

我行今夏也曾有过救济农村的计划，并且浙行有几处已曾试办，我行如果分一部分精力去扶植农村，对于业务却是一线生机，一条出路。

第二，工作科学化。希望我行每个同人对于经手的每一项事件或每一项工作，都应先具有科学的头脑去分析一下，而后拟定一种简切的、精确的方法去做，务希省时间，节精力，而收宏效。

从上不难看出，制造农民的“对‘人’信用”办法和制造农民的“对‘物’信用”办法，务使“金融”、“生产”、“运输”三者兼顾，以裕农民收入而固国基等观点，即便是对今天的扶贫工作，也不无启发意义。

（4）中行最高层呼吁上海金融界及工商界转移目光，向内地投资。1934 年 4 月 5 日，张嘉璈在上海圣约翰大学同学学术研究会上发表《内地与上海》的演讲，以金融业领袖气概，引领行业如何“改进民生”的新方向。

近年内地困难，日深一日，上海的繁荣则反有畸形的发达，一切现金财富均集中上海，每年估计约达数千万元。只要观乎上海方面银行的发达和存款的增加，便可证实。如华商银行最初存款不过一万万元，而最近已增加至二十万万元以上。内地农村脂血一天天向上海灌注；现金完全集中上海以后，而内地的投资又缺乏保障，于是便产生了现金的出路问题。

我们敢说，自今而往，上海的繁荣将有重大的变迁。上海自上年开始，不可否认的已踏入了衰落的途径！原因是：工厂不振，生产品跌价，内地购买力减退。接着自去年起，上海的地价亦呈现跌落的趋向，金融界方面，投资困难，存款停滞。

于是无论上海方面的银行和钱庄，都相率趋于公债、证券等的投资，但这不过更形增加恐慌的程度而已。等到一切繁盛衰退了的时候，必然地银行界将亦不能逃脱衰落的命运。反之在金融界有了前途的时候，一切才有振兴的希望。

结论：照目前内地情形的不景气，上海的产业界和金融界亦将有随之衰落的危机，唯一救济办法，是需要上海有资产者立刻送钱、送人才到内地去。但送钱是比较容易，人才的产生则困难，所以现在我们至少应该着手去训练起来。我相信内地是有救的，关键便在于我们上海人的目光，是否能即刻注意到内地去！①

据《行史》记述，此文《时事新报》于4月10日以“代社评”发布；次日又发表“社评”，盛赞“所言鞭辟入里，发人猛省”。《上海大晚报》发表社评，称张大声疾呼，唤醒金融界把冻结的资金投入农村，这意见不仅有时代的意义，还关联整个中华民族复兴的前途，非寻常的谈话所可比拟。

2. 在全国中行提倡热爱国货活动

“改进民生”使命的刊教活动，还体现在倡导行员热爱国货方面，《中行生活》曾刊登过系列文章加以报道，推动全行上下热爱国货活动的进展。

（1）国货产销合作协会之成立。《中行生活》第七期刊登了《国货产销合作协会之成立》，记述了1932年9月2日，中华国货产销合作协会成立纪事，并附有中华国货产销合作协会章程。

我国自九一八事变后，举国人士，憬然知悟；国货运动，风起云涌。本行在上海方面，与各国货工厂素有往来，为稳实放款计，为提倡国货计，与各工厂自有联络之必要，是以常约各厂家，会谈一切。嗣后往来商榷，日趋复杂，于是有国货工厂星五聚餐会之组织，每星期假座本行五楼，聚餐一次，以谋聚谈之便利。

自本年（1932）三月成立以来，凡参加厂商，咸以休戚相关，颇能推诚研究；惟以加入者人数日众，为健全组织，便利接洽，及促进产销合作起见，将改组为中华国货产销合作协会，于九月二日举行成立大会。当通过章程（章程附后），明定以集合本国工商业同志谋切实合作，而利国货之制造与推销为宗旨；至会员入会资格，议决每一会员代表一种出品，以示限制。

当场并选举张公权、方液仙、黄首民、项康原、蔡声白、任士刚、叶友才、方剑阁、潘仰尧、王性尧、王显华等十一人为理事，并由各理事互推张公权先生为理事长。现公权先生业已勉允担任第一届理事长，希望会务基础，渐臻巩固，各项计

① 公权. 内地与上海——四月五日在约大同学学术研究会演词. 《中行生活》第二十六期. 1934年5月1日.

划，得以次第实施。

（2）重庆国货介绍所成立之缘起。《中行生活》第十期刊登了《何以有国货介绍所之组织——重庆国货介绍所成立之缘起》一文，记述了总行牵头成立中华国货产销合作协会后，重庆分行率先在全国分支机构中成立国货介绍所之缘起。《中行生活》以此文代论，向全国中行分支机构推荐其做法。“本其使命精神之所在”，就是指全国中行提倡热爱国货活动，是践行使命的重要体现。

查国货事业，迩（ěr，近）年以来，因鲜提倡，而其不发达之原因，则有四：（一）国人嗜用洋货之习惯；（二）厂方缺乏外界之扶助；（三）消费者之不加以指示；（四）承销者之不努力推广。欲治其病，须切实履行下列各事：（一）国人尽量采用国货产品；（二）厂方尽量利用最新人才、智识；（三）消费者尽量贡献改良之道；（四）销售者尽量诚实推销。庶消费品可替代一部分舶来货，出品成本，日渐减轻，品质日渐精良，而国货信用，逐渐可以造成。

接最近三年吾川进口货值，每年平均约三千余万两，而其中洋货约占百分之八十，利权外溢，为数甚巨。加以吾省庄客，遵循旧有习惯，至欠完善，不但来货成本较高，且以曾有庄客在申倒塌逃避，致川帮在沪信用，日渐消失。查川帮普通（遍）在外埠采办上货之过程如次：厂家—掮客—庄客（保险回扣、水脚回扣、浮报杂费、庄缴）—报关行（报关费、水脚回扣、浮报杂费）—字号—分销商—消费者。层层盘缴，重重分利，亟应设法革除，以轻货本。

同人等蓄志已久，适今年江苏宝山张君禹九来川，相与道及国货销场之不振，谋所以改善之道，深为契合，爰有中华国货介绍所组织之发起。本年六月，由各发起人公推童少生、陈叔敬两君赴沪，调查接洽。蒙张公权先生热诚赞助，并由中国银行各要人导引，参观各国货工厂四十余家，当与各厂面订推销办法。因急须筹备内部，故仅勾留四十余日，即行返渝。

现已于十月一日正式成立，实行介绍工作。基于本所组织之动机，拟将前述办货过程简化为：厂客（报关费、保险费、装运费）—介绍所—字号—分销商—消费者。就右式观之，本所殆为厂家之“特约经理”，上海中华国货产销合作协会之“直接代表”，中间减少若干不必要之靡费。而复承中国银行之援手，故实际上由本所代为采办，成本可期降低，手续可期简捷；同时川帮对于外埠金融界之信用，以有法定及有组织之团体，或稍有恢复原有之地位也。

简言之，介绍所之组织，殆为川帮驻外购买国货之公用庄客，对于本地字号或批发商，纯粹尽其最大量之贡献，而并无侵占之意味或趋势。盖介绍所之经济目的，乃基于各种缴用之节省，以求国货之畅销，而对于各字号或批发商之利益，并无若何冲突之处。至于本所特点，提要如左（下）：

对于厂方：（一）有限公司注册，富有法律保障；（二）厂商交易得手，可以化繁为简；（三）代做宣传工作，比较省费合用；（四）调查各地销场，可函本所照办；（五）贡献改良意见，随时敬供采纳；（六）直接代厂推销，目标力求推广。

对于商家：（一）最新出品货样，就地可以拣选；（二）只需三成定金，厂方即可出货；（三）订货达到之后，再引付现提取；（四）汇水三十天内，可以随时结价；（五）资金偶欠灵活，可代设法周转；（六）不拘数量多少，一律竭诚办理。

独是事属创举，胸少成竹，尚祈爱国贤达，不吝诲言，藉匡不逮，敝所幸甚！国货前途幸甚！

（3）全体同仁都穿“中行布”的衣服。1933年4月15日，《中行生活》第十二期在《编者之言》中，提出了中行全体同仁都穿“中行布”衣服的行动倡导。

我极望我行全体同仁，联合起来，在国货运动中，做一个团体提倡国货的先声。由总处提倡采用国产日用品，并向各工厂定织几种特别的衣料，名为“中行布”，给同仁购制，为用国货的第一步；一面各人积极购用国产其他物件。如果全体同仁，都穿“中行布”衣服，可以做一个提倡国货的广告。尤其希望全体同仁，一律都穿国布西装，就使不甚雅观，我们能以爱国的精神，牺牲个人的美观，来提倡国货，更足引起全国民众的注意，那么国货广告的效能，更加大了。

（4）国货介绍所变更组织近况与提倡国货之十二信条。《中行生活》第二十期刊登过《国货介绍所变更组织之近况》，其要旨是：与中国国货公司合组办事处，扩展提倡国货生产建设运动，养成独力进行负责经营能力。并附有中国国货介绍所与中国国货公司全国联合办事处章程、中国国货公司、介绍所全国联合办事处组员名单、各地中国国货公司组织大纲。

同期还刊登过1933年3月1日中行国货介绍所上海总所开幕宣言，即《愿国人认清提倡国货之动向——中华国货产销合作协会为“中华国货介绍所上海总所”开幕宣言》一文，其要义如下：

当此世界经济恐慌潮流中，各国人士莫不竭尽心力，以图生产事业的增进与扩大，消费力量的安定与均衡；矧（shěn，况且）在事事落后、陷于水深火热的我国，更何可不急起直追，速谋对策，认清方向，以定救国救亡之最有效最切实的方法。

方法维何？提倡国货是已！提倡国货是解决民生问题的基本工作，是努力物质建设的唯一途径，是防止国际入超、树立生产国防的无上利器，亦即举国人士应一致全力共赴之鹄的。顾提倡国货，言之屡已，空言提倡，莫若讲求实行；讲求实行，首重采取最有效、最有力量的工作。

方今全国同胞莫不具有服用国货的热望，有此热切的需要，即须有此充分的供给，所以必须于国货的数量、品质和价格方面，有彻底的研究，使生产者所供给之物品，能合乎全国人民所需要的标准，使消费者对于国货有辨认选择购求的便利，然后始可以求相应，物尽其用，货畅其流。以中国幅员之广，生产之多，欲矫以往之覆辙，定未来之趋向，自非产销双方，联络策应，实行彻底之合作不为功；而欲完成此项合作之使命，尤非有健全细胞的组织，全国一致的援助不可。

本会秉兹宗旨，集沪上国货厂商组织中华国货产销合作协会，呈请实业部立案，并得政府予以有力之援助。一面尽推销国货工厂出品及改良宣传之责任；一面负介绍各地出产及工业原料于国内外市场之使命。更为促进其效能功用、深入内地起见，拟在各地次第遍设国货介绍分所，以各地货物，互相介绍于国内外市场，报告消费情形，陈列国货样品，接受批发订货，俾国人能认识国货之优点，辨别选购之标准，务使生产者无待沽之苦，消费者省选求之烦。于上海圆明园路一号设立国货介绍总所，以总其成，为向内地推销国货，接受订单，调查消费之总汇，本会更从事研究“质”的改良，“量”的增进，“价格”的“均衡”，“市场”的情况，期与产销双方发生指臂相连之关系，而收分工合作之效果。

兹值总所筹备告竣正式开幕之时……更望企业家以研究出品、减轻成本为天职；劳力者以精练技术、增加生产为己任；妇女以采办国货为消费前提；儿童引服用国货为莫大荣耀。如是同一步伐，同一目标，各尽国民的责任，各从本位上努力，实行国货运动的总动员，国货之畅销无阻，固可计日而待；而本会服务之机会，亦得借以增多，中国经济之复兴，实利赖之，又岂仅本会之荣幸？惟是草创伊始，疏漏滋多，窃愿各界人士不吝指示，幸甚！幸甚！……

附：提倡国货之十二信条

一、提倡国货能促进国内工业之发展

二、提倡国货能挽救农村破产之危机

三、提倡国货是防止利权外溢之无上利器

四、提倡国货乃保护幼稚工业之不二法门

五、提倡国货能发扬节俭朴实之民族美德

六、提倡国货能战胜国际侵略之经济压迫

七、提倡国货是努力物质建设之唯一途径

八、提倡国货是鼓励产销合作最切实的方法

九、提倡国货能打破国货滞销的一切障碍

十、提倡国货是解决民生问题的基本工作

十一、提倡国货为经济复兴的原动力

十二、提倡国货为全国精神团结之大集合

由此可见，“枢纽自任，职务报国；服务大众，改进民生”意识培育，在具体培育方法上，既有理性教育，又有感性事例，还有热爱国货行动倡行，其中：“提倡国货是解决民生问题的基本工作，是努力物质建设的唯一途径，是防止国际入超、树立生产国防的无上利器，亦即举国人士应一致全力共赴之鹄的”，就是提倡国货活动之重要意义；“一面尽推销国货工厂出品及改良宣传之责任；一面负介绍各地出产及工业原料于国内外市场之使命”，就是中行提倡国货活动之责任；“更望企业家以研究出品、减轻成本为天职；劳力者以精练技术、增加生产为己任；妇女以采办国货为消费前提；儿童引服用国货为莫大荣耀”，就是中行提倡国货活动之领导者的体现；“本行分支行遍设各地，本其使命精神之所在，自应一体赞助，促其实现”，就是包括四川分行在内的各分支机构对总行倡行提倡国货运动的积极响应。

（四）“积极成功，同为模范”意识教育

据对史料研究，《中行生活》对“积极成功，同为模范”使命意识的深化演绎性教育，主要体现在以下两方面。

1.“积极成功，三方同乐”的意识教育

《中行生活》第二十八期刊登了由本刊编辑唐润一撰稿的《以乐观精神养成青年活力》一文，以此响应张嘉璈提出的“更盼望明年后年以至无穷年，都能同样地快乐；使这种快乐为悠久，为深长，为普遍，为高尚”的“积极成功，三方同乐”的中行使命。而且，唐还对张嘉璈“同仁本身精神上的快乐”命题，从人生哲学高度，解析人的欲望对人生快乐的影响，找到“不能调和理想与现实的冲突”而影响人生快乐的根本原因，在此基础上，对精神快乐命题进行了“以乐观精神养成青年活力”的深入演绎，促进“三者同乐，同为模范”使命的达成。

（1）笑口不能常开，何以故？简捷的答案是：“生活太烦闷了”。人生各时期有各时期的欲望，也就各时期有各时期的烦闷，因为欲望是一件随时伸缩、不可餍足的东西，背着日光走路，影子比身子总要前一步，欲望正和影子一样，你刚刚得到预期的餍足，你的欲望又跑前一步了。欲望而不能餍足，就是失望的代名词，失望也就是烦闷的代名词，烦闷的产生，我们又可以说是：“因为不能调和理想与现实的冲突”。

失望的呼声，激荡着现社会的空气中。照我们的理想，世界应该不仅是如此如此，然而现实恰比铁还硬，比冰还冷，永远不由人算，尽自走它自己的大路，留给人们以种种烦闷的种子。

（2）如果人们精神上有所寄托，即可超脱现实。理想上可然的事情，没有限制。事实上竟然的事情，就要受环境的因果律的支配。环境是现实的，在现实界活动的人，假使所遭顺遂，当然可以使他愉快前进；否则，失望与悲观，便追踪而至。但是现实的威权，不能及于精神领域，如果人们精神上有所寄托，即可超脱现实。当前的挫折，不足叫他屈服，因为他还可以在精神界求慰安，排除所遭烦闷。积极的讲，就是养精蓄锐，为再来征服环境的张本。消极地讲，乃是把乐观、热心、毅力都保持住，不让环境征服。

（3）我们应用一种什么方程式来谋超脱现实呢？我们要谋超脱现实的羁绊，应当极力提倡，应当极力保持住这种（孩子气）本能的原素，不让随着年龄消失，不但直接可使自己每天笑口常开，驱除头皮上皱纹于无形，间接也能影响他人的健康，恢复他人的疲劳。即如寿毅成先生在本刊新年号中，论到青年行员的训练问题，开宗明义第一章的内容："以乐观精神养成青年活力。"

2."做社会人士模范"的意识教育

中行公司愿景是：国民经济命脉，社会事业指导者，社会人士模范。而《中行生活》对做"社会人士模范"的意识教育，正如以下史料所记述：

（1）冷静与低调地看待社会人士对中行"八段锦"之赞誉。1934年2月，《中行生活》第二十三期刊登了商务印书馆潘光迥的《中国银行服务生活的"八段锦"》一文，赞誉中行服务文化有八大特点：事业观点；朴实耐劳；谙悉环境；计算精明；有新的精神，旧的涵养；有竞争道德；有科学态度；说干就干，能行则行。对此，《中行生活》编者并不以社会人士赞誉而沾沾自喜，而是以自我检讨式的编者按，以诚惶诚恐、如履薄冰的态度看待社会对中行服务"八段锦"的赞誉，将社会人士对中行的赞誉作为自励自警的方向和标准，以此引领全行"社会事业指导者，社会人士模范"意识培育的刊教方向。

第一，以盛名之下，其实难副的惶恐态度看待"八段锦"之赞誉。

我们这一片"八段锦"，是否个个能操练纯熟，我们组织的细胞，是否时时活泼健全，我们却不可忘其所以，忘记了自己才好。现在单就潘先生所说的这些话，甚愿我们同人反躬自问，各自的检讨一下子：

（一）我们是否人人具有总经理所说的"事业的观念"，时时刻刻打起精神，作"为事业而努力"的准备？

（二）我们在内地所尝试的各种创作事业，是否因我人之努力，已有些许的效果，更应如何认清动向，向前去推广展进？

（三）我们对于各人所在地，及附近方圆系区域的环境情形，是否能得有全部的透彻的明了，能配得上潘先生所说的“头头是道”这一句话？

（四）我们是否遇事会打算盘，计算精确锐捷，而一无疏懈？不仅是令自称外行的，有一刹那间“少见多怪”的惊奇？

（五）我们是否能有新的智识，旧的涵养，使这一辆破汽车，能“老当益壮”，永久经得起风险？

（六）我们是否能在此同业竞争的当儿，对于处理业务，一以正义为依归，坦直公正，不矜权智，使他人自然折服，渐臻同化，共同的信守商业道德的原则，在百业之中，首树先声？

第二，对潘所赞“科学态度”和“能行则行”二点进行自励性演绎。一是，在“科学态度”上做得更好：今后我行对于工商业的关系，日近一日，而实地观察的需要，亦日益增多，如果我们能预先制定一种袖珍本子，订有简明表式之类，那么参观时，随时依之发问，随时按照填写，材料既归一律，又有系统可寻，当可便利不少，获益更多。二是，要深思“能行则行”的含意：我们要时时用以自惕，各人应有“能知必能行”的自信力，我们想到，说到，就要做到；像张总经理不辞劳瘁到西北之行调研那样，去到一处，解决一处，想到一事，解决一事，随时随地就将各项问题讨论解决了。

第三，面对中行的社会口碑，提醒广大行员“君子必慎其独”。

我们同人每每感觉到中国银行在社会上处处为人所注意，就是我们忝为中行一分子，做一个小小行员，却也各为其左右环境的人们所注意。

新年号中黑马先生曾说道：“中国银行的行员，特别在几年内，生活举动，到处在受人注意，防着别人注意到吾们的坏处，更要防着别人学到吾们的坏处。”

阮葭仙先生也说过：“我们时刻要准备受顾客的考试。”

语云：“君子观人于其微”，又谓：“君子必慎其独”，所以我们不论一举一动，时刻要提防他人在那里留心观察，时刻要准备受他人的考试，我们个人的考试，处处与团体的行动有关，有时简直就是代表团体。

我想我们读了潘先生的这篇文字之后，大家恐怕都感觉到这套“八段锦”温练得纯熟必要，才好拿来做我们的看家本领吧！

此外，《中行生活》编辑还在《前奏曲（为川行前奏）》一文中特别强调：

我行近年来的一举一动，在社会上，几有十目所视，十手所指之概。因之无论上下级行员的行动，亦均为各界所注意，所以希望同人振奋一切，要溶（融）合旧的经验，发生新的生力，创造新的环境，共谋本行地位的增进。至于本行所可贡献于各界的力量，不专恃金钱财力之融通，尤重在精神意识的导助；对于新兴事业，要有认识、判断的能力，从而尽转助，纠正的责任，然后本行始可不负社会上的期待。这就是我行全体同人所应引为一致努力企求的鹄的。

(2)《如何成为本行的劲旅》——激励行员争做行内模范。1934 年 1 月，《中行生活》第二十二期刊登了行员唐钰孙的《如何成为本行的劲旅》一文，体现出《中行生活》以此激励行员争做行内模范的刊教意向。

我行统计二千余行员，可称一个集团，行中演进的精彩，要这集团来推动，集团中如有一部分疲弱，就是业务上一部分缺陷，故此吾想我行将来的坦途，应从如何图谋整个力量的表现来起步。

我们要求力的表现，先注意到我们各个的素养。我们要刻苦修养，举世界经济情况，与以深切认识，勿故步自封，勿徒骛虚名，一致奋起，同赴阵线，预备应付未来的力量，冲摧这当前严重的问题。

吾想我行二千余行员的集团，有这种种基本修养的结果，精神必可贯通，步伐自能整齐，成为行中的劲旅铁军，可以无往而不克了。

五、系统务实的业务能力培育：任事坚韧，能行则行，力的训练

《中行生活》《中行月刊》“明做人道，育做事理”的第五类刊教内容就是系统务实的业务素质培育，并通过精心组稿，匠心加按，培育员工“任事坚韧，能行则行，力的训练”的任事能力，其培育视角和内容大致如下：

（一）任事坚韧理念灌输

“理”为“行”之首，做事能力培育的基础，首先在于明了做事之“理”。据对多种史料的综合梳理，中行刊物对于“育做事之理”的培育案例大致如下：

1. 我们想到，说到，就要做到

如前所述，《中行生活》第二十三期在潘光迥《中国银行服务生活的“八段锦”》一文后，加编者按强调培育员工“能行则行”之能力的重要意义：

潘光迥所说“能行则行”一点，其意可深长思也。我们要时时用以自惕，各人应有“能知必能行”的自信力，我们想到，说到，就要做到……“君子必慎其独”，所以我们不论一举一动，时刻要提防他人在那里留心观察，时刻要准备受他人的考试，对“八段锦”要温练得纯熟，拿来做我们的看家本领！

2. 以能做者为限，力矫空言之弊

1934 年 7 月 1 日，居逸鸿的《“做”——二十三年五月二十二日在汉支行谈话》刊载于《中行生活》第二十八期，其主旨就是：以能做者为限，力矫空言之弊。

个人近来感想，觉得我国人专会说话，自政府为始，常有演讲，常做宣传，无

不言之成理，实在美不收胜；然而冷眼旁观，觉得言者未必能行，空言何能救国？所以个人决定宗旨，愿做而不愿谈，觉得言而不做，即是废话。

我们管辖会议，不好高谈阔论，议决范围，以能做者为限，翌年必须报告执行情形，以期力矫空言之弊。

第一，内外须不隔阂，少打官话，多讲实际。

第二，须互相体谅，管辖行不要把支行所不能执行的勉强支行；支行亦不要把管辖行所不能负责的责备管辖行。

第三，同仁待遇问题，随时须顾到“行”。

此外有几个感想，趁此机会与同仁谈谈：

第一，我觉得我国上下最大的缺点，是满口要人做好人，而仿佛自己可以除外。这样的提倡，不会使人感动的。所以鄙人主张，从自己做起。

第二，做人须要专一。同仁每羡慕鄙人能摄生，实则鄙人得益之处在专一，中行以外，无事乱我心胸，所以精神上得有安慰。

第三，讲究“朝气”要讲实际，不在铺张。以起居言，早睡早起是朝气，俾画作夜是暮气。以行事言，勇往直前是朝气，敷衍因循是暮气。

第四，现在流行话是讲究礼貌。在一般宣传者，仿佛礼貌，是偏重于下对上的。在鄙人看来，下对上的礼貌，不值得提倡的，因为过于提倡，容易养成谄媚风气，堕落国民人格。鄙人所欲提倡的，是上对下的礼貌，是谦和，是大度，是美德。记得豫让当年说过，智伯以国士待我，我以国士报之。我们行中培植行员，要培植成国士的，要使行员能以国士报行的，此层希望各行当局，特加注意。

由此可见，居逸鸿关于做事之理的独到之处在于：第一，待遇问题要随时须顾到“行”，并从自己做起。第二，做人专一是做事的前提，中行以外无事乱我心胸，所以精神上得有安慰，从而就能做好事情。第三，管辖行不要把支行所不能执行的勉强支行；支行亦不要把管辖行所不能负责的责备管辖行。这一观念对于当今银行也很有用。第四，过于提倡下对上的礼貌，容易养成谄媚风气，堕落国民人格；提倡的上对下的礼貌，是谦和，是大度，是美德，由此收到“智伯以国士待我，我以国士报之”之功效。这一观念对于当今银行的管理者群体也是很有用的。

3. 做事应“制贵取宜，道贵取中”

陈文望《制贵取宜，道贵取中》一文，刊于1934年1月15日《中行生活》第二十二期，他道出了一个做事的大道理：制贵取宜，道贵取中。即银行经营有一个百变不离其宗者的原则：制贵取宜，道贵取中。

（1）制贵取宜，沿革相兼，法无新旧，厥惟择善，惟是立法固期于至善，奉行尤赖乎得人。我行叶布枝分，范围广大，各地风土习惯之不同，斯因应措施之互异，事或无关宏旨，似须因地制宜。

(2) 道贵取中，至若本行营业之趋向，间尝与同仁讨论及之，或曰：应厉往而直前；或曰：当持重而将慎。前者之说，舍竞争无以图存；后者之说，恐躁进而致偾事。不佞服膺中庸之道，以为斯二说者，非相辅而行不为功……是宜于克业策进之中，寓共存共荣之想，则风规自远，信誉日隆，行基于以永固矣。

从上可以看出，此文关于做事之理的独到之处在于：第一，制贵取宜即是管理制度的制定，应当因地制宜。换言之，管理“细则”由总行制订总的原则，管理“要点”则应当因地制宜。第二，发展战略的制定，则应当在激进与保守之间取中，这才符合银行审慎经营的原则。这一观念对于当今银行管理当局也是很有用的。

4. 做事应负起积极的责任

束云章在《个人过来之银行生活——纠正自己几个错误的观念》（《中行生活》第三十三期）一文中，提出了读书与做事业并非为两事和做事应负起积极的责任等观点，深谙做事成功之“理”。

一、读书与做事业并非为两事。有以为读书为学生时代之事，一出校门，即可不复读书。余个人当初进身社会做事时，亦深以与书本隔离为当然，殊不知此是错误之观念……在学校中所求者，仅初步之基本学识，今一旦服务社会，正需各种智识之增进，方能应付裕如。同时在社会中所得者为经验，而欲求经验之扩展，又非以学识为基础不可。故学校中之读书固不可少，而在社会做事时之继续研究，尤关重要，盖读书与做事两者相因相成，互资发明，实属一体，并非两事。唯做事时能不断的读书，斯事业有不断的进步。

……

四、做事应负起积极的责任。积极的责任为何？曰做事时不专以按照办公时间而处理事务为能事，且能以所任之事为己事，竭其智能，尽其心力，处处作进一步之研究，时时为深一层之思虑，务达到最尽善尽美之目的，始肯释手……我人所作之事，无论大小，皆与银行利益有相当之关系，且须知我人目前之服务，实与我人自身前途事业有种种密切之关系，不仅当视为己事，其实际即为己事。

由此可见，束云章深谙做事成功之“理”的亮点在于：第一，做事应以“所任之事为己事，竭其智能，尽其心力，处处作进一步之研究，时时为深一层之思虑，务达到最尽善尽美之目的，始肯释手”，这就是行员做事成功的态度与精神。第二，“我人目前之服务，实与我人自身前途事业有种种密切之关系，不仅当视为己事，其实际即为己事”，这就是行员做事成功的利益与动力。第三，“盖读书与做事两者相因相成，互资发明，实属一体，并非两事。唯做事时能不断的读书，斯事业有不断的进步”，这就是行员做事成功的能力来源。

（二）吸存业务能力培育

《中行生活》曾刊载过屈伟如《举办“学费存款”之研究》、王炎瑞《银行吸收存款的战术》、高友梅《关于支付汇款手续之改善办法》等高管人员的业务研究文章，以期通过产品研发与管理创新，提升行员的吸存业务能力。

1. 举办“学费存款”之研究

（1）开办学费存款的意义：为子女谋自立，惟教育是尚。但际此生活程度日高一日之时，学费一层，富者如何预为分配？中下资产者如何预为筹措？实成为一般人士踌躇难决之问题，此问题一日不解决，则全国的社会教育家庭经济之基础，无以确定，凡我同人，当亦同有此感。

本行为服务社会计，似当适应是项需要，协谋解决方法；为发展业务计，尤应独开蹊径，招致永久之顾客，吸收多量之存款。拙拟学费存款办法，内容或有未妥之处，要在原则上，于顾客无临渴掘井之苦，在本行有一举两得之益。

（2）学费存款规则说明：兹将所拟规则及图表，录之于次，至此项存款办法，应否添加留学学费一项？又办理此项存款，手续虽不甚繁，但以年限较长，应否由总处集中记账，在各行支行作为代总处所收，以便查改？是皆应予考虑之问题，并盼同仁加以指正，共同研究，务使办法臻善，推行尽利，是岂独伟一人之幸而已哉。附：拟订学费存款规则（略）

由此看来，第一，“为子女谋自立，惟教育是尚”，说明中行产品研发的意义；第二，“富者如何预为分配？中下资产者如何预为筹措？”说明中行产品研发的市场定位；第三，“本行为服务社会计”，“于顾客无临渴掘井之苦”，说明中行产品研发的超前性；第四，学费存款规则，说明中行产品研发的可操作性。

2. 银行吸收存款的战术

王炎瑞《银行吸收存款的战术》一文，系译自大阪银行问题研究会银行业第22卷第5号至第23卷第5号各期，该杂志系转译自美国杂志，中文虽系侧重于存款客户，然对于其他顾客之应接，亦均可由此类推，特摘译以供参考。纵观该文之鸿篇，不失为银行吸收存款战术的科学指引，其逻辑框架如下：

（一）必须尊重存户，“为存户服务是本行的最高方针”的标语。

（二）外交员（即营销员，下同）与事务员须言行一致。

（三）内勤员不可变为器械。

（四）外交员须要认清对方的性格、血液型：O、A、B、AB型人员的性质。

（五）涵养行员之风气。

（六）不可让机会逃过。

（七）外交员对于寿险应该注目。

（八）利用小学校吸收存款的方法。

（九）外交员的服装要整洁。

（三）服务营销能力培育

据对多种史料的综合梳理，《中行月刊》和《中行生活》对于育做事之理——服务营销能力培育方面的刊教史料案例，大致如下：

1. 做生意是银行员的本职

如前所述，张嘉璈《银行员的本职——做生意》一文刊登在《中行月刊》第 2 期，他强调：银行确是一种生意……我们进银行是学生意，我们在银行是做生意。收存款、做汇兑，就是做生意。管出纳，办会计，也是做生意。甚至于管调查的、管研究的，也是做生意。离开“生意”二字，没有银行，在银行的人员，人人应该当银行作生意做……

为响应张公权上述文化倡导，1933 年 8 月 1 日，《中行生活》第十六期刊登了宋嘉贤《生意经》一文，其中道出了“世事洞明皆学问”的服务营销真谛。

夫生意称经，其中实含有哲理意义，值得吾人研究。

生意者，包含生机、生利、生产、生活，皆由思想之意发生也。经者，谓思想不违规矩也，经历也，经络也，因以经营也。

吾幼习钱业，继在汇票号，现充银行行员，敢略纪历程，以实《中行生活》。

世间无论何事，境由意生，范围甚广。吾人在商言商，凡为商人须具普通知识，天时地利，国家治乱，社会良窳，皆当随时注意。盖雨旸之时否，关系岁收之丰歉；货价涨跌，亦随之为转移；而地理尤关重要，凡一种货物应先知其生产区域，或集中何处市场，倾销何处码头，以及运输如何程序，必须胸有成竹，然后运用自如。一方面收买，一方面发售，智珠在握，亿则屡中，凡有所得，决非无知而获。知者非皮毛之谓，必须彻底透悟，通达事理，方可算无遗策。

由此看来，第一，“生意者，包含生机、生利、生产、生活，皆由思想之意发生也。经者，谓思想不违规矩也，经历也，经络也，因以经营也”之概括，确有哲理意义；第二，“知者非皮毛之谓，必须彻底透悟，通达事理，方可算无遗策”，其中颇含当今信息经济学的理念韵味。

2. 银行员应具精神与态度

为响应张公权的文化倡导，宁行副经理汪叔梅在《中行月刊》第 8 期发表《银行员应具之精神与态度》一文，他举一反三地演绎出银行员做生意应具备的精神与态度：张总经理在第二期《中行月刊》上发表的，《银行员的本职——做生意》，大家想必已加以切实的注意了……我银行员应具何等精神，与何等态度，以为做银行生意之唯一标准，实有不容忽视者也！

（1）我银行员应具精神：早起，敏捷，奋斗，耐劳。精神所寄，即是生意所在。必须打起十二分之勇往直前的精神，以应付世界潮流之趋势。

（2）我银行员应具态度：谦恭，和蔼，诚恳，庄重。一洗从前傲慢（不谨恭），专横（不和蔼），虚蛇（不诚恳），轻薄（不庄重）之恶习，本服务社会之职志，而以谦恭、和蔼、诚恳、庄重之态度，以与顾客应对进退，而广其招徕，则昔之毁我者，转而誉我，畏我者，转而亲我，不独行誉扶摇日上，银行事业，尤加盛焉。

与此相关，《中行月刊》1930 年第 1 卷第 4 期刊载了张嘉铸编译的《银行需要一位“推销经理”》一文，以此作为对张嘉璈上述理念的连续呼应。

3. 应付顾客的“谈话艺术”

1933 年 5 月，《中行生活》第十三期刊载了张钟毓的《我所遇见的顾客》，同年 11 月，《中行生活》第二十期刊载了张钟毓《应付顾客的“谈话艺术”》等，以此增强行员服务营销能力的刊教培育效果。在《我所遇见的顾客》中，张钟毓探讨了银行员得罪顾客的缘故、应付顾客的人选问题、柜面职员应注意事项等问题，并且对应付顾客的人选问题，大胆提出了一个招待顾客的人选标准：

性情和蔼，态度诚恳；言谈倜傥，而不流于轻佻；容色庄重，而不近乎呆滞。这四个条件是属于表面的，勤慎耐劳是不必说，附带条件是内部经验和外界认识。

与此同时，张钟毓还对柜面职员应注意事项——如何处理受顾客气和被人骂的问题，提出了既符合银行经营需要，又兼顾行员心理的综合应对办法：

（员工）靠人监督和指导，总不如自动去做的有用，因为机械式的，似乎不感兴趣，亦难望进步。即不能装成满面春风，亦不可把心中烦恼放在面孔上。虽有时不免受顾客的气，但只可于无可奈何之中，多读点陶冶德性之书，望自己变化气质，不同人板面孔。头一次被人骂，自然是很难堪的；要是能反躬自省，那么第二次就不会冒火，与人起争执了！不要因离办公时间还有五分钟，教顾客再等一刻。早点做生意，不但使顾客高兴，抑亦减少五分钟之后的忙碌或错误。词锋虽健，却要看对方的意思，因为尽有人不喜欢多讲话的。对于异性更要留心，以免引起对方误会。所以我们的语言，固要娴习，尤贵谨慎和得当。

与此相关，张钟毓在《应付顾客的“谈话艺术”》中，其见解也非同一般。

（1）谈话艺术的重要性。中国人天性好讲话，不论何时、何地，碰见了熟人，要不敷衍上几句，就算瞧不起人。也许时机凑巧，凭着“谈话艺术”高强，把种种好处弄到手，从战国策士，以至今日外交家，谁不靠一张嘴，能言会说，而得到成功；虽然他们或还用到别的本领，可是到底非口之力不及此，这也可见“言语”之重要了。不用说，做生意买卖，更非尽量地应用谈话之艺术不可。

（2）谈话艺术的三个目的。和顾客明白谈话绝不是为正在做着的一笔交易，接接头，和算式般呆定问答。它主要的目的是：

（一）乃在借谈话的机会，叫顾客、银行双方发生感情，往后的交易由此而发生，顾客自动地把别家银行交易移过这边来，新顾客由旧顾客介绍着到这边来。

——该观点类似于当代服务过程质量管理中的投情性（Empathy）管理。

（二）将其他部分业务之性质介绍于顾客，设法使其利用。

——该观点类似于当今的连带营销或交叉营销观念。

（三）明瞭顾客之地位，及其营业状况，以备必要时需用，调查工作，仅观其外表，而随处留意，方能窥其真相。

（3）谈话艺术的三个服务营销理念：一是，“优越的服务”产生于“有趣味的谈话”（理念），经验告诉我：用合于顾客心理、地位的话来对顾客讲，是不会错的。二是，谈话的“售货术”（理念），就是行员态度不亢、不卑，很恳切，不带虚伪的足恭，恰合于一个银行员的身份。三是，充分利用言语去替银行招徕生意（理念），至少须学三种话：国语或官话、广州话、英语；倘能再学潮州话、上海话及其他一切方言，自然更好了。

由此可见，张钟毓的“应付顾客的人选标准，如何处理受顾客气和被人骂的内在素质，谈话艺术的三个目的，谈话艺术的三个服务营销理念”等观点，既对八十多年前的中行行员有着深刻的启迪作用，也对今天银行服务管理能力提升有着现实的借鉴意义。尤其是“优越的服务”产生于“有趣味的谈话”，“利用言语去替银行招徕生意，至少须学三种话（国语、广州话、英语）”的观念与做法，时至今日，还有不少银行的分支机构并未按照这样的要求去做。

与此相关，《中行月刊》第 2 卷第 10 期曾刊登过《银行柜台之形式及各股之布置与联络》一文，运用管理学的人机工程理论和心理学原理，附图详细论述营业柜台如何摆放、各部门办公地如何安排才更科学，做到流程合理，方便工作，提高效率。1933 年 3 月，《中行生活》第十一期刊载了包文藻《业务用“言语”宣传的效力》一文，以期用“言语”宣传，以和蔼之态度，详细之解释，则其为社会服务之精神，可以直接影响于顾客，从而收到圆满的效果。

（四）贷款业务能力培育

据对多种史料的综合梳理，《中行月刊》和《中行生活》对于育做事之理——贷款业务能力培育方面的刊教史料案例，大致如下：

1. 工业放款拟注意问题

1932年6月，霍宝树时为分区稽核，其《工业放款拟注意的几个问题》演讲稿刊于《中行生活》第二期①，该文对行员贷款业务能力培育具有重要的刊教意义，即便是对当今银行也有历史借鉴价值。全文逻辑要点大致如下：

（1）工业在人类社会中的演进历史（略）。

（2）大工业的内涵及其与金融业之关系：工业既如是复杂，需要的资本，又如是之大，很能知道工业亟须金融界来调剂，因为金融界的责任，是使社会活动的中心，工业是社会组织之一，要使工业活动，非由金融界来辅助不可。

（3）银行对工业放款的最低条件：工业出品卖价是否能够抵所费的成本之外，还足付投资人所希望的利益，及银行的利息。假使这卖价不能抵偿成本，固不必论；卖价勉强能抵成本，但不足付股东的利益和银行的利息，那也靠不住；假使这卖价能抵付成本，及股东的利益，而不能付给银行的利息，那么这种工业放款银行也是绝对不能做，因为这个条件，是放款的最低限度。

（4）中国工业时兴时衰的失败之一般原因：（一）资本不充足；（二）对原动的机器，不能认识国（别）；（三）组织不健全；（四）管理不良；（五）工潮发生。

（5）中国工业时兴时衰的失败的深层原因：假使一家工厂资本很充足，机器能认识，组织很健全，管理很完善，工潮也没有，是否能够做得成功？可以说，依然不能成功。因为交通如此不便，出品不能运到市场上去，销售货物不能活动，还有其他政治上种种问题，也很有关系。

（6）提出类似当今银行风险经营的认识问题，但其提出问题的角度，并不是如何解决银行本身发展与贷款风险防范之间的矛盾，而是站在报国使命的高度来看待是否发放工业贷款这一问题，即：

由此可见办理工业的困难，那么我们银行为自身安全计，不必放款给他了？但银行的使命，在使社会活动，工业为社会的一分子，工业不动，社会也不会动；工业发生问题，社会也要发生混乱；社会一混乱，我们自身也要受影响。所以我们不独为自身利益计，为社会安全计，更应该要帮助工业。

（7）解决履行报国使命与贷款风险防范之间矛盾的风险经营原则。在这一矛盾

① 霍亚民演讲．薛光前笔记．工业放款拟注意的几个问题．《中行生活》第2期．1932年6月15日．

背景下，中行贷款评审的要点如下：

一是，工厂审查：出品卖价，在成本、运费和其他市场费用之外，能付股东利益和银行利息；厂的地址；机器问题；原料问题；劳工问题；废料问题等。

二是，运费审查：陆路比较标准；陆运手续费；水路轮船水脚费，不能公布，因其同业竞争甚烈，表面上所说的数目，完全不实在等。

三是，市场审查：货色在市场上是否可以销售；人民购买力如何；注意代替品问题；有无保险；出厂后到消耗人手中能经多少时间等。

在这一矛盾背景下，中行贷款经营原则如下：讲到银行本身，力量如何，也要有一个预备，假使力量不十分充实，对于各种工业，不能一一帮助，就要选择什么工业先辅助。譬如必需品工业，可以先帮助；奢侈品工业，不妨缓一步，这须有通盘的筹划。除此之外，还有放款期限问题，及做押款的东西，市面上是否活动；假使不活动的，那么老是押在那里，动也不动，也是非常困难的。

（8）工业放款拟注意问题的结论

我们对于工业，站在社会的地位上，应该怎样想法帮助，因为一国工业不发达，什么东西，都要仰给外国。中国虽是一个农业国，但至少对于自己需要的东西，能够自制自给，否则进出口，就不能平均，国内经济，无法振发。所以我们对于工业，应有设法的辅助，现在还在试验期间，我们研究放款要怎样保障，收款回来时，有怎样利益，不得不从对方着想，是否靠得住；靠得住的就放给他，靠不住的，就不放给他。这就要在此试验期中，所应注意的。

由此可见，中行“枢纽自任，职务报国；服务大众，改进民生”的使命践行体现在各个方面，当年贷款工厂面临着“资本不充足，机器不认识，组织不健全，管理不完善，工潮时常有，交通如此不便，出品不能运到市场，销售货物不能活动，还有其他政治上种种问题”等如此不利外部环境，中行并不是站在解决银行本身发展与贷款风险防范之间矛盾的角度来看待发放工业贷款问题，而是站在报国使命的高度来看待是否发放工业贷款问题，即通过解决履行报国使命之责与贷款风险防范之间矛盾来发放工业贷款。这一观点对于当今商业银行来说，基层负责人和员工只知为存款贷款及中间业务而生存，不知银行在社会上借以存在的依据，不知商业银行对国家所承担的使命者亦不少见，相比之下，真有一种相形见绌之内疚感和值得反思学习的榜样感。

2. 银行运用资金之我见

天津分行经理卞寿孙的《银行运用资金之我见》一文，刊于 1931 年《中行月刊》第 3 卷第 3 期，其对贷款业务能力培育的刊教意义和对当今银行的借鉴价值如下。

（1）贷款业务重要性。银行业务中，运用资金一端，最为重要。一行之兴衰安危，胥亲乎其处理之当否。而何者为当，何者为不当，虽有一定不易之原则在，然以时季地理人情风俗之不同，于所谓原是，又未可以固守而不变，特于变化之中，如何而后处理悉当，是又不得不赖乎临事研求与体验矣。

总之，运用资金，则不能毫无危险，若集中一途，近于孤注一掷，则发生危险之机会多；若广寻途径，均衡轻重，则发生危险之机会少，且纵生危险，而其受祸亦必较轻；加以银行之实力推及者远，则得社会之同情者深，是其中有所失，或尚有所得。兹篇所述，大体均本斯旨而推演之也。

由此可见，“运用资金，则不能毫无危险，若集中一途，近于孤注一掷，则发生危险之机会多；若广寻途径，均衡轻重，则发生危险之机会少，且纵生危险，而其受祸亦必较轻”，这一观点类似于当今“不要把鸡蛋放在一个篮子里”的分散风险原理。

（2）资金运用之途径：A. 证券类（国家公债、公司股票债票等）；B. 票据类；C. 放款类（抵押类：货物类、证券类、厂基类；无抵押类；特种官厅放款）

其中，特种官厅放款：官厅放款论理与普通放款等，只须应以营业之常规，并无特别注意之必要，惟我国因政治变化过多，时有特殊情形，故各银行受官厅放款之弊害者颇众。考其弊害之生，或因经理人与官厅感情过厚，循情滥放者有之；或因经理人貌示倔强，而无威武不屈之真精神，前倨后恭，转成屈服于勒索者有之；实则守其中道，不偏感情，不唱高调，于官厅中择其有税源掌财权者，以机关对机关，于相当范围内，作有理性之应付；虽不敢谓毫无弊害，然其弊害亦必较轻。常见银行中人，对于当局，每亲其与个人感情之如何，或尊之如帝天，或畏之若蛇蝎，于是偏于感情，应付遂不得其中；设果待之以恆人，持之以诚，通之以理，则对方之人，无论其为如何巧黠刁诈，或暴戾恣睢，亦必能相引入常轨也。

——这些认识对于今天也不乏认知与借鉴之意义。

（3）银行运用资金的理念性结论：综观各项运用之途，或互为因果，或互成消长，其中之得失，是在因时因地，就事断事，以各制其宜，斯诚所谓神而明之，存乎其人者矣。

由此可见，“因时因地，就事断事，以各制其宜”，该观点道出了信贷经营的管理哲学道理。

（五）调查研究能力培育

据对多种史料的综合梳理，《中行月刊》和《中行生活》对于育做事之理——调查研究能力培育方面的刊教史料案例，由于在调研理念一节中有过详尽叙述，在此只说明两刊对全行调查研究能力培育的梗概和主要内容。

1. **对“条分缕析”路径和“谙悉环境”标准的辅导**

1933 年 5 月，《中行生活》第十三期刊载了宋嘉贤《吾人应注意之调查工作》一文，该文可以看作是代表总行经济研究室为规范全行调研“条分缕析”的路径和“谙悉环境”的衡量标准而撰的，由此对全行调查研究能力培育起到了指导作用。

2. **对兴起商品研究和谋我国经济之复兴的调研指导**

1932 年 12 月，《中行生活》第八期刊载了张嘉铸《国人欲图自爱自救须对己先有相当认识与研究》，1934 年 12 月，《中行生活》第三十三期刊载了张肖梅《商品研究的重要性——序本行出版新书〈四川省之药材〉》，两文着重起到如何发挥调研促进业务发展参谋作用和调研报国的业务能力的培训作用。

3. **通过连续刊载各类调研报告培育全行的调研能力**

《中行生活》通过连续刊载各类调研报告来培育全行的调研实战能力，举例如下：

秦润卿《战事后钱业情形之一斑——三月十七日》，《中行生活》第一期，1932 年 5 月。

寿毅成《浙江最近之社会经济观》，《中行生活》第八期，1932 年 12 月。

钱雨尘，邹君发《六大商业储蓄银行巡礼》，要点包括：上海、浙实、金城、浙兴、大陆和四明等银行的柜台鸟瞰，秩序一斑，业务概况，服务特点，办事精神的调查，《中行生活》第十期，1933 年 2 月。

《江浙蚕业联合统制之第一声：我国丝业当前之救济，本行扶助生产事业之一斑》，《中行生活》第十一期，1933 年 3 月。

《近日东北金融界之波澜》，《中行生活》第十二期，1933 年 4 月。

张俊声《大连钱业之特征与前途之推测》，《中行生活》第十三期，1933 年 5 月。

刘孔贵《汕头社会经济之观察》，《中行生活》第十三、十四期，1933 年 5 月。

张公量《漳州概况》，《中行生活》第十四期，1933 年 6 月。

《汕头金融风潮之经过》，《中行生活》第十六期，1933 年 8 月。

刘孔钧《浙江铁路与金融业》，张钟韩《金华概况》，《中行生活》第十八期，1933 年 10 月。

霍保树《浙江铁路特刊序》，陈德洽《金华之农业危机》，《中行生活》第二十期，1933 年 11 月。

《大连金融市况之解剖》，《中行生活》第二十三期，1934 年 2 月。

陈步新《汕头市概况》，《中行生活》第二十三、二十四期，1934 年 2 月。

《民国二十二年无锡农村概况》，《中行生活》第二十五期，1932 年 4 月。

张俊声《大连商业习惯谈》，《中行生活》第三十六期，1935 年 3 月。

史秉章《“猪年”改良猪种——我行在华北农村中的实际工作》，《中行生活》第三十六期，1935 年 3 月。

此外，《中行月刊》从 1930 年到 1938 年，刊登过许多篇具体的调研文章，这些都可视为调查研究能力培育的实战教材，不再赘述。

（六）外汇业务能力培育

据对多种史料的综合梳理，《中行月刊》和《中行生活》对于育做事之理——外汇业务能力培育方面的刊教史料案例，大致情况如下。

1930 年，《中行月刊》第 1 卷第 5 期刊登了沪行经润石《外汇之本色》一文，这可看作是《中行月刊》对全行外汇业务能力培育的普及性教材。

1934 年，《中行生活》第二十二期刊登的王君韧《应以何者为本行业务之重心》，以及《中行生活》第三十三期刊载的张肖梅《商品研究的重要性——序本行出版新书〈四川省之药材〉》等两文的观点，可以视为中行大多数国内机构叙做外汇业务指导逻辑，以及外汇业务能力培育的刊教教案。亦即，在当时经济不发达，农业占国民经济主导地位的国情下，中行内地分支行对外汇业务的现实理解是：增加国际汇兑关键，在于大兴国际贸易；大兴国际贸易关键，在于资助土产贸易。换言之，中行内地分支行的外汇业务就转化为资助土产贸易及其农贷业务，正如张嘉璈所说：“国际汇兑银行的任务，并不在买卖先令，汇汇金镑，是在如何设法帮助本国的产品运销国外，所以，国际汇兑实在是国际贸易。”①

尽管，1942 年 8 月 31 日，政府实行了中、中、交、农等四行的专业化经营国策，使中行将开办了 10 年的农贷业务移交给了中国农民银行，但从 1948 年及 1949 年《渝行通讯》记述，农贷还是中行内地分行的重要业务，其原因就在于资助土产贸易。据《应以何者为本行业务之重心》记述：

1. 本行应以“资助土产贸易”为业务重心

近数年来，我行各项业务，突飞猛进，尤以存汇款项总额激增，为数之巨，迥非他行所及。此固我行之福，亦同人引以为庆者也。

我行处此金融病态之际，资金之来源日增，运用之方策日拙，加以同业竞争，动切掣肘，每感运用无方，坐受亏耗，长此以往，殊非我行之福。

查我行自十七年经政府特许改组为国际汇兑银行，然我国国际贸易，大半操诸

① 马学斌．“团体精神”的载体——历史上的《中行月刊》[J]．国际金融．2015 年第 7 期。

外商之手，进出口贸易，十之八九均由外商向其本国在华分行承办，欲谋国外汇兑发展，良非易易。凡此种种，皆足以示业务障碍，虽行务日渐增多，而困难丛生，未臻吾人理想之境也。

余以为欲解除目前业务发展障碍，首在确定业务重心。重心既定，然后全行一致，力图国内及海外贸易之发展，吾人默察国内经济现状，环顾社会金融病态，内审我行业务实况，以为我行业务之方针，应以“资助土产贸易”为业务重心。

2. **以“资助土产贸易”为业务重心之意义**

一国经济之盛衰，视乎贸易。贸易不兴，则各业不振。近数年来，我国贸易对外而言，则出口锐减，入超日增。对内而言，则土产价落，贸易停滞，以致民穷财尽，险象环生，经济崩溃之祸，迫于眉睫。考贸易之发展，其因由固多，然金融之协助，关系至巨。良以商人之资金有限，贸易之运用无穷。押款押汇，均所以促资金之流转，且贸易绝非限于一隅，其流动范围之内，在均需联络。

我行分支机关遍于全国，呼应既灵，运用尤易，而资金雄厚，不患竭蹶，以之资助土产贸易，必收事半功倍之效。此由经济现状而言也。资金集中都市，农村濒于破产，二者互相推演，互为因果。若不立筹救济，施以调剂，则都市过剩资金，终将呆滞；农村生计，入于绝境。调剂之道，在过剩资金得向内地流转，而流转又非资助土产贸易不为功，此由金融病态而言。

抑尤有进者，我行资金过剩，运用为艰，值此各业不振、金融枯涩之际，运用稍一不慎，呆滞堪虞。过剩则生耗利金，呆滞则流转不灵。为兼筹并顾计，势不得不于运用中，兼谋资金之稳实。

3. **“资助土产贸易”的主要业务是押款押汇（下略）**

（七）会计业务能力培育

据对多种史料的综合梳理，纵观《中行月刊》《中行生活》对会计业务能力培育有影响力的刊教文章和事例，大致如下：

1. **会计能力培育：会计主任的六大责任**

1930 年 9 月，《中行月刊》第 3 期刊登了张公权《会计主任的责任》一文，其逻辑要义是：（1）从会计角度督察日常营业的一切事务；（2）时时留意谋会计制度的改进；（3）时时研究及留心各种业务的数量及每日各种业务的增减；（4）时时注意和研究各种经费支出的经济性；（5）每日研究每笔业务获利情况和将来获利趋势并随时告诉营业单位；（6）训练会计部门行员增多智识和增加效能。

此外，中行总会计刘驷业曾在《中行月刊》发表《改革银行会计制度应取之步骤》《银行会计》（连载）等多篇文章（见《中行月刊》第 1 卷第 1 期、第 2 卷第 10

期）；他还曾于1932年在《中行生活》发表过《营业会计出纳之分工与合作》一文，以响应张的主张，强化全行会计业务能力的刊教效果。这些可视为《中行月刊》对于育做事之理——会计业务能力培育的刊教纲领。

2. **会计能力培育：银行会计员应备信条**

高友梅《银行会计员应备之信条》（见《中行生活》第七期）一文，积极响应张公权《会计主任的责任》的文化主张，道出了会计工作的细化管理要点。

挽近银行业务，已由简单而进于复杂。为银行会计员者，自表面言之，对于会计账务，应求充分了解；即国内外政治、金融、农工商业之变化，以及社会、法律、保险、运输之常识，均应有相当之认识，始足以置身于现代银行会计员之列。惟抽象言之，愚以为银行会计员应备之信条，尚有数事，分述于下：

（一）银行会计与营业，其职责各有固定之界限。为会计员者，对于业务之得失，宜作精密之审查，勿为无意识之干涉；宜容纳对方之意见，勿为盲目之附和。最要者，会计员自身，应认清界限，竭诚合作；勿为他人所利用，同时亦勿利用他人。

（二）银行会计员，对于人情事理，平时贵有透彻之观察，遇事尤贵有正确之判断。处理事务，宜有坚决果敢、不屈不挠之意志，坐言起行、任劳任怨之精神。

（三）银行会计员，对内对外，宜保持庄重和蔼态度，有可即而不可犯之概。对上勿谄，对下勿骄。

（四）银行会计员，对于本行全部资产负债，增减变化之情形，宜时时萦洄于脑海。对于行务机要，宜谨守秘密。平时宜养成改善业务之思想，沉默寡言之习惯。

（五）银行会计员，对于所属员生，应切实认识其个性，用其所长，补其所短。平时宜常与接近，如能于相当时日，聚谈一次，非第可收集思广益之效，亦联络感情之一法也。

（六）精神饱满，体格健全，首为银行会计员必要之信条。故会计员，宜注意身心之修养，屏绝一切不良嗜好，业余为有益之娱乐。

（七）银行会计员，对于现行会计制度，以及各项规程，应体察业务事实，随时随地，加以研究。宜富有革新思想，变通而运用之，勿“胶柱鼓瑟”，贻“因噎废食”之讥。

（八）银行会计员，为保持思想新鲜不致落伍计，每日至少应有一小时以上之读书。

（九）银行会计员之服装，宜力求整洁大方，切忌轻浮华丽。

（十）银行会计员，勿自认会计为机械之工作。勿好高而骛远，勿见异而思迁；

勤于所事，忠于其职。

由此可见，第一，会计员应认清界限，竭诚合作；勿为他人所利用，亦勿利用他人；对上勿谄，对下勿骄，这是会计员如何履责和如何协同关系的准则。第二，会计员对于人情事理，平时贵有透彻之观察，遇事尤贵有正确之判断；对于本行全部资产负债，增减变化之情形，宜时时萦回于脑海；宜富有革新思想，变通而运用之，勿“胶柱鼓瑟”（拘于成规，不知灵活变通），贻“因噎废食”之讥。这是会计员业务素质的高标准要求。

3. **会计能力培育：以刊物专号强化培育**

为强化会计能力培育，促使中行近代化管理的转变，1932 年 11 月，《中行生活》第七期曾举办过“会计专号”，以强化对全行会计业务能力的培育。其中不乏加强会计能力培育的真知灼见，如刘孔钧兰《银行“成本会计”之真谛》等。

（八）注重员工力的训练

在中行行员训练纲要中，力的训练与理的训练和情的训练相并列，理情力三大训练相似于当今德智体教育。然而，业务素质与任事能力的提升也应以力的训练为基础。据对多种史料的综合梳理，《中行生活》对于育做事之理——注重员工力的训练方面的刊教史料案例，大致如下：

1. **张嘉璈对力的训练要求**

1930 年 12 月，张嘉璈在阐述“三方同乐，同为模范”的立行使命时指出：要得到同仁本身精神上的快乐，第一要使身体十分康健，多讲体育，第二要不做道德上负心的事，第三要量入为出，不做投机。可见，他将“多讲体育”作为同仁精神快乐的前提。

1933 年 5 月，张嘉璈在万县讲话时，对培养新精神内涵是这样界定的：第一是身体好。我们在公余，总得要抽出一些时间来运动，或打球，或旅行，或驰马，或多和大自然接触，有了这种健康的修养，将来不但身体安好，而且对于自己事业的成功，也有多大的帮助哩。第二是宝贵时间。我们做事的速率，要以“一当三”为原则。第三是做事刻苦。第四是服务客气。第五是遵守规矩。

1933 年 8 月，张嘉璈在津行讲话说：我在上海仍每日打网球，虽技术不精，但为锻炼身体计，不管好坏，不管年龄，还是要打。

总之，张嘉璈在力的训练中，倡导“组织各式的运动比赛，健全各人的体魄”，因为“必须有了适当的运动，才有活泼的精神和健全的体格，然后才有健全的事业”。为响应其文化主张，《中行生活》第十九期为《体育专号》。该专号《前奏》（编者按语）指出，“专号中的来稿，有理论，有感想，有叙事，有的是锻炼修养的功夫，有的是比赛得胜的消息”。

2. **中行总管理处体育概述**

1933 年 10 月 15 日，《中行生活》第十九期《总处体育之概述》记述，中国银行同仁拳术会成立。

查总处同仁拳术会之成立，远始于民国八年（1919）……后因同仁或公忙，或调遣，或离职，而逐渐退会者，颇不乏人，至民十五六年间，该会几形同消灭。

民十七年（1928）总处南迁，经陈文伯、陆象霆、杨竹坪诸君重整旗鼓，于民十八年（1929）复成立总处同仁拳术会，一时入会者有三四十人之多，沪行亦联袂而起，有同乐会拳术部之组织，两处均请孙禄堂先生哲嗣存周先生教授，仍以形意太极八卦为主。沪行会员之中，当以叶安荪君、何理云君，为个中健将，拳械俱精，曾于民国廿年（1931）同乐会中一大献身手。总处会员当以杨竹坪君为工夫最纯，每早到行练习，风雨无间；杨君年已六十余岁，犹精神矍铄。其他如李芙初君之号称大力士；吕知愚君之棍法纯熟，所习猴形，尤其惟妙惟肖；杨汇川君之刀枪剑，无不精通。所有会员，年来均有相当成绩，虽是孙师教授有方，要亦同仁勤习有以致之。草此经过，并非敢揄扬同仁拳术之能，不过以资提倡耳。（郎敦甫）

再据 1934 年 12 月 1 日，《中行生活》第三十三期《中国银行同仁拳术会简章》记述：该拳术会拳术分为形意、八卦、太极三种，会员入会，须择定一种练习，非至二年以上，经教授认为可以兼练他种拳术时，不得任意更改，以资专一。至一切枪械刀剑，俟习拳有相当程度时，亦可酌量教授。本会每逢星期一、三、五晚八时至九时，二、四、六早八时至九时，为练习时间。本会以仁记路本行三楼及中行别业新礼堂为练习地点。本会会费除由行中每月补助六十元外，再由会员随意认缴一元或半元，以备开销零星杂用，均于每月三日凭收款簿收取。

3. **各分支行力的训练窥视**

据《中行生活》第十九期《沪行球艺部之过去及其近况》记述：

沪行为谋同人公余之暇作正当消遣、调剂生活起见，特组织类似俱乐部之同乐会。成立有年，内设国术部、球艺部、国乐部、书报室，其中当以加入球艺部为最多。该部以提倡业余运动，练习各种球艺，务使精神活泼，体魄强健，增进办事能力，并养成合作工夫为宗旨。自民国十七年（1928）宣告成立以来，倏已六载。现有会员九十人，有网球场二，排篮球场一，弹子房一，乒乓室一，小球场三。足球场另备，规模粗具，尚称发达。部中一切事务，均由正副会长暨各队队长及干事会商后，策划进行。每值各种球季，发起对内锦赛，以资练习。又常约外界球队比赛，借资观摩。又蒙当局赞助鼓励，每月拨有的款，以充分本部经常费。经济既感宽裕，拟办事项亦能次第实现。兹将本部各队过去及其近况，略述于后：

足球（略）；篮球（略）；网球（略）；排球（略）；乒乓（略）；弹球（略）；

小球（略）。

综上所述，各同人若按其性之所近，择一二以消遣，用以调剂公余疲劳精神，养成“Sportsmanship”之品格，身心交受其益。西哲陆克云：“健全之精神，必寓于健全之肉体。”诚哉斯言，愿我同人闻其言而身体力行之。

附录：上海中国银行同乐会球艺部简章

附录：球艺部本届职员名单

据《中行生活》第十八期《谈宜汇处同人公余生活》记述，该处同人公余生活包括拍球、骑马、游山、游泳、读书等。

而周仲眉《回忆录（二）》（见《渝行通讯》第十八期），则记述过渝行员工力的训练的有关情况：每星期多集体出城旅行，由张禹九公领事，驰马野餐，作竟日游，不以为倦，颇能改进当时银行员生活之风气。

余素不善体育，但于参观球战，极□与□。□□球战类乎军事，足球有如阵地战，篮球有如白刃战，网球有如门剑。本行时组有中行队，队员有五虎将，曾以竞赛，夺得商务银杯，威震一时。每值球将开会，余必以四川月报记者资格参加，聆其战略，颇为有劲。又会一度鼓勇，由壁上观进而作场中试。一球迎面飞来，惊惶之下，只顾眼镜窘态为观者所笑，愧而解甲，计历时不过五分钟耳。

六、激发梦想的文化精神培育：全行智识，理想行员，扩充眼界

《中行生活》《中行月刊》“明做人道，育做事理”的第六类刊教内容就是“全行智识，理想行员”的意识培育与梦想激励。《中行生活》《中行月刊》对于该类刊教内容的实施特点如下：

（一）宏观眼界智识培育

“全行智识”史料内涵是：行员要具有为全行着想的精神，为全行服务的精神；将全行的业务有一整个的分工合作、指臂贯通的方法；从世界中国的大势，推论及于地方的经济状况来互相比照；从总行改革的大方针，来研究分支行局部的应用与改善。应当说，《中行生活》《中行月刊》在开阔行员宏观眼界，增强全行智识的教育方面，可谓内容丰富，比如：

张公权《中国经济目前之病态及今后治疗》，《中行月刊》第5卷第3期；

张公权《中国银行二十二年度营业报告》，《中行月刊》第8卷第4期；

余英傑《我国信托业发展之方向》，《中行月刊》第4卷第4期；

《二十二年份我国银行业之回顾》，《中行月刊》第 8 卷第 1、2 期，内容框架：（一）注意于农村之救济也；（二）努力于国货提倡也；（三）添设分支机关以繁荣内地也；（四）供给筑路借款，以利土产运输也；（五）投资公用事业，以安定民生也；6. 办理保险事务，以挽回利权也；

杨荫溥、章乃器、张肖梅《工商业金融问题研究报告书》，《中行月刊》第 10 卷第 3 期；

汪叔梅《我国银行业当前之危机》，《中行月刊》第 10 卷第 4 期，内容框架：（一）存款滥收；（二）发行竞争；（三）工业投资；（四）官厅垫款；（五）农村救济；（六）国货倡导；

经济研究室《最近我国银行业营业状况之分析及金融问题之考察》，《中行月刊》第 11 卷第 2 期；

倪孝先《战前战后银行业之动态》，《中行月刊》第 16 卷第 4 期……

董孝逸《从农村经济之衰败说到银行今后之责任及其危机》，寿景伟《论我国农业之救济》，《中行生活》第五期；

张公权《内地与上海——四月五日在约大同学学术研究会演词》，《中行生活》第二十六期；

张心一《英合作专家斯曲克兰谈话纪要——二十三年十二月二十七日在九十四号聚餐会席上》，《中行生活》第三十五期……

与此同时，不少分支行经理在向员工训话时，大多会强调宏观眼界和“全行智识”对于员工培育的重要意义。比如，沈行汪时璟经理在上任讲话中，要求全体行员“做事须放大眼光”（《中行生活》第十八期），他说：

我们无论办何种事业，必须具有远大的眼光，静观熟察，始能追随潮流，与之俱进。若只囿于一隅，株守不前，那是不会有发展的一日。尤其是我们在中行服务的同人，更应当放大眼光，了解本行现在所处的地位，留心世态的变幻，金融经济的趋势，抱一种防范的观念，革新的宗旨，如此做去，不仅本行获益良多，即个人方面，亦可增长不少经验与智识。

譬如在某行服务的行员，经过相当时日，将某行一切事情，具体明了后，尤须进而考查其他各行业务进退原因的所在。所谓“他山之石，可以攻错（玉）”。将中行的责任，时时刻刻地放在自己肩上。很希望各位做事，要往远处设想，切勿存一个吾已熟悉所在行的情形，即觉满足，不再求深造。

将来颇拟将沈属同人，互相更调，以期彼此均能熟悉各处情形，造成“整个中国银行的行员”，有为全行服务的能力。

再如，广州支行经理潘述庵在上任演讲中（《中行生活》第十期），要求行员熟悉大势：

吾人于公余之暇，除努力办公外，同时亦要放开眼光观察社会情形，熟悉世界趋势。盖当今社会日趋进步，世界潮流无时不在推进中，我行每月有《中行月刊》及《中行生活》出版，其中对于世界经济状况，及时代推移演进，皆有载述，诸君当常读之。除此而外，报章杂志，亦应常阅读。

各国一举一动，恒与世界经济有关；国内政潮之变动，亦有影响及营业。例如美国之选举总统，谁得谁失？军缩会议，何以失败？此皆于经济有相当之关系。又如我国最近废两改元之议，进行若何？与我银行界之利害何在等等，此类事项，吾人均应注意研究。至行内一切事务，更当一一研究清晰，总处及联行通函，吾人亦应留意阅读，兹已饬文书照办传阅，希望诸君注意为要。

（二）银行管理能力培育

“全行智识”内涵还指，将全行业务有一整个的分工合作、指臂贯通的方法。如前所述，1931 年 3 月，张公权在《中行月刊》第 9 期发表了《指挥与联络》一文，其观点与理念可视作对管理层推行“全行智识”的纵横管理内涵，更是银行管理能力培育的纲领性教材。全文要点如下：

（甲）首领如何指挥得当，必须注意下列事项：（1）工作分配适当，（2）纠正各人缺点，（3）鼓励工作兴趣，（4）信赏必罚。

（乙）部门间如何联络，必须运用下列方法：（1）文字的交换，（2）工作的互换，（3）各部人员之集会，（4）各部门办公室的分配与布置，（5）通信时间之注意。

——其中，纠正各人缺点和鼓励工作兴趣等观点，至今看来也不无启迪意义。

与此相关，1934 年 10 月，《中行生活》第三十一期刊登了编辑人员薛光前的《从事业观点上推论管理组织技术之重要》一文，也是银行管理能力培育的佳作。据全国报刊索引《中行生活》（第 335 页）记述，《中行生活》编辑曾向全行员工介绍过《中国现代银行实务与顾客》一书（上海霞飞路女子书店出版），作为提升银行管理能力培育的理论教材向全行推广。

该书是一部本行同仁的作品——沪行邹君斐君所编，在这里告诉银行员对于顾客应抱怎样的态度，对于职务该怎样的运用，引导银行员走到那成功的途径上去。又告诉顾客银行周密手续的用意，完全为了顾客的利益着想。

银行员读之，可以知道怎样应付顾客，以尽自己的职责；顾客们读之，可由门外汉而登堂入室，明瞭银行内部的手续。这是一本专为沟通银行、银行员、顾客三方面的意旨著述，也是研究银行实务的绝好实料。

（三）合作互助精神培育

张嘉璈指出：中国银行的理想行员应当具备健全之智识，道德的观念，强健之体格，互助的精神。《中行生活》为培育全行员工互助精神，其刊教做法如下：

1. 邀请行外名流广播合作互助智识

《中行生活》素有“数邀名流，广播智识”之办刊特色。比如，被誉为四川省唯一之企业家，时任民生实业公司总经理、川康殖边银行经理的卢作孚，就曾为《中行生活》寄示过《建设中国的困难所在及其必循的道路》文稿一则，于1934年8月刊载于《中行生活》第二十九期。文中“旁征博引，论列颇详”，指出了中国家文化传统与现代集团生活——社会生活核心之间的矛盾，提出了创造现代集团生活并由此复兴中国的观点。由此，从中国社会建设问题的高度去启迪行员思维，高屋建瓴地培育全行的合作互助精神。

（一）中国人的两重社会生活。中国在地理历史上是一个农业民族，农业民族的经济单位非常简单，只需要一个家庭，所以农业民族的社会生活就是家庭生活，纵然有时超越了家庭的范围，然而亦是由家庭的关系扩大的：第一扩大为家族的关系；第二是由父的家族、母的家族联络而为姻戚的关系；第三是由家庭的接近而为邻里的关系；第四是由个人以至家人的往来而为朋友的关系。综合起来，家庭生活是中国人第一重的社会生活，亲戚、邻里、朋友的关系是中国人第二重的社会生活。这两重社会生活集中了中国的要求，范围了中国人的活动，规定了社会上的道德条件，政治上的法律制度，成为中国社会问题的两重核心。

（二）集团生活——社会生活的核心。支配人们的行动的，是社会生活的全部，是社会生活当中的核心——集团生活。集团生活是以三种因素表现在社会上的：第一是整个生活之相互依赖；第二是集团间之悬为标准，相互争夺或相互比赛；第三是因维持前两项的集团关系，有强有力的规定人们行动的道德条件。

中国人的家庭生活是集团生活，因为一家人的生活，从生到死，互相依赖到不可分离的程度。门阀比赛是中国人一向强烈的运动，刻苦地积聚财产，不肯吃、穿、享用，刻苦地教督子弟，要他十年寒窗猎得官做，都是为了门阀比赛的缘故。你为了家庭，可以牺牲家庭以外的一切，也可以牺牲你自己，却不可以不忠实努力于你的家庭，这是强有力的道德条件。

我们又知道，中国人的亲戚、邻里、朋友间的生活是一种集团生活，因为亲戚、邻里、朋友间的相互依赖亦是无条件的，彼此亦有集团生活的斗争或比赛，并由于依赖关系所发生的强有力的道德条件……所以中国人的社会生活，不是一桩事业或一个地方，乃至于一个国家，而是一个家庭和一群亲戚、邻里、朋友。他可以效忠的地方，只有家庭和亲戚、邻里、朋友。

（三）集团生活转变的困难。假使我们要树立新的社会生活，尤其是新的集团组织，不得不转变其原有的集团组织，不得不降低原有的家庭相互依赖，和亲戚、邻里、朋友间相互依赖的关系，而产生适应现代生活的新的相互依赖关系；不得不看轻原有家庭的和亲戚、邻里、朋友间的比赛标准，而提倡新的比赛标准；不得不减少原有的家庭和亲戚、邻里、朋友间的道德条件，而增加新的道德条件。于是乎极大的困难，乃随此而同时产生……要建设新的事业乃至于新的国家都容易，要改变这集团组织乃非常困难！

（四）现代的集团生活。我们要进入现代，不受现代的淘汰，一向的集团生活，即不能不有所转变，不能不有现代的集团组织。分析起来：不能不有现代的相互依赖关系（生产的技能），不能不有现代的比赛标准（事业的活动），不能不有现代的道德条件（各负其职，各尽其能），不能不有现代的训练，不能不训练个人去创造现代的社会环境，同时又不能不创造现代的社会环境去训练个人。这是当前根本的问题，任何事业不能避免……

（五）大胆创造，可以战胜困难。训练人，建设新的集团生活，如已到了新的集团生活完成之后，却亦非常容易，最困难乃是新的集团生活开始建设的时候，人们的行动正紧被一向的社会环境——家庭和亲戚、邻里、朋友——包围着，这是训练人非常困难的时候。但是困难并不是可怕的事情，只要大家认清楚问题，便可以着手干。只要有了立脚的地位，便有了着手的机会。人各从其现在的地位干，是比较容易的事。如果有了若干人大胆创造，一直创造到使全国人明白这是一条道路之后，自然会全国总动员，由这条道路将全国统整起来！

（六）创造集团生活的几个试验……我们直接经营的各项事业，绝不容许混杂一点亲戚、邻里、朋友的关系，绝不容许任何人员以事业为解决家庭生活的机关……我们预备每个人可以依赖着事业到老，只要你替你所在的社会努力地积聚财富……凡你有所需要，社会都会有所供给。

（七）复兴中国只有这一条道路。中国的根本办法是建国不是救亡，是需要建设成功一个现代的国家。然而建设现代集团生活，更是建设一切事业，以至于整个国家的根本。在现代的集团生活没有建设成功以前，是不容易看见许多建设事业的，只会看出家庭和亲戚、邻里、朋友的关系，在那里毁坏许多建设事业而已……只有运用中国人比世界上任何民族更能抑制自己、牺牲自己，以为集团的精神，建设现代的集团生活，以完成现代的物质文明和社会组织的一个国家，才可以屹立在世界上……

对此，我们以现代合作经济学理论和中国“家文化传统”研究成果之双重视角去透视上文观点，不能不说，这是一篇既有理论高度，又能结合传统陋习；既有理性认知，又有实证案例的合作互助精神培育的经典刊教教材。

第一，该文的中国人两重社会生活和四层关系的观点，是与当代中国家文化传统的研究结论相吻合的。即中国人的任何关系都是以个人为中心，向外一圈一圈地延伸，并依次分为家人、熟人、一般朋友、陌生人等四个层次，并对不同层次的人际关系采取不同策略：对第一层家人，遵循需求原则，有求必应；对第四层陌生人，采取公事公办原则（冷漠的代言词）；对中间两层的熟人或一般朋友，采取情感和经济的混合原则，离个人中心越近，则情感成分越大，交换其次。反之，情感成分越小，交换实质越大。这种家文化传统，不仅给家庭或家族提供一套规则，还把它泛化到社会经济生活的方方面面，形成“泛家族规则”，即把家族心理与行为及运作形态与方式，推广到非家族团体，并形成一套具有家族色彩的组织心理、组织行为及组织运作方式。种种研究以及众多事实证明，中国家文化传统与现代集团生活要求存在着深刻的矛盾，这也是造成非合作现象及其传统陋习文化之原因。

第二，实现现代集团生活，不能不有现代的相互依赖关系（生产技能），不能不有现代的比赛标准（事业活动），不能不有现代的道德条件（各负其职，各尽其能），不能不有现代的训练，不能不训练个人去创造现代的社会环境，同时又不能不创造现代的社会环境去训练个人。然而，最困难乃是建设现代集团生活时，人们的行动正紧被一向的社会环境——家庭和亲戚、邻里、朋友——包围着，因此，只要认清泛家族规则及其非合作逻辑，才能着手与深化进行我国现代集团生活的合作互助，促进内部协同精神的培育。

第三，建设现代集团生活，更是建设一切事业，以至于整个国家的根本，因此要认识到家庭和亲戚、邻里、朋友的关系，在那里毁坏许多建设事业的问题。只有运用中国人比世界上任何民族更能抑制自己、牺牲自己，以为集团的精神，建设现代的集团生活，以完成现代的物质文明和社会组织的一个国家，才可以屹立在世界上。

第四，卢作孚以本公司创造集团生活的几个试验，足以实证上述观点。

2. **邀请行内名流广播合作互助智识**

林承芬君旅美十余载，在美服务银行界，兼任教授。民国二十年（1931）夏到沪，先在总处考察本行内部情形，后任粤行（广州分行）副经理。《中行生活》第二十四期曾刊登了他的《和谐之合作》一文，该文以“合作精神乃事业成功之要素，以巨大组织为尤然”为论题，从分支行经理的着力角度，提出了培养与鼓励行员和谐合作之八种方法：

（一）对于人员幸福之兴趣。使人员能力充实，固系急图，但其教育，亦必并重，故英美银行家，皆以其人员教育为前提，如经理不能直接予以相当教授，每鼓励其人员，入夜校补习。经理或行内负教育之责者，告以应习之科目，而所用学费，于学习完毕之时，均拨还之；当拨还学费之时，必附一函，由总经理署名，以表誉扬之意，并承认其学业之成功。盖如此，方能保持其热诚（忱）于不衰也。

（二）优美工作之誉扬。最令人气短之事，莫甚于有优美之工作，而不见重于人。为经理者，仅知保守其人员之名录，出行入行之日期，请假之日数，与夫发付薪金之信封等，不能谓为尽职，须彼此与各个人员有亲近之接触，盖人员工作则可藉此以明勤惰之分。凡有劳绩之人，必予以承诺书，或纪录之，以为升迁之备。

（三）发表意见。行员生必予以机会，使得亲近上级人员，俾其自由发表意见，即有困难之处，亦得直告。倘非如此者，必至牢骚满腹，以不愉快之态度，发表其抑郁也。

（四）出版物。三数张之定期出版者，供同人浏览，亦属需要。此刊物之首，必冠以一二篇文字优美之业务论文，旁及行内及同人之新闻，以增兴趣。人员均请投稿，文字照片均予以登载，使其有愉快自得之心，人员之获益，必可预卜。

（五）德谟克拉西之精神。在中国有现代化机关中，德谟克拉西精神之输入，实为要图。此种精神，不仅总经理宜然，即各部分主任等等，莫不宜然。盖下级人员，遇有困难，未敢直言，希冀高级职员予以合作及保证之，而高级者创造以友谊精神，使事业进行顺利，无他道也。

（六）责任之授予。能负责之人，即系能成功之人，热心有为者，倘予以机会，使显其长，价值必大。窃思于三数人之小组中，宜令其中最有为者，指导他人，如是则经理可管理各部主任，各部主任可管理各指导者，且各小组合作之和谐，必较大者为甚，又属常事也。

（七）职务之循环。一部之工作，各个人员必互相练习，以为循环职务之备。盖一人作一种事，至相当时间，必觉厌倦，每思更调，更调后咸能以新热诚应之。故一部工作之分配，必使循环职务，效益更广，能予热心工作者以兴奋也。

（八）通盘之筹划。经理对于其人员之资格及职务，须有完全之认识。人员于一种工作，尽职三数年后，必筹划予以迁调，或予升迁。最善之法，应先立一传观单，各人志趣，自行填写，并须有适合其心理之问题数则，如是于全体之新精神，必能有以鼓励之。（总处涂骏声译）

与此相关，《中行生活》第三十、三十二、三十三、三十六期连载了中行外聘的经济研究室主任格雷的《银行员之训练与人事》一文，其主要内容有：人事训练的几个困难、关于人事管理上几个意见、增进顾客间好感的重要。其中，他对合作互助智识之见解是：

所谓合作的方法，就是一方面银行的当局必须以人事训练为己任，尽量予行员的求知求能上，以热情的鼓励与种种的便利；同时在行员自身方面，必须有这么一个认识，就是要以银行事业为自己的终身职业的话，唯有力求智识与经验的增进，方能有造于自己的前途，因此对于当局关于增进知能的人事训练上各种设施，就该予以各方面的协助，以收共同合作的功效。

3. **川行合作互助文化确立过程纪实**

值得一提的是，《中行生活》第二十二期刊登了渝行经理周宜甫《理想中对内对外的二点》一文，其主旨是“理想之中国银行的理想所及之点分而为二：对外之旨，则曰功不仅在行而须在国；对内之旨，则曰人不徒重才而先重德”，而且“以上两说，前者失于放，所谓狂也；后者失于迂，所谓愚也”。然而，根据该文内容可知，与其说该文是在论述理想之中国银行的理想之点，不如说是在演绎“全行智识”与整体协同的合作意识。

（1）所谓功须在国者何？然既为有利于国起见，以我行之立场，何可因些微之困难，而忽远大之效益？盖中国为整个的中国，中国银行为整个的中国银行。各地之工商业，分言之为各地之事业，合言之为全国之事业。倘各地此等工商业，皆得中国银行之扶助，则分言之功在各地之事业，合言之即功在中国全国之事业。

可见，周宜甫提出“对外之旨：功不仅在行而须在国”的针对背景是：我国的工商事业，从前虽是同业的人，都是一盘散沙，各人干各人的。因此，中国为整个的中国，中国银行为整个的中国银行，这就是功须在国。

（2）所谓人先重德者何？我人服务中国银行，即是为全国社会服务。故我人皆应有全行之知识，且应有全国社会之知识，始能因应咸宜。

可见，周宜甫提出“对内之旨：人不徒重才而先重德”的针对背景是：各机关中不可有人党。为此他列举了人党的表现，回顾他到任渝行之初整肃行内部门不协同及人党之争的史实。所谓人先重德，主要指全行智识的合作之德。因为“我人服务中国银行，即是为全国社会服务。故我人皆应有全行之知识，且应有全国社会之知识，始能因应咸宜”，所以“若才识经验之先，无良好之公德，无和厚之大度，以为之根，虽有才识经验，恐亦不能有裨于行”。

第一，全国全行包括川行的人党现象及其表现。窃维党之一字，风行各国。然其所谓党者，乃政党，非人党也。政党之对方在政，人党之对方在人，故各国中不能无政党，而各机关中不可有人党。

人之党从何而生，大都不外同事中，或偶因言语之冲突，或一时容色之不当，或遇事理之争执，其初发端甚微，只因彼此无和厚之大度，以消释于无形，遂由此积隙成仇，遇事龃龉。

甲遂尽引附于甲者，团结成体，以谋倾乙。乙亦尽引附于乙者，以谋倾甲。此外又有天然之结合，亦应本公德大度，以打破之。如同一练习生也，某与某系同届考入；同一毕业生也，某与某系同乡；或某与某同为总行派来；某与某同为本行升充，皆易启分立门户，互相排斥之根孽，驯至只图遂其私仇，不复计及公事。举凡总处苦心厘订之规章，殷勤告诫之训言，皆适成为两派借以互相攻击之工具。此际纵有经验才识，能裨益于行者，尚复有几?

方今我张总经理端已率属于上，总管理处同人复和衷共济，息息以大公无私者，为各分支行处之楷模。

上述弊病，敢断言自总行以迄全国之各分支行处，与夫渝行本身之现在，均绝无此现象，抑何必为此无病之呻?

第二，四川分行整肃行内各部门不协同及人党之争的史实。回想民国九年(1920)，洵奉调来渝之时，渝行同人，却富此等怪状。甲股主任，与乙股主任，绝对不交一言，遇有彼此应行关照之事，皆以经理为枢纽。费尽若干气力，又值总行饬令厉行裁员机会，于是调者调，去者去，其平日附和寻仇者，亦一律裁去。所留者，仅不偏不倚、勤朴办事之二十三人，虽才具不必尽优，然内容（内部人员）却臻团结。

痛定思痛，且感觉得无论何种机关，其内部非先将此弊祛除，决不能望进行，故此际不觉慨乎言之。盖朋友不必论亲疏，只问人之贤否；论事不必存我见，只问理之是非。练习生一言之善，虽经副襄亦应改容从之；练习生一行之善，虽经副襄亦应俯首师之。一堂之内，相视莫逆，再以才识经验，互相砥砺，庶几人皆有用，事尽获益。大家一副绝好的心思才力，不致误用于私怨上矣。

由此不难看出，四川分行行长早在1920年，就针对“甲遂尽引附于甲者，团结成体，以谋倾乙；乙亦尽引附于乙者，以谋倾甲”的非合作的人党现象，进行严厉制裁，即“值总行饬令厉行裁员机会，于是调者调，去者去，其平日附和寻仇者，亦一律裁去”，从而达到“所留者，仅不偏不倚、勤朴办事之二十三人，虽才具不必尽优，然内容却臻团结”的整肃效果，逐步培育出“盖朋友不必论亲疏，只问人之贤否；论事不必存我见，只问理之是非。练习生一言之善，虽经副襄亦应改容从之；练习生一行之善，虽经副襄亦应俯首师之。一堂之内，相视莫逆，再以才识经验，互相砥砺，庶几人皆有用，事尽获益”的文化氛围，以此响应“方今我张总经理端已率属于上，总管理处同人复和衷共济，息息以大公无私者，为各分支行处之楷模”的合作互助之文化主张。

（四）公民训练标准培育

中国银行的理想行员应当具备健全之智识，道德的观念，强健之体格，互助的精神。就道德观念的深入培育而言，1933 年 3 月《中行生活》第十一期刊载了《我们大家再来做一次小孩子》一文，该文根据即将颁布全国小学训练标准的“公民训练标准”思维，深入培育道德观念。《中行生活》一向以刊登“短小精悍，要言不烦，令人于三数分钟，一气读完，轻快异常”的文章为办刊风格（《中行生活》第十一期《谈第 9 期的〈中行生活〉》），然而该文文字长达 4600 多字，甚至还多于张嘉璈演讲的文字容量，这足以表明《中行生活》编者对其文的重视程度，其目的就是深化理想行员的道德观念的培育。

1. **公民训练标准的重要意义及目前行内存在的问题**

公民训练标准的意义：大凡各国的国民，在他本国受过了中小学的教育和训练，即知道如何做人的道理，如何做本国国民的道理。

目前行内存在的问题：流光迅速，时不我与，我们一转眼，已由小孩子而变成了成年的人；现在我们为接待顾客，应付柜台，勤劳工作，整天陷在这复杂人事的漩涡中，真是忙得头昏目眩，几乎忘却本来面目。

2. **以幼稚教育刷新脑筋，助长精神，增进办事效能**

作者提出，幼稚教育是国民教育的基础，幼稚教育与人将来的言行习惯和一生的成败，大半即种根于此。从这一独特视角，作者将 32 个方面 266 条中国公民训练标准逐一列出，希望广大行员再做一次小孩子，“将所有一条一条，一面读着，一面记着，一面改着，一面做着，不要再暴露那些极幼稚的言语动作，教真正的小孩子所窃笑，去找那‘最后一课’的悔痛！”由此达到“不要忽视国民的责任、人类的本能”，“刷新脑筋，助长精神，对于办事效能的增进，或会获到意想不到之效力”的良好社会道德的培育目的。

该文所附的 32 个方面共 266 条的“中国公民训练标准”大致内容如下：

1. 中国公民是强健的（27 条）；

2. 中国公民是清洁的（19 条）；

3. 中国公民是快乐的（11 条）：如我对人要常常面带笑容；我做事要很高兴，很有趣；我要利用空闲时间，做正当的娱乐；我遇到困难，不垂头丧气；我在烦躁的时候，不随便生气；我要在日常生活中，找到乐趣等；

4. 中国公民是活泼的（5条）；

5. 中国公民是自制的（12条）：如我不到不正当场所去玩；我自己不高兴的时候，不拿别人出气；我不因羡慕人家好东西而强要家长购置；我要遏止不正当的欲望等；

6. 中国公民是勤勉的（8条）：如我做事的时候要专心等；

7. 中国公民是敏捷的（7条）：如我每天应该做完的事，一定做完；我做事要迅速而有效力等；

8. 中国公民是精细的（6条）：如我要仔细地观察事物；我选择品行好的人做朋友；我做事不草率；我在做事之前，先要预定计划等；

9. 中国公民是诚实的（8条）：如我不说谎话，不骗人；我做事要切实；我不掩饰自己的过失等；

10. 中国公民是公正的（7条）：如我自己不愿做的事，不叫别人去做；我看见别人失败，一定不讥笑他；我对于和自己不同的意见，也要尊重；我对于别人正当的建议，要牺牲个人的成见等；

11. 中国公民是谦和的（6条）：如我说话要轻而和气；我对人要和颜悦色；我要宽恕人家无心的错处等；

12. 中国公民是仁慈的（5条）：如我要爱护花木；我要爱护有益于人类的动物；我在拥挤的地方，一定要让年老年幼的先走先坐；我爱护弟妹和年幼的同学；我要帮助残弱和穷苦的人；

13. 中国公民是亲爱的（4条）：如我要孝顺父母家长；我对待兄弟姊妹要亲爱和睦；我对同学要亲爱和睦，和兄弟姊妹一样；我对别人，不厌恶，不鄙视；

14. 中国公民是互助的（7条）：如我要随时随地帮助他人；我每天要做一件有益于人的事；别人有困难的时候，我要设法救济等；

15. 中国公民是有礼貌的（22条）：如我说话的时候，要留心不喷吐沫；我笑的时候，要留心不露牙龈；我要感谢扶助我的人；我要是得罪了人家要道歉；我和别人并行的时候，要让年老或年幼的人，靠里边走；我和别人并行的时候，常常留心同步伐等；

16. 中国公民是服从的（6条）：如我听从父母和师长的训导；我听从维持秩序的人的指导；我服从领袖的指导；我服从团体的决议；我尊重大多数人的意见；我受了训诫，不恼恨，要反省，并且改正过失；

17. 中国公民是负责的（4条）：如我答应做的，一定要做到；我说要做的，要尽力去做；我应当做的事一定去做，并且要做得好；我做事遇到了困难，不推诿，不敷衍；

18. 中国公民是坚韧的（6条）：如我做事要能耐劳苦；我做事要有毅力坚持到底，非成功不丢下；我遇到了痛苦或困难，不畏缩，不懊悔；我要意志坚定，贯彻自己的计划等；

19. 中国公民是知耻的（11条）：如我不私用公共或别人的物件；我有了过失，要悔悟，要改正；我不取非分的钱财，不受非分的奖誉，不贪非分的便宜；别人无理侮辱我，要和他讲理，不随便忍受；我要爱惜名誉，不做不名誉的事，不说不名誉的话；我要知道国家的耻辱，就是自己的耻辱；我牢记国耻事实，时时准备雪耻；我遇到了患难，要挺身而出，不规避，不苟免等；

20. 中国公民是勇敢的（8条）：如别人有危险的时候，我立刻去救护他；我做事要勇往直前；我不怕一切困苦；我拒绝别人的谄媚等；

21. 中国公民是义侠的（4条）：如别人有急难的时候，我要竭力帮助；我帮助别人，不受酬谢，也不矜夸自己的功劳；国家社会有大难的时候，我要尽力扶持，并且有牺牲的决心等；

22. 中国公民是进取的（5条）：如我在课外多看有益的书报；我看见新事物，要常常留心研究；我发生了疑问，就想法去解决；我要效法人家的长处；我要使我的智识能力，和我的年龄同时增进；

23. 中国公民是守规（纪，下同）律的（19条）：如我在开会的时间，一定很安静；我一听见信号，立刻遵行；我不因别人不守规律，自己也不守规律等；

24. 中国公民是重公益的（8条）：如我竭力做有益于公众的事情；我不因人家不顾公益，自己也不顾公益等；

25. 中国公民是节俭的（6条）；

26. 中国公民是劳动的（6条）；

27. 中国公民是生产的（4条）；

28. 中国公民是合作的（4条）：如我遇事都要与人合作；我与人合作的时候，要牺牲自己的成见等；

29. 中国公民是奉公的（4条）；

30. 中国公民是守法的（4条）：如我遵守公共的规则；我爱护法律付与（赋予）公民的自由和权利；我遵守国家的法律；应尽的义务我不推诿，法定的权利不放弃；

31. 中国公民是爱群爱国的（9条）：如我听见国旗升落的信号，一定起立致敬；我爱用本国货；我不做损害学校团体或社会国家的事情；我愿意牺牲自己，爱护国家；我常常看报，留心公众的事情等；

32. 中国公民是拥护公理的（4 条）：如我用全力拥护公理；我同情于受强暴压迫的人们或国家；我厌恶一切违反公理的事件；我对任何人任何国，都依着公理，平等看待。

不难看出，上述这些公民训练标准的内容，即使对于教化当今企业员工也不无参考与借鉴意义，尤其是“我要遏止不正当的欲望”“我要随时随地帮助别人”“我答应做的，一定要做到”等，堪称育人之经典箴言。而且，该文这种员工训练的形式也不无借鉴意义。

（五）员工梦想激发培育

张嘉璈在渝行演讲中，曾以极似当代企业管理的愿景激励方式，层层叠叠地描绘出理想中行的愿景画面、理想行员的愿景画面、将员工个人愿景与中行组织愿景交汇融合的最终愿景画面，以此来激发员工。理想的中国银行行员的愿景画面是：(一）健全之智识；（二）道德的观念；（三）强健之体格；（四）互助的精神。该愿景的激励效用是：“诸位人人有这一件图样的中国银行回旋于诸位心目中，每日到行以前，拿这幅图样想一想，诸位到行以后的工作，就大不相同了。”

为了配合员工梦想激发的教育，《中行生活》编辑在借鉴上海《东方杂志》1933 年策划的“新年的梦想”征文活动及其在当时颇具影响的经验做法，于 1933 年 11 月也策划了一次“我们理想中的中国银行”的征文活动，所有应征的 72 篇文章刊登在 1934 年该刊“新年号”上，从中可管窥八十多年前银行员心中的“银行梦”。

案例一：《民国三十一年“中行生活”编辑部纸簏中的一封信》一文，表达了行员的一个饶有趣味性和想象力的“银行梦”。

我们说，企业使命如同远大理想，是企业的最终目的，它揭示企业今后若干年的远景和发展方向，需要一代又一代人的不懈努力。《中行生活》创始于 1932 年，该征文活动是在创刊后第二年（1933）11 月发出的。然而，该作者则以一种穿越时空的想象力，于民国三十一年（1942）一月二十九日，通过为《中行生活》十年纪念号投稿的方式，将 1933 年的时光推进到 1942 年，憧憬着那时中行五大方面的理想情形，并被其描述得有根有据，有板有眼，在理在情：

本届股东常会，于（注：民国三十一年，1942 年）一月十五日上午九时，在总处十一楼大礼堂内举行，日期之早，不独占全国各大银行、公司之先，即本行三十年来亦属创见，此实一可喜之新纪录。昨日行务会议时，提案亦较往年为多。兹择其较含普遍性者，奉告如次。

随后他描述了中行业务、会计、稽核、待遇、修养等五大方面，在 10 年后的欣喜变化（愿景憧憬），并隐约批评了“10 年前”（实即为当下）之不足。

（1）业务方面10年后的欣喜变化与对当前的隐约批评

10年后的欣喜变化：总处筹设营业局，实行全行资金之总调拨，及内外汇兑之总管辖。此后全行营业精神更见一贯，内部无谓之竞争，从此可以消灭于无形，自总处以至寄庄，打成一片，毫无隔阂，一致对外。

对“10年前”隐约批评：以视十年前之分行制，各行自为，及现行之区域行制，各区不相谋者，不可不谓一大改革。

（2）会计方面10年后的欣喜变化（愿景憧憬）

10年后的欣喜变化：自二十八年（1939年）会计新改革以来，全行统账制度，次第实行，内部手续日趋简捷，各员办事效率因以益显。即如此次总决算表能于旬日之间完全告竣，虽获助于近年交通之发达，若非本行制度之完备，同人之练达，曷克臻此。最近总处认某一部分记账手续尚有改进之可能，正在计划新办法中，如果实行，就全行言，可省记账员十人以上，而总决算表亦能再提早一二日即可发表。信如此，明年股东总会或比今年更早，固意中事。

（3）稽核及管理方面10年后的欣喜变化与对当前的隐约批评

10年后的欣喜变化：稽核制度，管理方法，日趋合理化。所谓纲举目张，要而不泛，此固新制度之完密，而办理人员才力之增进，亦一主要原因。此次行务会议议决，内外人员迁调办法，更见用意深远。不第可以训练人才，为行树人，即内外隔膜之弊，亦将从此消灭。

对“十年前”（实为当今）稽核及管理方面的隐约批评：犹忆昔年，往往因管理者不明当地情况而妄事吹求，经手者因不谙内部组织而缺欠程序，以致案牍盈尺，耗费精神于无谓。

（4）待遇方面10年后的欣喜变化与对当前的隐约批评

10年后的欣喜变化：本行待遇同人，向主宽厚，近十余年来，如十八年之携眷旅费，二十四年之恢复年资加俸，二十六年之改订职务本俸、生计津贴，二十七年之修正海外津贴，同人生活无忧，循资有望，故专心一意，与行同休戚。论者每谓本行历年之突飞猛进，基于训练有方者半，基于待遇优渥者亦半，实非偏见之言。是以此次行务会议，临时动议，请总处提出董事会，援照二十八年办法，举行普遍加俸一次，以为激励。又据统计处报告，全体各行处自建同人宿舍者，已达百分之八十二，其未有宿舍之处，总处拟先派建筑课技师分批出发，实地计划，以期于今年年底以前，一律增建宿舍，使同人均沾安居乐业之惠。吾辈此后遇有调迁，关于住的问题，可以无所顾虑。

对“10年前”的隐约批评：忆九年以前，弟自总处外调，每易一地，即皇皇于租觅住宅，安顿眷属，奔波多日，方得粗安。当舍馆未定以前，此心不免外骛；今后即有调派，移此精神，用之于计划行务，诚公私两有裨益。

（5）修养及锻炼方面10年后的欣喜变化

10年后的欣喜变化：据统计处报告：最近各行处创设图书室者，已达百分之九十七，举办体育会者达百分之九十五。总经理尚以不能遍及全行，深引为憾，除嘱未办各行，限其本年三月以前，一律成立图书室、体育会外，并拟每年举行全行体育比赛会一次，以资鼓励。又《中行生活》已决定改为周刊，增加篇幅。闻该编辑部同人云：今年值创办后之十周年，决定发行纪念号，以同人兴趣热烈，预计篇页在百张以上，此后更将保持相当篇幅，终期与年俱进，使吾人一展初创时之第一期，仿佛回忆儿童时代渺小之躯干，不若现在之壮硕，俾各地同人于图书室外，多一亲爱之读物云云。[①]

案例二：从行员李颂芳《理想中整个改进的简说》、刘翰筠《如何把我们的中国银行做到“好”》（见第二章第一节）和章云保《对于人事方面的希望》等文的内容中，足见《中行生活》对员工梦想激发的培育用意。

行员李颂芳在《理想中整个改进的简说》中提出：以我行今日之地位言，洵可以陶镕其法，改进全国。爰就理想所得，简举十例于下：

（1）统筹全世界经济，力求避免影响于我国经济上之损失；

（2）竭全力以赴，促成中国无论何地币制之统一；

（3）设法促醒国人，勿启内争，修明政事；

（4）辅助政府整理淮黄、长江工程，及其他重要水利；

（5）促进政府改善教育，以养成坚忍刻苦之学子；

（6）关于交通重要之干支路，设法组织财团以促成之；

（7）宜即组织财团，开采中国各大矿脉；

（8）因地制宜，促进建设各种工厂；

（9）实行复兴农村；

（10）宜嘉惠贫苦坚忍、才学较优之子弟，遣资出洋，以造成科学艺术之人才。

此外，行员章云保在《对于人事方面的希望》中提出了“工作科学化，开支节省化，能力标准化，精神一致化，生活合理化”的理想。

案例三：1934年7月21日，吴震修在宁行新屋（即南京分行营业大楼）既告

① K. 民国三十一年“中行生活编辑部”纸簏中的一封信，《中行生活》第二十二期，1934年1月15日。

落成之际，召集全体同人训话，从而提出了“从新建筑产生新精神开拓新生命”的文化倡导（见《中行生活》第三十一期），这也是一种寓理想教育于特定情境之中的刊教形式之一。正如吴震修所言：

我们不仅有新的物质的建设，并且还要有新的精神的向上，以新精神造成新行员，使我中国银行成为合于现代的银行，对社会、国家均有所贡献。因我行的地位，和其他的事业不同，而所本的方针与所负的使命，决不尽在营利。

我们理想中所悬之标的，即如何调剂金融，为社会谋福利，使社会人士之脑海中，深深感觉到本行设立之不可少，而成为一个与社会须臾不可分离的金融机关，这才是“服务社会”的要义，亦即是我人理想中所达到之阶段。

这种理想，决非空想，更非妄想，自有其实现的可能。不过其成功的关键，仍全在我们全体上下同人之肩头。所以我们应共肩巨任，努力迈进，身处新的建筑中不断地享受，就该以新的精神，不断地建设，不断地创造。假使能由全体同人的共同努力，而造成中国银行为社会所必需、所不可缺少之银行，那么我们这座新建筑，更将显露何等的壮观和峥嵘呢！

第三节　广大行员互动频频和好评如潮的教化效果

《中行生活》以真实、活泼、亲切的编制精神，明做人之道，育做事之理，内容丰富，有声有色，从而引起了广大行员的高度关注与认同，在有效的文化共识过程中，渐进地发挥出文化的治心功能与育能功能。

一、行员对刊教启示的互动

据对相关史料的综合编研，总的来说，行员对《中行月刊》和《中行生活》的刊教内容所引发的有价值的启示性互动，分为三个层次：

第一层，从整体上看，在《中行月刊》拟将其办成内外兼顾的团体精神的载体，以及《中行生活》专来表现本行全体同仁的一切公私生活的办刊宗旨下，《中行生活》所刊载的所有内容和《中行月刊》所刊载的部分内容，都是围绕张嘉璈所倡导的“理情力三者并进，衣食住行四者整体计划，以确保行员职务训练与精神修养效果”理念，所进行的上下互动、内外互动的精神产物。

第二层，在张嘉璈成为中行文化主导者后，在其长于布道和亲于教诲的人格魅力感召下，中行总管理处和各分支行许多高管人员，均成为中行公司文化培育的积极推动者、严于身教的践行者、举一反三的文化理念价值道理的演绎者，形成了高管紧密追随、深入演绎内涵、诠释中行传统的刊教培育特点，对“明做人之道，育做事之理”的六类刊教内容，起到了推波助澜、承上启下的文化共识促进作用。

第三层，在《中行生活》编辑“匠心策划，编按申理，捉笔引路”的刊教价值引领下，众多行员在具体刊教内容的价值启示下的互动文章及其所反映的事实，同时也包含着中行刊物良好的刊教效果。

（一）行员对如何调节银行枯燥生活的深入互动思考

自从1932年7月《中行生活》第三期刊登了行员“伟”的《我的银行生活观》一文，引领出“调节枯燥生活，培育高级趣味”的刊教内容后，广大行员对如何调节银行枯燥生活也进行了深入互动思考。

行员“伟”提出的问题：有人说：当银行员的生活，是机械式的，是枯燥乏味的，会计人员终日在数字里翻觔斗；文书人员一个个埋头伏案；办出纳的，盘出盘进，不是洋钱便是钞票，手疲目倦，一点兴趣都没有。尤其是下级行员，终岁辛勤所得几何，更觉味同鸡肋了。

行员“楚”的互动思考：有一天，正办公的时候，听着两位同事说：我们每天的工作是机械式的，是枯燥无味的，一点兴趣也没有。但我以为工作之有兴趣与否，均由其观念及感想而决定，其枢纽操之在我。如个人担任会计事务，若能细细考察账目之原理，如何使记者迅速，手续敏捷，业务发达，时时去研究，刻刻求深造，那么所做工作，表面上看来固觉无味，而精神上的生活，即能由单纯而化为复杂，枯寂单调而变为津津有味。回忆《中行生活》编者曾说道：以心理来变更环境，及知其所以然等语，发挥尽致，洵为扼要之论。为我行同人个个奋发精神，处处以发展行务为鹄的，我行前途，必无限量，至同人生活兴趣的增高，还其余事呢。（楚《工作的兴趣问题》，《中行生活》第十六期）

行员“同”的互动思考：除了阅读本行出版的《中行月刊》与《中行生活》外，还订阅了三种性质不同的刊物。我为求智识上的增进，思想上的不落伍，认识世界上的最近情势起见，我按年订阅一份《东方杂志》；我心喜旅行，但是时间上、经济上都不许我去旅行，于是我又订阅一份《旅行杂志》，藉作卧游。读了别人的世界游记，我自譬自解，便算也在各国周游一番了；我心爱摄影，但因时间和经济的关系，不允我去摄影，于是我再订阅一份《时代画报》，看得别人的作品真高明，自己连对光都没懂，做个摄影家不容易，做个坐享其成的欣赏家，想来还办得到吧！阅读报纸与杂志，成了我的习惯，并且当作是快乐身心、调剂精神的无上消遣。（同《我与

报纸杂志》，《中行生活》第十六期）

（二）“外请名家，以旧涵养，驭新思维”的互动史实

如前所述，《中行生活》第十六期刊登了赵鹏远《一个行员日记中的感想和自励（二月十六日起至三月一日止）》，其中一则日记，就是对《中行生活》外请名家“以旧涵养，驭新思维”的刊教内容的互动：

金钱名誉孰重：今早六时四十分起了身，照例的静坐和呼吸工作后，复阅读《中行生活》黄溯初先生的《仁者以财发身不仁者以身发财》的一篇宏论，自首至末，说得明明白白，透透彻彻，虽则是两句古语，说得我爱不释手，起了万分敬爱的心，的确是我们金融界修养标准的格言，是值得我们感谢而效法的。同时我也起了一种感想，就是“金钱万能，金钱万恶”八个字的老话。究竟万能呢？还是万恶？我说人能利用金钱，就是万能；人为金钱所利用，便是万恶。取钱要取得正当，用钱也要用得正当。如若取了造孽钱给子孙挥霍，那么非但戴了守财奴的恶名，去做子孙的牛马，简直是做子孙的罪人。我再郑重的申说一句：金钱这样东西是暂时的，名誉才是永久的，毁了名誉去换金钱，当然为智者所不取。（下略）

（三）“晒生活费，比操持家，俭以养廉”的互动史实

如前所述，《中行生活》于1933年8月首在第十六期刊登了式如的《我怎样支配我的生活费》一文，并希望“各地同人中，就其本身的环境，对于生活费用之支配，定不乏良好的方法，甚盼继续写示，藉增本刊讨论之资料，想亦为我同人所乐闻也”，由此引导出“晒生活费，俭以养廉”的行员操守辅助培育。随后在《中行生活》第十八期、第三十四期陆续刊登了李缙《我之生活费预算表》、式如《我怎样支配我的生活费》等互动文章，由此避免青年人因立身不慎而堕落的事发生，所以借晒生活费更好地自警自惕。在此不再赘述。

此外，《中行生活》曾以《同人互助之一法》的刊登，为全行俭以养德的洁操守培育创造更好的支持性环境与氛围，由此也引出了此方面的多篇互动文章。

（四）“运用日记、把握心迹、检阅行为”的互动史实

运用日记把握员工心迹和检阅员工行为的方法，始于1933年4月1日蚌埠支行所发布的《助员练习生训练奖惩纲要》之通告中。1933年6月，《中行生活》第十四期刊登了行员曹世隆的日记《公私生活之片断》一文，他在日记中说：

窃思日记之作，足为随时检点、鉴往知来之助。自宁行业务会议议决，宁属各支行助员、练习生逐日须作日记一篇，锡支行同人均能于公余之暇，日无间断，晚间作好，每晨送交经理批阅。兹将关于业务诸篇摘录如下，尚祈先进前辈加以斧正是幸。锡支行曹世隆志。

对此，《中行生活》编者加按语向全行员工推荐这一做法：日记为吾人唯一之良友，凡思想之进退，能率之增减，环境之变迁，胥可于此中得之，关于省览警惕之功，实有意想不到之收获。

由此，引发了行员多篇目多角度的、生动而具启发意义的日记在《中行生活》上互动性刊出。比如，《中行生活》第十六期刊登了赵鹏远《一个行员日记中的感想和自励（二月十六日起至三月一日止）》、同《我与报纸杂志——摘录日记之一页》、楚《工作的兴趣问题——我的日记之一页》等。

（五）行员对服务营销能力刊教活动的系列互动史实

为了提升全行“服务大众”的意识和能力，《中行生活》第十三期刊载了张钟毓《我所遇见的顾客》后，还组编了《我所遇见的客户》之系列文章，如：

《中行生活》第十四期刊登了平支行张钟毓、夏玉羸的同名文章；

《中行生活》第十五期刊登了成都支行王豫章的同名文章；

《中行生活》第十六期刊登了鲁行曹尔龙的同名文章；

《中行生活》第十七期刊登了徐宗泽的同名文章；

《中行生活》第二十期刊载了张钟毓《应付顾客的“谈话艺术”》；

《中行生活》第三十四期还刊登了渝行刘敷五《“女人”与“长处”——柜台上所遇见的两个客户》；

《中行生活》第三十五期刊登了邹君斐《一位不速的女客》等文章。

总之，《中行生活》编辑以期通过一线员工亲身感受与经验之谈的系列互动，增强全行员工服务营销能力的培育效果。

（六）行员对《中行生活》梦想激发征文活动的互动

如前所述，为了配合员工梦想激发教育，《中行生活》编辑于1933年11月策划了一次“我们理想中的中国银行”的征文活动，所有应征的72篇文章，刊登在1934年该刊“新年号”上，以此作为对张嘉璈所提出的愿景激励——“诸位人人有这一件图样的中国银行回旋于诸位心目中，每日到行以前，拿这幅图样想一想，诸位到行以后的工作，就大不相同了”——的多层次和大面积的积极互动，从中还可管窥80年前中行行员心中的“银行梦”。

二、行员对办刊质量的互动

关于行员对办刊质量的互动，《中行生活》所刊登过的两篇行员来信，足以表明中行广大行员对《中行生活》办刊质量的高度关注，同时也说明了中行刊教活动的效果，以及行员对中行公司文化的共识。

（一）全面评价《中行生活》办刊质量细节的史料窥视

宛如《谈第九期〈中行生活〉》一文（《中行生活》第十一期），对办刊宗旨、内容、栏目等进行了全面评价，并提出了继续办好此刊物的热心建议，《中行生活》还加了编者按予以互动。

1. 对《中行生活》办刊质量的整体与亮点评价

每逢月之中旬，我心中终觉得欣欣然，好像有什么宝贵的东西快要降临似的，感到非常的适意。因为那一天，我们的《中行生活》，就可以映在眼前了。的确，在我过去的许多印刷品中，能使同人得到多数同情、多数经验的，除《生活》外，难求第二种。见到第八期，觉得内容较前更为充实，编列尤审美观，于是我对于第九期，渴盼尤殷。果然到手一看，精彩百出；综观第九期全篇，我觉得非常满意。

（1）三篇论述，短小精悍，要言不烦，令人于三数分钟，一气读完，轻快异常。吴震修先生《我们大家的生活》一文，资望器度，毕竟不凡，尽同人心所欲言者，畅而论之，文笔练达，如见其人，使同人对于“生活”二字，更有进一步之新的认识。隆君之《恭贺新年》，将“新年”两字，发挥尽致；末后并提出三个切实的问题，实足为同人鉴往知来之助。《国货年》中，对于提倡国货，有几个具体的见解，使同人憬然有悟，知所努力的方向。

（2）居逸鸿先生二篇临别赠品，周宜甫先生的《十八年来我的中行生活》，及蔡祜先生的《我的生活》等等，对于同人公私生活方面，均留有深刻之印象；而编者不惜功本，更特别道地的，做了两篇很长的按语，除引申本义之外，并说了些有趣的事实，及顾客的心理，使同人增加了不少的兴趣和经验。《检字法之研究》，与同人实务上，颇有密切之关系。孝逸先生对此问题，反复讨论，至为详尽，并介绍了不少检字法书目，予研究者不少的助力。

（3）“各地特讯”中，汽车游行地图，极为清晰明显；虽因登载了票据交换所各种章则，比较排列单调，读来似嫌乏味，但上海票据交换所之设立，在中国尚属创举，此项章程规则，颇足为各地继起者之参考，汇集编刊，亦属需要。

（4）“播音台”内容，与上期不尽相同，新增“书籍介绍”及“新诗”两种。书籍介绍之效用，第八期隆君之《忙人读书》一文中，有谓：“自己不能选定书籍，请有经验之人，代为选定，或请指示其精义之所在而阅读之，自可节省不少时间”，及“联合同志从事读书运动……互相介绍，互相发明……务期引起共同研究之兴趣，而增加亲切的同情心、继续的持久力”。这我想唯有像书籍介绍之类，才可达到此种目的吧。新诗虽与银行业务无关，但偶尔借以发抒情感，陶写性灵，亦是调剂个人生活之一法，希望将来并能将旧诗、文艺、游记、小说刊登，得以转换读者脑经。

2. **对《中行生活》继续提高办刊质量的建议**

(1) 我理想中的《中行生活》，最好以后关于实务方面的问题，多讨论一点，使研究所得，足供实用。

(2)“同人消息”一栏尤须扩充，以求消息的普遍。

(3) 现在排列虽很醒目生动，具见匠心，但是我想将来能纸张好点，相片多点，一定更可增进兴趣不少。

(4) 建议《中行生活》可否改为“半月刊”……大家要本着“当仁不让”、“匹夫有责”的精神，来积极地鼓起兴趣，一方使同人加多发表意见的园地，一方不致使我们每期等得太长久，而至于不耐烦了！

对于宛如的评价和建议，《中行生活》加编者按予以互动回应：

第一，概括了行员们对《中行生活》的看法：《中行生活》现在被同仁们一致地认为，是我们大家的“生活”，有此来源，有此后盾，所以能够一期一期的出版，这种一致的精神真可令人佩服。

第二，感谢宛如等人对《中行生活》的关心：这可使我们知道，《中行生活》有这许多热烈爱护的读者；但还希望将应加纠正和改进之点，多多指示我们。

第三，道出提高刊教质量的辛劳与良苦用心：厨子做菜，看见客人愈吃得精光，愈觉得荣幸。我们这份菜——《中行生活》，是我们同人大家做的，不过由我们编辑人们用托盘盛它出来献给大家。并且这几期因为各方稿件来的甚为踊跃，好比厨房里面的厨司务，愈做愈起劲，冷荤热炒，样样来得，差不多汇各省区的奇馐美馔，集南北口味之大观。捧菜的人们，眼看着一班吃客风驰云卷的神情，耳听得厨司务又有斗勺叮当的音韵来催促，不捧出来恐怕做菜的见怪，捧出来是无疑的立刻就光，真是汗流浃背……

第四，对宛如等人的建议给予实事求是的回复（略）。

（二）重点评价《中行生活》办刊质量细节的史料窥视

行员包文藻《我对于〈中行生活〉“周年纪念号”之贡献和期望》（《中行生活》第十三期），也重点评价《中行生活》办刊质量细节并提出了热心建议。

1. **对《中行生活》的办刊质量整体评价**

我自交接了这似同良师一般的伴侣——《中行生活》，增进了不少的学识，加添了许多的见闻。《中行生活》是有价值的刊物，它有它的骨骼，它有它的事实，我们知道“事实胜于雄辩”，如今我可以把它改为“事实胜于颂扬”。

2. **盛赞《中行生活》聚集行员于一堂的回天之力**

我曾记得张总经理在一卷六期的《中行月刊》上说过：“……使我幻想到假使能

合中国银行总处及一切分支行办事处全体的同仁，欢笑一堂，岂不是更快乐更圆满？但这是事实上所不可能的，所以我这种幻想，也就终归于幻想。”在这里，总经理固充分的深刻的表现着亲爱同仁的精神，而实际上我全体同仁又何尝不有此同感？单以我个人而论，在脑海的深处，就牢牢地印了这个幻想。可是人力终能胜天，在过去认为事实上不可能的全体同仁形式上底欢聚，现在竟能达到全体同仁精神上的融洽，把我脑中所存的幻想，一洗而空，这回天的能力，不可不归功于这可爱的《中行生活》！

3. 对《中行生活》继续提高办刊质量的建议

（1）第十一期上编者说道：“预备在这篇幅中心，造就一座‘艺术之宫’，专登本行内外景，同人肖像，公私生活，以及各地风景的同人作品。”……所以我们希望“艺术之宫”大有即时招标赶造之必要，渴盼就在这期“周年纪念号”中，行个落成典礼，留一个纪念之中之纪念！

（2）编者在第十一期中又这样说：“厨子做菜，看见客人愈吃得精光，愈觉得荣幸。”又说：“近来偷偷地每期增加四页，并且还要忍痛拿些暗藏准备出来。”我们读到“忍痛”两字，具见编者苦心，表了不少的同情和感慨！的确，我们是看人挑担不吃力，只想满足看的欲望，接踵的要求改为“半月刊”（作者亦是要求一分子），何曾代编者想到，比如请客一般，临到宾客满座，而主人捧不出菜来的窘状呢？想到这里，觉得以前我们要求的不当，心中有无限的抱歉！

然而反过（来）想想：看到编者所说“暗藏”两字，倒引起我一段趣话。我觉得编者预备的菜，若是久久暗藏，不肯割爱拿出来，就会变味，恐怕客人要嫌它不新鲜；而且有时增加，有时照旧，这样一饱一饿的生活，诚恐亦非调养身体、身心之道；同时我想，陈菜若不按时吃去，新菜亦不曾踊跃而来。所以我以为，与其暗地里偷偷摸摸的增加贡献，无如爽爽快快改为“半月刊”！我们希望编者不要胆怯，不要自馁，努力的促其实现。本刊周年，方在萌芽时代，正如戏剧一般，才演了一出开锣戏，无怪那些能文惜墨的名角，不肯登台，只要编者锣鼓敲得紧，观客再用力鼓掌和呐喊，我相信那些名角，却不过情面，定会依次各献身手，并可相信以后表演的戏，一出较好一出。我在此就再来一个建议，请编者立下决心，发表宣言，就由这期“周年纪念号”开始实行全行同人所渴望的“半月刊”吧！

总之，正如马学斌所言：《中行生活》经常刊载行员的来信，了解他们对刊物的意见和要求。《中行生活》第九期的一封来信说：“希望《中行生活》以后关于名人演讲尽量发表……希望再辟《游记》一门……关于体育消息，须多量地刊登。”编辑部对读者意见则从善如流。如有行员建议，“辟一研究栏，专征求各行行员如对于票据法之研析，新账表之质疑”，《中行生活》即据此设置了“答问”栏目。实际上，《中行生活》有好几个栏目都是在读者建议后辟置的。这既促进了刊物的不断改进，也拉近了同读者的距离，使行员更关心这份刊物。

三、行员对刊教效果的评价

行员对《中行生活》刊教效果的评价问题，我们可以从以下四篇代表作所述内容中，加以说明与反映。

（一）刊教效果对旧制中学毕业生的影响

比如，行员易宣在《我现在的生活》一文中（《中行生活》第三十四期），诉说了《中行生活》对他这个旧制中学毕业者的影响：

我自从旧制中学毕业而进本行以后，就时常感觉到没有老师的痛苦，好似大的轮船，失了指南针，一片汪洋，进退无据……《中行生活》出版，顿使我喜出望外，因为其中有各种论文，名人的训话，和关于经济界的知识，琳琅满纸，应有尽有，真是不交学费而得到一位“真实”、“活泼”、“亲切”的教师。

（二）刊教效果对中行后进行员的影响

比如，《中行生活》第十一、十二期刊登了祝仰辰一篇近6000字的长文——《一个后进行员的自励与希望》，谈到《中行生活》对他这个后进行员的影响。

1. 真切感受到《中行生活》的吸引力

本刊发行将近一年了，不但增益后进行员的智识，表现先进同仁的才能，并且很有补于本行的业务方策，且使我们总分支行处各方面可以互通声气，藉以了解彼此情形，确乎极有价值。所以每逢月望，我必急急地等着它出版，先睹为快。

《中行生活》这个刊物，是“公私生活演进的表现，一切事业成功的基础”，其宗旨和效能说得十二分的透彻。

2. 触及他对生活本质的哲学思考

人与草木禽兽不同的地方，在乎身体之外，尚有灵魂；我们要用快乐的精神来支配环境，切不可让物质来支配宝贵的心灵；人与草木禽兽不同的地方，在乎人有合作的能力与利群的精神；我们要救国，必须集合团体，脚踏实地地做去；我们中行行员要生活，必先谋中行本身的生存与活泼，中国银行要继续不断的生活，更不能不谋工商各业顾客的生存与活泼；总之，人必自觉其为“人”，而后才能尽其责任，才能为社会人群谋福利……

（三）刊教效果对行员精神塑造的影响

比如，《中行生活》第十三期刊登了行员刘孔钧的《释〈中行生活〉》一文，也同样表明了中行刊教活动对其精神塑造的影响。

《中行生活》，其意义为记载中行同人之生活状况，又可解为预祝中行同人之自强不息，百度维新，滋长繁荣，活泼生动。

吾人顾名思义，从可知《中行生活》实含有进德、修业、解惑三大宗旨。何谓进德？砥砺德性是也；何谓修业？温故知新是也；何谓解惑？质疑问难是也。

是故事业之成功在人，而人才德性才能又在在须赖涵养，《中行生活》则为完成此项使命而出发，使同人耳濡目染，得切磋琢磨之益，有声气应求之乐，陶冶性灵，商量学问，造端虽微，收效也巨。

再如，1933年4月，《中行生活》第十二期刊登了李缙《吾人应当省察自己的病态》一文。不难看出，《中行生活》之刊教活动对于石家庄支行员工转变观念，从而培育“全行智识”精神，具有深刻之影响。

读了总经理《如何使各地的行员成为整个的中国银行行员》一文，真使感觉到吾们同人中，不特能为全行着想的不多见，就是事事能顾到所在行头全部事务的，亦没几人；这实在是吾们全体行员半身不遂的病态，这种病症吾们应该赶快疗治，以复健康！但是在疗病以前，应先诊察自己的病原所在；然后对症下药，或易见效。按我个人所察觉的原因：

1. 由于先天的习尚，如什么“不在其位，不谋其政”，“各人自扫门前雪，休管他人瓦上霜”等等旧思想所支配；

2. 由于后天的环境，如各省言语、人情、习惯的不同，难免生畛域之见；

3. 由于本行历史上的措施失当，如甲行裁撤，则甲行的行员，不问其在行成绩若何，一律被遣。

我认为医治这三种病症的方案：是如总经理所示，人人多读书，求智识之增进，以改换思想，藉亲切、真实、活泼的《中行生活》，多多发表各人所见，使感情日密，习惯渐同，思想归于统一。行中再常常访问行员个人及其家庭情况，务期明瞭各行员的内生活，而予以同等的、适当的待遇，庶可使各地的行员渐渐成为整个的中国银行之行员。管见周，尚望全体同人起而指教焉。

（四）刊教效果对提升行员智识的影响

比如，行员关敦谅在《怎样巩固我行的行基》一文（《中行生活》第二十二期）中，道出了《中行生活》刊教效果对提升行员智识的影响：《中行生活》创刊以来，已经有一年零八个月了，已往的生活中，予我们以知识、品行、德性、经验、服务、金融、训练上的指导和益处，实在不少，真值得钦佩和感谢的。

（五）刊教效果对各行团体生活的影响

比如，据《中行月刊》第八期《石支行同人之公的生活》记述：

自《中行生活》创刊以来，得以渐悉各处同人之公私生活情况，足为吾人感情上之联络，经验上之考证，智识上之交换，打破二十年来同人间之寂闷生活，洵善举也。

再如，据《中行生活》第十一期《谈第九期〈中行生活〉》之编者按描述：

《中行生活》现在被同仁们一致地认为，是我们大家的“生活”，有此来源，有此后盾，所以能够一期一期的出版。上一次林凤苞先生由津来沪，曾经说起：“津行同人差不多人人将《中行生活》从头一个字起，读到末了一个字为止……”

（六）刊教效果的中行高管人员之评价

正如《姚崧龄记述张嘉璈的改革办法》中评价该刊时说：“实为遍布国内外各地二千余行员，知识交换之总汇，与情愫沟通之枢纽。对于同人之精神训练，无形中收功甚巨”。

总而言之，运用现代企业文化管理理论观察中行刊教理念对于促进公司文化落地的作用，可以说，《中行生活》办得是成功的，它实现了张嘉璈欲将其办成“家庭通信机关”的初衷：即通过“寓教于刊，展现精神；以刊为校，提升智识”途径，有效培育行员“理情力”，形成了“行员理解步步向上，发展性本善的内性生活，健全行员体格”，以及“居乎上者公，居于下者忠，同心同德，保持中国银行为银行界领袖的地位”的刊教育人之欣慰气象。

第四章

中行及川行文化传承与文化变迁之略史

企业文化是企业中人们共同拥有的特有价值观和行为准则的聚合。客观上讲，中行及川中行公司文化的兴起，是一种在创业活动过程中，历史地获得和选择一组能够提升组织效能的核心价值体系的过程；主观上讲，中行及川中行公司文化的兴起，是一种由企业家主导文化核心价值体系选择，推动文化共识与文化实践的过程。与此相关，文化传承和文化变迁也取决于主观与客观两方面条件的变化。主观条件变化，主要是指公司领导人的更替；客观条件变化，主要是指企业对外部环境的不断适应，以及对非企业主导的体制与机制变化的管理之再整合。

第一节　文化主导者离职反应与历史评述

毋庸置疑，一种文化变迁的主要条件就是公司领导人的更替；中行及川中行公司文化的变迁，则始于中行文化旗手张公权的离职。

一、文化主导者离职的内外部反应及影响

从《张公权先生年谱初稿》和《行史》记述，可以看出张嘉璈离职原因与过程、张嘉璈离职后的内外部反应、张嘉璈离职后的内心感叹等。

（一）离职的原因与过程

据《张公权先生年谱初稿》记述：中国银行自改组为特许之国际汇兑银行，张嘉璈任总经理后，刷新内部，扩充营业，五六年间，进展迅速，已为国内首屈一指之银行。存款实占全国银行存款总额四分之一，发行则占全体三分之一。其为政府

注目，遭中央银行嫉妒，自不待言。

民国二十二年（1933）十一月，孔祥熙继宋子文任财政部长后，每月筹款，弥补收支不足，必须向中央、中国、交通三行通融借款。中央银行虽在财政部掌握之中，而实力较逊，中国银行实力虽丰，唯不能事事听命，取求如意。正值银价续涨，金融枯竭，乃计划改革币制，统一发行，自必须先置中央、中国、交通三行于财政部直辖之下，庶几进行便利，乃决定三行一律增资改组，先调先生为中央银行副总裁，而以宋子文为中国银行董事长。

事前，张嘉璈先生曾有电呈蒋委员长，略谓：璈与中国银行历史悠久，即行摆脱，深恐影响行基，踌躇未决。奈孔部长一再敦促，因思当此经济困难时期，苟利党国，捐糜在所不惜。顾又虑在金融尚未安定以前，设以个人进退，影响行务，间接及于财政金融，益增钧座焦虑。万不得已，或暂行兼任中国银行总经理，一俟渡过难关，再行完全摆脱。曾将此意婉陈孔部长。嗣晤宋部长，承面示钧意，欲璈即时脱离中国银行。钧座既有此意，璈无不唯命是从。不日当即辞去中国银行总经理职务……（按上电系3月27日，借黄郛与蒋委员长通电密码拍发）。

1935年3月28日，财政部训令中国银行，将政府官股股本，由500万元增至2500万元，股本总额由2500万元，增为4500万元。同日，国民政府令：任命张嘉璈为中央银行副总裁。

1935年3月29日，张嘉璈向中国银行董事会辞卸总经理职务。与此同时，中国银行接到财政部增资改组训令后，即召集董事会。列席董事纷纷提出异议：（一）政府何能以未上市之公债缴充股本；（二）政府如希望中行增资，理应先尽商股股东认购；（三）原颁中行条例，无异官商合股之契约，何以未经股东同意，即予修改；（四）中行资金并不缺乏，放款总额计达4亿元以上，虽经白银风潮之后，且增加4000万元。因一致主张质问政府。嗣张嘉璈报告：

孔财长决定派宋子文为本行董事长，调本人为中央银行副总裁，交行人事则未予更动。显见其中尚有人事关系。部行对抗，难免不牵动市面。本人已决定辞职，希望各位董事予以谅解。

1935年3月30日，中国银行股东大会中接受增加官股，改为国营。嗣财政部为缓和商股股东起见，复将增加官股2000万元数目，减为1500万元，合原有官股500万元，共为2000万元。

1935年4月1日，中行召开新的董事会成立会，互选常务董事7人，当日呈报财政部。财政部指令宋子文为中行董事长，并“即日任事”。财政部专令批准宋汉章任总经理。

总之，据《行史》记述：正因为张嘉璈任职期间个人表现如上所述，他为蒋介石、孔祥熙所不容而被挤出了中国银行。张嘉璈对蒋、孔施行的一些不正当手段，并非毫无感觉，但他并没有，也不可能真正认识到他们的真面目，以致在他被迫辞职时，还幻想托人说情，甚至还感激孔对他的赏识，这也表现出他的软弱性。不过，在那时期，他的所作所为已是难能可贵的了。中国银行在这段时期的存在和发展，是与张嘉璈在中行时期的卓越贡献分不开的。

（二）离职的内外部反应

1935 年 3 月，中行再次改组，宋子文担任董事长，夺取了中国银行的领导权，使中国银行地位、性质也开始发生了变化。《行史》对张嘉璈离职中行后的社会反应和行内反应，有过以下的记述。

1. 张嘉璈离职后的社会反应

张嘉璈被迫辞去中行总经理，上海金融界为之震惊、愤怒，但又无可奈何，无力抵制。新的董事会中，代表政府的官股董事，除了宋子文以外，还有宋的弟弟宋子良和杜月笙等人，新董事会的第一次会议，有些私股董事就借故没有出席，其中除张嘉璈本人之外，还有周作民、冯幼伟、荣宗敬。

政府宣布张离开中国银行时，单上海一地的中行，一日之间即被提走 100 多万元存款。说明人民信赖中行，一旦一些原来掌握实权的人有所变动，就会产生疑虑。关于国民政府对中、交两行的突然袭击以及之后对几个大商业银行的打击，王业键在《中国知识分子与西方》一书中，曾有这样的评论："中国几个大银行的经理们曾经是中国商界中最有政治影响的一批人物，如今他们的声望就这样销蚀了。这个事情不仅表明了政府对中国金融界的完全统治，而且也说明了企业家们作为一个有力量的阶层是终结了。"

日本驻天津总领事川越于 1935 年 4 月 6 日密电北京若衫参事官，说道，"据某要人密谈：把张公权由中国银行赶走，这是因为蒋介石为了讨伐'共匪'及扩张军备，使南京政府的财政收支每月出现了二千五百万元的赤字，每年赤字共达三亿元。这是孔、宋两人为了加强蒋介石政权而策划的。这是经过蒋介石批准的一种秘密策略的具体表现"。这里有"某要人"的实话，也有旁观者的客观观察。

2. 张嘉璈离职的本行反应

张嘉璈脱离中国银行时，全体同事不免怅然若失，于无可奈何之中，只能以张嘉璈任职期间的教导及其行为，作为一种传统精神继承之，以继续维持中行的传统精神相勉励，以不辜负张历年建设中行的苦心孤诣。张嘉璈离开中行后，中国银行董事会为酬报他服务中行 23 年的劳绩及卓越贡献，特于 6 月提出专案，决议致送

“退职赠与金”16万元。

3. 张嘉璈离职对两刊的影响

从文化传承与变迁的角度讲，张嘉璈离职首先影响到以《中行生活》主内以促进“理情力”精神训练，以《中行月刊》主外打造中行经研学术品牌，给予同仁“力”的启示、“智”的浚发、“思想”的指导之刊教格局与欣荣气象。

（1）张嘉璈离职对《中行月刊》的办刊影响

据马学斌研究认为，《中行月刊》最后一期即第17卷5、6期，为1938年11月和12月的合刊。该期封里的一则《本刊重要启事》，已经明确说明了停刊时间：迳启者，敝刊自二十八年起改为季刊，内容力求充实，并注重实际调查材料，以供读者参考，至出版日期及定价容再奉告。这实际就是停刊的“告别辞”。《本刊重要启事》所说改为季刊的计划，经查，后来并没有兑现，可能是因当时日寇侵华时局环境所迫，已无力为之。

之所以在1936年与1937年相交之际，《中行月刊》发生如此巨大的变化，也许是由于如下一些无奈的因素所致。第一，张嘉璈辞职，被迫离开奋斗了近23个年头的中行。中行改总经理制为董事长制，派宋子文任董事长，由此使《中行月刊》没有了掌握主旨之人。《中行月刊》是否因秉承宋的办报主张而致改变方针？第二，时值全国处于日寇入侵、社会动荡、舆情纷纭的多事之秋，《中行月刊》不知所措。不管以上推论是否合理，《中行月刊》经此折腾，面目惨淡，确在刊物内容上明显反映出来；再加上1937年“八一三事变”后，中行在上海已无法正常经营，总管理处迁至香港，《中行月刊》终于在1938年底停刊。

（2）张嘉璈离职对《中行生活》的办刊影响

《中行生活》于1932年5月15日在上海创刊，经查，目前存世的最后一期是1935年3月出版的第三十六期。估计它的停刊时间就在该期或其后不久，理由是，这时（1935年4月）恰好是力主办刊的张嘉璈被迫离开中国银行之时，也是主编薛光前辞职赴欧留学之时。

（三）离职后的内心感叹

据《行史》记述，中行再次改组后，于1935年4月1日成立新的董事会，张嘉璈在当天日记中记述他离职中行后的感怀：

此次中国银行增加官股，与更动人事，于三月中旬，孔宋两先生自汉口归来后，方始知之。因在行二十三年，几于年年在奋斗中过生活，与事斗争，即不免牵入人事恩怨。所幸为国家已树立两大财政金融工具之信用：一为公债，一为纸币。为金融界已建立一近代化之金融组织，为中国银行已奠定坚固不拔之基础。眼看国难近在眉睫，何可因小愤而害大局。且因人事斗争，更难登大雅之堂。况天下无不散之筵席，手栽的美丽花枝，何必常放在自己室内。能让人取去好好培养，何尝不是一桩乐事。所惋惜者，自民国成立后，希望以中行之力，辅助政府建立一完善之中央准备银行，一面能永保通货健全，一面能领导公私金融机关分业合作，创造一力能发展经济之金融系统，庶几内有资金充沛之金融市场，外具诱导外资之坚强信用，足以追踪经济发达后进之日德两国。此志未遂，斯为憾事。

对此，《行史》评述到：张嘉璈的抱负是很大的，他为金融事业奋斗的决心和勇气也是值得称道的。遗憾的是，他还没有懂得，当政府被像蒋介石这种迷信军事、迷信独裁的人所控制的时候，即使让他继续当中行总经理，要想依靠中行的力量做到“通货健全”“资金充沛”“诱导外资”和“经济发达”，也永远只能是美丽的梦想而已！

二、《行史》对文化主导者历史功过之评述

张嘉璈从1913年12月入职中行至1935年3月离开中行为止，共计在行服务21年又3个月，在此期间先后于：1913年12月至1917年7月，任中行上海分行副经理3年又7个月；1917年7月至1928年11月，任中行副总裁11年又4个月；1928年11月至1935年3月，任总经理共计6年又4个月，这是他文化素养厚积薄发的过程，也是他真正成为中行文化旗手的辉煌阶段。

据《行史》可知，1928年改组—全面改革—业务全面发展—1935年再次改组，这是中国银行这段历史的纵轴线。1928年10月，中国银行由北洋政府的中央银行改组为“特许的国际汇兑银行”，这是中行发展史上的一个重要转折。中国银行总经理张嘉璈为把中国银行办成一个近代化、国际化的大银行，不仅要独立于政府控制之外，而且要具备足够的实力与外商银行相抗衡。为此，中行积极进行了全面、系统的改革，各项业务都居全国金融业的首位，且进入了国际金融市场，为中国金融界的近代化开创了范例，在国际上也享有很高的声誉。但国民政府为了建立金融垄断体系，于1935年强令中行增加官股，迫使中行再次改组，宋子文担任董事长，夺取了中国银行的领导权。从此，中国银行落入国民政府的掌握中，其地位、性质也开始发生了变化。

《行史》在1928—1937历史背景与1928—1937行史小结中，以及在《行史》序言与结束语里，均对商股股东掌握领导权时期，尤其是张嘉璈主政时期的中行发展史和对张嘉璈本人的性格、功过等进行了如实评价。总的来说，张嘉璈主持行务时期经营管理业绩，大致可概括为以下三方面：

（一）枢纽自任以谋国民生产力之增加

在国家内忧外患时期，中国银行协助政府缓解财政经济危机，致力于国家的经济发展和社会安定，只要是经济发展和国家建设需要的，中国银行就视为自己的本分。张嘉璈在担任总经理后，曾说过“中行是国民经济的命脉”，由此以国民经济的枢纽自任，在服务大众和增强国力中，作出非同一般的贡献（详见前）。总之，中国银行的这些工作，既促进了国民经济的发展，同时也发展了中国银行的业务，提高了中国银行在金融业中的地位和声誉。

（二）以革新精神力谋管理效能之提高

中国银行把革新经营管理，作为发展业务的必由之路。中国银行是在大清银行的基础上建立起来的，必须不断地吸取世界金融业的先进经验，结合实际情况，不断进行自我改革，才能跻身于世界近代化大银行之列。

1928 年中行改组为国际汇兑银行以后，全行上下，集中力量，对业务、会计、人事、调研以及机构设置等各个方面进行了全面的制度改革，大幅度提高服务质量，加强内部管理，通过以上的改革，中国银行的业务有了发展，服务水平得到提高。1928 年中行成为特许的国际汇兑银行以后至抗战爆发前这一期间，是全行业务大发展时期。就连当时四联总处也承认，在四行两局中，中国银行管理较好，效率较高。当时，在不少商业银行心目中，中国银行是他们学习的楷模。

（三）以精神修养培育中行之理想行员

中国银行把确立良好行风、行纪，作为振兴行务的保证。中国银行对各级干部的要求比较严格：总管理处大多数高层领导都能以身作则，认真地从事银行的组织建设，为全行作出表率；对分行经理一级除要求能识大体、顾大局、常识丰富、通晓国内外业务外，还要求能千方百计地维护银行的信誉和提高经营效益；对一般行员，也常以爱国、爱行的思想进行教育，要求行员把“高、洁、坚”三字作为座右箴铭，自律奋进。从而形成了中行的良好行风，加强了内部的凝聚力，这也是中国银行所以能上下一致，团结前进的根本基础。

中国银行还制订了一些奖惩制度，对表现好的给予奖励；对违反行规的，特别是营私舞弊、贪污腐化的坚决给予惩处，决不宽恕。奖惩黜陟，有章可循。在用人方面，规定分行经理主要从行内提拔任用，也可到行外聘任，使有才干的人员，发挥所长；实行行员公开招聘制度，使要求来行工作的员生处于公平竞争的位置，为甄用人员创造了选优汰劣的条件，并通过请进来讲授、派出去学习的方法，提高行员的知识水平和业务能力。同时，根据客观条件适当改善职工的工资和福利待遇，以鼓励职工长期勤勉工作。以上良好行风行纪，增强了职工的凝聚力。因之，一个时期以来，中国银行人才辈出，行员素质得到了提高。

（四）抗战爆发前两年中行大发展的基础

1935 年中国银行再次改组以后，虽官、商资本各半，但实权已转到了国民政府手中，从而和国家政权密切结合，为后来沦为官僚资本主义企业打下了基础。

再次改组后至抗战爆发前夕的两年多时间的经营发展，比之前 6 年多时间的发展快得多，这有多方面的因素：首先，当时国内外的经济、金融形势好转；其次，国内金融体制加强了垄断性和中国银行实权开始为政府所掌握；其三，宋子文本来就一心想当“中国摩根”，登上中国银行董事长宝座后，既具特殊地位，也确实着意经营。当然，更应该看到，没有张嘉璈时期 6 年艰苦创业打下的比较坚实的基础，没有客观条件的变化，要在这短期内如此加快发展是不可能的。一个反证的例子就是中央银行，它自 1928 年创立起就是官僚资本银行，而且享有多种特权，但它没有基础，经过 6 年多时间，其业务仍未能超过中行。

（五）文化主导者任职期间个人表现及评述

从张嘉璈在中国银行任职期间的表现来看，他是个出色的银行家，也是个有主见的经济学家。他在政界、商界都有同学、好友，联系广泛。1928 年至 1929 年期间，张嘉璈曾不顾“出位不嫌”，帮助南京国民政府与英美两国之间恢复邦交。张嘉璈主张抗日，号召并组织力量扶植国货工业，救助内地建设；反对内战，批评赤字财政政策；被迫离开中国银行以后，他宁愿当中央银行副总裁，也没有答应去担任华北准备银行总裁。他有正义感，敢于违命蒋介石，并在报刊和中国银行的营业报告中揭露和评论国家经济状况中存在的严重问题，引起社会关注。在那时期，他的所作所为难能可贵。全国解放后，鉴于张嘉璈在中国银行任职期间的表现及其功绩，在中国共产党同国民党人员的几次接触中，就曾由叶剑英在广东同张嘉璈见过面，这次会面他的身份是“前中国银行总裁”。

第二节　公权时期文化主张之传承史略

公司文化在某种意义上是领导人文化，文化培育过程就是文化价值的领导行为化和制度化过程，考证公权时期文化主张之传承史，有两大途径：首先，研究中行后任总经理与前任总经理文化价值的契合度，以探讨文化传承之可能与力度；其次，研究后任总经理与后任董事长之间的权限关系，以探讨后任总经理在多大空间内传承以往的文化价值，即文化价值的领导行为化之权限。

一、中行文化传承的制约条件考证

张嘉璈脱离中国银行后，宋子文担任董事长，宋汉章任总经理。据《行史》记述，宋汉章曾拒绝陈其美向中行筹饷，又参与过“抗拒停兑”，1927年又拒绝垫借款而为蒋介石所不满。那么，孔祥熙和宋子文为什么选他任总经理呢？这是因为他们很清楚，这个职务需要资历较深，经验丰富，在社会上有一定声誉，又较易“合作”的人来担任，而宋汉章正是合适人选。

（一）两任总经理之关系与素养交集

据《中国银行历届董、监事（监察人）会名单》《中国银行历任负责人名单与简历》《各省市分行变动情况》等史料记述表明：

宋汉章，原名鲁。原籍浙江余姚，1872年生于福建。早年肄业于中西书院，学英国语文。离校后，先在上海电报局、上海中国通商银行任职，清末到度支部办的北京储蓄银行任经理，后调上海任大清银行上海分行经理。1912年2月5日中国银行在上海开业，宋任中国银行经理。1912年3月遭到陈其美扣押两周，经营救获释。1916年与副经理张嘉璈一起拒绝执行袁世凯政府停止中行钞票兑现及各种款项付现命令，使中行上海分行信誉大增。1918年上海成立银行公会，宋被推举为会长。1927年7月因垫款问题遭蒋介石斥责辞去上海分行经理职务，被任命为上海分行总经理（虚职）。1928年中行改为特许国际汇兑银行，宋汉章当选为常务董事，1931年11月中行出资90%的中国保险公司成立，宋兼董事长。1935年4月中行改组，宋汉章任总经理。1948年2月，孔祥熙辞中行董事长职，蒋介石指定由宋汉章继任。1949年5月去香港，并要求辞职。同年11月辞职照准。全国解放后，仍为中国银行董事，直至1968年病逝于香港。

1. 两任总经理的工作事业交集

（1）1928年11月以前宋与张之间的工作事业交集。宋汉章于1912年4月至8月和1913年至1928年期间，任中国银行沪行经理逾15年之久，其中，1918年被推举为上海银行公会会长；张嘉璈于1913年12月至1917年7月期间，任中国银行沪行副经理3年又7个月，于1917年7月至1928年11月，任中行副总裁11年又4个月。

可见，1928年11月以前，宋汉章与张嘉璈之间的工作事业交集大致如下：第一，宋张之间的上下级关系。1913年12月至1917年7月，宋为张的上级，其间，1916年5月，他们共同经历了上海中国银行抗拒停兑令风波。第二，宋张之间的下上级关系。1917 年 7 月至 1928 年 11 月，宋为张的下级。

（2）1928 年 11 月以后宋与张之间的工作事业交集。据《张公权先生年谱初稿》记述，行政院公布中国银行新条例 24 条，其中规定：董事 15 人，监察 5 人，由财政部指派董事 3 人、监察 1 人；董事中互推常务董事 5 人，由财政部指派常务董事 1 人为董事长；设总经理 1 人，由常务董事中互选之。再据《中国银行历届董、监事（监察人）会名单》记载，中国银行第四届董事会、监察人会名单：董事长李铭，常务董事：张嘉璈、宋汉章、冯耿光、陈辉德；董事 10 人。这一史实说明：第一，在 5 名常务董事中互选中行总经理时，宋汉章是张嘉璈任总经理的推选人之一。由此，1928 年 10 月 25 日至 1931 年 11 月的 3 年之中，张嘉璈被常务董事推选为中国银行总经理，宋张之间继续为下上级关系。第二，1931 年 11 月至 1935 年 4 月中行改组时期，宋汉章在中行出资 90%的中国保险公司兼任董事长，宋张之间为平行的常务董事关系。

（3）1935 年 4 月以后宋与张之间已无工作事业交集。1935 年 4 月中行改组，宋汉章任总经理，直至 1948 年 4 月；1948 年 5 月至 1949 年 11 月，宋汉章任中国银行董事长。

1935 年 4 月，张嘉璈被迫辞职。7 月张嘉璈被调任中央银行副总裁，10 月兼中央信托局局长，12 月任铁道部长。1938 年初铁道部与交通部合并为交通部，张嘉璈任交通部长。1943 年 1 月辞交通部长，9 月以政府经济顾问名义，赴美考察。1945 年 9 月任国民政府军事委员会委员长行营东北经济委员会主任委员兼中长铁路理事长。1947 年 3 月任中央银行总裁，1948 年 5 月辞职。

2. 两任总经理的文化价值交集

（1）张嘉璈敬佩宋汉章的为人处事。据《张公权先生年谱初稿》记述，1914 年 1 月，张嘉璈初入中国银行上海分行任副经理时，他很关注宋汉章经理和营业主任胡稑芗两人，闲暇时常与他们谈论市面情况，增加不少知识。尤其对宋汉章的为人处事很敬佩，体现在两方面：一是宋汉章富有实践经验，惟朝夕相处，得益亦多。二是张认为宋具有五点美德，即“自奉俭朴，不嫖不赌；操作勤劳；办事认真；爱惜公物；公私分明”。

（2）宋张联手共同抗拒停兑令的患难之交。1916 年 5 月宋张联手抗拒停兑令：这时候恰好张总经理在沪行副理的任内，同宋先生苦心擘画，力主照常兑现，总算转危为安，才能把东南半壁的金融市场维持到今日。而宋张之间患难之交的情形，正如史料所描述的那样：然而在那兑现时候最初的一礼拜中，日夜焦思，几乎寝不安席，食不甘味，他老先生（指宋汉章）于此五日中，狂吸雪茄烟尽十二盒之多，可见辛勤忧虑之深。有一天公权先生讲到此事，犹觉谈虎色变，自称当时目击人民争先恐后拼命挤兑的情形，于以见银行关系人民经济如此之大，更觉办理银行者所负责任之重云云。（见《宋汉章先生在银行的“生活”》，《中行生活》第十六期）抗拒停兑取得胜利后，宋张之间荣辱与共的情形，正如史料所描述的：“中国银行信誉卓著，存款大增，其时坊间流行竹枝词，有云：‘中国银行宋汉章，不听袁令抗中央。力将钞票通常兑，博得人间信用彰’。”即是说，抗拒停兑取得胜利，使中行上海分行信誉大增，宋张两人也由此名声大振。

（3）宋做人做事品质为人称颂且与张相似。如前所述，据《宋大班之俭德》《宋汉章先生在银行的“生活”》和宋汉章《我的经营“保险事业”之生活》等文记述，宋的五大品行是为人们所称颂的：第一，节俭救国与生活俭朴的做人品行；第二，躬行实践与毫不苟且的为人精神；第三，精勤自励与实事求是的做事精神；第四，好学和老而弥笃的学习精神；第五，“宋大班”尊号的品牌效应。由此人们“正应留心，师法宋汉章先生如何养成其精神、定力、道德、物望”。然而，宋的这些做人做事品质，与前述的张之“关心员工，善待下属，为人诚恳，办事认真，执着事业，洁身自好”的品质，是有很多交集的。

综上可知，宋与张之间具有上下级关系、下上级关系和平行的常务董事关系之工作事业交集；张对宋的为人处事很是敬佩；宋张于抗拒停兑令风波中结成患难之交；宋是张任总经理推选人之一；宋具有为人称颂的品质，与张个人魅力有很多相似之处。俗话说，“物以类聚，人以群分”，这就为 1934 年 4 月以后，中行后任总经理对前任总经理的文化价值理念提供了认同与传承之可能。

（二）中行再次改组后总经理权责考

据《行史》记述，1928 年的中行条例规定：总经理“由常务董事中互选之，呈请财政部备案，总经理有事故不能执行职务时，得由常务董事中互推一人代理之”。而 1935 年的中行条例则修改为：总经理“由董事长商同常务董事，于董事中选定，提经董事会同意聘任，报财政部核准备案”。章程中又规定：“总经理有事故不能执行职务时，由董事长于常务董事中选定一人代理，并呈报财政部备案。”这意味着总经理或临时代理的总经理都必须由董事长选定，自然必须是能同他“合作”的、“听命”的人充任。

1928 年的中行章程规定：董事长“代表全行为董事会、行务总会、股东总会之主席”；总经理“执行董事会议决事项，商同董事长、常务董事处理全行事务”。1935 年的中行条例改总经理负责制为董事长负责制，其中规定：董事长“代表全行为董事会、行务总会、股东总会之主席。中国银行董事长常川驻行，综理全行事务”；总经理则“承董事长之命办理全行事务，并执行董事会议决事项”。这意味着董事长变成综理全行事务的主宰；总经理由直接执行董事会议决事项，变成承董事长之命办事。

由上可见，1928年的章程规定的是总经理负责制，1935年的章程就改变为董事长负责制了。其目的就是要直接控制中行，为财政部、为国民政府，甚至为董事长个人的需要服务。在中行再次改组的总经理权责下，中行后任总经理宋汉章，只能以有限权限，去传承以往的文化价值。总之，综合宋张关系及其治行风格史料，以及中行再次改组后总经理权责考的变化等因素，不难看出，张的文化主张，只要是对中行发展有利的，且不被董事长明令阻止的话，就会被宋汉章加以传承。

二、中行农贷文献的历史文化意义

关于后公权时期中行公司文化传承的史料，可以从《中行农讯》《农放月报》《渝行通讯》等刊物，以及重庆市档案馆史料中加以窥视与概括。可以说，中行农贷史料，是研究抗战时期传承中行公司文化恰如其分的珍贵历史文献。

20世纪30年代初，受国内频繁战争和自然灾害以及世界经济危机的打击，中国农村出现了全面危机及金融枯竭，农民负债累累，农村金融组织衰落，高利贷猖獗。与此同时，农村资金大量涌入城市，这不仅加剧了农村金融枯竭，也导致都市资金淤积，缺乏出路。为了挽救严重的农村金融枯竭，给城市淤积资金寻找出路，中国银行总经理张嘉璈呼吁“上海的有资产者，立刻送钱送人才到内地去”。从1931年开始，上海金融界掀起了“资金归农”的热潮。面对严重的农村危机，南京国民政府也制订了许多政策和法规，鼓励商业银行投资农村。由此，中国银行作为当时规模最大并有政府股份的银行，“在政府大政方针领导之下，执行政府的政策，以替大众谋福利，使国家臻于富强之境”。与此同时，将“改进农业生产，减少外国农产输入，同时增加国内农产输出”作为增加外汇来源、推动外汇业务的重要方法，以为自身业务和长远发展考虑计。自1932年至1942年，中国银行开展了为期10年的农贷活动。尤其是在抗战时期，为了恢复和扩大对农业生产的金融支持，国民政府采取了一系列措施，根据战时农业发展需要和四联总处规定，中行农贷种类扩展，从最初的农业生产贷款，扩展到农业推广贷款、农田水利贷款、特产产销贷款、农村副业贷款和特殊农贷等种类。总之，在战时从事农贷的国家行局中，中行的农贷金额仅次于农民银行，位居第二。

据1941年7月《中行农讯》第一期《本行农贷业务鸟瞰》记述，四川分行农贷始于1937年，初时仅于成渝路数县试办，战后积极扩充，1940年增办黔省农贷业务，复接办沪行鄂西北农贷区。至 1941 年 7 月止，渝行办理农贷之区域在四川为 17 县，贵州为 11 县，鄂西为 2 县，工作人员 98 人。截止 1942 年 6 月，在全国中行（不含沦陷区）21 个省的农贷累放积额中，四川中行农贷累放积额占比三分之一。

（一）我国银行从事农贷演进过程

1942 年 8 月，《中行农讯》第十三、十四期合刊刊登了中行副稽核陶桓棻《从银行创办农贷说到农贷专业后的希望——献给多年共事的本行农贷同仁》一文，从中可看出我国金融机关从事农贷的演进过程，该文逻辑要点及认识意义如下：

1. 我国银行农贷业务演进过程三阶段

我国金融机关从事于农贷或农村放款，到今天（即 1942 年 8 月）不过十年的历史，在这短短的发展过程中，经过了各银行自行试办，相互提倡，政府督办，政府指定国家银行专办等几个阶段。

——这就是说，我国金融机关从事农业贷款业务的演进过程有三个阶段。

（1）各银行自行试办阶段。即如陶桓棻所言：农贷经过少数银行的试办，认为这一事业对国家社会有贡献，于本身虽不能有多大“生意经”，但也不致有损害，因而就逐渐推进，放款区域渐广，放款额因区域的扩大而增多，合作运动，在农村中也似雨后春笋般的兴起。

这说明试办农贷的价值是：对国家社会有所贡献，对银行本身虽不能赚多少利润，但风险可控不致有损害，因而日后被各行仿效与推广。然而，陶在此并未指出是由哪家银行最先试办农贷业务的。

（2）相互提倡与政府督办阶段。所谓相互提倡，据《行史》记述可知，1932 年中国银行报告中曾大声疾呼：“农民仅有之资金，已倾囊殆尽，今既衣食不能自给，安有余力以改良生产？若购买力日见衰退，安有余力以事教养？生产不能改良，即生产力无从恢复，购买力不能增进，即人民生活无从改善，工商业无由发展，将与全世界不景气之现象，如同一辙，故于社会经济，已成为一极严重之问题，国人殊未可忽视之也。”再据《中国银行业史》记述，1932 至 1933 年，上海有交通、金城、浙商兴业、上海商业、四省农民银行等 5 家银行发起组织“中华农业合作贷款银团”，从事农村投资活动，该银团成立于 1934 年 6 月，并开始发放陕、豫、晋三省棉花产销贷款。[①] 这说明，在中国银行业史上，1932 年是我国农贷的酝酿与策划的起始时点，并无农贷行动，直到 1934 年 6 月才开始发放贷款（除中行之外）。

所谓政府督办，据《行史》记述可知，政府渐知农村经济衰落严重，乃于 1933

① 黄鉴晖. 中国银行业史［M］. 第 160 页. 太原：山西经济出版社. 1994. 6.

年5月成立“农村复兴委员会”，以行政院长为委员长，其目的为统一农村救济工作。中行总经理张嘉璈被指定为经济组召集人，随即在上海银行公会推动下成立“农村金融调剂委员会”。以中行的任务来说，农业贷款不是主要业务，只因农业衰败，影响工商业与进口贸易，不得不分出一部分资金，以资提倡，并作示范。农贷余额1934年为2216万余元，1936年达4354.50万元，增加96.5%。对农民的直接贷款有农产品押款和小额押款。与此相关，中行于1932年开始在农村试做合作社贷款，至1934年底，计贷款197万余元，到期陆续收回133万余元。与中行发生借贷关系的合作社共944个、社员5万余人，分布于6省40县。1936年对合作社贷款增达808万元，扩展至10省117县，关系94个合作社联合会、3200个合作社、20.5万农户。关于政府督办农贷的具体史实情形，可从《江浙蚕业联合统制之第一声》① 中看出：

我国丝蚕业在去年衰落最甚，经救济之结果，虽稍稍露一线曙光，惟此乃一时兴奋的治标办法，以现在社会上之呼声，农村之崩溃，民生之枯竭，已达于极点，非积极的改进蚕业，精研品质，采用迅捷的根本办法不可。

本行总经理张公权先生有鉴于此，觉去岁所筹倡助之策，原属救济一时，为彻底扶助生产事业计，特与各专家、同志及江浙当局常常讨论，迄上月（注：1933年1月）杭州丝茧会议之召集，竟由酝酿而至于实现。会议情形，已略志上期本刊，其中以筹办苏、浙两省联合统制改良蚕种一案，最关重要。

益以美国对于我国生丝需要甚殷，须速起努力，使不失目前难得之机会，遂又继续于（1933年）二月十六日在无锡举行成立大会，以策进行，定名为江浙蚕业联合统制委员会。本行总经理暨吴震修、金润泉、霍宝树诸君，均被邀到会。对于江浙蚕丝改进实施计划，及饲育交种等，颇有反复之讨论。

该会现以下列各项，为进行事业之目标：（一）取缔及改良土种；（二）决定原种之品种及数量；（三）普通蚕种之审查及分级；（四）规定种价、茧价；（五）商定金融业对蚕丝业投资数额办法；（六）规定鲜茧买卖方法；（七）改进生丝运销方法；（八）设立合理的新种场之扶助办法；（九）设立合理的新丝厂之扶助办法；（十）其他促进保障及奖励事宜。并聘请意大利蚕丝专家玛利博士为高等顾问，举定委员如左（下）：

1. 政府人员七员：谭熙鸿、徐廷瑚、秦汾、曾养甫、董修甲、张范村、许体纲。

---

① 江浙蚕业联合统制之第一声.《中行生活》第十一期. 1933年3月15日.

2. 金融业七员：张公权、李馥荪、徐新六、陈光甫、吴震修、金润泉、秦润卿。

3. 丝业七员：叶琢堂、朱静庵、薛寿萱、周君梅、吴申伯、李安、王左泉。

4. 种业七员：冷御秋、俞丹屏、葛连成、何尚平、郑紫卿、杜翼云、陈石民、陆子容（注：实为八员）。

5. 常务委员九人：谭熙鸿、曾养甫、董修甲、张公权、朱静庵、薛寿萱、葛运成（注：应与葛连成为同一人）、吴申伯。

是日，本行总经理及玛利博士，均有演说。

公权先生演说词意：金融界对于蚕丝业之关系甚切，从来丝茧押款，甚有把握，乃去年价格衰落，金融业大受影响，而对丝茧一项，致无不疾首痛心；但蚕丝业关系于江、浙两省人民之生计，凡有心人，当不可弃而不顾。此次蚕丝会议，本人认为关系重大，故努力参加，希望以后借款不必以丝茧为抵押品，须自制种起至丝业止，统制组织，乃凭其组织为担保；但组织必须人为，可信吾人之努力，必能达到组织完善之效果。

玛利博士演说词意：今日中国蚕丝业之设备及经营，较前数年均有长足之进步。兹就本人最近视察之结果，试作简准之报告如次：1. 桑园。2. 养蚕。3. 制丝。4. 制种。5. 售茧。6. 补救改良种之制造办法。7. 茧灶。8. 选茧。9. 煮茧。10. 丝厂。（具体内容略）

可见，1932—1933 年期间，为我国金融机关从事农贷的相互提倡阶段，以及政府开始督办银行办理农贷阶段，且一直延续到 1942 年 8 月，历时 10 年。

（3）政府指定国家银行专办阶段。据《行史》记述，1942 年 7 月 23 日，四联总处（中国、中央、交通、中国农民的四大银行联合办事总处）理事会通过了《各行局农贷业务交接原则》，规定中、交两行及中央信托局原有农贷业务，连同工作人员一次同时移交；交接日期定为 1942 年 8 月 31 日，自 9 月 1 日起新放款统由农行承做。中行遵照规定于当年 8 月底先将农贷业务、工作人员一次移交给农行。中行经办的工业合作贷款，历来由农贷部门兼管，经协商后，也于当年 9 月底移交农行。共计移交农贷 2.3 亿余元，农贷工作人员 637 人；工业合作贷款 631 万余元，专任工合贷款人员 41 人。至此，中行这两项贷款业务即宣告结束。正如宋汉章说："政府为谋四行业务专业发展，以适应战时需要，业经四联总处拟具四行业务原则，暨实施步骤，知照四行洽办；所有本行原办农贷业务，及农贷人员，农贷机构，暨有关案卷账册，一并移交中国农民银行接收办理。"

2. **我国银行农贷业务经营方式的演进**

（1）现实而有效的农贷经营方式就是金融与合作相结合。在相互提倡和政府督办农贷阶段中后期，我国金融机关逐渐形成一种经营农贷业务的共识，这就是现实而有效的农贷经营方式：金融与合作相结合。也就是说，“金融与合作，成为当时朝野所喊‘到农村去’口号中的唯一‘实践者’”，金融与合作相结合的意义和结合方式，亦如陶桓棻所指：

社会瞩目，政府开始注意，地方性的农民银行以及全国性的农业金融机关先后产生，储蓄法规定了应投资农业的成分，银行也以服务农村为新的对象，参加农贷工作成为银行界的一种新风气。

合作是一种组织的方式，不是一种业务的名称，用合作组织方式去经营某一业务，方可成为合作事业，从而产生“运输合作”、“消费合作”等业务名词。至于“合作金融”系统的提出，其主要目的乃在建立一专门对合作组织贷款的机构。

（2）农贷与合作贷款的区分及其认识意义。据《中行农讯》第六期《农贷与合作贷款的区分》一文解释，可知两者区别及意义如下：

（一）农贷的意义。农贷以促进农业生产，减轻农产成本为目的。凡努力是项目标的农业团体、机关、学校，皆为其贷款对象，而予以资金的辅助。根据四联总处农贷纲要之规定，其贷款对象有二：1. 农业团体。凡依法登记之合作社、互助社、各级合作社、联合社及农会、作物改良会等促进农业生产为目的之农民团体属之。2. 农业改良机关。凡以改进农业，促进农业生产为目的之各省农业改进所，农业学校等属之。由此看来，今日的农贷并不一定是以合作组织为其贷款对象。农贷是各种农业贷款的总称，合作组织只是贷款对象之一。

（二）合贷的意义。合贷的目的在以应用资金力量，促进合作事业，辅助合作组织资金的不足。贷款对象为各种合作组织，性质不限于农贷。

而合作金融组织的本身，严格地说：不是目的而是一种方法。它不过是为要达到各种合作事业（如生产、供给、运销、保险、消费等）健全发展的桥梁。在合作事业的效用充分发挥以后，即无须政府机关或金融机关的贷款，合贷这一个名词就取消。在责任负担上说：农贷好比合贷的父母，合贷好比是农贷的儿女，只要合贷确实能担负起农贷的责任，农贷是可以告老退休。

（3）农民合作形式的演进阶段。据《小言论：合作的三部曲》[①] 可知，农民合作形式的演进过程有三个阶段：信用合作（个别借款与个别经营）、产销合作（农业

① 小言论：合作的三部曲.《农放月报》. 重庆分行农贷股主办. 第一卷第三期. 1939 年 3 月.

商业化）、工业合作（农业工业化），其具体所指如下：

（一）信用合作社：主要的以人为对象，以社员个别借款，个别经营为其特征。社员借款虽然多用在购买肥料、种子、耕畜、农具等，然借款考虑，多在个人之信用。农场之经营多属个别。提倡合作即此而止，达不到提倡的目的。由信社兼营进一步的业务，势必因业务繁杂，利害不一致，而不能收宏效的。所以不能不进一步提倡产销合作。

（二）产销合作：农业商业化。重要的以物为对象，以公司经营而有公共设备为特征。但经营业务必须单纯，以每种产品为一单位。产销的最终目的是在运销，以便免除中间人的剥削。其起点则在各人汇交农产品于合作社。过程中的利用、加工、储押，亦须具备，如果（土）地中的产品，经过种种手续，可以适合市场的需要。在未脱售产品前的金融周转因合作社的组织，而得到便利。故提倡产销合作可以达到减低生产品成本，适合市场需要，增加农家收入，调整农村金融的使命。

（三）工业合作：农业工业化。主要的以制造为对象亦须共同经营及有公共设备。与产销合作所不同者，技术人员不一定务农。原料品不一定为自己所生产。工业合作的任务，是制造日用品，满足社会的需要，尤其在交通阻塞，外来货价高涨的今日，有求自给自足的必要。其间原料品的供给，工资的支付，成品的储押，与运销技术的指导。此外，如包装、保险、商场消息等金融及技术机关均可以扶助。上列三种骤视之浑然不分，然各有以其特点在经营上，在指导上各需特殊技能与智识。我行为使整个农村金融活跃，对上列三种拟兼筹并顾，相辅而进。事业虽然，比较艰苦，但是要必□的。

从上述意义上讲，农民合作形式的演进阶段的认识意义在于：第一，形象地说，农业贷款好比合作贷款的父母，合作贷款好比是农业贷款的儿女，而合作贷款也有儿女三个：信用合作（个别借款与个别经营）、产销合作（农业商业化）、工业合作（农业工业化）。第二，形象地说，工业合作是合作贷款最有出息的儿女。换言之，工业合作贷款是农民合作的高级形式与农业贷款的高级形式，其本质是农业工业化，即指农民通过合作，一道从事小手工业或低技术含量的小工业生产活动，并非指组建现代化大工业企业（案例见后）。

（二）我国金融史上农贷先趋考证

弄清我国金融史上农业贷款先趋之史实，既是把握中行农贷史的文化意义之关键环节，又是研究抗战时期中行公司文化传承之农贷精神的基础。

1. 行史命题考证：中行是我国农贷业务首创者

经对多种史料的梳理，“融通农业金融者以中国银行为首创”的史料来源，大致有以下几种说法：

第一，1942 年 1 月 25 日，宋汉章在《水利与农贷之关联》一文中称，“回溯本行之有农贷业务，早在九年之前，是时国家金融机关尚鲜注意农村，及融通农业金融者。有之，应以本行为首创。”（见《中行农讯》第七期）这就是“融通农业金融者以中国银行为首创”的史料来源。那么，“九年之前”到底是哪一年？如果说，此文是 1942 年 1 月写的，那么“九年以前”即指 1933 年；如果说此文是 1941 年 12 月写的，那么“九年以前”即指 1932 年。与此相关，1942 年 8 月 19 日宋汉章在《告本行农贷同仁书》中说：“回溯本行二十二年（1933）开始办理农贷，其时正值我国农村破产，社会极度不安之际，而当时复无其他机关着手承办此事，于是本行以社会责任之殷，爰本一贯服务精神，不得不起而肩此重任。”据此史实判断，《水利与农贷之关联》一文应当是 1942 年 1 月写的，“九年以前”即指 1933 年，即中行于 1933 年开办农贷业务，而那时国家金融机关还很少注意农村和融通农业金融的问题，因此“融通农业金融者以中国银行为首创”。

第二，1942 年 8 月 31 日出刊的《中行农讯》第十三、十四期合刊期《本行农贷业务史略》一文称：“及至 21 年（1932）济南支行在山东省举办之美棉产销合作贷款三千七百元，乃为本行直接办理农贷之始。”这就是说，中行直接办理农贷时间始于 1932 年的济南支行在山东省举办之美棉产销合作贷款。对此，《行史》的记述是：中国银行于 1932 年开始在农村试做合作社贷款。学者石涛认为：“中国银行正式经营农村放款始于 1932 年……这一时期，中行农贷业务处于尝试阶段，放款数额细微、范围狭小，且无单独之行动。”之所以他认为中行正式经营农村放款始于 1932 年，这可能是援引中行《行史》中“中行于 1932 年开始在农村试做合作社贷款”这一结论所致。

第三，据《中行农讯》第十三、十四期合刊期《本行农贷业务史略》一文之“农贷沿革”称：“本行农贷业务，肇端于民国十二年（1923）华洋义赈救灾总会推行合作组织之际，当时本行以贷款由该会转贷于农村合作社互助组。”这就是说，中行农贷业务发端于 1923 年华洋义赈救灾总会推行合作组织之际，当时中行以贷款由该会转贷于农村合作社互助组。换言之，中行间接办理农贷时间始于 1923 年，通过华洋义赈救灾总会以当今所说的“过桥贷款”方式，由中行委托华洋义赈救灾总会转贷于农村合作社互助组。关于这一史实，宋汉章在《水利与农贷之关联》中有过描述，但其间接办理农贷时间是更早的 1921 年，宋时值丁忧（注：为父或母去世守孝）期间，以沪商会长身份，在华洋义赈会中从事融资性助农活动，亦如其文所言：

自庚子变乱（注：1900 年清朝与八国宣战并失败）以远，干戈遍地，迄无宁岁，影响所及，以言农村则疮痍满目，原有秩序，破坏无遗；以言农业，则潦旱时作，粮食生产，几难自给，国势危如垂卵。在此背景下，宋汉章时驻华北，目击实况，心为剐然。1921年，淮河流域大水为患，灾情惨重，灾民近百万，灾区达万余方公里之广，（宋）实难坐视。因在上海随同朱葆三，王一亭，陆维□（以上三者已故世），叶□英、朱芭臣、□吉生、朱吟江、王滕生诸君子，并在沪西教士及西商领袖组织公款洋义赈会，奔走呼号，办理赈务，旋以筹划工赈之导淮工程，聘请已故美国水利技术专家费礼门氏 Dr. Jobnxp Freeman 来华设计工程之进行。费氏为世界著名水利专家，自备资□，遍历淮河两岸各地实地勘察，拟成报告，以供导淮工程之采据，热心公益，令人企佩。唯华洋义赈会为一慈善团体，力量有限，导淮工程需费甚巨，所募捐款不足百万元，明知杯水车薪，无济于事。然时丁忧患，（宋）亦不得不助力以赴，幸此举竟能一振国人之观感，感知兴修水利为急□。嗣后政府设立导淮委员会专治其事，华洋义赈会之一部分经汇产业，亦交由该会提用。宋汉章参加华洋义赈会工作中，有可述者数事：（一）在江苏高乡县建筑水堰一处，当时用费达五十万元之谱，而邻近七县之农田得免氾滥之患。（二）在陕西完成泾渭渠之水利工程，该渠由北平华洋义赈救灾总会提倡于先，上海华洋义赈会完成于后。至黄河为患，自古已然，关于疏浚黄河一事，汉章代表上海华洋义赈会屡与已故我国水利专家李仪祉君详切讨论，计划进行，嗣后政府因有黄河水利会之成立，遂致中途搁置。（三）此外陕西旱荒之际，又曾贷款于农民，从事凿井，颇著成效。（四）1921年（宋汉章）在沪商会长任内时，苏州河淤塞，亦经筹款疏浚，由沪赴苏船只仍得通行无阻。

上述文献说明：1921年，作为中行上海分行经理的宋汉章，时值丁忧期间，在沪商会长任内的融资性助农事例有：①为导淮工程募捐；②为江苏高乡县建筑水堰所需五十万元募捐；③为陕西完成泾渭渠之水利工程，代表上海华洋义赈会屡与水利专家李仪祉君详切讨论，计划进行；④为陕西农民抗旱凿井，转贷款于农民（注：金额不详）且颇著成效；⑤1921年为疏浚苏州河淤塞，亦经筹款（注：金额不详），使由沪赴苏船只通行无阻。由此可见，我国最早从事农业扶助活动的主体是华洋义赈会，而宋汉章作为中行上海分行经理，于1921年或1923年就以转贷款方式间接地扶助农业生产事业。

如何判断“有之，应以本行为首创”这一行史命题？

第一，据现有史料梳理，《本行农贷业务史略》所言“本行农贷业务，肇端于民国12年（1923）华洋义赈救灾总会推行合作组织之际，当时本行以贷款由该会转贷于农村合作社互助组”之史实，应当是我国金融界最早间接办理农贷的时间及史实，至今还没有其他金融机构早于此时间办理间接农贷的史实。

第二，据《中国银行业史》记述，1932年至1933年，上海交通、金城、浙商兴业、上海商业、四省农民银行等5家银行发起组织“中华农业合作贷款银团”，从事农村投资活动，该银团成立于1934年6月，并开始发放陕、豫、晋三省棉花产销贷款。这说明，在中国银行业史上，1932年至1933年是我国农贷的酝酿与策划的起始时点，除中行外并无农贷行动，其他银行1934年6月后才有农贷。而《本行农贷业务史略》所言“及至21年（1932）济南支行在山东省举办之美棉产销合作贷款三千七百元，乃为本行直接办理农贷之始”的史实说明，中行于1932年办理直接农贷这一时间，早于其他银行1934年6月后才有农贷。

由此可见，在我国银行业已知历史上，无论是从事间接农贷，还是从事直接农贷，中国银行在我国金融业中都是最早的开拓者。应当说，关注与从事有关扶助农业的银行业高管人员，宋汉章是我国银行业已知历史上第一人；他办理转贷款扶助农业这一行为，具有双重身份，他既是为华洋义赈会工作，又具有中行高管人员的身份，因此“融通农业金融者以中国银行为首创”的行史命题，具有历史的真实性。

2. 行史命题再考证：中行办理直接农贷的时间

经过对各种史料的梳理，关于中行办理直接农贷的时间，共有四种说法，那么，这些说法的具体所指和相互关系又是怎样的呢？

第一种说法：据《行史》记述，中国银行于1932年开始在农村试做合作社贷款。《本行农贷业务史略》也称：“及至21年（1932）济南支行在山东省举办之美棉产销合作贷款三千七百元，乃为本行直接办理农贷之始。”

第二种说法：1942年8月19日，宋汉章在《告本行农贷同仁书》中说：“回溯本行22年（1933）开始办理农贷，其时正值我国农村破产，社会极度不安之际，而当时复无其他机关着手承办此事，于是本行以社会责任之殷，爰本一贯服务精神，不得不起而肩此重任。”即是说，1933年中行开始办理农贷。

第三种说法：1942年1月25日，宋汉章在《水利与农贷之关联》中，曾详述了中行试办农村放款的经过，以及1931年开始试办农村放款的史实。

迨民国20年（1931）华北大水灾又作，灾区较淮河水灾尤广，全国工商各业均为波及，目忧心伤，本行遂于冀鲁等省开始试办农村放款，俾劫后农村得金融之辅助，早为规复。其时有以本行为国际汇兑银行，从事农贷业务，颇以为异，而本行不计外议，毅然进行，以信放使农民购置生产上必须之种子，肥料，农具等以恢复其生产力量，并于冀省倡办凿井工程贷款，分年摊还。至今有人以为国家金融机关之农贷期不出一年以上者，实则本行在九年以前已有在三年以上之长期农村放款。

此为本行办理农贷之滥觞，而倡导农田水利为本行农贷之主要任务也。

第四种说法：《本行农贷业务史略》之“农贷概况”称：“本行办理农贷，虽自民国12年（1923）即已开始，唯直接贷款，起自21年（1932），且该年贷额其微，故普通多以22年（1933）为发轫时期。”即是说，1923年为中行办理间接农贷之始，1932年为办理直接农贷之始，1933年为办理直接农贷发轫时期。

可见，关于中行开办农贷时间有四种不同语境的解释：一是中行开办间接农贷时间始于1923年；二是中行办理直接农贷时间始于1932年；三是中行聚量办理农贷时间为1933年；四是中行试办农村放款时间始于1931年。那么，我们如何解释中行开办农贷时间不一致的说法呢？

经查，对于中行办理直接农贷时间始于1932年，是至今为止大多数史学文献所公认的史实；对于中行聚量办理农贷时间，应当说是中行当年内部的一种划分与说法。然而，关键是“中行试办农村放款时间始于1931年”的说法所指为何？

宋汉章关于“1931年华北大水灾又作，本行遂于冀鲁等省开始试办农村放款”的说法，说明中行试办农村放款开始于1931年。如何判断宋汉章这一说法的准确性呢？一方面，宋当时是中行常务董事，应当说，他也是中行试办农村放款的决策者和见证者之一。另一方面，从宋汉章做人做事及其品质上讲，他具有躬行实践、毫不苟且，精勤自励、实事求是的精神，其“嘉言懿行”可为人效法的地方很多。《宋汉章先生在银行的“生活”》一文曾记述了他对发表本人言行的谨慎性：

宋先生在本刊周年纪念号中所写的那篇文章，据本刊编者说：曾亲眼见他坐在常务董事室里执笔为文，不移时已尽数纸。承他以草稿见示，一一讲给编者听，当时见了不禁咋舌。本刊编者颇想将此稿纸设法拿到手中，制成锌板登载出来，以为纪念。那时他老先生立即缩回手去说：“我还要拿回去就正于我的先生，明日再送来吧。”其实明天送来的稿子，仍是如此，不过稍为更动几个字。其后送稿付印，他老先生尚刻刻来询问，取回亲加点窜者数次，闹得排字的手忙脚乱。凡此可见其精神贯注，胸襟坦白，遇事不苟；更可见一个成功的人，自有他独到之处，非可幸而致之的。

由此可以推断，宋汉章关于“中行为农贷首创者说”的郑重性和谨慎性是毋庸置疑的，因此，他对中行试办农村放款始于1931年的说法也应当是审慎的。然而，这一说法又与“1932年乃为本行直接办理农贷之始”的说法存在差异，究其原因，也许是因为银行贷前调查原因所致，即是说，贷款项目发起于1931年，贷款发放于1932年。

此外，宋汉章关于“国家金融机关之农贷期不出一年以上者，实则本行在九年以前已有在三年以上之长期农村放款”的说法，还说明中行最早在中国金融界，发放过冀省凿井工程的三年以上长期农村贷款。然而，这里的“九年以前”到底指哪一年？如果说宋汉章《水利与农贷之关联》（刊于《中行农讯》1942 年 1 月 25 日第七期）一文是 1942 年 1 月写的，那么“九年以前”即指 1933 年，也就是说，冀省凿井工程的三年以上长期农村贷款发放于 1933 年。

综上所述，如果说 1932 至 1933 年，上海有交通、金城、浙商兴业、上海商业、四省农民银行等 5 家银行发起组织“中华农业合作贷款银团”，从事农村投资活动，该银团成立于 1934 年 6 月，并于同年开始发放陕、豫、晋三省棉花产销贷款的话，那么在中国银行业史上，直接融通农业金融者，应以中行为首创。

（三）中行开办农业贷款史实经过

据对《中行农讯》之《本行农贷业务史略》《本行农贷业务鸟瞰》《成渝路之农贷与农村》[①] 等文献，以及《行史》有关中行农贷史实的综合梳理可知，中行及四川分行的农贷史实经过大致如下：

1. 中行开办农业贷款历史沿革概要

本行农贷业务，肇端于 1923 年华洋义赈救灾总会推行合作组织之际，当时本行以贷款由该会转贷于农村合作社互助组。及至 1932 年济南支行在山东省举办之美棉产销合作贷款三千七百元，乃为本行直接办理农贷之始。

1933 年续在龙山县办理信用合作贷款，贷额增至二万四千元，是年陕省大旱，灾情严重，本年为协助政府救济灾藜及恢复农民生产能力起见，于 1934 年由津行先在陕省组织合作社放信用贷款，继又因农民之要求而扩展至冀豫两省；同年实行与金陵大学实业部等机关合作，于江宁县组织合作社及作物改良会开始办理信用储押等业务。1935 年春，沪行则于江苏安徽两省与嘉太实农事改良会，皖省合作委员会，实业部驻皖办事处及省仓管理处等机关合作，办理信用及稻谷储押等贷款；浙行亦于浙省诸暨吴兴一带开始办理。1936 年更扩展及赣、湘、鄂等省。1937 年上期，渝行在四川内江资中等县之蔗糖贷款，津行在绥远包头之信用贷款，以及粤省农贷之筹办，益使本行农贷业务蓬勃发展。综计本行农贷区域截至该年止已遍及 13 省，贷款数额达一千三百十八万六千元。

惟自抗战军兴，华北华东各省相继沦陷，本行贷区内之冀、鲁、绥、皖、苏、浙、豫、粤等省之农贷业务，亦因战事影响趋于停顿。1938 年汉口广州失陷后，

① 本行农贷业务史略.《中行农讯》第十二、十四期合刊. 1942 年 8 月 31 日. 张沦俭. 成渝路之农贷与农村.《中行农讯》第二期. 1941 年 8 月 25 日.

鄂、赣两省之农贷，亦被迫暂停进行。积极努力于后方各省农贷业务之开辟与恢复。1938年增辟桂省贷区，1939年增辟滇甘两省贷区，并恢复浙豫两省业务。1940年度扩大农贷各行局分区办理后，本行因战事影响停顿之区域次弟恢复，计在后方各省已普及于13省，贷额增至四千九百十二万四千元。1941年度承1940年之后增加湖北一省，并开辟闽省农贷业务，至此贷区共计15省200县，而贷额亦增至19，500余万元，为历史之冠。本年恪守四联总处紧缩农贷之规定，依据1941年度之贷款最高额为本年贷放原则，严格贷放，截至本年六月底止，共计贷出13，700万元，其区域则同去年。是为本行历年农贷业务之简史。

总之，本行办理农贷，虽自1923年即已开始，唯直接贷款，起自1932年，且该年贷额其微，故普通多以1933年为发轫时期，历年办理动态分为二阶段。

2. 抗战之前中行开办农业贷款情况

（1）启蒙时期（1933年至1935年）。本行农贷工作着重于生产信用资金之融通，仓储及旱灾之救济。在北方由济支行与津行主办，贷款集中于鲁冀豫之特产区及陕西灾区，其对象以合作社及互助社为主；南方则由宁行、沪行、浙行主办，贷款集中于苏皖之信用及仓储放款，浙江之蚕丝放款，其对象以合作社，仓库及产销合作社联合社为主，并在各该省直接参加组社训练等合作指导工作，以资提倡。

（2）扩展时期（1936年至1937年上期）。本行农贷在此阶段中除对增产目标仍予着重外，并注意以往数年之基础，注重各地合作社作“质地”之充实工作。南方各省，宁行业务，在苏皖已有基础，亦就促使贷款对象质（注：信誉）之健全之途迈进。沪行1936年春与赣、湘、鄂，各省有关机关商定合作办法，着手在各该省开辟新贷区，惟仓库贷款于1937年因皖省仓库管理处之裁撤而停办；浙行于1936年更于吴兴等县举办合作仓库及信用生产等贷款。1937年上期，川、粤两省农贷区亦由渝粤两行开办。本行农贷工作，至此已达扩展阶段，脱离启蒙时期之救济性工作而逐渐步入积极协助农民恢复其生产力之建设性工作。

（3）抗战前中行农贷的各类贷款品种。（一）美棉产销合作贷款；（二）信用合作贷款；（三）农仓贷款；（四）小麦运销合作贷款；（五）农田水利贷款；（六）特产产销合作贷款（蚕丝与烟叶贷款）。

（4）战前农贷的组社、指导、训练工作。本行办理农贷之式，自始即采取深入民间，力求实效之政策。故着手之初，极端慎重，各地合作组织，大多数由本行工作人员组成，调查指导不厌其详尽；唯一经成立即以最简捷之手续使资金迅速流入生产者之手，款项贷出后，更随时予以严密监督，故本行农贷深受各地农民欢迎，而历年呆账甚微者，良有以也。至于训练职社员以求各社“素质”之提高，调训农贷工作人员以谋工作能力之充实等。在启蒙时期以工作甫行开始，尚未计及；及至扩展时期，则除对贷款区域数量扩增而外，积极注意及此，因以奠定本行农贷工作健全强固之基础。而外勤同仁亦多能秉此精神努力以赴……

《行史》对此阶段农贷情况的记述是：中行于1932年开始在农村试做合作社贷款，至1934年底，计贷款197万余元，到期陆续收回133万余元。与中行发生借贷关系的合作社共944个、社员5万余人，分布于6省40县。1936年对合作社贷款增达808万元，扩展至10省117县，关系94个合作社联合会、3200个合作社、20.5万农户。抗战以前，中国银行办理农贷的区域有华北、华东及华中13省、226县。

3. **抗战时期中行及川行开办农业贷款情况**

本阶段中行农贷工作与前大不相同，不仅贷区扩大，贷款种类、贷款对象及工作人员较前增多，而农贷在本行一般业务中获得明确之地位一举，益使工作效能有明显之增进。

（1）抗战时期中行农业贷款的三个时期

第一，动荡时期（1937年下期至1939年）：抗战发生后，本行农贷业务因战氛之蔓延而不得不逐渐撤退。1937年撤退者有冀、鲁、豫、绥、皖、苏、浙、粤等八省，1938年有湖北一省。其临近战区未经撤退各省如湘赣，亦因战局动荡不定，农贷业务数多收缩。但本行为推进后各省生产计，1938年开辟桂省贷区，1939年我敌相持于各战场，军事已入于稳定阶段，除开辟滇甘两省贷区外，复将接近战区之浙豫两省农贷业务恢复。而四川省业务之推进扩充，尤为积极。故本行在此阶段内已将农贷重心移于西南各省，并积极作恢复收复区工作之准备。

第二，扩大时期（1940至1941年）：本行办理农贷以活泼农村金融，增加农业生产，改善农民生活为目标，其工作基础于抗战以前早已奠定，工作成绩，亦颇为社会所重视。抗战发生后，虽因战事影响，于1938至1939两年无多发展，但总管当局，无时不在计划准备以谋急速恢复。故自1940年起即作积极之推进，并竭力促成四联总处扩大农贷纲要之颁布，全国各地农贷自此由各行局分区办理。此不仅使本行工作开展，抑且引动其他行局之农贷工作。1940年以后，自整个业务进度上，放款数量上，或办理方式上言，本行确已善尽其农贷之任务。且以本行农贷业务，既已具有相当规模，为谋业务组织系统之建立，及考核严密起见，总处于1940年有《农业贷款人员组织服务待遇暂行办法》之颁布，明确确定农贷在本行业务中之地位。是年贷款区增至13省，贷额增至4900余万元，1941年承1940年之后，复增加湖北、福建二省，连前共15省，贷出款则为19500余万元。本阶段本行农贷业务之中心不仅在使贷区扩大，以求普及于更多之农民，并遵照四联规定，增订贷款种类外，复积极提倡植树（和）节储等工作，期使农贷工作深入农村之每一角落，以达成整个农村经济之建设。经本行各分支行及农贷工作人员之努力推动，农贷对国家社会之贡献，更倍徙于往昔。

第三，紧缩时期（1942 年）：自太平洋事变爆发后，本行为适应券料来源之困难及恪守四联总处农贷紧缩政策计，对各地农贷业务，要皆遵此严格推进，并利用余暇，协助合作指导人员对各社作积极之整顿。期以此机会，使本行贷区内之各贷款对象，得藉以充实其内容，稳固其基础，俾能胜任未来艰巨之建设工作。最近政府颁布国家银行专业之明令，并决定自 9 月 1 日起各行农贷业务由中国农民银行统一接办。本行遵奉政府命令而将此十余年来所肩负建设农村之重担脱卸，但本行历来所期望促起国家社会注意而逐渐使农贷统一办理之愿望，至此得以实现，实亦本行引以告慰者。而本行办理农贷之工作精神，当亦在我国农业金融史上留一业绩。

《行史》对此阶段中行农贷数额的记述是：1939 年中行经办农贷区域计有 8 省、82 县，贷出金额 749 万元。1940 年中行经办农贷区域增为 16 省、139 县，贷出金额增至 4900 余万元。1941 年中行经办农贷区域共计 17 省、170 县，贷出金额增至 1.95 亿余元。到 1942 年 8 月底，全行当年共贷出 1.55 亿元。中行遵照规定于当年 8 月底先将农贷业务、工作人员一次移交给农行。中行经办的工业合作贷款，历来由农贷部门兼管，经协商后，也于当年 9 月底移交农行。共计移交农贷 2.3 亿余元，农贷工作人员 637 人；工业合作贷款 631 万余元，专任工合贷款人员 41 人。至此，中行这两项贷款业务即宣告结束。

（2）抗战时期四川中行开办农业贷款情况

抗战前夕川行开办农贷情况：川行于 1936 年春派刘国士、吴一峰先后至成渝公路各县调查农村情形。川行农贷开始于 1937 年，初时仅于成渝路数县试办。至 1937 年春，川行与四川省合委会协订放款合约，划定内江、资中、资阳、简阳、荣昌、隆昌等 6 县为本行农贷区域，并订定农贷办法，此为本行成渝路农贷之开端，信用贷款即于 1937 年 5 月间进行办理。

抗战爆发后川行积极扩充农贷业务：1938 年 1 月于资中、内江两县开始办理甘蔗生产及制糖加工放款；1939 年又与川农所中大农学院订定（立）耕牛猪种贷款合约，同年夏荣昌除农贷外，渝行与中工合会（应为中国工业合作会）约定为工贷区域。是年资中、内江甘蔗生产及制糖加工贷款，已至推广阶段，资阳亦开始办理。1940 年资中、内江甘蔗生产及制糖产销社更形发达，除简阳全部生产社，资阳、隆昌一部生产社不办加工外，余均全部加工，贷款总额 2000 万元。是年，川行增办了黔省农贷业务，复接办沪行鄂西北农贷区，至1941年6月止，渝行办理农贷之区域在四川为17县，贵州11县，鄂西为2县，工作人员98人；当年生产贷款贷出总额达1500万元，加工贷款约2500万元之谱，正（在）核放中。本年烟叶生产加工贷款，于简阳、资阳加以推广，贷款约120万元。此为成渝路农贷业务之大概。

川行农贷业务种类：至1941年6月止，渝辖农贷业务种类，除直接经办区域内之普通农贷外，在四川以内江区之蔗糖，为数甚大，供给蔗农以生产及加工资金，并与农业改进所合作推广优良蔗种，办理蔗种贷款。此外按成摊收之贷款，有川农所松潘绵羊场之绵羊生产贷款，推广旱粮及蒸制粉贷款，棉花加工设备贷款，棉种贷款，川水利局之农田水利贷款，合作事业管事局之合作供销贷款等。

川行农贷贷款方式：除各种款（指四联处指令性的按比例分摊的贷款）外，四川成渝线简阳等6县的普通农贷，由渝行直接派员办理。已以金库方式办理者有：永川、潼南、铜梁、万县、奉节、云阳、简阳等7县，此外正拟接办巫山巫溪二县合库。贵州原于镇甯、平越等3县各设合作金库，本年四联与黔省府洽订农贷合约，本行镇甯合库划归交行接办，其余归本行办理农贷之各县，正积极推进中。至湖北巴东、秭归两县金库，也在进行接办。

川行农贷组织与机构：渝行成立农贷股，分农贷、合库两组，各设领组。办理农贷之支行办事处各设专员视察员。目前各区贷款，四川内江区由内江支行即所属办事处及分处经办，万县区由万县办事处经办，永川及巫山区归渝行直接经办，黔省则归黔支行经办，因其在无行处之县份均设合作金库，邻近行处之县份即由附近行处办理，故无其他农贷办事处等类机构之设置。

（3）抗战时期中行农贷品种及其成效窥视

（一）普通农贷。包括生产，信用等类贷款，其范围虽极广泛，而其供给农民以生产上必需之资金使其维持并增强其生产能力，则为共同主要目标。推行所来，不仅使农民因获低利贷款之援助得逐渐恢复其已失之生产能力；在本阶段中且促使扩大耕地面积，增种各种杂粮以增加战时军糈（需）民食之供给，直接间接对抗战所贡献者实不在少。普通农贷在本行各类农贷贷额中所占比例最高，所收效果当亦最巨，其用途以购买肥料，种子，耕畜，食粮，农具，购赎田地等为主。在此难予逐一枚举，兹仅就其荦荦大者概述之。

1. 扩大耕地面积：耕地面积之扩大，当以开垦荒山荒地利用休闲田地及恢复荒芜之已耕地为主要因素，本行为使后方增产能有直接而迅捷之成效及补救因劳力减少而影响于耕田逐渐减少危机起见，除与垦务机关合作举办较大规模之垦殖贷款外，于西南各省亦多注意此项工作之推进……

2. 协助食粮增产：利用休闲田地种植冬季作物，亦为直接增产之一良策，本行于桂川浙等省曾至及之，并在甘省与省府合作推行该省之增粮政策。

……川省则于资阳、潼南、万县、云阳等县亦有推进，潼南县之旱杂粮增种面积 34000 余亩……他如协助贫农购赎耕地，以使耕者有其田；举办耕牛贷款，以补人力之缺乏；以及其他间接促使生产增加之工作，亦为本行农理农贷业务时所特别注重者。

（二）农业推广贷款。农业推广贷款，已往并入于生产信用类举办，自 1940 年四联总处颁布贷款准则以后，始行划定为贷款之一类。惟本行对棉麦稻优良种籽之推广工作于抗战前早经办有成效，本阶段中除陕西省之改良棉种仍予贷款继续协办，其他各省之推广工作亦颇有长足之进展。

……川省本行单独与四川农业改进所签订优良蔗种贷款合同一种，计为国币 21000 元，作为该所推广爪哇 2878 号蔗种 600000 万斤之用。此外，万县与农推所合作，由本行所辅万库贷放洋芋荞种贷款，协助农推所劝导农民保育再生稻种冬粮等工作，奉节县协助棉改所试种“百万棉”甚（为）成功；开县则与农推所合作室合作，贷款猪牛贷款，并接受万处之委托，贷放推广所以鱼种贷款，荣昌县对工业所需蓖麻子及用作肥料之苕子均曾与农推所协作推广……

（三）农田水利贷款。本行在抗战前即曾注意于农田水利工作……农贷扩大后，农田水利贷款中之中型及大型水利工程，刻由各行局联合贷放，初由农本局代表农（办）理，1941 年起转由中国农民银行代表办理，本行按照农贷比例摊放 25%。1941 年度共计贷出 30386698 元，兴办大小水利工程 2059 处（内有 258 处尚未完工），本年度已由四联总处核定之贷额则为 9700 余万元。至本行单独举办之水利事业……综观本行在各省单独贷放之小型水利贷款，其总数虽不过九十余万元，而收效则颇宏，已能逐渐转移一般农民（靠天吃饭）之观念，并对农产增加有直接迅速之成果。故本年各省皆积极协助举办中。

（四）特产产销贷款。本行为国际汇兑银行，举凡有关换取外汇之特产如桐，茶等之促进，向所注意，同时对后方必需之各类特产如棉花、糖、纸等亦同样予以重视。故在贷区内有各项特产皆贷予必需之生产加工及运销金，以求其产量之增加品质之改善，年来虽以国际路线日塞，外输物资之出路日盛，但为久远计，仍多继续予以资金协助，以谋抗战胜利之急速恢复，良以桐茶等之生产原非短期内所可激增者，如不预准备何以应付将来。

1. 桐油：桐油为我国主要外输物资之一，其产量以四川最丰，湖南次之，其余各产桐省份之产量较逊。惟年来统购之价格有时低过植桐成本，故桐油之产量锐减，桐农多将桐树砍伐改种其他作物。益以桐农缺乏组织，对桐油之销售更难获得合理价格，本行为维护桐油之生产及救济桐农之生活起见，于本行贷区内视实际情形酌量举办桐贷。如川省巫山，云阳，奉节，巫溪，及开县等县，均有桐产，本行择其尚有发展可能（如开县之数桐油产销社）者，继续贷款予以扶持……1941 年本行贷款各社制成桐油约计五十万元……本年本行发动之推广植树工作，各地计划推广植桐者甚多，对桐树增植及将来之桐油产量颇多裨益。

2. 茶业：茶为外输内销主要产品之一，其遭遇之困难与前述之桐油相同。年来不仅市场消（销）滞，其产量亦见锐减。本行曾于贷区内之浙皖赣等省努力于茶农之救济及茶产之维持……本年本行推广桐树工作对茶树之增植，亦颇注意。

3. 棉花：本行对贷区棉产之协助增产，除于 1938 年即于云南与富滇新行组织木棉贷款银圈，由本行任总干事之职，从事于西南仅有之长绒棉区推广外，要皆自改良品种入手。故在陕省之泾阳，三原，渭南，临潼等县，甘省之天水，微或（此为原文，可能有误）等县以生产贷款方式协助推广品种优良之斯字棉，其成效均著。在四川省曾会同农本局、中农行、省合库订立四川棉产放款细则，由本行代表，以推行三台、射洪、遂宁、蓬溪、中江等六县棉业生产、利用、运销储押等贷款，后以推进未能顺利，乃与农改所另定棉种贷款，本行拟放十万元以推广优良棉种……

4. 蔗糖：川省本行贷区内之内江中，资中，资阳及简阳四县甘蔗产量颇为丰裕，惟一般蔗农以缺乏组织，历年来受当地糖房（预卖青山）及（长项）等恶习之束缚，生活異（异）常艰苦，甘蔗产量品质以及制糖之技术等，亦因此大受阻遏，俱无进展。自渝行于 1938 年 1 月在各该县开始协助蔗糖产销合作社，贷以甘蔗生产及制糖加工贷款，创设评价制度，评定甘蔗生产成本及糖清制造成本，并介绍爪哇 2878 号优良蔗种后，不数年内，各该县蔗农俱已摆脱糖房之束缚而□于自主自立之境，甘蔗品质及制糖技术亦颇有改进。故截至 1940 年秋宜昌失陷，蔗糖销路减少，及 1941 年一般物价暴涨之前，各该县之甘蔗重要性系与年俱增。本行蔗贷对后方糖产及动力酒精原料之维持，确尽其最大努力。1938 年本行对该四县之蔗贷计共六十万余元上，至 1942 年七月止其贷款余额已达六千余万元……

5. 纸：抗战时期，洋纸来源断绝堪虞，实有增加土纸生产以适应各方需要之必要……

6. 除上友述各项特产外，复有四川省：隆昌之夏布；荣昌之猪；简阳之柑橘与棉；资阳之烟叶。广西四省……江西省……甘肃省……以上各种特产，本行或供给以籽种，运销费用等贷款，或邀专家指导以谋改良，目的要在谋其品质之改进与产量之增加，以应付战时物资短绌之急需。

（五）特种贷款。本行各地经办行处遵照总处第五届农贷会议决之农贷方针，对贷区内特种部族抗战军人家属，荣誉军人及战区义民等皆尽量贷款予以扶助。对临近战区各缺盐省份，利用合作机构予食盐消费贷款以济盐荒。

1. 特种部族贷款……

2. 荣誉军人及抗属义民贷款：……四川荣昌，地处川中，人口稠密，抗属为数甚多。年来本行于该县倡导抗属参加合作组织，以取得低利资金之资助，增益生产。本行工作人员除向各社宣示以吸收抗属为考成（考核项目）之一项外，于抗属社员人数已大量增加。

3. 食盐消费贷款……

（六）农村副业贷款。本行于贷区内各地，除对农家之养猪难等副业鼓励倡办外，每视原料之供给原有当地手工技艺之情形，利用农闲季节，提倡有关于工艺之农村副业以增后方物资之产量并提高农民之收益……惜农民纺织技术落后，成品之产量及品质均不能适合市场需要，本行为辅导改进起见，于 1941 年八月起着手辅导各借用合作社兼营纺织业务，并协助社员将原有旧式织机改为手拉梭。截至目前，信用兼营纺织社数已增至十五社，社员已达六百余人，社员家属之参加纺织者已有一千六百余人，每月可出标准国布六千八百余尺，并于同年十二月成立三阳川合作社纺织联合供销处，担负各社员原料之供给，成品之推销，以及改良纺织机具，训练纺织技术等工作。计已收受社员所产白布一万零一百七十八尺，运销陇西及岷县两地……此外，川省隆昌之麻布纺织，荣昌之养猪及陶器；浙江……陕西……甘肃等，亦多裨益于农家经济。

（七）乡村储蓄之推进。推行储蓄，足以养成节俭风气，吸收游资，用于生产事业；劝储余谷以防粮荒，有助于国家社会及安定农村经济者至大。本行因是于 1940 年订定推行农村储蓄办法，由各省农贷工作人员，在不妨碍原有事务之原则下，利用工作之便，积极推进乡村储蓄事业。

1. 指导合作社办理储金储粮。各省本行农贷人员指导合作社办理储蓄业务，均称努力，其较著者如湘省……桂省……滇省……四川省永川县各社自存之款总计达 36793.50 元。陕省……甘省……

2. 劝购节约建国储蓄券。本行农贷人员，随时随地利用机会，宣传储蓄利益，向合作社及乡村住户劝购储蓄券。合作社方面除劝将股金，公积金之一部购买储券外，并向社员个人劝储。总计 1940 年度各省劝销之储券约达百万元之谱，1941 年度内各省劝销者共达 3532309 元，数虽不巨，而节约风气，已分播于穷乡僻壤，假以时日，收效必宏。

（八）辅设合作金库。本行为协助树立合作社自有、自营、自享之合作金融制度起见，于1940年4月起由黔支行及滇支行分别在……先后试行辅设县合作金库，同年在川省接收四川省合作金库辅设之永川，铜梁，潼南，万县，云阳，奉节，开县等七县合作金库，在甘省接收……1941年复先后接收农本局辅设之川省巫山，巫溪，鄂省……陕省……浙省……1942年1月20日川省大足县合库，亦由本行接收辅设。综计经本行辅导及透支贷放之县合库，亦由本行接收辅设。综计经本行辅导及透支贷款之县合库，截至目前止共达34库。惟各合库以合作社自筹资金不易，开支太大，成效甚少。1941年度除一部分合库因与本行简易储蓄处并设，其开支由简储处分担故有盈余外，余多亏损。本年度一般物价跃涨甚剧，各库所担负之开支更将增重，亏累当在意料之中；连年亏折，合库根基势将动摇，其影响于各地农村金融者至巨，不容吾人忽视。本行之未积极于合库之辅导而对之取试办态度者，其原因在此。

（九）推进合作事业。本行农贷之对象虽颇□泛，但在本阶段内仍以农民组织之合作社居多。而合作社（数量）之发展程度与质索（注：素质）之健全与否，在在影响本行农贷业务之进展，故协助推进合作事业，亦列为农贷重要工作之一……至各社之训练工作，本行农贷人员，除对各社（的）社（员）职员，随时利用机会予以精神上之训练外，并协助合作指导员办理合作讲习会，以训练合作社职员之技术能力；1941年度并特拟定农贷区各县办理合作讲习会暂行办法，以信社（的）簿记（方法）为讲习中心，责成各县农贷人员办理，均能如期举行，认真办理。该支行本年复有合作教育工作队之组织，分赴各县协助办理合作训练工作。

川省本行内江区各县为便于辅导各社社业务及训练社职员计，县内普设工作站实行驻乡工作，对于业务之推动账册应记载，随时随地均加意（以）指导。内江会编印蔗糖产销社簿记大纲及拟订蔗糖产销业务经营细则，一面送县府请採（采）择施行，一面赠送各合作社备充参考。资中对于集中之大漏棚（指制糖场所）派有专人稽核，县联社派有会计主任负责指导，资阳方面于1941年曾与县府组织合作督导团，对于合作社调查训练分组办理，费时六月，即行办竣……

4. 中行办理工业合作贷款史实梗概

工业合作贷款是农民合作的高级形式与农业贷款的高级形式，其本质是农业工业化，即指农民通过合作，一道从事小手工业或低技术含量的小工业生产活动。中行办理工业合作贷款史实梗概，正如《行史》所记述：

（1）工业合作运动是我国战时之新兴事业。抗战时期，大后方人口激增，军民需要浩繁；又有大批残疾军人和各地难民需要救济。如能充分利用当地原料、条件，并吸收群众资力组织手工生产，以生产代替救济，既有利于增加军用民需，又可安定后方，支持抗战，为此政府当局积极提倡工业合作运动。1938 年 8 月，中国工业合作协会在国际友人路易·艾黎（Rewi Alley）的倡导与协助下成立。总会设在汉口，后迁往重庆，隶属于行政院。最高机关是协会的理事会，由孔祥熙兼任理事长。总会之下设有 5 个办事处，推动全国各地的工业合作运动。西北办事处设于宝鸡（分管陕西、甘肃、山西、河南、湖北）；西南办事处设于邵阳（分管湖南、广西、贵州）；东南办事处设于赣县（分管江西、福建、浙江、安徽、广东）；川康办事处设在重庆；云南办事处设于昆明。办事处在部分县成立事务所，事务所下设立合作社。合作社总数约 11 万个，其中经营棉纺、毛纺的占 30%，制衣制鞋的占 20%，其余则分属机械、制革、造纸、印刷等 30 余种手工业。

（2）中行办理工业合作贷款的史实简况。中行经办的工业合作贷款工作，一直隶属于农贷部门，有些还是由农贷人员兼办的。1939 年，中行开始在四川试办工合贷款，并在中国工业合作协会东南区办事处区域内，通过贷款协助该处开展工作，当年贷放约 370 万元。1941 年度中行办理工合贷款的区域扩大为四川、云南、广西、湖南、江西、浙江、陕西、甘肃、河南等 9 省、36 县，贷放金额 480 万元，收回 170 万元，年底余额 553 万元。1942 年 8 月底止，贷款区域与上年相同，贷出金额 178 万元，收回 100 万元，余额 631 万元。

中行为配合及支持合作工业的发展，还提供了一笔训练基金，作为培训合作工业管理及技术人员之用。基金来源从工合贷款的利息收入中拨出 1/8 另户存储，基金的保管及支配由双方共同组织合作工业人员训练基金管理委员会负责。

为增进工合贷款效果，中行还在重庆等地招考一批工贷专职人员，集中训练后分配各地担任贷款指导工作。对于后方急需的机械、化工、纺织、印刷等类工业的增产，予以特殊重视，结合当地原有基础予以贷款扶持，起了一定的推动作用。但因工合社一般规模很小，基础薄弱，社员中缺少经营管理人才，专门技术指导人员亦感不足，又因物价波动剧烈，经营困难不少，新社更不易推动。工合会签订的贷款使用情况不很理想。

（3）四川中行办理工业合作贷款的史实简况。《中行农讯》第十三、十四期合刊《本行工合贷款概况》记述了四川中行办理工业合作贷款的简况如下：川省工合贷款，于 1939 年首先试办。贷款区域设有重庆、成都、乐山、三台、灌县、万县、梁山、荣昌、江津等九处。1940 年后物价波动甚剧，已成立之工合社，以基础未固，业务渐感困难，新社亦不易推进。1941 年度起对新成立各社，暂停贷款，而已贷款各社，注重其内部之整理。并就各地原料运输等条件，以促进当地中心工业之发展，例如于重庆之化学工业，成都乐山之印刷制革工业，三台万县之棉织工业，梁山之造纸工业等。截至1941年底止，贷款余额1323224元，贷款对象为142社。

5. **中行开展农贷工作主要措施窥视**

据《行史》和《本行农贷业务史略》等史料记述可知，中行开展农贷工作的主要措施有五个方面：

（1）建立农贷组织系统。中行总处于1940年4月在重庆召开中行第四届农业放款会议，制定了《农贷工作人员组织服务待遇暂行办法》及《中国银行农业贷款暂行办法》，将农贷业务从业务部门划出，建立农贷业务组织系统，明确各分行设立农贷股，支行设农贷系，配备专人负责办理农贷事宜。总处在业务管理室设业务稽核及帮核，负责拟定农贷推进计划，对各分支机构进行考核监督；增设农业贷款科目，便利账务处理，并将原有农贷制度办法作适当修正，适应战时环境需要。从此，农贷业务成为各分支行处主要业务之一。1941年1月，中行总处又在重庆召开第五届农贷会议，对农贷方针、农贷资金、普通农贷及特殊农贷办法等作进一步统筹部署，以利于扩大推行农贷。

（2）加强配备农贷人员。1937年，中行有农贷人员130人。1938至1939年期间，农贷基本陷于停顿，人员随之减少。1940年以后，农贷逐年扩大，又要求各行深入农村，直接贷放，农贷人员亦随之增加。1940年增至321人，1941年551人，1942年637人。中国银行的农贷人员，大部分是征聘或公开招考而来，其中不少是学有专长或者委托人学农训班代为培训以后分派到各行工作，因而有助于地方的农业增产及农业改良。

（3）发行农贷刊物（详见《行史》第十六章第三节（二）开展农贷的主要措施）

（4）对农民进行合作指导。由于农贷对象大多是农民组织的合作社，因此，发展合作社的数量并提高其质量成为农贷的一项重要工作。这就是《本行农贷业务史略》所指的“组社、指导、训练”，亦即：本行办理农贷之式，自始即采取深入民间，力求实效之政策。故着手之初，极端慎重，各地合作组织，大多数由本行工作人员组成，调查指导不厌其详尽；唯一经成立即以最简捷之手续使资金迅速流入生产者之手，款项贷出后，更随时予以严密监督，故本行农贷深受各地农民欢迎，而历年呆账甚微者，良有以也。至于训练职社员以求各社“素质”之提高，调训农贷工作人员以谋工作能力之充实等。因以奠定本行农贷工作健全强固之基础。而外勤同仁亦多能秉此精神努力以赴。

（5）辅设合作金库。合作金库是自有、自营、自享的金融机构。战时农村合作事业处于起步阶段，人力、财力十分有限，本不具备成立条件。但由于它能在交通不便、商业落后的县办理一般银行无力顾及的业务，各地合作行政当局十分重视其存在而积极要求设立。合作金库的股金绝大部分是由辅导机关（包括银行）提供。中行为适应地方需要，采取了试办做法，先后在贵州、云南、浙江三省贷区内辅设了十几个县的合作金库，又按划分贷区陆续接收了原由其他银行辅设的四川、湖北、广西、甘肃、陕西等省十几个县的合作金库。由中行同县合作金库签订合约，规定贷款总额、使用范围、还款期限以及透支额度等。通过参与金库组织、进行辅导等办法，促进有关县的农业经济的发展。1940—1942 年，中行提供股金约 300 万元，给予透支额约 3000 万元。但各县合作金库自筹资金困难，本身开支又大，除少数能略有盈余外，大多亏损，成效有限。

（四）中行办理农业贷款历史成效

据《行史》评述以及中行农业贷款成效的外界评价，可以说，中行农贷史及其成效在中国银行史乃至中国金融史上，都是一篇值得称赞的绚丽篇章。

1. 抗战之前中行农业贷款之成效

1931 年至 1935 年正值农村经济衰落之际，中国银行率先办理农业贷款，数额虽不很大，范围亦仅山东、河北、陕西、湖南、湖北、浙江、江苏等几省、几十个县，但渐次推展，惠及农户，已见成效：一是解决了部分农民的困难；二是促进了合作组织的日益增加；三是推动了农业生产的发展；四是平稳了农村金融市场；五是培养了一支农村金融工作队伍。

2. 抗战时期中行农业贷款之成效

（1）农贷金额有较大增加。1940 年 10 月，四联总处规定各行局分摊农贷比例，中行占 25％以后，中行的贷款数明显扩大，全年贷出 4912 万元，较 1939 年增加 5.5 倍；1941 年贷出 19515 万元，又较 1940 年增加 3 倍。中行在各行局农贷总额中所占比例亦由 1939 年的 20％增长到 1940 年的 30％，1941 年又增为 40％，大大超过了四联总处规定的分摊比例，平均每年递增 10％。说明中行对开展战时农贷、促进农业发展的态度是积极的，措施是有力的。

（2）农贷符合实际需要。抗战时期，中行农贷着重向西南、西北后方各省发展，扩大到少数民族地区，并兼顾战区及边区。中行在分管区域内，力求贷款普及于全体农户，并特别注重振兴水利，扩大耕地，提倡农村副业，促进出口商品的生产，因而收到较明显的效果。不仅使贷区增加生产，农民增加收益，而且促进了大后方社会的安定，增强农民对政府的信赖，有利于加强长期抗日的力量。中行在农贷中力求符合实际需要，增加贷款种类，简化贷款手续，实行低利政策，有力地支持了生产。以贷款给四川资中、内江等县蔗农一事为例，除贷给生产资金外，又根据社员需要，增办蔗糖加工及设备贷款，使社员真正从糖房的压迫及剥削下解脱出来。内江蔗糖生产合作社曾在一份报告中说：“本县蔗糖生产合作社，创始于民国廿六年(1937)，其时仅7社，社员人数仅占全县蔗农5—6%。第因中国银行贷款能应社员之需要，而又恰值蔗农愤恨私人糖房过分剥削之时，故合作社之推行，蓬蓬勃勃每岁激增，迄于卅年（1941）递达270余社，人数达蔗农50%，此种成效，中行贷款实居首功。”

(3) 培养了社员的农业技术及经营能力。中行办理农贷，不满足于贷款金额的增长，更注意于社员农业技术及经营能力的改进与提高。除吸收一批专门人才，对社员进行技术指导外，不少行、处还配合当地有关部门，培训了技术及管理人员，这对提高农业生产及促进合作运动的开展有积极作用。

(4) 加速农贷资金的周转。中行在发放农贷中，强调贷款用途的适当，注意资金的安全。每年年底的农贷余额均小于上年年底余额与当年贷出金额之和，说明中行贷出款项多数能按期收回，实现了良性循环，发挥继续周转融通效果。

(5) 农贷存在问题描述与总体评价。中行抗战时期的农贷工作，虽取得了比较显著的成绩，也还存在一些问题。例如，在抗战前期忽视了接近战区的农贷，使接近战区各省几乎全部陷于停滞，后经纠正才得以继续开展。又如，个别地区有时由于钞券未能及时运济，出现贷款有违农时的问题；个别农贷人员工作不深入，贷款使用上发生违反规定的情况等。但瑕不掩瑜，总起来看，中行在执行农贷政策，推动农业发展上，还是对抗战事业做出了较好的贡献的。①

3. **中行农业贷款成效的外界评价**

有学者研究认为，自1932年至1942年，中国银行开展了为期10年的农贷活动，取得可观成效。为推广农贷业务，中行采取了很多措施，其农贷规模在当时从事农贷活动的金融机构中一直位居前列。中行推动农贷的各种措施及其对农村问题的认识，对我们今天发展农村金融和解决“三农”问题不无借鉴意义。

(1) 农贷金额逐年增加，部分地缓解了农村金融枯竭。据初步统计，战前中行农贷总额超过1.8亿，战时农贷总额超过4.2亿，这在当时是相当可观的数目。中行农贷，无论是对于战前的农村救济，还是对战时大后方农业发展，都提供了大量资金，一定程度上缓解了部分农村地区的金融枯竭。同时，中行农贷还打击了农村高利贷剥削，改变了农村传统的借贷格局。

(2) 增强了农民生产能力，促进了农业生产发展。抗战时期，在中行农贷帮助

① 卜明．中国银行行史（1912—1949．上卷）[M]．第491—517页．北京：中国金融出版社．1995.9.

下，贷区农民生产能力进一步提高，垦荒面积不断扩大，耕牛数量大大增加。而农民生产能力提高后，各地农业生产都有明显增长。从1941年起，中行提出农贷“当更着重对贫农、小农、佃农的放款。我们要尽力于谋农民大众的利益，而防止土豪劣绅的操纵把持，以冀一般贫苦的农民，都能得到贷款的帮助”，促进他们的生产能力，改善他们的穷困生活，“用太极拳的方式来打倒土豪劣绅”。抗战时期，大后方农业不仅实现了自给自足，而且支持了长期抗战的需要，这与中行等国家行局的农贷支持是密不可分的。

（3）推动了农村合作事业的发展。中行积极鼓励农民组织合作社，鼓励合作社吸引贫农小农为社员，合作社数量明显增长。同时为使合作社健康发展，中行农贷人员利用贷款发放及复查之际，协同合作指导人员整顿社务，并推动发展社务，除信用合作社外，促其酌量兼办共同购买、共同贩卖、公共造产及储蓄等业务，并拟定指导办法纲要，分发各县，切实推进。这对促进合作运动的开展和农村社会的近代化进程都有积极作用。

（4）有助于增强人民对政府之信仰，融洽民族关系。作为政府银行，中行的农贷往往被农民视为“政府之德政”，尤其是抗战期间，“军需孔急之际，政府尚能以巨款贷入农村，此种事实使农民认识国家之实力，信仰政府，对抗战必胜之信念亦因以坚定”。农民因农贷而得到实惠后，对中行救济农村的措施“莫不感激称道”，对政府兵役、工役、募捐等政策也乐于遵行和配合。

（5）农贷问题与总体评价。尽管中行的农贷业务没有、也不可能完全改变整个中国农村的面貌，而对于中行在农贷业务中存在的不足之处，不应苛求，更不能因其没有彻底改变农村面貌而完全否定。中行农贷，在战前是商业银行投资农村的典型代表，在战时则是国家行局发展农村金融的主力。中行农贷对于促进农业生产，改善农民生活，推动农村金融发展发挥了一定的积极作用。①

综上所述，通过对我国金融史上农贷先趋的考证，中行开办农业贷款史实经过、中行办理农业贷款历史成效的回顾，应当说，中行农贷史及其成效在中国银行史乃至中国金融史上，都是值得称赞的绚丽篇章。

（五）中行农业贷款史的文化意义

按照“行为是文化的函数，人是文化的囚徒”的文化决定行为及效果的逻辑，在中行农贷史的绚丽篇章背后，必有一种积极向上的组织文化之内在力量予以支撑，文化是行动之前的指导性价值观念和行为结果背后的支配性价值思维，这就是中行

① 石涛．民国时期商业银行农贷业务述评——以中国银行为中心的考察［J］．历史教学．2013.

农业贷款史所蕴含的历史文化意义。

1. **中行农贷史绚丽篇章背后存在着值得探究的文化之魂**

根据美国人类学家罗伯和克拉克洪的文化内涵可知，文化的核心部分是历史地获得和选择的传统观念及其所带来的价值；文化体系一方面可以看作是活动的产物，另一方面则是进一步活动的规定因素。结合中行公司文化传承而言，所谓文化体系是进一步活动的规定因素，是指既然在公权时期中行内部已经形成了一种积极向上的组织文化，那么就会在中行农贷的进一步活动作为一种“规定因素”而起到引导出行员积极向上行为的效果，而且这种“进一步活动的规定因素”在后任总经理那里首先得到认同，由于公司文化的领导效应又会促进公权时期中行公司文化在全行员工中的传承。因此，如果说中行农贷史及其成效在中国银行史乃至中国金融史上，都是值得称赞的绚丽篇章，那么这一篇章的“主笔者”（宋汉章）和“从笔者”（广大行员），则是在传承公权时期中行公司文化基础上，为这一绚丽篇章谋篇布局与建构篇魂的。

2. **中行农贷史绚丽篇章背后存在着的值得探究的历史文献**

抗战前后时期，中行在其系统内经办过的连续出版物，有据可查的就有 10 余种，包括：(1)《中行农讯》，1941 年 7 月 25 日创刊，迄 1942 年 8 月 31 日，共发行了 14 期；(2)《西北老乡》月刊，由中行西安分行农贷股于 1942 年 7 月 4 日创办，发行两期后就接到命令而停刊；(3)《农讯》月刊，由中行桂林分行农贷系于 1938 年 10 月创办，1942 年 7 月更名为《桂农》，因接到中行农贷业务转由中国农民银行办理的通知，该刊改版运作只发行了 1 期就停刊；(4)《湘农通讯》月刊，由中行长沙分行农贷系于 1941 年 2 月 1 日创办，1942 年 2 月 1 日后宣布停刊；(5)《河北合作通讯》，由中行天津分行于 1937 年创办；(6)《农放月报》，由重庆分行于 1939 年创办，1942 年 8 月因农贷业务移交而停刊；(7)《经济商业调查月刊》，由中行内江分行于 1940 年 5 月创办，直至 1944 年 9 月还在刊行，何时停刊不详；(8)《雍言》月刊，由中行西安分行于 1941 年 1 月创办，1946 年 12 月（第 6 卷第 12 期）仍刊行，准确停刊时间不详；(9)《四川月报》，由中行重庆分行于 1932 年 7 月创办，经济研究组负责编辑发行，直至 1938 年 8 月（第十三卷第一、二期）仍在刊行，准确停刊时间不详；(10)《川边季刊》是中行重庆分行在《四川月报》之后，于 1935 年 3 月再创办的一份刊物，于 1936 年 6 月出版第二卷第二期后就宣告“暂时”停刊。

中行在其系统内经办连续出版物的历史文化意义在于：这些刊物所记述的内容，与一般档案史料相比，具有历史文献的性质，更有利于后人去研究这段时期的历史。由此可见，抗战前后时期中行系列连续出版物，既是研究中行农贷史的有价值之历史文献，也是研究中行公司文化传承史的有价值之历史文献。

三、抗战时期文化传承之农贷精神

据对《中行农讯》《农放月报》等刊物，以及重庆市档案馆文献史料的综合梳理，总体来说，抗战时期中行公司文化的传承，主要表现在五大方面。

（一）“职务报国，改进民生”理念在中行及川行的传承史实

在中行农贷史中，对“枢纽自任，职务报国；服务大众，改进民生”文化理念的传承史实，可从抗战时期中行领导人的以下讲话或文章中得以显现。

1. 中行总经理宋汉章之“农贷报国”论

1942年1月，《中行农讯》第七期刊登了中行总经理宋汉章的《水利与农贷之关联》，文中，宋汉章将中行农贷使命定义为：“本行农贷业务，广义言之，为辅助国家从事基本建设工作，狭义言之，为对全国大多数人民之服务，与其它业务并重。”

与此相关，在《宋总经理训词》（《中行农讯》第八期）中，宋汉章将中行农贷主旨概括为：“本行办理农贷的主旨，在以低利贷款促使农民增加生产，以配合国家复兴农村建设农村的政策。”由此可见，宋的观点与公权时期“服务大众，改进民生，职务报国”的公司使命如出一辙。

2. 中行副总稽核“农贷之时代精神”论

中行副总稽核霍宝树的《本行农贷之时代精神》一文刊于《中行农讯》第一期，从其字里行间都可看出对中行“服务大众，改进民生”文化理念的传承印迹。

我国数千年来，以农业为主要生产方式，历代盛衰，莫不与农业之荣枯有密切关联。适承20年（1931）水灾及“九一八”“一二八”两大事件之后，国计民生，疲乏已达极点，生产萎缩，百业凋零，益以国际贸易失其平衡，白银源源外运，全国遑遑，不可终日。本行有鉴于复兴农村为先务，着眼于斯。盖农村复兴，生产率因以增加，购买力自然向上，社会方可安定，国力从而培养。本行为国际汇兑银行，吾人应知国际汇兑基于国际贸易，而国际贸易，实基于国内生产，本行之毅然致力农贷者，即以增加生产为手段，促进国际贸易为目的。意义在此。

抗战军兴，军糈民食外汇之需取给于农村者尤属殷切，本行农贷，至此亦由调剂向建设之途迈进，转移区域至西北各省，作普遍深入之推进。因区域普遍，种类广泛，手续简便等原因，不独生产增加，农民收益日丰，其结果除社会更为安定外，并增加强农民对政府之信赖，充裕长期抗战之力量。今当抗战进入第五年，胜利日近，困难更多，本行农贷对国家社会所应负之责任，亦益感繁重。

与此相关，中行陶桓棻副稽核在《农贷同（员）工今后应有之认识》中（见《中行农讯》第一期），也对中行农贷的具体使命作了阐释：

过去本行农贷方针，为适应农村之需要，以增加农业生产，减轻农民成本为宗旨，其放款对象，类多为合作社及有组织之农民生产团体。抗战以还，更力谋配合政府政策，增加贷款种类，扩大贷款区域，提高效率，积极谋后方生产力之增加，并以之坚强农民对抗战必胜之信念。

3. **中行副总经理“有中国就有中行”论**

1942年元旦这一天，恰逢中行成立30周年纪念日，据《中行农讯》第七期《31年元旦总处同人团拜集餐记略》记述：

31年（1942）元旦，雾重庆天气晴朗，象征胜利，□报光明。玉灵洞总处气象焕然一新：青松牌坊，苍□对联，党国旗临风招展，行警行役换新装。一□□办公室改为大礼堂，办公桌躲进防空洞。善于□□，的是战时。十时正“山上”同人（注：农贷人员）与“山下”同人（注：驻重庆的总行及渝行人员）齐集，未至则拜，先道“恭喜”。总经理、副总经理、总秘书、副总稽核，暨渝行副理襄理相继□□，一百五十余同人站成圆圈三匝，相向三鞠躬□，□总经理训词。

首先，宋汉章总经理在元旦总处同人团拜集餐会上训词说：

本行成立在民国元年（1912）1月1日，到今天已经整30周年，初时情形，非常困难，资本短绌，存款也不易吸收，记得本行的第一笔存款，还是孙总理拨存的规元五十万两，很可纪念。以后本行又要发钞票，又要替政府整理公债，颇有责重事繁之感，幸得平安渡过。后来所遇到的难关很多，但均能顺利过去，致有今天的规模。可是现在，难关仍属不少，如何安全渡过，全要仰赖于诸同人。本人年迈，诸同人都属少年英俊，必能肩此重任，护国护行，盼望诸同人格外努力。

其次，宋总经理将“勤俭毅信”作为总经理的礼物献给大家（见后）。

再次，中行副总经理贝祖诒训词，提出了“加倍努力有中国就有本行”之口号，还说了一番与张嘉璈“职务报国”理念极为相似的训词：

抗战胜负，一方面固然要取决于军事，但另一方面还要取决军事以外之经济战争，银行是国家经济的大动脉，是经济战争的主力军，我们在银行界服务，也就是努力建国；一桩事业的成功，就是国家一部分的成功，个人站在个人岗位上努力，也就是为国家努力。一个人离不开国家，每个人动静得失，均与国家息息相关，不要认为个人成败利钝与国家没有关系，要振作起精神，眼前有很多事要等待我们来做；只要努力，前面还有的是机会，不要将自己看轻。国家的复兴，事业的发展，责任全在我们这一辈人身上，盼望大家对这一点要注意。

最后，民国三十一年（1942）元旦总处同人团拜集餐会开始，其情形如下述：

团拜后围坐候，餐二十桌已无虚位。忽报余兴节目，顿时掌声雷动。京剧计有霍副总稽核之武家坡，陈文伯副□长之南天门与汾河□，徐衡之先生之四郎探母，最后为王维善先生之二胡独奏。餐毕一时，尽欢而散。（记者）

4. **农贷在抗建大业中所担负之使命论**

1941年9月，《中行农讯》第三期刊登了中行元老、浙行经理金百顺的《致农贷同仁书》，《中行农讯》编者将该文中“足启我同仁之深省”的三大要点向全行转发，其第一条就是中行农贷在抗建大业中所负之使命：

本行办理农贷，原为活泼农村金融，以扶助农民，增进生产，其实惠必及于需要资金迫切之中小农民，斯不失贷款本旨。

当兹国难严重时期，本行不惜费用，不较利润，不避困难，以推行农贷，实为奉行国家战时经济政策，担承辅助抗建大业之使命。诸君不辞艰辛，为行服务，亦即为国效力。顺惓念殊深！惟凛乎达成此艰巨使命有待，益宜刻苦淬砺以共赴，克尽本身应尽之责任，实乃对国家最大之贡献。手此布臆，幸共鉴诸。

5. **川行农贷报国精神：川行农贷员工对农放报国的认识**

中行四川分行“农贷报国”精神，可从以下史实中窥见一斑。比如，1939年6月，《农放月报》第一卷第六期刊登了《小言论：后方经济基础在农村》，足见他们对职务报国的战时关键领域有着深刻的认识，由此在“告全体农放同人”中提出：愿一本“人生以服务为目的”之名训，共相淬砺焉。

再如，渝行农贷股吕则民的《农放员对农放的认识》一文中（《农放月报》1939年7月第一卷第七期），阐释了“农贷报国”精神的具体内涵：

（一）金融机关向农村投资，其宗旨在复兴农村经济，从农村之繁荣而培养工商业之基础。

（二）农村放款之目的不在营利而在健全农村金融机构，故其放款性质与商业放款不同。

（三）农村合作社是农民自力更生之组织，金融界之投资，须为辅助性质，决不能将全部生产资金之供给，仰给于金融界。

（四）合作社不是一个纯粹的借贷组织，而在外力扶助之下，力求自有资金之充实，培养自立的能力，除经营事业□□国扩大而外，外界之投资应逐渐减少，方为合理。

（五）合作社由下而上，由单合社而区联社而□联合社，在主管机关督导之下，循序渐进，指导者不好大、不喜功，不以放款多寡为夸类，就其自然趋势而利导之，重看之改进而轻量的发展，则合作社之组织健全而金融界之须有保障，合作社资金之来源自无问题。

（六）农民之智识水准较低，对自身借款用途之□□，往往不能十分确当，故审核者应多加注，陈清浮滥者固宜予以核减，但借款不及其事业量者，则宜调查其实际需要予以增加，以完成贷款之用途，若不问借款用途之是否适当，一味予以盲目之折扣，则有失贷款之意义等。

6. **川行农贷报国精神：寇机狂炸渝市，拿工作答复轰炸**

值得一提的是，《农放月报》第一卷第六期《同仁消息：寇机狂炸渝市》和第七期《小言论：拿工作答复轰炸》两文，记述了1939年5月3、4、12、25日寇机狂炸渝市，渝行被炸情形，以及渝行行员面对寇机狂炸，表现出一种浓厚的“职务报国”精神：拿工作答复轰炸！

（1）寇机狂炸渝市情形。肆日寇机大发兽性，狂炸渝市，精华所在，摧毁殆尽，市民伤亡者逾万人，情状之惨，自不忍睹，五月血债，更加一层，希望全国上下，一心一德，咬紧牙关，拼命苦干，向强暴的野兽清算，使他本利一得清算！被炸地点，遍及全市，举其大者则有小梁子、会仙桥、鸡街、□家桥、石灰街、上下都邮街（下都邮街全毁）、大阳沟、米花街、苍坪街……

炸后市民自动疏散者近十之六七。商店十室九空，日用品价格倍涨，且无处购买。沿街设摊之临时商店，莫不利市百倍，吃食店大有供不应求之概，据问七星岗一带每一小食店，每日或获利百元左右云。目前每日上午六时至十时街上行人最多，十二时以后即逐渐过河下乡，自下午三点至五时间，行人疏疏无几，六时之后，又呈复活气象，八时至十时市容最好，惟□眉毛，红嘴唇之摩登小姐太太们已告绝迹，大概一以怕飞机，一以无享受之故。

（2）渝行被炸情形。四次的轰炸中，三号本行未有损失，四号则大公馆宿舍被炸，宁行新来同仁十余人被压于防空壕内，先后逃出，幸未受伤。物质损失则甚大：十二号炸江北，南岸弹子石□中一弹，玄德庙宿舍同仁□受□惊，廿五号狂炸新街口银行区，□新行中烧□弹□，适□沙中，未能延烧，又中炸弹一，洞穿二层，损失不大，惟库工同仁十余人，已受惊不小，小梁子是日□遭炸，行中为飞来巨石击穿层顶三处，一在档案室，一在外汇部，一在门房间，皆重百余斤，令人吐舌！此外公票处宿舍全部倒塌，蓝家巷宿舍震毁一部，同仁又遭损失，前后数次，均未伤人，诚不幸之中大事也。行中地下室，援建设计室称，可吃五百磅炸弹，除中头彩而外，危险当少，请在外各同仁勿以留渝同仁为念可也。

（3）行员态度：拿工作答复轰炸。渝市被轰炸以后，物价显然在日趋高涨，其原因不外是来源缺乏，供不应求，以及运输困难，运费高昂。解决之道在增加生产，充实人民需要，使各地均能自足自给，不必转相迁徙。足见农业之供给粮食及原料品，工业之就地取材，加工品制造同属重要。前者组织农业信用合作社及产销合作社，运用资金及技术，以求农产品之量的增加及质的改进，后者组织各种工业合作社，利用组织及技术上的指导，供给各地日用必需品。二者相辅而行，并驾齐驱，虽然□各大都市受到敌机威胁，而广大的农村足可负起这经济上自足自给之重要任务，今者□设立川省农放区域内，拥有蔗、烟、桐、棉、米、麦、木材、猪畜等特产，足资提倡，更有广大之工业合作贷款区，正在发展中，则在解决经济之自足自给予实负有莫大之使命，愿□全体同仁明了本身责任之重大，□然自励，加紧工作，充实后方资源，来答复敌人疯狂的轰炸。

□川中区人事已加调整，设有视察□处，对同仁鼓励其服务精神，涤除旧有玩忽因循习惯；对工作力求□的健全□□的改进，业务的充实，使全区合作社日上轨道。各县都已拟？改进计划，负责人应能实事求是，抱定改进社务业务之决心，兹再提出下列三点，愿同仁注意□之：（一）对不健全之合作社，严加取缔，勿稍姑息，以免将求不堪收入；（二）对各种放款，务须依照规定，严格办理，使农民自筹一部资金，以免过于依赖他人，存取款无问本身得失之观念。对公债金尤须严予提存，使日趋自营自主自享之地步；（三）对土劣把持与巧立名目或因维持开支而举办非驴非马业务之□合作社应认真取缔。

对此，宋总经理曾在1942年元旦总处同人团拜集餐会上表扬说：“去年敌机连日轰炸重庆，而在渝同人，仍镇静从公，照常工作，这种努力的精神，实堪感佩。”可见，《小言论：拿工作答复轰炸》主旨就是职务报国精神的体现，正如中行副总经理贝祖诒训词所说：我们在银行界服务，也就是努力建国；一桩事业的成功，就是国家一部分的成功，个人站在个人岗位上努力，也就是为国家努力。

（二）“先人后事，高洁坚品”理念在中行及川行的传承史实

在中行农贷史中，对“先人后事，以旧驭新，高洁坚品”文化理念的传承史实，可从以下的制度史料、培训史料和讲话史料中得以显现。

1. 两个办法中“先人后事”文化传承的印迹

在几乎查遍中行农贷详史之后，可以看出，中行农贷史绚丽篇章背后的管理原因，似乎很简单：一是推出《农贷工作人员组织服务待遇暂行办法》，其本质就是通过“以旧驭新”道德培育途径，塑造行员“高洁坚品”的做人品德；二是推出农业贷款办法和相关管理规定，以科学态度将农贷报国和风险防范集于一体的做事方法。换言之，农贷成就的重要原因就是坚持了“先人后事”的文化传统，即任事之前先选人、先律人、先育人、先暖人。

据《行史》记述，1940 年 4 月，中行总管理处在重庆召开中行第四届农业放款会议。会上推出了《农贷工作人员组织服务待遇暂行办法》及《中国银行农业贷款暂行办法》，将农贷业务从业务部门划出，建立农贷业务组织系统，明确各分行设立农贷股，支行设农贷系，配备专人负责办理农贷事宜；与此同时，总处在业务管理室设业务稽核及帮核，负责拟定农贷推进计划，对各分支机构进行考核监督；增设农业贷款科目，便利账务处理，并将原有农贷制度办法作适当修正，适应战时环境需要。从此，农贷业务成为各分支行处主要业务之一。① 这就是说，中行总管理处对全行农贷的主要管理方式，体现为两个办法和四次会议。两个办法就是《农贷工作人员组织服务待遇暂行办法》和《中国银行农业贷款暂行办法》，其所包含的文化主导理念就是“先人后事”。《农贷工作人员组织服务待遇暂行办法》于 1940 年 4 月 27 日颁行，由于“办理工合贷款之需要，及适应现时之情况起见”，于 1941 年 9 月 2 日修正后颁行，《修正中国银行办理农工业贷款人员组织服务待遇暂行办法》共 3 章 26 条（刊于《中行农讯》第三期）：

（一）组织大纲，共 7 条（第 1—7 条），主要规定了各级行处农贷组织机构或部门的设置原则。

（二）征用及待遇，共 9 条（第 8—16 条），其中：

第 8 条规定征用农工贷专任人员时，除按本行征用人员办法办理外，并应注意下列标准：（1）对于农工贷事业具有正确之认识，与浓厚之兴趣；（2）体格强健，能耐劳苦；（3）有服务社会之热忱；（4）有应付人事之能力；

第 9—11 条规定了不同学历背景人员充任农工贷视察员、主任辅导员或辅导员的资格和标准；

第 12 条规定农工贷行员的培训和实习要求；

第 13—14 条规定了各级农工贷行员的月支职务本俸或津贴等级；

第 15—16 条规定办公及住宿处所，暨邮电、灯火、茶水、佣工工资等开支的实报实销，出差舟车费和日用费实报实销。

（三）办事细则，共 10 条（第 17—26 条），其中：

第 17 条规定农工贷人员，均应切实遵守本行行员服务规则及本规则之规定；

第 18—21 条规定了各级农工贷行员应办事项，包括按期填寄的各种表报；

第 22—26 条是有关业务保密、工作请示、公务接洽态度、接受借款人之款待原则、个人请假等规定。

---

① 卜明. 中国银行行史（1912—1949. 上卷）[M]. 第 491—517 页. 北京：中国金融出版社. 1995. 9.

由此看来，该办法具有以下特点：第一，简洁扼要，综合统筹。该办法不过三四页的容量，但将农工贷的组织机构、人员要求与待遇、需办理事项、应遵守纪律全都囊括其中。第二，其明显的“先人后事”管理印迹，体现在征用农工贷人员办理农工贷业务之前，先说用人标准和各种待遇，之后再给员工罗列出一系列事项要求。

2. 行员训练中“先人后事”文化传承的印迹

中行农贷用人任事之前先选人、先律人、先育人的史实，可以从《中行农讯》第四期《金大农贷训练班专页》、第六期《本行工贷人员之训练》等文中看出。

（1）“先人后事”文化传承：金大农贷训练班史实

1942 年 4 月，沪行为应农贷业务之需要，委托金陵大学农学院代办农贷人员训练班，分别在成都等七处招考，正取学员计高级班 20 名，实到 14 人；初级班学员 50 名，实到 47 人，自 7 月 1 日起在成都华西坝金大农学院受训。学员受训期限，高级班为 3 个月，初级班为半年，结业后派赴沪辖各省试用。为此，金陵大学农学院在《代办农贷训练班报告》中，详尽说明了本期训练班的情况：

（一）引言。农贷工作随着时代演进而发展，农贷人员应业务需要而不敷，此乃农贷机关之一般感觉，也农贷机关正宜注意之问题。中国银行举办农贷有年，向以实事求是为社会人事（士）所称道，近以农贷开展业务增繁，人员配备时感不敷，虽经各方延揽，终觉供不应求。惟以农贷业务与其他业务不同，贷款固求安全稳定，但金陵尤须配合农业。故农贷人员不仅须熟悉如何投资，更须如何以金融力量促进农业，然后始可一体一用，相得益彰。本院有鉴于此，对于举办短期训练尤其熟忱，抗战前后曾承国内事业机关之委托，办理短期训练班，培育干部人才，受训学生，类能切合实用，颇显成绩。此次中国银行感原有农贷人员不敷配备，委托本院代办农贷班，以应需要。本院以事关人才培育，乃欣然承受。自四月间开始筹备，迄至最近，爰将经过分别报告如左（下）：……

（二）筹备招生事宜。自本年四月间接受委托之后，旋即筹划招生事宜，为广罗人才起见，招考地点除成都由本院直接办理外，分别请中国银行设在各省之分支行代为招考。计在昆明、桂林、衡阳、赣州、重庆等均设报考处，由本院预先命题，函寄各代考处，于 5 月 29 日同时举行，考毕再由各行将试卷航寄成都，评定成绩，以决去取。此七处报考人数合计 1036 人，堪称踊跃，惟以农贷工作，乃一繁杂艰巨工作，入选条件，非特要有丰富知识，强健身体，且必须具有聪明智慧，与耐劳精神，因此报考人数虽有千余之众，而经评定合格，堪以录取者只正取六十八人，备收八人，合共计约十三人中仅取一人，竞争不为不大，录取不为不严矣。该班依章程规定于7月1日开学，2日上课，其在衡阳、桂林、韶关，投考而录取者，统由中行备车专送来蓉，足见中行重视培育人才之热忱。

（三）严定录取标准。此次本班录取学生，非与一般学校录取新生可比。因为经过此次短期训练，受训学员，不但要有办理农贷技能，同时还需具有为农村服务精神与高尚人格。所以在评定录取时，不但要注意学科成绩，即对于口试与学历经验之审查，也予相当之估量。

例如某生在口试当（时）精神不振，缺乏朝气，或年龄大，积习过深。此辈考生，非但不易接受训练，将来令其下乡工作恐也难胜其任？故其学科成绩纵能勉强及格，似不宜多加考虑。至于学历与经历之考察，则询明过去读书学校与服务经验。例如某生在中学毕业以后，在社会服务多年，曾任联保主任与禁烟局长等职，窥其年龄，似已超过班规定年龄之限度，社会上种种舞弊情形，颇能详述原委，社会经验，堪称丰富，惟若令其在乡村吃苦耐劳，洁身自好，为农民服务，恐难如愿？故对此考生，则也难望其入选。因招生区域之广，投考人数之多，录取不得不严，于十三人中仅取一人，自不免有数人失望而致不满，也是必然之结果也。按业经录取各生，来自十三省，虽不敢谓选拔天下英才而教之，但吾人相信已录取各生，莫不合乎中行所需要条件与本班所规定之标准也。

（四）课程编制与配合。本班分高初二级，高级学生系专科以上学校毕业而考取者，初级学生系高中毕业而考取者，因为学历不同，受训时期与课程分量遂有出入。高级班受训期间为三个月，初级班六个月，高级班共修二十五学分，初级班共修三十六学分，兹将课程编制与教授时数列表如后：

高级农贷班课程表

学程	一	二	三	四	五	六	七	八	九	十	
	合作学	农业金融学	会计与审计	农业概论	农业推广	农业调查	珠算	讨论	参观实习	毕业论文	
每周授课时数	四	三	三	三	二	二	二	二			共计二十五学分
实习时数	二		四	一							
学分	七	三	四	四	二	二	一	二			
担任教授	欧阳萩	欧阳蓉	李焯林	章元玮 高立民	林礼铨	潘鸿声	林礼铨	欧阳萩			

初级农贷班课程表

学程	一	二	三	四	五	六	七	八	九	十	十一	十二	十三	
	合作学	农业金融学	簿记学	会计学	农业推广	农业调查	农村社会	应用文	珠算	农业	讨论	参观实习	毕业论文	
每周授课时数	四	三	三	二	二	二	三	一	二	五	二	三	三	
实习时数	二		二	二						二				共计三十六学分
学分	七	三	三	二	二	二	三	一	一	一〇	二			
担任教授	欧阳菽	欧阳菽	陈鸿根	陈鸿根	林礼铨	潘鸿声	应廉耕 乔启明	戴龙孙	林礼铨	高立民 陈骥	欧阳菽	欧阳菽	欧阳菽	

根据上表，可知训学程所订定之分量而其所以如此配合者，即所列课程中关于农贷应用之理论与技术，固可于农业金融合作及会计审计等学程学习之，然农贷工作必须适应农业之需要，在农村社会中推行，因为农业金融之运用，舍农业无以显现其作用，办理农贷，若昧于农村实况，殊难尽力推行，故本班对于农业概论与农村社会等课程，予以适当之配合。惟此类课程之教法，也与平常不同。例如农业概论先选定若干专题如：稻、棉、茶、甘蔗、纱、桐油、果树、烟草等，聘请对各题有专门研究之专家，莅班作有系统之演讲，由本班预定纲要，请各专家依次准备，使所讲内容，适合农贷人员之口味，例如讲桐油问题，则将桐油之生产，运销，制造市场，价格，其在国内外之经济价值，及如何以金融力量促其发展，作一详尽之阐述。因此，本班学生，以前虽不习农，对于桐油虽无认识，经此一讲，其对于桐油则可知其领域与其重要，若一朝至油桐产区办理农贷，即可有此概念与常识，审核调查，也不致漫无鹄的矣。

此外列有问题讨论一课，每周二小时。先指定有关农贷问题，预先使学生参观若干已发表之论文与报告，在讨论时提出讨论，一则可籍此交换意见，增广学识，二则把以往办农贷之经验或错误，先有认识，免以后自己办农贷时重蹈覆辙，此于编制课程时必须予以注意也。

（五）成绩之考核。关于成绩之考核，概况言之：分为学业成绩与操行成绩。其在学业方面，则注重各科小考、月考、期考，并按时呈阅听课笔记，实习报告，与毕业论文以资评定。至于操行方面，则注意学生之言行与作业之勤惰。此外尤注意各人之理解能力与服务能力，由此可以鉴别个人之长短，将来结业以后，中行配备人员，分派工作，也可籍此为参考矣。

（2）“先人后事”文化印迹：本行工贷人员之训练史实

中行开办农贷的同时，从1940年开始办理工业合作贷款——农贷高级形式，而在工贷人员训练的史实中，也包含着浓厚的“先人后事”文化的传承印迹。

因鉴于此种贷款，其性质涉及专门，在经营与制造方面，在在须有专门人才负责领导，庶可达到扶植小工业之本旨，特于本年（1940）六月间分函各分行，就各地工合业务之实际情形，拟定需要人数，分别性质，先行陈报，由总处统筹征训。后据各行电陈，共需工贷人员三十八名，计化工系十五人，机械系七人，管理系十一人，纺织系五人，当经总处决定招考办法，分别于重庆、昆明、成都、嘉定四处举行征考。考取后在渝集中训练。先后为期三月余，期满分发各省工作。工贷人员训练经过概述如下：

（一）招考经过。本行此项工贷人员之招考，计分昆明、重庆、成都、嘉定四处分别举行。除昆明一处，托滇支行代为办理外，其余三处招考事宜，均由李帮核效民亲往主持办理，各处考试之情形如下：昆明方面——应试者计有西南联大29人，云南大学3人，合计32人。于7月2号至4号举行考试，录取18名。计机械系3人，化学系8人，经济系8人。重庆方面——应试者计有中央大学学生32人，录取9名。内计经济系3人，化工系2人，农化系2人，机械系2人。成都方面——因空袭关系，报名者仅有金大1人，东北大学1人，西北联大1人，经录取1人。嘉定方面——应试者计有武大26人，川大2人。合共28人，经核定录取6人，内计机械系2人，化学系4人。综上四处，共计录取工贷员34名，内计化学系17人，机械系7人，经济系10人。

（二）报到情形。上列录取人员，经分别通知于7月15日前来渝报到。但以后方交通困难，各员来渝时期未能一致，更有以交通困难未能来渝者，结果来渝报到者计化学系14人，机械系5人，经济系（管理系）6人，共计25人。其中由昆明录取来渝报到者11人，由嘉定录取来渝者3人，由重庆录取就近报到者10人，由成都录取来渝报到者1人。

（三）训练步骤及内容（见后）。

3. “以旧驭新，高洁坚韧”文化传承的印迹

关于中行“以旧驭新，高洁坚韧”文化传承的史实，在《中行农讯》第六期《本行沿革与工业贷款的演进》、第三期《本行农贷同工应备之条件》、第七期《31年元旦总处同人团拜集餐记略》、第八期《宋总经理训词》，以及第十三、十四合刊的多篇文献中，均有记载。

（1）高洁坚品德传承：总经理的元旦礼物及多次谆谆教诲员工

第一，宋总经理的元旦礼物。1942 年元旦，宋汉章总经理以“勤俭毅信”之箴言，作为在中国银行建行 30 周年之际向全行员工的元旦献礼，同样体现着高洁坚品德的传承印迹。

本人一生做事，只知道遵守四个字，现趁元旦的机会，奉赠给各位。这四个字就是勤、俭、毅、信。勤为成功之本，每日按时到值，也可以谓之曰勤。俭是节约，能俭方能廉洁自好。毅是做事有魄力，不畏艰难困苦。信是重然诺，守信用，在银行界做事，信用是极要紧的。这四个字，仍与诸同人共守共勉。

第二，宋总经理为农贷人员训练班训词。《中行农讯》第八期刊登了《宋总经理训词》，其讲话背景是：沪行委托金陵大学代办农贷人员训练班初级学员 44 名，于 1941 年 12 月结业，分发工作过重庆时，中行总经理、副总经理、总秘书、副总稽核、陶副稽核、陈帮核等各有训示。其中，宋总经理的训词，要求学员对下列各点品德训练须随时注意：

（一）要服从上级人员的指挥：农贷在目前已是本行主要业务之一，各位派到各分支行处，虽然已有过工作上之训练，但无实际工作经验。各分支行经副襄理对各种业务已有极丰富之经验，诸君既为本行职员，务须听从所在行处上级人员的指挥，听从命令。

（二）努力学习行务：除于本身工作各应尽厥职外，应随时学习行内其他工作。

（三）要有高尚人格：诸位主要工作，为推进农贷业务，对于职务要尽职，要省俭节用，廉洁自守，应当处处小心谨慎。

（四）努力进步：公余之暇，应阅读有关农贷业务及有益身心之书籍等，以求与时代并进。最后，在诸君个人修养方面，愿以“郑重”、“守信”、“热心”数字奉赠，勉之勉之。

对此，《中行农讯》编辑还在总经理、副总经理、总秘书、副总稽核、陶副稽核、陈帮核的训示后面，加上王守仁“知之笃实处是行，行之精明处是知。不以一朝之患，而忘终身之忧”之箴语，作为画龙点睛之按语，以勉励行员。这颇有张嘉璈时期以“旧”驭“新”，而加以“整个化”的行员道德培训风范。

第三，宋总经理在即将移交农贷业务及人员时仍不忘谆谆教导员工。1942 年 8 月 19 日，中行总处在玉灵洞为农贷同人饯别，宋总经理亲自莅临，并发表《告本行农贷同仁书》，仍不忘谆谆教导员工：

唯四行专业化为政府既定之国策，关于农业生产贷款与投资，以及土地金融合作放款等业务，均划归中国农民银行办理，本行范围为发展国际贸易及其他营业种类，自须遵将原办农贷业务及人员机构等全部移交，以符□令。

诸同仁将来在农行领袖指导之下进行工作，与在本行服务初无二致，希望仍本以往奋斗精神，以所得经验，□献于农行，为农贷业务尽其全功……本行倡导及办理农贷之初衷，必能由诸同仁贯彻发扬，自亦乐观厥成，私衷庆幸，宁有涯涘。略述如上，作为临别赠言，希共鉴之。

（2）高洁坚品德传承：本行农贷同工应备之条件

沪行委托金陵大学办理农贷人员训练班，陈名选在开学典礼演讲词中，将农贷人员的训练方针概括为本着事业需要的农贷人员应具备之五个条件，体现着高洁坚品德的传承印迹（见《中行农讯》第三期）。

（一）有高尚之人格。农贷人员在农村工作，日常与农民接触，农民教育程度虽低，但秉性淳朴，农贷人员必须操守端正，凡一举一动，不论公私生活，均须谨慎检点，不立新奇，俭约自奉，遇事不苟，见义勇为，以取得农民之信仰，其信仰越深，则工作越为顺利。如训练农民组织，指导农民生产，创办农村事业，改善农民生活，均能听从指示，各种事业，自易进展，是以农贷人员必须有高尚之人格，始能受人信仰，工作上方克完成其责任。

（二）有强健之身体。农贷工作为艰苦之工作，步行数十里，冒风雨烈日，忍饥寒酷暑，殆为常事。下乡工作，膳宿无定时，与农民为伍，物质上享受之简陋，可以想象。工作方面，因农业生产具有季节性，所需资金每在同一时期，故繁忙时恒夜以继日，甚少休息，其辛劳可知。农贷人员以工作上之需要，必具有强健之身体，能吃苦耐劳，始堪胜任。

（三）有服务之精神。本行办理农贷，为组织农民，训练农民，增进农业生产，改善农民生活，以充实国家资源，增强抗建力量为目的，并不视同一般银行业务之纯以营利为目的。是以农贷业务，视为社会事业也可，国家要政也可，自有其重大意义，工作人员务必认清目标，有坚定信念，为农民工作，为社会国家服务，虽生活清苦，待遇不丰，也甘予（于）承受。本行农贷人员，应有此种服务精神，为事业而工作之决心，方能使身心愉快，发挥工作效能。

（四）有熟练之技术。农贷工作，不但须在合作农业及有关各学科理论上有相当之基础，更重要者须在各方面有熟练之技术。例如至农家访问调查，与农民谈话，有熟练之技术，可收事半功倍之效，其他如指导合作社之社务业务以及特种业务等之需要熟练技术，则更无论矣。故农贷人员必须有熟练之技术，方能充分应付工作，使事业有满意之成功。

（五）有研究之兴趣。各种事业进行，均随时代而进步，工作人员之智能，应配合时代前进，不能稍有停留，方足以应付事业，显示工作效能，否则即有落伍与失败之危险。农贷业务当不例外，农贷工作人员必须有研究之兴趣，对于职责内一切有关之知识，务必力求充实，以补充自己之能力，配合时代之前进，而力求工作之进步。

（3）高洁坚品德传承：工贷人员应有之认识

1941年10月13日，中行副总稽核霍宝树在对工贷受训人员所作的《本行沿革与工业贷款的演进》训词（见《中行农讯》第六期）中，谈完本行创始与发展、本行工贷四个阶段、我国工业建设等问题以后，特别对工贷人员品德培育问题，作了如下的强调：

（一）须勤俭刻苦，唯有以身作则，始能推动他人。

（二）要有远大抱负，加入本行办理工贷人员并非谋生，而贯彻个人对事业的抱负。

（三）为谋个人抱负的贯彻，亦必须使本行所办之业务得以顺利开展。故各务应慎之于始，顾及行内资金安全，不负国家社会所托付。

（四）认清国家大势，注意今后工业建设上应备之条件。

（五）虚心学习，刻刻（时时）求知，个人的健全与即集团的健全。

（4）四川分行对农贷“高洁坚”品德的认知与践行

第一，川行领导对农贷“高洁坚”品德的总结性教育亮点。1942年8月19日，渝行王君韧（农贷负责人）在致《告别渝行农贷同仁》（见《中行农讯》第十三、十四期合刊）中，“值兹同人行将分别之际，敢将韧数年来对于农贷之感想，略述数端，藉作临别赠言”，这实际上是在作农贷领域“高洁坚”品质之总结性教育，也是对川行农贷精神的概括。

（一）办理农贷，非深入农村，朝夕与农民接触，逐渐取得农民之信任不可，欲求得农民之信任，必须有传教师精神，任劳任怨不可。吾人之使命，在以国家经济力量，使农民生活安定，接受政府指导成为完善国民。只要吾人负责区域内，有一社员尚未达到吾人理想准备，吾人之努力，即不应一日中断。

从农民立场而言，以其自身智识之不足，一般劳苦大众，对于官厅或类似官厅人员之畏惧心理，往往不敢多与外界接触。倘吾人不能以热忱感动之，以谦和去其疑虑，则吾人纵有事业之心理，又何能裨益于事业之推进。

以是吾人办理农贷，必须对于事业先有传教师对于宗教之信仰，必抱“无我”之精神，取尊重农民之态度；必须有家人父子间之真诚，以身作则，举凡本身日常生活习惯，无有逾越良善国民应有之标准，然后出全力以赴之，事乃有济。

（二）近代社会，错综复杂，吾人在此环境中，担任工作，非具清晰之头脑，丰富之经验，刚毅之精神，实不足以应付于万一。凡此种种，又应以有强健之身体，充实之修养为前提。诸君前途还大，对于身体之爱护及锻炼，自当特别注意，无待韧之赘言。

对于个人之修养，务以不自足之心理，事事求进益，时时求进益。举凡为人之道，个人性情以及各种常识，各种有关事项，无时不用心，然后将留心所得者，加以判断，孰应效发，孰应摒除，以虚怀若谷之心，接受多方面之教训，如是方能求得充实之修养。吾人不必患怀才不遇，但恐遇而无才无力可以胜任。

诚如是，然后方可无得失之心，竭尽心力，为事业努力，为国家尽应尽之责。

由此可见，渝行王君韧《告别渝行农贷同仁》所包含的理念，对于今天商业银行的“精准扶贫”工作也不无深刻之借鉴意义。

第二，川行员工对农贷“高洁坚”品德的认识与践行。从 1939 年 10 月《农放月报》第一卷第十期的“小言论”中，可以窥视出渝行员工对“高洁坚”品德的深刻认识与努力践行之一斑，这也是对川行农贷精神的一种概括。

我行农村工作人员，以高超的理想，抱牺牲的精神与百折不回之志愿，摩顶放踵，焦唇敝舌，献身于合作事业和繁荣农村的重大使命。此项工作，并无虚荣之可言，同人所以孜孜不怠者，在个人仅求内心的安慰，对社会则希望有微不（足道）之贡献，职是之故。吾人始终不故（固）步自封，以实现为满足，时欲追求效率之增进与工作的要求切实。

（5）四川分行在农贷期间所形成的“高洁坚”办事风格

1942 年 8 月，在中行及川行遵照四联总处规定，即将把农贷业务及其工作人员一次性移交给中国农民银行之时，《渝行农放》第末卷第末期刊登了农贷股负责人刘子钦《几点信念》一文，他将渝行农贷同人在过去数年中所取得的成绩，归结于大家都在一种努力的诚恳的空气（氛围）中工作着，当一个同人有什么问题发生时，不管是烦琐或伤脑筋的问题，也不管是大问题或是小问题，大家总是互相替他着急，一直到问题解决才算了事。由此，他将这种工作氛围概括为“建筑在这种精神的基础上面”。不难看出，通过数年农贷实践形成的、由于一种精神支撑的工作氛围，其本质就是一种文化精神或这种文化精神下所形成的川行办事风格，其内涵正如刘子钦总结的那样：

第一，必成的信念——我们作（做）一件事，在开始的时候，就应抱一种必成的信念，有了这种信念，我们自然会对某种事业热心地去作，你自己热心，才会引起旁人的热心，因而他才会帮助你，事业有人帮助，进行自然容易，所谓天助自助者即此。

第二，公事当私事去办——普通一般人把公事私事分得很清，就是说公事可以马虎，私事则毫不放松，这也是一种错误的想法。如果我们能把公家的事情办好，就可以表现出我们的成绩；万一成绩无法表现，我们自己也可以得到一番经验，这也是我们的收获。何况当此□难之际，个人表现的机会甚多，绝不会把人才永久埋没。所以我们无论到什么地步，应当抱一种热忱的态度，对事业应当尽十二分的努力去做。所谓尽其在我者是。

第三，到处学习——一般人认为所谓学习，只是学校里边的工作，或者以为读书才是学习，这是大错而特错的观念。寔（实）社□（科）书本上的那一点太渺小了，自然界的一切，社会上的现象，在在（处处）都是学习。单就事业来说，成功的人，有他的道理，失败的人，也有他的原因。我们只要随处注意，事业说可顺利进行，还可少碰一些钉子，所谓“三人行必有我师焉，择其善者而从之，其不善者而改之”。

第四，造成共同意志——凡事绝对不会一个人可以作（做）成功的，势必集合许多人来共同努力，才可以达到目的，所以只要有一技之长的人，就可以成为我们的同志，不必求全责备。许多人在一起做事，必须有一种共同的意志，而共同意志的造成，第一要坦白，第二要乐于助人，坦白才可以得到对方的信任，助人才可以使感情融洽，所谓“共信不立，互信不生；互信不生，团结不固；团结不固，不能共存”。

更为难能可贵的是，在刘子钦本人也即将被划归中国农民银行之时，仍以上述精神信念勉励自己，激励他人——即将被划归中国农民银行的同人：

现在我们要另加入一个社会了，在这当中，也许有的人动摇了对事业的信念。这种心理的发生，虽然说是很自然的，但也可以说是很错误的。因为我们来办理农贷，是来完成一种使命，为老百姓们服一点务。当我们的目的还没有实现的时候，我们应当在任何情形下把握住我们自己的目的，毫不放弃地干下去，否则就有功亏一篑的危险。这样一来，哪有时间让我们徬徨，哪有时间让我们放松呢？现在我们好像是波涛澎湃中的小舟一样，为要实现我们的目的，我们应当对这环境有一种把握。兹谨就个人平日所领腹行的几点信念，奉告同人……（这）或许是一种老生常谈，谨掬诚写出作为渝行农贷结束的一个纪念。

由此可见，四川分行在农贷期间形成了一种“必成的信念、公事当私事去办、到处学习、造成共同意志”之“高洁坚”的办事风格。

4．农贷员工“高、洁、坚”品德的感人事例

《中行农讯》和《农放月报》所刊载的系列记叙文，以生动的感性形象，描述了农贷员对“高、洁、坚”文化理念的传承印迹。

(1)《农贷生活的断片》所体现的“高洁坚”品德

这是一篇中行农贷员（笔名：婆）的纪实文章，刊于《中行农讯》第四期，仅从该文作者描述的“在李家祠堂、野店住宿、自行车、吃和玩”等几个工作和生活片断中，尤其是农贷员自行车上的各种行李的细节里，就足见农贷员对“高、洁、坚”文化理念的传承印迹。

（一）在李家祠堂。本行的分枝（支）机关距我们贷款的合作社，近则四五十里，远则百里左右。因为本县的农贷机关还没有设立，所以我们的农贷据点，就落在一个很小的村庄里。这个据点的房屋，是座李姓的祠堂，租金可不用付。一间办公室，一间卧室，还有不少破敝的厅堂楼房环绕在前后。

邻近有零落的农家，他们知道我们是中国银行派来办农村贷款的，对我们和霭（蔼）可亲，原因不仅为了我们帮助他们发动组织合作社，实在因为我们的生活习惯和他们没有什么两样，彼此之间有了同声相应，同气相投的作用。我们在这里，粗茶淡饭，通常不穿袜子，不着上衣，睡的门板，坐的条凳和简陋的方桌。要说我们是银行里的先生，连我们自己也觉好笑……

（二）野店住宿。“就在这里等等他吧——替他们肩挑行李的挑夫——他落在我们后面很远了”。这里是乌竺岭的腰部，两个农贷员在火伞之下登高，气喘如牛，说着就在树荫下一方比较平正的石块上坐下。“要是把它当作旅行，到处可赏心悦目，我们就不会觉得疲劳的。”其中一个这么说：“可惜正是赶路，不论炎夏和严冬，赶路总占着我们工作上的大部分时间。”他俩这次的任务，是由甲县到乙县去开农贷会议。因为平时不常来往，所以这条路是相当生疏的。

到达预定宿站的时候，人家已经准备睡觉了，当踏进那预先打听好的宿店里的时候，一切的供应，都不是所希望的；豆火一盏，高挂在正厅中间；在昏暗朦胧之下，似乎有桌客饭，已经吃得杯盘狼藉，吃的人是小贩之流，因为地上堆满了成件的布匹杂货。楼上楼下的房，矮小得可怜。旅客都赤膊挤在一起，前面一个小天井，暗得什么都辨不清，只臭（嗅）得出炎热熏蒸的臭气。我们虽然已经把载重的自行车（装着工作所需的材料），推进了宿店的大门，可是老板娘忙得无意招呼。我们赶了一天的山路，现在感觉到的是疲劳饥饿和口渴。同时铺上的臭虫不能以只数，而要以斤两来论的。“我已经疲劳得不想再移动了！”说时带着失望和忧惧的脸色。“那么让我独自出去找找看，有没有可以解决我们饿着肚子的地方。”另一个无精打采地和着，好像抱了略尽人事的态度。

“老兄，街梢的茶楼上，有西瓜和蛋炒饭”。出去的那个回来这样喊；神气好像发现了新大陆。当天晚上，就睡在那楼面的□桌上；清风和着皎洁的月色，从破烂的窗槛上□进，我面对万里晴空，憧憬着香岛上的南洋景色。

（三）自行车。黄梅天的气候最难过。不但气温高，并且一日之间，有几次变化。这个季节也是农贷员的难日。在出发下乡的时候，要预先准备应付各种天时地利的环境。此处像渡河爬山；在荒凉的古庙度宿；狂风暴雨的时候在山谷中，也并不是偶然的事。在出发的时候，第一步：检验各自所驾的自行车，有没有中途可能发生的毛病，先把它施一些预防的手术。第二步：安排简单的行装，大凡雨衣和擦汗的毛巾，坡扎在自行车的把手上；公事上需要的空白书报表册和简单的文具，装在车身的袋中；此处尚有日常必需的用品，如牙刷、脸布、皂匣、亲衫裤、草鞋和药品、手电筒等，包装在车后的架子上。至于修理自行车的工具零件，并不每个人都齐备的；被席蚊帐等等虽有必要，但是带不胜带，只好把它剔除。在霉天出店的时候，普通都是短装，凉帽是最需要的东西，把它挂在颈项，充满“自尊”的心理；我们觉得，精神武装起来了，何等“庄穆”！

凑巧的时候，比如开月会或管辖会议的时候，我们有四、五辆，乃至六、七辆的自行车集中，向同一个目标行进；在偏僻的小县城里，人们常用奇异的眼光注视，把我们当作一队机械化的勇士；也有羡慕着我们体格的雄壮，精神饱满。

（四）吃和玩。农贷员在比较常时期外勤工作之余，或多数同志会集在一起的时候，就希望寻求口福。四川同仁叫“打牙祭”。江浙的同仁叫“叙餐”。四川的吃品常以“实心馒头”、“天津馆子”、“搾酱面”和“江阴云吞”为尚；因为那里有许多的同仁都来自华北。江浙的佳品是“红烧蹄子”、“清爋鸡”，还有浙东各县的“梅糕”和“盒酥”为一般农贷同仁所喜吃的。同仁中有会自己做面，亲下厨房的。参与的人，除了农贷员之外，来宾居多，有当地学校的教授，有医院里的护士，有合作室的指导员，有农贷员的眷属。他们都是农贷员的故旧和知友，大凡是30岁以下意气相投的年轻人。

会场的布置是非常简洁而明朗的；洁白的□毯上，放着青翠的花草，座位很少超过20席的；点心和鲜果相当细致。宾主融洽愉快的情绪，充满着室内外。会的方式先由主人介绍宾主的名姓和简略的出身；并且说明会谈的志趣，和预定的节目。由于主人谈锋的轻松和幽默，全场的空气能生动兴趣而不涣散。有许多健谈的来宾，能侃侃而谈，□闻轶事，意趣横生。各种腔调的歌咏，会连续不断地唱演。但是刻板的报告，和不配大众口味的公事，从不会在会内提起的。会是不定期，但时间总在周末的晚上或月梢。这种叙餐和联欢，能恢复疲劳，陶冶德性。

(2)《山中夜行（九月十九日于万县响水滩）》体现的“高洁坚”品德

川行农贷员王业琛的这篇记叙文，刊于《中行农讯》第五期，从他夜走山路到农贷工作一线岗位的一个细微视角，反映了一线农贷员的艰辛、毅力及其品质。

这真是我有生以来空前第一次最艰辛的尝试。四年前由鄂入川，踯躅在利万大道上，茫长千余里崎岖山路的跋涉，也曾经过好几次险困的夜行，却也没有这次仅仅二十余里之遥的山路夜行——从大梁到乡水，来得利害。

晨间是由乡水翻过两重高山来大梁办理该地合作社申请贷款手续的，到达目的地时已经近午，开会便订在午后一时举行。会罢，已是晚餐的时分了，晨间满天的阴云，这时候终于变成雨滴，沙沙沙地落下。同时天的四周堆满了更浓厚地恐怖的云层，象征着恶雨将要来临，风凄立地吼着，暮色也沧（苍）茫了。许多人劝我就歇宿在大梁，但我却没有听。说是由于经验的缺乏，或者时间紧迫，（明天还要赴海螺寺合作社开会），使我在这种情况下，决心返回乡水，不如说被一种青年人的冒险心驱使来得确切。因为虽然当时我诚然不晓得这两个山头要好些时候才能翻完？是不是要摸黑路？但是我却显然地没有顾及，我只是被一种深厚地好奇心和冒险心所支配。

毅然地，借了一个破斗笠，赤了脚，在许多惊讶的目光下，离开了大梁，踏上了返途。久未赤露的脚，踏在被雨水冲洗得非常光洁的石板道上，是很够难受的。但从大梁到乡水这段路上的石板道，却是几乎寻常的少，初时两脚起落在山的溪流两旁，锋利的乱石和坚硬的砂粒上，由于神经的感应，心房不断紧缩着，牙也自然地咬紧了，脚趾吃力地弯卷起来，免得使尖锐的石渣在脚板的皮肤里，刺进得更深些。虽然如此，我却没有忘记我的动机，我正是为着要享受一些不平凡的味道。我觉得现在顶好——天还很明亮——路可以看得非常清楚，这该让我骄矜地向着一些懦怯的人们。

然而夜幕却一秒钟一秒钟地垂下来，这使我不得不利用目前这一点宝贵地“稍纵即逝”的天光，忍耐着脚板的疼痛，尽力加速了步度，希望在未入黑前结束我的路程，在有几段较平的石板道上，我简直赛跑一般地急走。

好容易地我已经翻过了一个山头，到达了它底脚下。回头看时那山头半截埋没在深厚的乌云里，使我回悟到刚才在那山头时周围厚雾的由来，及呼吸困难的原因。再看四周，高高低低的山群，都也被一簇簇地乌云笼罩了大部或全部的山头。那些云急急地移动着，颇为壮观，好像我所有看过的图画一样。我有意贪婪地欣赏着，忘记了一切应有的顾虑。终于远处的昏暗渐渐逼近了来，一百公尺以外的树林，只能看见他们是些像树形的影子，慢慢地连影子又隐了。刚才的图画也好像突然由伟壮变成可怖地威胁的样子，围绕着山头山腰黑压压的浓云，使先前沙沙地雨，渐渐变成哗哗地雨，破斗笠也失了效用，雨水布满了两颊，脖子里，又顺势流进因跑步出满汗水的背脊上，冷的和热的互相渗透着。

心里开始有些忐忑，但我抱了一种听天由命的态度，迎接前途不堪设想的遭遇。

笑话！你看我今天能不能回到乡水，苍——苍——海——

有时我奋激，便和同谁赌气似的这样自语着，随着便鼓起喘气的嗓子高歌一曲“白云故乡”，好像这快慰的歌声能充分地表现我的自信，同时在这极孤零单调的步行中，它好像颇能解除一些寂寞，于是一曲完了，略停，又来第二曲……但可惜除了在风雨尽量地收小了劲势的时候，即使连我自己也很难将它们听得清楚。

我仍然不停地一步步地前进着，冒险心和自信心使我鼓起了无限的勇气，脚板已不像以前那样疼痛了，因为它已经渐渐地麻木起来，走进细粒的沙路，竟可尽自己的步度跨去，不必加以选择。但现在显然地连这种路也很少见了，现在大半是被稀泥占满的较宽的田埂，一上一下，凸凹不平，即使将脚趾卷缩得再紧些，也不能避免前后左右的溜滑。我于是不歌唱了，我只屏住了呼吸目不转睛地望着地面，以便应付急变，这是常有的事，左脚或右脚一不小心向某个方溜去，他的距离，通常超过了一大步，于是身体向向（相）反的方向一歪，头上便迸出一阵冷汗。要不是我习惯地在每次爬山时，总携带着一根手杖，那我真难估计我要向各种方向跌倒的次数。在每次神速地恢复了身体重心以后，呼过一口长气，骄傲占据了我整个的心，我想要……我想着……一直到行程的终结，也不要滑倒一次。

这时我不觉已开始攀爬第二个高山了，周围更加黑暗起来，使我除了前面的一条白晃晃的路径以外，不能看见其他的一切。

“黑了，终于要摸黑路?”

我绝望了，算了算回到乡水还有好多时候的路程，我不禁立刻消失了我刚才所有的自信，这时我颇有点后悔，为什么不听他们的劝告呢？他们都是有经验的？然而我仍然未曾稍懈我的脚力，上坡路并不很滑，我如士兵冲锋时一样地照着前面一条隐约的白径向上奔驰着，不久我的呼吸短促和心房跳动都到了最高度，脸上布满了豆粒的汗珠，我率性停了下来，将大衣脱下塞进袋囊里，裤子卷到股际，衬衣的扣子都解开来，又继续更快地向上面跑，我没有些微疲态的感觉，我也毫不姑息腿杆和脚杆在青石缝上碰破和踢破的创伤和从中流出的鲜血。我只草率的用一些泥浆堵塞着——这些在平时也许是认为非用药膏绷带不可的。

不一会，我发现自己在雾的包围中了，雨似乎没有落，但漫山地飞舞着细雨粉子，把衣服浸个透湿，风却越刮越大了，告诉我已快到达那毫无遮挡的山头。

我变换了常步来通过山头，周围的浓云在身边飞驰着，一团紧接一团，从未见过地大风，汹涌地怒吼着，好像要在这黑暗中把我掀下山去，我靠了我的手杖，费力地支持住我的身子。附近的树林也引起一种凄惨可怕的响声，震耳欲聋。前面白晃晃地路径也渐渐模糊了，二十公尺以外便看不见它。四面连一星灯火也没有，我深深地感受到倘使一个人孤存在这世界，将是多么可怕。被汗水浸湿的衣服还在滴水，而全身忽然慢慢地有些寒冷的感觉，摸索着将衣服重装起来。一个可怕的念头，突然地开始来袭击我：这时候正是豺狼出现的时候！大腿和两臂灵感地反应起许多鸡皮来，每根寒毛都竖立着。我的冒险心虽没有和自信心同时消灭，但这时即使勇敢和大胆的人，在这种情况之下，也很难心安定下来。云、风、雨、高山、黑暗、野兽——等等尽量地施展着威胁，我胸中一股不顺利的气直冲上喉头，几乎要使我破声号啕起来，但我并没有这样，我只是像煞极度虔诚地带着西洋迷信的口吻，把两手向左右伸开来，头仰望着天，呻吟地哀恳着：

上帝！默佑我吧——愿你帮助我——

翻过山头，前面的困难只有一步步地增加，乃是意料中的事，下山时，眼前的一切更为漆黑，终于使我成为一个睁眼瞎子，我不得不靠了手杖和脚尖的探索来慢慢地继续我的行程。在一处下坡的石级上，我开始第一次跌跤了。那块石板显然是非常溜滑的，上面浮满了一层稀泥，而它又偏偏倾放着，于是左脚踏上去好像穿了冰鞋踏上溜冰场，手杖不能帮助我支撑身体，它便沿着这石块滑了几层去，右膝及右股很重地落在石板上，泥浆洒湿了我的满身，我想要不是由于灵敏的反射作用，右手很快地扯住了路旁的一根树枝，也许还有十级甚至于二十级的石板坡，我会一步将它们走完。

懊丧地爬了起来，终于滑倒了，心中难受；但随即也就释然了，正因为这是无法可以避免的，以后的跌倒真不知还有多少次呢，随它吧！我仍然探索着前进。很不容易，我屡次地受着这路给我许多的欺骗；有时你以为这是下坡了，不巧一脚踏去，却是平路或上坡路；有时你认为这是上坡路了，不巧一脚则踏了个空，重重地落在下坡或较低的石板上，两者都使脚甚至于全身都受到极大的震动。腿杆也渐渐不大愿意听我主宰了，跌倒的次数便如所料地跟着加多，不过花样有种种的不同，受及遭殃的有时是腿部脚部，有时是臀部腰部，有时是背部和头部，总之，每次都有异样的感觉。有几次我几乎被摔下山凹里和池塘里，都被我临机应变的救了危局，但后来在一处山坡旁的岩石上，我终于没有幸免。左边是一个急倾的崖坡，上面生长了许多杂乱的植物，一不小心左脚踏了个空，身体便由这崖上直堕下去，着落后又向下滚了约丈余的距离，才停止在一堆挡住了我的去路的植物的旁边。你是无法像想到我当时心中悲哀的样子，我终于迸出了两颗泪珠，我简直不敢相信这遭遇是真实的事情，我希望这是一个梦，一个噩梦！

虽然全身被泥浆裹满了的尽是创伤，我却毫不感觉疼痛，静静地躺了一会，脑中映起了无穷的幻想，爸、妈……都立时涌现在眼前。不知是什么给予了我一种伟大莫测的力量，在平时是绝对没有产生的可能的。我靠这力量将手和脚一齐动员循着跌下去的方向很快地攀登到了路旁。

这一定是路……我摸到了一级路的石板，我有把握地想着毫不迟疑地，两手"伟大莫测"的力量一撑，给我又重新站立在来时的路上。

待了一会，两腿阵阵地有些抖颤，牙齿发出互相碰击的声响。我的确不想再去了，我用两手圈成筒状，套在嘴旁；大声地喊着：有没有人呀……给我帮助……我看不清路啊……我相信这时风雨并不大，我的喊声至少在五里路以内是可以被听见的。但始终没有一个人回音，除了唤起些山谷清脆的反声。也许左近是有人的，不过恐怕他们已经入睡了，即使他们听见了我的惨叫，但是谁又肯从一个温暖的被窝里爬出来，救助一个毫不相干的陌生人呢？

我又摸索了一截，这一截我是胡乱走的，并且速度也快了起来，因为脚已经麻木得不像是自己的了，同时抱定了一种牺牲到底的决心，任他去东倒西歪、滑、跌、滚……幸亏从大梁到乡水只有一条乡径，这使我在黑暗中不至于有踏上歧途的危险，不过有些地方道路是打从一块面积很大的山石上经过的，石上并没有留下显著的路迹，石的他端和道路的衔接点，究竟在甚地方，便不得不费了相当的时间，在山石上绕了几个圈子才将它搜觅出来；有时错误地走上了一条田埂，越走越不像路，于是又转身摸索回原来的地方，重觅出路。像这样屡次地耽误了我极大的时间，山坡下完时，约莫将近午夜了。

风完全停了，雨却变本加厉地倾落下来，全身好像浸没在游泳池里。远处突然发现一两滴血红的灯火，看去也许是五里路的远近，也说不定是十里，移动着，分外明亮，比都市的电灯还要明亮，它照彻了这里所有的群山，照彻了这无遍的大地，甚至于这整个的世界，这宇宙。

但是一瞬间，它们先后的熄灭了，一切一切恢复漆黑，天地好像突然缩小了。然而在一瞬间，我的确获得了不少人间的温暖和亲切。

我依旧用已经疲软得无丝毫力量的两腿，探步前进着，几乎是一分钟只走一步。最后，我实在无法再提起它们了，脑子也晕荡起来。我终于用了匍匐行进的方式结束这一段为一个青年人的冒险心驱使着而行的艰辛的途程。

雨歇了，几声犬吠，告诉我目的地——乡水已靠近了。没有一家还燃着灯火，经过街心时，由两旁住户窗隙门缝间传出的阵阵的清晰或混浊的鼾声，显然地表示着他们到甜蜜的梦乡已经很久了。（九月十九日于万县乡水滩）

（3）高洁坚品德的文学体现：以诗言志咏农贷，农产未丰我辈责

蔡瑞徵，渝行农贷员，1940年4月入行，湖北黄梅人，其刊于《中行农讯》第三期的《农村偶感》诗文（本稿经请总处业务室张穆悄先生润色，用志谢意）如下：

数年萍踪寄山林，万壑千岩着我身；

襆被一肩甘自苦，残书几册足平生。

农村凋落悲何极，都市笙歌梦未醒！

清俭从公安素志，愿同野老嚼藜羹。

戎衣脱却入民间，客地奔驰路万千。

野店炊烟聊就食，尝胆卧薪志益坚，

农产未丰我辈责，从今愿更着先鞭。

渝行农贷员刘子钦，其《农贷交响曲》诗文（见《农放月报》第末卷第末期，1942年8月），同样饱含着浓厚的报国情怀：

又当农贷移交时，沧海桑田幻变奇。

十年奋斗余白发，几许功过问天知。

愿把山河重收拾，莫将光阴赋嘘唏。

凡我同志多蹈励，一德一心一戎衣。

渝行《农放月报》第一卷第三期刊登了渝行农贷员“寒林”和“寒灯”诗两首，足见他们在寒冬时节，坚守农贷岗位的艰辛与自励：

寒林　更无寒叶护云根，一抹唯余霜雪痕。

　　　多少寒鸦不归去，绕枝还恋故巢温。

寒灯　宵深顾影怯衣单，炉火无温蜡泪干。

　　　毕竟青灯饶有味，照人同耐五更寒。

秦负豪，沪行所辖桂支行员工，广西融县人，1938年3月入行，其《下乡杂联》之诗文（见《中行农讯》第十期），同样表达了他的农贷情怀：

一番雨后又骄阳，任是艰辛也下乡；

行尽羊肠三十里，更无茶店卖茶浆。

翻山涉涧到孤村，村里人家半闭门；

畏客儿童皆远避，两三黄耳卧残垣。

览得村翁乐可知，桑麻闲话共摛辞；

呼孙为取厨间粥，道是先生不耐饥。

乡间风物异城区，牛舍猪栏接灶厨；

别有令人歆羡处，全家团聚总欢愉。

晌午农夫相继回，茄瓜玉米放成堆；
争有远客无他赠，来个新鲜玉米煨。
为问收成究若何？近来雨水尚调和；
水田略逊去年好，旱作即欣今岁多。

（三）“调研先导，科学态度”理念在中行及川行的传承史实

“调研先导，科学态度”文化传承的史实，在以下系列文献中均有记述：陶桓棻《农贷与粮食政策配合问题》，《中行农讯》第二期；《本行农贷同工应备之条件》，《中行农讯》第三期；金百顺《致农贷同仁书》，《中行农讯》第三期；《金大农贷训练班专页》，《中行农讯》第四期；张心一《战时农业经济建设及农村动员》，《中行农讯》第五期；张翰才《藏民区概况及工作方针》，《中行农讯》第五期；柴希会《推进番区农贷的初步设施物品供销处的经营计划》，《中行农讯》第五期；《本行工贷人员之训练》，《中行农讯》第六期；张心一《英合作专家斯曲克兰谈话纪要——二十三年十二月二十七日在九十四号聚餐会席上》，《中行生活》第三十五期；重大李充国教授《改进麻布事业之计划》，《农放月报》第一卷第五期；《合作的三部曲》，《农放月报》第一卷第三期。纵观这些史料，总的来说，抗战时期“调研先导，科学态度，谙悉环境”文化理念的传承特点如下：

1. 农贷不“农”而靠“科”

“调研先导，科学态度”理念在农贷史上的文化传承，首先体现在农贷并不是缺乏科学技术含量的“土”贷，农贷靠的是科学技术与专家指导。

（1）农贷领导：专家学者。据《行史》记述，由于农村地散人众，农业放款工作量很大，经办行员要有农业知识，又须具有服务农民的热忱与刻苦耐劳的精神，1933 年总处成立“农业放款委员会”，专事研究指导全行农业贷款事宜。该会成员都须有农业知识，决定农贷方针、计划，指导各分支行推展农贷业务。特请农业专家张心一主持总行农贷工作①；又指定石家庄中行经理赵宗溥主持华北农贷事宜；西安中行经理李泰来、济南中行经理陈隽人负责陕西、山东两省农贷工作；天津中行由束云章负责。上海、山东、河南、浙江等地中行都有一批农业专家担任农贷工作，如陈名选、李师吉、李效民、张天放、张翰才、常文熙等，为开展农村金融事业打下了基础。宋汉章曾在《告本行农贷同仁书》中，提及农业专家张心一助力农贷的功绩时说：

① 张心一，甘肃临夏人，美国康乃尔大学硕士，中国近代著名民主革命家黄炎培的女婿，中国杰出的农业经济学家。

肇端伊始，收效尚微，幸赖张心一君，与最初着手以及后起之诸同仁实地深入农村，对农民开导启发，不遗余力，农业贷款，得直接达于农民，成效始著。一方面为国家树立农村金融之基础，增加生产实力；一方面使农民免除向来高利贷之压迫，直接蒙受其益。

（2）农贷酝酿：考证全球。如前所述，1932 年，中行浙江分行经理寿景伟《论我国农业之救济》一文主旨是：国人应注意研究农业经济问题，最近各国农业金融制度之概观，我国农村衰落之原因及其改造，改造中应加努力之方向与步骤。其中，为找到我国农业经济改造中所应加努力之方向及步骤，寿景伟首先研究了近代农业金融制度的发轫国——德国的制度特点，同时研究了法、美、英、俄、丹麦、挪威、瑞典、奥地利、意大利、比利时、瑞士、荷兰、澳大利亚、南非、日本等国的农业金融特殊之设施，并对各国农业金融制度的实践效果进行了综合比较，提出了“洋为我用”之原则：“我国国情不同，自不必效仿他邦；惟各国所经历之困难及其战胜困难之历史，亦颇足资参证。”

再据张心一《英合作专家斯曲克兰谈话纪要》记述，“英著名合作事业家斯曲克兰氏 C. F. Strickland 来华讲学，于 1934 年 12 月 27 日曾来沪一行，访问本行张总经理，讨论农村放款事宜，并于九十四号聚餐会中，与同人作简要之探讨。张心一惠示谈话纪要一则，亟为刊载如下，以飨同人”。其中，中行同人向斯曲克兰探究的农贷主要问题以及斯本人的回答的要义如下，其中足见中行农贷之科学性：

一、问：（本行同人问，下仿此）中国之商业银行，应否投资农村？

答：（斯氏答，下仿此）这个问题，可分三层答复：

（一）中国的农民，极需要乡村以外的资本，调剂其金融。（二）商业银行应做农村放款。盖调剂农村金融的机关，在世界各国，不外三大类：甲、农民自办的农民合作银行；乙、政府办的农业银行或农民银行；丙、商业银行。（三）农村投资与工商投资同样稳妥。中国有许多银行家，不但明了此中道理，而且已经试办农村放款，这是很可钦佩的。农业是生活之一种方式，即无利可图，亦只得维持这个方式的生活，而且大部分的农民，希望其子孙继续他们，亦能同样维持这种生活。因此农民借款，不但是想到现在，而且也顾虑到将来，所以保守信用，不但是为他们的一生打算，而且是为他们的子孙打算。这是农民之信用，比较工商业者的信用更可靠的理由，农村投资的保障，亦在于此。根据上述的三个理由，鄙人以为中国的商业银行，应该继续并且扩大农村投资。

二、问：商业银行投资农村，如何减少风险，减轻成本，而同时使农民得最大之利益？

答：（一）减少农村放款的风险，须要注意三点：甲、组织健全的合作社；乙、合作社的放款，以农民的信用程度为担保，而不以田地、农具、耕牛等实物为担保；丙、监督放款用途。第一点的理由，甚明显。第二点，骤然听见，似甚新奇，但理由也很简单。借贷的农民，若不以财产作抵押，则常常觉得借的钱，应该负担还的责任，钱一日未还，即责任一日未尽，良心亦一日未安；若将财产作抵押品，则觉得既有了抵押品，即是尽了借钱的责任，债不还，则自有抵押品负责，良心上毫无不安。此种不负责任的心理，于债权人极端不利，而农民的财产于银行毫无实利。所以欲求农村放款的稳妥，应该靠农民愿意守信用的心理，而不应重视农民的财产。第三点的意思，即是把农民借到的钱，用在生产或生活上必需的正当途径。不要浪费在婚丧、衣食、烟赌等无益的消耗。（二）减轻放款的成本，当然要节省放款的开支。现在的银行多半是自己组织合作社，而又与每个合作社来往，因此开支比较大。银行若能把指导合作社的责任，委托其他机关去办，放款的时候，专与许多合作社组织的联合会来往，则开支可以减少。

三、问：组织健全的合作社，似乎是农村放款的先决条件，但健全的合作社不能在短时期内组织成功，而农民需要银行的辅助，则甚为迫切，在银行方面，应用何种方法来应付农村的急需，而同时又顾全到合作社的健全？

答：要合作社健全，一面要教育社员，使其明了合作真义，遵守社内法规，一面又要训练合作社职员，使其诚实服务，胜任愉快。这些事当然不能在短时期内办到，但若有好的人员及适宜的办法，则成功的期限，也可缩短一点。

（一）信用合作社不宜太大，太大则社员不能互相熟识，各社员的信用程度，亦无法明了；最好一个社的范围，不出一个村庄，开社员大会时，庙钟一响，全体社员在各人家里都能听得见，则召集容易，办事亦容易。

（二）一县一省的各合作社，应该组成系统，区有区联会，县有县联会，省又有省联合会。

（三）指导合作，与管理合作的两种工作，应该划分界限，由两种不同的人员主持。指导工作应分两部：一部是组织及教育，一部是考核及监察。管理工作亦分两部：一部是承认，一部是取消承认。指导合作的人员亦可分为初级及高级的两种。初级指导员专作组织合作社，及训练合作社的工作，每人所管辖的地域不宜太广，太广则照顾不到，最好每个合作社指导员，在每一月或两月中，能到各合作社一次，每年能到六七次以上。如此则各社的进行状况，均为指导员所明了，社员对于指导员，亦有亲切的认识。高级指导员，一面考核合作社的财务社务的实况，一面又督促及辅助初级指导员的工作，每人所管辖的区域，亦须按交通的情形及合作社的多少，定一合适范围。管理合作社的人，假定每县置一人，则调查登记的事，已经很忙，不能专作指导的工作。

（四）促进合作事业，应该有一个组织。在一省之中可设一个合作事业促进会，由各县合作社联会的代表，办理合作之团体的代表，及其他与合作社有关系的农业学者、经济学者等，私人共同组织之。会员人数中，合作社联合会的代表，至少须占一半以上，这种会是地方的法团，而不是政府的机关，其职务如下：甲、聘用并设法训练合作指导人员。乙、决定合作计划。至于合作社的调查、登记、承认及法律问题，可在省政府设一合作事务管理局主持，各县则不必再设机关，此为政府机关，与合作事业促进会无组织上的关系。以上是关于合作社的办法问题，推行这种办法，必须用学识经验兼优的人才，始能成功。

四、问：合作事业促进会的经费，及学识经验兼优的人才，如何得来？

答：合作事业促进会的经费，来源可分下列四种：（一）政府津贴。（二）合作社联合会年捐，每一合作社每年至少捐洋五元。（三）银行津贴。（四）其他公款基金。至于培养学识经验兼优的人才，应从训练合作事务人员入手，可在适当的大学校里设研究院，专门造就高级指导员，上课约六个月即足，实习期限定为一年；如实习之成绩甚好，则聘用为高级指导员。初级指导员，应由高级指导员本自己研究与经验所得，来负责训练，则办法既较经济，而收效也一定更大。

由此可见，中行农贷不“农”而靠“科”，从农贷酝酿时期，就考证全球之农业金融制度，邀请国外著名合作事业家指导，因地制宜，洋为中用。

（3）农贷战略：科学指引。就中行开办农贷的高层战略指导而言，张心一《战时农业经济建设及农村动员》一文，系他 1937 年参加牯岭谈话会时所提之意见。曾刊登于中行 1937 年《农村通讯》的此文，时隔 5 年后于 1941 年 11 月，又刊登于《中行农讯》第五期，之所以如此，是因为该文在 5 年中一直是“本行对战时农业经济建设之主张与办理农贷工作之路线”，这就是说，该文观点代表了中行农贷战略观。其全文的主旨如下：

国人对于农业经济建设，近年颇为注意。但在我国农村政治、社会、教育、生产现状之下，及目前国难迫切之时，究应如何积极进行，始能发生效力；而同时时间经济又能节省？不可不详细检讨，妥定办法。

（一）非常时期农业经济问题。

我国农业经济问题，在非常时期亟待解决者有下列数端：

1. 如何增加农业生产，以谋战时衣食原料在国内之绝对自给。

2. 如何便利农产品之储藏及运输，以谋战时农业原料之畅利流通。

3. 如何增加本国农产品输出，及减少外国农产品输入，以谋法币之稳固及国际收支之平衡。

4. 如何改进农村组织，以增加农民团体活动之力量，并增加农民对政府之信仰。

以上四种问题之外，尚有如何改革土地制度及农业经济制度，均为农业经济建设之基本问题；俱其关系太大，在非常时期似不应轻事更张，以增加社会之纠纷及政治上之困难。

（二）解决农业经济问题之方法。上述四大问题之解决方法，自有多种。但在非常时期，必须选其能节省财力及时间者取之，其不能者舍之。

1. 关于增加生产者。按目前农村情形，增加生产之方法最有效最迅速者，莫如下列三种：（一）防止水灾旱灾。（二）防除虫害。（三）复耕荒田（系复耕因匪患而农民逃亡，暂时荒芜之田）。（下略）

2. 关于农产品之储藏及运输者。战时农业流通问题有二：（一）如何使农产品集中，（二）如何使运输路线畅利。（避免谷贱伤农，谷贵伤民之现象）（下略）

3. 关于农产品国际贸易者。（下略）

4. 关于农民组织者。以往政令不能行于下，民情不能达于上者，地方行政人员，自应负大部分责任，而乡村缺乏代表民意，执行政令之真正农民组织，亦为主要原因之一。战后全国动员，农民对政府之服务，及政府对农民之协助必增加数倍，苟无健全之农民组织，徒恃偶然宣传，一时热情，欲上下一心，同赴国难，岂不甚难。农村现有之组织在经济方面为合作社，政治方面为保甲，此两种组织，互助并进，倘能运用得宜，足以推行农业建设及农村动员之一切设施。但目前合作社之组织尚未健全，而保甲亦间有流弊，细察两种制度之本身，并无重大缺点，其所以未能达到理想之目的者，只因人事未尽到耳。欲尽人事，亦只需调整推行事业之机构，及认真训练监督各级干部而已。

（三）实施之条件及办法。以上所述各种方法，必须有充分之人才、经费、资本及适当之机构，始能实行有效。兹就事业上之需要，陈述如下：

1. 推动计划之机构。一县境内之保甲及联保为接受政府指导之最小单位，每县内应设一统一的农村指导机关，凡关于合作社，普通农业技术以及水利积谷等事，均由此机关直接向农民推行。每省设一农村改进机关，负责计划各县农村建设及农村动员办法，对于研究试验，不必负责，而对于各县指导员之调派、训练、监督，绝对负责。联合农业情形大致相同之省份，如湘鄂赣，闽粤桂，等划为农区，设立人才经费充实之试验场，专在所辖农区试验研究增加生产之科学方法，而不负责任何推行责任。

2. 推行事业之经费。(下略)

3. 人才。全国农村建设人才由中央调查登记，按其能力经历，分派各省担任专职，高级技术人才为本国所缺乏者向外国聘请之，在中央机关主管各项事业之人员，必须为全国最优秀之分子，各省工作之下级干部，系最前线之负责人员，其训练、监督、考成、待遇，必有合理之规定。

4. 资本。上述计划之实行，除经费外，尚需大量资本，此种资本之筹措，在机构健全人才充实之条件下，金融界当乐于赞助。

再就中行农贷基层人员对战略指导的理解而言，1939 年 3 月，《农放月报》第一卷第二期刊登了《小言论：合作的三部曲》，从中可以看出渝行农贷人员对通过农贷促进农民合作脱贫的战略阶段是一目了然的：

合作的演进有三阶段：(一) 信用合作社：主要的以人为对象，以社员个别借款，个别经营为其特征；(二) 产销合作：农业商业化；(三) 工业合作：农业工业化。上列三种骤视之浑然不分，然各有以其特点在经营上，在指导上各需特殊技能与智识。我行为使整个农村金融活跃，对上列三种拟兼筹并顾，相辅而进。

(4) 农贷人员：科班培训。上海中行农业专家陈名选在沪行委托金大办理农贷人员训练班开学典礼，作了《本行农贷同工应备之条件》之演讲（见《中行农讯》第三期)，特别强调了农贷人员应当姓“科”(即科班培训）的问题：

本行农贷人员训练班蒙金大农学院允予代办，甚感欣幸，因金大农学院有完美设备，著名教授，丰富资料，能予本行训练同工希望上十分之满足，此不得不表示感谢也。本行切合时代之需要，农贷业务，年来扩展甚速。为配合事业之进展，非有适合之人才共同负荷此工作不可。

与此相关，《中行农讯》第六期《本行工贷人员之训练》一文记述了工贷人员的专业培训内容：

(一) 工贷人员训练步骤及内容：

1. 第一步：工厂实习。化学人员共分制革、制纸、陶器、农产加工四部分：(1) 制革部分——派赴××制革厂实习共计 5 人。(2) 制纸部分——派赴××制纸厂实习共计 5 人。(3) 陶器部分——派赴××陶瓷厂实习共计 1 人。(4) 农产加工部分——派赴××酒精厂及××糖厂实习共计 3 人。此外机械人员派赴××纱厂实习共计 5 人，工厂管理及会计人员派赴××纱厂实习者 3 人，渝行办事处实习 2 人，共计 5 人。上述各部实习人员，技术方面，以亲手完成全部工作程序，能单独制造成品为主要目标。管理会计人员方面者，以切实参加会计工作，能办简单决算，并熟习全厂管理事项为目标。于实习期中均各拟成报告。

2. 第二步：讲述。该项，则假豫丰纱厂办理。讲题及讲师摘要如下列：

讲题	讲师
本行沿革及工业贷款之演进	霍副总稽核
工厂之经营	束经理士方
工厂内部之审核	姚主任崧龄
科学管理	蔡稽核公椿
本行办理农工贷之经过与意义	陶副稽核桓棻
工业人才之训练与实务	张永惠先生
制革工业	杜春晏先生
工合运动概况	罗正刚先生
目前后方工业之危机	杨公庶先生
青年应如何从事工业	吴任之先生
工合运动之检讨	严希纯先生
检查工厂之要点	潘经理仰山
创设工厂之要点	郑厂长彦之
中国之纺纱工业	毛襄理端午

3. 第三步：参观工厂。集中听讲完毕后，即行开始赴各工厂参观，计有机器厂、造船厂、制革厂、造纸厂、化学厂、制药厂、榨油厂、钢铁厂、动力油料厂、水泥厂、酒精厂、陶瓷厂等，参观归来即书写报告。

4. 第四步：赴各工合社实习；专案研究讨论与设计。前者于龙门浩肥皂合作社等处实习，后者就实习参观访问所得之材料及渝行办理工贷之材料分别加以研究并设计。以上各级训练，至11月5日完毕，计除各员个别在各工厂实习三月外，此项集中听训并参观为期三星期。

（二）附录。各工贷人员之实习地点，计分□处，为便于管理，特订《工贷人员实习须知》一种，俾各学员遵守。爰为附录如下：

1. 各员实习地点，由本行指定，不得自行选择或申请变动。

2. 实习期内，应绝对遵守各委托机关之一切规则。

3. 在实习期内，不得无故不到或迟到，如因病或因事不能实习时，应呈请委托机关主管人员给假。

4. 实习期内，各员得领津贴膳费。

5. 实习工程人员，在实习期内，所需实验材料，应填具领用单，向实习工厂领用。该项材料费由本行与委托机关结算（领用单式样另附）。

6. 工程人员实习时，应填具制造单（式样另附），于实习完毕时送行考核。

7. 实习完成之成品，应经委托工厂评定等级，于实习期满后送交本行作为成绩。

8. 实习人员，应于每周周末将该周实习经过，拟具报告，陈送本行负责人，以资考核。

9. 每一实习工厂之实习人员，应公推一人写代表，负责办理对外一切事项。

10. 其他未尽事宜另由行方随时通知。

——由此可见，中行农贷不“农”而靠“科”，农贷人员均须科班培训。

(5) 农贷拓展：教授培训。1939年9月，《农放月报》第一卷第五期刊登了重大李充国教授《改进麻布事业之计划》一文，从中可以看出四川分行即便是对麻布事业的农贷业务的拓展，也是先从科学的教授辅导入手的。李教授说：

麻布为吾国主要农产之一，出产地大都在广东、江西、安徽、湖南、湖北及四川等省，尤以四川出产之麻质为最佳，全国总价值每年约在数千万元以上，一部分原麻运销海外，其余留备自用。兹以农村织麻工业向沿旧习，不务改进，以近合世界潮流，加以中间商贩层层剥削操纵，用低价向农民购买原麻，农民坐待宰割，往往不得一饱，生活日窘，农村经济日枯，商贩复用低价向小工业购买成品，小工业赢余无多，恐不易发展。然后再提高价格，向外推销，粗制滥造，唯利是图，成品既已不佳，而价格确又昂贵，遂使信用扫地，销路日蹙，大好事业日渐衰落，于国于民，俱蒙损失，不胜惋惜，今将改进麻布事业计划述之如左（下）。

一、拟制样品种类：（一）西贡刀冷或比国麻胶布；（二）衣衬衫；（三）帆布；（四）飞机布；（五）改良麻布；（六）麻丝交织布；（七）麻毛交织品；（八）蚊帐。（各点详细内容略）

二、制造程序：（一）搜集标准样布；（二）制造准线；（三）手工制线；（四）摇线（制成穗形）；（五）加捻度；（六）除胶；（七）整经；（八）织布；（九）漂白；（十）整理。（各点详细内容略）

三、设备费用。（略）

2. 农贷不“农”而靠“研”

“调研先导，科学态度”文化理念在农贷史上的传承，其次还体现在农贷不“农”，农贷姓“研”也靠“研”，亦即以研究态度和“抱如在大学研究院之心理”，对于农贷的原理原则和方法详加研讨。

（1）农贷风险防范靠“研”。《中行农讯》第三期对金百顺致浙行全体同仁之公开函加按说：该文“足启我同仁之深省”有三点：一是，如欲求贷款安全，必须在借款用度上求实际效果之增进；二是，农贷人员因朝夕与农民接触，应时时整躬砥行，自省自检；三是，农贷在抗建大业中所负之使命。其中，第一点的本质是说农贷风险防范靠“研”。

第一，风险防范：欲求贷款安全必须在借款用度上求实际效果之增进。

惟有使本行贷出资金，无论直接间接，皆入于真正农民之手，完全用诸有益之途，则生产可望增加，生活可望改善，同时本行贷与之资金自然获得稳固保障。是故诸君从事农贷工作，应勿仅以到期收回贷款为已足，尤当求取实际效果之增进，贷款前后应注意者有下列两端：

（一）贷款前之调查。如申请贷款之合作社互助社等，其组织分子，是否悉为忠实农民，并于合作有相当之认识？负责人是否开诚布公，具有为大众服务之信心？业务设施是否有合理计划，而非徒托空言？申请贷款之数额与用途，是否切合所定计划与实际需要？均为调查之要点。

诸君于调查时必须力求明澈与真确。农民知识程度较低，需用资金又具有季节关系，本行为便利农民，在贷款手续上，自应尽其可能，务从简便与迅捷，俾能适应农时。然亦必先有明确之调查，使于简便迅捷之中，得有从容应付之效。

故此项调查，亦不必待□申请贷款之后，方行着手，于下乡时即可先事观察及访问。如辅导组社，更为作普遍调查之适当机会，既于一乡农民信用及生活状况得有概括印象，则个别查放，自无须再多费时间。

（二）贷款后之辅导。在既贷款之后，则当注意其资金之营运，如为生产信用贷款，是否确皆用于社员共同生产或转贷与社员？如为供销贷款，所办物品是否确供社员之应用？如为储押贷款，所承受者是否确为社员之生产品？与夫经营前项业务是否合理？账目是否公开？此不独借款信用于以征验，而社务设施，是否符合合作信条，寓有发展之希望，尤必于此觇之。是以诸君对于借款各宜出以诚恳谦和之态度，切戒浮夸，尤不可稍存轻慢之念，必能尊重农民，而后自身亦能得农民之推重。

第二，调研要求：农贷人员因朝夕与农民接触，应整躬砥行，自省自检。

（一）农民竟日劳作，罕有余间，对农民有所访问与接洽，宁可多多踵门造访，少使农民抽时奔走。又与农民约定日期时刻必须准时践约，免其徒劳等候，妨及农作。

（二）农民节衣缩食，生计维艰，诸君应体念其疾苦，如下乡食宿所需，本已由行支给旅费，绝对不得接受农民之款待，即于不得已，在农家进膳寄宿，亦应给予相当代价，使农民瞭（了）然本行农贷工作之服务精神。

（三）农村教育尚未普及，农民又囿于见闭，但如国家现势，生活常识，当为农民所关怀与乐知。诸君必于此先有正确之瞭解，充分之研究，方能于农民讨论质疑时，尽量解答，以匡正其思想，灌辅其知识。勿以此为职分以外之事，无关轻重，而影响于农民之观念实大。凡此诸端，果能身体力行，一一做到则农民自然发生衷心之信仰，自可由此获得工作上种种便利。否则使农民一萌厌恶之心，屏不接近，则工作将何措手？故本行为发展农村经济而推行农贷，在事实上农民之倾向达如何程度，实决定于诸君在生活及行动方面所予农民之观感。

（四）对于当地党政机关，农业改进机关，社会教育机关，应与取得密切联系，期在同一目标之下，合力并进，获得农贷与有关部门工作之协调。

（2）农贷政策协同靠“研”。《中行农讯》第二期刊登了副稽核陶桓棻《农贷与粮食政策配合问题》一文，从中可以看出，中行高层人员将深思熟虑之调研成果——农贷与粮食政策配合问题，向全行农贷同人分享的情形。

战时食粮，为整个军糈民生所最依赖，其丰盈亏缺，于战局胜败之影响非轻，德国毛奇将军会谓：“欲不战而胜德国，唯有封锁德国之粮食。”而德国在第一次欧洲大战中招致大败，也正因此，殷鉴不远。目前我国粮食问题，虽非十分严重，但其成为“重要问题”，则已成为无可讳言之事实。当前内政，也以此点为重心，悉力策划，以期导入常规，供应无虞匮乏。

综观政府食粮政策之设施，可分为：（一）增加生产。（二）控制余粮。（三）管事分配。（四）健全机构诸端。其中尤以增产及控制两点，为粮食问题之核心所在，非各方群策合力，不足以事全功。今虽各方不无注意及此，但仅作原则之规定，尚无具体之设计。兹就食粮增产与控制两端，论证农贷可能致力之点如此：

增进生产者。增产途径分增加生产与节约消费两项，增产方面如：（一）增加耕地面积。（二）增加单位面积产量及减少损耗。（三）补充农业劳动力等。节约消费方面如：（一）规定稻米碾臼程度。（二）禁以米麦饲养家禽并酿酒……管见所及，农贷对增产一项，可为协助推进之工作有六点。（略）

众力易举。如此则余粮之控制，已由合作社及农民团体分任政府初步之劳，小农余粮之流入商富手中一端，也得相当防止。无论调查或收购，至少已有一部分余粮集中，不难进行。将来合作社及农民团体之仓房增多，则田赋改征实物后之储藏问题，也可酌委代收及保管，以减轻政府自行建仓之负担及困难。凡此均值深切考虑，妥谋策进之处，似不因噎废食。吾人从事农贷，凛古人：“足食足兵”之义，有鉴于粮食问题之直接影响抗建大业，非动员各种力量，配合各种力量，全力以赴，实非短期内所能收取实效。

（3）藏区农贷拓展靠“研”。再从《中行农讯》第五期所刊登的张翰才《藏民区概况及工作方针》、柴希会《推进番区农贷的初步设施物品供销处的经营计划》两文中，同样也可以看出中行对于在藏区拓展农贷业务，还是先从科学的调查研究入手的。

第一，《藏民区概况及工作方针》的调研要旨。在四川甘肃青海西康四省连界，现住藏民的区域，普遍称作“安多”区。关于这个区域里的情形，国人多不明了，较之前藏后藏，尤为隔膜。顺之一切政令设施，及文化经济之推动，均难适合实际。然而藏民在整个中华民族中，可说最有生力的部分。他们那种急公忘私，勇毅诚朴之精神，实足供内地人民的效法；但是他们的生活落后，文化落伍的问题，又急需我们内地人去加以提高，助其开发改善。至于区内物产之丰富，在此抗战建国时期，尤其值得国人之注意。并且，经营这“安多”区，实为经营西藏之张本。所以无论用经营经济政治军事文化任何眼光来看，经营这个区域，均有刻不容缓之势！

（一）安多区面积；（二）安多区之沿革（注：从唐朝说起）；（三）人种问题；（四）藏民之服装与饮食；（五）安多区内藏民之教育与宗教；（六）藏民之风俗；（七）卫生；（八）安多区之富藏；（九）安多区之农贷工作方针。

安多区之主要问题有三：

1. 迷信太深。2. 性病曼延。3. 民智不开，文化落后。其结果如下：1. 因迷信太深，喇嘛太多，劳动力减少，人口生产率低下。2. 性病曼延，影响人口生产率及劳动力。3. 民智不开，文化落后，各种建设及开发工作，均不易推行。

根据以上结论，本区农贷工作之推进，必须兼统并顾，不能只注意于一二种之单纯问题。且藏民多尚游牧，因是工作方式，亦须以流动方式行之。最好能将安多区划为一工作单位，不以省界而分，在各藏民集散地，如松潘、拉卜楞、临潭、玉树等地设工作站，采古时旧制，用以货易贷方法，组织流动服务队，随时深入内地，根据实际之需要，为藏服务，务期先得其信仰，然后逐步推进预定之一切计划，如推广教育，改良品种，开发森林，提倡卫生，打破迷信等，以期早日走向吾人工作之目标。关于工作计划，因多区之问题复杂，零碎繁多，本篇以限于篇幅无法列举。今仅提出原则，以求正于同志。

第二，《推进番区农贷的初步设施物品供销处的经营计划》的调研要旨。我行于本年六月间，在该县设立农贷处，办理农贷以来，一部分半农业，半游牧之人民，经贷款后已减轻高利贷之剥削，尚有待于普遍推行。刻此时间已组织信用合作社二十社，贷款三万余元，社址分布，皆在夏河大道治安较好之地带。至畜牧生产贷款，因该地治安欠谧，限于人力物力之条件，目下不克举办。此项区域，如仅办普通农贷在效力上不易普遍。个人管见所及，不如由农贷处代办物品供销处，以期达到调节供需，改良农民生活之目的。其收效亦宏。

兹试拟夏河县合作社物品供销代办处经营计划如下：

一、供销代办处之效用：

1. 调节供给；2. 改善藏民生活；3. 便利藏民的买卖；4. 联络社员之情感。

二、经营业务方式：

(1) 由小而大，(2) 由近而远，(3) 由代运而自运。业务种类三种：1. 大量运入，零星售出；2. 零星收入，大量运出；3. 当地购入，当地售出。

三、供销代办处的设备。(略)

四、开办费用：1. 房屋租赁费；2. 设备租赁；3. 马匹枪支及帐篷费。

五、资金。(略)

六、人才：必须具备下列几种条件：

1. 态度要和蔼。和蔼的态度，才能博得他们的信心，肯与供销处接近。

2. 要能吃苦耐劳。夏河县为边区地方，一切物质享受，都较关内为差。来此工作的人们，都觉得苦不堪言。起码要能在帐篷内住宿，会吃酥油糌粑才可以胜任。

3. 要有忍耐性。

4. 要有商业常识。

5. 要学会藏语。夏河县藏民最多，往来交易，若不懂藏语，彼此就容易发生错误，影响业务很大。虽有翻译，总不如直接谈话来得真确明了。

七、供销处将来的业务。(略)

(4) 农贷业务拓展靠“研”。为避免过多赘述，我们仅以《农放月报》各期有关调研报告的标题信息，则可说明农贷系列业务拓展靠调研。

《农放月报》第一卷第一期：资阳概况；桐区概况（许文周）。

《农放月报》第一卷第三期：推进工业合作事业应注意各点；荣昌农村养猪事业之现状及其改进办法；糖区概况；半年来从事合作的一点意见；乐至概况；隆昌县麻织调查报告。

《农放月报》第一卷第四期：简阳县28年份推行合作事业工作计划；隆昌工作报告；忠县桐油之产销状况；丰都高家镇桐油市场情形；丰都榨房调查；荣昌安富镇陶瓷业今昔概况。

《农放月报》第一卷第五期：资中县农村经济概况（谢启群）。

《农放月报》第一卷第六期：荣、隆、内、资、资、简六县家畜保育促进计划大纲。

《农放月报》第一卷第七期：资阳县26年度工作计划；调查合作社之讨论。

《农放月报》第一卷第二十期：荣昌工业合作社概况及其问题（刘子钦）；眉山调查报告（陈仕达）；工合社业务计划书提要（何口曾）；信用合作社簿记谱释（韩长□）。

《农放月报》第三卷第二期：一年来的工作检讨（张翰青）；到资中总结（初到资中，工作开始，审核书表，监放，调查糖房建设，利用加工贷款，联合漏糖厂，成立红糖运销处，组织产销社，查搞，今后农贷动向）。

《农放月报》第三卷第九期：三台的农村合作社（赵德华）。

《农放月报》第三卷第二十期：巫溪县农村合作事业概况。

总之，上述农贷不“农”而靠“科”，农贷不“土”而靠“研”的史实，足以说明“调研先导，科学态度，谙悉环境”文化埋念的传承，其文化践行的“谙悉环境”的效果，则如副稽核陶桓棻所言：“所有本年度（1941年）办理农贷之各项计划与程序，在年初总处第五届农贷会议中，已有简明切实之决定，条分缕析，纲举目张，吾人自应悬为鹄的，循序推进，以底于成。”

（四）“稽核前置，细则要点”理念在中行及川行的传承史实

公权时期行基理念“稽核前置”，指稽核部门是中行的业务中心、管理中心和参谋中心，并用“事前稽核”方式去施行银行风险管理之事实。行基理念“细则要点，工作规范”，指全行总的制度叫作“办事细则”，分部门的制度补充规范叫作“业务要点”；建立和完善“细则要点”的结果是使一切工作的规范化，久而久之便形成操作习惯和文化传统。上述文化理念在中行农贷史上的传承史实如下：

1. “细则要点”文化传承：川行农贷股办事细则

如前所述，渝行“细则要点，工作规范”文化传统的形成，起于1915年建行之初，那时就有《重庆分行办事细则》104条、《潼川分号办事细则》22条、《潼川中国银行洋溪镇办事处规则》19条等。

抗战时期，在中总行《农贷工作人员组织服务待遇暂行办法》及《中国银行农业贷款暂行办法》的“办事细则”框架下，渝行制定了本行《农贷股办事细则》（见重庆市档案馆0827全宗号），该细则分为五个部分：农贷股设主任之职务、视察员之职务、农贷组之职务、金库组之职务、工贷组之职务，从而使渝行的农贷业务达到规范化管理之目的。

再如，1942年3月，《中行农讯》第九期刊登的《蔗糖产销社经营制糖业务细则——31年度内江支行订用》一文，则足以说明中行“细则要点，工作规范”文化

传统已传承并落实到了中行最基层组织和最细微之处。

（甲）社务方面：（一）产销社各项会议须有记录。（二）产销社之进货、售货须有单据，单据上须注明度量衡各类，及单据等以便记账。（三）产销社罢免及停止理事职权时，须立即将社员大会记录，及变更登记事项，呈报县政府，并同时向各有关方公告之。（四）产销社社务方面，及进货销货之各项开支，须按年编造预算，呈报核准后，照预算支付。

（乙）组织及责权方面：产销社除依法成立理事会监事会外，其糖房漏棚之管理员及事务员之组织，及责权规定如下：（共 12 条，略）

2. **“稽核前置”文化传承：川行稽核控险机制考**

抗战时期，中行传承“稽核前置，控制风险”文化理念的问题，可以从相关史料编研中，窥见当年稽核控险机制的概貌。

据《本行农贷业务史略》一文之“管理机构”一节的记述：

农贷在本行一般业务中之地位……总处设农业放款委员会，秉承董事长、总经理及总稽核之命办理一切关于农贷事宜。其委员由总稽核就业务有关及有农业与农村经济学识经验之人员中选出，陈请总经理指定之。

各分行管理农贷组织……及至 1940 年 4 月 27 日，《农业贷款人员组织服务待遇暂行办法》颁布以后，农贷业务已列为各分支行处主要业务之一，与本行其他业务并立于同等地位。1941 年复附入工合贷款部分。就该《暂行办法》第一章组织大纲内所列七条之规定：总管理处业务管理室设业务稽核及帮核，承总副经理，总稽核副总稽核之命，掌握拟定业务推进计划，审核办法，审核及考核监督各地农工贷款业务；征选举荐办理农工人员等事宜，并派视察员以资助理。

办理农贷之各分行设立农贷股，派主任一人，事务特繁者得以派副主任一人，或二人（如兼办工贷者副主任一人以工资员充之），秉承经副襄理之命，办理：辖内农工贷事务；拟定计划、契约、办法；推荐调度辖内办理农工贷人员并考核其成绩等事项；并派视察员、辅导员、助理辅导员若干人以资佐理。

负责办理一省或数县农贷之支行办事处，得视农贷范围之广狭，分别设立农贷系，派专员一人，（如兼工贷者增设视察员一人去办，秉承支行经襄理或办事处主任办理一切农工贷事务）。办理农工贷之彩份，每县设辅导员一人至五人，助理辅导员若干人，视事实之需要，每县或数县得设主任辅导员一人，以负连（联）络之责。故自此项《暂行办法》颁布之后，本行经办农贷之组织始于纳入正轨，本行农贷业务实由专任人员负责办理。

再据重庆分行《农贷股办事细则》显示：农贷股设主任一人，秉承经（理）副

（经）理之命办理下列事项，并设视察员五人，农贷组、金库组、工贷组领组各一人，办事及助员若干人以资佐理。(1) 农贷股主任负责组织领导工作（综理辖内农工贷事务；拟具发展辖内农工贷之计划；拟订农工贷之契约；督察指导辖内农工贷之进行；拟具辖内农工贷之办法；考核辖内农工贷人员之成绩）；(2) 农贷组、工贷组、金库组（注：合作金库贷款）为具体办理农、工、合作金库贷款业务的职能小组；(3) 视察员职责若干（见下）。

综上可见，中行农贷业务的稽核控险机制之轮廓，大致如下：

(1) 川行稽核前置与防范风险的岗位设计机制

第一，领导层的稽核前置。中行总管理处业务管理室设业务稽核及帮核，承总副经理、总稽核副总稽核之命，掌握拟定业务推进计划，审核办法，审核及考核监督各地农工贷款业务；征选举荐办理农工人员等事宜，并派视察员以资助理。

第二，操作层的稽核前置。对办理农贷之各分行，派视察员、辅导员、助理辅导员若干人以资佐理。每县设辅导员一至五人，助理辅导员若干人。

(2) 稽核前置与防范风险的视察制度设计

对此，还可从渝行《农贷股办事细则》，《农放月报》第一卷第十期《严密视察制度》和第三卷第二十期《加强视察制度　严密内外联系》等文中，窥见一斑。

第一，视察员职责（见《渝行农贷股办事细则》）。

甲、视察员应输流至辖内视察执行下列各项职务：

1. 宣达本行农工贷方针及计划；2. 指示并考核各级农工贷人员之工作；3. 考核各县农工贷业务；4. 检查并考核各县农工贷合作社社务业务；5. 调查各级农工贷人员之生活情形；6. 有关农工贷特殊事项之处理；7. 审查各级农工贷人员之报告；8. 拟具改进办法及意见。

乙、视察员每次视察完毕，应缮具视察报告，格式分为（分县报告）与（总报告）二种，其内容规定如下：

1. 分县报告：（一）农工贷业务之推动情形；（二）农工贷人员工作情形；（三）合作社一般情形；（四）一般经济情形；（五）其他。

2. 总报告：（一）一般视察；（二）特殊问题之接洽与解决；（三）视察结论；（四）建议事项；（五）其他。

丙、分县报告于每县视察完毕后报告之每次复写三份，一份寄渝行，一份寄管辖行，一份寄总处，总报告于每区视察完毕后报告之，复写份数同分县报告。

第二，视察员职责（见《加强视察制度　严密内外联系》）。

视察员负有宣传行中意旨，使每一个工作同人都能深切明了本行推行农工贷的方针、计划、办法之所在。

第三，视察员与联络员的职责和主要目的（见《严密视察制度》）。

1. 就地帮助各指导员，解决一切困难，助成其良好之计划。

2. 严密注意各工作人员工作之勤情（出勤情况）与成绩，以便在考绩时，有所依据，并希望劝善规过，使勤劳者愈益奋勉，敷衍塞责者，知所警惕。

3. 忠实执行行中意旨，贯彻行中主张，以免公函内为废纸，命令而为具文。

4. 指导员训练工作人员，使对一己能力愈加充实，对工作更感兴趣。

5. 对工作人员用费之考核，严格绳之以行规，使不致有报销不实并浪费公帑之弊。

6. 对区内人员分配，依事务之繁简缓急，予以临时之调动，使不因偶尔之事件，致忙者自忙，闲者自闲。

7. 依照各县分区制度，使指导员轮流下乡，期各人经验机会与夫劳逸均等。

第四，工业合作放款指导员的任务。工放指导员的任务，出自《农放月报》第一卷第九期《小言论：工放指导员的任务》。据《修正中国银行办理农工业贷款人员组织服务待遇暂行办法》之组织大纲第四条第五条规定可知，这里的工放指导员，应当是工业合作贷款的辅导员，亦即在农工贷之县份所设的辅导员，其任务如该文所记述，共计有以下四条：

（一）注意社内的财务，一方面使其计算精确，作为业务计划的依据，另方面使财政公开，取得社员共同的信任。

（二）经常指导社员开会，决定业务方针，规定增加生产，改进技术的办法，使社内重要的问题都能在社员大会中讨论，防止主席或经理等把持操纵。

（三）指导社员的日常生活（如伙食、住宿、清洁、卫生等）以及分工办法，使社员有增加生产的各种便利，并实行新生活，破除迷信赌博等恶习惯。

（四）时常注意社员的文化教育，如指导他们组织认字班，读书会，讨论会，壁报图书室，体育会，俱乐部等，这样不但使合作社充满学习的精神，并且可以提高他们抗战的情绪。

（3）川行稽核前置与防范风险的贷款保障及稽核办法

第一，《四川潼南合作金库农田水利贷款实施计划》一文（见《中行农讯》第六期）记述了农贷保障及稽核办法，由此看出稽核前置与防范风险的机制内涵。

（一）潼南今夏苦旱，为全川旱灾较重之三台等十二县之一。以往一般乡农漫无组织，缺少资金，原有塘堰，大都毁塞，以致“靠天吃饭”，已成通谚。拟借合作组织兴办农田水利，其工程浩大者，需要专门工程技术，所需资金为数甚大；一切经营管理，更非目下合作社人员所能胜任，拟由简易着手，以资示范，而树初步基础，本此目标，草拟贷款计划。

（二）贷款对象：另组新营合作社。理由：（1）目下保合作社，或乡（镇）合作社，均以政治划分区域为其业务区域，且水利业务受自然环境之限制大，而受政治划分之影响小。例如：甲保合作社社员田地，临乙保合作社社员田地，因地势地形等因素，适合共同灌溉，（及）排水（等）诸功用。设依治治（行政区划）划分，则两保合作社业务必须分开，若照自然环境划分，则此两保可合并组成一水利合作社。（2）避免一部分社员因利益不同而不热心互助，或消极积极阻碍与破坏（指消极与过于积极都有不良影响）。例如：某社已有水利业务，甲乙丙三社员之田地可利用水利设备，而丁戊己庚四社员之田地，不能享受此项灌溉利，虽同在一社，亦不愿尽其义务。

（三）贷款用途：（1）开筑，修理旧堰塘所需之人力工资（所需人工除技术工人外以利用社员家属为原则）。（2）购室（置）必需之工具及材料。凡工程浩大，所需技术资金等项，非合作社社员所能担任者，暂不举办。

（四）贷款额度：（1）人工工资以全部工资之七成，为最高额估计标准。甲、估计土方费用。乙、招标开工。（2）工具及材料以时价之七成，为最高额。

（五）贷款期限：（1）人工工资借款，得分二年平均拟还。（2）工具及材料借款，得分三年平均拟还。上项应拟还数额，均于借据内载明。

（六）贷款手续：（1）借款除潼库贷款简单各项手续，办理申请书外，须附填。甲、业务计划书（附办事细则）。乙、所办开筑，或修理塘堰之详明地图（标明地点方向邻界面积水源地势等）。丙、土方费用预算清单，或包工合同副本（如不需人工工资借款可不填）。丁、工具及材料预算清单，或承包合同副本（如不需工具及材料借款可不填）。戊、开支预算书。己、其他。

（2）借款社根据两种预算清单，折合前定成数计算申请额度，联同前条规定各项书表，陈由县府核转金库（办理）。

（3）潼库接到上项书表后，即派员前往调查，复核合项表报，填具农田水利人工费用调查表，及农田水利及材料调查表，一式三份，自留一份，管辖行一份，全库一份，联同原有规定各报告，经审查核准后，通知各社领款。

（4）为避免借款社草率兴工，敷衍塞责，而将借款挪移他用起见，共借款额在两万元以上者，必须分期领款，每次取款数额，根据下列各标准。

甲、工资费用借款：一、未开工前支取总额30%。二、开工后经合库负责业务员第二次调查，或经派驻该区业务员签盖证明确如预定计划进展者，得再取总额

50%。三、全部工程形将完成，照上条办第三次调查证实后，再支借款总额20%。

乙、工具及材料借款每种在一万元以下者，得一次取清，如超过该额，酌分二次或三次取款。

(5) 借款社移用贷款，或不照预计计划进行工事，及其他舞弊情（形），经调查确实，得照本库贷款简章办理。

（七）还款手续——除照本库贷款章程办理外：

(1) 社员不论本年有否享受水利利益，于秋收后均须按照各社员耕种田亩，平均摊派还款（旱地面积不可计算）。

(2) 借款社平时流动资金超过一千元时，即须存入金库，或提前还款，以免存社现金过多，发生意外。

(3) 如借款过期，或有拖欠时，合作行政机关应负催收之责。

（八）贷款保障及稽核办法：

(1) 合作社主管行政机关负介绍及保证之责。(2) 借款社社员得以水利工作所出劳力，折合未缴股金，其标准随当时工价而定。(3) 除法定职员外，得由理事会聘请或推选理事一二人，负管理修□等项专责，（办事细则另订）每月酌支薪津。(4) 所有各项工程，应不妨碍耕作灌溉，以利用社员农闲时间进行，较为适合。(5) 新兴塘堰，如属包工性质，不受前条限制。但以兴工日起，至完工时止，能适合农时为原则。(6) 借款社会计方面，除照规定账册外，（日记账，总账）其关于人工费用方面，另立人工工资等辅助账。其关于设备材料方面，另立材料收付，工具明细账，等辅助账。有关会计设计，记账方法，监督工程等工作，本库所派人员，得辅导考核。(7) 合库业务员，平时每月至少前往借款社考核查帐一次，详见报告，分寄总处渝行合库。(8) 合作社全部股金，存入本库，以策安全，而资证实，以后有正当用途时，得络（陆）续支取。

第二，《农贷促增食粮之实例——本行于潼南举办食粮增产经过》一文（见《中行农讯》第三期），记述了潼南食粮增产贷款办法及其管理经过，从中也可看出稽核前置与防范风险的机制内涵。

（一）调查——每社集中调查，或社员个别抽查。前者召开社员大会，按户调查，后者个别抽查，个别访问，并于由邻社邻户间探询实况。调查表格之项目包括《县食粮增产调查表》和《县食粮增产成本调查表》。(略)

调查员理先熟读调查表，各项问题，善能应用，乃与社员“摆龙门阵”时利用机会，使被主调查者于不知不觉中，吐出真话。

但注意之点有：甲、抽查社员指定增产之田土。详细记载社员指定田土之地段，及周围标记等情，以备日后复查。调查生产成本时，凡社员自有畜力人力等项，均不计算。乙、提倡垦荒。使社员充分利用荒地，休闲之人力畜力。丙、食传有增产价值，而被社员忽视之作物。例如此次与农推所宣传及推广马铃薯。

（二）贷款——本县自一月七日至十五日为办理合作社申请贷款时期，十六日至三十一日为放贷款时期，利用原合作社组织，以信用方式放款。借款手续，仍照信用借款办法。借款限度，系根据生产成本调查表核定之，暂限增产杂粮一亩，以十五元为限，每社员以七十五元为最高借款额。还款期限随增产作物收获期而定。暂定为五个月。凡邻近农业仓库之合作社，当作物收获后，必须运往储押（处，库）缴还借款，其目的在避免粮食为少数人操作，采化整为零之方法，私自囤积。目下潼南未办简易农仓，此举恐不易发生效果。在贷款方面尚须注意之点有：

甲、申请期限务求不失农时，以免贷款因申请期限延长，有所失误，促使社员将借款移作他用途。乙、凡社员需要某项种子时，折合市价，酌量推广。但推广种子必须经过试验，确能适应当地环境者，其量宜少，以免移充食用。

（三）复查——根据调查表及上述记录，前往复查，注意作物生长情形，及确实增产数额，如能与农业技术机关合作对于防病虫等等工作，更有效率。

（效果）潼南自去年七月划归我行辅设办理以来，全县共计 141 社，社员 11008 人，信放（信用放款）自 27 万余元，陆续增至 85 万余元，除试办养猪、养牛、土布生产等贷款外，此次食粮增产贷款，总额计 425375 元，借款社计 108 社，借款社员计 7329 人，增加食粮之数量，有红薯 27321 亩，小米 730 亩，玉米 236 亩，绿豆 187 亩，芝麻 170 亩，马铃薯 207 亩，高粱 457 亩，乔（荞）麦 185 亩。

此外，稽核前置的防案事例，在《农放月报》第三卷第四期《谈简阳假合作社冒领贷款案》一文中，也有所反映。

（五）“寓教于刊，刊化精神”理念在中行及川行的传承史实

如前所述，公权时期以《中行月刊》和《中行生活》方寸之地，通过“匠心策划，编者申理，高管追随，寓教于刊”的刊教特色，构筑起银行的学校氛围，对全行员工进行“明做人之道，育做事之理”之六大教育。抗战时期，中行传承这一文化理念的史实，则可从以下文献的综合编研中窥见一斑。

《行史》对中行开展农贷的主要措施概括为五个方面：建立农贷组织系统；加强配备农贷人员；发行农贷刊物；进行合作指导；辅设合作金库。之所以把发行农贷刊物概括为开展农贷的主要措施，这是因为：战时农贷地点分散，通讯又多阻碍，即或是在同一地区的农贷人员，也因各有任务，不能经常见面，很难对农贷业务进行及时的沟通与交流。有鉴于此，中行总处编印了《中行农讯》在内部发行，这一

刊物定位为“同仁刊物”，其内容包括理论研究、调查报告、问题讨论、工作心得、业务统计和各地农贷消息、同仁业余生活等，每月发行 1 期。第一期于 1941 年 7 月 25 日发行，1942 年 8 月政府要求中行将农贷业务移交中国农民银行，该刊在出版第十三、十四期（合刊）后遂宣布停刊。

与此相关，抗战时期中行一些分支行也相继主办过农贷刊物，如天津分行《河北合作通讯》、桂林支行《农讯》、重庆分行《农放月报》、内江支行《经济商业调查月刊》、西安分行《雍言》《西北老乡》、长沙支行《湘农通讯》等。

总的来看，《中行农讯》面向全行广大员工，特别是农贷部门的员工，内容具体实际，文字明白易懂，成为中行交流经验，推动农贷的有力工具，由此传承了公权时期“寓教于刊，刊化精神，补充智识”之文化理念。与此同时，中行各分支行主办的刊物，也在一定程度上传承了上述文化理念。比如，渝行《农放月报》第一卷第一期，在创刊号《引言：本刊使命有四》中指出：

（一）四川素称天府之国，自全面抗战□动后，逐为西南经济建设之中心。抗战资源之供给，类多赖于川省。渝行秉承中央农放政策，总处农放宗旨，积极辅助农民，增加农业生产，以厚国力。

（二）农村社会具有半封建之素质，合作社组织训练与稽核指导均具有特种方法与相当技术……（因）以本刊为交换经验及心得之场合，彼此足资借镜。

（三）本行办理农放，为时颇暂。放款手续，管理办法，并□陈规，各工作人员平日感观所及，依实际需要，各抒所见，以凭采纳，而收事功。

（四）各县社会环境不一，地理人和亦互异，若特产之调查，农村之写实，生活之现况，可报道消息，沟通信息，则彼此千里一堂，如同晤对，可省各别通讯之烦。

据对现有史料的梳理，以《中行农讯》为首的抗战时期中行系列刊物，对传承“寓教于刊，刊化精神，补充智识”文化理念主要体现如下：

1. 知往鉴今，以启未来的中行传统教育

如前所述，1942 年 1 月，宋汉章在《中行农讯》第 7 期《水利与农贷之关联》一文中，对全行进行“融通农业金融者以本行为首创”——知往鉴今，以启未来——的中行传统教育；不仅如此，纵观《中行农讯》第一期《本行农贷业务鸟瞰》、第二期《成渝路之农贷与农村》、第六期《本行沿革与工业贷款的演进》等文，其中都含有中行传统教育的刊教色彩。

2. 服务大众，改进民生的使命意识培育

如前所述，中行总经理宋汉章的“农贷报国”论、副总稽核的“农贷之时代精神”、副总经理的“有中国就有中行”论，以及渝行“农贷报国”精神等史料，都是

《中行农讯》对“服务大众，改进民生”使命意识培育的刊教活动。

宋汉章在《水利与农贷之关联》中，除了对全行进行“融通农业金融者以本行为首创”的传统教育之外，还进行了关于中行农贷之抗建使命的教育：

今者我国四年余单独支撑之远东危局，已有友军比肩负荷，同拒暴办。人类正义之必得伸张，无待巫卜。但黎明之前，常临暗夜，自太平洋战争发生后，交通修阻，券料来源困难，兼以我国战时金融政策，亦须重于检讨，限制通货发行，供应军事为第一要义，故目前国家银行各类贷款，均须重作调整，农贷亦为调整者之一，以致原有计划，未克悉以进行，汉章于此，有欲为我同人告者：

（一）战后国家银行对国库收支之平衡，军事款项之调度，与夫后方资源之开发，生产力量之培植等，无不竭尽其最大之努力。自战争遍及太平洋，我国家银行在军事第一之前提下，统筹全局，故有调整放款之决定。农贷自亦须随同其他放款略予紧缩，此系金融上之暂时措施，一俟情形许可，当时及时规复。

至目前本行农贷，除四联总处洽商之农田水利贷款外，一般农贷原则上暂不扩充额度，其能不减缩者，则亦不减缩。唯处此情形之下，本行农贷资金，允宜充分发挥其实施，以一当十，期能速收成效。

（二）本行农贷业务，广义言之，为辅助国家从事基本建设工作，狭义言之，为对全国大多数人民之服务，与其他业务并重。我分支行处主管员司，对之后具一般服务应有之热忱，剑及□及，各务亲躬，于调整贷款之际，尤须导率办理人员，善用农民闲暇，及战后农民生活稍有转机之机缘，以倡办农村社会事业，如节约蓄储等务，精进勿懈，以遂本行办理农贷之初衷。

（三）我各级办理农贷之人员应知农贷业务与本行其他业务莫不息息相通，无轩轻之可分，于从事本分工作之余，对行内其他各务，均应多方认识，虚心学习，以专副会贯通，适应需要。至目前农贷之暂时紧缩，尤须向农民婉为解释，倘能从而培植农民团体之自有资金，逐渐减少依赖金融机关之心理，更为佳事。

以上为个人观感所及，尚冀同人善体斯旨，淬砺精进，有厚望焉。

3. **新思旧养，高洁坚韧的员工品德培育**

如前所述，《中行农讯》通过刊载总分行领导的讲话或事例，传承着“新思旧养，高洁坚韧”品德培育之刊教使命。比如，宋总经理1942年元旦奉赠给全行员工的“勤俭毅信”之礼物是：勤为成功之本；能俭方能廉洁自好；毅是不畏艰难地做事，有魄力；信是重然诺守信用。又如，上海分行陈名选在沪行委托金大办理农贷人员训练班开学典礼演讲词中，要求农贷人员本事业需要的四点道德训练要求是：有高尚之人格；有服务之精神；有熟练之技术；有研究之兴趣。还如，中行副总稽核霍宝树在对工贷受训人员的训词中，特就个人品德强调五点：一是须勤俭刻苦，唯有以身作则，始能推动他人；二是要贯彻个人对事业的抱负；三是农贷应慎之于始，顾及行内资金安全，不负国家社会所托付；四是认清国家大势，注意今后工业建设上应备之条件；五是虚心学习，刻刻求知。

而渝行农贷负责人王君韧在致《告渝行农贷同仁》书中，对中行“高洁坚”品质作了在农贷领域的演绎性教育：

（一）办理农贷，非深入农村，朝夕与农民接触，逐渐取得农民之信任不可，欲求得农民之信任，必须对于事业先有传教师对于宗教之信仰，必抱“无我”之精神，取尊重农民之态度；必须有家人父子间之真诚，以身作则，举凡本身日常生活习惯，无有逾越良善国民应有之标准，然后出全力以赴之，事乃有济。

（二）对于个人之修养，务以不自足之心理，事事求进益，时时求进益。举凡为人之道，个人性情以及各种常识，各种有关事项，无时不用心，然后将留心所得者，加以判断，孰应效发，孰应摒除，以虚怀若谷之心，接受多方面之教训，如是方能求得充实之修养。

此外，《农贷生活的断片》（见《中行农讯》第四期）、渝行农贷员蔡瑞徵《农村偶感》（见《中行农讯》第三期）、桂支行员工秦负豪《下乡杂联》（见《中行农讯》第十期）、渝行农贷员刘子钦《农贷交响曲》（见《农放月报》第末卷第末期）等文章和诗，则以感性形象述说着农贷员对“高洁坚”文化理念的传承印迹。

4. **任事坚韧，能行则行的办事能力培育**

（1）几种农贷定期刊物介绍。《中行农讯》第二期刊载了《几种定期刊物介绍》，向全行农贷人员推荐了三类补充与提升农贷专业智识的高等级报刊与书籍：第一，农业与合作方面报刊与书籍：《全国农林试验研究所研究报告辑要》《农报》《农业推广通讯》《现代农民》《合作事业》《合作评论》《中国合作导报》。第二，农业经济金融方面报刊：《经济通讯》《农情报告》《中农月刊》。第三，一般经济与财政方面报刊：《经济导报》。

（2）农贷与合作贷款的内涵区分。如前所述，《中行农讯》第六期刊登了润生《农贷与合作贷款的区分》一文，以求从根本上理清两者之简要关系：第一，农贷意义：农贷是各种农业贷款的总称，合作组织只是贷款对象之一。第二，合贷意义：合贷的日的在以应用资金力量，促进合作事业，辅助合作组织资金的不足。第三，两者关系：农贷好比合贷的父母，合贷好比农贷的儿女，只要合贷确实能担负起农贷的责任，农贷是可以告老退休的。不难看出，文中对农贷与合作贷款关系的比喻，的确具有深入浅出的刊教之匠心。

（3）合作社访问记之案例教学。《中行农讯》第六期刊登了蔡习传的《龙门浩肥皂生产合作社访问记》，作者是1941年6月中行办理工业合作贷款培训班的学员之一，该文是其学习三个多月后的实习报告，《中行农讯》将其编为专页，以介绍此项训练之一般内容。从中既可看出工业合作贷款的操作梗概，又可起到培训广大农贷人员业务能力的刊教作用。

一、全社概况。1. 成立日期：民国29年1月。2. 登记日期：民国29年5月。3. 社址：重庆南岸龙门浩58号。4. 社员人数：社员9人，预备社员10人，练习生6人，工合事务所派来会计1人。5. 股数：1000股，已缴者300余股。6. 每股金额：国币10元。7. 保证倍数：20倍。8. 保证金额：20万。9. 会议：社员大会之纪录未见，理事会按期举行，每次均有纪（记）录，指导员未出席。

二、社址及厂屋。社址位于重庆南岸，输渡频繁，交通极便。原料取给，与成品销售，均以渝市为中心，接近市场，而少轰炸之患，治安绝无问题。厂屋独立，其他灾害，亦无波及可能。

厂屋系自建，地皮系租赁。办公处为木屋，制作场为竹身上覆以瓦，尚称宽敞。空气与光线，亦甚充足。厂中并无卫生设备，惟尚属清净。寝室与工厂分开。消防设备缺乏。亦未保兵火险，厂址宽阔，有扩充余地。

三、原料。原料为木油（即桐油），烧碱，及松香等。如制药皂或香皂，尚需加入石炭酸及杳（应为香）料。原料（的）取给，悉在渝市或其附近，供应充足，随用随取，并无采购专人，由总务司之。

四、设备。该社为小型工业，无机械设备，有之，仅一简单之足踏刻字机而已。肥皂制法，先以木油在一铁锅内熔化，然后放入一铁缸内，加碱及松香等热之，以遂行其碱化作用，六小时左右即制成，倾入木箱，冷凝后，以钢丝切为数片，再入钢丝架上推为条状，再通过铁箍，去其四棱以成圆角，由是复通过钢丝架裂割为成品。制造洋烛时，则有模箱多具。

五、组织及人事。该社社员大会下为社务会议，监事会及理事会。理事主席下有经理，及会计。经理综合管总务，工务，营业三部。总务主管人事，采购，文书及设计工作。工务主管制造，及保管工作。营业主管宣传，门市，批发，及运输工作。该结（级）组织即如上述，分工合作，职责严明。以数十人之小社，得有如此机构，可称健全。然以社员人数有限，职务繁多，不免兼职，故内部之监察制度，似难严密。社员被举为职员者，多不直接生产，盖忙于社务，无暇工作。经理，总务，工务之薪资，百元有奇推销员（雇用者）且达二百六十元。盖社务之发展，成品之推广，依赖良多，不得不以高价雇用之。社员智识尚可，工作处理有一定程序，能力尚可胜任，似无人事纠纷。

六、会计制度。会计制度，略其规模；表格单据，亦属齐备。计分传票，日记账，分户账，总账，管理及推销费用表，实产负债表，捐益计算书等。传票分现金收入，支出，及转账三种，日记账分现金，销贷，进料三种，成本计算极简，限于财力，未作精细计算。

七、生产。制造部分由训练技师（社员）主持之。制造程序简单，尚无不当之处，工作效率亦佳。产品可以推销，无过剩之病，其标准产量日出五十箱，月出千五百箱，因限于流动资金，现仅出五六百箱一月。香皂制品不佳，因取料不当，香料多散失。副产品如甘油等，因燃料不足，及监析技术不够，致无法提取。材料尚无何浪费，惟目前出产既少，生产效率未有发挥。成品质量，亦较大厂出品为低。然售价略低，故尚有出路。

八、运输。特雇推销员一人，专管宣传运销事宜。除门市部外，并托其他商店代销，营业区域分为：甲、重庆市——重庆，江北，南岸。乙、嘉陵江——化龙桥，沙坪坝，磁器口，白庙子，北碚，合川。丙、长江——江津，泸县，宜宾，长寿，涪陵，丰都。丁、川黔路——土桥，南泉。出品商标牌号有建国，大象，抗战，生卫药皂，光明，民生，及陪都香皂等。

九、财务。固定资金为2万元，已缴股款为3073元，（其中包有已退股者）实际缴足者为2500余元。各项折旧准备，并未按月提存，流动资金，不够运转。每年盈余规定以20%为公积金，10%为公益金，15%为理事雇员之酬劳金，由理事规定分配办法，余55%由社员分配之。按其工作及认股数而定。如有亏损，则以公积及系保证金抵偿。

十、基本问题。目前后方各物缺乏，肥皂与洋烛为日用所需，推销畅旺，且该社地点适宜，原料之取给产品之输出，均接近市场，无停滞之虞，自有生存理由，惟战后恐难立足。

十一、应改进之点：1. 该社股金未收足半数，即行开幕，此点与合作社法不符应尽速收足之。2. 银行贷款时，应规定其用途，或至少以若干购买必需原料始可。南岸有某合作社向银行借款后，买进白凡士林数百磅，囤积待价而卖，此事与合作社生产毫无关系，若各社借款皆如此，则银行实不管助纣为虐矣。一方面以借款从事囤积，一方面宣称资金不足，生产困难，以冀再得借款，此种恶习，必须根绝。3. 该社未保兵火险，有相当危险性。必要时宜令之保险。4. 社员皆由社内支薪津，且相差甚大，最多者月入二百余元，最少则仅得数十元，多数社员，对合作社意义不甚明了，故指导人员对于社员教育亦应注意。

（4）农贷贷前调研特殊性与重要技巧之刊教。《农贷促增食粮之实例——本行于潼南举办食粮增产经过》一文中，记述了食粮增产贷款办法及其管理经过，其中还可以看出以农贷促增食粮的重要调研技巧。

再据前述王君韧之《告别渝行农贷同仁》一文信息可以得知，发展农贷和防范风险，离不开有效的贷前调研。然而，农贷的贷前调研具有特殊性，因此如何与农民接触的调研技巧，也就成为发展农贷和防范风险的重要环节。

第一，农贷的贷前调研特殊性。一是，普通农民大都智识较低，生活较为简单。高中或大学毕业之青年行员，初入农村，必感工作对象智识悬殊，苦难沟通。倘吾人对于事业之热忱不足以克服前项必有之困难，则兴趣索然。二是，从农民立场而言，以其自身智识之不足，一般劳苦大众对于官厅或类似官厅人员有畏惧心理，往往不敢多与外界接触。

第二，农贷的贷前调研之觉悟认识。何能努力于工作，更何能达到吾人办理农贷之目的，此吾人本身应具有觉悟认识也：即办理农贷，非深入农村，朝夕与农民接触，逐渐取得农民之信任不可，任劳任怨不可。倘吾人不能以热忱感动之，以谦和去其疑虑，则吾人纵有事业之心理，又何能裨益于事业之推进。欲求得农民之信任，吾人办理农贷，必须对于事业先有传教师对于宗教之信仰，必抱“无我”之精神，取尊重农民之态度；必须有家人父子间之真诚，以身作则，举凡本身日常生活习惯，无有逾越良善国民应有之标准，然后出全力以赴之，事乃有济。数年来，韧无日不此自勉，并勉诸君，初非故作高调，以从快一时。

第三，农贷的贷前调研之重要技巧。亦如《农贷促增食粮之实例——本行于潼南举办食粮增产经过》所指：一是，贷前调查分为每社集中调查或社员个别抽查。前者召开社员大会，按户调查；后者个别抽查，个别访问，并由邻社邻户间探询实况。二是，在个别访问时，调查员先熟读调查表，各项问题，善能应用，乃与社员“摆龙门阵”时利用机会，使被调查者于不知不觉中吐出真话。不难看出，文中所介绍的贷前调研之重要技巧，的确体现出刊教之匠心独具。

（5）渝行《农放月报》对提升办事能力的刊教信息梳理。《农放月报》在任事能力培育方面，其刊教信息经整理大致如下：

《农放月报》1939 年 3 月第一卷第三期《小言论：合作的三部曲》；

《农放月报》1939 年 4 月第一卷第四期《小言论：与同仁共勉（转载）》，其大意是：农村工作为一种具有服务性质之经济事业，以调剂农村金融，促进农业生产为对象，在外担任工作者，须小心翼翼，各竭所能。特就观感所及，缕举几端，以与各同仁共勉。（一）应实事求是；（二）应注重效率；（三）应运用思想；（四）工作勤于研究。

《农放月报》1939 年 6 月第一卷第六期《小言论：后方经济基础在农村》、《告全体农放同人》：愿一本“人生以服务为目的”之名训，共相淬砺焉。

《农放月报》1939 年 10 月第一卷第十期《对新进同人进一言》、《工业合作的使命及其后注意事情》。

《农放月报》1941 年 4 月第三卷第四期《农贷惠及贫农问题》、《永川某晚的同乐会》、《歌德与诗人对话》(独幕剧)。

《农放月报》1941 年 9 月第三卷第九期《我们的岗位工作》。

《农放月报》1942 年 3 月第四卷第三期《记温汤井旅行》、《眼通锁记》、《工作问题解答》

《农放月报》1942 年 8 月第末卷第末期《内江农贷之我见》、《农贷效果泛论》、《几点信念》、《草鞋月感》、《渝行训练农贷人员经历》。

(六)《中行农讯》刊教活动效果及办刊无“稿荒”现象透视

探究《中行农讯》刊教的互动情况及刊教效果，我们可以从《中行农讯》没有“稿荒”现象以及中行农贷业务数据等维度加以解读。

1.《中行农讯》没有“稿荒”现象透视

相对于张公权时期《中行生活》和《中行月刊》刊教活动的员工互动情况而言，1934 年全行有行员两千多人，也就是说，两刊的刊教活动的对象有两千多人，因此两刊理论上的内部稿源人数也有两千多人。尽管《中行农讯》刊教活动的对象也可能有两千多人，然而其内部稿源的理论人数，则比前两刊少得多。

据《本行农贷业务史略》记述，中行农贷工作人员至 1942 年 6 月共 637 人，其中，川行 98 人。其人员变化情况为：1932 年以来，全国农贷人员自初期之 3 人增至 1942 年 6 月的 637 人。其中，川行农贷工作人员：1936 年 3 人，1937 年 5 人，1938 年 8 人，1939 年 20 人，1940 年 55 人，1941 年 89 人，1942 年 98 人。

《中行农讯》于 1941 年 7 月 25 日创刊发行，迄 1942 年 8 月 31 日停刊，共发行了 14 期。也就是说，其内部稿源的理论人数最多时为 637 人。渝行《农放月报》于 1939 年 1 月创刊，第末卷第末期于 1942 年 8 月刊发。这就是说，1939 年 1 月《农放月报》创刊时，川行农贷人员不过 20 人以内；《农放月报》停刊时，川行农贷人员 98 人。其内部稿源的理论人数不过如此，再加上《中行农讯》《农放月报》办刊处于抗战时期，办刊的困难重重可以想见。

然而，史实表明，《中行农讯》没有“稿荒”发生，且期期排满内容，甚至还有超容量出刊的事实；《农放月报》则是用老式蜡纸刻字印刷且出刊数十期，即便是在

1939 年 5 月“连遭轰炸，心绪不免慌乱，且以股中工作繁忙”的情况下，仍然坚持出刊——“故本期内容，未免空□，刻以为憾，炸后纸张缺乏，改用土纸，加以行役行动失常，印刷模糊，尤觉歉然，希阅者原谅！”

由此可见，《中行农讯》和《农放月报》在内部稿源的理论人数很少的情况下，却没有发生过“稿荒”现象，实难能可贵，从而成就了这些刊物“面向全行广大员工，特别是农贷部门的员工，内容具体实际，文字明白易懂，成为中行交流经验，推动农贷的有力工具”的珍贵文献之历史地位。

2. **中行及川行农贷业务数据的对比**

据对 1941 年 8 月《中行农讯》第二期《30 年度 6 月份四行局分省农贷统计表》《31 年度 6 月份本行分省农贷统计表》所记述的农贷数据的整理，可以看出中行及四川分行的农贷数据之社会表现：

(1)《30 年度 6 月份四行局分省农贷统计表（单位：元)》表明，截至 1941 年 6 月，中国银行、中国农民银行、交通银行、中央信托局等四行局本年农贷实贷总额是 229948003 元，其中：

中国银行 101911003 元，占比 44.32%；

中国农民银行 106503000 元，占比 46.32%；

交通银行 14507000 元，占比 6.31%；

中央信托局 7027000 元，占比 3.06%。

在中国银行 101911003 元的实贷总额中，四川中行为 31120000 元，占全国不含沦陷区共 21 个省份总额的 30.54%。

(2)《30 年度 12 月份本行分省农贷统计表（单位：元)》表明，1941 年，全国不含沦陷区共 21 个省的贷放累积额为 61993000 元，其中：四川中行 195152500 元，占比 31.77%。

(3)《31 年度 6 月份本行分省农贷统计表（单位：千元)》表明，全国不含沦陷区共 21 个省，截至 1942 年 6 月，全国农贷累放积额 45985 千元，四川中行农贷累放积额 136909 千元，占比 33.59%。

由此可见，中行农贷在四行局总份额中占比 44.32%，仅次于中国农民银行的 46.32%；四川中行农贷在中行系统内占比达三分之一。这些业绩的取得，不能不说与中行文化传承以及刊教活动有密切关系，亦如《行史》曾将办刊与刊教列为中行开展农贷工作的五大主要措施之一。

四、抗战结束后川行文化传承印迹

由于目前缺乏认知与研究川行公司文化变迁的丰富史料，所能参阅的有价值的历史文献很少，仅能从 1948 年 1 月渝行创办的内部刊物《渝行通讯》中[①]，窥视川行公司文化变迁的一斑，该刊于 1949 年 7 月停刊。目前在共计 17 期刊物中，现仅凭 7—10、12—18 期之史料进行研究。纵观《渝行通讯》栏目设计及内容，大致包括以下几个方面：

第一，专载栏目。其专载文章大致有：第七期《我国国际贸易概况》；第八期《云南锡业公司通讯》《西康宁属镶产诔要》；第九期《释金圆券中的数字》；第十期《万县桐油产运销概况》；第十二期《重庆十二月里的两件大事》；第十三期《一年来我国金融之风云变化》《贵阳一行记（第二次通讯）》《台湾的经合总署》；第十四期《沱江流域土法制造蔗糖程序》《贵州一行记（第三次通讯）》《剖视“桐油之都”》；第十五期《贵州一行记（第四次通讯）》《烟草路——记贵州的烟草事业（转载）》；第十六期《同舟共济于暴风雨中之精神》；第十七期《贵州一行记（第六次通讯）》《成都市拒用金圆券前后》《黔省的地下宝藏（转载）》《四川的麝香（转载）》；第十八期《七月二十五日成都镍潮记》等。

第二，金融经济：重庆、成都、雅安（每期分别介绍三地情况）。

第三，渝行属人事动态。比如，第七期所载《渝行属人事动态》信息如下：

（一）赵经理因公于七月七日飞沪，二十八日公毕返渝。

（二）渝行办事员罗恺才调充滇支行代理外汇主任，并在赴调前，派赴国外部实习两月。

（三）成支行办事员张永达□充成都中国国货公司会计主任，经奉总处核派升代该支行会计副主任。

（四）滇支行出纳主任王鲁惠调派粤行服务，所遗滇支行出纳主任一职，由前简处（简阳办事处）主任刘善康接充。

（五）内支行赵经理菊轩于七月二十二日，井支行李经理仲强于七月二十五日先后来渝述职，公毕，于同月二十九日同车分别返职。

（六）叙处王主任仲良，洽处（合江办事处）苟主任运陶生后于七月卅一日因公来渝，事毕，各返任所。

再如《渝行通讯》第十期所载的《渝行属人事动态及福利新讯》如下：

---

① 仅能查阅到的《渝行通讯》只有第 7、8、9、10、12、13、14、15、16、17、18 期的内容。

（一）滇支行代理襄理兼云南锡业公司协理戴效祖陈准总处专任云南锡业公司协理。

（二）黔支行钱经理惠曾，万支行蒋经理泽卿上月间因公来渝，公毕，于十月十六日分返任所。

（三）渝行属同仁互助会于十月十九日举行理监事联席会议，除基金之营运问题曾有研讨外，并议决自十月份起，将生产补助金改为金圆二十元，治丧、抚恤补助金各改为二百元。

第四，渝行新动态和渝行近讯。如《渝行通讯》第十三期所载的《渝行之节约恤贫运动》，第十五期所载的《歌乐山送来》《坊处（重庆林森路办事处）擒贼》。

第五，园地栏目。该栏目内容占了刊物的不少篇幅，也是探究抗战胜利后川行文化变迁的重要史料与行史文献。比如，《渝行通讯》此类文章有：

第七期：消夏闲笔，雅根室释名。

第八期：谈盾；掌故；七夕絮语。

第九期：解字解颐；咏群英会；拟银行员家庭对联；旅行与假日。

第十期：渝中小学之盛会；诗三首；拆字；37年秋成都水灾记月3月。

第十二期：观婚记；月（中篇）。

第十三期：春风花絮；语摘；月与笛，笛与曲；一篇有趣的日记。

第十四期：格言贡粹；挽胡中侯先生；语摘；月（下篇）。

第十五期：格言集萃（二）；月明忆语；乐府“陌生桑”几个有趣的问题。

第十六期：渝行掌故：周宜老绾渝行时之略述；不安于闲感；渝郊记游；一个有趣的统计；莲。

第十七期：回忆录（一）；假中随笔；闲话沉默；莲（续）。

第十八期：历险忆略；回忆录（二）；难舍；闲居杂作；送考记；莲（续）。

据对上述共计11期的《渝行通讯》所载内容的梳理，总的来说，渝行员工对公权时期积极向上的文化传承印迹主要体现在以下几个方面，现结合史料分述之：

（一）川行对“三方同乐”与“俭以养廉”文化的传承印迹

1930年12月，张嘉璈在“三方同乐”使命中阐明，要使员工精神快乐有三个途径：一是身体康健；二是不做道德上负心的事；三是俭以养廉。要使员工家庭快乐也有三个途径：一是夫妇和睦，总使家庭十分的简单；二要注意子女的健康与教育；三是养成家庭中幽静优美的空气。到了时隔近18年后的1948年9月，还可看出“三方同乐”和“俭以养廉”文化理念在渝行传承的印迹。

据《渝行通讯》第九期欧阳炎《拟银行员家庭对联》一文记述：1948年夏末，

渝行经理赵宗溥到上海中行总处公干后，在返回重庆途经万县时，顺道视察了万县支行，并作出指示，以“勤俭”二字勖勉全体员工，并鼓励员工在业余时间要阅读曾文正公的家书，以此作为立身处世之根本。他说本人平时就是恪遵曾文正公训示，所以他还以银行常用业务名词和曾国藩家书中的成语，亲书一幅勉励银行员工家庭的对联献给大家，其对联内容是：

存放汇储，借贷损益，愿大家留心行务；

考实早扫，书蔬鱼猪，看小子仿立家规。

该文供稿者欧阳炎最后评述该对联内容说：值兹勤俭建国运动风行全国之际，上述联语拟（写）于银行员家庭，尚属切合，倘能身体力行，则于行于家于国，更多裨补，质之高明，不笑其措辞之迂拙否。

此外，《渝行通讯》第十五期《坊处擒贼》一文，则有防案教育之刊教作用。

（二）川行的“邮（恤）贫运动”与“服务大众”文化的传承印迹

从《渝行通讯》第十三期《渝行之节约邮贫运动》和第十五期《歌乐山送来》两文中，可以看出渝行通过邮贫运动对中行“服务大众”理念的传承印迹。

渝行前任经理周宜甫之子、时任渝行襄理的周仲眉在《渝行之节约邮贫运动》一文中，详细记述了渝行节约邮贫运动发起缘由、节约邮贫会章程、“以旧驭新”式的邮贫启示、对邮贫启示所引典故的详细解释、员工对邮贫运动的响应、邮贫工作的具体落实等细节情况，从中不难看出，中行“说干就干，能行则行”的办事风格，在渝行已经传承到应用自如的地步。

1. 渝行节约邮贫发起缘由

渝行赵宗溥经理于日理行务之余，随时体念贫苦之饥寒，每以发起救济之善举为志。上月内曾于偶谈中，以此旨告知坊处（林森路办事处）蒋侬疾副主任，嘱其拟具计划，提倡同人节约邮贫，蒋副主任于遵办后，赵经理即以提议于星三座谈会，经全体赞成，又指派林世丞、朱盛沛、韩长澜、王克强、蒋侬疾君等及仲眉共六人，研讨方案，陈获核准实施。

2. 渝行节约邮贫会章程内容

兹将各条略叙如下：(1) 本会定名为（重庆中国银行同人节约邮贫），包括同城办事处，由同人组织之。(2) 会金由同人捐集，捐款标准如下，可由同人自由选择：A. 普通会员一百元。B. 赞助会员二百元。C. 维持会员三百元。D. 名誉会员五百元。E. 特别会员至少一千元。(3) 会金补助办法：A. 欢迎同人向亲友劝募，将来仍揭示其亲友及劝募人之姓名，以示崇敬。B. 凡有庆贺或聚餐之应酬，估量其应费之资，愿以移作捐款者，将来仍揭示其主客之姓名，以资效法。凡属个人捐赠及劝募，均于渝行通讯揭示姓名。（4）本会会金，用于救济赤贫，一为无息贷款，一为施济。（5）凡出席星三谈话的人员，均为节约邮贫委员会委员，再由委员会推定人选，成立常务委员会，主持邮贫会一切事宜。渝行经副襄理均为常务委员，并加推林世丞、韩长澜、蒋侬疾、朱盛沛、王克强、赵根厚君等六人为常务委员，计共十六人，请赵经理任主席。（6）常务委员会暂设募捐、会订、营运、调查、施放等五组。

3. **邮贫启示及武训乞丐兴学典故之解释**

邮贫部署既定，赵宗溥经理即出名发动向同人募捐，启事如下：

清季武训先生，以乞丐兴学，认为吾人遇知之事。先生系本不求救己先求救人之精神，坚苦不挠，卒成厥志，开人类之奇迹，留万世之景思。是以吾人欲先求救己而后救人，则终身无救人之日；何况吾人尚能自救，何乐而不救人？值此天寒地冻，薪桂米珠之日，人群多困于啼饥号寒之境，凡具有人性者，虽己身之能温饱，应念及人之饥乘，似应抱“有一分力，救一个人，救一个人，尽一分责”之宗旨，节衣缩食，作推食解衣之举，外以改良社会之风气，内以厚培恻隐之心田，对于劫运之挽回，不无小补。此余发起同人节约邮贫之运动，谅为慈悲为怀之同人所赞助也。“上项运动之原则，会提由星三座谈会讨论，常经全体赞成，并经派由同人六人集议，拟具方案，审核施行。用特公布如后。甚盼同人踊跃输将，多方协助，能使仁浆义粟，早得布施，不难寿果福花，来同影响，余常代灾黎而拜赐。愿布腹心，即希公鉴！”

附记：上述赵经理启事，所引之武训先生乞丐兴学之故事，恐同人中或有不悉先生为何许人者，兹就所知，略述如下：（武训先生传略）。关于先生乞丐兴学事业，除段绳武印有武训书传一书外，张默生先生曾写一文曰“武训传”以记之，载于异行传卷一，坊间随处可购。其内容之丰富，与文笔之生动，真能将此人类之奇迹，全盘绘出，读之足使贪夫廉，懦夫立，洵有功世道之杰作也。现闻此文业轻译成外国文，广播海外，外邦人士多重视之。又闻电影界更将乞丐兴学之事，导成国片，果尔，则此片教育之意义，当不亚于“居里夫人”矣。

4. **渝行员工对邮贫运动的积极响应：内部开盘**

启事一出，同人响应者极为热烈。赵经理开盘行市，即为捐助黄金一两，创最高峰；其他望尘莫及，然幸千元者，亦不在少数；往来厚交，经劝募而见义勇为者，亦多慨捐巨数。原议警工收入较少，不在劝募之列，但是坊处警工，看见同人捐得热闹，自愿加入，每人慨捐一百元。站在“能力”出发点，他们的一百元，也抵得我们的二三百元，这点热情，值得珍贵。

5. 邮贫工作“说干就干，能行则行”的落实情况

时届伏腊，贫苦之特救济者甚急。赵经理因嘱从速拨款，发动施放，以蒋侬疾君熟知本地情形，命其担任调查，又嘱仲眉就近会同办理，负责审核，蒋君奔走数日，以赤贫老弱为施放主要之标准，多者二百元，少者六十元至一百元，填具邮贫调查表，经由仲眉核准后，即由领款人持收条前往坊处领取，再由仲眉复问观察，始行发款。截至腊底，计发放金圆九千二百四十元，领款者共计九十六户。

上项贫苦之调查，多属孤孀老弱，尤以老而有子，有子而被拉未归者为最可怜，于斯可证战争之残酷。领款人多瑟缩委顿，表现贫穷压迫之苦，令人酸鼻。领款到手时，不意得到如此之多，更不意领得如此之速，愁云惨雾之额眉间，顿时露出欢悦之情，称谢不已。相信他们得此小数，可以买米过年，我们心中亦觉非常快活。在座谈会报告之时，赵经理及在座同人，都觉欢欣鼓舞，更积极策划扩充办法。为善最乐之训，于斯体味得之矣。

邮贫会之推行，如此顺利，既系赵经理提倡，又赖同人等踊跃拥护，好好干下去，可以标榜社会，唤起响应，实属贫苦之福音，前途未可限量。汉昭烈帝有语：“勿以善小而不为，勿以恶小而为之。”人们往往以救济为小善，忽而不为，殊不知小善多做，便是大善。我们应本恻隐之心做去，期此善举，日趋广大，不邮其他不爱人以德者“沽誉”“市义”之诮，则幸甚矣！

6. 渝行邮贫会后被改为公益协助会

《渝行通讯》第十五期在渝行近讯《歌乐山送来》中，记述了渝行节约邮贫会具体邮贫事例一则，并将邮贫会改为公益协助会。

三月上旬大公报发表一篇文章“看看下一代”，为重庆歌乐山第六第二育幼院及育婴院艰苦几于断炊的情形而呼吁，引起各地人士的同情，送食物的，送钱的，颇不乏人。渝行赵经理见而悯之，提议由邮贫会基金下拨付十余万元，购买上等食米廿袋，合市石二十四斗，以同人互助会名义，办好公函，派周仲眉、赵震生、邓英贤等三君乘车押运，送上门去，分赠三院，面交各负责人。三院对于赵经理的倡导及本行同人的热情，均感谢不尽，且登报志谢。是为邮贫会善举的第二次。邮贫会的名义，后经有人提议，以为不妥，嫌其有自居于富有使人有“嗟来”之感，不如改为“重庆中国银行同人公益协助会”，聚题其议，遂通过。

（三）川行对“四者整体计划”以激励行员文化的传承印迹

据《渝行通讯》第十四期《渝行福利新讯》记述：

员工消费合作社二月十四日举行社员代表大会，到（会）代表及理监事等四十余人。除由该社经理孙许卿报告卅七年度业务概况外，并通过卅七年度盈余分配，

股份增资及本年度业务计划等议案，随即选举理监事。

（一）颜副经理序耕代表行方莅会指导，并致词，略谓“本社过去一年虽在经济动荡、币制改革、物价涉涨之环境中，对于员工生活需要，仍能不断有所贡献，足见理监事诸位苦心经营，行方深致嘉勉，今后仍塑应一本过去精神，为社员服务，行方决在可能范围内继续予以协助”等语；语重心长，闻者咸为感奋。

（二）各出席社员代表对于该社过去销售货品之分配数量及种类管理技术等批评甚多，有谓争购之风及应改善，进货时应估计必需数量，务以每一社员均能购到一份为原则，否则不必购进。有谓对于日用必需品之供应，希望能作有计划而适应季节之配补；同城办事处之社员代表则希望每次发售货品，均应早日通知同城社员，以免逾期买不到。此外对于理发室之收费及登记办法发表意见者亦多，由各代表发言之踊跃情形，可以亲见社员对本社瞻望之殷切，易言之，本社今后业务之动向，实与全体社员切身福利有关。深望本社执事诸君能勉以赴！

（三）该社章程规定理事任期二年，监事任期一年。本年度任期届满之理事，有王克强君一人，应予改选，又全部监事七人任期届满，均应改选。当经大会票选，结果：王克强君获选连任理事，闻益三、严元勋、刘飞池、熊伯雅、王广延、赵根厚、赵震生君等七位当选监事。又查该社其他现任理事为杨学行、王新华、华积善、孙许卿、徐承祖、朱维纵、黄克俊、郑伯民君等八位。

由此可见，衣食住行四者计划激励行员的文化在渝行的传承印迹是：本社过去一年虽在经济动荡、币制改革、物价涉涨之环境中，对于员工生活需要，仍能不断有所贡献，足见理监事诸位苦心经营，行方深致嘉勉，今后仍塑应一本过去精神，为社员服务，行方决在可能范围内继续予以协助。

（四）川行关于“高洁坚”品质培育的理性引领与榜样示范

关于“高洁坚”品质培育的理性引领，可以从《渝行通讯》第十六期周仲眉《同舟共济于暴风雨中之精神》一文看出；关于“高洁坚”品质培育的榜样示范，纵观《渝行通讯》园地栏目的多篇回忆录文章，其中不乏“高洁坚”品质培育的榜样示范之意味。

1. 对“高洁坚”品质的理性培育

《同舟共济于暴风雨中之精神》一文，几乎是《渝行通讯》专载栏目中唯一有主观思想的文章。它反映了1949年4月，渝市钞荒，渝行无法以现钞支付行员工资，员工如何与行方风雨同舟的史实，并对全行员工“俱能体谅行方之困难，牺牲私利，以全公益”的精神，予以赞扬和“绎思”，颇有以“理性引领，刊化精神”方式培育行员品质的刊教色彩。

(1) 渝市发生钞荒问题使行方难至束手。四月下旬（1949），渝市钞荒之严重达於（于）极点，行庄本票在市贴水至六七成。渝行当时需发员工薪津，无法取得适量现钞，而物价与贴水之两重威胁，又与日俱重，行方竭力应付，难至束手。

(2) 渝行召开员生警工大会以研讨对策。赵宗溥经理乃于月之二十六日（1949年4月26日），召集渝行员生警工，宣告薪津无法以现钞付给，希望同人及警工，於收账后，陆续以本票支取。语次，即以“风雨同舟协力共济”为训，并谓“吾人与行相依为命，应求养鸡得卵，不可杀鸡取卵，同人警工若有更好办法，希即提出，以供研讨”云云。语气沉痛，意义深长，听者均为感动，黯然相对。后经刘副理提议，薪津除暂时收账而以本票支取外，别无办法，只有希望行方加强合作社之供应，籍以少补职工之损失而已。当经以此案付表决，全体通过。

(3) “绎思”员工接受以本票领取薪津的精神。于此（注：员工接受以本票领取薪津）足见同人俱能体谅行方之困难，牺牲私利，以全公益。此称精神，令人兴奋。眉于会后绎思（就此进行演绎思考），愿以今日欲求同舟共济於暴风雨中，吾人应有下列之精神基础，谨陈管见，以质高明。

(一) 守法不如守理。法是死的，人是活的，以法治人，终难控制百分之百，而理则不然，理是发于天性，处处能窒塞不良之行为。君子者，系以理自治，不以法治者也；小人者，不以理自治，专赖法治，即法亦有时而穷者也。是以吾人若能守理，则法形同具文，可以束诸高阁而不用，否则肆无忌惮，解法而已身亦归失败。

不说做人，即办事亦须有守法不如守理之精神，方能增加效率。举凡制度规定各部工作之联络，本位工作之手续，皆法□□而连续与手续者，则有天然之理存在焉。明其理□而能善守之，则法即不严而事仍收其功，否则“徒法不足以自行。”是以吾人治事，不仅不可作奸犯科以伤天理，即于工作及一切细事，均应本理向行，勿扰法治。例如使用材料，若以“一粒一饭，当思来处不易；半丝半缕，恒念物力艰难”之训为念，则处处均能以自动之精神，谋物力之节省。其效果不仅节省直接之物力，间接又省若干管制之人力及物力；否则规定虽多，浪费自如，而撙节之效，亦属有限。

吾人若存爱行之心，亟应养成自动之纪律及联系，使行方省却若干治内之精神，以之增加应外之能力，其功利当何如耶！守法不如守理，实为吾人对行应尽之天职。

由上可见，上述的法，可理解为制度；理，可理解为价值观念、道德规范、文化精神。守法不如守理是指，相对于法的规范作用而言，理具有更高层次的规范作用。守理可以促进守法，或使法束诸高阁而不用；守理之精神可以增加工作效率；员工接受以本票领取薪津这一事实就是守理——高品德的文化自治精神的体现，因此，“守法不如守理，实为吾人对行应尽之天职”。

（二）重利不如重义。利，人之所爱也；义，人之所重也，然二者不可得兼，实则二者并不能两立，只在二者之轻重如何取舍而已。能只取义而全不取利，则为圣人；能重取义而轻取利，则为贤者；若只知取利而全不取义，则为小人。

吾人虽圣不能，亦应以贤自励，抱利人利己之旨，身之外即为人，私之外即为公。吾人处此大家不得了之时，处处最易驱人专为自己打算之途。要知自己之利，即他人之害，大众之害减，即自己之利增。假使世人能转此念，则化乖戾为祥和，指浩劫于郅治，又何难哉？

本行处境困难，日甚一日，吾人应与行方作生死之团结，在可能范围内，尊重公众之利，分担公众之害，对于行方安全之计划，多方协助，健其周详，不事阻挠，以利进行。此重利不如重义之主张，实为今日稳定脚跟之实地也。

这就是说，员工接受以本票领取薪津这一事实就是重义，即“在可能范围内，尊重公众之利，分担公众之害”，全行员工这种重利不如重义之主张，实为处于风雨之中的渝行今日能稳定脚跟之原因。

（三）责人不如责己。今日世风之坏，无以复加。人人谈到人心，也都摇头感叹，是人知有礼义廉耻也，然而利之所在，趋之若鹜，又置礼义廉耻于不顾，盖只知责人而不知责己也。吾人虽不能“无诸己而后非诸人”，也应“躬自厚而薄责于人”。至于“尤而效之”，而真可鄙！“以身作则”人皆责之于他人，殊不知身即自己之谓，凡人均应以自己为改良环境之中心。改良社会，由每个单位人做起，其力量当不知如何伟大。虽然人欲横流之世，往往目麟凤为妖翼，好人每以此自沮，但是非之认识在己，毁誉之权柄在人，毁誉每为一时之误觉，而是非则为永久之公谕。吾人只求自己行端立正，自能改造风气，建设心理，先求自我检讨，再对他人批评。为人如此，治事更应如此。

（四）消极不如积极。对于大环境，吾人虽无法控制，而对于所处小环境，应求积极建设之方，小环境建设好了，自能建设大环境。盘尼西林为晚近特效之药，而其发明，则系取自极腐败物体之生机物质。吾人若能以盘尼西林自居，则社会有复兴之望。以本行而论，目前业务几于停顿，工作减少，自属当然现象，然如清理积□，以补忙时之不及，研讨节流，以补开源之无计，请求技术。以借复原之精进，提倡读书，以增身心之健康，均系消极环境中之积极工作，吾人均应利用时间，刻不容缓。若于消极情绪之下，再加逸豫，则由松懈而颓废，而堕落，则真自杀之道，殊可畏也！

由上可见，责人不如责己，改良社会由每个单位做起的观点，以及消极不如积极，吾人若能以盘尼西林自居，则社会有复兴之望的观点，至今仍是建设良好组织文化及培育良好社会风气的有效方法。

(4) 赵经理和刘副理挽狂澜于既倒的表现与嘱托。两公（赵经理和刘副理）更又于星三座谈会中，阐述本行处境之难，历所未有，希同仁仍以再接再厉之精神，共济时难。其中动人之语云：“当此难关若为自了计，本可设法规避，不过余负此重任，若畏难而退，并□健者，临机苟免，尤为良心所不许。我当尽力以赴之！”寥寥数语愿收“振臂一呼，创病皆起”之效。

不难看出，在风雨飘荡之时，渝行赵经理若为自己计本可设法规避，但他负此重任，若畏难而退，为良心所不许，因此他尽力以赴之。由此感染了员工，收到“振臂一呼，创病皆起”之功效。

此外公又时刻推进扶贫工作及勉力读书为嘱。凡人值精神烦闷之时，每以娱乐为麻醉剂，实则麻醉一过，精神愈为痛苦。只有力寻精神出路，可使心安理得。公之嘱实为得道之见，至足宝贵。是以吾人亟宜砾砺廉隅，同心合作，在这惊涛骇浪之中，合力向安全之岸驶去，是唯一化险为夷之法。

由此可见，在风雨飘荡之时，赵经理能嘱托“只有力寻精神出路，可使心安理得……亟宜砾砺廉隅，同心合作，在这惊涛骇浪之中，合力向安全之岸驶去，是唯一化险为夷之法”，实在难能可贵，由此也足见“高洁坚”品质培育的理性引领与文化传承之印迹。

2. 对“高洁坚”品质的榜样示范

第一，“久于其任，功德圆满”的行史人物。《渝行通讯》第十六期孙嗣璋的《渝行掌故：周宜老绾渝行时之略述》，回顾了渝行前经理周宜甫 51 岁至 61 岁、63 岁至 66 岁两个期间的工作经历：在川军混战时期，自请将渝行降为支行，以缩规模，体公忘私；远虑渝行行屋之基和重构渝行信用的史实；退休原因及情形、交接工作过程，退休后的生活及八旬寿辰史实记述等。第十八期周仲眉的《回忆录（二）》，记述了周宜甫在军阀混战时期远虑渝行行屋之基的史实，如何与外界相处极洽并有效开展工作的史实，如何与总行下派的张禹九襄理相处融洽共同搞好全行调研工作的史实。这两篇文章给行员树立了一个“久于其任，功德圆满”行史人物周洵的形象。

第二，榜样示范：輓（挽）胡中侯先生。《渝行通讯》第十一期刊载了谢汉良《忆胡中侯先生》一文后，第十四期又刊载了周仲眉的《輓胡中侯先生》一文，其中记述说：

本刊第十一期所载谢汉良君著“忆胡中侯先生”一文，确是一篇情词均茂值得回诵的文字，凡属深知中侯先生的人，读了均感到他长者之风度，令人悼念不已。

谢君悼之以文，更可发扬他高尚的人格，尤富意义。

眉与中侯先生识于民廿二年（1933）赴宜昌调查之时，蒙其殷勤招待。指导剀详，至今犹感于心。以后在渝，虽常得把晤，惜以限于时间，未得畅谈，卅二年秋，眉绾碚处时，先生曾因公赴碚，得聚首一日，杯酒话旧，乐逾班荆（班荆指朋友相遇，共坐谈心）。先生酒后耳热，谈锋颇建，一易平常循循之态，更留深刻之印象。复员匆匆，常以未与先生祖（饯）为歉。讵意恶（噩）耗传来，先生竟以病而归道山，世上好人，又弱一个可胜钦哉！眉本拟就輓联一副，以道远无法致于灵右，兹藉本刊发表，以和谢君蒿里之唱。联云：

俗世拔孤标，经纶展货殖天才，永光行史；

深情思旧谊，风义共变巫山功，长在我心。

对此，编者以内江支行赵菊轩的话作为编后语摘：吾人做事。应具有事业心，而欲事业成功，则必须从“忠实”、“负责”两点做起。

不难看出，上述两文反映了“高洁坚”品质培育的榜样示范作用。

此外，《渝行通讯》第十五期还通过选载《格言集萃（二），选自格言聊璧》方式，辅助和演绎对员工品德的刊化教育。

（一）不虚心，便如以水沃石，一毫进入不得；不开悟，便如胶柱鼓瑟（比喻拘泥，不知变通），一毫转动不得；不体认，便如电光照物，一毫把捉不得；不躬行，便如水行得车，陆行得舟，一毫使用不得。

（二）看书求理，须令自家胸中点头；与人谈理，须令人家胸中点头。

（三）大其心容天下之物，虚其心受天下之善，平其心论天下之事，潜其心观天下之理，定其心应天下之变。

（四）清明以养吾之神，湛一以养吾之意，沉警以养吾之职，刚大以养吾之气，果断以养吾之才，凝重以养吾之气，宽裕以养吾之量，严冷以养吾之操。

（五）自家有好处，要掩藏几分，这是涵育以养深，别人不好处，要掩藏几分，这是浑厚以养大。

（六）无欲之谓圣，寡欲之谓贤，多欲之谓凡，徇欲之谓狂。

（七）人之心胸，多欲则窄，寡欲则宽；人之心境，多欲则忙，寡欲则闲；人之心术，多欲则险，寡欲则刚；人之心事，多欲则忧，寡欲则乐；人之心气，多欲则馁，寡欲则刚。

（八）怒是猛虎，欲是深渊。

（九）心一松散，万事不可收拾；心一疏忽，万事不入耳目。

（十）处逆境心须用开拓法；处顺境心须用收敛法。

（五）川行对“力的训练”和培育高级情趣的文化缅怀之情

《渝行通讯》第九期刊载的章子良《旅行兴假日》一文指出：如何利用假日，这在我们银行从业人员，确是一个值得研讨的重要问题。利用假日来运动、读书、娱乐或休闲，都无不可，惜各有所偏，不若旅行之能兼备众长。旅行，在广义方面，是兼指游历、远足、参观而言的。它对于银行从业人员究竟有何益处？利用假日来旅行是不是最相宜？

《渝行通讯》第十五期刊载的《渝行掌故：银杯记（雅根室）》记述：民国二十二三年间，渝行当局热心提倡体育，同人参加颇聚，后来练成一支篮球劲旅，名中行队，在重庆市会大大出过风头，夺得了商务银杯。队中有五虎大将。这段光荣史页，值得重温一下。（略）

《渝行通讯》第十八期刊载的周仲眉《回忆录（二）》记述：行方为集思广益，会于每星期二及五，集合两次，全体同仁参加，名曰二五会。由禹公主席时居多。鼓励同人发言，竭忠尽思，均以为苦。同人业余活动，如画（话）剧、体育、读书、习字、旅行，均甚提倡，新进少壮同人，颇盛与愿。每星期多集体出城旅行，由禹公领事，驰马野餐，作竟日游，不以为倦，颇能改进当时银行员生活之风气。

由此可见，渝行同人对张嘉璈“体”的训练和培育高级情趣的怀念。

（六）川行对“调研先导，谙悉环境”文化的传承印迹概略

《渝行通讯》专载中有不少调研报告，有的是转载的，有的是自撰的。比如，第七期《我国国际贸易概况》，第十期《万县桐油产运销概况》，第十三期《台湾的经合总署》，第十四期《沱江流域土法制造蔗糖程序》《剖视“桐油之都”》，第十五期《烟草路——记贵州的烟草事业（转载）》，第十七期《黔省的地下宝藏（转载）》《四川的麝香（转载）》等。此外，《渝行通讯》编辑部在第十四期信箱栏目中，还曾发出启事：兹接受同仁建议，自本期起，增开信箱栏，除互通消息外，并借以增进研究之兴趣。而在第十七、十八期刊登的周仲眉《回忆录（一）》《回忆录（二）》中，则详略回顾了渝行调研工作的起步、成长的经过。

综上，不难看出渝行对“调研先导，谙悉环境”理念的文化传承印迹。

第三节 公权时期文化主张之变迁史略

中行及川中行公司文化形成既依赖于客观条件，即在中国银行及川中行创业活

动过程中，历史地获得和选择一组能够提升组织效能的价值观念体系，又依赖于主观条件，即公司领导者是文化选择的主导者、文化共识的教化者、文化实践的推动者。与此同理，公权时期文化主张之变迁也是由其客观与主观条件的变化所引起的。

一、中行及川行公司文化变迁的主客观条件考证

总的来看，1942 年中国银行成为发展国际贸易的专业银行，以及从 1945 年 8 月抗战胜利到新中国成立为止的期间里，全国政治经济军事形势变化，这是中行文化变迁的重要客观条件。从主观上讲，中行公司领导人更替期较短，则是中行文化变迁的主观条件。

（一）中行改为国际贸易专业银行

自民国时期 37 年来，中国银行的职能发生过三次变化，从 1912 年大清银行改为中国银行至 1928 年以前，中国银行是南京临时政府和北洋政府的中央银行；1928 年，国民政府另行组设中央银行，中国银行被改为政府特许的国际汇兑银行；1942 年，国民政府通过四联总处重新划分中、中、交、农四行的业务，中国银行成为发展国际贸易的专业银行。换言之，1942 年中国银行成为发展国际贸易的专业银行，这是中行文化变迁的主要客观条件。

1. 中行成为国际贸易专业银行由来背景

据《行史》记述：蒋介石为了强化对金融的垄断，早在 1935 年 4 月就曾设想由一联合机关总揽中、中、交三行的业务。“卢沟桥事变”发生后，金融市场出现动荡。政府急需有一个能够处理战时金融的权威机构，领导全国银钱业，稳定金融。但是当时的中央银行资力尚弱，还不具备这样的条件，需要另外成立一个能统制金融机构的最高权力机关，以便集中中、中、交、农四行的力量，安定与活跃金融；并通过它逐渐地把中央银行扶植壮大起来。

蒋介石就是在这种形势下，建立四联总处的。1939 年 9 月，政府颁布《战时健全中央金融机构办法纲要》，要求中、中、交、农四行合组联合办事总处，负责办理政府战时金融、经济政策有关的各项特种业务。10 月 1 日四联总处正式成立，四联总处全称是“中央、中国、交通、中国农民银行联合办事总处”。理事会主席由蒋介石以中国农民银行理事长名义兼任，总揽一切事务；孔祥熙、宋子文、钱永铭三人任常务理事，襄助蒋介石执行一切事务；蒋介石派财政部常务次长徐堪兼任秘书长。从它的理事会组成人员看，包括了军事委员会委员长、行政院长、财政部长、经济部长和四行领导人。蒋介石还十分重视理事会的活动，经常出席主持会议。说明这一组织形式是相当特殊的，其地位与权威也是其他机构难以比拟的。四联总处成立

后，对外加强了金融经济垄断，对内加强了中央银行的地位。四联总处为了尽快使央行成为金融垄断的核心，先后采取了一系列增强央行实力的措施：（一）实施公库制度。（二）集中存款准备金。（三）推行轧现制度。（四）办理票据交换。（五）统一发行。

通过四联总处的扶持，央行实力迅速增长，逐步具备了"银行的银行"的功能。1942年10月，四联总处进行了改组，机构裁并，权责也相应缩小。这表明四联总处在协助蒋介石实现了金融垄断以后，它的作用已可由中央银行取代了。1942年，国民政府通过四联总处重新划分中、中、交、农四行的业务，中国银行成为发展国际贸易的专业银行，并按规定办理交接业务，包括发行工作的移交、农贷业务的移交和存贷业务的移交。

2. **专业化分工后中国银行的实力被削弱**

据《行史》记述，专业化分工后中国银行的实力被削弱，主要表现是：

（1）业务发展受到局限。四行专业分工以后，不仅钞券由央行集中发行，而且外汇也改由央行统筹收付。中行经理政府国外款项的收付和经办进出口外汇及侨汇业务，都须受央行的委托才能办理。因而中行的专业性质，也从战前规定的国际汇兑银行改为发展国际贸易的专业银行，从而限制中行只能在国际贸易的范围内谋求发展。但是，当时国际交通阻滞，发展国际贸易困难重重。

（2）实力有所削弱。中行历史悠久，实力雄厚，各项业务大多处于四行中的领先地位。专业化以后起了变化，如1941年中行的普通存款余额为51.15亿元，占四行存款总余额的52.1%，央行为22.29亿元，只占22.7%。中行将军政机关存款移转央行后，比例一下子反转过来。1942年末央行的余额为95.64亿元，比例跃增为占56.9%，而中行则减为45.88亿元，降为占27.3%。虽仍居第二的位置，但与央行的差距拉大了。特别是定存的大量减少（1941年底余额29.62亿元，1942年底余额14.78亿元，减少了一半多），削弱了中行的业务实力。

贷款也是如此。1937年，中行贷款余额占四行贷款总余额的39.5%，央行只占34.2%，所以在对国库垫款和四行联合贴放中，规定中行分摊比例和央行一样，都占35%，以后央行贷款比重逐年增大，到1941年时央行占到44.5%，中行占23.6%。专业化以后，差距更加扩大，1941年中行贷款余额48.35亿元，到1942年底降为33.16亿元，减少了约三分之一，1942年底央行占85.8%，中行只占8.9%。当时四联总处还不时批出本不属于中行专业范围的大额贷款要求中行参与，中行已力不从心，而向央行申请转抵押或重贴现时，又往往不能顺利解决。贷款资金"捉襟见肘"的情况时有发生。

由于存款、贷款业务显著减少，业务收益下降自属必然。重庆分行的一份报告说："截至本年（1942年）8月底止，存款约8万万元，贷款约5万万元，其中农贷占9000余万元，四行专业化后，应交出各种贷款共约3万万元。因此自农贷移交及专业化后，贷款骤减，收益顿少，此后获利甚难。现在渝行投资合作事业共4400万元，汇出汇款共87100万元，其中普通商业汇款可酌收汇水者仅占10%，其余以军政汇款为大宗，俱系免费承汇，次为国营事业汇款及侨汇，所收汇水极微。今年……收支恐难相抵。"[①] 中行的其他行处也都有类似情况。

（3）业务勉力维持。在此情况下，中行只能采取适当措施，勉力维持：①裁撤机构，节省开支。专业化后，中行裁撤了若干业务比较清淡的行处；对于要求增设机构则特别审慎，除非政府命令或业务上绝对必要，都以不添设为原则；必须添设的，也先从小范围做起，逐步扩展，开办费减到最低限度；现有行处也要根据业务繁简，决定人员多寡，并注意撙节一切开支。②营运资金主要依靠存、汇款筹集。当时商业行庄存息高于四行，中行受到规定限制，不能提高存息，只能在加强服务上吸引存户，并注意招揽汇款，充分运用这种短期的无息资金进行周转。③争取在未设央行地点代理国库，并通过贷款等关系，争取国营企业及军政机关在中行开户往来。

3. 抗战后期中行成为政府金融垄断工具

据《行史》1945—1949年小结评述可知：抗日战争后期，蒋介石通过调整四行业务分工和强行增加官股等手法，大大削弱了中行的业务权限和商股作用，使中行实际上已成为政府的金融垄断工具。

抗战胜利后的四年多时间里，中行名义上是政府发展国际贸易的专业银行，在业务上能够自主进行的只有揽收存款，办理汇兑，解付侨汇和经办一些有关国际贸易的具体事务，即使是这些业务也因经济日益萎缩、通货恶性膨胀而难以正常发展。在信贷工作方面，复员初期对支持恢复经济、发展生产做了一些有益的工作，但以后实际上都由四联总处安排，成为壮大官僚资本企业的一种手段。因此可以说，抗战时期中国银行的作用也具有两重性，服务于抗日战争是其主要方面，也有支持官僚资本扩张的另一面。中行沦为官僚资本垄断全国经济的重要工具之一，是由中行的性质和地位所决定的。

当军事上进入战略决战的决定性阶段，蒋介石考虑更多的是如何搜刮人民财富，做逃离大陆的准备。他玩弄货币改革的骗局，搜刮民间的金、银、外汇；中行自有

① 中行档案．1942年10月22日行务会记录．

的外汇资金，蒋介石也“面谕”移存央行。中行反复申述困难，请求减少或延缓移存都不允许，中行在政府的政治压力之下只得服从。

综上所述，由于专业化分工后中国银行的实力被削弱，以及勉力维持的现实，对中行广告自称“最大最老之银行”地位，以及“国民经济的命脉，社会事业的指导者，社会人士的模范”的公司愿景，都提出了严峻的挑战。专业化分工后，大大削弱了中行的业务权限和商股作用，使中行实际上已成为政府的金融垄断工具，这时中行“枢纽自任，改进民生”文化使命的底气也明显不足。再加之，解放战争过程中全国政治、经济、军事形势的巨大变化，中行公司文化的变迁已是不言而喻的了。

（二）中行公司领导人更替期较短

文化形成的关键因素在于企业家或公司领导人，文化变迁的关键因素也在于企业家或公司领导人。由于解放战争过程中全国政治、经济、军事形势的巨大变化，中行公司领导人更替期较短。根据对《行史》资料的整理，张嘉璈以后时期的中行董事长和总经理任职情况如下：

1935 年 4 月至 1944 年 2 月，宋子文任中行董事长；

1935 年 4 月至 1948 年 2 月，宋汉章任中行总经理；

1944 年 2 月至 1948 年 2 月，孔祥熙任中行董事长；

1948 年 2 月蒋介石指定由宋汉章继任中行董事长，宋于 1949 年 5 月去香港并要求辞职，同年 11 月辞职照准；

1948 年 5 月至 1949 年 6 月，席德懋任中行总经理。

二、公权时期与战后时期的文化变迁之史实对比

由于目前缺乏认知与研究中行公司文化变迁的史料，尤其是可以参阅的有价值的历史文献，因此仅能从《行史资料》第二册第十一章“几次重要的行务会议”之“卅五年行务会议记录”中，窥视中行公司文化变迁的一斑。

（一）卅五年行务会开幕训辞及其文化变迁信息

1946 年 5 月 27 日，卅五年中行行务大会开幕，孔祥熙董事长致开幕训辞[①]：

抗战八年，国步艰难。在此期间，诸君分在各地处理行务，协助政府安定金融，培植抗战力量，殚精竭虑，备极辛劳。本人对此无时不深为关怀。兹值抗战胜利结

---

① 卜明. 中国银行行史资料汇编（上编一. 二. 三. 1912—1949）[M]. 第 1117—1118 页. 南京：档案出版社. 1991.10.

束，诸君远道来此，聚商行务并谋协助建国工作，其意义实至重大。

建国工作经纬万端，欲求其迅速完成，非就交通、教育及农工矿商各业全面着手不可。然各业工作之推进，实有赖于金融业之扶助方克奏功。而银行执金融业之牛耳，是故其职责亦较任何事业为重要。抗战期中，四行奉行国策，供应军需，协助建设，稳定金融，扶济各业，已尽其应尽之使命。

今后仍应各于专业范围内力谋发展，协助建设，以完成建国之任务。

本行历史悠久，分支遍设国内外。以往信誉卓著，今后尤宜努力增强。诸君在行职位各有不同，但所负责任则一。不独对本行，即对本行股东、本行顾客以及一般社会，均有责任，自宜惟勤惟谨以赴事功。本行为国际贸易专业银行，负有特殊之使命，自应特别致力于国际信誉之发扬，国际贸易之推展。

兹就鄙见所及，提出四点，愿与诸君共商讨之。

（一）本行既为国际贸易银行，欲谋业务之发展，似宜酌量多设分枝。但每一机构如欲其完整无疵，须有健全之组织。譬诸一架机器，纵然小至一个螺丝，亦有其功能，设有缺少或松动时，即将影响全部机器之工作。故诸君对于此点尤宜思考及之。再，时代日趋进步，本行应随时注意革新，庶可适应环境，迎合新时代之需要。

（二）事业有永久性，“继往开来”端在人才之补植。银行为专门业务，自应时时对外物色人才，设法罗致。对内培植后进，造成全才，以期发展行务，有裨国家社会。

（三）欲使各同人安心工作，须有适当待遇。欲求本行维持盈余，须谋业务发展。各地情形不同，时代亦在蜕变，务须因地因时制宜，注意改进，撙节开支，稳固业务，庶本行之基础可日增而月厚。

（四）国际商业竞争日烈，须时时努力方可不落人后。各同人应各守岗位，以全副精神为行服务。尤宜协力同心，和衷共济，以负艰巨。

抗战期内，未能时相晤面，今得聚首一堂尽情洽谈，殊为欣慰。诸君此次会议可利用充分时间，从详研讨有关各项行务问题，拟具具体方案，提供总处采择施行。余尤切望诸君今后仍本以往之精神，继续为行努力，为国家服务。则建国有日，前途无限，余实与有荣焉。

——上述开幕训辞的背景透视及文化信息解读如下：

1. 开幕训辞背景。卅五年行务会是在“抗战期内，未能时相晤面，今得聚首一堂尽情洽谈，殊为欣慰”和“兹值抗战胜利结束，诸君远道来此，聚商行务并谋协助建国工作，其意义实至重大”的背景下召开的。

2. 行务会的主题。聚商行务并谋协助建国工作；今后仍应各于专业范围内力谋发展，协助建设，以完成建国之任务。也就是说，中行今后的行务和谋协助建国工作，被限定在国际贸易专业银行框架之内。即：本行为国际贸易专业银行，负有特殊之使命，自应特别致力于国际信誉之发扬，国际贸易之推展。

3. 开幕训辞的文化信息。即孔董事长对以往公司文化价值点认同之处：

第一，“本行历史悠久，分枝遍设国内外，以往信誉卓著。”——这在一定程度上说明他对中行历史文化传统具有认同感。

第二，“不独对本行，即对本行股东、本行顾客以及一般社会，均有责任，自宜惟勤惟谨以赴事功。各同人应各守岗位，以全副精神为行服务。”——这说明他对以往的狭义股东论（凡执有中行股票者）和广义股东论（视国家、社会、民众为中行之股东）有一定的认同。

第三，“每一机构如欲其完整无疵，须有健全之组织。譬诸一架机器，纵然小至一个螺丝，亦有其功能，设有缺少或松动时，即将影响全部机器之工作。时代日趋进步，本行应随时注意革新，庶可适应环境，迎合新时代之需要。”——这说明他对“以革新精神谋本行业务之进展”之行基理念的认同。

第四，“银行为专门业务，自应时时对外物色人才，设法罗致。对内培植后进，造成全才，以期发展行务，有裨国家社会。欲使各同人安心工作，须有适当待遇。”——这在一定程度上说明他对“先人后事”理念的认同，而“造成全才”则与“全行智识，理想行员”理念有相通之处，但同时具有文化变迁色彩，即并不以“理情力三者并进”途径培育人，而是强调“对外物色人才”和“设法罗致”。

（二）卅五年行务会闭会训辞及其文化变迁信息

1946 年 6 月 14 日，卅五年中行行务大会闭会，孔祥熙董事长致闭会训辞①：

此次行务会议，诸位冒暑集会，昼夜工作，历时兼旬，对本行组织、业务、账务、人事各项问题相互研讨，并顾及各行实际困难，求得各种解决方案，良深忭慰。世界日在进步，本行不宜故步自封，必须不断改进方可免于落后。

今日我国困难甚多，有系国内所造成，亦有为国际方面所造成。吾人亟应设法排除，向前迈进。本行为国际贸易银行，在圈外伦敦、纽约及南洋各地均设有行处，今后须代表国家在国际争取地位，提高信誉，务使多年来一次殖民地国家成为一新时代国家。

本行三十余年来，备历艰险，幸赖诸位努力经营，树立今日之基础。此后仍希

① 卜明. 中国银行行史资料汇编（上编一. 二. 三. 1912—1949）[M]. 第 1141 页. 南京：档案出版社. 1991.10.

同心协力，更谋发展。不特本行前途无限光明，即建国大业亦深利赖。今日为本届行务会议闭幕之期，特缀下列数语，望诸位共勉之：

“巩固行基，建全组织，慎用资金，提高信誉。”

“推进业务，改进技术，严行稽核，便利社会。”

“罗致专才，培植后进，合理待遇，赏罚分明。”

“明察密访，世情灵通，协力合作，联络感情。”

“严正持己，和宽待人，先国后行，勤勉努力。”

1. **开闭会训辞所透露的文化变迁之信息**

第一，从“今日为本届行务会议闭幕之期，特缀下列数语，望诸位共勉之”的特缀数语内容上看，其本质就是一组特定的文化价值观；从特缀下列数语的表现形式上看，则是经营管理理念的哲理性表达方式；再从特缀下列数语均加引号的方式看，这也许是他对有其他出处的这些话语认同后，再加以表达的。

第二，卅五年行务会是在“兹值抗战胜利结束，诸君远道来此，聚商行务并谋协助建国工作，其意义实至重大”的背景下召开的，并且在总结“本行三十余年来，备历艰险，幸赖诸位努力经营，树立今日之基础”的创业历史基础上，以及在认同本行“以往信誉卓著”，以及“余尤切望诸君今后仍本以往之精神（即中行文化传统），继续为行努力，为国家服务”的特定语义中，提示了“特缀下列数语”，且史料中的“特缀下列数语”均加有引号。

由此可见，我们也可以将这次行务会闭会训辞的特缀下列数语，视为抗战胜利后，中行对张公权时期文化价值体系的一种传承基础上有所变迁的总体概括。

2. **后公权时期中行公司文化变迁之对比**

不难看出，孔祥熙董事长20句“特缀下列数语”所包含的文化价值主张与张嘉璈时期中行文化价值诉求，既有传承部分又有变迁内容。正如《行史》的结束语指出的：“37年来，中国银行积累的经验，对我们是有启示的。但是，毕竟由于中国银行当时所处的客观条件的限制，它所取得的经验，有着一定的局限性。特别是在1943年被国民政府统治集团进一步控制以后，原有的一些较好的工作经验，已不能继续贯彻实施。”现将公权时期和抗战胜利后时期的中行公司文化之核心价值体系对比如下：

（1）公司文化核心价值之公司使命对比

公权时期的中行使命是：枢纽自任，职务报国；服务大众，改进民生；积极成功，三方同乐；互相推进，同为模范。而抗战胜利后时期中行公司使命传承与变迁为：先国后行，勤勉努力。无疑“先国后行，勤勉努力”价值理念是该价值体系的终极价值观，不能不说，这是对公权时期中行使命的进一步认识与发展。如果说编修行史的主要目的在于“修史问道，以启未来”，编修行史主要作用是“存史、资治、育人”，如果说要对民国时期中行文化使命进行可堪当今资治和育人的价值概括的话，那么，“先国后行”理念的价值诉求则足以将公权时期的中行使命内涵均概括在其中。换言之，民国时期中行文化使命是“先国后行”，其中，包括“先国使命”和“后行使命”。“先国使命”即指枢纽自任，职务报国；服务大众，改进民生。“后行使命”则为积极成功，三方同乐；互相推进，同为模范。因此，“先国后行”无疑是对民国时期中行文化使命最合适的概括。

（2）公司文化核心价值之行员理念对比

公权时期的行员理念是：先人后事，三者育人，四者激励，久于其任。该理念在宋汉章所掌管的农贷业务中得到传承，并在中行重庆分行民国时期人事档案中得到史料印证。但到抗战胜利后的1946年，行员理念则变迁为：罗致专才，培植后进；合理待遇，赏罚分明。“罗致专才”的所谓“罗致”，按汉语解释，出自《送温处士赴河阳军序》，基本释义是用网捕捉鸟类，后多喻延聘、搜罗、招致人才。

不难看出，以用网捕捉鸟类的视角对待人才，其管理假设就含有把员工视为“手段人”的功利色彩；而“先人后事”理念的管理假设则含有把员工视为“目的人”的人本主义色彩。“培植后进”的字面含义是对后进人员进行培植，如果是这样解释，那么“培植后进”理念则与张公权在《指挥与联络》中所说的“对各个缺点的指示”理念，具有相通之处，亦即：

不论什么人，都有相当的缺点，不知不觉的发现出来，若不纠正这个缺点，像微生虫一样会慢慢地滋长起来，以致不可救治。凡人孰不欲为善，但是等到他的缺点已经滋长成熟，则虽欲为善而不可得，故必须在他的缺点刚刚萌芽的时候，即设法纠正他，使缺点不致滋长，使这个人不因缺点的滋长，而致毁坏堕落，因为一个机关培养一个人才，是极不容易的事，不知道要花多少精神、多少金钱才能养成一个人才，然而当首领的人往往在积极教导方面注意，于消极纠正方面反而忽略，使培养垂成的人才，中途倾覆，这是何等不经济的事。大凡一个人缺点萌芽的时候或已抑止的缺点复发的时候，往往不能自觉。当首领的人果能随时留意，一见他有缺点，就诚恳的指示他，一而再，再而三，吾想虽顽石亦必点头，果能从此革新，岂不留下一个人才，多得驾轻就熟的功效。

同样，“合理待遇，赏罚分明”理念与“三者（理情力）并进育人，四者（衣食住行）统筹计划激励人”理念相比较，前者的管理格局与层次既小且低。

（3）公司文化核心价值之行基理念对比

公权时期的行基理念为：革新精神，创造能力；进步保守，稳健主义；稽核前置，位高任重；会计责广，计算精明；关注效率，积极节支；细则要点，工作规范。

抗战胜利后时期，该行基理念被传承和变迁为：

第一，将“以革新精神谋本行业务之进展，以创造能力图一切事物之改善”理念，变迁为“巩固行基，建全组织”。另外，在行务会开幕训辞中有“愿与诸君共商讨之”要点之一是：“时代日趋进步，本行应随时注意革新，庶可适应环境，迎合新时代之需要。”这也说明后任董事长对公权时期“以革新精神谋本行业务之进展”之行基理念还是基本认同的。

第二，将“进步保守，稳健主义”的信贷经营理念，传承与变迁为“慎用资金，提高信誉”，从而淡化了“进步之保守”理念中积极进取的丰富内涵。

第三，将“关注效率，积极节支；细则要点，工作规范”理念变迁为“推进业务，改进技术”，在此淡化了中行从 1912 年以来逐步形成的行之有效、至关重要的“细则要点，工作规范”的文化传统。

第四，将“稽核前置，位高任重”理念变迁为“严行稽核，便利社会”。这就是说，抗战胜利后时期将“严行稽核”的重要性，上升到“便利社会”的高度来看待。这是对公权时期行基理念的进一步认识与发展。

（4）公司文化核心价值之行员道德对比

公权时期的行员道德为：高洁坚品，全行智识；新思旧养，理想行员。抗战胜利后时期，行员道德被变迁为：严正持己，和宽待人；勤勉努力；协力合作，联络感情等。应当说，“高洁坚韧，全行智识；新思旧养，理想行员”理念更具根本性，是育人之“道”——做人的终极价值观；“严正持己，和宽待人；勤勉努力；协力合作，联络感情”理念更具工具性，是育人之“术”。

（5）公司文化核心价值之法人伦理对比

公权时期的法人伦理是“信誉基石，竞争有德；顾客股东，同业合作”，在抗战胜利后时期中行公司文化之核心价值体系里被淡化了，在 20 句“特缀下列数语”里，仅有“提高信誉”一语。但在行务会开幕训辞中有“愿与诸君共商讨之”要点之一是：“对本行股东、本行顾客以及一般社会，均有责任，自宜惟勤惟谨以赴事功。各同人应各守岗位，以全副精神为行服务。”——这说明后任董事长对公权时期的广义股东论（视国家、社会、民众为中行之股东）还是有一定的认同。

由于专业化分工后中国银行的实力被削弱，即业务发展受到局限、实力有所削弱、业务勉力维持，在此情况下，永葆中行在同业领袖地位的前提条件已不复存在，因而不断提升中行法人伦理的律己标准，已显得没那么必要，在 20 句“特缀下列数语”里也未提及。

（6）公司文化核心价值之调研理念对比

公权时期的调研理念为：调研先导，科学态度；条分缕析，谙悉环境。抗战胜利后时期，调研理念大致被传承和变迁为“明察密访，世情灵通”，从而淡化了对科学态度及经济研究的重要性的认识。

如前所述，历史地看，在中行基层行员和高管层面，一直存在着对研究经济学术与促进现实业务发展之间关系及重要性的认识差异，这就不难理解在抗战胜利后将公权时期调研理念变迁为“明察密访，世情灵通”的结果了。在变迁了的理念中，“世情灵通”与“谙悉环境”基本是逻辑同义语，但“世情”的外延似乎比“环境”更广。关键是对“明察密访”怎么理解？《行史》记述张嘉璈加强调查研究工作的史实时，分五方面加以介绍：调整调查研究机构，编纂和发行书刊，发起成立中国征信所，积极参与组织银行学会，调研工作的作用。根据中行发起成立中国征信所的相关记述，可以推出所谓“明察密访，世情灵通”的大致含义是指：重视明察密访的征信调查，从而达到世情灵通的目的。也就是说，《行史》所指中行为了对团体及个人的信用与资产负债状况作超然的缜密的调查研究，其本质就是指明察密访的征信调查。这种征信调查与张公权时期“银行业务之实施要着重于一事一物之详细调查”是有区别的：一是前者更为务实，后者相对务虚；二是前者效用体现为贷款决策的战术性指导——该笔贷款能不能贷款，后者效用则体现为贷款决策的战略性参考——全行贷款重点置向何处。由此可见，抗战胜利后，之所以调研理念在被传承基础上变迁为“明察密访，世情灵通”，其根本原因还是在于中行高层对经济研究的业务促进效用的认识有差异，而对征信的微观调研更有管理偏好而已。换言之，微观调研简单明了、务实可靠，切合行内多数人的认识水平；宏观经济研究相对务虚、对银行业务间接适用，行内不少人觉得深奥费解等。

（7）公司文化核心价值之刊教理念对比

公权时期的刊教理念是：寓教于刊，刊似学校；展现精神，提升智识。而且，刊教理念在推进文化共识、提升行员智识和培育行员品质方面，卓有成效，功不可没。

然而，中行从 1942 年 8 月《中行农讯》停刊后，直至 1949 年 8 月 1 日由总管理处经济研究室编印《中国银行通讯》为止的 7 年间，没有办理内部刊物。这也许是由于专业化分工后中国银行的实力被削弱，以及勉力维持的现实，再加之解放战争过程中全国政治、经济、军事形势的巨大变化，因此，公权时期的刊教理念在抗战胜利后时期基本上被抛弃了。

三、《渝行通讯》中的战后时期川行文化变迁迹象

总的来说，在抗战胜利后至全国解放为止的这一时期里，渝行文化变迁的主要印迹是，渝行内部充满着一种宛如隔世的无助、清高、孤傲、自慰的文化氛围，人们深浸在过去的回忆之中，聊慰于孤芳自赏之雅兴。

（一）笼罩着济世无助的文化变迁氛围

据记载，中行曾为办刊规定了以下“戒条”：“讨论本行的‘事’的问题，而不及‘人’的问题；从事‘学术’的研究，而不作‘时事’的批评。”因为《中行生活》诞生于日寇侵华的“一·二八”事变之后，当时东北也已沦陷为伪满洲国，办刊的言论环境险恶。该“戒条”也是渝行办刊所应遵循的规则。纵观《渝行通讯》专载栏目的多篇涉及国家政治经济形势的文章，其编辑与表达方式如下：

第一，大多数时候都是客观叙事而不作任何评论。如《渝行通讯》第十二期，记述了重庆12月里的两件大事：（一）存兑金银之热闹，（二）倒风大观。编者以“雅根室辑征信新闻”的名义，编排了这两件大事，文中还运用了“话说政府自十月内取消限价政策之后，物价便似人猿泰山从万力挟持之中一下挣脱，便大展神威，以至于不可收拾”——类似于说评书的开头语。再如《渝行通讯》第17期刊登的《成都拒用金圆券前后》，第十八期刊登的《七月二十五日成都镍潮记》等文，也都是只作客观叙事而不作任何评论。

第二，为避免麻烦干脆采取转载方式报道事情。如《渝行通讯》第十三期刊载《一年来我国金融之风云变化》，就转载于三十八年一月十日《重庆商务日报》；《渝行通讯》第十二期刊载的《比期利率问题座谈会意见集萃》，则采取“全文见三十七年十二月十三日大公报”方式出现；还有《渝行通讯》第七期《我国国际贸易概况》、第9期《释金圆券中的数字》等，都是如此报道的。

仅从《一年来我国金融之风云变化》看，该文述说了“不堪回首忆当年”即民国三十七年，也就是公历1948年，中国金融上的动荡与危险，正和政治军事上的动荡与危险一样震撼苦难的中国人民的不堪回首之史实，具体介绍与评价了8月19日第一次金圆券币制改革、11月11日第二次金圆券币制改革的情况及其引起物价飞涨的后果，即“自一月至五月底，物价约两个月打一滚，自六月至八一九，物价约一个月打一滚，自八一九至十一月十一日，物价约半个月打一滚，自十一月十一日至年底，物价竟愈涨愈速，几乎十天打一滚了”。可以看出，《渝行通讯》之所以通过转载方式报道此事件，既反映出他们济世无助的复杂心态，还反映出他们借《重

庆商务日报》之口道出自己对此事看法的共识：

一个国家在仍然依靠纸币之发行以作非常的开支之时，要想利用改革币制的手段以稳定物价，那简直是白费气力。

一种货币制度或金融措施，若不能稳定物价或有意识地引导物价之涨落，以利于生产事业的发展，则此种币制与金融便无可所言地是失败了的东西。

展望民国三十八年，我们希望中国大地回春，一切都有新的发展。更希望有价值稳定的货币，带来稳定的物价；稳定的物价，推动着工厂农场的大量生产，给苦难的中国人民重新获得人间的温暖。

（二）充满着清高孤傲的文化变迁氛围

《渝行通讯》主要栏目之一是“园地”，其中充满着清高孤傲的文化氛围。据第七期《雅根室释名》解释：“雅根者何，货币也。货币在雅人目为俗物，而以雅命之，更命曰雅之根，何也。其说盖有自为。”在多期《渝行通讯》“园地”中，都有以“雅根室”署名的文章，而且很像是该刊编辑部的雅号，内含着让人难以琢磨的清高孤傲之色彩。或者说，颇有一种鲁迅《自嘲》诗文中“躲进小楼成一统，管他春夏与秋冬”的失落感。现仅以当时国家局势与“雅根室”文章意境对比如下，从中看出渝行内部充满着清高孤傲的文化变迁氛围。

第一，据《解放军史鉴（1945—1949）》（下卷）记述：（1）1948 年 9 月 12 日至 11 月 2 日，我东北野战军在辽宁省西部和沈阳、长春地区进行战略决战，歼灭国民党军队 47 万余人，解放了东北全境，史称“辽沈战役”。（2）1948 年 11 月 6 日至 1949 年 1 月 10 日，解放军华东、中原两大野战军和华东、中原、华北军区部队各部，以徐州为中心，在东起海州、西至商丘、北起临城、南达淮河的广大地区与国民党军队进行了战略大决战，歼灭国民党军队 55.5 万余人，基本上解放了长江中下游以北广大地区，史称“淮海战役”。（3）1948 年 11 月 29 日至 1949 年 1 月 31 日，解放军东北野战军、华北军区两个野战兵团和地方部队在北平、天津、张家口地区与国民党军队展开战略决战，歼灭和改编国民党军队 52 万多人，解放了天津、北平、张家口等地，基本解放了华北，史称“平津战役”。1949 年元旦，蒋介石宣布下野，由副总统李宗仁代行其职。

然而，就在 1948 年 10 月辽沈战役激战正酣之时，《渝行通讯》第十期就以分行章子良副主任《月》一文，献给重庆分行员工，为人们勾画出一幅宁静、安详、清高、孤傲的心理画面与理想境界：

这是不可思议的，在月下的一切，经过月光洗体，多少会给予你一种近乎美化的感觉。肮脏不堪的阴沟，月光映照，它就顿时身价百倍，“月照沟渠”，不也含有诗意吗？美国短篇小说米格儿（Miggle）记载一段故事："美丽的女子米格儿家住公路旁，她的情人是个瘫痪了的废人。有一晚，大雨，一辆公共马车满载着客人，因阻水不能前进，便耽搁在她家里过夜。夜深了，雨霁，云破月来，光照屋中，朗如白昼。"

与此同时，该期还刊登了匏廬游云南楚雄和昆明西山的三首诗，表达了一种"天公只为送诗人"和"翁归吟到逐诗开"的孤傲与清高，以及"酡（喝酒脸红）颜浑不老，尤物最牵情"的世外桃源之出世情怀。

楚雄涂（途）中口占

前山酿雨拭清尘，叠鼬披云縕大钧；

安得万家齐仰望，天公只为送诗人。

楚雄寓中瓶梅

小瓶插满梅花瘦，说自山巅采折来，

独有高枝犹未著，翁归吟到逐诗开。

咏西山壁

日醉滇池水，深红两类生。

酡颜浑不老，尤物最牵情。

1948 年 12 月，当辽沈战役已经胜利，淮海战役、平津战役激战正酣之时，章子良"拙作《月》在第十期中刊出上篇后，承周仲老（周仲眉）指教，并见告将有《月与笛，笛与曲》一文为和，这真是'抛砖引玉'，喜不自胜！兹趁珠玉尚未当前，再抛余砖，倘能引出更多的结缘夜光来，则益幸矣！"于是，《渝行通讯》第十二期刊载了章子良副主任《月（中篇）》之续文：

上篇述月与人的关系，现接叙月与物的关系，以及月字在文学上所起的作用。

先从山月说起：在平原上看明月东升，不如在山岳地带看山间明月："四更山吐月"，"月出照关山"，"窗迎紫翠千峰月"，"山钟敲月上兰干"，因为有山作背景，就烘托出月色分外皎洁，而山势也益见雄伟了。

次谈水月：水光浩渺的有"波光摇海月"，"月鸿大江流"，"孤舟移棹一江月"，"绕船明月江水寒"，景色清幽的有"竹送清溪月"，"洗菊夜潭月"，"雁度池塘月"，"松湾随櫂月"。水月与山月不同之处，好有一比，山月如曾子固的文章，气息浑厚，水月如欧阳永叔的文章，风神荡漾。假如有人问："究竟那（哪）一种月景美？"我答道："这又有一比，山月如程砚秋演碧玉簪，幽娴淑静，水月如荀慧生演钗头凤，态有余妍。两者各擅胜场，无分轩轾，如不可得兼，从君所好可也。"

1949 年 1 月，蒋介石宣布下野，由副总统李宗仁代行其职。《渝行通讯》第十三期在“园地”栏目中，由“雅根室”（编辑部代称）撰文《春风花絮》，献给重庆分行员工；同期还刊登了和章子良《月》的和文《月与笛，笛与曲》。1949 年 2 月，《渝行通讯》第十四期又以章子良《月（下篇）》之续文，执着地构造一幅宁静、安详、清高、孤傲的心理画面。

第二，据《解放军史鉴（1945—1949）》（下卷）记述：1949 年 4 月 20 日至 6 月 2 日，解放军百万雄师发起了渡江战役。

(1) 渡江战役第一阶段：1949 年 4 月 20 日—23 日，我第 2、3 野战军先后发起渡江战役。1949 年 4 月 23 日解放了国民党统治中心——南京。在北平香山的双清别墅，毛泽东阅读《人民解放军解放南京》的号外，心情激动，挥笔写下《七律·人民解放军占领南京》。

(2) 渡江战役第二阶段：1949 年 4 月 24 日—5 月 11 日，解放军各路大军渡江之后，展开追击作战。中野和东野两个集团以吴兴、长兴地区为目标，展开强大的钳形攻势，日夜兼程，27 日午夜会师于吴兴地区，封闭了合围口，将由芜湖、南京、镇江南逃之敌 5 个军合围于郎溪、广德地区，29 日全歼该敌，并相继解放苏州、杭州。西集团（中野）为截断浙赣线，断敌退路，以歙县、上饶、贵溪为目标，多路向南追击。

(3) 渡江战役第三阶段：1949 年 5 月 12 日—6 月 2 日，我第 3 野战军第 9、10 兵团发起上海战役，并调第 7、8 兵团一部及特种兵纵队炮兵一部增援。到 5 月 27 日，守敌除汤恩伯率 5 万人由海上逃跑外，其余 15 万人全部被歼，上海宣告解放。6 月 2 日，我军乘胜解放了长江口的崇明岛。在此期间，第 2 兵团解放了宁波、温州等浙东、浙南广大地区。我第 4 野战军先遣兵团于 5 月 14 日开始在武汉以东的团风、武穴地区突破敌人江防，到 17 日解放武汉三镇。第 2 野战军为配合第 3、4 野战军先遣兵团作战，先后解放了南昌、九江、南平、建瓯等赣中、闽北广大地区。

然而，1949 年 3 月《渝行通讯》第十五期，继续刊登了行员对章子良《月》《月（中篇）》《月（下篇）》的和文——《月明忆语》。而章子良本人则继续以清高孤傲的心态，撰文《乐府“陌生桑”几个有趣的问题》，以博文人雅趣。

1949 年 6 月，《渝行通讯》第十七期则又刊登了署名英晖的《假中随笔》，文中写道：“客里光阴，容易消磨，一年半逝，又临溽暑，长夏如蒸，困人欲眠。川地多山，熟季漫长，远客初临，习都不惯。江南六月，柳舞菱熟，凉丝拂人，清凉如仙……”

——由此可见，其字里行间有一种无病呻吟或不疼不痒的隔世之感。另外，同期《渝行通讯》还刊登了《闲话沉默》《莲（续）》等类似之文章。

（三）沉浸在聊以自慰的文化变迁氛围

第一，雅兴自褒，聊以自慰。《渝行通讯》第九期刊登了“雅根室”所撰写的《咏群英会（五言拼律）》一文，作者以古时文人的笔风，将渝行24名管理人员，以文人雅兴般的“五言拼律”排律形式（每谈起一人姓名时，要以五律诗句来恰如其分地表达并与该姓名意思相符），描述这24人各自为人处事的优点——“言行风度，尽属楷模；谑浪诙谐，当原狂妄。珠辉璧晕，略陈雨老之珍藏；笔涩墨枯，徒愧□生之腹俭”，并将此举自褒为“人生一乐，广结英豪”的咏群英会——“盛矣群英会，家珍数不完；钗光围四坐，如逛大观园”。在用“五言拼律”说完这24人情况后，作者还意犹未尽地说：“才尽材难尽，留在下面谈。”——细观此文，颇有一种雅兴自褒，聊以自慰的色彩。

1. 圣化行敷五：刘敷五副理。舜典有云：“敬敷五教，在宽。”公之待人接物，是一本此义的。公平日修养极深，态度雍容，尤其遇紧急事，最能镇静。有时乔语逸情，对之如坐春风，舒服得很。

2. 良朋重益三：阎益三襄理。子曰：“益者三友，友直，友谅，友多闻。”君是全而有之。君有一副湖南人的性格，是“直”。但是脾气很好，无论如何得罪他，总能原谅你的，是“谅”。（此谅字另一解也）至其“多闻一，尤其对于太平天国之役，湘帮名将的掌故，特别渊博。因为君之先德，簪缨累世，与各家都有亲友关系。谓予不信，可与君一谈”。

3. 兆丰耕有序：颜序耕副理。序公温文有大度，象征一个风调雨顺预兆丰收的年岁。耕是以去萎留良为目的，正合公之铨修人事，以进贤退不肖为指归之原则。

4. 力行学富源：杨学行副理。知之匪艰，行之维艰，行是重于知的。杨副理是重实行的人，一板一眼，决不乱唱。其练达规制，剖断明晰，正是一位长于吏治的人才，与之接谈，可矫人虚浮之气。

5. 韦楚池为水：刘韦池襄理。屈完犒师，有句楚国方城以为城，汉水以为池，虽众无所用之的豪语，居然把齐师虎退。君之大名，或取此义。可惜不做外交家，得以名副其实。

6. 长庚寿若山：吴梦白副理。公名永庚，即长庚之义。相传太夫人梦太白金星而诞公，因以命名。公壮如尔勒，性情豁达，持大体而不拘小节，有名士风。乐观，好诙谐，人皆乐与之游。

7. 新华多事业：王新华襄理。一切事业之招牌，以新华为最普遍，例如新华饭店，新华药房，新华大戏院，新华公司，新华银行等等，甚而至于报馆，真是不胜枚举。不知君之取此俗名也何故？说到君之为人，实是好人中拣出来的最好的人。平生未当恶言厉色，人喜近之。他的与人无忤，与世不争的宗旨，确为能全性命于乱世的哲学。

8. 侬疾费金钱：坊处（重庆林森路办事处）蒋侬疾副主任。这是一个不见经传的怪名，与新华恰相反。历史上只有汉朝名将霍去病，与宋朝词人辛弃疾，都是在疾病字上，加一个冲抵的字。只有他老兄返本疾上加个吴侬软话的侬字，活书一个病西施。那位接了一个病西施的夫人，岂不金钱不经花码？此昔人纲得西施愁杀人，诗句所由作也。君名柔而性刚，豪侠好义，广交游，好排难解纷，有鲁仲连风。现任重庆市参议员，伉直敢言，有大炮称，此正君所患，罔医侬疾之毛病也。

9. 诗学宗风雅：渝行朱宗风先生。朱君一生专办洋文信件，办事时决不马胡（虎），办完事也决不操心，有洋人之作风。君性淡泊，不慕荣利，又有中国儒者之风度。见之如坐光风霁月中，可以一洗鄙吝。君在渝行，名位虽不高，而负雅望，人皆以朱老师称之。实则渝行许多同仁，多为君之英文弟子也。

10. 文名重国藩：渝行马文藩主任。文藩官拜过路财神，出纳股主任之职。日与钞票为任，而性好风雅，偶成小作，隽永可喜。当月前钞荒之际，余每日拜年（要钞票之美称），必谒晤一次。漫天就地，大扯一番，同感头痛。余曾寄君诗，有句："支票要钱付，库存尽量拖。"君即步和云："支票换传票，不拖也要拖。"不仅佳句可诵，且承其"还要你说"之指示，尤为可感。君口齿清楚，每在星期三座谈会上报告工作，声音洪亮，条分缕析，颇能吸引听众。

11. 冠裳绵世禄：坎处（重庆小龙坎办事处）董世禄主任。董君少年英俊，独当方面，洵可爱佩。十余年前，君血气方刚，火气尚重，常腰挂武器，令人畏避。自结婚后，一变而为温柔敦厚，和蔼可亲。闻教之益可知。君自此德业日进，不仅鹏程无限，以后公侯万代，均可预卜，因教者何？渝行同人徐生贤女士也。

12. 松菊傲南轩：内支行赵菊轩经理。短小精干，可为君喻。身处物产丰富之甜，饱尝行务经营之苦。其办事负责之精神，至为钦佩。总之，君为一事业家，壮志凌云，鹏翩正奋，若夫三径松菊，南轩寄傲之逸情，恐尚一时谈不到也。

13. 仲子强哉矫：井支行李仲强经理。君为一温文尔雅之君子。年少时，美丰姿，今则哀乐中年，只余丰韵。对人总是一副笑面孔，一点也不强，更不矫。君于业余谈文艺，对世界名著，多浏览，道时津津不倦。各样珍闻，尤为君文库中之囤积物资。但是同我这个古典派文学信徒谈来，每每抬杠。

14. 元勋将者贤：渝行严元勋主任。元勋要是封爵，"开国公"是当之无愧的。君亦温和派人物，对人彬彬有礼，人敬爱之。他就是一个武人，也是一员儒将。

15. 阴棠碑载道：成支行王社若襄理。社若在行几三十年，可算一位老前辈。为人老成持重，以豪于酒驰名，现则看破红尘，"洗手"不饮。君历主办事多处，均

留去后之思。甘棠遗爱，名副其实。（君名阴棠）

16. 良槐炮震天：成支行徐良槐经理。君今贯腹便便，十足银行经理架子。谁知他十余年前，是一员驰骋篮球场中的猛将。君长于远射，百发九十余中，有徐大炮之称。君长于文笔，书法尤飞舞，尚保留许多投篮姿态。少年得志，才可重也。

17. 积善生余庆：渝行华积善副主任。君性情和蔼，朴质可敬，服务十余年，犹不失其读书人的风度。君择配甚严，至今贷方犹虚。语云：“积善之家，必有余庆”。君之余庆，必结为一个德才貌三绝之人儿也。

18. 施泽务广延：滇支行王广延襄理。“仁言利溥”为君平常宅心忠厚之旨。君品学纯粹，渊默有识，可亲近之君子也。昔年君不喜戏剧，忽立志研究，且习雉尾生，每串演鹤楼之周瑜，英姿爽飒，俨然小乔夫婿。能“坐桶子”指挥场面如老手，足征君研究精神，不以小道而轻忽为不苟也。

19. 陶公勤运甓：洽处（合江办事处）苟运陶主任。陶侃运甓，是历史中著名不事逸豫的故事。君之命名，或取于是。君长身鹤立，言谈爽利，社会经验尤丰。合江出木材，君若欲效运甓之劳，很可把木材搬来搬去，其苦行不更渝于前贤耶！

20. 黎母懒挥拳：聿处（江津办事处）黎咸章主任。君少从学于著名教师爷保某，软如太极，硬如少林，以及潭腿猴爪等拳法，颇得精通。以前腰工极好，有一次表演，头脚各置于椅上，君挺身如僵，腹上站二人，而“肉桥”不断。旁观者为之汗流不止。今则修养愈深，反而愈弱，颇有黎山老母之态。君貌酷似甘地，见之者倍念圣雄之伟大。

21. 令公办总务：渝行杨立之主任。君入行逾三十年，人皆尊称“老令公”，君亦敦笃如之。总务繁钜之司，惟希其不唱“碰碑”耳。

22. 将军镇雅安：雅处（雅安办事处）黄翰周主任。君在行年数同令公，因有“黄老将军”之称。二老者，渝行之元老也。雅安为川康锁钥之地，得老将军镇之，当无西顾之忧。

23. 名驰青面虎：渝行杨志主任。水浒上有位好汉，叫青面虎杨志，君适与同姓名，而性情得其反，君是一位银行实务全手匠人。对于新闻学，颇有兴趣，与之一谈，可省看若干报纸杂志。君健康欠佳，目前正在养病。有 Sound Mind，而无 Sound Body，实为美中不足。祝君早复健康，倍显身手！

24. 生震黑名单：渝行赵震生副主任。今日学生，最怕名列黑名单，而遭传讯也。君年少有为，每谈经济问题，常抒卓见，足征君之致力学问。本刊出，余曾请益于君，君认为缺乏生气，不足引起同人兴趣。人戆评其，我敬其直。其评语实足为本刊之针砭，本作是否有点生气？尚希指示！

第二，期寄后代，聊以自慰。据《渝行通讯》第十期《渝中小学之盛会》记述，1948年10月渝中小学（注：类似中行员工子弟学校，渝行是该校投资股东）举行七周校庆，董事会派董事周襄理仲眉及章副主任子良前往参加。开会时，本校教务主任萧贵仁女士致辞，对学生勉以“读书要严肃，生活要清洁”的道理，意见精辟，言词畅达，颇为参加人士所倾听，可惜小朋友不能全懂，有负良师耳提面命之至意。周校董说话着重在“最爱的是小学生，因为他们代表中华民国的前途，最敬的是小学教师，因为他们正肩负着最神圣最艰苦的工作”，也颇予本校师生兴趣的鼓舞。最后由章副主任致辞。章君以前服务教育界，颇富经验。他一“开腔”，姿态、声调、说话的立意与层次，都迥然不同，把场中的耳目之觉都集中于一身，确有可纪之处。

再据《渝行通讯》第十二期嘉宝《观婚记》记述：1948年12月5日，渝行赵经理第三位女公子与粤行同仁程道昌君结婚，嘉礼在求精中学礼堂举行，采用牧师证婚仪制，庄严雅静，一洗□俗繁□之气，为作者在渝参观婚礼之新纪元。作者因此兹纪花絮及感想，以志欣怀：

新娘赵静燕女士系于今春毕业于浙大园艺系，返渝执教于求精中学，颇负声誉。赵小姐贞静谦抑，毫无豪华习气，赵经理及其夫人之义方于此可见。新郎程道昌君为程候度先生之公子，现在粤行服务，少年英俊，谈吐大方，丰姿玉立，有柳殿之风。两人以“郎才而有女之貌，女貌而有郎之才”结为嘉藕，更属出人头地，兼以翁似冰清，壻比玉润，这段姻缘，当以滕王阁序中的“四美具、二难并”颂之，不为过誉。

牧师证婚之仪，贺客中不乏初见者，参观时甚为兴奋，当牧师宣布证婚之先，说“来宾中若没有对结婚人之婚事提出异议者，我便宣布证婚了。”这句话使我座侧一位宾客向我咋舌一下，表示惊异；盖其闻所未闻，不足咎也。实在电影里，常可遇见这礼节，不过说的外国话，听不懂罢了。我曾看见过牧师一说此话时，硬有人提出反对，把礼堂闹得一塌糊涂，不过那也是电影。

牧师说了一番训勉新夫妇的话，可纪之点有二：（一）一个人在未结婚以前，不能叫作完成人，一定要结婚以后，才能成功一个完成人。照这样说来，未结婚的男或女，只能称为“二分之一人”，或“小数点五人”，听来似乎可笑，实则夫妇为一而二二而一之道理并不错。（二）他又说：“我们要治国，必先齐家；我们要今日中国富强起来，一定要先把家庭健全起来。”这话听来，似乎有点倒因为果，把家庭太冤枉了。今日家庭的痛苦，例如开门七件事，哪样不是国给我们带来的？国不求富强之道，家亦无健全之途。要吗，把齐字作为同心努力讲解，并非事事妥帖，总去治国，否则圣人何必要把齐家列于治国之前，夫妇为家之基本，齐字应从夫妇做起，能齐便能和，能和而家不齐者，未之有也。牧师讲话时，那种慈祥岂弟的风度，很令我仰慕其职业之神圣。

新郎新娘在牧师前长跪，来宾有问："何以要如此尊重牧师？"我说："牧师是代表上帝在证婚，你说该跪不该跪！"宾恍然曰"呵！"

牧师分别问新郎新娘："你对于你的妻子是否永远的爱她敬她？你对于你的丈夫是否永远的爱他敬他？"新郎新娘均从心里发出强有力的应声曰："Yes，I will！"虽然我们座远没有听清楚，但意思总归是那样的，这点我认为是最关火的了，假若任何一方有不愿意的话，这应声是不易答出来的。普通婚礼，新郎新娘一言不发，一切换戒指盖围章的行为，都由人代行，就有不愿意的，也得在这强制执行之下，无法表现。西洋婚礼，是较有意义了。

由主婚人将新娘带出交与新郎，这也是极有意义的仪节，可使新郎感觉新娘之父兄付托之重，应负终身爱护之责，新娘也应把丈夫视同父兄一样的敬爱。平常伴郎伴娘之仪，除了为其自身练习婚仪或出风头外，比起就感觉无聊。

赵经理行此仪时，衣着一身花缎蓝袍青马褂极正式的中国礼服，带着端丽的赵小姐，依着进行曲钢琴的悠扬拍子，缓步前进，态度安详，极为合节，十足表现赵经理对中西文化有充分的修养。

刘副理代表男家主婚，同仁均同他道喜，一时都称他为程太老爷，他老人家替真程老太爷看见这对佳儿佳妇，大为高兴。

由此可见，两文所述之事，足有一种生不逢时，期寄于小学生和后代的失落感，也有一种聊以自慰的感觉。另外，通过牧师所说训勉新夫妇的话，以及作者对此持有异议的表达方式，委婉地发泄了对现实的不满，如牧师训勉新夫妇说："我们要治国，必先齐家；我们要今日中国富强起来，一定要先把家庭健全起来。"对此，作者写道："这话听来，似乎有点倒因为果，把家庭太冤枉了。今日家庭的痛苦，例如开门七件事，哪样不是国给我们带来的？国不求富强之道，家亦无健全之途。"

第三，回忆悬虚，聊以自慰。《渝行通讯》第十八期刊登的鞏池《历险忆略》一文，回忆了作者 1942 年 9 月 4 日因公由会理乘军粮局车赴西昌时发生车祸，作者及同行同事均无恙的故事。故事既无主题，又无引申评论，真有一种回忆悬虚，不知用意，且聊以自慰的感觉。

第四，没事说事，聊以自慰。《渝行通讯》第九期刊登的《解字解颐》一文，真有一种没事说事，聊以自慰的感觉：

旅昆时，某女同事问袜字写法，庄告之曰："古从韦，沿从革，皮革制也；俗从衣，已易以纱布为之；自丝袜行，而应从系，今则不著，殆不知所从，书作蔑得（滇音作无字训）之蔑可耳。"以为讽也。洎后气候不时，遂相率而著袜矣。

结语

中行及川行公司文化价值体系之总概括

李克强总理指出，地方志工作要“修志问道，以启未来”，由此“为当代提供资政辅助之参考，为后世留下堪存堪鉴之记述”。一般地说，编修行史具有存史、资治、育人等三大作用，而编修行史的意义则在于修史问道，以启未来。

所谓修史问道，道在中国是指万事万物的运行轨道，是推动宇宙运行最根本的规律；道在企业文化学意义上是指文化核心部分的传统观念及其所带来的价值，即通过编修公司文化史，研问该文化之核心价值。所谓以启未来，是指运用所编研的文化传统观念及其价值，为当代人提供资政辅助之参考，为后世留下堪存堪鉴之记述，亦即作为人们“进一步活动的规定因素”。

公司文化核心价值体系作为一种思维模式，是实现一个公司的价值、精神、伦理的惯常逻辑、一般途径和共享经验。该核心价值体系，一般由公司使命与愿景、实现其使命与愿景的核心价值观（如经营理念、管理理念、重大关系原则等）、公司精神、公司行为准则（如法人伦理、员工道德）、公司系统做事风格、公司英雄人物等元素所组成。其中，企业精神是整体价值观中的主导意识和最富个性魅力的要素，是企业时代性、个体化、信念化的群体意识的表现，即企业多数员工共同信守的理想目标和传统作风等意识形态的概括和升华，构成企业文化的基石。公司文化核心价值体系之本质，就是人们行动之前的指导性价值观念和人们行为结果背后的支配性价值思维。

民国 37 年期间，在国家战乱频仍、经济凋敝、社会不安宁、中外银行激烈竞争的年代里，中国银行包括四川分行历经艰难的创业和坎坷的发展过程，克服重重困难，把自己建设成一家信誉卓著、初步近代化和国际化的大银行。今天我们从史学角度，将中行包括四川分行在此过程中所积淀的堪存堪鉴之商业银行文化价值体系客观准确地概括出来，以期起到修史问道和以启未来之功效。

一、民国时期中国银行公司文化核心价值体系总体概括

（一）公司使命：先国后行，勤勉努力

先国使命：枢纽自任，职务报国；服务大众，改进民生；

后行使命：积极成功，三方同乐；互相推进，同为模范。

（二）公司愿景：

中国银行是国民经济的命脉，社会事业的指导者，社会人士的模范，使我行成为最进步和最稳固之银行。

（三）行员理念：

先人后事，三者育人，四者激励，久于其任。

（四）行员道德：

高洁坚品，全行智识；新思旧养，理想行员。

（五）法人伦理：

信誉基石，竞争有德；顾客股东，同业合作。

（六）行基理念：

1. 革新精神，创造能力；进步保守，稳健主义；
2. 严行稽核，便利社会；会计责广，计算精明；
3. 关注效率，积极节支；细则要点，工作规范。

（七）调研理念：

调研先导，科学态度；条分缕析，谙悉环境。

（八）刊教理念：

寓教于刊，展现精神；以刊为校，提升智识。

（九）中行文化育人之历史经典箴言

1. 人性根本问题的心灵教育
2. 强化中行传统教育的意义
3. 中行操守培育传统之箴言
4. 强化使命愿景的意识培育
5. 系统务实的做事能力培育
6. 宏观眼界与全行智识培育

（十）中国银行公司文化精神之概括

1. 公忠体国的报国精神
2. 本固枝荣的爱行精神

3. 高品洁德的伦理精神

4. 能行则行的做事风格

（十一）四川中行公司文化精神之殊点

1. 对外之功须报国，对内之旨应重德的川行经营宗旨

2. 斩荆披棘、筚路蓝缕、负弩前驱之川行创业精神

3. 一堂之内，相视莫逆，互相砥砺，事尽获益的合作精神

4. 高超理想、百折不回、摩顶放踵、焦唇敝舌之农贷精神

5. 必成的信念、公事当私事去办、到处学习、造成共同意志之川行办事风格

6. 砾砺廉隅，守理自治，注重义利之川行品德精神

7. 全行安乐，小家快乐，相互推进之家行一体精神

二、民国时期中国银行公司文化核心价值体系史料内涵

（一）公司使命：先国后行，勤勉努力

公司使命的本质，就是公司的终极目的、存在意义和文化核心价值体系的制高点（终极价值观）。公司愿景也是文化核心价值体系的制高点，是组织和人们内心深处的追求和内心意愿的表达，以及对未来蓝图的期望。

1. 先国使命：枢纽自任，职务报国；服务大众，改进民生

（1）枢纽自任：中国银行不啻为国民经济的命脉，亦即：国家需要，当仁不让；支持经济，办行指导；

中国银行要以达到扶助生产、改良人民生活为目的，凡有国家大生产事业，都有我们中国银行参与其间，这就是中国银行同仁的荣誉；

中国银行整个的组织，是帮助中国所有一切事业的；四川所有分行，是为帮助川省一切事业的；中国银行根本就是中国四万万同胞的银行。

（2）职务报国：中行既非政府当局，不在其位，如何才能忠于国家呢？中行的存、放、汇等各种业务都是帮助国家增加生产，忠于职务即是忠于国家；要忠于职务，须由忠于自身始。所以体力、知识、道德三者，必须刻苦自修，方能达到目的，此即忠于自己。能够忠于自己，然后对于职务，方能有所贡献。

（3）服务大众：所谓服务大众者，在乎使人人能利用银行。银行本为公众钱财之管理者，自应实事求是，以谋大众与本行相互之利益。对于顾客概无等差，一律待遇。

（4）改进民生：所谓改进国民生活者，在乎谋国民生产力之增加。其道固非一

端，而在中国银行职务范围内，应为之事，当力谋以低利资金，扶助大小工商，借以图物价低廉，生产发达，出口增加。同时以国内外商品市场消息，供给社会为其耳目，而为经营国际商业者之正鹄。

2. **后行使命：积极成功，三方同乐；互相推进，同为模范**

（1）积极成功：与其消极的从艰苦中求快乐，毋庸积极地从快乐中求成功。

（2）三方同乐：快乐中求成功须有三种条件互相推进：同仁精神快乐，同仁家庭快乐，全行安乐；若同仁精神十分快乐，家庭十分和满，则人人奋发做事，全行安乐就可以立致。

第一，同仁如何才能精神快乐？一要使身体十分康健，所谓“无病即是福”。二要不做道德上负心的事，譬如舞弊营私，诈欺取财，或是伤风败俗。三要量入为出，不做投机。诸君能身体没有疾病，心中无一点负心不安的事情，则一定可以得到精神上真正的安乐。

第二，同仁家庭如何才能快乐？第一是夫妇和睦，总使家庭十分的简单，勿做加添烦恼的事。第二要注意子女的健康与教育，使子女个个十分的强壮，并且个个能受相当的教育。同时又必须节制过度的生育，不为家庭之累。第三家庭中奖励看书、音乐、运动，养成家庭中幽静优美的空气。

第三，全行如何才能安乐？行不能安乐，那么我们个人及家庭的安乐，都无所依据。所以根本的安乐，还是在行的安乐，行的安乐是什么？一是不以不正当或带投机性的方法来博利，而靠着本行坚固的信用，忠实的服务来获利。二是不利用政治上或社会上任何种势力为我们后盾，而靠着中国银行全体行员忠实纯洁的人格为我们的基础。三是股东行员不以争分一时的厚利为主旨，而以全行厚储公积，劳资真实合作为目标。否则突飞的暴利，一时的风光，掠夺式的报酬，不特使行不能得到真正的利益，还可置行于极危险的境界。

（3）互相推进：全行安乐了，然后行员的报酬待遇自然增加；而行员个人家庭的享受也当然随之并进。如此互相推进，循环不已，我们年年同乐的目的就可达到。

（4）同为模范：最终博得一句社会的批评语：中国银行的人员是模范的人员，中国行员的家庭是模范的家庭，中国银行是中国模范的银行，那么吾们就是得到真正的安乐，我们的目的总算达到了。

（二）公司愿景：中国银行是国民经济的命脉，社会事业的指导者，社会人士的模范，使我行成为最进步和最稳固之银行。

中国银行不啻为国民经济的命脉，是社会事业的指导者，是社会人士的模范；

各行经理（行长）人人以模范自居，行员以经理（行长）为标准从事，中行做一个永久（的银行界）领导者；

吾们的广告自称为“最大最老之银行”，这个牌号总觉不甚称意，常思改为“最进步最稳固之银行”。

所谓理想的中国银行，不是极高大的洋房，不是数十万万的收付，不是个个行员坐汽车、吃大菜。是一个：无论遇如何风潮事变，兑现也好，提存也好，决不缺人半文钱，一切债务都有抵挡，都能清付的银行；是一个：凡有信用的字号，凡有有益国家的大实业，无一不与往来发生关系的银行；是一个：不必鼓吹，不与高利，而人人愿来存款的银行！

（三）行员理念：先人后事，三者育人，四者激励，久于其任

行员理念的史实概括逻辑：“先人后事”是行员理念的核心概念，即用人任事之前，先要选人、律人、育人、激励人；“三者育人，四者激励”是“先人后事”的达成路径理念；“久于其任”是行员理念培育人和激励人之目的。

1. **先人后事**：事是人干的，要想干成事，用人任事之前，必先选人、先律人、先育人、先激励人。

银行服务大众，首先必须严格训练行员，俾知如何接待顾客，以谋顾客充分的便利；如何指导顾客存放余资，以谋储蓄能力之增进。

今欲求中国银行在国际上占一地位，在国内为民众与国家服务，其最要关键在于人事。故人事刷新，实为中国银行革新之最大目标。

故经营银行，首须有富有德性和精神及社会观念之行员，方能第二步从事于信用和名誉之建设。

总使大小行员，都有发挥才能的机会；庶几居乎上者公，居于下者忠，同心同德，保持中国银行为银行界领袖的地位，这亦是我们共同的光荣。

2. **三者育人**：行员同仁的训练，当从理、情、力三者并进。理的方面，由教育着手，使各人的理解步步向上。情的方面，拟提倡音乐、美术、文哲的高级趣味，发展性本善的内性生活。力的方面，当竭力提倡体育，组织各式运动比赛，健全各人的体格。

简称：理情力三者并进培育行员：即以教育明道理方式引导行员观念步步向上，用高级情趣熏陶行员具有善良人性的生活方式，提倡体育以健全行员的体格。

3. **四者激励**：行员同仁的训练，物质方面，衣、食、住、行四者，必将有一整个计划。诸如行员住宅、公共食堂、消费社、行员子女幼稚园、公共交通工具等，如能逐项办到，则物质生活，庶几解决十之八九。同仁诚能克勤克俭，自无后顾之忧。

简称：衣食住行四者整体计划以激励行员，使行员的物质生活庶几解决十之八九，以收同仁诚能克勤克俭、自无后顾之忧的激励功效。

4. **久于其任**：先人后事的管理目的在于使行员能够安心工作，久于其任，树立以事业为前提的服务风气。

银行业务之进展，必须有安定之主体。全视主持行务者之能稳固不摇，因而全体不至散沙解缆，克收继续努力、久于其事之效。

全视主持行务者安定，的确这是本行的优点，亦是本行立场，虽历经多次的改变，皆能随时应付过去（的传统）。

若不能久于其位，何能有所成就？

（四）行员道德：高洁坚品，全行智识；新思旧养，理想行员

行员道德的史实概括逻辑："高洁坚品"是对"高、洁、坚"三种品德的概括性简称；"全行智识"相当于当今的全行观念或大局观念；"高洁坚品"与"全行智识"组成行员道德之品质；"新思旧养"是道德培育的路径理念；"理想行员"是集智识、道德、体格和精神于一体的行员培育之终极目标。

1. **高洁坚品**：（1）高品德：行员在行服务，不仅以保护股东、存户、持券人之利益为满足，必须进而为社会谋福利，为国家求富强。忠于职务即忠于国家，要忠于职务，须由忠于自身始，对于体力、知识、道德三者，非有充分的修养不可。

（2）洁操守：行员职位不拘高低，必须人人操守廉洁，摈除恶习，更须公而忘私。廉者守也，安分守己谓之廉；耻者疵也，深恶痛绝，谓之耻；简单和朴素为廉耻的根本；廉不蔽恶；耻不从枉；俭以养廉。

待人忠厚的管理误区：对待人忠厚四字的误解就是处处宽待人，甚至有赏无罚。如果看见应罚的人不去罚他，这一个人永久不能觉悟回头，岂不反害了他一生；若是处罚得当，使他能醒悟回头，反而因祸得福，救了他一生。如因姑息一二个人，害了全机关，就是不忠于社会，绝非忠厚二字的本意。

（3）坚韧性：任事不能仅以但求无过为尽职，必须不避艰险，不畏强御，战胜难关。

说干就干，能行则行，我们要时时用以自惕，各人应有"能知必能行"的自信力，我们想到，说到，就要做到。去到一处，解决一处；想到一事，解决一事。

2. **全行智识**：（1）要有为全行服务的精神，使各地的行员成为整个的中国银行行员。全行行员必须知道银行应如何做法，知道银行对于社会应尽的各种义务。所以必须具有经营银行的智识和服务社会的精神，才能够谋本身的发展，并达到扶助工商业和社会经济的目的。

(2) 我们银行，好似全部的机器，我们行员，好似机器中的零件，或是螺丝钉配合而成的。若是缺了一个，或是坏了一些，那么全部的机器，就不会转动了。所以本行同人，个个须有完全的智识，技能，就如机器一样。本行总管理处的地位，好比一只电铃，电线已经贯通了全国，电铃一揿，全国各分支行处都要响才好。

(3) 浓厚力量的发生，在于内外同人有上下一致的精神。有一致精神，便能发生浓厚的力量。更希望我行行员的精神，能够一致。那全行的前程，就无限量了。

(4) 首领指挥得当须注意事项：1) 工作分配适当，2) 纠正各人缺点，3) 鼓励工作兴趣，4) 信赏必罚。部门间联络须运用下列方法：1) 文字的交换，2) 工作的互换，3) 各部人员之集会，4) 各部门办公室的分配与布置，5) 通信时间之注意。总之，首领的指挥是纵的，部分的联络是横的，若是纵的横的，都有成文或不成文的好系统、好配备、好习惯，则一个机关不论他有数千人数百人都能如身之使臂，臂之使手，上下一体，指挥如意矣。

3. **新思旧养**：(1) 行员应努力保持旧道德，培养新精神，用旧的识见贯彻新的精神，以“旧”驭“新”，而加以“整个化”，成为中国银行理想中的行员。

(2) 所谓培养新精神：一是身体好；二是宝贵时间，做事速率要“以一当三”为原则；三是做事刻苦，有研究其所以然的决心，以求达贡献社会的最大鹄的；四是服务客气，客户满意便是服务客气的象征；五是遵守规矩，银行好似一个大学校，同样地订有行规，叫行员遵守，我们在校里当好学生，在行里也应做好行员。

(3) 勤为成功之本，每日按时到值，也可以谓之曰勤；俭是节约，能俭方能廉洁自好；毅是做事有魄力，不畏艰难困苦；信是重然诺，守信用，在银行界做事，信用是极要紧的。

4. **理想行员**：(1) 理想的中国银行行员标准：一是健全之智识。旧的钱庄智识，新的洋行头脑，人人能看中外银行经济书籍与报章；二是道德的观念。人人知道，不营私，不舞弊，不投机，不嫖不赌，有公德心；三是强健之体格。人人能运动，面色光辉，身强力壮，能吃苦；四是互助的精神。不分彼此，共同增加效率，节省人力。

诸君心中能加具这一幅做人的图画，天天理想（着）这一幅做人的图画，则全行空气，必焕然一变。盼望诸君自己管自己，管的方法是极容易的，只需公暇一想这一幅做人的图画，而身体力行之就可矣。

(2) 吾还有一个理想就是，中国银行的行员创造一种为社会所信用、所尊敬的人格，久而久之，人家不便问尊姓大名，一望而知为中国银行行员，或一问是中国银行的行员，就知道智德体之育具备的人，不必再怀疑。则将来人人要进中国银行，人人愿以子弟交于吾们，即吾们自己子弟亦要都令其入中行，方为上等子弟，这岂不是优美的理想吗？

（3）游峨眉山，登金顶，金顶不过高而已；但峨眉之成名山，决不端赖金顶之高，亦须有林泉丘壑之美。比之吾行总经理，亦不过“高而已”，而全山之伟大，有赖于全行的同事！以理想中的中国银行行员，造成理想中的中国银行。

（五）法人伦理：信誉基石，竞争有德；顾客股东，同业合作

法人伦理的史实概括逻辑：“信誉基石”是中行作为法人的根本市场道德，即根本经营原则和处世关系原则；“竞争有德”是调整中行法人在业务发展与同业竞争过程的重大关系法则；“顾客股东”是调整中行法人与社会公众关系的重大关系准则，以及中行为社会提供金融服务的始得根据；“同业合作”是中行法人与同业伙伴相处的重大关系准则。

1. **信誉基石**：（1）中国银行之基础，实建筑在民众的信任之上；使人民信任中国银行，以及其他新式银行，不啻为中国近代银行奠一基石。

（2）诸君更须知道，本行在社会所处的地位是万目睽睽，我们的一举一动，不知不觉间都在一般人的耳目间。

银行最要的条件是信用，信用之构成是从各人员各别之信用结合而成的；欲谋本行各行之平均发展，同时必先谋每一行同人之平均发展。

2. **竞争有德**：（1）中国银行欢迎竞争，但竞争时不忘记商业道德的原则；要淬砺精神，应以我们的人格与能力为竞争之工具：

第一，业务竞争伦理：同仁必须要有新精神、新方法、新思想，来立己立人，推进业务。

第二，信贷业务伦理：所有放款，必慎之于始，不轻易许人；而既经放款，则始终予以维持，决不乘人之危。

（2）惟本行自有其道德与人格，足为外界所敬重，此种道德与人格，乃全体同人所共同缔成。倘就此基础而发扬之，光大之，定可为社会服务不少。

第一，各行经理（行长）人人以模范自居：1）保持高尚的人格。人格为立身处世之骨干，我人服务银行，应处处以保持高尚的人格为前提，不卷入社会恶习之漩涡。2）不断地补充新知识。知识为办事能力之宝库，故我人对于新的知识，应随时的注意，不断地补充。否则时代进展，难免沦于落伍。3）养成刻苦的习惯。今后世事日艰，我行欲求业务上之进展，非从减轻成本入手不可。惟不刻苦，决不能达到减轻成本之目的。

第二，行员以经理（行长）为标准从事：以全行二千三百几十个同事论，那就像有二千三百几十个经理；以二千三百几十个经理一贯精神的经营一个银行，这个银行不能保持他原有的地位，我决不相信；奢望一点，或者还可以超越原有的地位。

第三，中国银行做永久（的银行界）领导者：希望大家随时去找寻新的境地，再由新的境地，达到特别新的阶段，总要使我们中国银行站在最前线，做一个永久的领导者！

（3）如何保持中国银行号称最大、最稳固之银行的地位？

欲保持最大二字，须能长久维持其领袖之地位；领袖云者，系当地之最大公司与商号莫不与本行相往来；最新之事业及人物，亦莫不与本行相周旋；而存款、放款、汇款均比别家为多之谓。

所谓领袖的资格，即须其人有确定不移守法的精神，有深厚的道德观念，有远锐的经济眼光，即资格具备矣。

欲保持稳固二字，须放款精而开支省；放款精，必须全市业务情形了然于胸中，不论新旧商务，均有研究，养成选择之能力；开支省，必须人人俱有相当办事才力，人人均以经理（行长）之责自任：即全行行员，其才力，其用心，等于经理，则效率增进，业务加多，而费用不增。

但欲达到以上目的，必须先将精神改变，执（职）业机关化；而上下和衷共济，一如家庭；彼此不惮研究，一似学校；全体活泼愉乐，更若俱乐部。

3. **顾客股东**：（1）顾客是我们的第二股东，我们银行的获利，都从顾客身上来的。所以银行的信用愈增，顾客愈多，顾客愈多，利益愈厚。

（2）凡执有本行股票者，为本行狭义股东；国家、社会、民众，（应）视为我们之广义东家，这是银行界社会服务的始得其根据。

我们在行服务者，为本行伙计，伙计则以其人格精神能力，为本行信用之保障；股东以所出资本，为本行信用之保障。

（3）我行宗旨之宏，使命之大，我们所负责任何等隆重。吾人当放开眼孔，握定主张，从远处大处做去，人人必须先就自身之人格精神能力，做出一个中国银行行员的样子来，要使社会认识敬爱中国银行的人才是。

（4）顾客才是行员真正的上司；若把站在柜外的顾客看作是顶头上司，则时时刻刻感到责任之重大，休戚之相关，从而更好为客户服好务。

银行应付顾客，何尝专为的图利，银行是做顾客所吩咐做的事情，专谋顾客所需要的便利。用种种方法训练行员，就是要你知道，如何对于你的上司——顾客——尽职；如何可以帮助你指导你，去对你的上司——顾客——尽职。

（5）我们要以发行准备、存款准备、知识准备，刻刻要准备接受顾客的考试。——银行对于发行纸币，有额定的发行准备；对于吸收存款，有普通的营业准备；行员应付顾客的知识上准备，也是同样重要。银行需有资产上的准备，其功用是在巩固信用；而行员需有知识上充实的准备，其功用是在发挥服务社会的精神，亦是在取得顾客的信任心。银行业务愈发展，这种准备也愈需充实。除了中行固有资产上充实的准备以外，任何行员亦都有知识上的充实准备：这就是刻刻要准备着受顾客的严格考试。我们不应该使一个顾客不满意而去。

4. **同业合作**：要同外国银行相抗衡，光靠中国、交通等几家银行是不够的。中国银行一贯秉持“有海洋必先有河流”、有大量商业银行作后盾，尽力扶持商业银行特别是一些新式大银行，才能与外国银行相抗衡的理念，积极协助同业共渡难关，其方针就是在促进金融业团结自救的前提下，力所能及地多承担一些责任，多发挥一点作用。亦即“不自限于改组条例所赋予之职责，不斤斤于营业之盈亏，更不以独善其身为得计，抱定为国家、为社会牺牲之决心……”

（六）行基理念：

革新精神，创造能力；进步保守，稳健主义；

严行稽核，便利社会；会计责广，计算精明；

关注效率，积极节支；细则要点，工作规范。

行基理念的史实概括逻辑：“革新精神，创造能力；进步保守，稳健主义”相似于现代企业文化价值体系的经营理念；“严行稽核，便利社会；会计责广，计算精明”相似于现代企业文化价值体系的经营与管理理念；“关注效率，积极节支；细则要点，工作规范”相似于现代企业文化价值体系的管理理念。

1. **革新精神，创造能力；进步保守，稳健主义**

（1）革新精神，创造能力：以“革新精神”谋本行业务之进展，以“创造能力”图一切事物之改善。所谓革新精神，就是把革新经营管理作为发展业务的必由之路；随时去找寻新的境地，再由新的境地，达到特别新的阶段，总要使我们中国银行站在最前线，做一个永久的领导者。所谓创造能力，就是指对事事有创造能力，用新的思想和新的方法，开辟新的途径，树立新的基础。

（2）进步保守，稳健主义：所谓进步保守，即进步的保守：第一，靠着本行坚固的信用，忠实的服务来获利；第二，靠着中国银行全体行员忠实纯洁的人格为我们的经营基础；第三，通过全行厚储公积，劳资真实合作，把行员工长远利益和短期利益结合起来，经营中“突飞的暴利”只能是“一时的风光”；对股东和员工“掠夺式的报酬”，其后果是“不能得到真正的利益，还可置行于极危险的境界”。所谓稳健主义，即指商业银行风险经营的审慎性原则，也指减低股利以固根本股利。

2. **严行稽核，便利社会；会计责广，计算精明**

（1）严行稽核，便利社会：严行稽核，指用通过“稽核前置”方式去施行银行一切风险管理之事实，使稽核工作位高任重，成为全行业务中心、管理中心和参谋中心；并将“严行稽核”的重要性上升到“便利社会”的高度来看待。

与此同时，重视稽核部门权威来源的管理——注重身教、精选人员、传帮带动，这也是稽核部门职能作用有效发挥的保障。

正因为如此，从而使稽核工作“对业务情况进行随时了解，并发挥出重要的参谋作用，使中国银行在业务方面的漏洞一般都能防患未然”。

（2）会计责广，计算精明：改革会计制度要达到三大目的：对顾客服务，不因会计手续而迟延；每日各行账目，要当日结出；总处按日得到各分行资产负债余额及累积损益数字。这就是狭义的会计职责。

广义的会计职责：第一，从会计角度督察日常营业的一切事务；第二，时时留意谋会计制度的改进；第三，时时研究及留心各种业务的数量及每日各种业务的增减；第四，时时注意和研究各种经费支出的经济性；第五，每日研究每笔业务获利情况和将来获利趋势并随时告诉营业单位；第六，训练会计部门行员增多智识和增加效能。总之，会计工作不仅要对会计数字的真实性和准确性负责，更要对会计数字背后的业务联系、经营状况和发展建议等负责。

“会计责广”的直接管理效用就是“计算精明”。

3. **关注效率，积极节支；细则要点，工作规范**

（1）关注效率，积极节支：第一，业务增进在于效率增进，效率增进在于行员办事能力随时俱进。所谓节省开支，并不是用消极的裁人方法，是用积极的方法，要大家增进办事的效能。而行员的办事能力随之俱进，一个行员抵两个行员的用，一天的时日产生两天的工作，则业务增进的效果，自然可以表现出来。

第二，应抱有十人工作五人完成之毅力，使行务效率增加，工作范围扩大；且对于工作应抱研究态度，使一切工作皆有生气。

第三，效率增进途径还包括：放款精，必须全市业务情形了然于胸中，不论新旧商务，均有研究，养成选择之能力；开支省，必须人人俱有相当办事才力，人人均以经理之责自任。

（2）细则要点，工作规范：所谓细则，是指全行总的制度叫作“办事细则”；所谓要点，是指分部门的制度补充规范叫作“业务要点”，各分行还再根据当地习惯加以补充。

建立和完善“细则要点”的管理效用：第一，使各项业务工作，有章可循，操作有序，运作规范，有利于提高工作质量和工作效率。第二，使是非有标准，有利于人与人、上道工序与下道工序、部门与部门之间的配合协作。第三，有利于培养、教育行员，特别是新人员，可以按图索骥，循序操作。第四，久而久之，约定俗成，行为成习惯，习惯成传统，从而形成中国银行文明作风的一个组成部分。

（七）调研理念：调研先导，科学态度；条分缕析，谙悉环境

调研理念的史实概括逻辑："调研先导"是调研理念的核心概念，意指银行业务之实施要以调研为先导；"科学态度"是发挥调研先导作用的前提与规范，意指调研先导要以科学态度与方法为基础；"条分缕析"是发挥调研先导作用的路径理念和方法论，也指调研和办刊其实是一种联动行为，办刊目的之一则是为了定期公布研究所得，由此为业务发展和经济研究提供有价值的参考与借鉴；"谙悉环境"是发挥调研先导作用的结果的衡量标准。

1. 调研先导，科学态度

（1）调研先导：第一，调研目的：着重于一事一物之详细调查，以期有裨于银行业务之实施。第二，调研意义：现代学术，日新月异，银行已变学术化，故吾行同仁须抱如在大学研究院之心理，对于原理原则，亦须详加研讨。第三，调研能力：不论新旧商务，均有研究，养成选择之能力；对于工作应抱研究态度，使一切工作皆有生气；对于社会服务，应随时加以研究态度。第四，调研报国论：欲求中国银行界之充分发展，须向各种事业调查入手做去；吾人欲图自爱自救，须对于自己有相当之认识和研究；凡集一事，必先有统计，然后方针乃可确立。第五，调研作风：调研是为求智识，务求十分的经济，十分的实际，庶智识不仅为吾人之装饰品耳。去到一处，解决一处；想到一事，解决一事。

（2）科学态度：第一，本着"先人后事"原则，选用调研人才，培育调研人才，使中行调研团队具有藏龙卧虎，精英荟萃的特点。第二，调查规范，研究深入；搜购必要图书杂志以助研究；发行定期刊物公布研究所得。

2. 条分缕析，谙悉环境

（1）条分缕析，意指分析得细致而有条理，亦称条陈缕析，分条析理。条分缕析的史料内涵：银行业务之实施，着重于对一事一物之详细调查；凡集一事，必先有统计（调研），然后方针乃可确立。

（2）谙悉环境，谙悉即熟知，是发挥调研先导作用的结果之衡量标准。熟悉本地情形有 14 种调研途径与方法。

（八）刊教理念：寓教于刊，展现精神；以刊为校，提升智识

刊教理念的史实概括逻辑："寓教于刊，以刊为校"理念，是指实施以刊教化的途径与方法理念，即精神训练的共同设施之一包括发行《中行月刊》和《中行生活》

等刊物，并以这些刊物为教化窗口或平台，把银行办成类似今天的函授学校，从而进行三者并进式的精神训练。“提升智识，展现精神”理念，是指实施以刊教化的目的或结果性理念。“提升智识”内涵，就是通过刊教形式，促进“情理力”三者并进式的精神训练：理的方面，使行员的理解步步向上；情的方面，培育行员高级趣味，发展性本善的内性生活；力的方面，竭力提倡体育，健全行员的体格。“刊化精神”内涵，即培育全行上下“居于上者公，居于下者忠，同心同德，保持中国银行为银行界领袖的地位”的团体精神。

1. **寓教于刊，展现精神**

(1)《中行月刊》为中国银行全体之刊物，亦即为本行全体人员自由意旨发表之机关，由此千数百人之自由意旨，而得全行精神之表现。

(2) 精神云者，即一事业之首领及其全体服务人员之思想行动之表现之谓也。要之一机关中若干个人之意旨，或以相同而融化，或以相异而冲突，激荡糅合，而形成团体之思想行动，此之谓团体精神。

故原理原则如海水，而团体精神则如海潮之波纹，海水不变，而潮流之波纹则变化不测。故欲知原理原则、新组织、新事物，可读一般之刊物。欲知一机关之精神，不能不读此机关之刊物。吾人欲知本行精神之所在，势不能不有自身之出版品，此本刊之所以继通信录之后而复出也。

(3)《中行生活》办刊宗旨是专来表现本行全体同仁的一切公私生活。社会全般的经济生活，从农工商各个各个的生活所构成。中国银行全行的生活，从一个一个行员的生活所构成。一切事业的成就，就是凡百公私生活演进的表现。

2. **以刊为校，提升智识**

(1) 银行而无教育，行将不行矣；在行里好像在学校里一样；彼此不惮研究，一似学校；愿诸位勤学不懈，在最短时期内，完成速成更高更深的学业！

(2) 知识为办事能力之宝库；故我人对于新的知识，应随时的注意，不断地补充；如果诸位再不在智识上奋斗用功，银行固然难免要落伍，自身也必归于淘汰。

(3) 总行现在出版的《中行月刊》与《中行生活》，皆是要求行员智识的增进而办的，给予同仁“力”的启示，“智”的浚发，“思想”的指导。希望同仁看了《中行月刊》的文章，从世界中国的大势，推论及于地方的经济状况来互相比照；看了《中行生活》，从总行改革的大方针，来研究分支行局部的应用与改善，以及同人意识的切磋。

（九）中行文化育人之历史经典箴言

1. **人性根本问题的教育**

(1) 寻找人生意义的教育：我们与万物不同的地方，在乎我们是自觉的动物，我们是有灵魂的动物，我们是有希望有目的的动物，我们是利群的动物，我们是不断向上的动物。人生的意义与价值，必须等我们觉悟到自己是一个“人”的时候，才得发生。凡人都有一定的权利和义务，做人就是去享受人的权利，并去尽力于人的义务。单有权利而无义务，不是人的生活；单有义务而没有权利，也不是人的生活。

第一，人与草木禽兽不同的地方，在乎身体之外，尚有灵魂。一个人有了物质上的生活之外，还有精神上的生活；物质上的生活，可高可低，有形的收入，可多可少，知足者常乐，能忍者自安，精神上的修养却不可忽略，不可缺少。我们要用快乐的精神来支配环境，切不可让物质来支配宝贵的心灵。

第二，人与草木、禽兽不同的地方，在乎人有合作的能力与利群的精神。人类的归宿，不在乎互相争斗，而在互相扶助；不在乎互相排斥，而在互相联络。分工就是合作，害人实等于害己。人生不过几十寒暑，各人的精神、气力、寿命都很有限，通力合作，努力前进，就等于增加自己的精力，延长自己的寿命。我们要维持永远的中行生命，希望中行继续不断的生存活跃，就不能不努力造就人，使后进的青年行员，都成为道德高尚，纯洁有为的人，急起直追，来为后进的青年行员造福。因为后进的青年行员，是继续我们将来生命的人。因此要增加行员的智识，造就青年行员是行中最紧要的责任。

第三，盖金融与实业，相依为命，资本为百业的血液，金融业乃制造血液、澄清血液、输送血液的心脏，血枯则体瘠，膏尽则灯灭，此定理也。一个人必定要有适当的训练与修养，必定要以其道德、学问、体力、智力，来支配生活，做些有益于人群的事，而不专为物质所支配；由是才可以养成健全的社会，得到人生的真谛。中国银行亦必至我们行员个个认识它是整个的中国银行，是有雄厚的实力，有特殊的地位，有极其光荣之历史的中国银行，而后才能发扬光大，尽其对于国家社会补助领导之天职。

（2）认知人生幸福的教育：第一，个人为维持继续其生存，于是有共同生活。所谓“中行生活”，就是我们中行社会之共同生活。就连我们同仁之个人生活及其家庭生活，也可以包括在内。个人生活及家庭生活是私的生活，共同生活是公的生活，所以“中行生活”就是本行全体同仁的一切公私生活。

第二，生活既由维持继续生存而来，所以生活当然受支配于“生存之目的”。人类历史，是一部奋斗的历史。听天安命这句话，是用来安慰怯懦的人，抵制躁进的人而已。人类社会欲达其生存之目的，必须履行达其目的之条件，而生活即受此生存目的及达此目的之条件之支配。

总而言之，人类生活，一方是奋斗生活，一方是幸福生活。奋斗是达生存目的之条件，幸福是生存之目的。奋斗生活是人生唯一生活途径；至于幸福生活，则可求而不可必得。因为幸福是奋斗之成功，而成功是失败积累之结晶，欲求幸福必须继续奋斗。万不可急功，急功者易挫，挫则不能继续奋斗。甚至于挫折之后，反而怨天尤人，成为自暴自弃之怯懦者。万不可贪功，贪功则难免心存妄想；心存妄想，则难免轻浮短见；轻浮短见者决不能实行奋斗，安能继续奋斗。

第三，人生既以奋斗为唯一生活途径，欲求践此途径而畅行无阻，则必挟有奋斗之利器。奋斗之利器为何？一是身体必求强壮而健康，对于奋斗，决无畏葸。二是充彻知识，随时随处留心观察，再时将所得知识静心沉思，考其原因结果，究其经过程序，而求其能透底了解。三是人生之奋斗，必须群策群力，相互扶持，必须各尽其能，各安其分也。

第四，人生之求幸福，决不能以个人为目的。人生即可一面奋斗，一面享受人们所求得之幸福；更可一面享受现在自己已经求得之幸福，而一面继续其奋斗。

人生之希望无穷，幸福即无止境，而人生之奋斗，亦无止境。

（3）调节枯燥生活的教育：第一，有人说：当银行员的生活，是机械式的，是枯燥乏味的，会计人员终日在数字里翻觔斗；文书人员一个个埋头伏案；办出纳的，盘出盘进，不是洋钱便是钞票，手疲目倦，一点兴趣都没有。尤其是下级行员，终岁辛勤所得几何，更觉味同鸡肋了。

因为人身是整个的，不是局部的；是休戚相共的，不是肥瘠不关的。当行员的人，果能认定这个目标去服务，如手足之护头目，行里的事，便是自己的事，那么做起来，自然觉得很兴奋而有趣了。

况且银行在百业中，要算是占有很优越的地位，对于各界均有接近的机会，便常有出头的希望。只要能同心协力，把你的银行办好了，比方一个人养成了健全的身体，自然是耳聪目明，四肢舒适，无往而不快活了。

银行对于行员，亦要有相当的保障与爱惜，使当行员的，感觉到我即是行，行即是我，要有本固枝荣的关系，不要有鸟尽弓藏的慨叹。我们如果努力工作，巩固我们行的地位，还怕不能融融泄泄，心安梦稳，过我们的快乐日子么？

有人往往觉得自己的职位低、酬报薄，便愤懑不平；反之，就有骄矜的表现。这都是错误的。要晓得行员对于银行，就好像人身的五官四肢，虽各有各的功用，却是同属一体，拱卫全身，无所谓高低厚薄的。一个人要是不知足、不耐烦，那真不免自寻懊恼了。

第二，工作之有兴趣与否，均由其观念及感想而决定，其枢纽操之在我。个人担任会计事务，若能细细考察账目之原理，如何使记者迅速，手续敏捷，业务发达，时时去研究，刻刻求深造，那么所做工作，表面上看来固觉无味，而精神上的生活，即能由单纯而化为复杂，枯寂单调而变为津津有味。回忆《中行生活》编者曾说道：以心理来变更环境，及知其所以然等语，发挥尽致，洵为扼要之论。为我行同人个个奋发精神，处处以发展行务为鹄的，我行前途，必无限量，至同人生活兴趣的增高，还其余事呢（不算什么事）。

第三，我们所需要的，一方面是要能够调剂生活，一方面又要使得这生活有意味，更要使这生活能产生出成效，这样才算完成了职责以外的生活，才算调剂了我们的日常生活。而能调剂生活而有意味的方法，可以分为三项：一是以适合各人的兴趣来调剂生活，要使得生活有艺术化；二是以适合个人的体格去运动，以运动来调剂生活；三是以游山玩水投入大自然的怀抱，来调剂生活。

（4）应对人生六味的教育：甜是人生最快乐的味道；酸是人生最难过的味道；苦是人生最苦恼的味道；辣是指猛烈的刺激；咸表示安定的生活，好像机械一样的，常年不息；淡是一个人感觉到自己生活枯寂无聊单调。

快乐是调养生命的宝剂。人生没有快乐，就不可以久存。所以甜的味道，应该尽量的享受。但一个人在享受甜的味道的时候，还应该“居安思危”，不能完全忘记忧患的事情。换一句话说：快乐时应有一种节制的观念。

酸是人生的荆棘。凡是一个人尝到了酸的味道，没有不感觉到苦楚的。这个时候，应该要有一种“达观”（相似于豁达）的观念。

应付苦的味道只有“忍耐”。谚云：“吃得苦中苦，方为人上人。”不吃苦是不会成人的；能够忍耐吃苦就是成功的人；不能够忍耐吃苦就是不成功的人；苦就是成功与不成功间必经的界石。

应付辣的方法很困难。一个人尝到了辣的味道，非但不应该消极，而且应该要有一种“骄傲”的观念，含有一种奋发自励的意思，非把你自己的事业，做到成功的地步不可。

人生尝得最多的味道是咸，即日出而作，日入而息。对付咸的味道，只有继续有规则的行动；而坚忍不拔的责任性，尤为不可缺少的要素。

淡的味道与咸的味道有时间上与空间上的关系。一个人从事于某种职业，在时间上的味道是咸的，在空间上的味道是淡的。淡的时候唯有使生活充实起来，应该选择一种嗜好，只要在调剂精神、有益心身的大原则之下，各随意之所适、心之所近而为之，那么淡的味道，就会一洗而空，而觉得自己的生活，时常是饱满的，刻刻是完美的。

（5）以旧驭新之道德培育经典：仁者以财发身，不仁者以身发财。第一，仁者三层意义：仁爱；兼指仁、义、礼、智、信；兼指仁的体用，明德是仁之体。

第二，身的内涵：即是身体，是指人的耳、目、口、鼻及四肢而言。

第三，财的内涵：不专指金钱，乃是兼指一切财富而言。财之于人，常常抱有一种压迫或诱惑的态度。当其压迫人们的时候，几乎猛过虎威。其诱惑人们的时候，几乎毒逾狐媚。在人所不知而己所独知的时候，财之所施于人们的压迫与诱惑的力量，往往越来的凶猛，几乎有杀人如草不闻声的样子。

凡人之所以不能支配财，而反为财所支配的理由：一是不能认清财之所以为财者是什么；二是不能自知其身，原是仁性之所托的身体。因此，遂至发生本末颠倒、主客易位的事情来了。财的本分，只在助人成事。若人能善用之，则可以表见财的好处，正复不少。若不能善用之，便只见财之恶，而不见其善，是岂财的本分原来如此的么？实则这为恶的责任，不是财所本有的，而为用财的人们所应负而无可逃避的。这是因为用财的人们，忘其本身是仁者，而非不仁者之故。

致使其所用的财，遂成为不仁者之财，而非仁者之财了。是故助人为恶的财，必出于不仁者之身。而助人为善的财，亦必出于仁者之身。仁者之财与不仁者之财的区别，其枢纽亦全在乎人，而不在乎财。

第四，发的内涵：即发扬或发展的意义。仁者以财发身，是说仁者能以其财为助，而发扬其原为德性之所托的身体；不仁者以身发财，即指不仁者忘其本为德性之所托的身体，而以之为发展其财之用，结果反为财所支配，即以身殉财的意思。

总之，希望诸位人人皆能自知，且复能自信其身体均为仁者之身，而绝非不仁者之身，并且各能用这自知与自信的力量，而使中国银行的财富，终能成为仁者之财，而绝非不仁者之财。故为员工与中国银行及中国的前途计，是莫善于此。

（6）如何正确立志的教育：人的内在中心是精神，精神的中心就是“立志”。我们服务事业，离不了浸注我们全副的精神，当然也有着它的中心，这中心乃是“立志”，即用“志”字来做精神的统帅。

我们处世的罗盘就是“立志”。我们的确需要着一个坚强的意志，来做我们服务事业的试金石，冲破了我们事业成功的铁扉。

立志需要备具了几种根本条件：刻苦、勤学、虚怀、恒心、乐观、奋斗；立定志向还需要“专心”与“实行”这两个重要性的杠杆。

（7）“动”与“静”的人生哲学观：第一，“动”的本来意义为发展，为创造，其重心系乎“体力”的奋斗，所表现于事业上之作用者为创造，为发明，“动”的效用如“自强不息”。“静”本来意义为感受和领略，指“观察力”或“判断力”，其重心系乎“思想”的运用，所表现于事业上之作用者为组织，为管理。“静”的效用如“宁静致远”。

第二，如“动”而不能“静”，无以致其绵密之思考，无以守成，无以策进；能“静”而不能“动”，无以运其天生之魄力，无以创造，无以锐展。能“动”之后，必须继之能“静”，然后相生相因，方可收事业上进退裕如之效。因此，人生应做到“守如处女，动如脱兔”。

第三，培养“静”的功能底前提，更为不论事之大小，皆当深切注意的要点。尤其我辈在行服务的人员，要求充分的尽其职责，非时时忙里偷闲，运其思想，完成其职务，至尽善尽美之地步为止，而尤非透视“静”的功能，从节制精力、虚心以求二点切实做起不可。

2. **强化中行传统教育的意义**

（1）员工凡在一机关做事，必须知道此机关之性质与立场，然后能发生情感，发生兴趣。——知往鉴今，以启未来。

（2）吾人既是中国银行的一分子，须先明嘹中国银行过去的历史。假使吾人都能明了中行的历史，自然能明了中行是什么，并且对于中国银行负起责任心，目中只知有“中国银行”四个字，于是我行便能发展其前途。

3. **中行操守培育传统之箴言**

（1）修养人格：名誉为人生第二生命。盖惟有学问者，必先具有道德，所谓品学兼优是也。身为行员，如具有优美之道德品性，养成高尚之人格，则不患无自见之处。

（2）注重公德、私德，养成操守廉洁，为一忠实行员。

（3）操守是我们在社会上立身的第一要义，银行员工的唯一要素。要保持操守，第一要能“学俭”，古人说：“俭以养廉”。第二要有“定力”，“临财毋苟得”，面对诱惑，先要想一想：还是发这一点小财的好呢？还是留着操守，一辈子吃不尽的好呢？

（4）知止而后有定，定而后能静，静而后能安，安而后能虑，虑而后能得。盖吾人生活果能知止，则一切非分之念，自不足萦其心，所虑自属正当。反之，不能知止，则生活方面首先不能安定，又安得余暇运用灵敏之脑筋，锐利之目光，以尽己职，以发展行务？更安有所谓“得”哉？

（5）无论何人做事，要想成功，言心则首重乎“戒”，言身则首重乎“练”。银行员终日与银钱接近，随时有诱惑之可能。“戒”字如未做到，则视存入者盈千累万，而己独无，因羡生怨，因怨生贪，其为害于心也将无有既极？故必先有戒心，然后有定力。但是要身体坚强、脑力充足，方克具有正确之思想及判别，是以此点，尤为重要。

(6) 我们在社会上服务，不是专靠“本领”吃饭的，“心”定则治事自勤敏，“体”健则精神自奋发。我们只要有健全的“体格”，犹之乎有了正定的“心术”，即可抵御外界的种种诱惑了。

(7) 能俭尤贵能勤，乃获相得益彰，天下事业苟非孜孜不倦，鲜有能达者，此古人所以有业精于勤之说也。

守己尽职即是爱国，做事尽力则待遇随之而来；员工生活既能安定，精神方面亦自因之安定。

个人“信用”的日积月累，是行员“自然渐渐的成为本行重要行员，渐渐的成为金融界重要人物了”的根本素质和发展路径。

(8) 青年修养问题，期于先救精神上之贫乏而已。救贫之道有四端：一曰讲学以启其智；二曰修德以广其量；三曰敬业以践其实；四曰乐群以致其公。

(9) 生活费用的支配，足以左右个人之意趣，影响社会之安定。俭以养廉和支配适当，首先从勤于工作、量入为出做起。要求每月生活费收支适合，进一步再求其月计有余，庶生活裕如，精神可免痛苦，能率自然增加。青年因立身不慎而堕落的事，层出不穷，借此作为自警自惕罢了！

(10) 日记的用意甚善，足为随时检点、鉴往知来之助，不仅可作史料观。逐日须做日记，因过去之事，有可使吾人反省者，有可使吾人忻悦者，不可毫无记录。日记为吾人唯一之良友，凡思想之进退，能率之增减，环境之变迁，胥可于此中得之，关于省览警惕之功，实有意想不到之收获。

(11) 中行内部分两种本质，办公时间，采取学校化；散值时间，采取家庭化。所以办公时候，人人将全副精神，来办理他们应办的工作。钟点到了，人人就恢复自由，有的不怕疲乏，还在健身房运动，有的上图书馆去研究古今中外学问。并且更提倡各种小组织，如科学研究会、文学会、艺术学会等。每逢星期假日，由高级人员领导着员生们，出外考察农村教育、社会经济和工业路矿等，以增经验。还有夜校和晨校，以增进同人技能，同时调查各同人生活状况，以设法领导他们走上正当消遣的轨道。

(12) 社会奢靡之风，与夫物质诱惑性之强而多，有以相成相因，然平心而论，银行当局事前之疏于防范，及平时未能注意于人事之训练，亦难辞其愆尤也。防救之道，须从改造行员心理做起。目前多数银行之孜孜从事于组织之严密，器械之改进，手续之增繁，以及保人之挑剔，虽佥属合理行动，无可非议，然其结果恐仅能救治于一时，究非一劳永逸之谋。盖行员自晨至暮，役役于金银堆中，借贷账上，必欲存心作弊，可谓其孔道多，得心应手。且压抑过重，反动愈烈，于物然，于人亦何独不然。至手续增繁，时间既不经济，尤不合乎年来各银行之竞以“服务敏捷”四字为招徕顾客之标榜。管见所及，拟订防遏办法数条如左（下）：

一是，常易职务以换环境。二是，屏除阶级以敦亲睦。银行司人事者，尤应多与低级职员相接触，并随时注意其日常行动，所谓寓监察于和颜悦色之中，事虽小节，所关实重。三是，广辟娱乐以遣身心。银行当局，急宜广辟正当娱乐途径，使其得利用业余，随意参加，以纾疲惫之心神，而不旁骛荡闲。四是，严定赏罚以息急怒。行员终岁辛勤，所昕夕祈祷者，唯有升迁一途。银行方面，如无特殊情形，必须于历届年终，切实考核其成绩，分别擢升，使无觖望（使其无不满足之感觉）。五是，改善待遇以纾内忧。盖行员衣食无愁，复多正当娱乐，足供消遣，吾知其必能洁身自好而无敢逾越，或竟至冒大不韪者。语云：“衣食足，然后知荣辱。”

4. **强化使命愿景的意识培育**

（1）青年初入职业界服务普遍心理：一为所任事务的较属平常；二为所受酬报的较属微薄。而普通一般青年的心理，每每厌弃事务的平常，就以为不足措意；嫌恶酬报的微薄，就以为不值尽心。于是上焉者对于所任的职务，只望奉行故事，身体虽在办公室里面，而一心以为有鸿鹄将至，对于所事无不以速了速结为大幸，其结果成绩如何，则非所问。下焉者，那么因循苟且，敷衍塞责，驯至不能自信，不能取信于人。推考此种服务上以“勉强过得去”为满足的根性之所以养成，实在由于缺乏服务上的彻底精神所致。

（2）服务上的彻底精神，就是我们不做事则已，欲做事，不论何事，不论事之大小，无不以“最完善”为目的，不做到最完善的地步不放手，做事时丝毫不存迁就或敷衍的态度，运用整个心灵，浸入所思索所做的事业底全部。服务上彻底精神的极诣，也就是凡百事业成功的枢纽。

（3）服务上的彻底精神之基础，实建筑于首先明了职业的正确意义之上。假使我们把中国银行的职业，从远的、大的、深的方面，来透视它的意义，以为中国银行是中国唯一的最有力的金融组织，它的兴替，就是社会经济、国民经济的兴替，我们忠诚服务于中国银行，就不啻为社会、为国家服务，那么我们的抱负，我们的希望，是何等的伟大，何等的光耀！

（4）服务上彻底精神的产生，乃基于我们对于职业的正确意义，有充分的认识，而其结果，乃足以应对普通青年所遭逢的二个境遇：以事务之平常而厌弃；以酬报之微薄而嫌恶。有了服务上的彻底精神，必能事事孜孜研究，事事感觉兴趣。纵极平常之事，亦必细细思索，不但知其然，而且知其所以然的道理。能如此，然后有进步；有进步，自然更会发生兴趣，决不致有丝毫厌弃的心理。有了服务上的彻底精神，即能得事业本体上的兴味，不以成功后所收之利益为动机。但是有这种彻底精神的人，意虽不孳孳于酬报，而酬报的逐渐增厚，乃其一种自然的附带结果。总之，所谓服务上的彻底精神，即为一身事业成败之所系，操之则生，失之则亡。此中关键，当然不出于我人自己手掌的主宰之中！

（5）吾人既委身银行，则对于银行应有深刻之认识，于服务应时加注意，盖服务尽责对内则可以共同合作，对外则可以博顾客之好感，营业赖以发达则银行必盈利，而我本身之地位，亦可以稳固无忧。

5. **系统务实的做事能力培育**

（1）任事坚韧理念的灌输

第一，我们要时时用“能行则行”以自惕，各人应有“能知必能行”的自信力，我们想到，说到，就要做到；像张总经理不辞劳瘁到西北之行调研那样，去到一处，解决一处，想到一事，解决一事，随时随地就将各项问题讨论解决了。时刻要准备受他人的考试。以能做者为限，力矫空言之弊。

第二，本行所可贡献于各界的力量，不专恃金钱财力之融通，尤重在精神意识的导助；对于新兴事业，要有认识、判断的能力，从而尽辅助、纠正的责任，然后本行始可不负社会上的期待。这就是我行全体同人所应引为一致努力企求的鹄的。

第三，做人须要专一，中行以外，无事乱我心胸，所以精神上得有安慰。

第四，下对上的礼貌，不值得提倡的，因为过于提倡，容易养成谄媚风气，堕落国民人格。所欲提倡的，是上对下的礼貌，是谦和，是大度，是美德。“智伯以国士待我，我以国士报之。”我们行中培植行员，要培植成国士的，要使行员能以国士报行的，此层希望各行当局，特加注意。

第五，做事应负起积极的责任。积极的责任为何？曰做事时不专以按照办公时间而处理事务为能事，且能以所任之事为己事，竭其智能，尽其心力，处处作进一步之研究，时时为深一层之思虑，务达到最尽善尽美之目的，始肯释手。我人所作之事，无论大小，皆与银行利益有相当之关系，且须知我人目前之服务，实与我人自身前途事业有种种密切之关系，不仅当视为己事，其实际即为己事。

（2）服务营销能力的培育

第一，银行确是一种生意……我们进银行是学生意，我们在银行是做生意。收存款、做汇兑，就是做生意。管出纳，办会计，也是做生意。甚至于管调查的、管研究的，也是做生意。离开“生意”二字，没有银行，在银行的人员，人人应该当银行作生意做……

第二，生意者，包含生机、生利、生产、生活，皆由思想之意发生也。经者，谓思想不违规矩也，经历也，经络也，因以经营也。

世间无论何事，境由意生，范围甚广。吾人在商言商，凡为商人须具普通知识，天时地利，国家治乱，社会良窳，皆当随时注意。知者非皮毛之谓，必须彻底透悟，通达事理，方可算无遗策。

第三，我银行员应具精神：早起，敏捷，奋斗，耐劳。精神所寄，即是生意所在。必须打起十二分之勇往直前的精神，以应付世界潮流之趋势。我银行员应具态度：谦恭，和蔼，诚恳，庄重。以谦恭、和蔼、诚恳、庄重之态度，以与顾客应对进退，而广其招徕，则昔之毁我者，转而誉我，畏我者，转而亲我，不独行誉扶摇日上，银行事业，尤加盛焉。

第四，招待顾客的人选标准：性情和蔼；态度诚恳；言谈倜傥，而不流于轻佻；容色庄重，而不近乎呆滞。这四个条件是属于表面的，勤慎耐劳是不必说，附带条件是内部经验和外界认识。

第五，处理员工受顾客气和被人骂的既符合银行经营需要，又兼顾行员心理的综合应对办法：一线员工靠人监督和指导，总不如自动去做的有用，因为机械式的，似乎不感兴趣，亦难望进步。即不能装成满面春风，亦不可把心中烦恼放在面孔上。虽有时不免受顾客的气，但只可于无可奈何之中，多读点陶冶德性之书，望自己变化气质，不同人板面孔。头一次被人骂，自然是很难堪的；要是能反躬自省，那么第二次就不会冒火，与人起争执了！不要因离办公时间还有五分钟，教顾客再等一刻。早点做生意，不但使顾客高兴，抑亦减少五分钟之后的忙碌或错误。词锋虽健，却要看对方的意思，因为尽有人不喜欢多讲话的。对于异性更要留心，以免引起对方误会。所以我们的语言，固要娴习，尤贵谨慎和得当。

第六，谈话艺术的三个目的：和顾客明白谈话绝不是为正在做着的一笔交易，接接头，和算式般呆定问答。它主要的目的：一是，在借谈话的机会，叫顾客与银行双方发生感情，往后的交易由此而发生，顾客自动地把别家银行交易移过这边来，新顾客由旧顾客介绍着到这边来。二是，将我行其他部分业务之性质介绍于顾客，设法使其利用。三是，明了顾客之地位，及其营业状况，以备必要时需用，调查工作，仅观其外表，而随处留意，方能窥其真相。

第七，谈话艺术的三个服务营销理念：一是“优越的服务”产生于“有趣味的谈话”（理念），经验告诉我们：用合于顾客心理、地位的话来对顾客讲，是不会错的。二是谈话的“售货术”（理念），就是行员态度不亢、不卑，很恳切，不带虚伪的足恭，恰合于一个银行员的身份。三是充分利用言语去替银行招徕生意（理念），至少须学三种话：国语或官话、广州话、英语；倘能再学潮州话、上海话及其他一切方言，自然更好了。

第八，银行运用资金的理念性结论：因时因地，就事断事，以各制其宜。

第九，办理农贷，非深入农村，朝夕与农民接触，逐渐取得农民之信任不可。欲求得农民之信任，必须先有传教师对于宗教之信仰，必抱“无我”之精神，取尊重农民之态度；必须有家人父子间之真诚，以身作则，举凡本身日常生活习惯，无有逾越良善国民应有之标准，然后出全力以赴之，事乃有济。吾人之使命，在以国家经济力量，使农民生活安定，接受政府指导成为完善国民。只要吾人负责区域内，有一社员尚未达到吾人理想准备，吾人之努力，即不应一日中断。

6. **宏观眼界与全行智识培育**

(1) 宏观眼界智识培育

第一，我们无论办何种事业，必须具有远大的眼光，静观熟察，始能追随潮流，与之俱进。若只囿于一隅，株守不前，那是不会有发展的一日。尤其是我们在中行服务的同人，更应当放大眼光，了解本行现在所处的地位，留心世态的变幻，金融经济的趋势，抱一种防范的观念，革新的宗旨，如此做去，不仅本行获益良多，即个人方面，亦可增长不少经验与智识。

第二，吾人于公余之暇，除努力办公外，同时亦要放开眼光观察社会情形，熟悉世界趋势。盖当今社会日趋进步，世界潮流无时不在推进中，我行每月有《中行月刊》及《中行生活》出版，其中对于世界经济状况，及时代推移演进，皆有载述，诸君当常读之。除此而外，报章杂志，亦应常阅读。各国一举一动，恒与世界经济有关；国内政潮之变动，亦有影响及营业。此类事项，吾人均应注意研究。至行内一切事务，更当一一研究清晰，总处及联行通函，吾人亦应留意阅读。

(2) 合作互助精神培育

第一，家庭生活是中国人第一重的社会生活，亲戚、邻里、朋友的关系是中国人第二重的社会生活。这两重社会生活范围了中国人的活动，规定了社会上的道德条件，政治上的法律制度，成为中国社会问题的两重核心。

第二，社会生活的核心是集团生活。集团生活是以三种因素表现在社会上的：第一是整个生活之相互依赖；第二是集团间之悬为标准，相互争夺或相互比赛；第三是因维持前两项的集团关系，有强有力的规定人们行动的道德条件。

第三，中国人的家庭生活是集团生活，因为一家人的生活，从生到死，互相依赖到不可分离的程度。所以中国人的社会生活，不是一桩事业或一个地方，乃至于一个国家，而是一个家庭和一群亲戚、邻里、朋友。他可以效忠的地方，只有家庭和亲戚、邻里、朋友。

第四，要树立新的社会生活，尤其是新的集团组织，不得不转变其原有的集团组织，不得不降低原有的家庭相互依赖，和亲戚、邻里、朋友间相互依赖的关系，而产生适应现代生活的新的相互依赖关系；不得不看轻原有家庭的和亲戚、邻里、朋友间的比赛标准，而提倡新的比赛标准；不得不减少原有的家庭和亲戚、邻里、朋友间的道德条件，而增加新的道德条件。分析起来：不能不有现代的相互依赖关系（生产的技能），不能不有现代的比赛标准（事业的活动），不能不有现代的道德条件（各负其职，各尽其能），不能不有现代的训练，不能不训练个人去创造现代的社会环境，同时又不能不创造现代的社会环境去训练个人。这是当前根本的问题，任何事业不能避免。

第五，复兴中国只有这一条道路。中国的根本办法是建国不是救亡，是需要建设成功一个现代的国家。然而建设现代集团生活，更是建设一切事业，以至于整个国家的根本。只有运用中国人比世界上任何民族更能抑制自己、牺牲自己，以为集团的精神，建设现代的集团生活，以完成现代的物质文明和社会组织的一个国家，才可以屹立在世界上……

（3）公民训练标准培育

1. 中国公民是强健的（27条）；2. 中国公民是清洁的（19条）；

3. 中国公民是快乐的（11条）；4. 中国公民是活泼的（5条）；

5. 中国公民是自制的（12条）；6. 中国公民是勤勉的（8条）；

7. 中国公民是敏捷的（7条）；8. 中国公民是精细的（6条）；

9. 中国公民是诚实的（8条）；10. 中国公民是公正的（7条）；

11. 中国公民是谦和的（6条）；12. 中国公民是仁慈的（5条）；

13. 中国公民是亲爱的（4条）；14. 中国公民是互助的（7条）；

15. 中国公民是有礼貌的（22条）；16. 中国公民是服从的（6条）；

17. 中国公民是负责的（4条）；18. 中国公民是坚韧的（6条）；

19. 中国公民是知耻的（11条）；20. 中国公民是勇敢的（8条）；

21. 中国公民是义侠的（4条）；22. 中国公民是进取的（5条）；

23. 中国公民是守规律的（19条）；24. 中国公民是重公益的（8条）；

25. 中国公民是节俭的（6条）；26. 中国公民是劳动的（6条）；

27. 中国公民是生产的（4条）；28. 中国公民是合作的（4条）；

29. 中国公民是奉公的（4条）；30. 中国公民是守法的（4条）；

31. 中国公民是爱群爱国的（9条）；32. 中国公民是拥护公理的（4条）。

（十）中国银行公司文化精神之概括

企业精神是整体价值观中的主导意识和最富个性魅力的要素，是企业时代性、个体化、信念化的群体意识的表现，即企业多数员工共同信守的理想目标和传统作风等意识形态的概括和升华，构成企业文化的基石。王成荣教授比喻说：企业文化体系是土壤，企业精神则是一株鲜花；企业文化体系是美人脸，企业精神就是美人痔。企业精神表达原则：准确而深刻，有个性特色，简洁而生动。①

根据上述原理，可将民国时期中国银行公司文化精神概括如下：

1. 公忠体国的报国精神

先国后行，勤勉努力。居乎上者公，居于下者忠，同心同德，保持中国银行为银行界领袖的地位，这亦是我们共同的光荣。

中国银行整个的组织，是帮助中国所有一切事业的，中国银行根本就是中国四万万同胞的银行。

中国银行亦必至我们行员个个认识它是整个的中国银行，是有雄厚的实力，有特殊的地位，有极其光荣之历史的中国银行，而后才能发扬光大，尽其对于国家社会补助领导之天职。

本自利与利人之旨，我行将成为凡百事业之导师，各业均与我行休戚相关，而感情上将有奚为后我之概矣。

2. 本固枝荣的爱行精神

我即是行，行即是我，本固枝荣。

拿中国银行作为自己的家，拿中行的事，好比自己的事。若是个个人都有这样的责任心，则办事自能感觉一种兴趣，业务方面，当然一天比一天的发达，中国银行自能永远地存在，我们亦可永远地在行服务。

事业不论大小，非借他人之力，决难造成；而银行之命脉，不在经理（行长）一人，而在全体行员，明矣。

吾人既委身银行，则举凡一切，当以银行利害为前提。凡有利者，当尽力兴之，害者除之。盖银行与吾人有直接之关系也。吾人为本身计，为银行计，均应本着努力精神而服务，使行基益臻巩固，业务蒸蒸日上。

---

① 企业精神主要表述方式：（1）目标表述式：永不休止的追求一流（国航）；（2）经验荟萃式：创新图强，严细务实（大庆石化）；（3）特点整合式：一封信一颗心（北京邮电局）；（4）传统继承式：同修仁德，济世养生（同仁堂）；（5）人格升华式：一团火精神（王府井百货）；（6）名人名言式：品不良在于心不正（日产）；（7）单一警句式：IBM意味着服务（IBM）、我们每个人都代表公司（波音）；（8）复合多句式：工业报国、光明正大、团结一致、奋发向上、礼貌谦让、适应形势、感谢报恩（松下）。

做人专一，中行以外，无事乱我心胸，所以精神上得有安慰。

3. 高品洁德的伦理精神

忠于职务即是忠于国家；要忠于职务，须由忠于自身始。所以体力、知识、道德三者，必须刻苦自修，方能达到目的，此即忠于自己。能够忠于自己，然后对于职务，方能有所贡献。

行员职位不拘高低，必须人人操守廉洁，摈除恶习，更须公而忘私。

一个青年走进了本行，应努力保持旧道德，培养新精神，用旧的识见贯彻新的精神，以“旧”驭“新”，而加以“整个化”，成为中国银行理想中的行员。

理想的中国银行行员标准：（1）健全之智识。旧的钱庄智识，新的洋行头脑，人人能看中外银行经济书籍与报章；（2）道德的观念。人人知道，不营私，不舞弊，不投机，不嫖不赌，有公德心；（3）强健之体格。人人能运动，面色光辉，身强力壮，能吃苦；（4）互助的精神。不分彼此，共同增加效率，节省人力。

我们要淬砺精神，应以我们的人格与能力为竞争之工具：同仁必须要有新精神、新方法、新思想，来立己立人，推进业务；各行经理（行长）人人以模范自居，行员以经理（行长）为标准从事，中行做一个永久（的银行界）领导者。

凡执有本行股票者，为本行狭义股东；国家、社会、民众，视为我们之广义东家，这是银行界社会服务的始得其根据。我们在行服务者，为本行伙计，伙计则以其人格精神能力，为本行信用之保障；股东以所出资本，为本行信用之保障。

我行宗旨之宏，使命之大，我们所负责任何等隆重。吾人当放开眼孔，握定主张，从远处大处做去，人人必须先就自身之人格精神能力，做出一个中国银行行员的样子来，要使社会认识敬爱中国银行的人才是。

4. 能行则行的做事风格

任事不能仅以但求无过为尽职，必须不避艰险，不畏强御，战胜难关。

我们要时时用“能行则行”以自惕，各人应有“能知必能行”的自信力，我们想到，说到，就要做到；去到一处，解决一处，想到一事，解决一事，随时随地就将各项问题讨论解决了。时刻要准备受他人的考试；以能做者为限，力矫空言之弊。

做事应负起积极的责任，亦即做事时不专以按照办公时间而处理事务为能事，且能以所任之事为己事，竭其智能，尽其心力，处处作进一步之研究，时时为深一层之思虑，务达到最尽善尽美之目的，始肯释手。

服务上的彻底精神，就是我们不做事则已，欲做事，不论何事，不论事之大小，无不以“最完善”为目的，不做到最完善的地步不放手，做事时丝毫不存迁就或敷衍的态度，运用整个心灵，浸入所思索所做的事业底全部。服务上彻底精神的极诣，也就是凡百事业成功的枢纽。

（十一）四川中行公司文化精神之殊点

1. 对外之功须报国，对内之旨应重德的川行经营宗旨

对外之旨在于功不仅在行而须在国；对内之旨在于人不徒重才而先重德。

前者失于放，谓之狂也；后者失于迂，谓之愚也。

第一，对外之旨在于功不仅在行而须在国。盖中国为整个的中国，中国银行为整个的中国银行。各地之工商业，分言之为各地之事业，合言之为全国之事业。倘各地此等工商业，皆得中国银行之扶助，则分言之功在各地之事业，合言之即功在中国全国之事业。

第二，对内之旨在于人不徒重才而先重德。我人服务中国银行，即是为全国社会服务。故我人皆应有全行之知识，且应有全国社会之知识，始能因应咸宜。若才识经验之先，无良好之公德，无和厚之大度，以为之根，虽有才识经验，恐亦不能有裨于行。

2. 斩荆披棘、筚路蓝缕、负弩前驱之川行创业精神

（1）所谓斩荆披棘之创业精神：斩荆披棘原意指拨开荆，砍掉棘，比喻在前进道路上清除障碍，克服困难。

所谓筚路蓝缕之创业精神：筚路蓝缕，原意指驾着简陋的柴车，穿着破烂的衣服去开辟山林道路，形容创业的艰苦。

所谓负弩前驱之创业精神：负弩前驱谓背负弓箭，开路先行；表示极为尊敬。

（2）在四川军阀混战时期，四川中行机构以停业或歇业为常态、各机构等级整体下降或时升时降，外部战事激烈，金融枯竭，业务尚难发展等经营特点，以及经营求稳并寻缝隙之机而赢利的执着追求，由此形成了一种“斩荆披棘、筚路蓝缕、负弩前驱”之创业精神。

川行经理周宜甫由成都至重庆上任“躲躲停停，历程近月”的奇遇经历，以及上任后所遭遇的“一年五变，用命履责”之奇特经历等，就是四川分行斩荆披棘之创业精神的形象体现。

川行经理周宜甫1922年自请将渝行降为支行，以缩规模，体公忘私的史实；周宜甫在1916年中行钞券停兑后重构信用的经历，以及他在军阀混战时期远虑渝行行屋之基的史实，无疑就是四川分行筚路蓝缕之创业精神的形象体现。

川行经理周宜甫“对于川行，应付有方，行为端正，历年于风雨飘摇之中，努力支持”，由此促进业务发展的史实；周宜甫“入世竞诗金穴好，问心惟抱玉壶清”的良好操守；周宜甫与张禹九“两公推心相结，协力从公，全行同人只数十人，均

相为识，和睦如家人；行务又蒸蒸日上，均激励奋发，虽自晨至暮无少暇，然精神之愉快，终能克服身体之疲乏”的史实，足以说明四川分行负弩前驱之创业精神。

3. 一堂之内，相视莫逆，互相砥砺，事尽获益的合作精神

川行经理周宜甫早在1920年，就针对“渝行同人却富此等怪状”——“甲遂尽引附于甲者，团结成体，以谋倾乙；乙亦尽引附于乙者，以谋倾甲”的非合作的人党现象，进行严厉制裁，即“值总行饬令厉行裁员机会，于是调者调，去者去，其平日附和寻仇者，亦一律裁去”，从而达到“所留者，仅不偏不倚、勤朴办事之二十三人，虽才具不必尽优，然内容却臻团结”的整肃效果，逐步培育出“盖朋友不必论亲疏，只问人之贤否；论事不必存我见，只问理之是非。练习生一言之善，虽经副襄亦应改容从之；练习生一行之善，虽经副襄亦应俯首师之。一堂之内，相视莫逆，再以才识经验，互相砥砺，庶几人皆有用，事尽获益”的文化氛围，以此响应“方今我张总经理端已率属于上，总管理处同人复和衷共济，息息以大公无私者，为各分支行处之楷模”的合作互助之文化主张。由此逐步培育出“一堂之内，相视莫逆，互相砥砺，事尽获益”的合作精神。

4. 高超理想、百折不回、摩顶放踵、焦唇敝舌之农贷精神

川行农贷开始于1937年，兴于1938年至1939年，盛于1940年至1941年。截止1941年6月，中国银行农贷实贷总额占中国银行、中国农民银行、交通银行、中央信托局等四行局本年农贷实贷总额的44.32%，四川中行实贷总额占中国银行实贷总额30.54%。由此取得了“农贷金额逐年增加，部分地缓解了农村金融枯竭；增强了农民生产能力，促进了农业生产发展；推动了农村合作事业的发展；增强了人民对政府之信仰，融洽民族关系”的成效，中行及川行农贷在战时成为国家行局发展农村金融的主力。中行及川行农贷对于促进农业生产，改善农民生活，推动农村金融发展发挥了一定的积极作用，在中国银行史乃至中国金融史上，书写了一笔值得称赞的绚丽篇章。在此创业活动中，四川中行积淀出“高超理想、百折不回、摩顶放踵、焦唇敝舌”之农贷精神。

（1）复兴农村，安定农民，培养工商业基础之农贷使命。金融机关向农村投资，其宗旨在复兴农村经济，从农村之繁荣而培养工商业之基础；吾人之使命，在以国家经济力量，使农民生活安定，接受政府指导成为完善国民；农村放款之目的不在营利而在健全农村金融机构，农村合作社是农民自力更生之组织，金融界之投资须为辅助性质。

（2）深入农村，传教信仰，家人真诚，求得信任的农贷态度。吾人办理农贷，非深入农村，朝夕与农民接触，逐渐取得农民之信任不可；欲求得农民之信任，必须对于事业先有传教师对于宗教之信仰，必抱“无我”之精神，取尊重农民之态度；必须有家人父子间之真诚，以身作则，举凡本身日常生活习惯，无有逾越良善国民应有之标准，然后出全力以赴之，事乃有济。

（3）高超理想，百折不回，摩顶放踵，焦唇敝舌的农贷精神。摩顶放踵：意指从头顶到脚跟都磨伤。形容不辞劳苦，舍己为人。焦唇敝舌，意指费尽口舌。

我行农村工作人员，应以高超的理想，抱牺牲的精神与百折不回之志愿，摩顶放踵，焦唇敝舌，献身于合作事业和繁荣农村的重大使命，同人所以孜孜不怠者，在个人仅求内心安慰，对社会则希望有微不之供（贡）献，职是之故。苟有成就，非特同人之幸，抑亦社会之福也。

（4）只要吾人负责区域内有一社员尚未达到理想准备，吾人之努力即不应一日中断的农贷责任心。农贷工作者须事事求进益，时时求进益；小心翼翼，各竭所能；实事求是，注重效率，运用思想，勤于研究；只要吾人负责区域内，有一社员尚未达到吾人理想标准，吾人之努力，即不应一日中断。

（5）数年萍踪寄山林，万壑千岩着我身。
清俭从公安素志，愿同野老嚼藜羹。
野店炊烟聊就食，尝胆卧薪志益坚，
农产未丰我辈责，从今愿更着先鞭。

（6）十年奋斗余白发，几许功过问天知。
凡我同志多蹈励，一德一心一戎衣。

（7）更无寒叶护云根，一抹唯余霜雪痕。
多少寒鸦不归去，绕枝还恋故巢温。

（8）宵深顾影怯衣单，炉火无温蜡泪干。
毕竟青灯饶有味，照人同耐五更寒。

5.“必成的信念、公事当私事去办、到处学习、造成共同意志”之川行办事风格

渝行办理农贷期间，其成绩的取得，可以说是，大家都在一种努力的诚恳的空气中工作着，即建筑在“必成的信念、公事当私事去办、到处学习、造成共同意志”之精神的基础上面的：

（1）必成的信念。我们做一件事，开始的时候，就应抱一种必成的信念，有了这种信念，自然会对某种事业热心地去作。你自己热心，才会引起旁人的热心，因而他才会帮助你，事业有人帮助，进行自然容易。所谓天助自助者即此。

（2）公事当私事去办。普通一般人把公事私事分得很清，就是说公事可以马虎，私事则毫不放松，这也是一种错误的想法。如果我们能把公家的事情办好，就可以表现出我们的成绩；万一成绩无法表现，我们自己也可以得到一番经验，这也是我们的收获。我们无论到什么地步，应当抱一种热忱的态度，对事业应当尽十二分的努力去做。所谓尽其在我者是也。

（3）到处学习。一般人认为所谓学习，只是学校里边的工作，或者以为读书才是学习，这是大错而特错的观念。书本上的那点知识太渺小，自然界的一切，社会上的现象，在在（处处）都是学习。我们只要随处注意，事业就可顺利进行，这可少碰一些钉子，所谓“三人行必有我师焉，择其善者而从之，其不善者而改之”。

（4）造成共同意志。凡事绝对不会一个人可以做成功的，势必集合许多人来共同努力，才可以达到目的，所以只要有一技之长的人，就可以成为我们的同志，不必求全责备。许多人在一起做事，必须有一种共同的意志，而共同意志的造成，第一要坦白，第二要乐于助人，坦白才可以得到对方的信任，助人才可以使感情融洽，互信不生则团结不固，不能生存者是。

6. **砾砺廉隅，守理自治，注重义利之川行品德精神**

（1）砾砺廉隅：砾砺（dǐ lì）即磨炼，廉隅（lián yǘ）指棱角，引申为方正、有志节。原意为磨出棱角。砾砺廉隅比喻磨炼品德，使端方正直。

吾人亟宜砾砺廉隅，同心合作，在这惊涛骇浪之中，合力向安全之岸驶去，是唯一化险为夷之法。凡人值精神烦闷之时，每以娱乐为麻醉剂，实则麻醉一过，精神愈为痛苦；只有力寻精神出路，可使心安理得——消极不如积极。

（2）守理自治：即以伦理进行行员自治，或者说以道德进行行员自律，即守法不如守理，责人不如责己。

守法不如守理。法是死的，人是活的，以法治人，终难控制百分之百。而理则不然，理是发于天性，处处能只□塞不良之行为。君子者，系以理自治，不以法治者也；人小者，不以理自治，专赖法治，即法亦有时而穷者也。做人，即办事亦须有守法不如守理之精神，方能增加效率。吾人若存爱行之心，亟应养成自动之纪律及联系，使行方省却若干治内之精神，以之增加应外之能力，其功利当何如耶！守法不如守理，实为吾人对行应尽之天职。

责人不如责己。今日世风之坏，无以复加。人人谈到人心，也都摇头感叹，是人知有礼义廉耻也，然而利之所在，趋之若鹜，又置礼义廉耻于不顾，盖只知责人而不知责己也。吾人虽不能“无诸己而后非诸人”，也应“躬自厚而薄责于人”。凡人均应以自己为改良环境之中心。吾人只求自己行端立正，自能改造风气，建设心理，先求自我检讨，再对他人批评。为人如此，治事更应如此。

（3）注重义利：重利不如重义利，利，人之所爱也；义，人之所重也，然二者不可得兼，实则二者并不能两立，只在二者之轻重如何取舍而已。能只取义而全不取利，则为圣人；能重取义而轻取利，则为贤者；若只知取利而全不取义，则为小人。此重利不如重义之主张，实为今日稳定脚跟之实地也。

7. 全行安乐，小家快乐，相互推进之家行一体精神

1948年夏末，渝行经理赵宗溥到上海中行总处公干后，在返回重庆途经万县时，顺道视察了万县支行，并作出指示，以“勤俭”二字勖勉全体员工，并鼓励员工在业余时间要阅读曾文正公的家书，以此作为立身处世之根本。他说本人平时就是恪遵曾文正公训示，所以他还以银行常用业务名词和曾国藩家书中的成语，亲书一幅勉励银行员工家庭的对联献给大家，其对联内容是：

存放汇储，借贷损益，愿大家留心行务；

考实早扫，书蔬鱼猪，看小子仿立家规。

值兹勤俭建国运动风行全国之际，上述联语拟于银行员家庭，尚属切合，倘能身体力行，则于行于家于国，更多裨补，质之高明，不笑其措词之迂拙否。

后记

值此《中国银行四川分行公司文化简史（1915—1949)》封稿之际，总会有一些深深的感慨，回想起来，大致有以下几点可以述说的事情。

（一）撰史的缘起

在多数员工印象中，撰写一个行的行史，就是由几个退下来的老同事组合起来，把本行机构沿革、人员变化、主要业务等史料搜集一下串写起来形成一个册子而已。如果谈及行史到底有多大价值，也许仅为了以备不时之需而已，或觉得如果没有行史，似乎稍有点遗憾罢了。因而，四川分行长期处于行史馆数次翻修却缺乏实实在在的行史史料之尴尬境地。可以说，此次编撰行史的决策与施行，也许是一种“缘分”而已。

第一，恰遇深谙修史重要性的新领导之力主。按说，一个新任省行行长，到了新的地方，能够把全行绩效和员工收入待遇搞上去，把内外风险降下来（“两上一下”)，就算“为官一任，造福一方”了。修史，在现实中不是必选项，而且新领导既不是四川人，又不会在四川久留，大可不必编修行史。据说，郑国雨行长刚到任不久，党务工作部部长请示他何时再次装修行史馆时说：“先要有行史，后才有行史馆。”由此，他力主编修四川分行行史。他在项目启动时指示说：“行史也是历史，为的是记录与传承；不因是现在撰史，而过多着墨。”从其指示中可见，郑行长深谙修史之“存史、资治、育人”作用，其视野跳出了“为当任行史浓墨重彩”的撰写误区，足见其积大功德的修史胸怀。2016 年 12 月 2 日，我陪昔日总行国际金融研究所谭雅玲老师去见郑国雨行长时，他就曾问起我对写行史有没有兴趣。

第二，恰逢深谙修史重要性的老领导之力导。2017 年 3 月 19 日，党务部部长龙兵转达了希望由我牵头编写行史的意见。这种项目太繁杂，三四个人编写三四年是常事，我既没有编史经验，又没有可动用的资源，做好这件事的挑战性大，工作强度高，我有些犹豫不决。2017 年 6 月，昔日川行行长白树屏老领导来蓉，在一次小聚会上，龙兵谈起了让我写史一事，老领导郑重其事地说了两点看法：一是他高度赞扬郑行长力主编修川行行史之举，认为这是为川行积大功德的事情，并烦请龙兵代他转达向郑的敬意；二是力劝我欣然接受此任务，做好这一积大功德之事。他甚至向龙兵请求，把他也列入行史编研组，随时听候调遣。听后，我内心受到震动，接受了这项烦琐任务，但也深知为了这一承诺所将要付出之艰辛。

第三，恰遇与党务部龙兵的友谊而为此竭力“打工”。我和龙兵相识多年，曾在他所领导的青羊支行担任过驻该行的督导，并承蒙关照。即便是退休了，为党务部龙部长“打工”也是情愿的。总之，撰史之缘由此而起：在对的时间，做对的事情。2017 年 8 月 21 日，党务工作部提交编写川行百年行史有关事项的报告，8 月 22 日由郑行长批复立项实施，并成立了行史编写工作领导小组暨编写委员会，下设编写工作领导小组办公室，办公室下设编写组，确立了“理清行史原貌，挖掘文化亮点；展示社会担当，弘扬百年品牌”的行史编写目标，由此拉开了四川分行之行史编撰的序幕。

（二）成书的过程

第一，主编把舵，在导向过程中激励我们。郑国雨行长对全书的主题确定、框架搭建、内容筛选、史料运用等诸多方面给予指导与定调。2017 年 8 月 22 日，他对立项批复的第一句话是“以保证质量为前提”，于是我就请教其质量之所指，他给予了简明扼要的回答。又如，2018 年国庆期间，我按其意图搭好撰史大纲，并征询达到他的预期没有，回答是：“构思已超预期，我完全赞成；此项工程浩大，如有需要支持事项，但说无妨，我全力做好保障。”同时他给出修改意见：“总体挺好的。第一、四章的表述更好些，不带观念，只说史实。二、三章结论在先，会给读者先入为主的感觉，建议与一、四章能够一致。其余无意见。”再如，2017 年 11 月 5 日，我们拥有了较多的有价值的史料后，由于一本书容量有限，处理方法要么分册编写，要么另出一本川行史料汇编，由此我们修改了撰史大纲，提出了分册编写的建议，他指示：“我认为可行，有些内容待后再酌不迟。”与此同时，郑行长在成书的过程中那种用人不疑的激励，令人感触颇深。比如，2017 年 12 月 13 日，随着史料增多，数易大纲和分章要点后，再请示他，回答是："我没有具体意见。由一个人主导，思路会顺些，逻辑会严密些。你放开了写。"可以说，郑行长始终的信任与支持，给予我们写好行史以极大的动力。

第二，宁静思考，在试错过程中逆难而上。成书具体过程，是一个漫长的、寂寞的思考之量变过程，而思考的效能又取决于"丰富的宁静"。制度经济学认为，人类新知识的产生机制，是由于市场过程的"试错"性质和企业家适应性学习的过程所构成的。由此，企业家的个人经验和知识来源于三个方面：直接的经验和知识，间接的经验和知识，内省的经验和知识。其中，内省的经验和知识（指主体内心的反省所产生的经验和知识）至关重要，获得这类知识的前提亦如老子所言"致虚极，守静笃"，要求人们追求"虚"应达到极致，守住"静"要完全确实；只有"虚"才能装得进更多的新的东西，只有"静"如流水才能"观照"出自己内心深处的世界，由此才能获得内省的经验和知识。这就是说，不论对于企业家还是对于普通人，"丰富的宁静"都是智力资源产生的前提，本史实结论可以说也是"虚"与"静"的推演性思考产物，应当具有一定的确定性。

一是，思考怎么写好行史的战略。2017 年 8 月 22 日，行史编撰被批准实施后，我并没有马上就去调研，而是做了半个月的思考性"功课"：认真研读了《中国银行行史（1912—1949）》《中国银行行史资料汇编（1912—1949）》，以及山西、海南和河南等省分行之行史书籍，尤其注意在其前言、后记与参考文献中，寻求对我们撰史的启发。记忆最深的是，山西省分行在编史时，曾多次到南京市中国第二历史档案馆和天津档案馆（民国时期太原支行归天津分行管辖）去调研，究其原因何在？当时引起我高度重视。在此基础上，我们对行史编研作了整体计划。原以为经过这样的准备，应当差不多了。

二是，思考有效搜集史料的方法。怀着上述信心，我们从 2017 年 9 月 6 日起，先后到了四川省档案馆及地方志办公室、重庆市档案馆、图书馆及地方志办公室、成都市档案馆、图书馆及地方志办公室调研，9 月 26 日至 9 月 29 日又到南京市中国第二历史档案馆和南京图书馆调研。哪知，第一个阶段调研下来，收效并不很理想。比如，面对档案馆电子化保存后的浩瀚史料，简直是一头雾水。按照全宗号、档号、案卷号的顺序查阅，随便打开一个档号查阅，其史料影印件动辄数千、数万乃至数十万份；平均打开一个电子文档时间约 20 秒，浏览完一个案卷号就需要十多分钟乃至半小时；而且这些影印件有的不清晰、大多是用毛笔写的草书，有的是文言体，生僻字繁多，又没有标点符号，需要读者自己断句……这就是说，如果照此方法调研，即便看完和看懂这些史料就要花费若干年的时间。这就告诉我们，必须再思考有效搜集史料的方法论（导航）问题，在浩瀚史料中如何搜集到有价值的史料，其方法论也是一种科学。于是，2017 年国庆节前后，我就方法论问题，系统请教了川大、川师大历史学院老师及民国史研究生，还请教了成都图书馆博士衔馆员，并到川大图书馆实地精准搜集史料。在试错基础上，采取了“以现有史料的参考文献去发现新的有价值的参考文献；以搜集民国时期图书、期刊等有历史价值和研究价值的历史文献为主，以搜集第一手原始档案资料为辅；以精准搜集史料索引信息后，再有的放矢外出调研并找回所需史料”等搜集方法，后来的调研收获颇丰：2017 年 10 月 10 日至 2018 年 3 月 27 日，我们再次或多次到四川省、成都市和重庆市的档案馆、图书馆精准搜集史料，还到过乐山市、五通桥区、三台县的档案馆、地方志办公室调研，以及到湖北省档案馆、地方志办公室和图书馆（1922 年至 1929 年四川分行归属汉口分行管辖）等地调研，每次都有新的收获。这时，我才真正明白山西省分行编撰行史时，多次到南京和天津调研的必要性和不得已性。

三是，思考史料之间的联系、史料与现实的关系。总的来看，编撰民国时期中行历史，有点像打桥牌似的，即在不完全信息下进行推理与判断、归纳与演绎，需要我们思考史料现象的本质、史料之间的联系以及史料与现实的关系，由此挖掘“为当代提供资政辅助之参考，为后世留下堪存堪鉴之记述”的史实。最初，《四川中行百年行史（1915—1949）》编写大纲分为六章：（1）大清银行遗嬗组建四川中行史概；（2）四川军阀混战时期之川中行创业史；（3）四川军政基本统一时期川中行发展史；（4）抗战时期川中行瞩目之历史贡献；（5）抗战后至解放时期川中行存续史；（6）民国时期中行及川行公司文化简史。在编撰过程中，我按照先占领制高点的写法，将第六章作为“修史问道”的“道”之重点，先行编写。同时，还基于两种考虑：首先，增加行史的可读性。由于公司文化史是行史之魂，其表现内容和形式都可增加其可读性，由此还可以扭转人们对行史的通常认识，即“把本行何时成立、机构沿革、领导人变换、主要业务等史料搜集一下，串写起来，形成一个册子而已”，即因可读性欠缺而简单翻翻或懒得一阅。其次，增加行史的可鉴性。由于文化的核心价值体系之本质，是人们行动之前的指导性价值观念和人们行为结果背后的支配性价值思维，对此进行史实编撰，无疑会增加行史的可鉴性。就这样，随着编研的深入，浮出的史料不断增加，最终形成了长达 50 多万字的内容，取名为《中国银行四川分行公司文化简史（1915—1949）》而单独出版。

第三，寂寞的繁劳，为了难得之缘分中的承诺。

一是，寂寞繁劳之“六步曲”。指当通过精准搜集信息，解决了缺乏有价值的史料之烦恼，并拥有了较多有价值的史料后，接下来就是寂寞繁劳之“六步曲”：（1）

找到了有价值的史料，能否尽量多的带回来编研？地方志办公室的史料可以拍照，图书馆的史料可以拍照或者付费购买，而档案馆却有着“不能拍照”、“一个单位一年或一天只能复印某某份史料”的规定，实在让人烦恼，尽量多的带回史料颇费周折。(2) 将已带回的史料，先从电脑上下载下来后，还需放大倍数印出来，由此才能初步浏览，并划定录入电字文档的范围，交付录入时才能看清楚。(3) 取回录入的电子文档，前后被录入文档有数十万字，只有我们两人校对，有时会一连校对好几天的文字，弄得头昏眼花，不能不说这是最枯燥乏味又必须认真的繁劳琐事。在此阶段，还有一项重要的任务，即查阅难字、生僻字，加标点断句。比如，左边一个“矢”右边一个“引”、左边一个“吉”右边一个“力”、上面草字头下面一个“思”，上面一个“出”下面一个“米”等，它们何音何义？又如，“负笈”“何啻霄壤”“饫甘餍肥”“乖戾”等词汇，是什么意思？再如，“民国肇建改为中国银行性质仍舊四年由总行派人来县经理租柴市街民房开幕继乃设机关于稽核分所专储分所入款十年遷上南街袁姓宅门首大书中国银行四字而又常悬停贸牌有存款者亦允许惟借出则以停贸推诿其存款汇款内容别有潼川中国银行章程兹不备載”这段话，应当如何断句？到底是“专储分所入款十年”，还是“十年遷上南街”？如果断为后者，则可推翻许多史书的结论。(4) 对照已校对完毕的纸质录入文档，将其仔细地再改录入电子文档。(5) 仔细研读已校改的电子文档，思考其整体运用位置，以及细分应用位置。(6) 根据写作全面进展，不断调整各种史料的最佳运用位置，以求史料运用的客观性与贴切性。

二是，寂寞繁劳之编撰过程。从 2017 年 8 月 21 日接受任务，到 2018 年 8 月 22 日初成书稿，其间数易其稿，于 2018 年 8 月 26 日送交郑国雨行长审阅，9 月 6 日经审核通过予以批示，9 月 11 日联系四川人民出版社立项出版。总之，在一年左右时间完成了通常三年左右完成的任务，假如本史对银行经营管理还有积极的参考价值的话，那么这也应了吴晓波的那句话：“与众不同背后是无比寂寞的勤奋。”比如，我的撰史日记有这样的记述：2018 年 2 月 13 号和 14 号（腊月二十八、二十九）编写“行基理念”一节，15 号（大年三十）编写“调研理念”一节，16 号（大年初一）、17 号（大年初二）、18 号（大年初三）、19 号（大年初四）均为编写“刊教理念”一节，20 号至 21 号（大年初五、初六）与朋友聚会，22 号（大年初七）“刊教理念”一节完稿……

（三）真诚的感谢

本史成书的基础源于诸多有利因素之集合，由此，在这里我们要真诚地感谢那些为本史成书而给予过借鉴、启发、指导、关怀、帮助的人们和事情。

第一，真诚地感谢中行先辈所留下的宝贵精神财富：本史成书的基础，要深谢中行先辈的“以志存史”之习惯，他们为后人留下了大量珍贵史料；感谢中行先辈所留史料内容的堪存堪鉴性及其所包含精神，在我们战胜撰史时寂寞繁劳之各种困难的过程中，曾给予我们感人的激励力量。在不少的日子里，我一天工作十多小时，与其说是为了缘分中的承诺，不如说是有关史料感动了我，从而在写作时不肯释手罢了。

第二，真诚地感谢有关专家学者之研究文献给我们的启示：本书成书的基础，在本史的参考文献中已分类逐一列出，并对其作者们深表感谢。尤其要感谢学者刘平对《稀见民国银行史料三编》（上、下）的编著，使我们能够便利而详尽阅读《中行生活》的主要史料文章；还要重点感谢学者马学斌关于中行百年智库溯源、中行百年办报刊史等方面的研究结果，学者石涛对民国时期中行农贷业务研究等文献，这些文献对我们编撰本史有着重要的借鉴、启发与帮助作用；感谢《中国银行行史（1912—1949）》（上卷）和《中国银行行史资料汇编（1912—1949）》对我们的借鉴、启发与帮助。

第三，真诚地感谢省行领导们的指导、关怀和帮助：2017 年冬，张立波书记专门关心编史一事，既给予鼓励，又询问有何需要协调解决的事情；其他行领导，包括退下来的老领导都从不同角度给予关心与支持，在此对他们一并表示真诚的感谢！尤其要真诚感谢老领导白树屏行长，他是一个心系行史编研每一步进展的积极推动者；我们撰史的每一步进展，他都给予点评与指导；在完稿时，他为我们作了激励的点评：“史料搜集无愧于先人，归纳提炼无愧于史料，成书之价值无愧于心血！”

第四，真诚地感谢省行党务部龙兵部长在行史编撰期间对我们方方面面的支持与帮助，同时一并感谢党务部员工对我们的支持与帮助；真诚地感谢省行办公室、财会部、人力部为编写行史所做的各种保障工作；真诚地感谢乐山分行，五通桥支行，夹江支行，绵阳分行，三台支行，凉山分行，会理支行，内江、自贡和泸州分行为我们调研所提供的支持与帮助。

第五，真诚地感谢四川大学蒋和胜教授、肖进教授、周续研究生，四川师范大学严澍副教授、张松涛研究生，西华大学刘俊副教授等，在调研上给予我们的支持与帮助；真诚地感谢成都市图书馆馆员肖娇娇博士，在我们调研一头雾水时期所给予的大力支持与帮助，真诚地感谢重庆市图书馆和档案馆相关人员调研上给予我们的支持与帮助，此两处是中行史料的宝地；真诚地感谢重庆分行党务工作部所提供的有价值的史料。

此外，还要真诚地感谢本项目实施的搭档、同事王福希。2017 年 6 月，我征求他是否愿意参与行史编写的工作时，他爽快表态愿意参加。随后，他在史料调研、梳理史料、校对文稿、联系接洽中做了大量工作，踏踏实实，任劳任怨！

最后，真诚地感谢四川人民出版社编辑王定宇、何秀兰两位老师，她们为本书的顺利出版，给予了支持、建议并付出了辛勤的劳动。

倪宏伟

2018 年 9 月 6 日

参考文献

1. 卜明. 中国银行行史（1912—1949）（上卷）［M］. 北京：中国金融出版社. 1995.9.

2. 卜明. 中国银行行史资料汇编（上编一、二、三；1912—1949）［M］. 南京：档案出版社. 1991.10.

3. 黄鉴晖. 中国银行业史［M］. 太原：山西经济出版社. 1994.6.

4. 孔祥贤. 大清银行行史［M］. 南京：南京大学出版社. 1991.10.

5. 姚崧龄. 张公权先生年谱初稿（上、下册）［M］. 北京：社会科学文献出版社. 2014.10.

6. 邢建榕. 非常银行家——民国金融往事［M］. 上海：东方出版中心. 2014.7.

7. 四川省地方志编纂委员会. 四川省志·金融志［M］. 成都：四川辞书出版社. 1996. 5.

8. 四川省地方志编纂委员会. 四川省志·民政志［M］. 成都：四川人民出版社. 1996.12.

9. 成都市志·金融志［M］. 成都：四川辞书出版社. 2000.3.

10. 成都市银行业志［M］. 成都：四川大学出版社. 2009.6.

11. 四川省政协文史资料委员会. 四川文史资料集萃［M］. 成都：四川人民出版社. 1996.

12. 重庆金融编委会. 重庆金融［M］. 重庆：重庆出版社. 1991.8.

13. 中国人民政治协商会议西南地区文史资料协作会议编. 抗战时期西南的金融［M］. 重庆：西南大学出版社. 1994.4.

14. 四川省人民政府参事室. 四川省文史研究室. 抗日战争时期四川大事记［M］. 北京：华夏出版社. 1987.8.

15. 刘平. 稀见民国银行史料三编（上、下）. ［M］. 上海：上海书店出版社. 2014.10.

16. 刘平. 民国银行练习生记事［M］. 上海：上海世纪股份有限公司远东出版社. 2016.10.

17. 肖波、马宣伟. 四川军阀混战（1917—1926）［M］. 成都：四川省社会科学院出版社. 1986.12.

18. 四川军阀史料（第五辑）（1931 年 1 月—1933 年底）［M］. 成都：四川人民出版社. 1988.4.

19. 谢本书、冯祖贻. 西南军阀史［M］. 贵阳：贵州人民出版社. 1991.2.

20. 刘志英、张朝晖等. 抗战大后方金融研究［M］. 重庆：重庆出版集团. 重庆出版社. 2014.6.

21. 〔美〕埃德加・H. 沙因：企业文化与领导[M]．北京：中国友谊出版公司. 1989.9.

22. 〔德〕E.海能. 企业文化——理论和实践的展望［M］. 北京：知识出版社. 1990.

23. 罗长海、林坚. 企业文化要义［M］. 北京：清华大学出版社. 2003.

24. 张德、潘文君. 企业文化［M］. 北京：清华大学出版社. 2007.5.

25. 陈华文. 文化学概论［M］. 上海：上海文艺出版社. 2001.

26. 刘光明. 企业文化史［M］. 北京：经济管理出版社. 2010.8.

27. 王成荣、周建成. 企业文化学［M］. 北京：经济管理出版社. 2002.

28. 倪宏伟. 企业文化管理逻辑——基于企业领导人文化管理力视角［M］. 北京：中国经济科学出版社. 2010.

29. 倪宏伟. 职场经济学——释然职业生涯的经济理性［M］. 北京：机械工业出版社. 2016.6.

30. 中行月刊［J］. 中国银行总管理处经济研究室. 民国十九年七月创刊.

31. 中行生活［J］. 中国银行总管理处. 民国二十一年七月创刊.

32. 中行农讯［J］. 中行总管理处. 民国三十年七月二十五日创刊.

33. 中国银行通讯［J］. 中国银行总管理处经济研究室. 1949 年 8 月 1 日创刊.

34. 全国银行年鉴［M］. 民国二十四年.

35. 四川月报［J］. 重庆中国银行. 民国二十一年七月创刊.

36. 川边季刊［J］. 重庆中国银行. 民国二十四年三月创刊.

37. 农放月报［J］. 重庆中国银行农贷股. 民国二十八年一月创刊.

38. 渝行通讯［J］. 重庆中国银行. 民国三十七年一月创刊.

39. 马学斌. 百年智库溯源——中国银行早期的经济研究工作［J］. 国际金融. 2016 年第 2 期.

40. 马学斌. 论《中国银行通信录》兼谈企业报刊作用——纪念中国银行创办报刊 100 周年［J］. 国际金融. 2015 年第 1 期.

41. 马学斌. “团体精神”的载体——历史上的《中行月刊》［J］. 国际金融. 2015 年第 7 期.

42. 马学斌. “家庭通信机关”——历史上的《中行生活》［J］. 国际金融. 2015 年第 11 期.

43. 马学斌. 中国银行历史上创办报刊一瞥——农贷业务报刊和分支机构报刊 [J]. 国际金融. 2016 年第 9 期.

44. 石涛. 民国时期商业银行农贷业务述评——以中国银行为中心的考察 [J]. 历史教学. 2013 年第 8 期.

45. 中国银行总行营业部王新生. 中行稽核派驻制度的演进及其启示——读《中国银行行史(1912—1949)》[J]. 国际金融研究. 1996 年第 9 期.

46. 王斌. 略论企业文化管理的建构与意义 [J]. 理论月刊. 2008 年第 4 期.

47. 全国报刊索引《中国银行业务会计通信录》

http://www.cnbksy.com/search?author=&searchContent=%E4%B8%AD%E5%9B%BD%E9%93%B6%E8%A1%8C%E4%B8%9A%E5%8A%A1%E4%BC%9A%E8%AE%A1%E9%80%9A%E4%BF%A1%E5%BD%95&categories=1%2C2%2C3%2C4%2C6&types=1%2C2%2C3

48. 全国报刊索引《中国银行通信录》

http://www.cnbksy.com/search?author=&searchContent=%E4%B8%AD%E5%9B%BD%E9%93%B6%E8%A1%8C%E9%80%9A%E4%BF%A1%E5%BD%95&categories=1%2C2%2C3%2C4%2C6&types=1%2C2%2C3

49. 全国报刊索引网《中行月刊》

http://www.cnbksy.com/search?author=&searchContent=%E4%B8%AD%E8%A1%8C%E5%86%9C%E8%AE%AF&categories=1%2C2%2C3%2C4%2C6&types=1%2C2%2C3

50. 全国报刊索引《中行生活》

http://www.cnbksy.com/search?author=&searchContent=中行生活 &categories=1%2C2%2C3%2C.

51. 全国报刊索引《中国银行通讯》

http://www.cnbksy.com/search?author=&searchContent=%E4%B8%AD%E5%9B%BD%E9%93%B6%E8%A1%8C%E9%80%9A%E8%AE%AF&categories=1%2C2%2C3%2C4%2C6&types=1%2C2%2C3

52. 全国报刊索引《四川经济月刊》1934—1940

http://www.cnbksy.com/search?author=&searchContent=%E5%9B%9B%E5%B7%9D%E7%BB%8F%E6%B5%8E%E6%9C%88%E5%88%8A&categories=1%2C2%2C3%2C4%2C6&types=1%2C2%2C3

53. 全国报刊索引《四川月刊》

http://www.cnbksy.com/search?author=&searchContent=%E5%9B%9B%E5%B7%9D%E6%9C%88%E5%88%8A%A5&categories=1%2C2%2C3%2C4%2C6&types=1%2C2%2C3

54. 全国报刊索引《农放月报》重庆中国银行农贷股.

http://www.cnbksy.com/search?author=&searchContent=%E6%B8%9D%E8%A1%8C%E5%86%9C%E6%94%BE&categories=1%2C2%2C3%2C4%2C6&types=1%2C2%2C3

55. 全国报刊索引网《渝行通讯》

http://www.cnbksy.com/search?author=&searchContent=%E5%9B%9B%E5%B7%9D%E7%BB%8F%E6%B5%8E%E6%9C%88%E5%88%8A&categories=1%2C2%2C3%2C4%2C6&types=1%2C2%2C3

56. 360DOC个人图书馆．刘平．沉浸在“川普”的语境中——张嘉璈1934年四川之行的三种叙事．

http://www.360doc.com/content/17/0310/16/8102575_635589541.shtml

57. 搜狐历史．河北袁毅．中行故事：毛主席与《中行职工》．

https://www.sohu.com/a/190716096_652676.

58. “当此国难期间，人人当具为国牺牲精神”——那些你不知道的中行抗战故事．http://www.sohu.com/a/164837151_556378

59. 求是理论网．肖钢．中国银行百年发展的经验与启示．2012.02.01.

http://www.qstheory.cn/zxdk/2012/201203/201201/t20120129_135991.htm

60. 重庆日报．硝烟下的重庆中行：烽火传情　烈火炼金．2015—08—25.

http://www.boc.cn/aboutboc/ab8/201508/t20150826

61. 360DOC个人图书馆：中行先辈，系列人物之张嘉璈：中国现代银行之父

http://www.360doc.com/content/17/0310/16/8102575_635587016.shtml

62. 新浪财经．民国银领　张嘉璈辞职始末

http://finance.sina.com.cn/roll/2018—03—24/doc—ifysnevm3650834.shtml

63. 中国青年网．深圳特区报．银行业现代化先驱张嘉璈．2017—05—23.

http://mini.eastday.com/a/170523082450120.html

64. 英才网TALENTS．余世存．张嘉璈：民国银行之父．2014—01—02.

http://www.talentsmag.com/article.aspx/5982

65.《杭州日报》报业集团数字报纸．张嘉璈的沉浮人生（上）．2015—03—23

http://hzdaily.hangzhou.com.cn/dskb/html/2015—03/23/content_1921302.htm

66. 凤凰卫视官网．张嘉璈锐意改革　中国银行走向国际化．2016年3月9日．

http://phtv.ifeng.com/a/20160309/41560778_0.shtml

67. 张嘉璈西行漫记．来源：财经国家周刊．作者刘诗平．2012年5月3日．

http://news.hexun.com/2012—05—03/141026309.html

68. 财经网．张嘉璈　中国银行网中国银行副总裁、总经理张嘉璈（1917.8—1928.10）（1928.11—1935.3）．2012年1月17日．